国家自然科学基金资助(51278316)
河北省自然科学基金资助(E2014210111)
河北省教育厅重点项目资助(ZD20131026)

铁路选线与计算机辅助设计实例教程

吕希奎　王明生　编著

中国铁道出版社

2014年·北京

内 容 简 介

本书是为了适应教学改革的需要，以实际案例反向学习选线设计理论和方法为出发点，引入信息技术和计算机辅助设计应用，在原有《铁路选线设计》等教材的基础上编写而成。

全书分为两篇共15章。第一篇是铁路选线设计基本理论、方法和地理信息系统、遥感等信息技术在选线中的应用与实例分析。在阐述铁路选线设计的基本理论和方法基础上，对每部分内容都给出了选线设计实例，旨在通过实例更加明了的阐述铁路选线的基本理论和方法的实际应用。第二篇以德国IB&T公司CARD/1系统为例，详细介绍了基于CARD/1系统的铁路线路设计方法、流程和应用实例。

本书可作为高等院校土木工程、道路与铁道工程、交通运输等专业的本科教材或参考书以及相关专业课程的选用教材；也可供有关工程技术人员学习参考。随书附光盘一张，包含《列车牵引计算与仿真系统》的安装程序，并附有实例。

图书在版编目(CIP)数据

铁路选线与计算机辅助设计实例教程/吕希奎，王明生编著．—北京：中国铁道出版社，2014．3
ISBN 978-7-113-17545-0

Ⅰ．①铁…　Ⅱ．①吕…②王…　Ⅲ．①铁路选线—计算机辅助设计—高等学校—教材　Ⅳ．①U212．32-39

中国版本图书馆CIP数据核字(2013)第254255号

书　　名：铁路选线与计算机辅助设计实例教程
作　　者：吕希奎　王明生

策　　划：江新锡
责任编辑：曹艳芳　　编辑部电话：010-51873017
编辑助理：王　健
封面设计：崔　欣
责任校对：龚长江
责任印制：郭向伟

出版发行：中国铁道出版社（100054，北京市西城区右安门西街8号）
网　　址：http：//www.tdpress.com
印　　刷：北京铭成印刷有限公司
版　　次：2014年3月第1版　2014年3月第1次印刷
开　　本：787 mm×1 092 mm　1/16　印张：25　字数：630千
书　　号：ISBN 978-7-113-17545-0
定　　价：106.00元（赠光盘）

前　言

在铁路工程设计与建设中，线路选线是一件关系到全局的总体性工作，综合性强、牵涉面广，涉及到多学科的综合应用，是一项复杂的系统工程。综合性的铁路选线设计即铁路总体设计，是针对一条铁路建设的系统规划设计，在这个系统规划指导下，使铁路整个设计过程达到协调最好、周期最短、成本最低，并得到最优的设计成果。

本书主要分为两篇共15章。第一篇是铁路选线设计基本理论、方法和遥感等信息技术在选线中的应用论述，共7章。第二篇详细介绍了CARD/1系统在铁路选线的具体应用流程和方法，共8章。

第一篇主要介绍铁路选线设计的基本理论和方法，并对每部分内容都给出了选线设计实例，重点论述了选线理论和方法的实例应用。第1章主要介绍了铁路线路基本概念以及世界高速铁路的发展趋势。第2章主要介绍了铁路客货运量预测模型，包括：多元回归预测法、时间序列预测法、灰色预测模型、最小二乘支持向量机预测模型和组合预测模型，每种预测模型都给出相应的实例。第3章介绍列车牵引计算与仿真，包括列车牵引力、阻力、制动力、运行速度与运行时分、运行能耗的计算及相应的程序模块。还论述了基于CAD矢量法获取任意速度的牵引力和制动力方法，最后对自主开发的牵引计算仿真系统详细功能进行了说明，给出了系统应用实例。第4章介绍了线路平纵断面设计的方法。包括区间线路平面和纵断面设计的流程、方法。结合纵断面CAD辅助设计模块，对纵断面CAD辅助设计进行了详细的讲解。对线路设计中经常使用的断链进行了实例分析和介绍，并以Global Mapper软件为平台，讲解了等高线地形图的三维可视化处理方法和流程。最后给出了合福铁路线路设计实例，包括平面、纵断面设计图示例和设计成果数据。第5章主要介绍了铁路定线的基本方法、包括典型地形和复杂地质条件下的定线方法和定线实例。第6章主要论述了线路方案优化比选方法及应用，包括层次分析法、灰色关联分析法、多目标系统模糊优选模型法和基于GIS的新线铁路快速方案比选系统及应用。第7章介绍了遥感技术在铁路选线中的应用，包括航空遥感、卫星遥感在铁路选线中的应用。在可视化应用上，详细介绍了三维遥感技术在铁路选线中的应用以及遥感选线三维可视化设计系统与应用实例。

第二篇为铁路线路计算机辅助设计系统应用，以德国IB&T公司CARD/1

系统为例，详细介绍了基于 CARD/1 系统的铁路线路设计方法、流程和应用实例，共分为 8 章。第 8 章主要介绍了地形数据读入及数字地形模型建立方法和流程。第 9 章主要介绍了 CARD/1 系统的平面设计方法和和地形图、平面图的生成方法。第 10 章介绍了 CARD/1 系统的纵断面设计方法和流程以及设计成果的生成。第 11 章介绍了 CARD/1 系统横断面设计流程和方法以及土石方计算、土石方调配、横断面分析和横断面出图方法。第 12 章主要论述了点云技术及其在选线设计中的应用。第 13 章主要了介绍了 CARD/1 系统的二次开发方法与技术及应用实例。第 14 章主要介绍了 CARD/1 系统三维可视化实现方法及应用实例。第 15 章以上海磁悬浮和长双烟铁路为实例，介绍了 CADR/1 系统的具体应用实例。

本书主要由吕希奎和王明生编写，其中第二章由石家庄铁道大学耿立艳和张天伟编写，第六章由昆明理工大学韩春华编写，第八章由石家庄铁道大学吴景龙和周小平编写。本书的撰写和出版得到了西安开道万软件有限公司兰尚曼经理，张　磊、梁海文、王焕新、方　波、武　岳等工程师大力支持，感谢他们在 CARD/1 软件提供、案例数据、软件二次开发上给予的大量帮助。孟静芬、乔慧圆、何彬、李亚丹等研究生帮助制作书中插图，在此表示感谢。我国的铁路建设还在快速发展中，日新月异快速发展的信息技术、计算机技术在铁路选线设计中的应用，必将促使选线设计的新技术、新理论和新方法向前不断发展。由于作者的学识和水平有限，书中疏漏和不足之处在所难免，恳请读者批评指证。

作者

2013 年 10 月

目　录

第一篇　铁路选线设计与实例

第一篇 铁路选线设计与实例

铁路建设是一项牵涉面广，影响因素多，技术层次高的复杂系统工程，综合性的铁路选线设计即铁路总体设计，是一项关系到全局的总体性工作。选线设计的过程是工程师在分析地形和地理环境的基础上，利用选线设计领域知识进行铁路空间位置方案决策的过程。根据我国铁路中长期发展规划，到2020年，我国将建成2万多公里高速客运专线和城际铁路，选线设计面临着繁重的工作和挑战。随着各种新技术的迅速发展和广泛应用，铁路选线设计的手段也发生了根本变化，从早期的单一数值计算发展到今天的可视化图形环境下的智能交互设计与决策，融入更多新技术到铁路选线设计中来，也是铁路选线设计学科发展的必然需要。将地理信息系统、遥感技术、数字摄影测量技术、虚拟现实技术等信息技术相集成，建立一个三维可视化的选线地理环境，并在该环境中实现选线设计是铁路勘测设计一体化、智能化研究领域的重要研究方向之一。本篇在介绍铁路选线基本概念、理论和方法的基础上，更加侧重于实例的应用和分析，通过实例加深对铁路选线理论和方法的理解和实际应用。此外，还介绍了地理信息系统、遥感以及虚拟现实技术在铁路选线中的应用和实例以及相应软件系统的应用效果。

第一章　铁路线路概述

1.1　我国铁路发展状况

铁路是现代文明的标志，是随着科学技术的发展而不断发展的。1825 年 9 月 27 日在英国 stockton 和 Darlington 之间开通的 32 km 标准铁路是世界上正式运营的第一条铁路，这一年为铁路的诞生年。此后，欧、美各国开始竞相效仿，19 世纪末，英、美、德、法、俄等国纷纷开始修建铁路。

我国的铁路事业自 1876 年第一条营业铁路——上海吴淞铁路以来已有 100 多年的历史，经历了新旧两个根本性质不同的社会。旧中国的铁路发展缓慢和经营惨淡，改革开放以来，中国铁路发展尤其高速铁路取得了巨大的成就。铁路发展趋势见表 1-1 和如图 1-1 所示。

表 1-1　铁路发展趋势

里程 年份	运营里程（万 km）	复线率里程（万 km）	电气化里程（万 km）
2002 年	7.19	2.4	1.81
2005 年	7.5	2.5	2
2008 年	8	2.9	2.8
2010 年	9	3.5	3.5
2020 年预计	12 以上	6 以上	7.2 以上

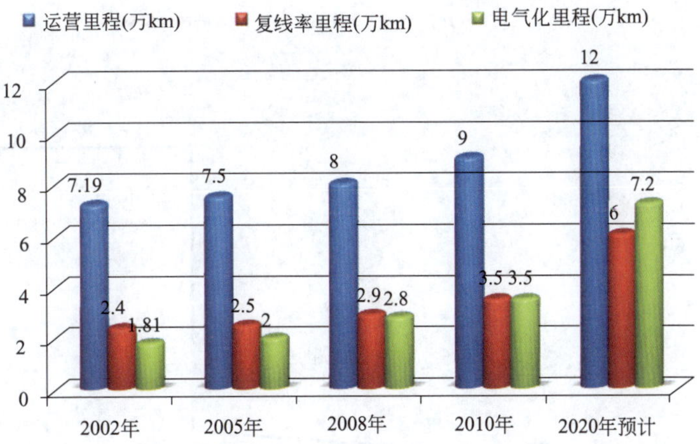

图 1-1　铁路发展趋势图

随着我国复线、电气化和内燃化水平的提高，铁路运输效率也随之提高，有些技术已进入世界领先地位。2008 年和 2010 年铁路主要运输指标见表 1-2。

表 1-2　铁路主要运输指标对比

指标 年份	旅客发送量 （亿人）	旅客周转量 （亿人千米）	货运总发送量 （亿吨）	货物总周转量 （亿吨千米）
2008 年	14.62	7 778.6	33.04	25 106.29
2010 年	16.8	8 762.18	36.43	27 644.13

目前，我国铁路的密度仍然很低，按国土面积计算，每万平方公里有铁路 81.2 km，仅为德国的 9%，英国的 10%，日本的 11%，在世界排名 60 之后。按人口计算，我国人均拥有铁路仅为 5.5 cm，在世界排名 100 之后。

1.2　我国铁路建设规划

《中长期铁路网规划》是国务院批准的第一个行业规划，也是截至 2020 年我国铁路建设的蓝图。其目标为到 2020 年，全国铁路营业里程达到 12 万 km 以上，主要繁忙干线实现客货分线，复线率和电气化率分别达到 50%和 60%以上，运输能力满足国民经济和社会发展需要，主要技术装备达到或接近国际先进水平。

根据《中长期铁路网规划》建立以"四纵"和"四横"为骨架的快速客运网，见表 1-3，示意图如图 1-2 所示。将连接所有省会及 50 万人口以上的大城市，覆盖全国 90%以上人口，大大缩短城市间时空距离。届时，邻近省会城市将形成 1～2 h 交通圈，省会与周边城市形成 0.5～

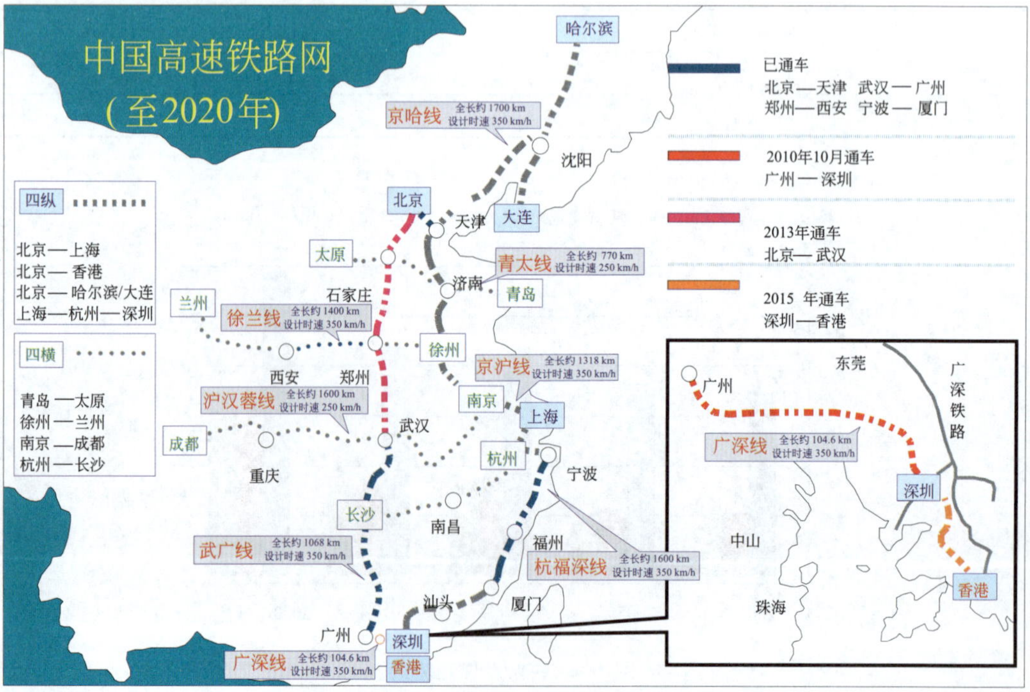

图 1-2　"四纵四横"为骨架的客运专线网络

1 h交通圈。北京到全国绝大部分省会城市将形成 8 h 以内交通圈，例如，1 h 内能到达天津、石家庄等城市；2 h 能到达郑州、济南、沈阳、太原等城市；3 h 能到达南京、合肥、长春、大连等城市；4 h 能到达上海、杭州、武汉、西安、哈尔滨等城市。除海口、南宁、昆明、乌鲁木齐、拉萨、台北外，北京到全国省会城市都将在 8 h 以内。以北京为中心的铁路快速网规划示意图如图 1-3 所示。

表 1-3　"四纵四横"客运专线

名称	线 路 走 向	连 接 区 域
四纵	北京—上海客运专线	贯通京津至长江三角洲东部沿海经济发达地区，全长约1 318 km
	北京—武汉—广州—深圳客运专线	连接华北、华中和华南地区，全长约 2 260 km
	北京—沈阳—哈尔滨(大连)客运专线	连接东北和关内地区，全长约 1 700 km
	杭州—宁波—福州—深圳客运专线	连接长江、珠江三角洲和东南沿海地区，全长约 1 600 km
四横	徐州—郑州—兰州客运专线	连接西北和华东地区，全长约 1 400 km
	杭州—南昌—长沙客运专线	连接华中和华东地区，全长约 880 km
	青岛—石家庄—太原客运专线	连接华北和华东地区，全长约 770 km
	南京—武汉—重庆—成都客运专线	连接西南和华东地区，全长约 1 600 km

图 1-3　以北京为中心的铁路快速客运网规划示意图

1.3 铁路基本建设程序

铁路基本建设程序是铁路建设项目从决策、设计、施工、竣工验收直到建成投产的全过程中，各个阶段、各个步骤、各个环节所必须遵循的顺序和制度，进行铁路基本建设必须遵循该程序。

铁路基本建设程序一般可划分为七个阶段，即：铁路预可行性研究（项目建议书）阶段、铁路可行性研究（设计任务书）阶段、铁路设计阶段、铁路建设准备阶段、铁路建设实施阶段、铁路竣工验收阶段和铁路建设项目后评价阶段。其中预可行性研究阶段、可行性研究阶段称为“前期工作阶段”或“投资项目决策阶段”，在这两个阶段，必须对建设项目做出经济评价。铁路基本建设项目流程图如图 1-4 所示。

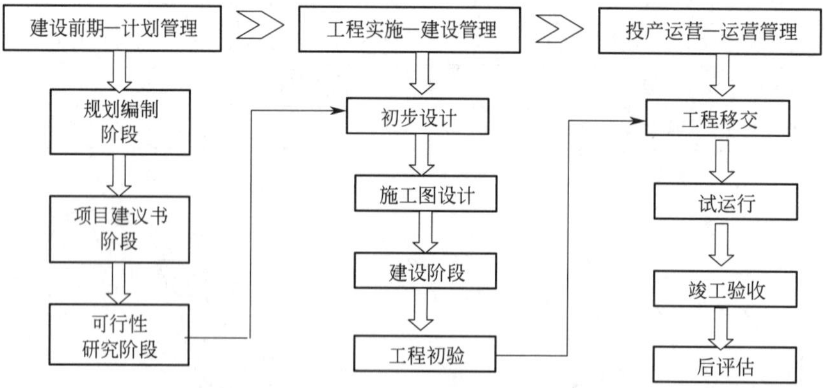

图 1-4 铁路基本建设项目流程图

1.4 铁路线路与信号标志

为了满足行车和线路养护维修及司机和车长等工作上的需要，表示铁路线路建筑物及设备的状态或位置以及铁路各级管理机构管界范围的标志称为线路标志。线路标志，应按计算公里方向设在线路左侧。双线区段须另设线路标志时，应设在列车运行方向左侧。线路、信号标志设在距钢轨头部外侧不少于 2 m 处（警冲标除外）。不超过钢轨顶面的标志，可设在距钢轨头部外侧不少于 1.35 m 处。

1.4.1 常见铁路线路标志

（1）公里标、半公里标，设在一条线路自起点计算每一整公里、半公里处，如图 1-5 所示。

（2）曲线标，设在曲线中点处，标明曲线中心里程、半径大小、曲线和缓和曲线长度、超高、加宽等数据，如图 1-6 所示。

（3）圆曲线和缓和曲线始终点标，设在直缓、缓圆、圆缓、缓直各点处，如图 1-7 所示。

（4）桥梁标，设在桥梁中心里程（或桥头）处，标明桥梁编号和中心里程，如图 1-8 所示。

图 1-5　公里标和半公里标

图 1-6　曲线标

图 1-7　圆曲线和缓和曲线始终点标

图 1-8　桥梁标

(5)坡度标，设在线路坡度的变坡点处，两侧各标明其所向方向的上、下坡度值及其长度，其中箭头向上为上坡，箭头向下为下坡，横线为平坡，如图 1-9 所示。

图 1-9　坡度标

1.4.2　常见铁路信号标志

信号标志应设在列车运行方向左侧(警冲标除外)。

(1)警冲标：设在两会合线路线间距离为 4 m 的中间。线间距离不足 4 m 时，设在两线路中心线最大间距的起点处。在线路曲线部分所设道岔附近的警冲标与线路中心线间的距离，应按限界的加宽增加，如图 1-10 所示。

(2)站界标：设在双线区间列车运行方向左侧最外顺向道岔(对向出站道岔的警冲标)外不

少于 50 m 处，或邻线进站信号机相对处，如图 1-11 所示。

图 1-10　警冲标

图 1-11　站界标

(3)预告标：设在进站信号机外方 900 m、1 000 m 及 1 100 m 处(图 1-12)，但在设有预告信号机及自动闭塞的区段，均不设预告标。在双线区间，退行的列车看不见邻线的预告标时，在距站界外 1 100 m 处特设一个预告标，如图 1-13 所示。

图 1-12　预告标(单线)

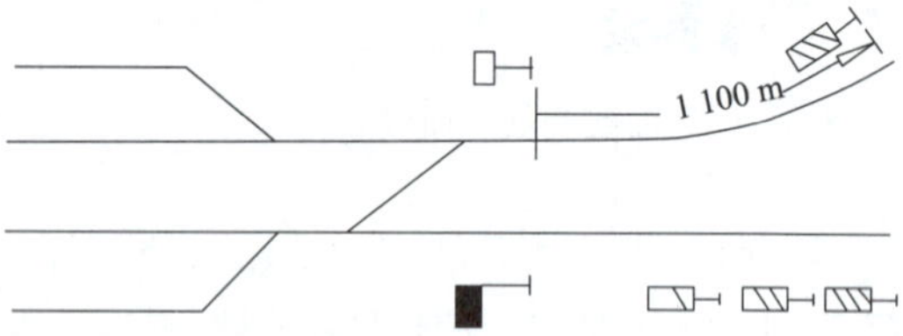

图 1-13　预告标(双线)

(4)引导员接车地点标：列车在距站界 200 m 以外，不能看见引导人员在进站信号机或站界标处显示的手信号时，须在列车距站界 200 m 外能清晰地看见引导人员手信号的地点设置如图 1-14 所示。

(5)司机鸣笛标：设在道口、大桥、隧道及视线不良地点前方 500～1 000 m 处。司机见此标志，须长声鸣笛如图 1-15 所示。

图 1-14　引导员接车地点标

图 1-15　司机鸣笛标

(6)作业标:设在施工线路及其邻线距施工地点两端 500～1 000 m 处,如图 1-16 所示。司机见此标志须提高警惕,长声鸣笛。

(7)减速地点标:设在需要减速地点的两端各 20 m 处。正面表示列车应按规定限速通过地段的始点,背面表示列车应按规定限速通过地段的终点,如图 1-17 所示。

图 1-16　作业标

图 1-17　减速地点标

(8)桥梁减速信号牌为黄底、黑色图案、黑字,上部标明客运列车限制速度、下部标明货物列车限制速度,如图 1-18 所示。

(9)四显示机车信号接通标:涂有白底色、黑竖线、黑框的反光菱形板及黑白相间的立柱标志,如图 1-19 所示。

(10)四显示机车信号断开标:涂有白底色、中间断开的黑横线、黑框的反光菱形板及黑白相间的立柱标志,如图 1-20 所示。

图 1-18　桥梁减速信号牌

图 1-19　四显示机车信号接通标

图 1-20　四显示机车信号断开标

1.5　列车的种类

目前我国开行的列车类型有多种,铁路车辆按规定重量、长度及编挂条件编成车列,按运输性质和用途分为客运列车、货运列车和特殊用途列车,如图 1-21 所示。

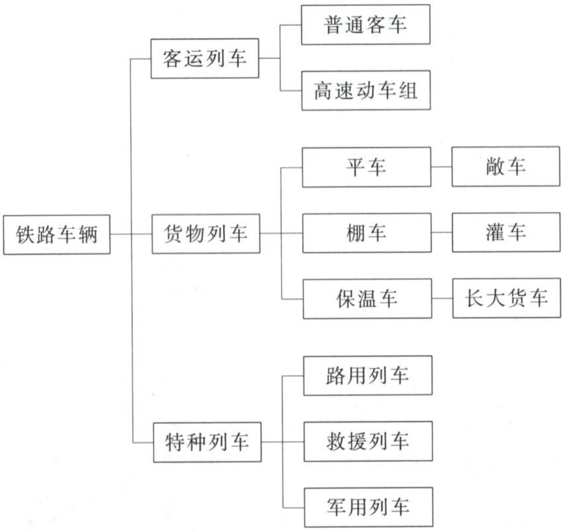

图 1-21　列车类型分类

1.5.1　客车

客车车体采用薄壁筒型结构，由车底架、侧墙、车顶、外端墙和内端墙、门窗等组成。为了满足旅客在旅行生活上的需要，车体内设有座卧设备、给水设备、车电设备、通风和空调取暖设备等。主要分为普通客车和动车组客车，如图 1-22 和图 1-23 所示。

图 1-22　普通客车图

图 1-23　动车组

1.5.2　高速动车组

我国高速铁路是指既有线提速改造后时速 200 km 以上，新建时速 250 km 以上的铁路系统。目前我国铁路开行的高速动车组主要是 CRH(China Railway High-speed)系列。CRH 动车组有 CRH$_1$,CRH$_2$,CRH$_3$,CRH$_5$,CRH$_{380}$ 系列等。原铁道部将所有引进国外技术、联合设计生产的 CRH 动车组车辆均命名为“和谐号”。

(1)CRH$_1$

CRH$_1$ 型动车组由青岛四方—庞巴迪铁路运输设备有限公司(BST)生产。原型车以庞巴迪为瑞典 AB 提供的 Regaina C2008 为基础。主要包括 CRH$_{1A}$、CRH$_{1B}$ 和 CRH$_{1E}$。其中 CRH$_{1A}$(图 1-24)是 8 节编组，CRH$_{1B}$ 为 16 节大编组动车组(图 1-25)。CRH$_{1E}$ 为 16 节车厢的大编组卧铺动车组，200 km 级别（营运速度 200 km/h，最高速度 250 km/h，如图 1-26 所示）。

图 1-24 CRH_{1A} 型动车组

图 1-25 CRH_{1B} 型动车组

图 1-26 CRH_{1E} 型动车组

(2)CRH_2

CRH_2 型动车组由中国南车四方机车车辆股份有限公司（联合日本川崎重工，引进技术）负责国内生产。以川崎重工业新干线 E2-1000 型动车组为基础，200 km 级别（营运速度 200 km/h，最高速度 250 km/h）。CRH_{2A} 为 8 辆编组（图 1-27），CRH_{2B} 为 16 节长大编组动车组（图 1-28）。CRH_{2C}（300 km 级别）作为京津城际高速铁路用车在 2008 年 8 月投入使用，标称时速 300 km，最高营运时速为 350 km（图 1-29）。主要在京津冀、武广客运专线上运行。CRH_{2E} 为 16 节长大编组的卧铺电力动车组（图 1-30）。

图 1-27 CRH_{2A} 型动车组

图 1-28 CRH_{2B} 型动车组

图 1-29　CRH_{2C} 型动车组

图 1-30　CRH_{2E} 型动车组

(3)CRH_3

CRH_3 型动车组由中国北车集团唐山轨道客车有限责任公司(联合德国西门子,引进技术)负责国内生产,以西门子 ICE3(Velaro)为基础。300 km 级别(营运速度 350 km/h,最高速度 394 km/h),作为京津城际高速铁路用车在 2008 年 8 月投入使用(图 1-31)。CRH_{3D} 是以 CRH_{3C} 为基础的 16 节车厢的大编组座车动车组。

图 1-31　CRH_{3C} 型动车组

(4)CRH_5

CRH_5 型动车组由中国北车集团长春轨道客车股份有限公司(联合法国阿尔斯通,引进技术)负责国内生产(图 1-32)。以法国阿尔斯通的 Pendolino 宽体摆式列车为基础,但取消了装设的摆式功能,而车体以法国阿尔斯通为芬兰国铁提供的 SM3 动车组为原型,200 km 级别(营运速度 200 km/h,最高速度 250 km/h)。

图 1-32　CRH_5 型动车组

(5) CRH_{380} 系列

CRH_{380}（CRH_{380A}、CRH_{380B}、CRH_{380C}、CRH_{380D}）型电力动车组，原铁道部为营运新建的高速城际铁路及客运专线，由庞巴迪公司研发的 CRH 系列高速动车组（图 1-33）。京沪、沪杭、沪宁高速铁路都有 CRH_{380} 列车在运营。

图 1-33　CRH_{380A} 型动车组

1.5.3　货物列车

1. 平车

平车是铁路上大量使用的通用车型，无车顶和车厢挡板，这种车体自重较小，装运吨位较大，且无车厢挡板的制约，装卸较方便。适用于载重、体积或长度较大的货物。如运送钢材、木材、汽车、机器，也可借助集装箱装运其他的货物。如图 1-34 和图 1-35 所示。

图 1-34　平车

图 1-35　X_{2H} 型集装箱专用平车

2. 敞车

设有 0.8 m 以上固定的侧墙和端墙，侧墙上有便于装卸的活动侧门，没有车顶。主要运送煤、矿石、钢材等不怕湿的货物。必要时，在所装运的货物上加盖防水篷布，也可代替棚车装运怕湿货物。敞车具有很大的通用性，是货车中数量最多的一种。敞车在我国的简写为“C”，如图 1-36 和图 1-37 所示。

图 1-36　C_{70} 型通用敞车图

图 1-37　C_{80B} 型煤矿专用敞车

3. 棚车

适用于运送比较贵重和怕湿的货物。如日用品、仪器、粮食等。大多数棚车是通用型的，为了固定装运某种货物，还制造了一些专用的棚车，如家畜车就是专门用来运送家畜的。棚车在我国的简写为“P”，如图 1-38 和图 1-39 所示。

图 1-38　P_{70} 型棚车

图 1-39　PB 型快运棚车

4. 保温车

保温车又可称为冷藏车、冷冻车。主要用于运送鲜活、易腐的货物。如鱼、肉、禽、蛋、水果、蔬菜等鲜活易腐货物。我国自行设计制造的 B_{19} 机械保温车，每 5 辆一组，由一辆发电车和四辆货物车组成。适用于易腐货物产地多、批量不大的特点。保温车在我国的简写为“B”，如图 1-40 和图 1-41 所示。

图 1-40　B_6 型保温车

图 1-41　B_{19} 型保温车

5. 罐车

装运液体或气体的货物，如运送油和酸、水等各种液体、液化气等。罐车只适用一种货物，所以罐车的通用性较差。车体为圆筒形，罐车上设有装卸口，还装有安全阀。有的还设有空气包。罐车在我国的简写为“G”，如图 1-42 和图 1-43 所示。

6. 长大货车

长大货车又可称为“长大车”，是专供运送超长、超大及笨重货物的车辆，一般都以平车的形式来设计和制造。它们的载重能力都基本在 100 t 以上，目前我国长大货车的最大载荷为 380 t。长大货车在我国的简写为“D”，如图 1-44 和图 1-45 所示。

图 1-42　GH_{17} 型高腐蚀型化学液体罐车

图 1-43　GY_{100A} 型液化气体罐车

图 1-44　D_2 型凹底长大平车

图 1-45　D_{22G} 型长大平车

1.5.4　特种列车

特种列车是具有某种专门用途或者是特殊用途(如:架桥机械车、铺轨车等)的列车。这类型的列车基本上都只有一种用途,有的是某些部门专有并有着某种特殊用途的列车。特种列车在我国的简写为“T”,如图 1-46～图 1-51 所示。

图 1-46　WD_{320} 型轨道车

图 1-47　DX-2 型接触网检修车

图 1-48　RTS1000-GTC 型钢轨探伤车

图 1-49　D08-32C 型捣固车

图 1-50　NS1600 型铁路救援吊车

图 1-51　QJT-160 型铁路救援吊车

1.6　世界高速铁路的发展趋势

高速铁路是指通过改造原有线路(直线化、轨距标准化),使营运速率达到 200 km/h 以上,或者专门修建新的高速新线,使营运速率达到 250 km/h 以上的铁路系统。目前世界运营速度最快的高速铁路是我国的武广客运专线,最高运营速度为 350 km/h。世界高速铁路最高实验速度记录见表 1-4。

表 1-4　世界高速铁路实验速度记录

国　家	最高试验速度(km/h)	试验日期	车　型
法国	574.8	2007-04-03	V150-TGV
法国	515.3	1990-05-18	TGV
中国	487.3	2011-01-13	CRH380BL
中国	486.1	2010-12-03	CRH380AL

自 1964 年日本建成世界上第一条高速铁路以来,法国、英国、德国、西班牙、意大利和美国等发达国家也相继修建了高速铁路,目前我国的高速铁路也在快速发展。

1.6.1　日本新干线

新干线是日本的高速铁路客运专线系统,于 1964 年 10 月 1 日开始通车营运,是全世界第一条载客营运高速铁路系统。主要的高速干线见表 1-5,高速路网如图 1-52 所示。

表 1-5　日本新干线高速铁路线路

线路	线路长度(km)	开始运营年份(年)	最高速度(km/h)
东京—大阪(东海道线)	515.4	1964	270
大阪—博多(山阳线)	553.7	1972/1975(分阶段)	300
东京—盛冈—八户(东北线)	593.0	1982/2002(分阶段)	275
东京—新泻(上越线)	269.5	1982	275
高崎—长野(北陆线)	117.4	1997	260
八代—鹿儿岛(九州岛线)	126.1	2004	260

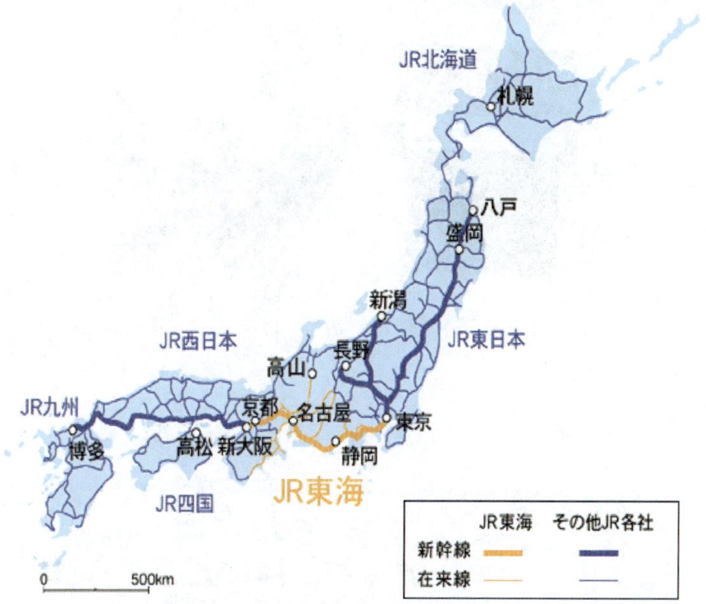

图 1-52　日本高速路网

1.6.2　法国的 TGV

全名为“train à grande vitesse”，是继日本新干线之后的世界第二条商业运行的高速铁路系统，比日本新干线列车开通晚 17 年。其最高商业运行时速已突破 300 km，同时新一代的 TGV 高速列车创造了时速 515.3 km 的超高速记录，2007 年 4 月，TGV3“V150”列车在巴黎东南部的一段经特殊加固的铁路线上，达到了时速 574.8 km，创下新的有轨铁路行驶速度的世界纪录（图 1-53）。目前高速运行线路见表 1-6，高速路网如图 1-54 所示。

表 1-6　法国高速铁路线

线 路 名 称	线路长度(km)	开始运营年份	最高速度(km/h)
巴黎—里昂(LGV 东南线)	427	1981/1983	270
里昂—瓦朗斯(LGV 东南线)	83	1994	270
里昂航行线	38	1992	270
巴黎—勒芒/图尔(LGV 大西洋线)	282	1989/1990	300
巴黎—里尔—加来/比利时边界(LGV 北欧线)	333	1993	320
巴黎环行线	104	1995	—
瓦朗斯—马赛—蒙彼利埃(LGV 线)	302	2001	300

图 1-53　法国 TGV3 列车创造了 574.8 km/h 行驶速度

图 1-54　法国高速路网

1.6.3　德国 ICE

德国高速铁路称为 ICE(Intercity Experimental),即“城际高速铁路”,是连接城市,解决人员、货物运输的交通工具,它将德国国内 130 多个大小城市连为一体,对人员和信息的往来与交流,以及经济建设发挥了极其重要的作用。1991 年,首个 ICE 列车正式运营。德国高速铁路线见表 1-7,高速网如图 1-55 所示。

表 1-7　德国高速铁路线

线　　路	线路长度(km)	开始运营年份(年)	最高速度(km/h)
汉诺威—威尔茨堡	327	1988～1991	280
曼海姆—斯图加特	99	1991	280
柏林—汉诺威	264	1998	280
科隆—法兰克福	177	2002	300(330)

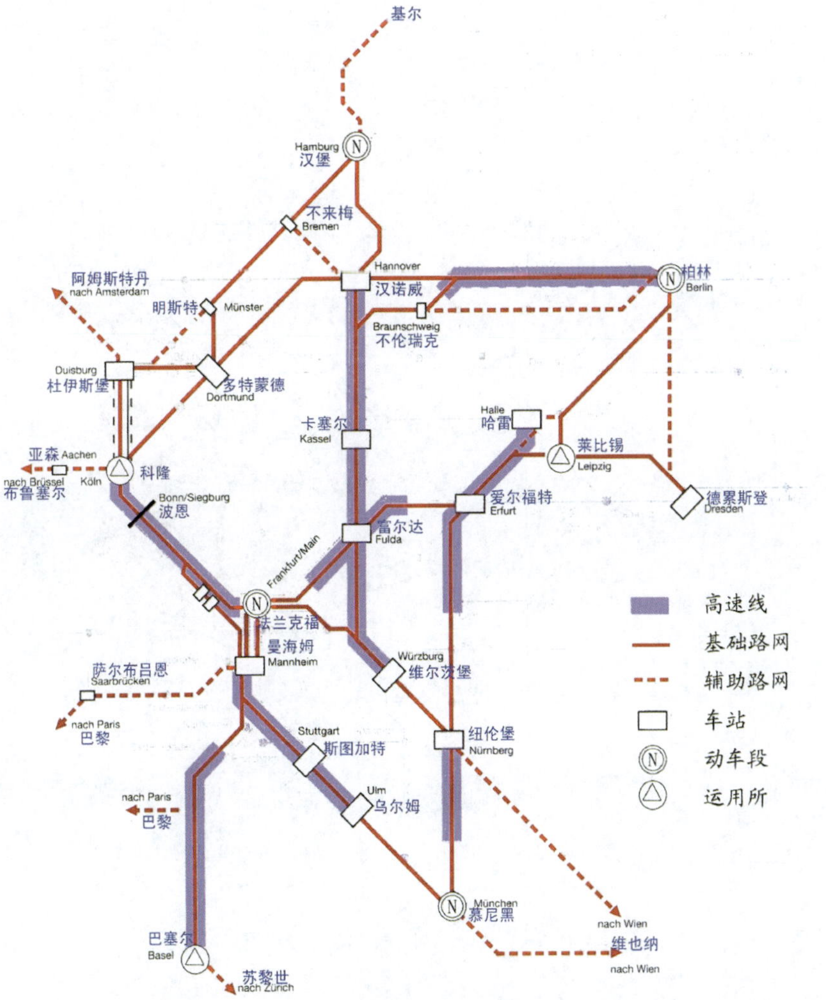

图 1-55　德国高速路网

1.6.4 我国高速铁路

我国高速铁路虽然起步晚，但目前已是世界高铁的领跑者，无论里程和时速都是世界领先。中国高铁建设占据六项世界第一：(1)发展速度最快；(2)系统技术最全；(3)集成能力最强；(4)运营里程最长；(5)运营速度最高；(6)建设规模最大。截至 2013 年 10 月，我国高铁运营里程达到 10 463 km，约占世界高铁运营里程的 45%，居世界第一位，2015 年我国高铁运营里程将达 1.3 万 km。2010 年 5 月 27 日，中国自主研发的“和谐号”380A，持续运营时速 350 km，最高运营时速 380 km，最高试验时速超过 400 km，这也是目前世界上速度最快的高铁产品。

根据《中国铁路中长期发展规划》，到 2020 年，为满足快速增长的旅客运输需求，建立省会城市及大中城市间的快速客运通道，规划“四纵四横”铁路快速客运通道以及四个城际快速客运系统。建设客运专线 1.2 万 km 以上，客车速度目标值达到每小时 200 km 及以上。我国 2020 年高速铁路网如图 1-56 所示。

图 1-56　2020 年我国高速铁路网

截至 2012 年底，我国已开通运营的高速铁路见表 1-8。

表 1-8　我国已开通运营的高速铁路

线路名称	开通时间	运行时速	线路全长(km)
秦沈客运专线	2003-10-12	200	404
合宁客运专线	2008-04-18	200	166
京津城铁	2008-08-01	350	120
石太客运专线	2009-04-01	250	190
合武客运专线	2009-04-01	250	356
甬台温铁路	2009-09-28	200	282
温福铁路	2009-09-28	200	298
武广客运专线	2009-12-26	350	1069
郑西客运专线	2010-01-28	350	457
福厦铁路	2010-04-26	250	273
成灌高铁	2010-05-01	200	66
沪宁城际铁路	2010-07-01	350	300
昌九城际铁路	2010-09-20	250	131
沪杭城际高速	2010-10-26	350	160
长吉城际铁路	2010-12-30	250	108
海南东环铁路	2010-12-30	250	308
广珠城际	2011-01-07	200	116
京沪高速	2011-06-30	300	1318
广深高铁	2011.12.26	350	142
京广高铁郑武段	2012-09-28	350	536
合蚌客专	2012-10-16	300	130.67
京广高铁京郑段	2012-12-26	350	586
广珠城际	2012-12-31	200	177.3

1.7　重载铁路

1.7.1　世界铁路重载运输概况

重载运输代表了铁路货物运输领域的先进生产力，目前发展重载运输的国家已经遍及五大洲和几乎所有的铁路大国。而且世界各国重载铁路借助于高新技术，促使重载列车牵引重量不断增加。从概念的提出到蓬勃发展经历了一个技术不断进步的过程，已被国际上公认是铁路货运发展的方向。

目前，世界各国重载铁路年运量普遍在 1 亿 t 以下，超过 1 亿 t 的重载铁路共有 24 条，除巴西维多利亚至米纳斯铁路(898 km，1.3 亿 t)、澳大利亚纽曼山至海德兰铁路(426 km，1.09 亿 t)、南非姆普马兰加至理查兹湾铁路(580 km，1.05 亿 t)外，其他 21 条都在中国，占比高达 87%。

国外重载铁路发展概况如图 1-57 所示，国外重载铁路如图 1-58 和 1-59 所示。

美国

- 重载运输首创国,铁路总里程为23万km,开展重载运输的Ⅰ级线路约16万km,□居世界首位。
- 美国UP公司Ⅰ级)营业里程5.4万km,14万辆货车,6 854台机车，2002年营业收入107亿美元,平均牵引列车重量14 900 t,一般重载列车19 305 t

加拿大

- 加拿大铁路总里程5.7万余公里。典型单元重载列车编组为124辆货车,牵引重量为16 000 t。
- CN、CP两大铁路公司,采用重载运输后铁路占货运市场份额达30%

澳大利亚

- 哈默利斯铁矿铁路重载列车一般编组为226辆货车,牵引重量为28 000 t。
- 2001年6月21日澳大利亚西部的BHP铁矿集团公司在纽曼山—海德兰重载铁路上创造了重载列车牵引总量99 734 t 的世界记录

南非

- 南非重载列车的牵引重量一般为18 500~20 000 t。
- 南非Orex铁矿重载线是窄轨铁路(1 067 mm轨距),开行重载列车的平均牵引重量为25 920 t

巴西

- 巴西主要重载铁路由CVRD公司经营,其中维多利亚—米纳斯铁路标准编组列车为320辆编组,列车牵引重量31 000 t,年运量9 800万t/年
- 2004年巴西CVRD铁矿集团经营的卡拉齐重载铁路上,开行重载列车的平均牵引重量已达39 000 t

瑞典

- 瑞典的铁路运输包括13 000 km的网络
- 在1888年建成的从瑞典—挪威的LKAB矿山铁路轴重为11 t,2002年,开行8 000 t重载列车,轴重30 t,收入提高30%

图 1-57　国外重载铁路发展概况

图 1-58　加拿大重载铁路

图 1-59　澳大利亚重载铁路

1.7.2 世界重载铁路标准与主要模式

为推动世界重载运输的发展，1985 年，中国、美国、澳大利亚、加拿大、南非等 5 国铁路发起成立了国际重载协会。目前，该协会有中国、澳大利亚、巴西、加拿大、印度、南非、俄罗斯、瑞典、挪威和美国等 10 个常任理事国。

1. 重载铁路标准

国际重载协会先后于 1986 年、1994 年和 2005 年三次修订了重载铁路标准。2005 年标准要求新申请加入国际重载协会的重载铁路，满足以下三条中的至少两条：(1)列车重量不小于 8 000 t；(2)轴重达 27 t 以上；(3)在长度不小于 150 km 线路上，年运量不低于 4 000 万 t。

目前，我国大秦线满足国际重载协会 2005 年的重载铁路新标准，朔黄、京广、京沪、京哈等干线满足 1994 年的标准。

2. 重载列车模式

重载铁路模式主要有重载单元列车、重载组合列车和重载混编列车三种，见表 1-9。

表 1-9 重载列车模式

类型	特征	应用
重载单元列车	由同型大型专用货车及大功率机车固定编组，中途不改编，在装车站至卸车站间往返循环运输。这种列车的重量一般都在 6 000 t 以上，适用于大宗散装货物运输	以北美铁路为代表，我国在大秦线曾用 C_{63}、C_{70}、C_{76}、C_{80} 等开行这种重载列车
重载组合列车	由两列及以上的普通货物列车连挂在一起组成，使列车的运行时间间隔压缩为零。机车分别挂于列车头部和中部，列车重量较普通列车成倍增加	以俄罗斯为代表，我国大秦线开行的 4×5 000 t 和 2×10 000 t 列车为这种重载列车
重载混编列车	单机或多机重联牵引，由不同型式和载重的货车混合编组而成	我国京沪、京广、京哈等大干线开行的 5 000 t 货物列车为这种重载列车

1.7.3 我国重载铁路——大秦铁路

大秦铁路自山西省大同市至河北省秦皇岛市，横越山西、河北、北京、天津，全长 653 km，是中国西煤东运的主要通道之一。该线借鉴了北美、加拿大、澳大利亚等国开行重载单元列车的经验，是由我国自行设计修建的第一条双线电气化重载运煤专线。它的建成是我国铁路现代化建设进程中的一个里程碑，拥有中国多个第一：(1)第一条开行重载单元列车的铁路；(2)第一条双线、电气化一次建成的铁路；(3)第一条装、运、卸同步建成的运煤铁路；(4)第一条全线采用光纤通信系统的铁路；(5)第一条全线采用微机化调度系统的铁路。图 1-60 是和谐型机车牵引的 2 万 t 重载组合列车。

2010 年 12 月 26 日，大秦铁路提前完成年运量 4 亿 t 的目标，为原设计能力的 4 倍(图 1-61)。大秦铁路重载列车组合发展进程见表 1-10，其已成为世界上运量最大的重载铁路。

表 1-10 大秦铁路重载列车组合发展进程

时间	重载组合列车类型
2004.12	成功开行中国第一列 2 万 t(4×5 000 t)重载组合列车
2006.03	成功开行 2×10 000 t 重载组合列车(1+2+1 编组)
2007.08	成功开行 2 台和谐型机车牵引 2 万 t 重载组合列车
2009.10	成功开行两种不同机车(HXD_1+HXD_2)混合牵引的 2 万 t 重载组合列车

图 1-60　和谐型机车牵引的 2 万 t 重载组合列车

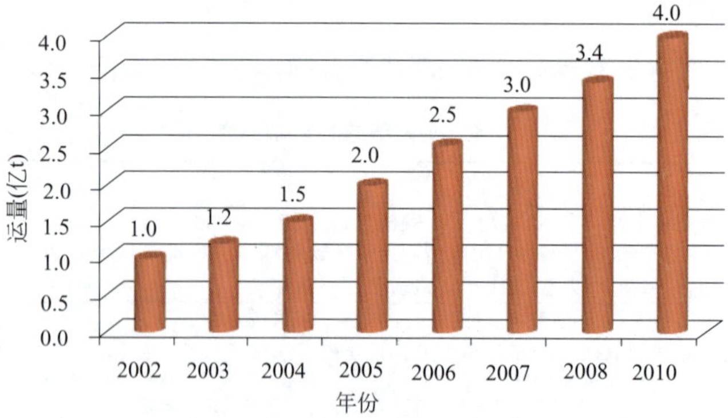

图 1-61　大秦铁路运量增长图

第二章 铁路客货运量预测模型

铁路客货运量是设计铁路能力的依据，决定着线路的主要技术标准，进而影响运输装备能力。对运营收入、运输成本和投资偿还期产生直接影响，因此是评价铁路经济效益的基础。客货运量是影响线路方案取舍的重要因素。运量大、投资大的方案，运营支出低于投资小的线路方案，中选可能性增加；反之，运量小、投资小的方案中选可能性增加。因此，在新建铁路中，铁路的客货运量的调查和预测有着重要的作用。

2.1 客货运量的调查和预测范围

设计线的吸引范围是设计线吸引客货运量的区域界限，设计线客货运量的调查和预测，都是在吸引范围内进行的。吸引范围分为直通吸引范围和地方吸引范围。

2.1.1 设计线的吸引范围

1. 直通吸引范围

直通吸引范围是路网中客货运量通过本设计线运送有利的区域范围。因为铁路运价是按里程算的，所以直通吸引范围可按等距离的原则划定吸引范围，即在直通吸引范围内的运量，通过设计线要比其他路径运程短。上、下行方向直通吸引范围不同，需分别勾画。如图 2-1 所示。

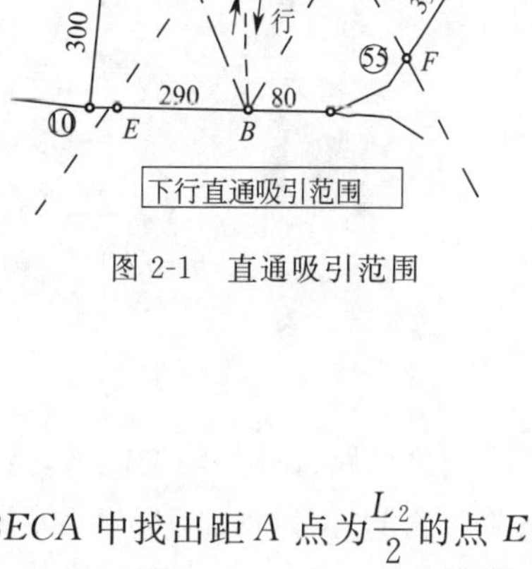

图 2-1 直通吸引范围

上、下行直通吸引范围的确定。

如图 2-1 所示，先计算出上、下行各自的总里程。

上行环路 $ABFDA$ 的总里程：$L_1=600+80+390+350+160+90=1\ 670$ km

下行环路 $ABECA$ 的总里程：$L_2=600+290+300+370+200=1\ 760$ km

1)上行直通吸引范围的确定：

在环路 $ABFDA$ 中找出距 B 点为$\frac{L_1}{2}$的点 D，在环路 $ABECA$ 中找出距 B 点为$\frac{L_2}{2}$的点 C 点，则 $CADB$ 即为上行直通吸引范围。

2)下行直通吸引范围的确定：

在环路 $ABFDA$ 中找出距 A 点为$\frac{L_1}{2}$的点 F，在环路 $ABECA$ 中找出距 A 点为$\frac{L_2}{2}$的点 E，则 $EBFA$ 即为下行直通吸引范围。

2. 地方吸引范围

地方吸引范围是在设计线经行地区内，客货运量由设计线运送的有利区域范围。按运价最低的原则来确定(含水运、公路运输的比较)，哪边花钱少就往哪边走，如图 2-2 所示。

地方吸引范围确定的步骤如下：

(1)找出设计线和邻接铁路上的经济据点；

(2)将相关联的据点用直线连接；

(3)作各连线的垂直平分线，垂线交成的多边形，即为地方吸引范围，如图 2-2 中的 $AcdeBihgfA$ 区域；

(4)修正吸引范围。

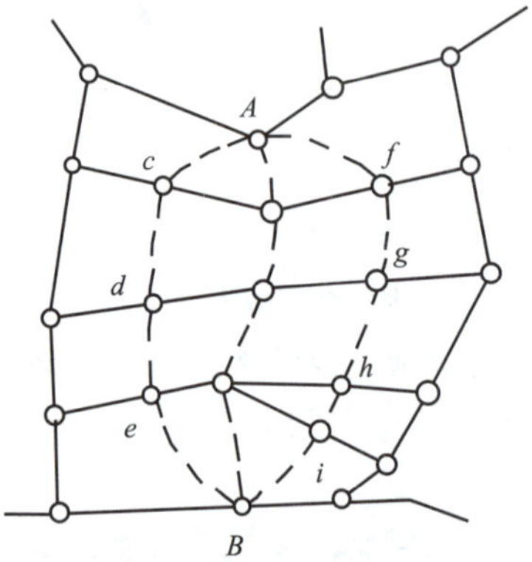

图 2-2　地方吸引范围

2.1.2　客货运量调查、预测不准确带来的问题

多年来，我国许多干线铁路一直处在不停地改、扩建之中，这些改、扩建工程包括增加车站、双线插入、局部复线、软化坡度、通信信号改造、增建第二线或电气化等各种方式。

1. 南昆铁路

体现 20 世纪 90 年代设计筑路水平的西南大动脉南昆铁路，东起南宁，西至昆明，北接红果，全长 898 km，为国家Ⅰ级干线电气化铁路。走向示意图如图 2-3 所示。

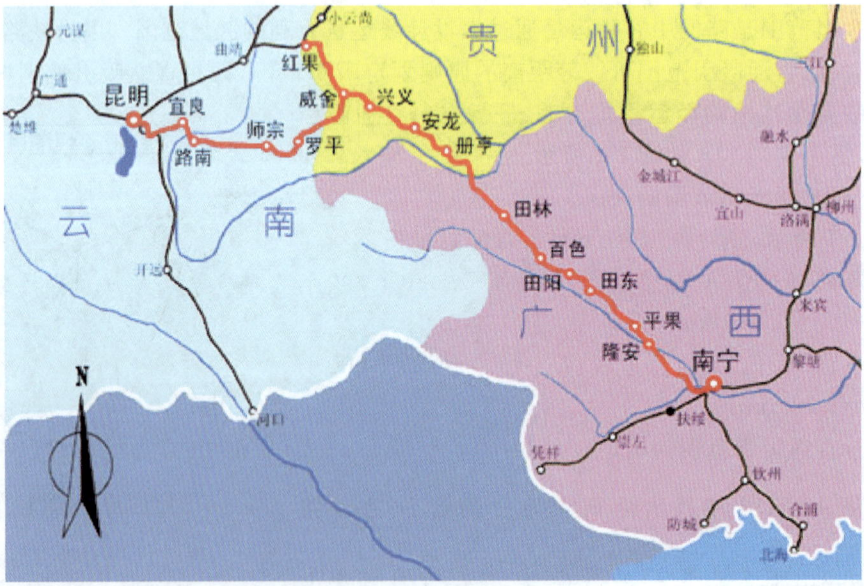

图 2-3　南昆铁路走向示意图

南昆铁路设计年输送能力，近期 1 000 万 t，远期扩能可达 3 000 万 t，当时被称为“中华扶贫第一路”。南昆铁路 1997 年开通运营，2001 年大部分区段平图能力利用率达到 94%，能力已处于饱和状态。造成南昆线能力饱和，急需改建的原因主要是运量调查的不准确和设计年度过短。经过 15 年的持续扩能改造，2011 年单向输送能力提升到 2 730 万 t。

2. 西康铁路

2001 年 1 月 8 日，全长 267.49 km 的西安—安康国家Ⅰ级电气化铁路干线开通运营。该线预留双线，一次建成电气化。年设计能力货运量 2 000 万 t，日均客车 8 对。西康铁路 2001 年 1 月开通运营当年，限制区段的平图能力利用率已达到 100%，需要开放原设计预留的车站。西康线设计预测运量近期 2005 年为 1 245 万 t，远期 2010 年为 1 500 万 t，实际开通两年 2002 年已达到 1 400 万 t。西康铁路增建二线，2009 年 12 月 17 日开工，计划于 2014 年建成。建成后，铁路的年货运能力将由目前的 2 000 万 t 提高到 1 亿 t，日开行客车由 8 对增至 20 对，列车时速将从现在的 100 km/h 提高到 160 km/h，西安到安康的铁路运行时间将由 5 h 缩短为约 3 h。

3. 宝中铁路

1994 年 5 月 18 日，全长 498.19 km 的宝鸡—中卫电气化铁路干线开通。宝中线设计预测运量近期 2000 年为 1 028 万 t，远期 2005 年为 1 500 万 t，实际运量 2000 年达到 1 499 万 t，2002 年达到 1 954 万 t。宝中线增建二线 2011 年开工建设，预计建设工期 4 年，新建正线长度 431.09 km，设计为双线电气化铁路，速度目标值为 160 km/h、局部 120 km/h，总投资约 191.28 亿元。增建二线后，现有线路通过提速改造，宝中铁路可形成双线快速、大能力通道，从而彻底解决通道运输能力紧张、运输质量低下的局面。

4. 浙赣铁路

浙赣铁路全长 942 km，起于杭州站，止于湖南株洲，横跨浙、赣、湘三省，于 1997 年全部复线正式开通。浙赣复线金华—株洲段（图 2-4）设计预测运量近期 2000 年为 2 670 万 t，远期 2005 年为 3 800 万 t，实际运量 2000 年为 3 510 万 t，2002 年已达到 3 797 万 t。2003 年 10 月，浙赣铁路电气化提速改造工程正式起动，2006 年 9 月 15 日竣工通车，可满足列车时速 200 km 的开行条件。

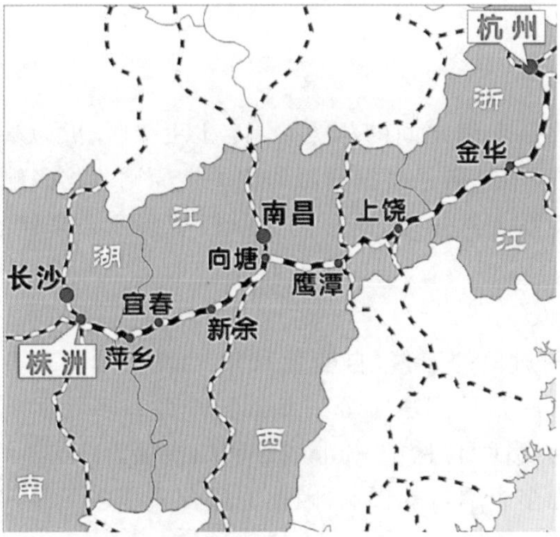

图 2-4　浙赣铁路金华至株洲段

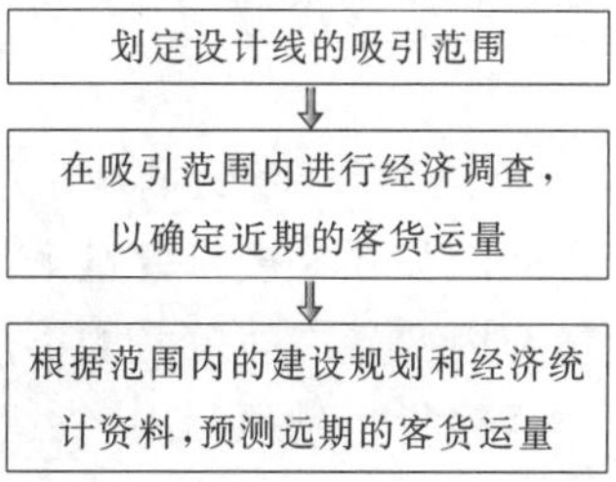

图 2-5　设计线客货运量预测流程

以上实例都是客货运量调查、预测不准确和设计年限过短带来的问题。为适应运量的增长，铁路频繁改建、扩建，不仅增加施工费用和施工对运营的干扰，而且影响铁路的正常运输效率的发挥。

2.1.3 铁路客货运量预测模型

目前，铁路客货运量预测模型多种多样，按预测性质划分，可分为定性预测方法、定量预测方法和定性、定量相结合的组合预测方法三大类。设计线客货运量的预测流程如图 2-5 所示。

1. 定性预测方法

通过对所掌握的铁路客货系统情况的数据资料分析，对铁路客货运量市场相关指标的变化趋势进行主观分析、判断的预测方法，其准确程度主要取决于预测者的经验、理论、业务水平以及掌握的情况和分析判断能力。定性预测法的准确性受主观因素的影响较大，缺少一定的科学性，但它所需成本小，时间短、操作简单并且适应性强。常用的定性方法主要包括德尔菲法、专家判断预测法，分形理论、Rough Set 理论等多种方法。

2. 定量预测方法

根据准确、及时、系统、全面的调查统计资料和经济信息，以大量的历史观察值为主要依据，建立适当的数学模型，以数学模型为预测模型，对经济现象未来发展的规模、水平、速度和比例关系进行测定的方法。它的优点是科学性强、推理过程严谨、预测结果准确且具有说服力，缺点是成本高、时间长、应用起来较为复杂。用于铁路客货运量定量预测的方法主要有：

(1)传统的预测方法，如回归预测法、时间序列预测法；

(2)新型预测方法，包括灰色预测方法、神经网络、支持向量机、最小二乘支持向量机等。

3. 组合预测方法

将几种预测方法所得的预测结果，选取适当的权重进行组合的一种预测方法。组合预测方法可综合利用各单项方法(包括时间序列模型、回归预测、灰色模型等)所提供的信息，避免单一模型丢失信息的缺憾，从而达到减少预测随机性，提高预测精度的目的。

下面对主要的定量预测方法及组合预测方法进行介绍。

2.2 多元回归预测法

回归分析是一种数理统计分析方法，研究的是变量之间的相关关系。以回归分析为基础的预测方法称为回归预测法。回归预测方法的基本思路是根据预测的相关性原则找出影响预测对象的各因素，用适当的数学模型将它们的关系表达出来，再根据数学模型预测未来状态。回归预测方法的一般形式为：

$$y=f(x) \tag{2-1}$$

其中，y 为预测对象(因变量)，x 为影响预测对象的因素(自变量)，$f(x)$表示预测对象和其影响因素之间的关系。按自变量个数的不同，回归预测法可分一元回归模型和多元回归模型。按自变量与因变量之间关系的不同，可分为线性回归模型和非线性回归模型。

在实际的铁路货运量预测中，货运量通常受多个因素的影响，因此更适合采用多元回归模型进行分析。

2.2.1 多元回归预测模型

假设因变量 Y 与 n 个自变量 $X_1, X_2, \cdots, X_n$ 具有线性关系，则多元线性回归模型可表示为：

$$Y=k_0+k_1X_1+k_2X_2+\cdots+k_nX_n \qquad (2\text{-}2)$$

式中 $k_0,k_1,k_2,\cdots,k_n$——模型参数，可用最小二乘法计算获得。

利用回归预测法进行预测的步骤如下：

(1)分析一组统计数据，确立 n 个特定变量之间数学模型形式；

(2)对模型中的参数进行估计和统计检验，分析影响因素与预测对象之间的关系强弱和影响程度，确定诸变量中哪些是主要因素，哪些是次要因素以及它们之间的关系；

(3)根据求得的回归模型和自变量的值，预测因变量未来的取值，并分析和研究预测结果的误差范围和精度。

2.2.2 实例计算

表 2-1 给出了 1986 年～2010 年全国货运量及影响因素的相关数据，现利用多元线性回归模型对我国货运量进行实例计算。

表 2-1 货运量及影响因素数据

年份	国内生产总值(亿元)	社会固定资产投资总额(亿元)	社会消费品零售总额(亿元)	货运量(万 t)
1986	10 275.2	3 120.60	4 950.0	853 557
1987	12 058.6	3 791.70	5 820.0	948 229
1988	15 042.8	4 753.80	7 440.0	982 195
1989	16 992.3	4 410.40	8 101.4	988 435
1990	18 667.8	4 517.0	8 300.1	970 602
1991	21 781.5	5 594.5	9 415.6	98 5793
1992	26 923.5	8 080.1	10 993.7	1 045 899
1993	35 333.9	13 072.3	14 270.4	1 115 902
1994	48 197.9	17 042.1	18 622.9	1 180 396
1995	60 793.7	20 019.3	23 613.8	1 234 938
1996	71 176.6	22 913.5	28 360.2	1 298 421
1997	78 973.0	24 941.1	31 252.9	1 278 218
1998	84 402.3	28 406.2	33 378.1	1 267 427
1999	89 677.1	29 854.7	35 647.9	1 293 008
2000	99 214.6	32 917.7	39 105.7	1 358 682
2001	109 655.2	37 213.5	43 055.4	1 401 786
2002	120 332.7	43 499.9	48 135.9	1 483 447
2003	135 822.8	55 566.6	52 516.3	1 564 492
2004	159 878.3	70 477.4	59 501.0	1 706 412
2005	184 937.4	88 773.6	67 176.6	1 862 066
2006	216 314.4	109 998.2	76 410.0	2 037 060
2007	265 810.3	137 323.9	89 210.0	2 275 822
2008	314 045.4	172 828.4	108 488.0	2 585 937
2009	340 903.0	224 598.8	132 678.4	2 825 222
2010	397 983	278 140.0	154 554	3 203 000

1. 模型构建

货运量受多种因素影响，而且各因素之间关系复杂。这里以货运量为因变量 Y，选取国内生产总值 X_1、全社会固定资产投资总额 X_2、社会消费品零售总额 X_3 作为自变量进行预测。将数据样本分为两部分，其中 1986 年～2005 年数据用于估计模型参数，2006 年～2010 年数据用于检验模型的预测性能。

设多元线性回归模型为：

$$Y=\alpha+\beta_1 X_1+\beta_2 X_2+\beta_3 X_3 \tag{2-3}$$

将相关数据信息输入到 SPSS 统计软件中，进行多元线性回归计算，得到参数值：

$\beta_1=11.767$；$\beta_2=-0.364$；$\beta_3=-17.779$；$\alpha=915290$。

2. 模型检验

多元线性回归模型的检验主要包括相关系数(r)检验、拟合系数(R^2)检验、回归显著性系数(sig)检验和 F 检验。利用统计软件计算 r、R^2、sig、F 值见表 2-2。

表 2-2　检验指标数据表

r	R^2	调整 R^2	sig	F
0.992	0.984	0.984	0.000	300.793

由表 2-2 可知，相关系数 $r=0.992$，拟合系数 $R^2=0.984$，说明自变量国内生产总值 X_1、全社会固定资产投资总额 X_2、社会消费品零售总额 X_3 和货运量形成的散点与回归曲线的接近程度强，回归性好，散点主要集中于回归线上。回归显著系数 $sig=0.000<0.005$，说明该回归模型具有统计学意义。

3. 货运量预测

将 2006 年～2010 年的相应数据代入以上预测模型，经过计算得出 2006 年～2010 年货运量预测值，结果见表 2-3。

表 2-3　货运量预测结果

年　份	实际值	多元线性回归预测值	相对误差(%)
2006	2 037 060	2 062 129	1.23
2007	2 275 822	24 070 299	5.77
2008	2 585 937	2 506 189	3.08
2009	2 825 222	24 860 523	12.01
2010	3 203 000	27 492 979	14.16

根据相关资料，预计 2015 年我国 GDP 可达到 612 346 亿元，社会固定资产投资总额可达到 427 953 亿元，社会消费品零售总额可到达 320 000 亿元，则根据以上多元线性回归模型，可预测出 2015 年我国的货运量为：

$$Y=915\ 290+11.767\times612\ 346-0.364\times427\ 953-17.779\times320\ 000=2\ 275\ 710 \text{ 万 t}$$

回归预测方法在铁路货运量预测中应用较为普遍，其主要优点在于能够从模型中了解影响铁路货运量的主要因素，可靠性高，实用价值大。但它对历史数据质量要求高，且系统的结构要稳定，回归模型的建立难度较大。

2.3　时间序列预测法

时间序列预测法利用事物发展历史数据的变化趋势来估计预测目标未来的发展趋势。具体来说，是在时间序列变量分析的基础上，运用一定的数学方法建立预测模型，使时间趋势向外延伸，从而预测未来市场的发展变化趋势，确定变量预测值。常用的时间序列预测法有平均数法、移动平均法、趋势推测法、指数平滑法及随机时间序列法等。这里主要介绍移动平均法和指数平滑法。

2.3.1　移动平均法

移动平均法是根据时间序列逐项移动，依次计算包含一定项数的平均数，形成平均数时间序列，并据此进行预测。其实质是根据历史统计数据的变化规律，使用最近时期数据的平均数，利用上一个或几个时期的数据产生下一期的预测。移动平均法可分为一次移动平均法、加权移动平均法和二次移动平均法。

1. 一次移动平均法

设有时间序列 $y_1, y_2, \cdots, y_N, \cdots, y_t$，则一次移动平均法的公式为：

$$\hat{y}_{t+1} = M_t^{(1)} = \frac{y_t + y_{t-1} + \cdots + y_{t-(N-1)}}{N} \tag{2-4}$$

式中　$\hat{y}_{t+1}$——$t+1$ 时期的预测值；

$M_t^{(1)}$——一次移动平均值；

N——参加移动平均的数据期数。

上式表示下一期的预测值为前 N 期数据的算术平均值。

2. 加权移动平均法

一次移动平均法假设过去的数据对预测值的作用是一样的。实际上，历史数据中的每期数据包含的信息量并不一样，对预测值的作用也不同，离预测期越近的数据通常含有更多未来的信息，对预测值的作用越大。

加权移动平均法考虑到各期数据的重要性，对每期数据赋予不同的权重，以加权平均值作为预测值，其公式如下：

$$\hat{y}_{t+1} = \frac{w_0 y_t + w_1 y_{t-1} + \cdots + w_{N-1} y_{t-(N-1)}}{w_1 + w_2 + \cdots + w_{N-1}} \tag{2-5}$$

式中　$w_1, w_2, \cdots, w_{N-1}$——权重，一般满足 $w_1 > w_2 > \cdots > w_{N-1}$。

加权移动平均法在时间序列没有明显趋势变动时，能够较准确地反映实际情况。但当时间序列出现直线增加或减少变动趋势时，用加权移动平均法预测会出现较大的误差。

3. 二次移动平均法

二次移动平均法是在一次平均的基础上，作二次移动平均，并在两次移动平均的基础上建立预测模型。二次移动平均法的公式如下：

$$M_t^{(2)} = \frac{M_{t-1}^{(1)} + M_{t-2}^{(1)} + \cdots + M_{t-N}^{(1)}}{N} \tag{2-6}$$

式中　$M_t^{(2)}$——二次移动平均值；

$M_t^{(1)}$——一次移动平均值。

上式表示二次移动平均值为前 N 期一次移动平均值的算术平均值。二次移动平均值不能直接用于预测,而应该建立线性趋势预测模型进行预测。二次移动平均法的线性趋势预测模型形式为:

$$y_{t+T}=a_t+b_t\times T \tag{2-7}$$

式中　y_{t+T}——$t+T$ 时期的预测值;

t——当前时期;

$T(T=1,2,\cdots)$——预测周期;

a_t、b_t——分别为模型的截距和斜率,计算公式为:

$$a_t=2M_t^{(1)}-M_t^{(2)} \tag{2-8}$$

$$b_t=2(M_t^{(1)}M_t^{(2)})/(N-1) \tag{2-9}$$

由此可知,若想利用(2-7)式进行预测,先要计算出 a_t 和 b_t 的值。

移动平均法简便易行,其历史数据反映出了自身的发展趋势,在难以收集数据与选择恰当的自变量时比较有效,但无法揭示系统内各因素之间的关系。利用移动平均法进行预测时会丢失一部分数据的信息,若能利用这部分丢失的数据,会在一定程度上改善预测结果。

4. 实例计算

(1)一次移动平均法和加权移动平均法实例

某地区铁路货运站 2011 年 12 个月的铁路货运量见表 2-4,采用一次移动平均法和加权移动平均法预测 2012 年的 1 月份的铁路货运量。(加权移动平均法中,$N=3$,$a_0=1.5$,$a_1=1$,$a_2=0.5$)

表 2-4　某地区铁路货运站 2011 年货运量

时间(月)	1	2	3	4	5	6	7	8	9	10	11	12	1
货运量(万 t)	18	15	12	20	25	24	26	25	28	26	29	26	

根据一次移动平均法和加权移动平均法的公式可知,首先需要确定参加移动平均的数据期数,即 N 的值。这里选择 $N=3$,即利用前 3 期的数据预测下一期的货运量。然后,利用相应公式计算 2012 年 1 月的货运量。

一次移动平均预测值:

$$\hat{y}_{2012,1}=\frac{26+29+26}{3}=27.0\text{ 万 t}$$

加权移动平均预测值:

$$\hat{y}_{2012,1}=\frac{26\times1.5+29\times1+26\times0.5}{3}=27.0\text{ 万 t}$$

由以上计算结果可知,一次移动平均法和加权移动平均法所预测的 2012 年 1 月的货运量均为 27.0 万 t。

(2)二次移动平均法实例

某铁路货运段统计了 1991 年～2002 年的实际货运量(单位:万 t),试用二次移动平均法预测该段 2003 年货运量。

表 2-5　某铁路货运段 1991 年～2002 年的实际货运量

年　份	时　序	实际货运量(万 t)	$M_t^{(1)}(n=4)$	$M_t^{(2)}(n=4)$
1991	1	38	—	—
1992	2	45	—	—
1993	3	35	—	—
1994	4	49	41.75	—
1995	5	70	49.75	—
1996	6	43	49.25	—
1997	7	46	52	48.19
1998	8	55	53.5	51.13
1999	9	45	47.25	50.5
2000	10	65	52.75	51.38
2001	11	64	57.25	52.69
2002	12	43	54.25	52.88

为计算简单，首先给各年份编号，并取 $N=4$，计算 $M_{12}^{(1)}$，$M_{12}^{(2)}$ 的值，见表 2-5。根据二次移动平均法的预测模型公式(2-7)，选择 $t=12$，则可得到，

$$a_{12}=2M_{12}^{(1)}-M_{12}^{(2)}=2\times 54.25-52.88=55.62$$

$$b_{12}=\frac{2}{n-1}(M_{12}^{(1)}-M_{12}^{(2)})=\frac{2}{4-1}(54.25-52.88)=0.913$$

所以，二次移动平均法的预测方程为：

$$\hat{x}_{12+T}=55.62+0.913\times T$$

2003 年的货运量预测值为：

$$\hat{x}_{12+1}=55.62+0.913\times 1=56.53(\text{万 t})$$

通过上面的计算可看出，T 的取值由 t 来决定。$t=12$，$T=1$；$t=8$，$T=5$。所以，运用二次移动平均法的预测模型进行预测，首先要确定 t 的值，t 值确定后才能进行下一步的计算。

2.3.2　指数平滑法

指数平滑法是一种特殊的加权移动平均法，也称指数加权移动平均法。指数平滑法可以利用整个时间序列的全部历史数据，通过指数进行加权平均，对未来趋势进行预测，它可以消除时间序列的偶然性变动，进而寻找预测对象的变化特征和趋势。这种方法克服了移动平均法丢失数据信息的缺点，保持了移动平均法的优点，它只需最近一期的运量预测值结合实际运量预测下一期的数值，因此在实际工作中得到了广泛应用。

常用的指数平滑法有一次指数平滑法、二次指数平滑法和三次指数平滑法。

1. 一次指数平滑法

设时间序列为 $y_1,y_2,\cdots,y_t$，一次指数平滑法的公式为：

$$S_t^{(1)}=\alpha y_t+(1-\alpha)S_{t-1}^{(1)} \tag{2-10}$$

式中　$S_t^{(1)}$ 和 $S_{t-1}^{(1)}$—— 分别为 t 时期和 $t-1$ 时期的一次指数平滑值；

y_t—— t 时期的实际值；

α—— 指数平滑系数，其大小体现了修正的幅度，α 越大修正的幅度越大，α 越小修正的幅度越小。因此，α 的选取是重要的，它直接影响着预测结果。

一般根据实际数据序列的特点和经验选择 α 的值。如果序列的长期趋势比较稳定，应取较小的 α 值（如 0.05～0.20）。如果时间序列具有迅速明显的变动倾向时，则应采取较大的 α 值（如 0.3～0.7），使时间序列中最近数据的作用能更多地反映在预测值中。

利用一次指数平滑法进行预测，首先应确定初始一次指数平滑值 $S_0^{(1)}$，选取的方法有两种：

(1)若有已知的数据样本，可以从已知数据样本中选取一部分样本，将这部分样本的算术平均值或加权平均值作为 $S_0^{(1)}$；

(2)若没有已知的数据样本，可以采用定性预测方法，比如采用专家估计法确定 $S_0^{(1)}$ 值。

一次指数平滑用于实际数据序列以随机变动为主的场合，当时间序列的变动呈现直线趋势时，用一次指数平滑法进行预测，则会存在着明显的滞后偏差，此时应加以修正，修正的方式是进行二次指数平滑。

2. 二次指数平滑法

设时间序列为 $y_1, y_2, \cdots, y_t$，二次指数平滑法的公式为：

$$\begin{cases} S_t^{(1)} = \alpha y_t + (1-\alpha) S_{t-1}^{(1)} \\ S_t^{(2)} = \alpha S_t^{(1)} + (1-\alpha) S_{t-1}^{(2)} \end{cases} \tag{2-11}$$

式中 $S_t^{(2)}$ 和 $S_{t-1}^{(2)}$—— 分别为 t 时期和 $t-1$ 时期的二次指数平滑值。

二次指数平滑法的线性趋势预测模型为：

$$y_{t+T} = a_t + b_t \times T \tag{2-12}$$

式中 y_{t+T}—— $t+T$ 时期的预测值；

t—— 当前时期；

T—— 预测周期，$T=1,2,\cdots$；

a_t 和 b_t—— 分别为模型的截距和斜率，计算公式为：

$$a_t = 2S_t^{(1)} - S_t^{(2)} \tag{2-13}$$

$$b_t = \alpha(S_t^{(1)} - S_t^{(2)})/(1-\alpha) \tag{2-14}$$

由此可知，若想利用(2-12)式进行预测，先要计算出 a_t 和 b_t 的值。应用二次指数平滑法进行预测的步骤：

(1)确定指数平滑系数 α 和初始的指数平滑值 $S_0^{(1)}$、$S_0^{(2)}$；

(2)根据时间序列 $\{y_t\}$ 计算一次、二次指数平滑值 $S_t^{(1)}$、$S_t^{(2)}$；

(3)根据(2-13)式和(2-14)式计算出截矩 a_t 和斜率 b_t 的值；

(4)将 a_t 和 b_t 的值代入(2-12)式，建立线形趋势预测模型，并进行预测。

二次指数平滑法适用于实际数据具有明显线性倾向的场合。当时间序列数据具有持续的线性增长或下降趋势时，应采用二次指数平滑预测模型。

3. 三次指数平滑法

三次指数平滑法是在二次指数平滑的基础上，再进行一次平滑。该方法适合于具有持续曲线增长或下降趋势的时间数列的预测。

设时间序列为 $y_1, y_2, \cdots, y_t$，三次指数平滑法的公式为：

$$S_t^{(1)} = \alpha y_t + (1-\alpha) S_{t-1}^{(1)} \tag{2-15}$$

$$S_t^{(2)}=\alpha S_t^{(1)}+(1-\alpha)S_{t-1}^{(2)} \tag{2-16}$$

$$S_t^{(3)}=\alpha S_t^{(2)}+(1-\alpha)S_{t-1}^{(3)} \tag{2-17}$$

式中　$S_t^{(1)}$ 和 $S_{t-1}^{(1)}$—— 分别为 t 时刻和 $t-1$ 时刻的一次指数平滑值；

$S_t^{(2)}$ 和 $S_{t-1}^{(2)}$—— 分别为 t 时刻和 $t-1$ 时刻的二次指数平滑值；

$S_t^{(3)}$ 和 $S_{t-1}^{(3)}$—— 分别为 t 时刻和 $t-1$ 时刻的三次指数平滑值；

α 为指数平滑系数，其取值在[0,1]之间。

三次指数平滑法的预测模型为：

$$y_{t+T}=a_t+b_t\times T+c_t\times T^2 \tag{2-18}$$

式中　t—— 当前时刻；

T—— 为预测周期 $T=1,2,\cdots$；

a_t、b_t 和 c_t—— 分别为模型的系数，计算公式为：

$$a_t=3S_t^{(1)}-S_t^{(2)}+3S_t^{(3)} \tag{2-19}$$

$$b_t=\frac{\alpha}{2(1-\alpha^2)}[(6-5\alpha)S_t^{(1)}-2(5-4\alpha)S_t^{(2)}+(4-3\alpha)S_t^{(3)}] \tag{2-20}$$

$$c_t=\frac{\alpha^2}{2(1-\alpha^2)}[S_t^{(1)}-2S_t^{(2)}+S_t^{(3)}] \tag{2-21}$$

4. 实例计算

利用三次指数平滑法对某客运段的客运量进行实例计算。某铁路客运段 2005 年～2009 年的客运量（万人）见表 2-6。

表 2-6　某铁路客运段 2005 年～2009 年客运量

年　份	2005	2006	2007	2008	2009
客运量	2.4	3.5	4.7	4.9	5.4

取 $\alpha=0.1$，选取前三个数据的平均值作为一次指数平滑的估计值，即：

$S_0^{(1)}=S_0^{(2)}=S_0^{(3)}=\frac{1}{3}(y_1+y_2+y_3)=3.53$ 万人，利用算式：

$$S_{2005}^{(1)}=0.1\times2.4+(1-0.1)\times3.53=3.42$$

$$S_{2005}^{(2)}=0.1\times3.42+(1-0.1)\times3.53=3.52$$

$$S_{2005}^{(3)}=0.1\times3.52+(1-0.1)\times3.53=3.53$$

$$a_{2005}=3\times3.42-3\times3.52+3.53=3.23$$

$$b_{2005}=0.1[(6-5\times0.1)\times3.42-2(5-4\times0.1)\times3.52+(4-3\times0.1)\times3.53]\div[2\times(1-0.1)^2]=-0.034$$

$$c_{2005}=0.1^2\times(3.42-2\times3.52+3.53)\div[2\times(1-0.1)^2]=-1.71$$

则可得到：

$$\hat{y}_{2005}=3.23-0.034\times T-1.71\times T^2$$

依此类推，可计算出 2006 年～2009 年的预测值，见表 2-7。

表 2-7 $\alpha=0.1$ 平滑计算过程表 （单位：万人）

年　份	客运量	$S_t^{(1)}$	$S_t^{(2)}$	$S_t^{(3)}$	$\hat{y}_t$
初始值	3.53	3.53	3.53	3.53	
2005	2.4	3.42	3.52	3.53	3.23
2006	3.5	3.43	3.51	3.53	3.26
2007	4.7	3.56	3.52	3.53	3.64
2008	4.9	3.68	3.53	3.53	3.97
2009	5.4	3.85	3.56	3.53	4.39

由表 2-7 可知，三次指数平滑法对 2005 年～2009 年的客运量预测值分别为 3.23 万人、3.26 万人、3.64 万人、3.97 万人、4.39 万人。

2.4 灰色预测模型

2.4.1 基本原理

灰色预测模型是灰色系统理论的主要模型之一，其建模过程是通过一定方法对原始的数据序列进行处理，得到规律性较强的生成数列后重新建模，由生成模型得到的数据再通过逆处理得到还原模型，再由还原模型得到预测模型。与传统预测方法相比，灰色预测模型具有其本身独特的特点：首先，建模所需的数据较少，通常只要有 4 个数据即可建立灰色预测模型；其次，数学演算比较简单，通过有限次的数据处理即可得到有规律的数据序列，利用最小二乘法即可获得模型参数；最后，少量数据下即可得到较高的预测精度，能较好地反映数据序列的实际状态。

GM(1,1)模型是最常用的灰色预测模型，由单变量的一阶微分方程构成，其实质是对原始数列做一次累加生成，使生成数列呈现一定的规律性，通过建立具有微分、差分、近似指数规律兼容的方程模型，求得拟合曲线，用于对未来做出科学的定量预测。GM(1,1)模型的建模过程如下。

设 $X^{(0)}=\{X^{(0)}(1),X^{(0)}(2),\cdots,X^{(0)}(t)\}$ 为原始非负时间序列，对其进行一次累加生成，得到新序列 $X^{(1)}=\{X^{(1)}(1),X^{(1)}(2),\cdots,X^{(1)}(t)\}$，其中，

$$X^{(1)}(t)=\sum_{i=1}^{t}X^{(0)}(i),t=1,2,\cdots,n \tag{2-22}$$

由此得相应的 GM(1,1)模型的微分方程

$$\frac{\mathrm{d}X^{(1)}}{\mathrm{d}t}+aX^{(1)}=b \tag{2-23}$$

式中 a,b—— 待定参数，a 称为发展系数，b 称为灰色作用量。

设 u 为参数向量，$u=(a,b)^{\mathrm{T}}$，利用最小二乘法求解方程 $Bu=Y$，解得参数向量估计值，

$$\hat{u}=(B^{\mathrm{T}}B)^{-1}B^{\mathrm{T}}Y \tag{2-24}$$

其中，$B=\begin{bmatrix}-0.5[X^{(1)}(1)+X^{(1)}(2)] & 1\\ -0.5[X^{(1)}(2)+X^{(1)}(3)] & 1\\ \cdots & \cdots\\ -0.5[X^{(1)}(n-1)+X^{(1)}(n)] & 1\end{bmatrix}$，$Y=\begin{bmatrix}X^{(0)}(2)\\ X^{(0)}(3)\\ \cdots\\ X^{(0)}(n)\end{bmatrix}$

将参数估计值代入微分方程(2-23)求解，即可得到 GM(1,1)模型的时间响应函数：

$$\hat{X}^{(1)}(t+1)=\left(X^{(0)}(1)-\frac{b}{a}\right)e^{-at}+\frac{b}{a}\ ,(t=0,1,\cdots,n) \tag{2-25}$$

由式(2-25)可对 $X^{(1)}$ 做出预测，并由累减生成得到原始数据序列的模拟序列值，即：

$$\hat{X}^{(0)}(t+1)=(1-e^{a})\left(X^{(0)}(1)-\frac{b}{a}\right)e^{-at},(t=0,1,\cdots,n) \tag{2-26}$$

2.4.2　实际算例

利用上述 GM(1,1)模型对某地区的年货运量进行实例计算。表 2-8 给出了某地区 2000 年～2011 年货运量。

表 2-8　某地区 2007 年～2011 年货运量　　(单位：万 t)

年份	2007	2008	2009	2010	2011
货运量	104 188	111 383	136 804	177 308	212 330

(1)数据处理。将该地区的货运量设为原始序列：

$$X^{(0)}=\{104\ 188,111\ 383,136\ 804,177\ 308,212\ 330\}$$

将原始序列一次累加成新序列：

$$X^{(1)}=\{104\ 188,215\ 571,352\ 375,529\ 683,742\ 013\}$$

(2)估计参数。由最小二乘法估计参数 a、b 的值，得到：

$$a=-0.215\ 8,b=77\ 417.237\ 8$$

(3)建立预测模型。将参数 a、b 带入式(2-25)，得到 GM(1,1)预测模型：

$$\hat{X}^{(1)}(t+1)=462\ 952.306\ 3e^{(0.215\ 8t)}-358\ 764.306\ 3$$

(4)求解预测值。将 $t=0,1,2,\cdots,4$ 代入上式中，即可得到数据的一次累加预测值，再按式(2-26)式对其进行一次累减处理，得到原始序列的预测值。

(5)模型精度检验。

①残差检验，利用绝对误差和相对误差检验 GM(1,1)模型的预测精度，结果见表 2-9。GM(1,1)模型的绝对误差和相对误差均较小，最大、最小相对预测误差仅为－3.179 3％和 0.102 7％，表明 GM(1,1)模型对该地区货运量的预测精度较高。

表 2-9　实际货运量与预测货运量比较

年份	实际值	预测值	绝对误差	相对误差％
2007	104 188	104 188	0	0
2008	111 383	111 497	114.435 5	0.102 7
2009	136 804	138 350	1 546.478 3	1.130 4
2010	177 308	171 671	－5 637.191 9	－3.179 3
2011	212 330	213 016	686.006 3	0.323 1

② 后验差检验，利用后验差比和小误差概率检验 GM(1,1)模型的预测精度。

设 S_1 为原始序列的标准差，S_2 为绝对误差的标准差，则后验差比：

$$C=S_2/S_1=2\ 849.914\ 5/45\ 777.024\ 2=0.062\ 3$$

设 e_t 为绝对误差，$\bar{e}$ 为绝对误差均值，则小误差概率：

$$P=p\{|e_t-\bar{e}|<0.674\ 5S_1\}=1$$

其中，P 值越大、C 值越小，GM(1,1)模型的预测精度越高。由 P、C 的计算值并结合表2-10的预测精度等级标准可知，GM(1,1)模型的精度达到一级优的标准，说明预测结果的可靠性较高。

表 2-10　灰色预测的精度等级标准

预测精度等级	P	C
好	>0.95	<0.35
合格	>0.80	<0.50
勉强	>0.70	<0.45
不合格	≤0.70	≥0.65

(6)外推预测。利用所建立的 GM(1,1)模型预测该地区 2012 年～2015 年的货运量，结果见表 2-11。由表 2-11 可知，该地区的货运量在未来几年中呈现出逐年增加的趋势，2015 年的货运量将达到 504 981 万 t。

表 2-11　2012 年～2015 年某地区货运量　　(单位：万 t)

年　份	2012	2013	2014	2015
预测值	264 319	327 977	406 967	504 981

需要注意是，GM(1,1)模型仅适合于短期的货运量预测，不能用于较长时间的预测，否则会产生较大的误差。为了预测较长时间的货运量趋势，需要引入新的数据，可以确保预测的可靠性。

2.4.3　灰色三次指数平滑法组合模型

1. 模型基本原理

灰色预测模型由于建模简单，易于实现，在铁路货运量中应用较好，但灰色预测模型要求原始数据较为平缓，在原始数据波动较大的情况下，仅用灰色 GM(1,1)模型预测，精度不高。指数平滑法用于预测的特点为：历史时间越近，对未来的影响就越大；历史时间越远，对未来的影响就越小；可不断用预测误差来纠正新的预测值，即运用"误差反馈"原理进行修正。

灰色三次指数平滑法组合模型结合灰色预测模型 GM(1,1)和三次指数平滑法的建模特点，将两者相组合，建立组合模型。模型基本形式如下：

$$Y=\omega_1 Y_1+\omega_2 Y_2 \tag{2-27}$$

式中　Y—— 组合预测值；

Y_1—— 由 GM(1,1)模型得到的预测值；

Y_2—— 由三次指数平滑法得到的预测值；

ω_1,ω_2—— 权重，$\omega_1+\omega_2=1$。

假设预测误差平方和分别为 E_{11}、E_{22}，根据 Y_1 和 Y_2 的追溯误差 E_{12}、E_{21}，建立组合模型：

$$\begin{cases} \mathrm{Min}S = \mathrm{Min}\sum_{i=1}^{2}\sum_{j=1}^{2}\omega_i\omega_j E_{ij} \\ \omega_1 + \omega_2 = 1, \text{且 } \omega_1, \omega_2 \geqslant 0 \end{cases} \tag{2-28}$$

求解该组合模型即可确定权重，获得组合预测模型。

2. 实例计算

某地区 1997 年～2009 年货运量统计资料见表 2-12，建立灰色三次指数平滑组合预测模型，并预测 2015 年的货运量。

表 2-12　某地区 1997 年～2009 年货运量　（单位：万 t）

年份	1997	1998	1999	2000	2001	2002	2003
货运量	1 754	1 640	1 773	1 966	2 099	2 735	3 404
年份	2004	2005	2006	2007	2008	2009	
货运量	4 261.37	4 770.8	7 792.09	8 117.20	9 701.96	11 000	

（1）三次指数平滑法预测

将数据分为两组：1997 年～2006 年的数据作为实验数据，2007 年～2009 年的数据作为测试数据。选用第一期（1997 年）的观测值作为初始的指数平滑预测值，即 $S_0^{(1)} = S_0^{(2)} = S_0^{(3)} = y_1 = 1\,754$ 万 t。平滑系数 α 的取值对指数平滑法的预测误差起着重要的作用，因此，必须找到最佳的 α 值。可通过反复试验，计算不同 α 值的均方差，找到均方差最小，既使 $MSE = \frac{1}{n}\sum_{i=1}^{n}(y_i - \hat{y}_i)^2$ 达到最小。结合该地区实际情况，选取 $\alpha = 0.9$，平滑计算过程见表 2-13。

表 2-13　平滑计算过程　（单位：万 t）

年份	货运量	$S_t^{(1)}$	$S_t^{(2)}$	$S_t^{(3)}$
1997	1 754.00	1 754.000	1 754.000	1 754.000
1998	1 640.00	1 651.400	1 661.660	1 670.894
1999	1 773.00	1 760.840	1 750.922	1 742.919
2000	1 966.00	1 945.484	1 926.028	1 907.717
2001	2 099.00	2 083.648	2 067.886	2 051.869
2002	2 735.00	2 669.865	2 609.667	2 553.887
2003	3 404.00	3 330.586	3 258.495	3 188.034
2004	4 261.37	4 168.290	4 077.310	3 988.383
2005	4 770.80	4 710.549	4 647.225	4 581.341
2006	7 792.09	7 483.936	7 200.265	6 938.372
2007	8 117.20	8 053.873	7 968.512	7 865.498
2008	9 701.96	9 537.151	9 380.287	9 228.809
2009	11 000.00	10 853.720	10 706.37	10 558.620

由表 2-13 可知，

$S_{2009}^{(1)}=10\ 853.72$，$S_{2009}^{(2)}=10\ 706.37$，$S_{2009}^{(3)}=10\ 558.62$；$a_{2009}=11\ 000.64$；$b_{2009}=1\ 301.89$；$c_{2009}=-0.21$。

预测方程为：

$$F_{2009+T}=11\ 000.64+1\ 301.89T-0.21T^2$$

将 T 分别取为 1,2,3,即可计算出 2007 年～2009 年的货运量预测值,结果见表 2-13。

(2)灰色预测法预测

将该地区的货运量设为原始序列：

$X^{(0)}=\{1\ 754,1\ 640,1\ 773,1\ 966,2\ 099,2\ 735,3\ 404,4\ 261.37,4\ 770.8,7\ 792.09\}$

将原始序列一次累加成新序列：

$X^{(1)}=\{1\ 754,3\ 394,5\ 167,7\ 133,9\ 232,11\ 967,15\ 371,19\ 632.37,24\ 403.17,32\ 195.26\}$

由最小二乘法估计出参数 a、b 的值：

$$a=-0.224\ 5,b=557.292\ 5$$

最后得到 GM(1,1)预测模型

$$\hat{X}^{(1)}(t+1)=4\ 236.803\ 8\mathrm{e}^{(0.224\ 5t)}-2\ 482.803\ 8$$

将 $t=10,11,12,13$ 分别代入上式中,得到原始数据的一次累加预测值,再通过一次累减处理,得到 2007 年～2009 年货运量的预测值,结果见表 2-14。

表 2-14　测试数据预测结果　(单位:万 t)

年份	实际值	三次指数平滑预测值	三次指数平滑误差	灰色预测值	灰色预测值误差
2007	8 117.20	8 396.02	−278.82	8 038.42	78.78
2008	9 701.96	9 698.54	3.42	10 061.28	−359.32
2009	11 000	11 000.64	−0.64	12 593.17	−1 593.17

根据上述数据,计算得到 E_{11}、E_{22}、E_{12}、E_{21},得到

$$E=\begin{bmatrix}\sum_{i=1}^{3}e_{1i}^2 & \sum_{i=1}^{3}e_{1i}e_{2i}\\ \sum_{i=1}^{3}e_{2i}e_{1i} & \sum_{i=1}^{3}e_{2i}^2\end{bmatrix}=\begin{bmatrix}77\ 752.92 & -22\ 174.69\\ -22\ 174.69 & 2\ 673\ 507.80\end{bmatrix}$$

$$E^*=\begin{bmatrix}2\ 673\ 507.80 & -22\ 174.69\\ -22\ 174.69 & 77\ 752.92\end{bmatrix}$$

$$d_1=2\ 673\ 507.80-22\ 174.69=2\ 651\ 333.11$$

$$d_2=77\ 752.92-22\ 174.69=55\ 578.23$$

$$d=d_1+d_2=2\ 706\ 911.34$$

$\omega_1=\frac{d_1}{d}=0.98$,$\omega_2=\frac{d_2}{d}=0.02$,则得到组合模型为：

$$Y=0.98Y_1+0.02Y_2$$

(3) 组合预测

利用三次指数平滑预测法得到 2015 年的货运量预测值为：

$$Y_{1,2015} = 11\ 000.64 + 1\ 301.89 \times 6 - 0.21 \times 6^2 = 18\ 804.42 \text{ 万 t}$$

利用 GM(1,1) 模型得到 2015 年的货运量预测值为 $Y_{2,2015} = 48\ 420.37$ 万 t，则 2015 年灰色三次指数平滑法组合预测值为：

$$Y_{2015} = 18\ 804.42 \times 0.98 + 48\ 420.37 \times 0.02 = 19\ 396.74 \text{ 万 t}$$

2.5　铁路货运量组合预测模型

组合预测是将若干种预测方法赋予不同的权重，从而形成综合的预测模型。组合预测方法是由 Bates 和 Granger 于 1959 年首次提出的。经过多年的发展，组合预测方法已经在多个领域得到应用，如铁路客货运量港口吞吐量预测和交通运输量预测等。理论研究和实际应用表明，组合预测模型比单个预测模型具有更高的预测精度，能增强预测的稳定性。

假设在某一预测问题中，某一时期的实际值为 $y(t)(t = 1,2,\cdots,n)$，而对该问题有 m 种预测方法，其中利用第 i 种方法对时期 t 的预测值为 $\hat{y}_i(t), i = 1,2,\cdots,m$。组合预测模型可表示为：

$$\hat{y}(t) = \sum_{i=1}^{m} \omega_i \hat{y}_i(t) \tag{2-29}$$

式中　ω_i—— 第 i 种预测方法的权重，$i = 1,2,\cdots,m$，并且 $\sum_{i=1}^{m} \omega_i = 1$ 。

由式(2-29)可知，组合预测模型的基础是参与组合的各单项预测模型，计算的主要依据是单项预测模型的预测结果。按组合预测与各单项预测方法的函数关系，组合预测可分为线性组合预测和非线性组合预测；按组合预测权重系数是否随时间变化，组合预测方法可分为定常权重组合预测方法和变权重组合预测方法。

2.5.1　变权重组合预测模型

在组合预测中，线性组合预测模型是研究最多、应用最广泛的模型。建立线性组合预测模型的一个重要步骤是对组合权重进行优化，其目的是通过选择组合权重向量，使线性组合预测模型的精度满足预测对象的要求。

1. 模型原理

变权重组合预测模型中各单个预测结果的权重不是一个常数，而是一个随预测时刻变化而改变的函数。变权重组合预测模型的推导过程具体如下：

设对同一预测问题，有 m 种预测模型，N 个时间点，并假设 $y(t)$ 为第 t 期的实际观测值 $(t = 1,2,\cdots,N)$；$\hat{y}_i(t)$ 为第 i 种预测模型的第 t 期预测值 $(i = 1,2,\cdots,m)$；$\omega_i(t)$ 为第 i 种预测模型在第 t 期的加权值，且满足：

$$\sum_{i=1}^{m} \omega_i(t) = 1 \quad \omega_i(t) \geqslant 0, (i=1,2,\cdots,m; t=1,2,\cdots,N) \tag{2-30}$$

其中，n 为已知观测值的个数，则变权重组合预测模型的第 t 期预测值可表示为：

$$\hat{y}(t) = \sum_{i=1}^{m} \omega_i(t) \hat{y}_i(t) \tag{2-31}$$

根据相关研究已知，若 $\omega_i(t)$ 为 t 的连续函数，可以用适当次数的多项式逼近此函数。令 $\omega_i(t)$ 为 p 次多项式，形式如下：

$$\omega_i(t) = \omega_{i0} t^0 + \omega_{i1} t^1 + \cdots + \omega_{ip} t^p \quad (i = 1,2,\cdots,n) \tag{2-32}$$

将式(2-32)代入式(2-31)可得到：

$$\hat{y}(t)=\sum_{i=1}^{m}\omega_i(t)\hat{y}_i(t)=[\hat{y}_1(t),\hat{y}_2(t),\cdots,\hat{y}_n(t)]\begin{bmatrix}\omega_1(t)\\ \omega_2(t)\\ \vdots\\ \omega_n(t)\end{bmatrix}$$

$$=[\hat{y}_1(t),\hat{y}_2(t),\cdots,\hat{y}_n(t)]\begin{bmatrix}\omega_{10} & \omega_{11} & \cdots & \omega_{1p}\\ \omega_{20} & \omega_{21} & \cdots & \omega_{2p}\\ \vdots & \vdots & \vdots & \vdots\\ \omega_{n0} & \omega_{n1} & \cdots & \omega_{np}\end{bmatrix}=\hat{Y}(t)WT(t) \tag{2-33}$$

由式(2-33)可知，

$$\begin{bmatrix}\hat{Y}(1)\\ \hat{Y}(2)\\ \vdots\\ \hat{Y}(n)\end{bmatrix}\cdot W\cdot[T(1),T(2),\cdots,T(n)]=\begin{bmatrix}\hat{y}(1) & & & *\\ & \hat{y}(2) & & \\ & & \ddots & \\ * & & & \hat{y}(n)\end{bmatrix}=\hat{Y}_{n\times n} \tag{2-34}$$

其中，$\hat{Y}$ 的元素 $\hat{Y}_{ij}$ 是第 i 时刻的各预测值与第 j 时刻对应权重相乘的结果，$\hat{Y}_{ii}=\hat{y}(i)$。

令 $H=\begin{bmatrix}\hat{Y}(1)\\ \hat{Y}(2)\\ \vdots\\ \hat{Y}(n)\end{bmatrix}_{n\times m}$，$Q=[T(1),T(2),\cdots,T(n)]_{(p+1)\times n}$，则式(2-34)可记为：

$$HWQ=\hat{Y} \tag{2-35}$$

在已知 $\hat{Y}$ 的情况下，式(2-35)可转化为以下形式：

$$W=H^{\mathrm{T}}\hat{Y}Q^{-1} \tag{2-36}$$

式中　H^{T}——矩阵 H 的广义逆矩阵。

设 H 为行满秩矩阵，当 H 的某一行可由其余各行线性表示时，去掉它后不会影响其组合结果，则式(2-36)可表示为：

$$W=(H^{\mathrm{T}}H)^{-1}H^{\mathrm{T}}\hat{Y}Q^{-1} \tag{2-37}$$

由式(2-37)计算出权重矩阵 W 后，代入式(2-33)即可得到组合预测值。

2.5.2　实例计算

利用变权组合预测模型对我国铁路货运量进行实例计算。表 2-15 给出了 1998 年～2007 年我国铁路货运量与国内生产总值(GDP)。

表 2-15　我国 1998 年～2007 年铁路货运量与 GDP

年份	货运量(亿 t)	国内生产总值(GDP)(亿元)
1998	16.408 2	84 402.3
1999	16.719 6	89 677.1
2000	17.802 3	99 214.6
2001	19.258	109 655.2
2002	20.495 5	120 332.7
2003	22.117 8	135 822.8
2004	24.901 7	159 878.3
2005	26.929 6	184 937.4
2006	28.822 4	216 314.4
2007	31.423 7	265 810.3

分别利用灰色预测 GM(1,1)模型、一次指数平滑模型、一元线性回归模型、神经网络模型进行单模型预测，预测结果见表 2-16。

表 2-16　单一模型预测结果　　(单位:亿 t)

年　份	灰色预测模型	指数平滑法	线性回归法	神经网络法
1998	16.408 2	16.939 5	16.517 3	16.130 2
1999	16.689 5	17.592 6	17.614 9	16.553 8
2000	18.029 0	18.385 7	18.468 2	17.230 6
2001	19.475 9	19.802 1	19.806 5	19.695 1
2002	21.039 1	20.973 8	21.270 1	20.843 5
2003	22.727 6	22.840 3	23.091 4	22.781 2
2004	24.551 7	23.295 4	25.120 6	24.396 7
2005	26.522 2	25.627 1	27.368 7	26.561 5
2006	28.650 8	27.532 9	29.420 3	28.372 6
2007	30.950 2	29.324 6	31.053 8	30.276 5

在单一模型的基础上用变权重组合模型进行预测，取 $p=4$，即：

$$\omega_i(t)=\omega_{i0}t^0+\omega_{i1}t^1+\omega_{i1}t^2+\omega_{i1}t^3+\omega_{i1}t^4$$

计算出的变权矩阵 W 为：

$$W=\begin{bmatrix} -0.245\,7 & 0.370\,5 & -0.084\,3 & 0.006\,8 & -0.000\,1 \\ -0.004\,9 & 0.353\,3 & -0.134\,0 & 0.018\,6 & -0.000\,9 \\ 0.996\,4 & -0.576\,8 & 0.169\,1 & -0.019\,7 & 0.000\,8 \\ 0.256\,0 & -0.147\,1 & 0.049\,3 & -0.005\,7 & 0.000\,2 \end{bmatrix}$$

组合模型对 2003 年～2007 年铁路货运量预测结果见表 2-17。

表 2-17　变权组合模型预测结果

年　份	实际值(亿 t)	变权组合预测值(亿 t)	相对误差(%)
1998	16.408 2	16.421 4	0.08
1999	16.719 6	16.996 7	1.66
2000	17.802 3	18.006 2	1.15
2001	19.258 0	19.400 5	0.74
2002	20.495 5	20.658 3	0.79
2003	22.117 8	22.172 8	0.25
2004	24.901 7	24.326 3	−2.31
2005	26.929 6	26.357 8	−2.12
2006	28.822 4	28.523 3	−1.04
2007	31.423 7	30.969 1	−1.45

由表 2-17 可知，变权组合模型对 2003 年～2007 年铁路货运量的预测精度较高，最大相对预测误差和最小相对预测误差仅为−2.31%和 0.25%，预测结果满足要求。

利用所建立的变权组合模型预测我国 2008 年～2010 年铁路货运量，先计算时间 $t=11$，12，13 时刻的变权重为：

$$g_1(11)=[0.614\,5 \quad -0.139\,6 \quad 0.103\,4 \quad 0.149\,0]$$

$$g_2(12)=[0.8\,756 \quad 0.727\,5 \quad -0.619\,4 \quad 0.016\,3]$$

$$g_3(13)=[0.518\,5 \quad -0.534\,3 \quad 1.120\,0 \quad -0.104\,2]$$

根据计算的权重结合单项预测方法，对我国 2008 年～2010 年全国铁路货运量进行预测，结果见表 2-18。

表 2-18　2008 年～2010 年铁路货运量预测值

年　份	2008	2009	2010
预测值(亿 t)	33.254 1	35.717 5	38.612 8

第三章　列车牵引计算与仿真

3.1 概　　述

3.1.1 列车牵引计算的主要用途

牵引计算是以力学为基础，研究作用在列车上与列车运行方向平行的外力，以及这些力与列车运动的关系，进而研究与列车运动有关的一系列实际问题的计算方法，如列车运行速度、运行时间、牵引质量、机车能耗、列车制动等问题的计算与解算。

目前使用的《列车牵引计算规程》(TB/T 1407—1998)，简称《牵规》。《列车牵引计算规程》规定牵引计算方法及所用主要技术参数，是确定牵引质量、运行速度和运行时间的依据，并且是计算机车用电、油、煤、水消耗量的基础。适用于标准轨距 1 435 mm 铁路列车的牵引计算。

列车牵引计算主要应用方向见表 3-1。

表 3-1　列车牵引计算的主要应用

序号	应用方向	说　　明
1	铁路运输	为了使铁路运输做到高速、重载、安全、高效，在每年修订列车运行图时要进行大量的牵引计算和必要的牵引试验
		列车运行图中的区间运行时分、区间目标速度、列车牵引重量、限制坡度、制动能力等运营必需的技术数据，都需要由列车牵引计算和牵引试验确定
2	动车组运用	为了节约能源，优化操纵，也必须进行牵引计算
		设计合适的牵引计算和运行模拟模型，为动车组运行的安全、节能、舒适和准确停车提供有力的支持和帮助
3	选线设计	为了计算铁路通过能力和输送能力，布置车站和检修单位，确定线路纵横断面，在进行线路设计时有必要进行牵引计算
		不同的线路条件直接影响牵引计算的结果，通过比选不同线路的计算结果，可以选择合适的线路，使其满足通过能力和输送能力的要求，达到近期和远期的运营目标
4	通信信号	为了合理布置轨道信号设备，也必须进行牵引计算
		通信信号位置不同可能使得线路的限速位置发生改变，从而影响牵引计算的结果；反之，通过比较不同通信信号设备布局产生的不同牵引计算结果，可从中选择合适的通信信号布局
5	运输经济	计算设备投资和运营支出时，需要进行各种方案的经济比选，这也需要进行牵引计算甚至牵引试验
		从牵引试验和牵引计算中得到的基本技术参数是进行线路技术经济比较、可行性研究的基础

从表 3-1 中可以看出，选线设计有必要进行列车牵引计算。实际上运输经济也与选线设

计密切相关，在运输经济方面上也能够通过牵引计算为线路技术经济比较提供相应依据。

3.1.2 主要机车

机车类型是指同一牵引种类中机车的不同型号，对铁路运输能力、行车速度、运营条件与运输经济具有重要的影响。近三十年来，我国机车工业飞快发展，内燃机发展迅速，我国正在运营的机车类型主要有内燃机车（大连机车厂）、电力机车（株洲电力机车厂）和 CRH 系列动车（南车、北车集团）。普通客货铁路运营的主要是电力机车和内燃机车两种。图 3-1～图3-16展示了我国目前客货铁路运行的主要内燃机车和电力机车。

图 3-1 东风 4 型内燃机车

图 3-2 东风 5 型内燃机车

图 3-3 东风 8 型内燃机车

图 3-4 东风 11 型内燃机车

图 3-5 东风 11G 型内燃机车

图 3-6 东风 12 型内燃机车

图 3-7 韶山 3 型电力机车

图 3-8 韶山 4 型电力机车

图 3-9 韶山 6 型电力机车

图 3-10 韶山 7 型电力机车

图 3-11 韶山 8 型电力机车

图 3-12 韶山 9 型电力机车

图 3-13 HXD_1 型电力机车

图 3-14 HXD_{1C} 型电力机车

图 3-15　HXD2 型电力机车

图 3-16　HXD3 型电力机车

3.2　机车牵引力

要实现列车牵引计算与两方面的因素有关：列车和线路。对于列车本身而言，主要是列车受力和运行工况的分析。而列车受力分为牵引力、阻力和制动力，分析和计算这三种力是进行列车牵引计算的基础。

机车牵引力是钢轨作用于动轮轮周上的切向外力之和，与列车运动方向相同、可由司机根据需要调节的外力，又称为轮周牵引力。机车牵引力与速度有关，速度越大，牵引力越小。

3.2.1　黏着牵引力限制

机车牵引力的最大值为动轮荷载的重力乘以轮轨间的黏着系数，即为黏着牵引力。机车的牵引力不能大于该值，称为黏着牵引力限制。机车黏着牵引力 F_u 可表示为：

$$F_u = 1000 \times P_u \times g \times u_j \quad (N) \tag{3-1}$$

式中　P_u——机车黏着质量(t)；常用机车的黏着质量参见表 3-2 和 3-3。

g——重力加速度(m/s^2)；

u_j——机车黏着系数。

表 3-2　电力机车牵引性能参数表

参数 机型	v_{Jmin}(km/h)	F_{Jmin}(kN)	F_q(kN)	P、P_μ(t)	v_g(km/h)	L_J(m)
韶山 3	48.0	317.8	470	138	100	21.7
韶山 4	51.5	431.6	649.8	2×92	100	32.8
韶山 7	48.0	353.3	487.3	138	100	22.0
韶山 8	99.7	127.0	230.0	88	177	17.5

注：v_{jmin}是最低计算速度，F_{jmax}是最大计算牵引力，F_q 是计算起动牵引力，P 和 P_μ 是分别为机车质量和黏着质量，v_g 是最大速度，L_J 是机车长度。

表 3-3　内燃机车牵引性能参数表

参数 机型	v_{Jmin}(km/h)	F_{Jmin}(kN)	F_q(kN)	P、P_μ(t)	v_g(km/h)	L_J(m)
DF	18.0	190.3	301.2	124	124	17
DF_4(货)	20.0	302.1	401.7	135	135	21.1
DF_4(客)	24.0	251.6	346.3	135	135	21.1
DF_{4B}(货)	21.8	313.0	442.2	138	138	21.1
DF_{4B}(客)	29.0	235.2	325.3	138	138	21.1
DF_{4C}(货)	24.5	301.5	442.2	138	138	21.1
DF_8	31.2	307.3	442.2	138	138	22
DF_{11}	65.6	160.0	253.0	138	138	21.3
DF_{7D}	16.0	2×308.7	2×429.3	2×132	2×132	2×18.8
ND_5	22.2	360.0	439.7	135	135	19.9
ND_2	25.2	155.7	265.0	118	118	17.4
DF_{H3}	30.0	157.0	254.018	85	85	18.6

图 3-17 展示了机车黏着系数与速度的关系，随着速度的增大，黏着系数降低，从而黏着牵引力也降低。

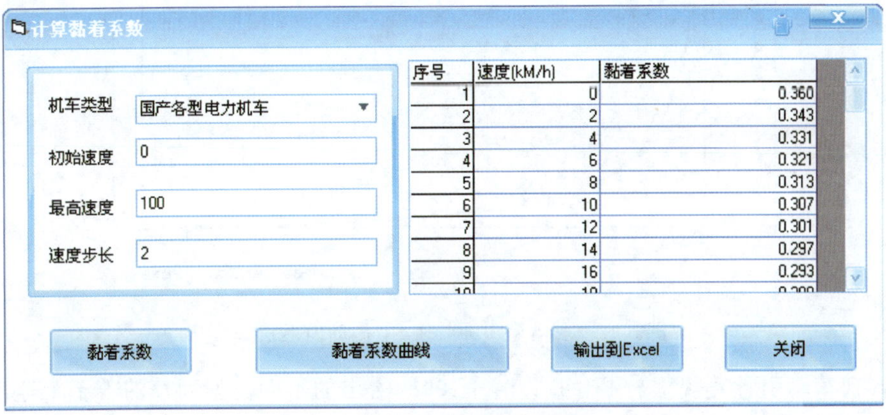

图 3-17　计算黏着系数界面

图 3-18 和图 3-19 分别为电力机车和电传动内燃机车的黏着系数曲线，从图中可以看出，两种类型机车的黏着系数都是随着运行列车运行速度的提高而减小。

3.2.2　牵引力计算方法

对于各类型机车，牵引力与速度有关，目前还没有统一的牵引力计算公式。因此，在实际应用中可采用查《牵规》数据表法和直接曲线内插法。

在牵引计算时，要采用机车在同一速度下能够发挥的最大牵引力计算，即电力机车和电传动内燃机车的最大牵引力。

1. 查《牵规》数据表法

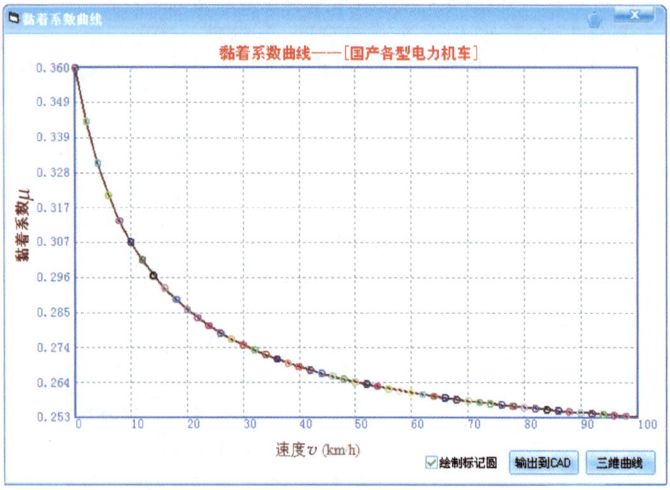

图 3-18 黏着牵引曲线图(电力机车)

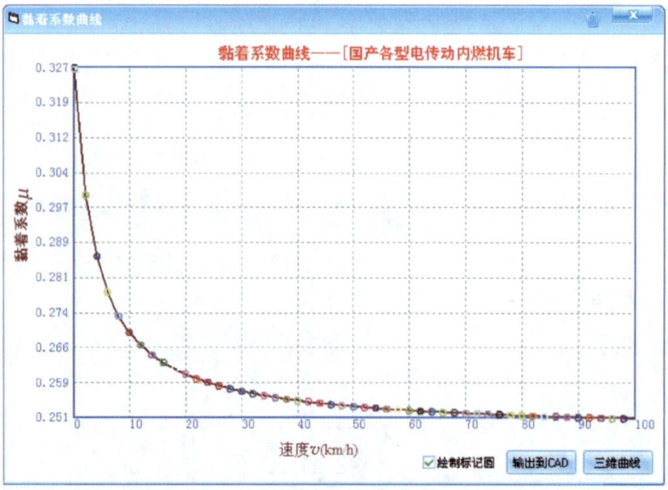

图 3-19 黏着牵引曲线图(电传动内燃机车)

根据《列车牵引计算规程》(TB/T 1407—1998)给出的不同类型列车的若干个速度下对应牵引力值。因给定的速度不多。其他未给定的速度则通过内插方法计算出来。

以 SS_4 型电力机车牵引力取值为例,图 3-20 为 SS_4 型电力机车牵引特性曲线图,步骤如下:

(1)自起动($v=0$)到 32 级牵引特性曲线与黏着限制曲线的交点($v=50$ km/h),按黏着限制曲线取黏着牵引力;

(2)由 $v=50$ km/h 到最低计算速度 51.5 km/h,按 32 级牵引特性曲线取值;

(3)由最低计算速度 51.5 km/h 到 32-Ⅲ曲线与持续电流限制线交点($v=73.2$ km/h),按持续电流限制线取值;

(4)$v>73.2$ km/h,按 32-Ⅲ特性曲线取值。

按照上述方法和《列车牵引计算规程》(TB/T 1407—1998)附录 N3,得到 SS_4 型电力机车最大牵引力数据见表 3-4。

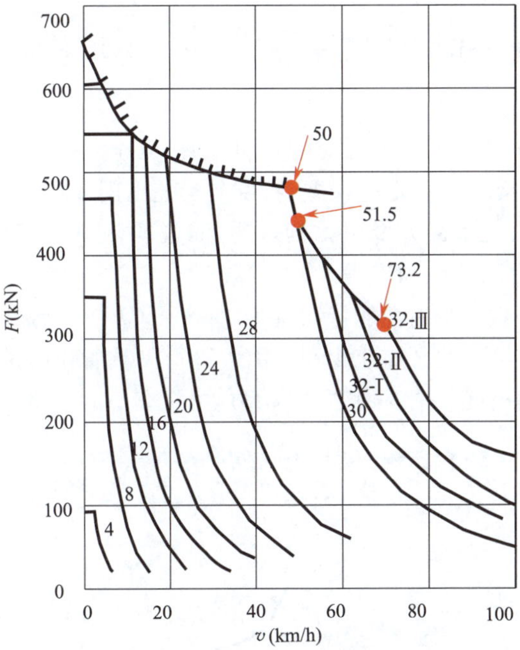

图 3-20 SS4 型电力机车牵引特性曲线图

表 3-4 SS4 型电力机车最大牵引力数据

速度(km/h)	牵引力(N/kN)	速度(km/h)	牵引力(N/kN)
0	649.8	57.0	394.8
10	554.0	63.6	353.8
20	517.0	73.2	307.8
30	497.0	80	242.5
40	484.8	90	186.5
50	476.5	100	159.9
51.5	437.0	—	—

表 3-4 通过《列车牵引计算规程》(TB/T 1407—1998)提供的牵引力数据表,得到一系列速度下对应的最大牵引力。这也是牵引计算中用到的牵引力值。对于其他未列出速度的牵引力值,可通过内插方法计算出对应的牵引力值。

例如按 1 次 Lagrange 拉格朗日插值方法,计算公式为:

$$F(v)=F(v_1)+\frac{F(v_2)-F(v_1)}{v_2-v_1}\times(v-v_1) \tag{3-2}$$

式中 v——计算速度;

v_1、v_2——速度 v 的计算区间值,$v_1\leqslant v\leqslant v_2$;

$F(v_1)$和 $F(v_2)$——分别为速度 v_1、v_2 对应的牵引力值;

$F(v)$——计算速度 v 下的牵引值。

根据式(3-2)计算 $v=12$ km/h 时的 SS4 电力机车最大牵引力,根据表 3-4 可知,

$v=12$ km/h位于 $v_1=10$ km/h，$v_2=20$ km/h 之间，计算可得：

$$F(12)=554.0+\frac{517.0-554.0}{20-10}\times(12-10)=546.6\ \text{N/kN}$$

2. CAD 矢量读取法

虽然《牵规》中给出了一系列速度对应的牵引力值，但速度间隔比较大。在内插过程中，不管采用哪种内插方法，都会存在一定的误差，特别是当速度间隔比较大时会更明显。

下面仍以 SS_4 型电力机车最大牵引力读取为例，说明从 AutoCAD 矢量特性曲线中通过程序模块自动读取牵引力的方法和流程。

首先根据《牵规》中提供的牵引性能特性曲线，在 AutoCAD 中重新绘制牵引性能特性曲线矢量图。然后根据《牵规》中给出的已知速度和牵引力进行矢量曲线修正，这样能够很好的保证牵引性能特性曲线矢量图的精度。图 3-21 为 SS_4 型电力机车 AutoCAD 矢量牵引曲线图。

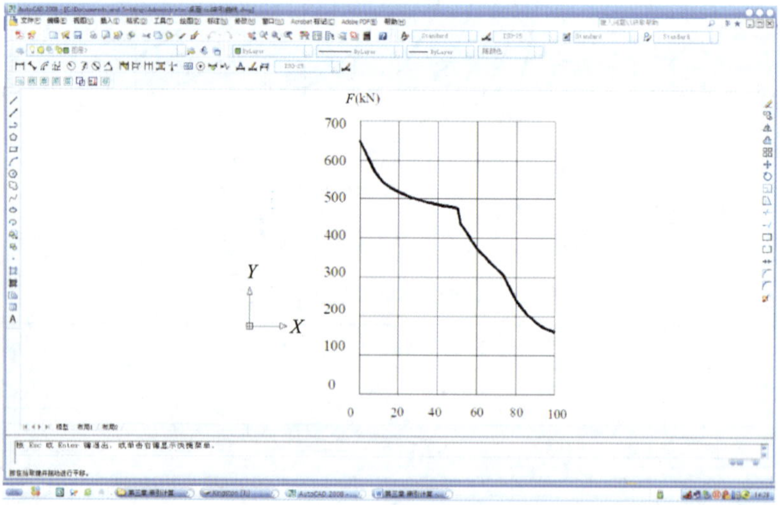

图 3-21　SS_4 型电力机车 AutoCAD 牵引特性曲线简图

其中牵引曲线采用多段线(polyline)绘制，并放置在独立图层上，在给定矢量图左下角坐标原点和速度(x 方向)及牵引力(y 方向)比例后，通过读取多段线牵引曲线的各控制点，按给定的速度间隔，实现自动读取、内插牵引力。程序模块界面如图 3-22 所示。

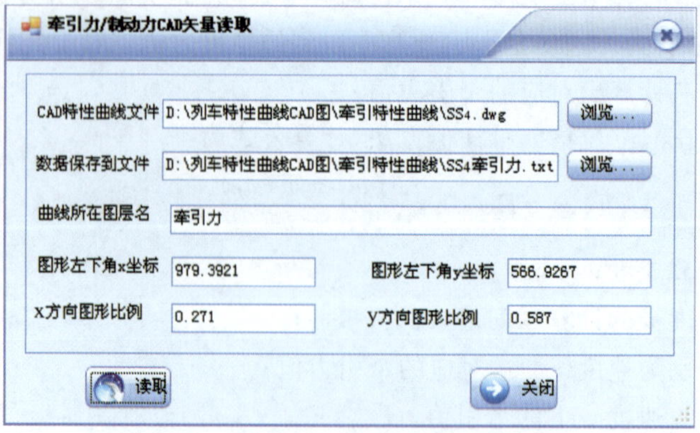

图 3-22　自动读取特性曲线数据模块界面

表 3-5 列出了根据牵引特性曲线，通过程序模块以速度间隔 2 km/h 获得的 SS_4 型电力机车的牵引力。其他机车的牵引数据可按此方法获得。通过调整矢量曲线控制点的密度，能够得到任意速度间隔的机车牵引力值。

表 3-5　SS4 型电力机车牵引力数据表

速度（km/h）	牵引力(kN)	速度（km/h）	牵引力(kN)
0	649.8	54	420.1
2	628.8	56	404.3
4	607.5	57	394.8
6	587.4	58	388.3
8	568.1	60	373.3
10	554.0	62	363.2
12	543.2	63.6	353.8
14	534.9	64	351.9
16	528.1	66	341.7
18	523.1	68	331.6
20	517.0	70	322.5
22	513.4	72	313.4
24	508.4	73.2	307.8
26	504.3	74	299.8
28	501.3	76	281.3
30	497.0	78	260.9
32	495.9	80	242.5
34	492.7	82	228.4
36	490.5	84	216.1
38	488.0	86	203.9
40	484.8	88	195.4
42	484.0	90	186.5
44	482.6	92	179.6
46	481.1	94	172.8
48	479.2	96	167.4
50	476.5	98	164.0
51.5	437.0	100	159.9
52	432.9		

注：表 3-5 部分非 2 km/h 整数倍的速度是根据《牵规》附录中给定的数据补充的。

根据表 3-5 牵引力数据表，推导出 SS_4 型电力机车牵引力与速度的关系可用下式表示。

$$\begin{cases} F=647.831-11.64724v+0.3063824v^2-2.866688E-3v^3 & 0\leqslant v\leqslant 50 \\ F=1792.945-26.32897v & 50<v\leqslant 52 \\ F=809.6611-2.642879v-0.1650085v^2+0.001475179v^3 & 52<v\leqslant 73.2 \\ F=3581.747-91.09041v+0.8105036v^2-0.002417583v^3 & 73.2\leqslant v\leqslant 100 \end{cases} \tag{3-3}$$

3.2.3　牵引特性曲线

为了方便计算列车牵引力，图 3-23～图 3-36 给出了主要的电力机车和内燃机车牵引特性曲线。

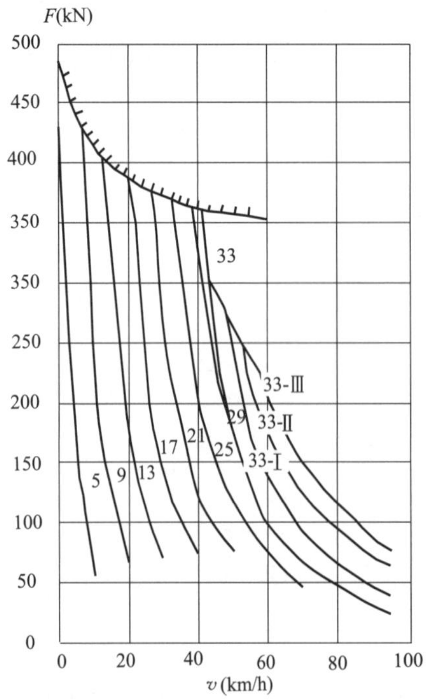

图 3-23　SS1 型电力机车牵引特性曲线图

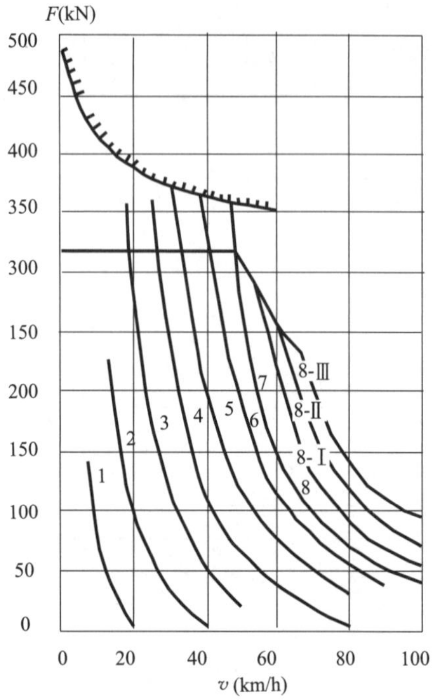

图 3-24　SS3 型电力机车牵引特性曲线图

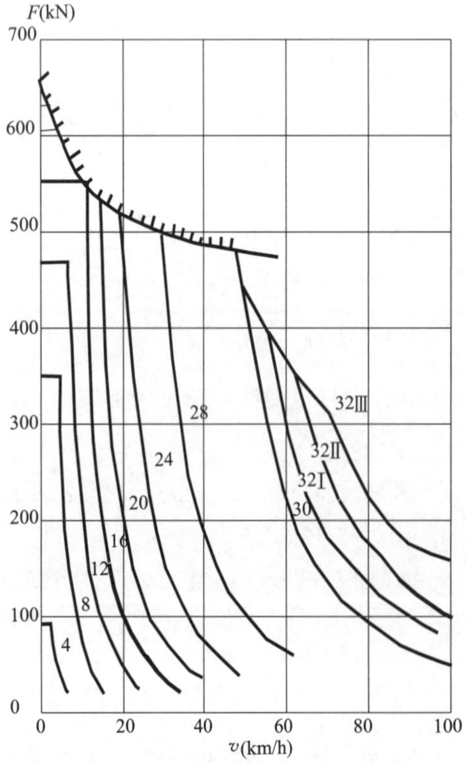

图 3-25　SS4 型电力机车牵引特性曲线图

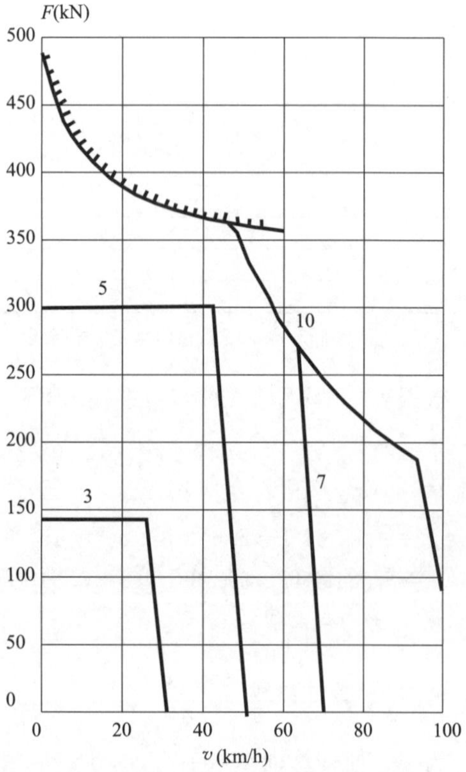

图 3-26　SS7 型电力车牵引特性曲线图

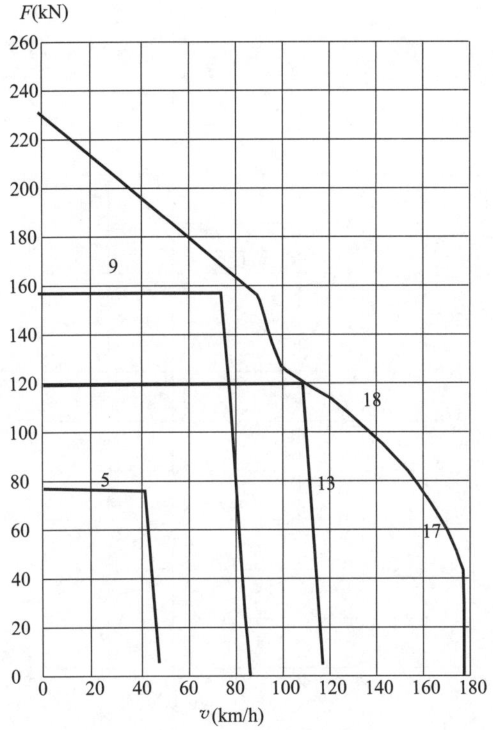

图 3-27　SS_8 型电力机车牵引特性曲线图

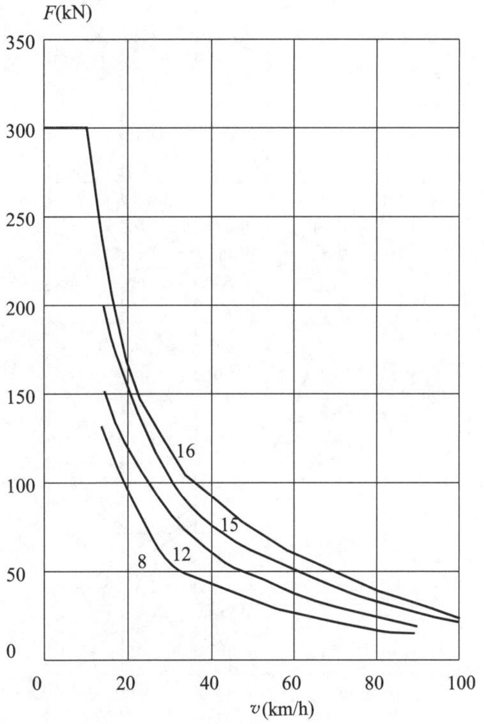

图 3-28　DF 型内燃机车牵引特性曲线图

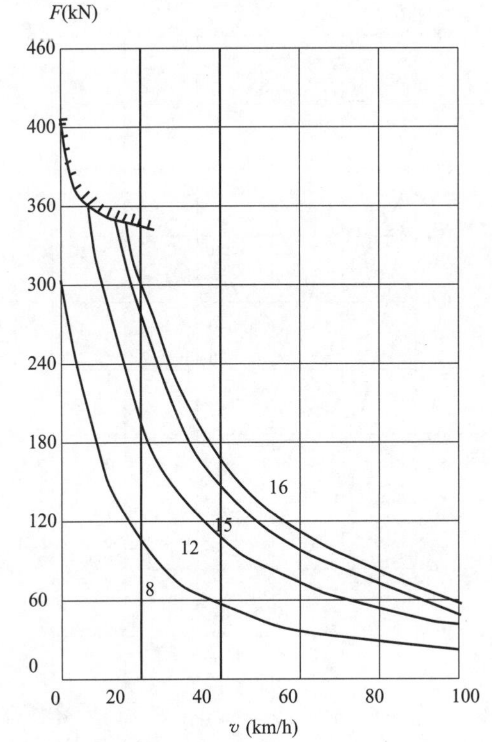

图 3-29　DF_4 货型内燃机车牵引特性曲线图

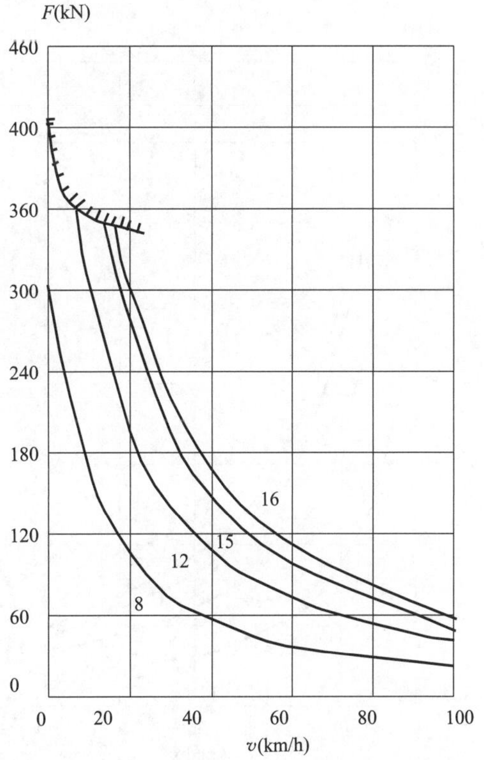

图 3-30　DF_4 客型内燃机车牵引特性曲线图

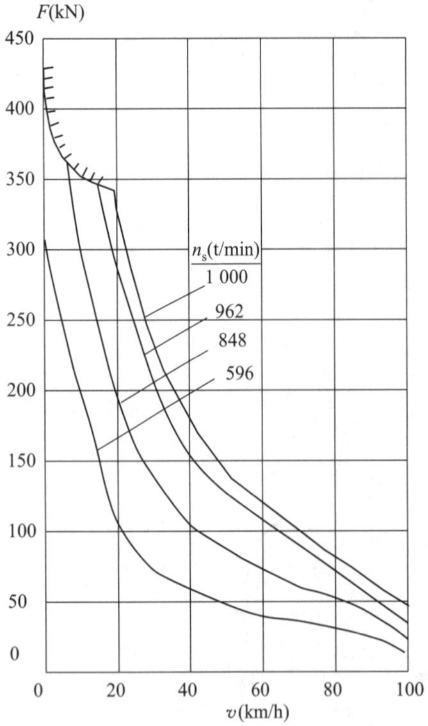

图 3-31　DF4B 货型内燃机车牵引特性曲线图

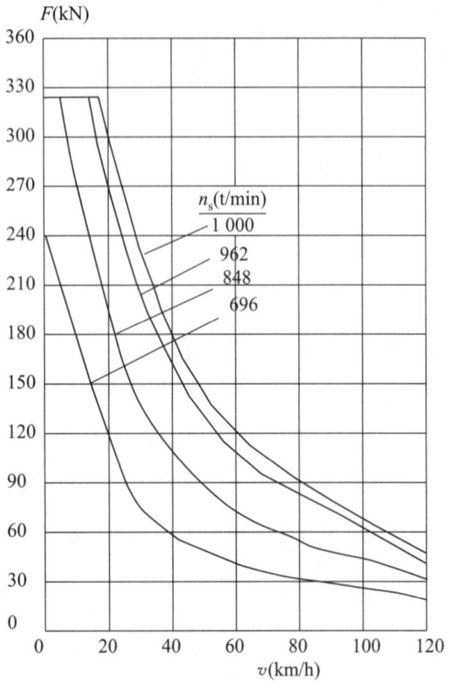

图 3-32　DF4B 客型内燃机车牵引特性曲线图

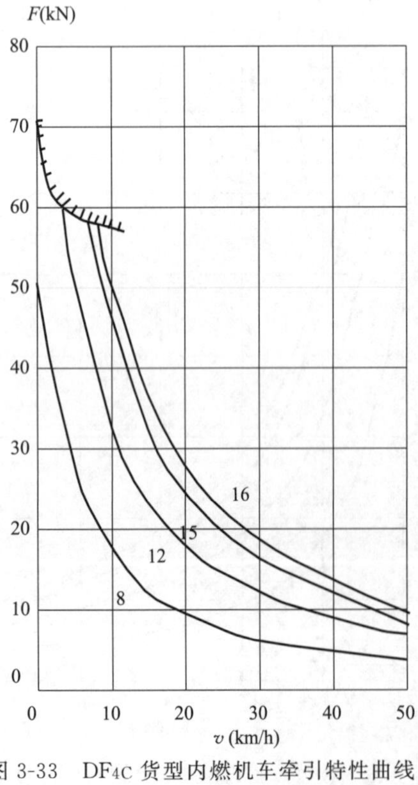

图 3-33　DF4C 货型内燃机车牵引特性曲线图

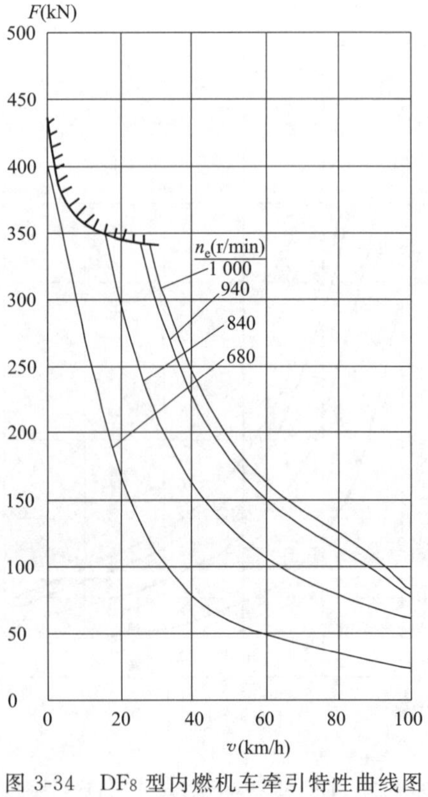

图 3-34　DF8 型内燃机车牵引特性曲线图

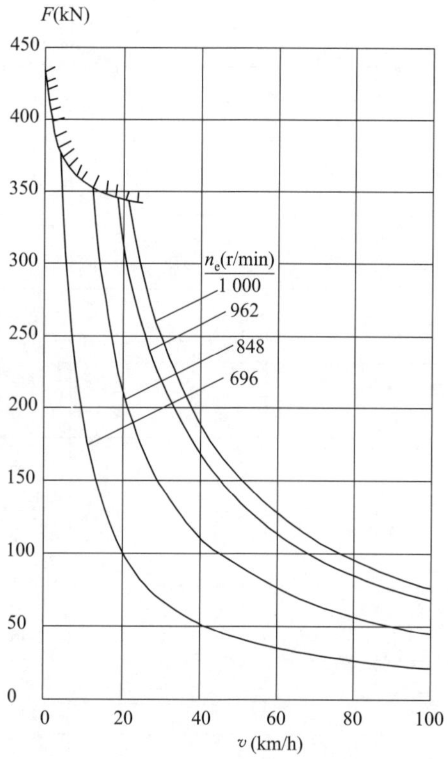

图 3-35　DF11 型内燃机车牵引特性曲线图

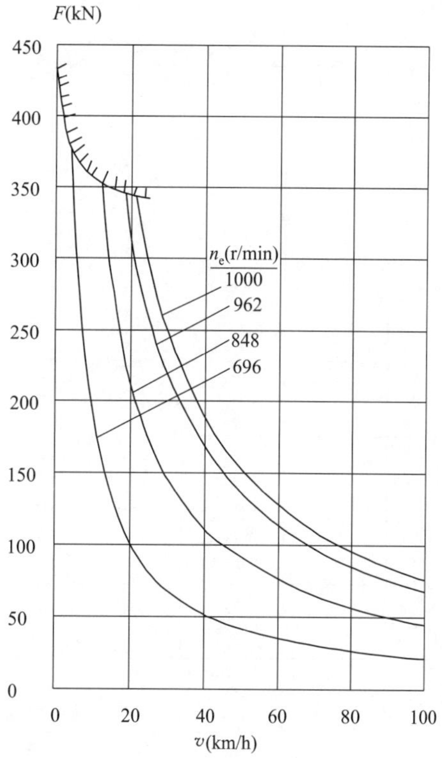

图 3-36　DF7D 型内燃机车牵引特性曲线图

3.3　列车运行阻力

列车阻力是列车运行时，作用在列车上阻止列车运行并且不能够由司机控制的外力，以 W 表示。列车阻力主要有基本阻力、附加阻力和起动阻力三种。因为列车由机车和车辆组成，因此，列车阻力 W 由机车阻力 W'和车辆阻力 W''构成。即：

$$W = W' + W'' \tag{3-4}$$

试验表明，作用在机车、车辆上的阻力与其质量成正比，因此在牵引计算中采用单位阻力来计算总阻力。单位阻力(w)就是单位机车或车辆所受的阻力，单位为 N/t，乘以机车或车辆质量(t)，即得机车或车辆所受总阻力(N)。为完成列车牵引计算，也必须能够计算列车在任意时刻所受到的阻力。

3.3.1　基本阻力

基本阻力是空旷地段沿平直轨道运行的阻力，在列车运行过程中始终存在，与列车运行方向相反。列车基本阻力 w_0 由机车基本阻力 w_0' 与车辆基本阻力 w_0'' 之和。计算公式如下：

$$W_0 = (W_0' + W_0'')g = (Pw_0' + Gw_0'')g \quad (\text{N}) \tag{3-5}$$

车辆运行单位基本阻力的试验公式形式为：

$$w_0 = a + bv + cv^2 \quad (\text{N/kN}) \tag{3-6}$$

表 3-6 和表 3-7 分别为电力机车、内燃电力机车车辆运行单位基本阻力数值和客车、货车的运行单位基本阻力数值。

表 3-6　车辆运行单位基本阻力数值表(电力机车与内燃电力机车)

类别	计算公式	10	20	30	40	50	60	70	80	90	100	110	120	130	140	150	160	170
SS_1、SS_2 SS_3、SS_4	$w_0'=2.25+0.0190v+0.000320v^2$	2.47	2.76	3.11	3.52	4.00	4.54	5.15	5.82	6.55	7.35							
SS_7	$w_0'=1.140+0.0038v+0.000348v^2$	1.47	1.62	1.83	2.11	2.46	2.88	3.37	3.93	4.56	5.26							
SS_8	$w_0'=1.02+0.0035v+0.000426v^2$	1.10	1.26	1.51	1.84	2.26	2.76	3.35	4.03	4.79	5.63	6.56	7.57	8.67	9.86	11.13	12.49	13.93
6K	$w_0'=3.25+0.0092v+0.000308v^2$	3.29	3.39	3.56	3.78	4.07	4.41	4.82	5.30	5.83	6.42							
8G	$w_0'=2.55+0.0083v+0.000212v^2$	2.65	2.80	2.99	3.22	3.50	3.81	4.17	4.57	5.01	5.50							
DF_4(客、货)、DF_{4B}(客、货)、DF_{4C}(货)、DF_{7D}	$w_0'=2.28+0.0293v+0.000178v^2$	2.59	2.94	3.32	3.74	4.19	4.68	5.20	5.76	6.36	6.99							
DF_8	$w_0'=2.40+0.0022v+0.000391v^2$	2.46	2.60	2.82	3.11	3.49	3.94	4.47	5.08	5.77	6.53							
DF_{11}	$w_0'=0.86+0.0054v+0.000218v^2$	0.94	1.06	1.22	1.43	1.68	1.97	2.31	2.69	3.11	3.58	4.09	4.65	5.25	5.89	6.58	7.31	8.08
DF_{H3}	$w_0'=1.96+0.0105v+0.000549v^2$	1.52	1.80	2.16	2.60	3.12	3.72	4.40	5.15	5.98	6.89	7.88	8.94					

表 3-7 车辆运行单位基本阻力数值表(客车与货车)

类别		计算公式	10	20	30	40	50	60	70	80	90	100	110	120	130	140	150	160
21、22 型客车		$w_0''=1.66+0.0075v+0.000155v^2$	1.75	1.87	2.02	2.21	2.42	2.67	2.94	3.25	3.59	3.96	4.36	4.79				
25B 25G 型客车		$w_0''=1.82+0.010v+0.000145v^2$	1.93	2.08	2.25	2.45	2.68	2.94	3.23	3.55	3.89	4.27	4.67	5.11	5.57	6.06		
准高速单层客车		$w_0''=1.61+0.0040v+0.000187v^2$	1.67	1.76	1.90	2.07	2.28	2.52	2.81	3.13	3.48	3.88	4.13	4.78	5.29	5.84	6.42	7.04
准高速双层客车		$w_0''=1.24+0.0035v+0.000157v^2$	1.29	1.37	1.49	1.63	1.81	2.02	2.25	2.52	2.83	3.16	3.52	3.92	4.35	4.81	5.3	5.82
货车(滑动轴承)	重车	$w_0''=1.07+0.0011v+0.000236v^2$	1.10	1.19	1.32	1.49	1.72	1.99	2.30	2.67								
货车(滚动轴承)	重车	$w_0''=0.92+0.0048v+0.000125v^2$	0.98	1.07	1.18	1.31	1.47	1.66	1.87	2.01	2.36							
油罐专列	重车	$w_0''=0.53+0.0121v+0.000080v^2$	0.66	0.8	0.97	1.14	1.34	1.54	1.77	2.1	2.27							
货车	空车	$w_0''=2.23+0.0053v+0.000675v^2$	2.35	2.61	3	3.52	4.18	4.98	5.91	6.97	8.17							

列车单基本阻力计算界面如图 3-37 所示。

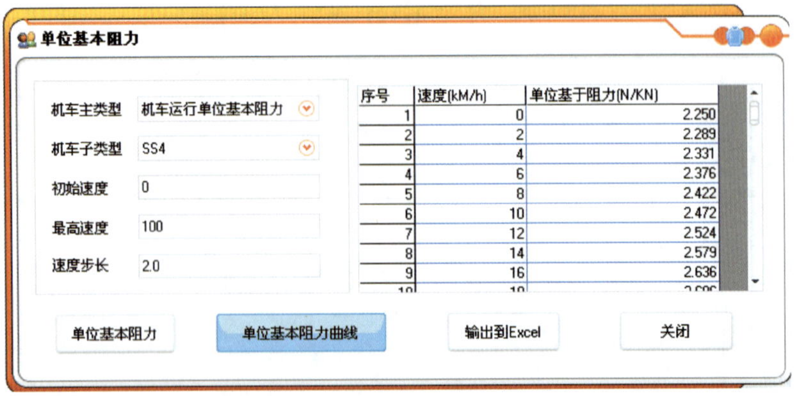

图 3-37　SS4 机车单基本阻力计算

其中的机车主类型有:机车、客车、货车运行单位基本阻力。机车子类型选择 SS4 型电力机车,初始速度 0,最高速度 100 km/h,速度步长 2.0。单击单位基本阻力,计算结果如图 3-37 所示。单击单位阻力曲线,标记绘制标记圆,曲线图如图 3-38 所示。

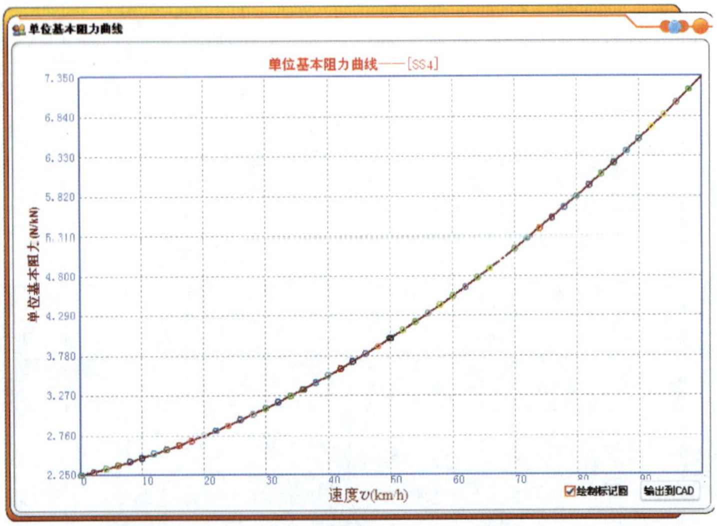

图 3-38　SS4 机车单位基本阻力曲线图

3.3.2　附加阻力

附加阻力取决于线路情况(坡道、曲线、隧道)和气候条件(大风、严寒等)。由于气候条件引起的附加阻力目前尚无可靠计算方法,因此,目前主要计算坡道附加阻力、曲线附加阻力、隧道空气附加阻力。在牵引计算中根据线路条件计算这些附加阻力,各附加阻力计算公式见表 3-8。

表 3-8 附加阻力计算公式

序号	阻力类型	分类	计算公式	参数说明
1	坡道附加阻力	i=坡道坡度‰	$w_i=i$	上坡为正，下坡为负
2	曲线附加阻力	列车长度≤曲线长度	$w_r=\frac{600}{R}$或$\frac{10.5a}{L_y}$	a——曲线转角(°)； R——曲线半径(m)； Ly——圆曲线长(m)
		列车长度>曲线长度	$w_r=\frac{10.5\alpha}{l_1}$或 $w_r=\frac{600}{R}\times\frac{l_y}{l_L}$	a——曲线偏角(°)； L_L——列车长度(m)； L_y——圆曲线长度(m)
		列车位于几个曲线上	$w_r=\frac{10.5\sum\alpha}{L_L}$	
3	隧道附加阻力	隧道内有限制坡道	$w_s=L_s\times v_s^2/10^7$	L_S——隧道长度(m)； v_S——隧道进洞速度(km/h)
		隧道内无限制坡道	$w_s=0.000\,13\times L_s$	

3.3.3 起动阻力

起动阻力是列车从静态向动态转变所产生的阻力。起动阻力出现在自机车起动开始到列车最末位车辆起动为止的过程中。一方面，机车、车辆因车轮在停留时较深压入钢轨以及轴颈上润滑油被挤出而产生额外阻力；另一方面，列车中前位车辆起动后，其额外阻力迅速消失，而把动能依次传递给后位车辆，直至末位车辆起动。因此，在起动过程中，列车中的车辆受力情况非常复杂，起动阻力计算公式通常根据专门试验制定。我国列车的单位起动阻力计算公式见表 3-9。

表 3-9 列车单位起动阻力计算公式

序号	单位起动阻力类型	类别	计算公式	参数说明
1	机车	内燃和电力	$w'_q=5$(N/kN)	
2	货车	滚动轴承	$w''_q=3.5$ (N/kN)	i_q 为起动地段的加算坡度(‰)，对于滑动轴承，若 $w'_q<5$，取 $w''_q=5$
		滑动轴承	$w''_q=3+0.4i_q$(N/kN)	

3.4 列车制动力与制动距离计算

在列车牵引计算中，当列车准备制动进站时，最主要的就是进站制动点的确定，这就需要计算制动力和制动距离，以保证安全的实现制动进站。

3.4.1 制动力计算方法

列车制动力是制动时由闸瓦压力而产生的列车制动力 B，有实算闸瓦压力计算法和换算闸瓦压力计算法两种计算方法。

(1)实算闸瓦压力计算法。以列车中各闸瓦的实算闸瓦压力 K 与各闸瓦的实算摩擦系数

φ_k 乘积的总和计算。

$$B=\sum(K\cdot\varphi_k)\quad(\text{kN})\tag{3-7}$$

(2)换算闸瓦压力计算法。为了不涉及摩擦系数与闸瓦压力的变化关系，以简化计算。用列车中每种闸瓦的换算闸瓦压力之和 $\sum K_h$ 与该种闸瓦的换算摩擦系数 φ_h 乘积的总和进行计算。

$$B=\sum(\varphi_h\cdot\sum K_h)\quad(\text{kN})\tag{3-8}$$

为了计算简单方便，在实际应用中，通常多采用换算闸瓦压力计算法来计算列车的制动力。分为紧急制动和常用制动计算。

3.4.2 紧急制动单位制动力计算

在牵引计算中，为了计算方便，通常采用单位制动力 b 来计算制动力。其计算公式如下：

$$b=1000\vartheta_h\cdot\varphi_h\quad(\text{N/kN})\tag{3-9}$$

式中 ϑ_h——列车换算制动率，是列车换算闸瓦压力与列车所受重力之比，是反映列车制动能力的参数。计算公式如下：

$$\vartheta_h=\frac{\sum K_h}{(P+G)g}=\frac{\sum K_h'+\sum K_h''}{(P+G)g}\tag{3-10}$$

《牵规》规定 ϑ_h 不得小于：货物列车 0.28，旅客列车 0.58，盘形制动、高摩合成闸片的快速旅客列车 0.32。表 3-10 给出了运营列车换算制动率 ϑ_h 的通用值，是现阶段正常运行状态的列车能够达到的最低值。在牵引计算过程中，为了简化计算，可直接采用表 3-10 中的值。

表 3-10 列车换算制动率 ϑ_h 通用值

列车类型	闸瓦类型	列车管压力	换算制动率	备 注
货物列车	高磷闸瓦	500	0.28	(1)紧急制动时，列车换算制动率取全值； (2)解算列车进站制动时，一般取全值的 0.5； (3)计算固定信号间的距离时，取全值的 0.8
		600	0.30	
	高摩闸瓦	500	0.18	
		600	0.20	
	新高摩闸瓦	500	0.16	
		600	0.18	
旅客列车	闸瓦制动	600	0.58	
	盘形制动	600	0.32	

φ_h 为换算摩擦系数，与闸瓦类型有关。

(1)中磷闸瓦： $\varphi_h=0.356\times\frac{3.6v+100}{14v+100}+0.0007(110-v_0)$

(2)高磷闸瓦： $\varphi_h=0.372\times\frac{17v+100}{60v+100}+0.0012(120-v_0)$

(3)低摩合成闸瓦： $\varphi_h=0.202\times\frac{4v+150}{10v+150}+0.0006(100-v_0)$

(4)高摩合成闸瓦： $\varphi_h=0.322\times\frac{v+150}{2v+150}$

(5)盘形制动合成闸片： $\varphi_h=0.358\times\frac{v+150}{2v+150}$

根据闸瓦类型和制动初始速度 v_0 和制动末速度 v 非常方便的计算出 φ_h 值。

3.4.3　常用制动单位制动力计算

常用制动的单位制动力 b 计算公式如下：

$$b=\beta_c b=1\,000\varphi_h \vartheta_h \beta_c \quad (\text{N/kN}) \tag{3-11}$$

式中　β_c——常用制动系数，与列车类型和列车管空气压力有关，按表 3-11 取值；

其他参数意义同式(3-9)。

表 3-11　常用制动系数

列车管减压量 r(kPa)	旅客列车	货物列车	
50	0.19	0.17	0.19
60	0.29	0.28	0.32
70	0.39	0.37	0.42
80	0.47	0.46	0.52
90	0.55	0.53	0.60
100	0.61	0.60	0.68
110	0.69	0.67	0.75
120	0.76	0.73	0.82
130	0.82	0.78	0.89
140	0.88	0.83	0.95
150	0.93	0.88	—
160	0.98	0.93	—
170	1.00	0.96	—
列车管空气压力 P_1(kPa)	600	600	500

注：β_c 取值说明。紧急制动：全值；解算列车进站制动：0.5；计算固定信号机距离：0.8。

3.4.4　动力制动力矢量化计算方法

动力制动力包含电力和内燃机车的电阻制动力及电力机车的再生制动力。具有与闸瓦制动很不相同的性能：在高速时制动力随速度的降低而增大，而在低速时制动力随速度的降低而减小。在长大下坡道上，采用动力制动可使列车安全地以较大速度行驶，提高线路通过能力；使用动力制动减速，可节省车轮和闸瓦间的磨耗。因此，列车在制动时，应优先选择动力制动。

各型电力机车的电阻或再生制动力 B_d 见《牵规》附录 B 或附录 N；各型内燃机车的电阻制动力 B_d，见《牵规》附录 G 或附录 Q。

通过《牵规》附录 N3，得到 SS_4 型电力机车电阻制动力的数据如见表 3-12。

表 3-12　SS4 型电力机车电阻制动力数据表

速度(km/h)	电阻制动力 B_d(N/kN)	速度(km/h)	电阻制动力 B_d(N/kN)
0	0	47.0	482.7
5	82.4	60	374.7
10	167.8	70	321.8
20	333.5	80	280.7
28.7	482.7	90	250.2
36.7	376.7	100	225.6

根据表 3-12 中的数据，通过内插方法，可以得到任意速度下的电阻制动力。但表 3-12 速度间隔较大，在计算时会可能会有较大的误差。因此，同牵引力获取方法相同，从 AutoCAD 矢量电阻制动力特性曲线中通过程序模块自动读取电阻制动力的方法。

图 3-39 为从 AutoCAD 矢量图形输出的栅格格式 SS4 型电力机车电阻制动特性简图。

表 3-13 列出了根据电阻制动特性曲线，通过程序模块以速度间隔 2 km/h 获得的的 SS4 型电力机车的电阻制动力。

表 3-13　SS4 型电力机车电阻制动力数据表

速度(km/h)	电阻制动力(kN)	速度(km/h)	电阻制动力(kN)	速度(km/h)	电阻制动力(kN)
0	0	32	437.6	66	329.3
2	32.6	34	411.8	68	321.8
4	66	36	387.2	70	311.9
5	82.4	36.7	376.7	72	303.2
6	100.9	38	390.5	74	295.2
8	134.9	40	410.4	76	287.5
10	168.7	42	430.4	78	280.7
12	201.8	44	451.6	80	273.6
14	235.5	46	472.4	82	267.2
16	269.1	47	475	84	260.8
18	304.7	48	457.1	86	255.3
20	333.5	50	439.5	88	250.2
22	370.7	52	404.7	90	244.7
24	404.7	56	388.1	92	239.6
26	437	58	374.7	94	234.7
28	469.7	60	359.8	96	229.6
28.7	482.7	62	349.2	98	225.6
30	466.9	64	339	100	221.2

注：表 3-13 部分非 2 km/h 整数倍的速度是根据《牵规》附录中给定的数据补充的。

根据表 3-13 电阻制动力数据表，推导出 SS4 型电力机车电阻制动力与速度的关系可用下式表示。

$$
\begin{cases}
B_d = 16.837 \times v - 0.467\,5 & (0 \leqslant v \leqslant 28.7) \\
B_d = 863 - 13.247 \times v & (28.7 < v \leqslant 36.7) \\
B_d = 10.271 \times v - 0.289\,1 & (36.7 < v \leqslant 47) \\
B_d = 1\,439.903 - 32.838\,8 \times v + 0.318\,98 \times v^2 - 0.001\,121\,5 \times v^3 & (47 < v \leqslant 100)
\end{cases}
\tag{3-12}
$$

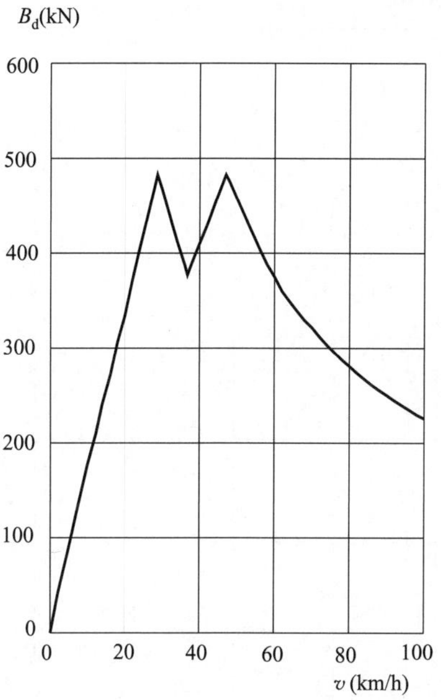

图 3-39　SS4 型电力机车电阻制动特性曲线简图

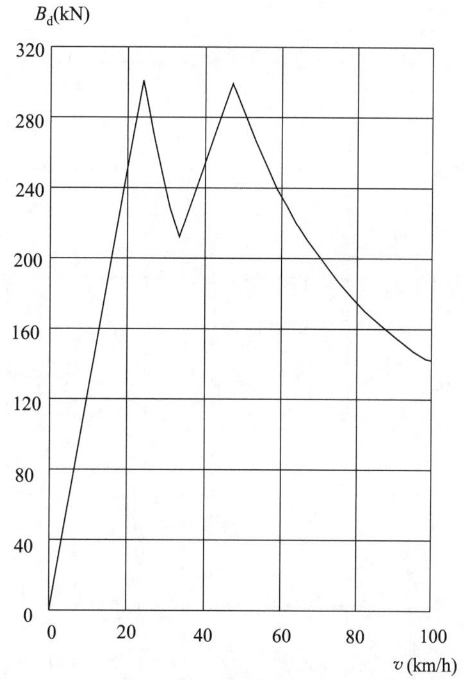

图 3-40　SS3 型电力机车电阻制动特性曲线

图 3-40～图 3-49 为各电力机车和内燃机车的电阻制动特性曲线图。

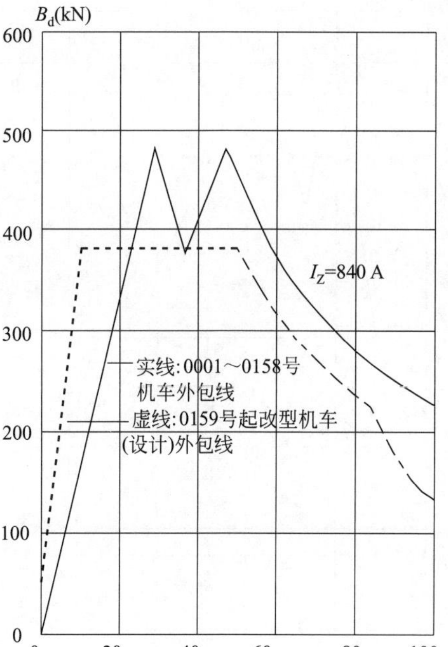

图 3-41　SS4 型电力机车电阻制动特性曲线

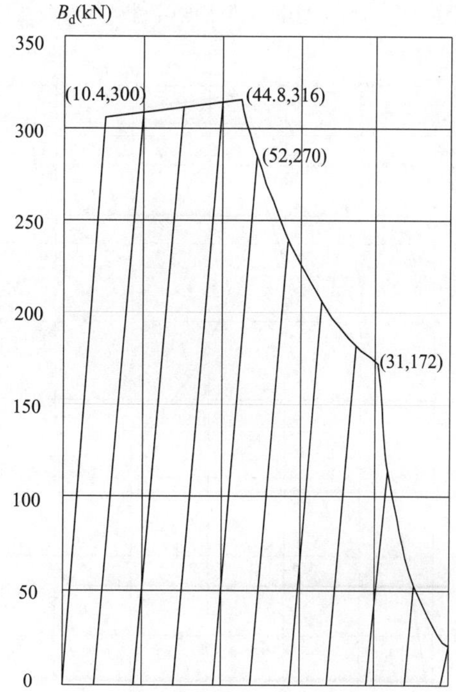

图 3-42　SS7 型电力机车再生制动特性曲线

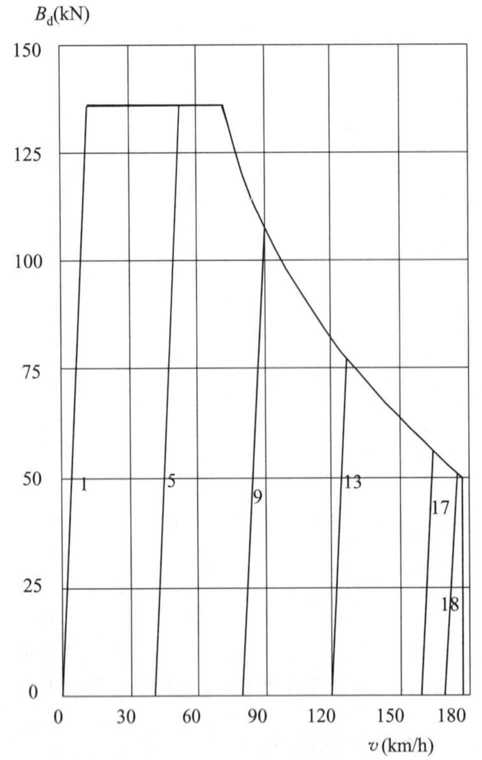

图 3-43 SS8 型电力机车电阻制动特性曲线

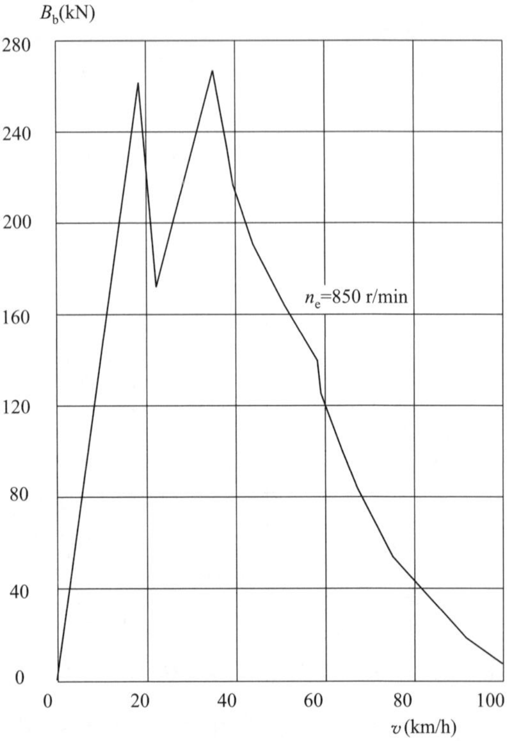

图 3-44 DF4B 货和 DF4C 货型电阻制动特性曲线

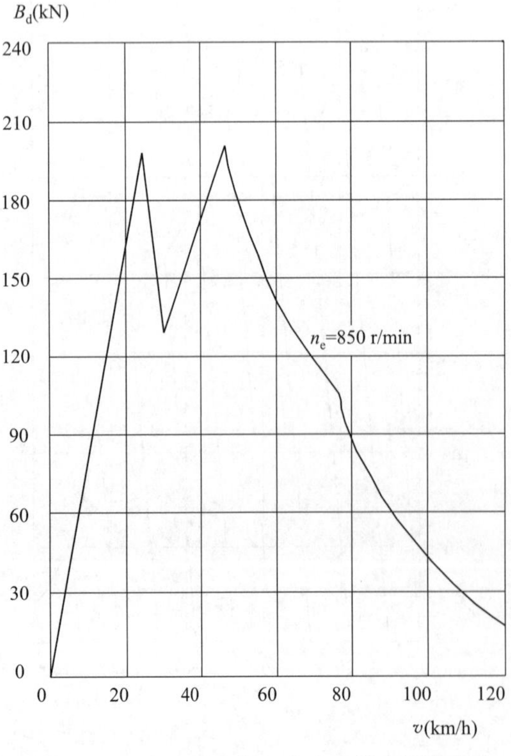

图 3-45 DF4B 客型内燃机车电阻制动特性曲线

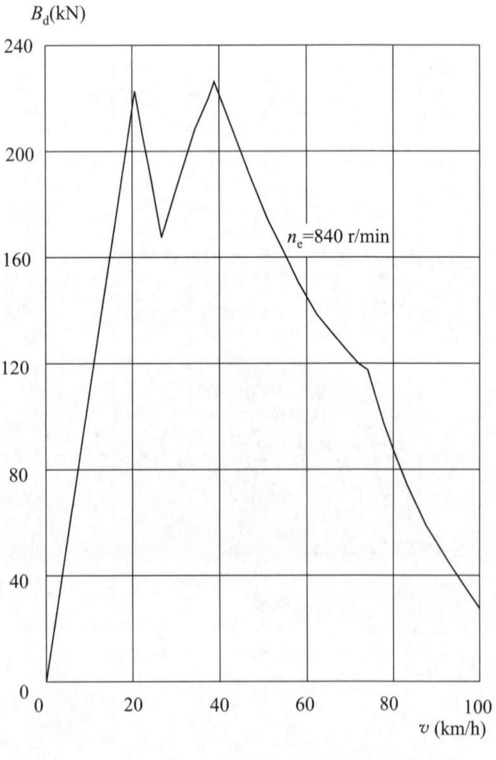

图 3-46 DF8 型内燃机车电阻制动特性曲线

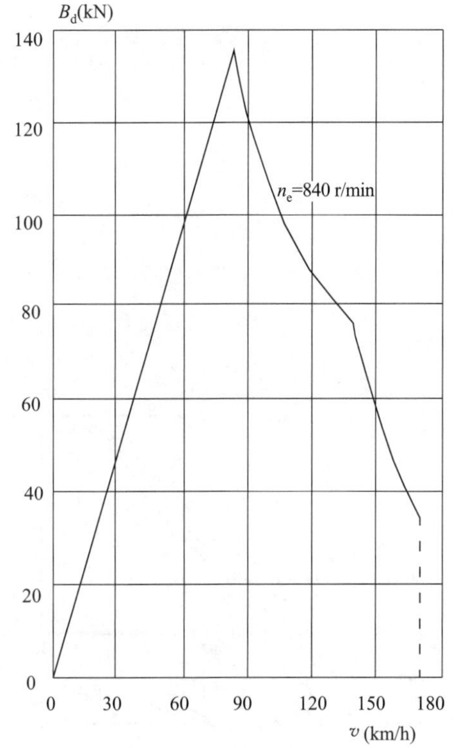

图 3-47　DF11 型内燃机车电阻制动特性曲线

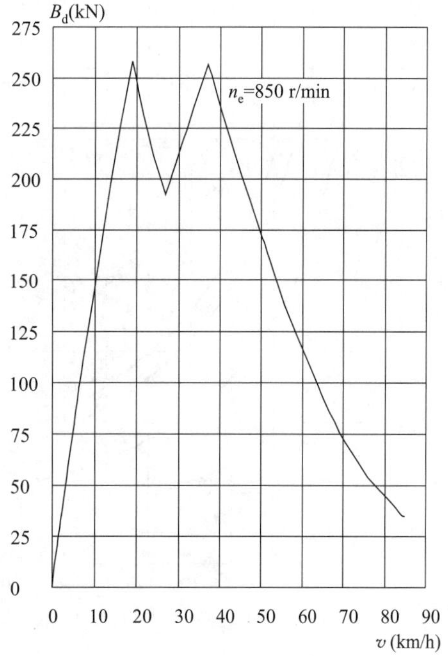

图 3-48　DF7D 型内燃机车电阻制动特性曲线

3.4.5　制动距离计算

列车在制动时，各车辆制动动作不一致，每辆车压力不是瞬间达到最大，而是随制动过程变化，由前向后顺序发生并逐渐达到最大值。为了方便计算，假设：列车制动力不是逐渐变化，而是突变的。

(1)列车在制动力发生前按原速度匀速运行，走行距离称作空走距离 S_k；

(2)在制动力升高后，制动力恒定，走行距离称作有效制动距离 S_e。

因此，列车制动距离由空走距离与有效距离组成(图 3-50)，即：

$$S_z = S_k + S_e \tag{3-13}$$

1. 空走时间与空走距离的计算

(1)空走时间计算公式见表 3-14。

表 3-14　空走时间计算公式

列车类型	制动类型	计算公式	参数说明
旅客列车	紧急制动	$t_k = 3.5 - 0.08 i_j$	n——牵引量数； r——列车管减压量； i_j——制动地段加算坡度千分数，上坡道取 $i_j = 0$
	常用制动	$t_k = (4.1 + 0.002 r \cdot n)(1 - 0.03 i_j)$	
货物列车	紧急制动	$t_k = (1.6 + 0.065 \cdot n)(1 - 0.028 i_j)$	
	常用制动	$t_k = (3.6 + 0.00176 r \cdot n)(1 - 0.032 i_j)$	

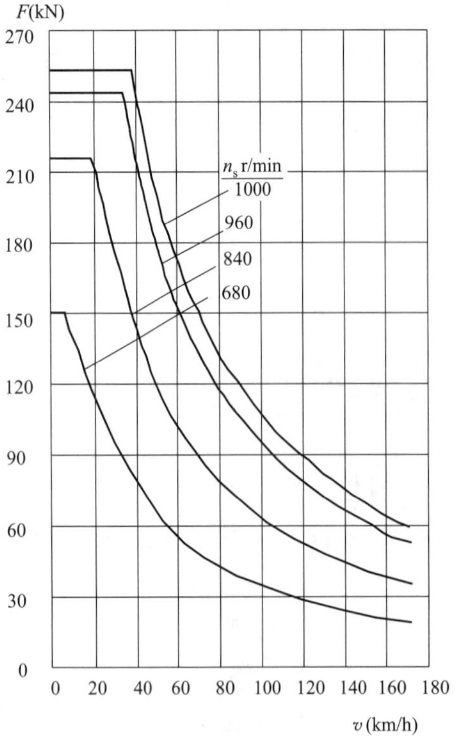

图 3-49　DF11 型内燃机车牵引特性曲线

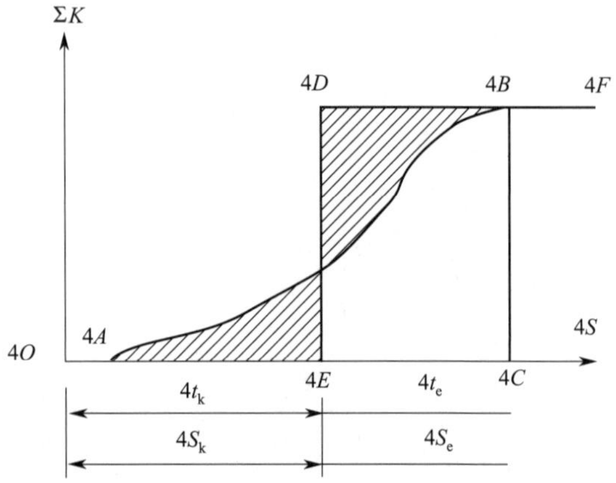

图 3-50　列车制动距离组成示意图

(2)空走距离计算。在空走时间内,列车所走过的距离叫空走距离 S_k。空走距离按空走时间内列车作等速运行的条件来计算。其计算公式如下:

$$S_k=\frac{v_0 t_k}{3\ 600}\cdot 1\ 000=\frac{v_0 t_k}{3.6}\approx 0.278 v_0 t_k \tag{3-14}$$

式中　v_0——制动初速,km/h;

t_k——空走时间,s。

2. 有效制动距离的计算

在有效制动时间内列车所运行的距离称为有效制动距离 S_e。常用分析法计算有效制动距离。即按列车运行速度分段计算列车运行距离,最后把所有速度间隔的列车运行距离累加起来得到总的有效制动距离,计算过程比较复杂。但适合列车牵引计算电算化的实现。其计算公式如下:

$$S_e=\sum\frac{4.17(v_1^2-v_2^2)}{(1\ 000\varphi_h\vartheta_h\beta_c+w_0+i_j)} \tag{3-15}$$

制动空走距离和制动有效距离确定后,就可以得出制动距离:

$$S_z=S_k+S_e=0.278 v_0 t_k+\sum\frac{4.17(v_1^2-v_2^2)}{(1\ 000\varphi_h\vartheta_h\beta_c+w_0+i_j)} \tag{3-16}$$

式中　φ_h——换算摩擦系数;

ϑ_h——列车换算制动率;

β_c——常用制动系数,紧急制动时 $\beta_c=1$,常用制动时根据减压量查表 3-11;

w_0——列车单位基本阻力,N/kN;

i_j——制动地段的加算坡度千分数。

图 3-51 为列车制动距离计算的主界面。可选定不同机车类型、制动初、末速度，设置列车的编组情况等。可计算出空走距离、有效制动距离和制动总距离。

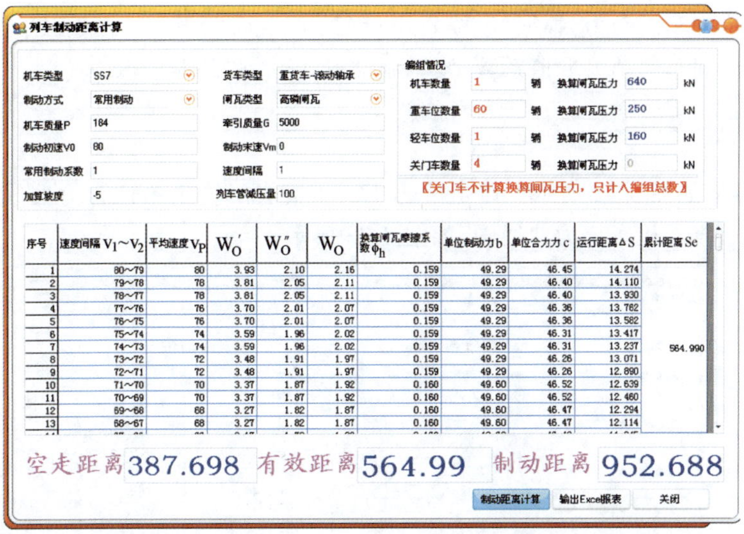

图 3-51　列车制动距离计算

3.5　运行速度与运行时分

列车牵引计算中两个最重的指标内容为求解列车的运行速度和运行时分，都与运行距离 S 有关，反应到图形上即为 VS 曲线和 TS 曲线。

求解运行时分 t 和运行距离 S，目前主要有直接积分法、图解法和近似积分法三种方法。其中近似积分法是目前广泛采用的方法，也是牵引电算采用的方法。

3.5.1　运行速度与运行时分计算方法

近似积分法解算列车运动方程式是将运行时分和距离公式中的积分上、下限间划分为若干更小的速度间隔 Δv，假定每一个有限小的速度间隔内的单位合力 c 为常数(取 Δv 范围内平均速度时的单位合力)。设 Δv 间隔内的初、末速为 v_1、v_2，则得近似积分法解算列车运行时分和运行距离的公式。

(1)运行时分

$$\Delta t=\int_{v_1}^{v_2}\frac{0.5\mathrm{d}v}{c_{\mathrm{p}}}=\frac{(v_2-v_1)}{2c_{\mathrm{p}}}(\mathrm{min})\qquad t=\sum\Delta t(\mathrm{min})\tag{3-17}$$

(2)运行距离

$$\Delta s=\int_{v_1}^{v_2}\frac{8.33v\mathrm{d}v}{c_{\mathrm{p}}}=\frac{41.7\times(v_2^2-v_1^2)}{c_{\mathrm{p}}}(\mathrm{m})\qquad s=\sum\Delta s(\mathrm{m})\tag{3-18}$$

说明：Δv 取得愈小，计算结果愈精确。手工计算时，Δv 一般取 10 km/h；计算机计算时，可根据精度要求取值。

(3)c_{p} 的计算

在各种工况时，可写出如下形式：

①牵引运行：$c_p=f-w=\dfrac{F}{(P+G)\times g}-(w_0+w_i+w_r+w_s)$

②惰力运行：$c_p=-w=-(w_0+w_i+w_r+w_s)$

③制动运行：$c_p=-(w+\beta_b\cdot b)$

式中　b——单位列车制动力，根据 v_p 按公式 $b=1\ 000\varphi_h\theta_h$ 计算。

β_b——单位列车制动力取值系数，紧急制动取 1.0，进站制动取 0.5。

3.5.2　单位合力计算

合力计算界面如图 3-52 所示。单击输出 Excel 报表可输出单位合力曲线报表，单击[合力曲线图]按钮可查看机车合力曲线图，如图 3-53 所示。

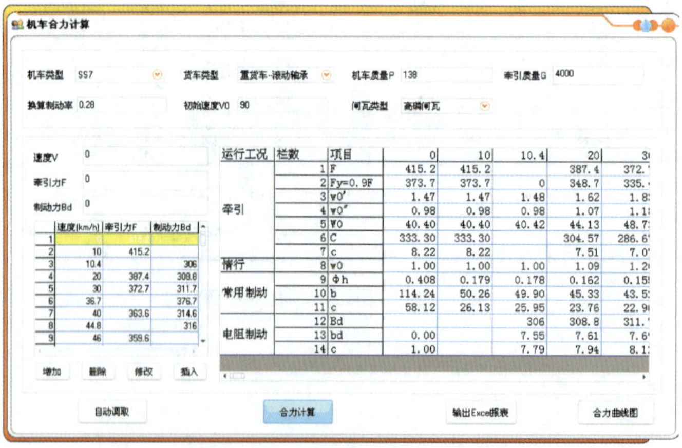

图 3-52　机车合力计算

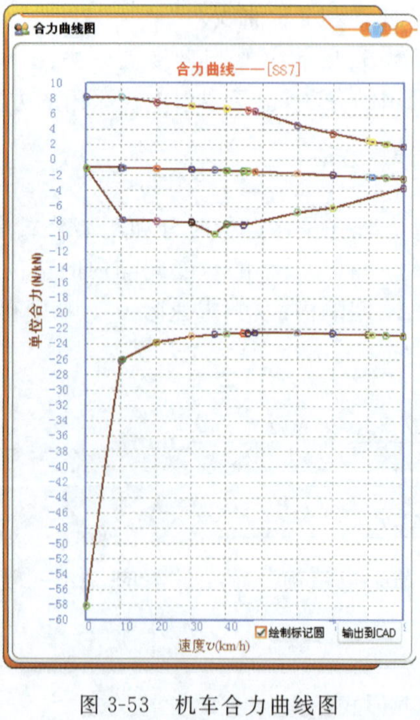

图 3-53　机车合力曲线图

3.6 电力机车能耗计算

能耗是一项重要经济指标。取决于机车类型、牵引质量、线路纵断面、运行速度、停站时间、机车状态等多种因素，与司机的操纵水平也有很大关系。合理确定能耗消耗量具有经济意义，对促进司机的操纵水平也有积极意义。能耗分为电力机车的耗电量和内燃机车的耗油量。光盘附件的“列车牵引计算系统”实现了电力机车耗电量的计算功能，因此这里仅对电力机车的耗电量进行简要说明。关于内燃机车的油耗计算方法和公式可参考《牵规》或相关列车牵引计算教程。

3.6.1 电力机车能耗计算方法

1. 电力机车区段耗电量

电力机车区段耗电量 Q 通常按牵引运行耗电量 Q_y（包括自用电量）和惰行、制动及停站时的自用电量 Q_0 以及出入段及途中调车作业耗电量 Q_t 三部分分别进行计算。即：

$$Q=Q_y+Q_0+Q_t \tag{3-19}$$

2. 牵引运行耗电量

电力机车牵引运行耗电量 Q_y 由机车最高负荷牵引运行的耗电量 Q_{y1} 和机车部分负荷牵引运行的耗电量 Q_{y2} 组成，按下式计算：

$$Q=Q_{y1}+Q_{y2} \tag{3-20}$$

（1）机车最高负荷牵引运行的耗电量 Q_{y1} 按下式计算：

$$Q_{y1}=\frac{U_W\sum[(I_{P1}\cdot\lambda_Y+I_{P0})t]}{60\times10^3} \tag{3-21}$$

式中　U_w——受电弓处网压 V；

I_{p1}——时间间隔内机车最高负荷的平均有功电流，A，按《列车牵引计算规程》附录 C 或附录 N 查用；

I_{p0}——自用电有功电流，A；牵引运行 4 轴和 6 轴机车取 6 A，8 轴机车取 7.5 A；

t——相应工况时间，min；

λ——牵引力使用系数，取 $\lambda_y=0.9$。

（2）机车部分负荷牵引运行的耗电量 Q_{y2} 按下式计算

$$Q_{y2}=\frac{U_W\sum[(I_{P2}+I_{P0})t]}{60\times10^3} \tag{3-22}$$

式中　I_{p2}——时间间隔内机车部分负荷的平均有功电流，A；按《列车牵引计算规程》附录 C 或附录 N 查用；I_{p2} 的取值不应大于同速度的 $I_{p1}\cdot\lambda_y$ 值。

3. 惰行制动及停站自用电量

电力机车的惰行制动及停站自用电量 Q_0 按下式计算。

$$Q_0 = \frac{U_W \cdot I_{P0} \cdot \sum t}{60 \times 10^3} \tag{3-23}$$

式中 U_w——受电弓处网压,V;

I_{p0}——自用电有功电流,A;

t——相应工况时间,min。

惰行空气制动及停站时自用电有功电流取 2 A；电阻制动时 4 轴和 6 轴机车取 10 A;8 轴机车取 13 A。

4. 出入段及途中调车作业耗电量

电力机车出入段及途中调车作业耗电量 Q_t 按下列规定计算：

(1) 出入段每小时 100 kW·h,

(2) 途中调车作业每小时 250 kW·h。

电力机车耗电量按“有功电流”计算，各型电力机车有功电流曲线图 3-54～图 3-58 所示。

3.6.2 电力机车能耗计算实例

下面以 SS_4 电力机车为例,说明电力机车能耗计算流程和方法。

SS_4 机车的轴式为 2(B0-B0)。根据 SS_4 电力机车有功电流曲线(图 3-54)得到其有功电流曲线曲线简图,如图 3-59 所示。

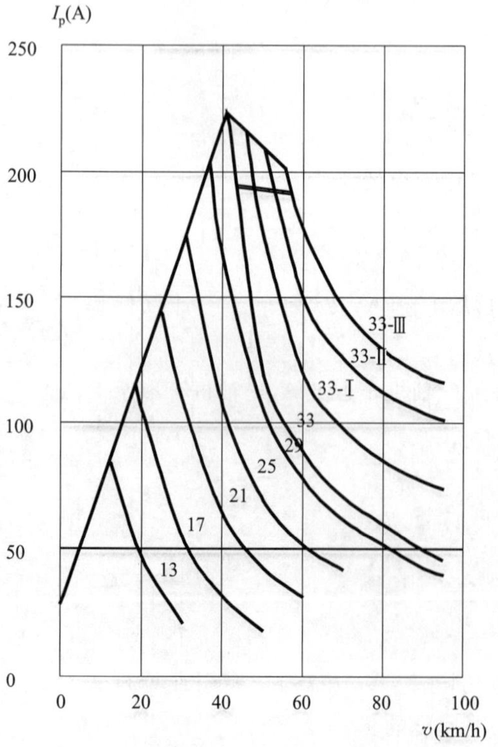

图 3-54 SS_1 型电力机车有功电流曲线图

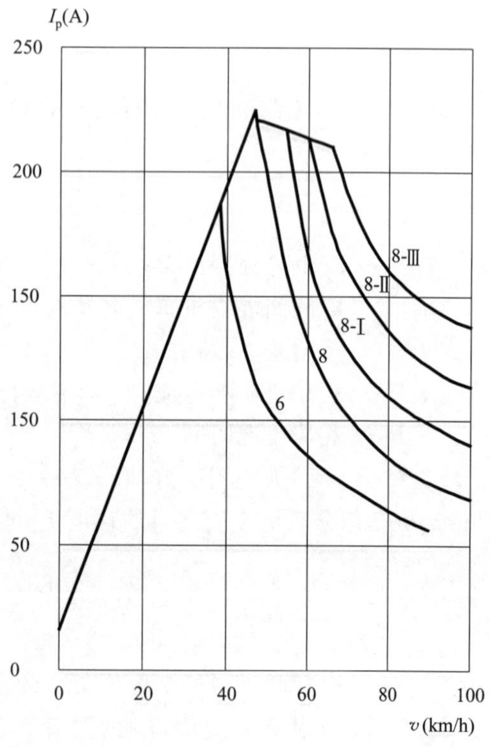

图 3-55 SS_3 型电力机车有功电流曲线

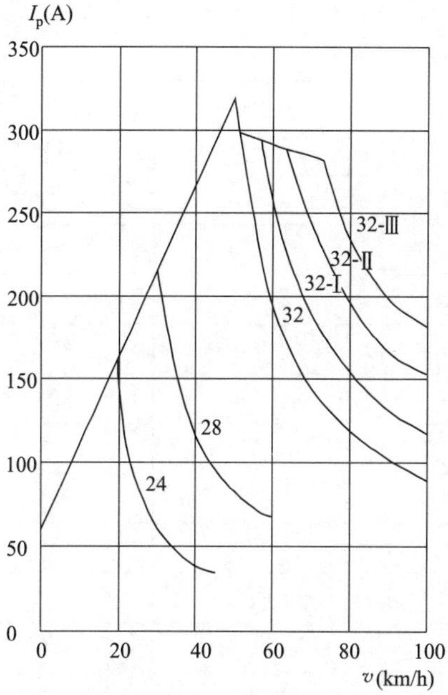

图 3-56　SS4 型电力机车有功电流曲线图

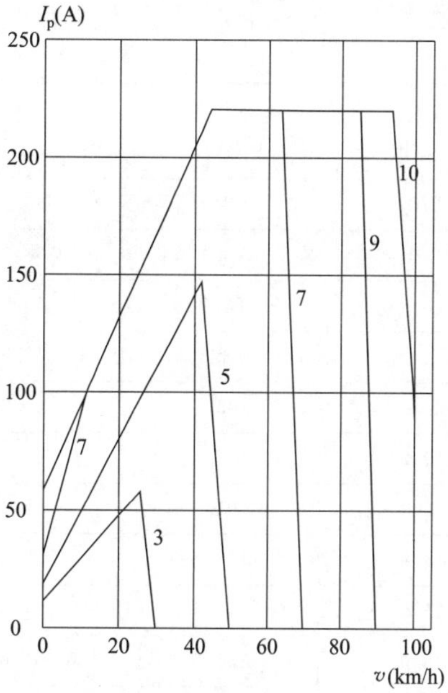

图 3-57　SS7 型电力机车有功电流曲线图

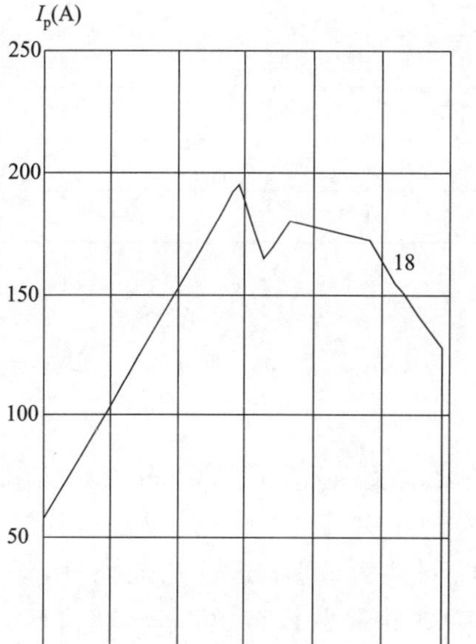

图 3-58　SS8 型电力机车
有功电流曲线图

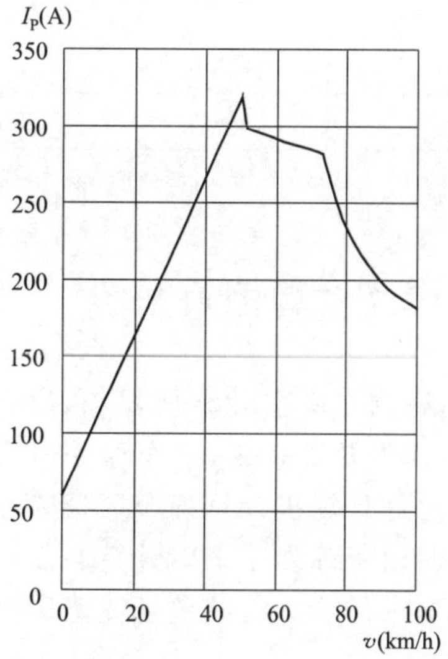

图 3-59　SS4 电力机车有功
电流曲线简图(最大 I_p)

通过牵引力 CAD 相同的计算方法，得到 SS_4 电力机车以 2 km/h 速度间隔的有功电流数据 I_p，见表 3-15。

表 3-15　SS_4 电力机车有功电流数据表

速度(km/h)	有功电流 I_p(A)	速度(km/h)	速度(km/h)	有功电流(A)	有功电流(A)
0.0	63.9	36.0	246.4	70.0	284.2
2.0	73.4	38.0	256.6	72.0	282.6
4.0	83.9	40.0	268.1	73.2	280.0
6.0	93.8	42.0	278.4	74.0	274.2
8.0	103.9	44.0	287.7	76.0	259.6
10.0	113.8	46.0	296.5	78.0	245.3
12.0	124.7	48.0	307.3	80.0	234.0
14.0	133.8	50.0	318.0	82.0	225.0
16.0	143.6	51.5	298.0	84.0	217.0
18.0	153.7	54.0	296.0	86.0	209.9
19.5	160.6	56.0	294.4	88.0	203.8
20.1	164.5	57.0	293.4	90.0	198.0
22.0	174.8	58.0	292.6	92.0	193.1
24.0	184.5	60.0	291.4	94.0	189.8
26.0	195.4	62.0	289.1	96.0	186.7
28.0	205.5	63.6	288.0	98.0	183.9
30.0	214.8	64.0	287.6	100.0	181.0
32.0	225.9	66.0	286.6		
34.0	236.3	68.0	285.3		

注：表 3-15 中部分非 2 km/h 整数倍数据由《牵规》中补充。

3.7　牵引计算仿真系统

根据《列车牵引计算规程》和《列车牵引计算》的要求及内容，采用 C# 开发语言和 Access 数据库，开发完成《列车牵引计算仿真系统》，实现了列车牵引计算的自动计算。从而实现通过计算机计算列车区间牵引力、基本阻力、制动力、列车运行能耗计算，设计线路平纵断面等等列车牵引计算与运行模拟的内容，为铁路线路设计、机车车辆选型、运行实验等提供借鉴。安装包见光盘附件。

3.7.1　系统开发环境

系统采用 Microsoft Visual Studio C# 2008 语言开发，数据库采用 Access，对应软硬件环境如下：

1. 软件环境

操作系统：WindowsXP 或 Windows 7。

编程语言：Microsoft Visual Studio C# 2008。

图形支持系统：AutoCAD R2004 或更高版本。

数据库系统：Microsoft Access 2002 或更高版本数据库。

2. 硬件环境

CPU：奔腾 4，2.4 GHz 以上。

内存：≥512 MB。

显存：≥32 MB。

硬盘：≥80 G。

3.7.2 系统主要功能

系统采用的牵引计算模型是多质点列车模型，主要功能包括项目管理、列车数据管理（牵引力、制动力和阻力）、线路数据管理（坡段数据、曲线数据、隧道数据、车站数据、限速区间数据）、计算参数设置（牵引参数、列车编组、基本阻力计算、牵引策略）、牵引计算数据生成（构建分段牵引数据、浏览分段牵引数据）、牵引计算模块（牵引计算、能耗计算、紧急制动距离计算等）、结果输出模块（区间牵引数据、坡段牵引数据、详细牵引数据、工况统计数据、能耗计算数据）、图形生成（*VS* 曲线、*TS* 曲线、*ES* 曲线等）、图形参数设置、图形输出等功能。系统主界面如图 3-60 所示，系统功能结构图如图 3-61 所示。

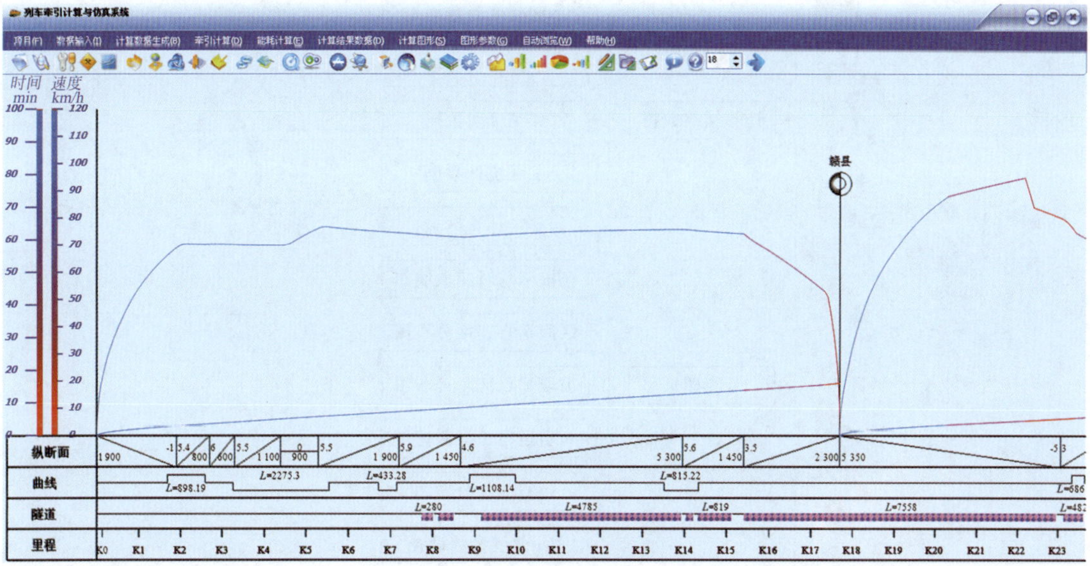

图 3-60　系统主界面

3.7.3 软件安装

安装包（附光盘）为一个名为 setup 的文件夹，双击 setup 程序系统运行安装程序，进入安装界面，如图 3-62 所示。根据提示点击下一步安装即可，安装成功如图 3-63 所示。

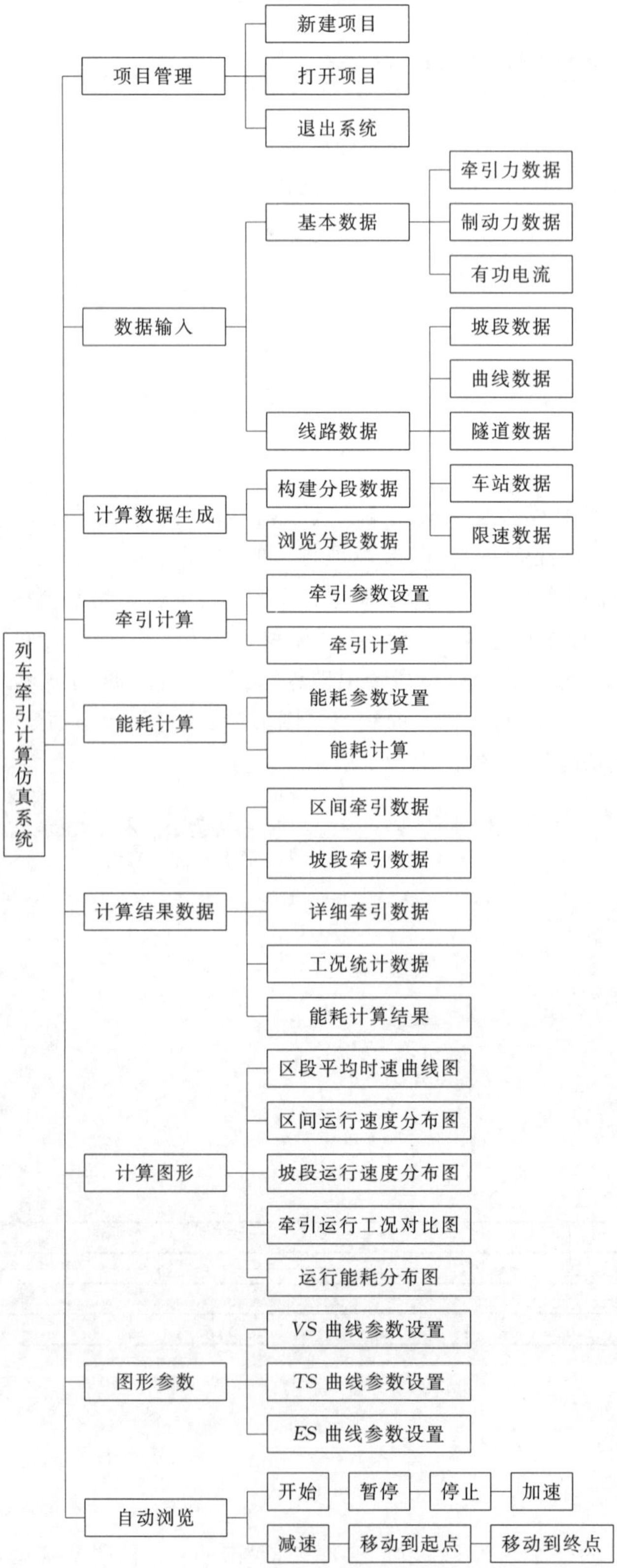

图 3-61　系统功能结构图

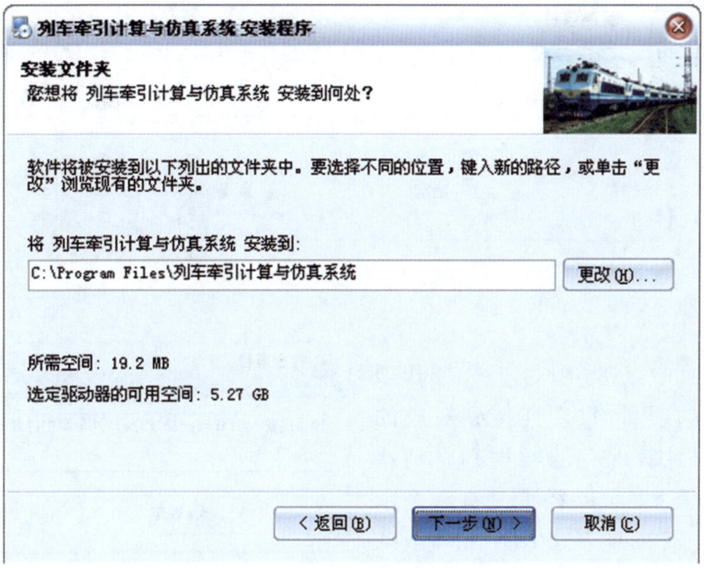

图 3-62　安装界面

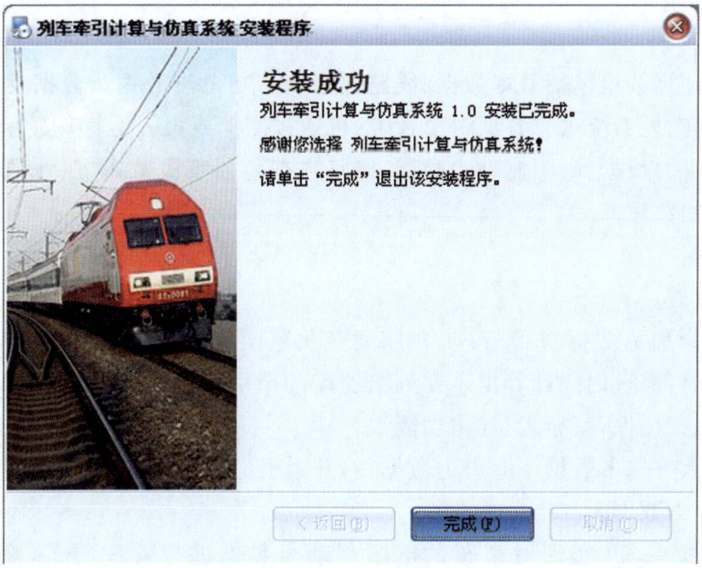

图 3-63　安装完成界面

3.7.4　项目管理

系统对不同线路采用项目方式进行管理。主要包括新建项目和打开已有项目功能。

1. 新建项目

“新建项目”用来建立一个新项目，点击它可以出现一个新建项目界面，如图 3-64。通过单击[浏览]按钮确定新建的项目名称，单击[确定]按钮开始创建项目及数据库。

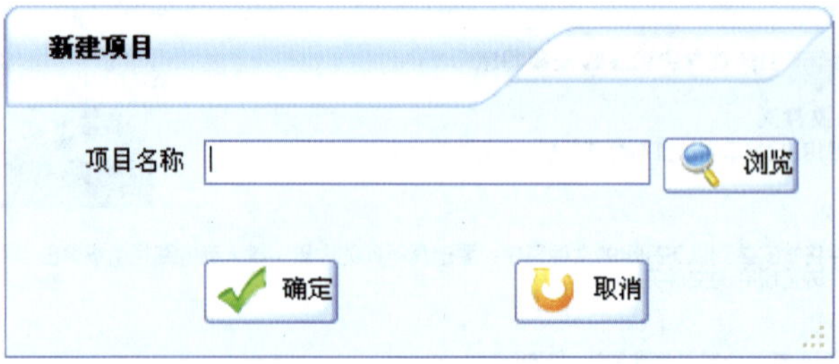

图 3-64　新建项目界面

2. 打开项目

在系统主界面中点击[项目]→[打开项目]，打开已建立的项目，重新连接到对应的数据库，所有牵引计算保存的数据都自动从数据库中重新读取。安装路径下已有一个示例项目，位于安装系统盘下\Program Files\列车引计算与仿真系统\项目示例 .mdb，如图 3-65 所示，单击确定界打开项目。

图 3-65　打开项目

3.7.5　数据输入

系统中牵引计算数据包括基本数据、线路数据和有功电流数据。数据反应了机车基本信息以及线路概况，输入系统进行各项牵引计算，可通过图形或报表更直观显示出结果。其中基本数据包括了牵引力数据、电阻制动力数据，线路数据包括坡段数据、曲线数据、隧道数据、车站数据和限速区间数据。

1. 基本数据

(1)牵引力数据。

对列车的的牵引力数据进行管理，在速度变化范围内，以 2 km/h 的间隔保存牵引力数据。在牵引计算时，通过内插计算出不在列出速度的牵引力值。对所有的牵引力数据都可以进行增加、删除、修改、保存、导入、导出功能。

选择数据输入→基本数据→牵引力数据，打开牵引力数据管理界面，如图 3-66 所示。

(2)电阻制动力数据。

同牵引力数据一样，实现对列车的电阻制动力数据进行管理，在速度变化范围内，以 2 km/h 的间隔保存电阻制动力数据。在牵引计算时，通过内插计算出不在列出速度的制动力值。对所有的电阻制动力数据都可以进行增加、删除、修改、保存、导入、导出功能。

选择数据输入→基本数据→制动力数据，打开制动力数据管理界面，如图 3-67 所示，展示的 SS_4 电力机车的电阻制动力数据。

2. 线路数据

维护牵引运行计算所需的线路数据，包括坡度数据、曲线数据、隧道数据、车站数据和限速区间数据，这些线路数据是进行牵引计算的基础数据。主要包括以下功能：

坡段设置：设置列车所经过的所有坡段；

图 3-66　SS_4 机车牵引力数据图

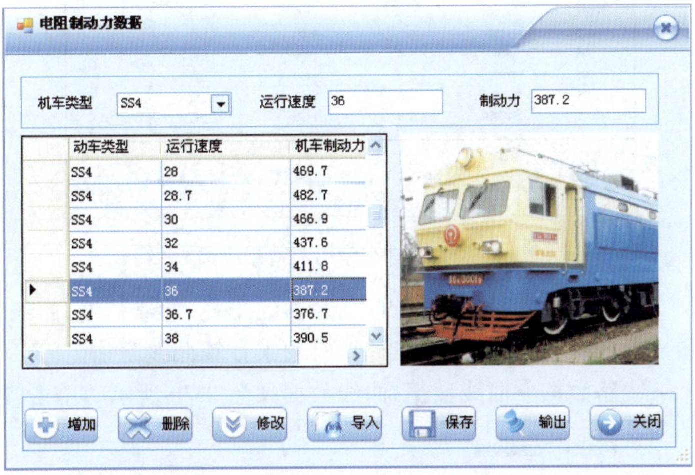

图 3-67　SS_4 机车电阻制动力数据

曲线设置：设置区间内的曲线数据；

隧道设置：设置区间内的隧道数据；

车站设置：设置列车运行的所有车站；

限速区间数据：设置列车运行的限速区间数据。

线路数据输入模块的结构和数据流程如图 3-68 所示。

(1)坡段数据。包括坡段编号、坡段起点里程、坡度、坡段长度、坡段方向(上行或下行)，能够实现对坡段数据的编辑和导入、导出等功能。牵引计算时用来进行线路分段处理和计算坡度阻力。

选择数据输入→线路数据→坡段数据，坡段数据如图 3-69 所示。

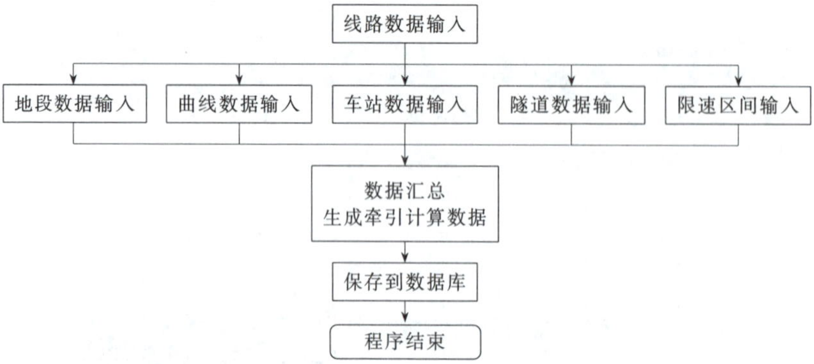

图 3-68　线路数据模块与数据流程图

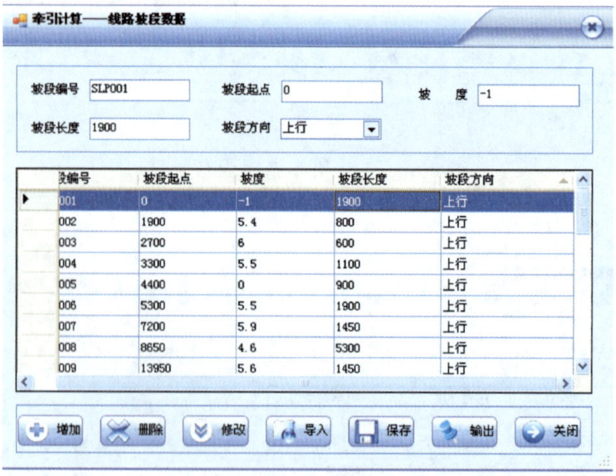

图 3-69　机车牵引力数据界面

(2)曲线数据。包括曲线编号、曲线起点里程、曲线半径、曲线长度、曲线方向，能够实现对曲线数据编辑的和导入、导出等功能。牵引计算时用来计算曲线附加阻力。

选择数据输入→线路数据→曲线数据，曲线数据如图 3-70 所示。单击[输出]可将曲线数

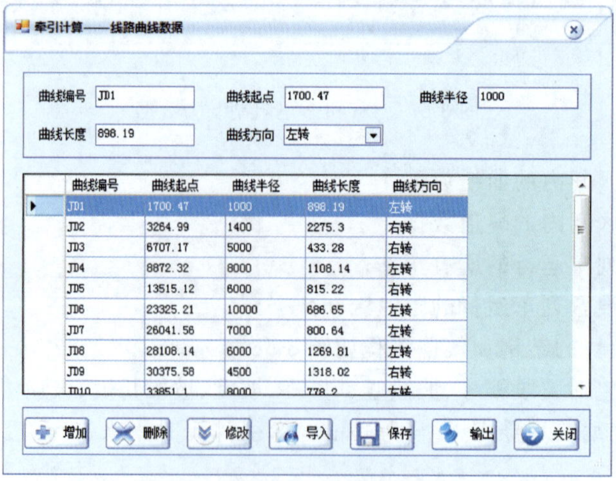

图 3-70　曲线数据管理输出报表界面

据输出到 Excel。

（3）隧道数据。包括隧道编号、隧道起点里程、隧道名称和隧道长度数据，牵引计算时用来计算隧道附加阻力。

选择数据输入→线路数据→隧道数据，隧道数据如图 3-71 所示。单击[输出]可将曲线数据输出到 Excel。

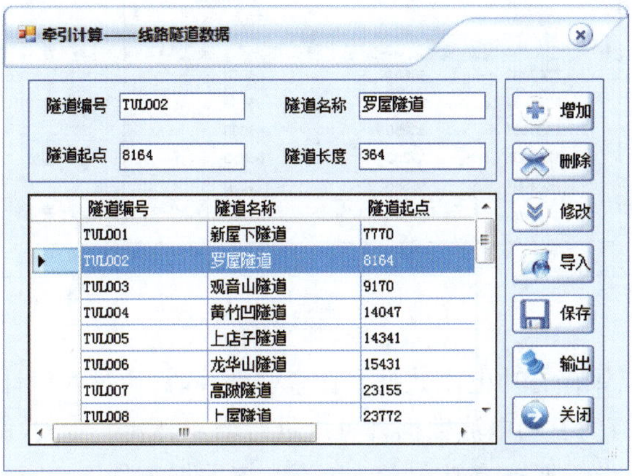

图 3-71　线路隧道数据管理界面

（4）车站数据。包括车站编号、车站中心位置里程、车站名称和停车时间数据，能够实现对车站数据的编辑和导入、导出等功能。牵引计算时用来确定牵引计算区间。

选择数据输入→线路数据→车站数据，车站数据如图 3-72 所示。

图 3-72　车站数据管理界面

（5）限速区间数据。包括限速区间编号、限速区间起点里程、限速区间终点里程、限制速度数据，能够实现对限速区间数据的编辑和导入、导出等功能。牵引计算时用来计算分段牵引数据的限制速度值。

选择数据输入→线路数据→限速区间数据，限速区间数据如图 3-73 所示，单击[输出]，可查看限速区间数据表。

3. 有功电流数据

有功电流用来计算电力列车运行能耗。根据牵引计算结果，可以计算出电力机车的牵引耗

图 3-73　限速区间数据

电量。以 2 km/h 的间隔保存有功电流数据。在牵引计算时，通过内插计算出不同速度下的电力机车有功电流值。对所有的有功电流数据都可以进行增加、删除、修改、保存、导入、导出功能。

选择数据输入→线路数据→有功电流，有功电流数据如图 3-74 所示，单击[输出]可查看有功电流数据表。

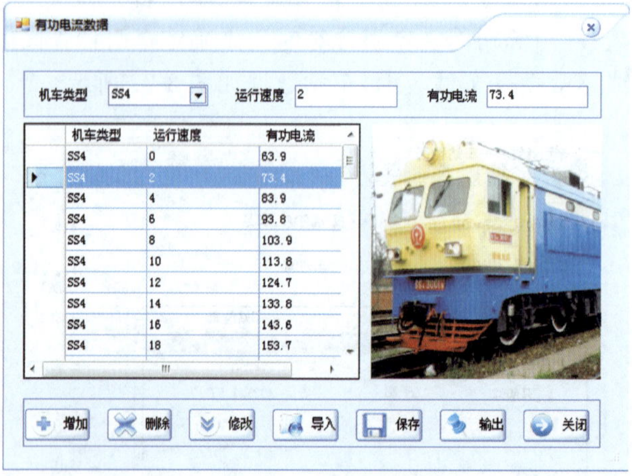

图 3-74　有功电流数据

3.7.6　计算数据生成

主要包括构建分段数据和分段数据浏览两部分。是进行牵引计算前必须要完成的工作，其数据来源于线路数据。

1. 构建分段数据

系统需要对线路数据进行整理分段，即补充各坡段的曲线数据、隧道数据、车站数据，以便于后面的牵引计算。选择计算数据生成→构建分段数据，提示保存分段数据，构建分段数据成功。

2. 浏览分段数据

对分段后的数据浏览查看，选择计算数据生成→浏览分段数据，例如鼠标点击线段编号为

1，界面上方显示了该段的编号、线段起点、坡度、线段长度、线段限速、存在车站、曲线数据、隧道数据等信息，如图 3-75 所示。

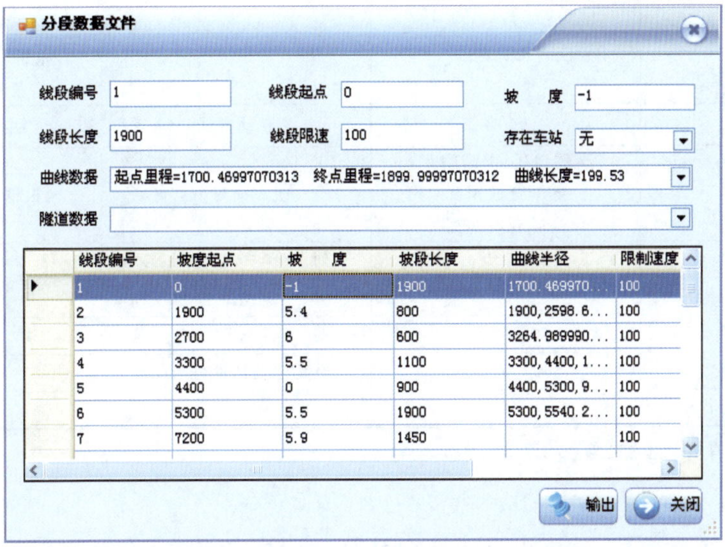

图 3-75　分段数据浏览

3.7.7　牵引计算

在线路分段数据构建后，通过牵引参数的设置，就可以进行牵引计算，得到运行时分、运行速度、各坡段、运行工况等数据。开始牵引计算之前，必须先进行牵引参数的设置。

1. 牵引参数设置

选择牵引计算→牵引计算参数设置，设置如图 3-76 所示。

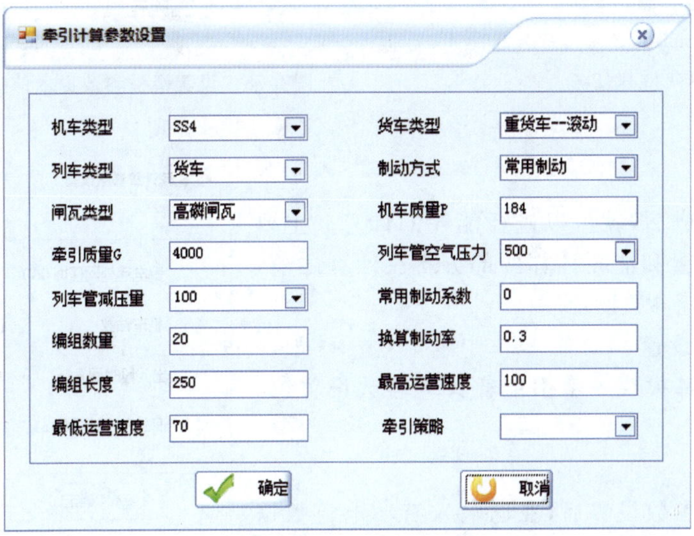

图 3-76　牵引计算参数设置

参数设置按表3-16进行设置。

表3-16　牵引参数设置

参　　数	参数设置	参　　数	参数设置
机车类型	SS_4/SS_7/SS_8⋯	货车类型	重货车——滚动轴承 重货车——滑动轴承 空货车/油罐车专列
列车类型	货车/客车	制动方式	常用制动/紧急制动
闸瓦类型	高麟闸瓦/中磷闸瓦 低摩合成闸瓦 高摩合成闸瓦	机车质量(t)	根据机车类型确定
牵引质量(t)	4 000	列车管空气压力(kN)	500/600
列车管减压量(kPa)	100	编组数量	20
换算制动率	0.3	编组长度(m)	250
常用制动系数	0	最高运营速度(km/h)	100
最低运营速度(km/h)	70		

注:表3-16中未有多个选项的参数均可输入修改。

2. 牵引计算

在设置好牵引参数后,就可以进行牵引计算。计算完成后,系统主界面直接显示出*VS*曲线。

选择牵引计算模块→牵引力计算,有牵引计算完成对话框提示计算完成。如图3-77所示。若没有进行牵引参数的设置,会提示如图3-78所示的信息。

图3-77　牵引计算完成任务

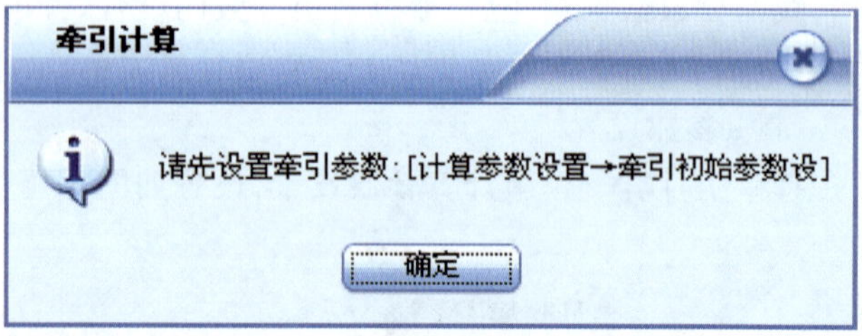

图3-78　设置牵引参数提示信息

3.7.8　能耗计算

牵引计算完成后,就可以进行能耗的计算。主要包括能耗参数设置和能耗计算两部分。在计算之前,也需要先进行能耗参数设置。

1. 能耗参数设置

选择牵引计算模块→牵引能耗计算参数设置,如图3-79所示。

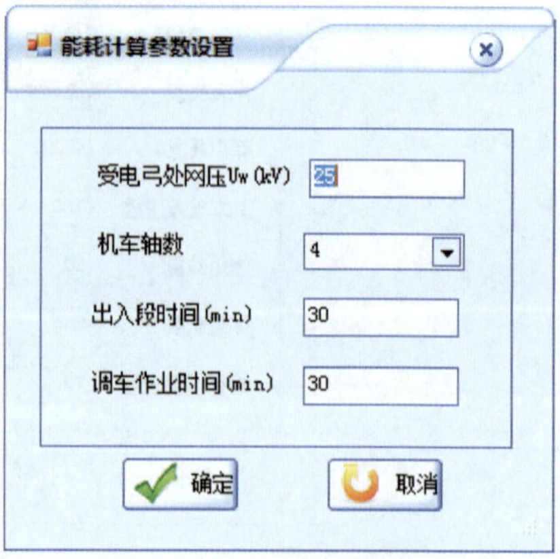

图3-79　牵引能耗计算界面

2. 能耗计算

在完成能耗参数设置后,在已输入有功电流数据和完成牵引计算后,选择牵引计算模块→牵引能耗计算,即可进行能耗计算。系统的能耗计算目前只提供电力机车的能耗计算(区段耗电量),包括牵引运行耗电量、惰行能耗、制动能耗(空气和电阻制动能耗)、停站自用电量和出入段及途中调车作业耗电量。

3.7.9　计算结果数据

计算完成后查看各牵引计算结果数据,包括:区间牵引数据、坡段牵引数据、详细牵引数据、工况统计数据和能耗计算结果。

1. 区间牵引数据

区间是以车站为分区间的分界点,相临两车站构成一个区间。区间牵引数据包括了区间距离、区间走行时间、区间速度、区间起点里程、区间终点里程等。

选择计算结果数据→区间牵引数据,查看区间牵引数据,如图 3-80 所示,单击[输出]将区间牵引数据输出到 Excel。

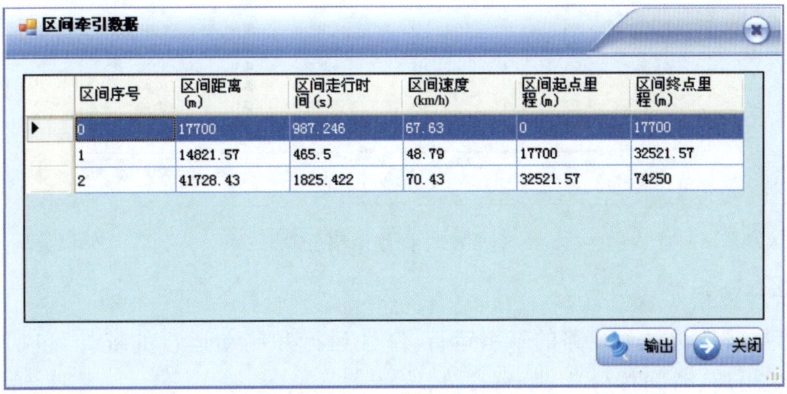

区间序号	区间距离(m)	区间走行时间(s)	区间速度(km/h)	区间起点里程(m)	区间终点里程(m)
0	17700	987.246	67.63	0	17700
1	14821.57	465.5	48.79	17700	32521.57
2	41728.43	1825.422	70.43	32521.57	74250

图 3-80　区间牵引数据

2. 坡段牵引数据

坡段牵引数据是对每个坡段的牵引计算结果,包括每个坡段的序号、走行的区间距离、走行时间、起点速度、终点速度、平均速度、牵引连续里程等数据。

选择计算结果数据→坡段牵引数据,可查看坡段牵引数据,如图 3-81 所示。

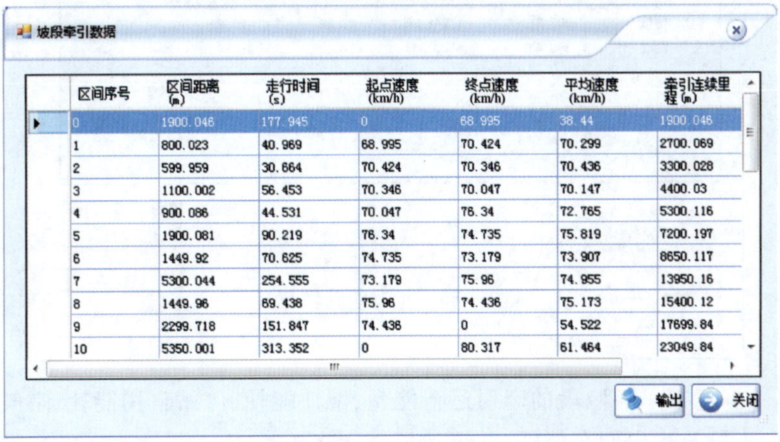

区间序号	区间距离(m)	走行时间(s)	起点速度(km/h)	终点速度(km/h)	平均速度(km/h)	牵引连续里程(m)
0	1900.046	177.945	0	68.995	38.44	1900.046
1	800.023	40.969	68.995	70.424	70.299	2700.069
2	599.959	30.664	70.424	70.346	70.436	3300.028
3	1100.002	56.453	70.346	70.047	70.147	4400.03
4	900.086	44.531	70.047	76.34	72.765	5300.116
5	1900.081	90.219	76.34	74.735	75.819	7200.197
6	1449.92	70.625	74.735	73.179	73.907	8650.117
7	5300.044	254.555	73.179	75.96	74.955	13950.16
8	1449.96	69.438	75.96	74.436	75.173	15400.12
9	2299.718	151.847	74.436	0	54.522	17699.84
10	5350.001	313.352	0	80.317	61.464	23049.84

图 3-81　坡段牵引数据

3. 详细牵引数据

详细牵引数据是指根据牵引计算设定的时间步长，详细列出各时间步长的牵引计算数据，包括区间序号、走行距离、走行时间、区间累计走行时间、走行速度、运行工况、起点里程、终点里程等数据。

选择计算结果数据→详细牵引数据，单击[读取]即可查看详细牵引数据，如图 3-82 所示。

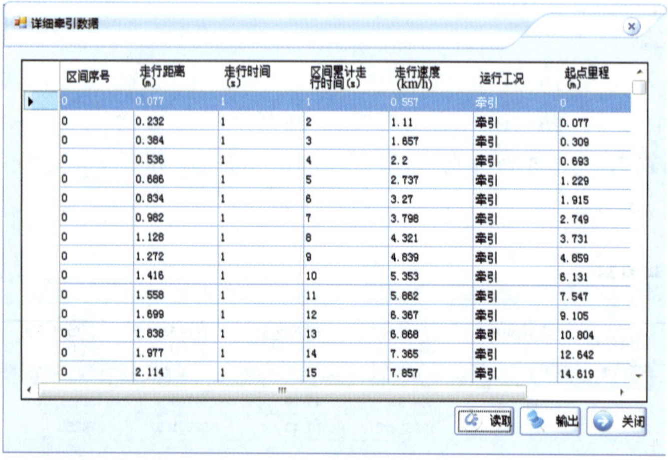

区间序号	走行距离(m)	走行时间(s)	区间累计走行时间(s)	走行速度(km/h)	运行工况	起点里程(m)
0	0.077	1	1	0.557	牵引	0
0	0.232	1	2	1.11	牵引	0.077
0	0.384	1	3	1.657	牵引	0.309
0	0.536	1	4	2.2	牵引	0.693
0	0.686	1	5	2.737	牵引	1.229
0	0.834	1	6	3.27	牵引	1.915
0	0.982	1	7	3.798	牵引	2.749
0	1.128	1	8	4.321	牵引	3.731
0	1.272	1	9	4.839	牵引	4.859
0	1.416	1	10	5.353	牵引	6.131
0	1.558	1	11	5.862	牵引	7.547
0	1.699	1	12	6.367	牵引	9.105
0	1.838	1	13	6.868	牵引	10.804
0	1.977	1	14	7.365	牵引	12.642
0	2.114	1	15	7.857	牵引	14.619

图 3-82 详细牵引数据

4. 工况统计数据

工况统计数据是对整个线路的牵引运行、惰性运行和制动运行的统计，包括了工况类型、走行时间、走行距离、时间百分比、距离百分比。

选择计算结果数据→牵引计算各工况统计数据，如图 3-83 所示。从图 3-83 统计数据可明显的看出整个线路是以牵引运行为主，约占 70%。

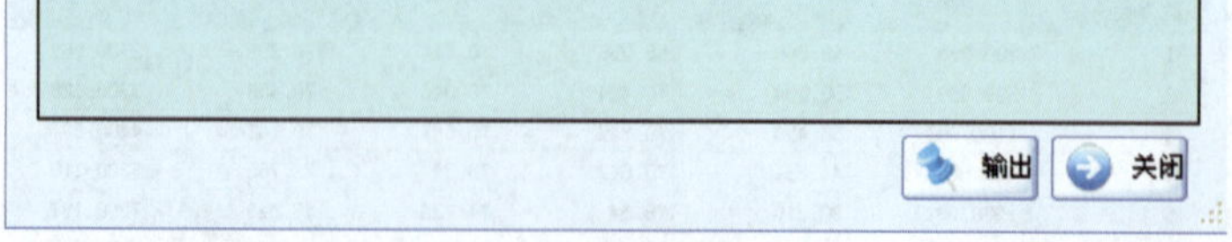

工况类型	走行时间(s)	走行距离(m)	时间百分比(%)	距离百分比(%)
牵引	2662.144	50186.31	69.05	67.59
惰行	802.71	17241.56	20.82	23.22
制动	390.427	6820.983	10.13	9.19

图 3-83 工况统计数据

5. 能耗计算结果

能耗计算数据包括了各区段的牵引运行能耗、惰性能耗、停站自用能耗、空气制动能耗、电阻制动能耗、出入段及途中调车能耗，并统计了总计能耗。

选择计算结果数据→能耗计算数据结果，如图 3-84 所示。

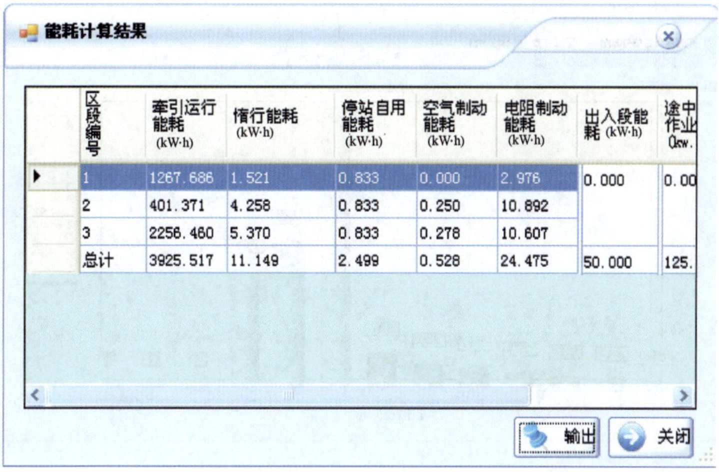

区段编号	牵引运行能耗(kW·h)	惰行能耗(kW·h)	停站自用能耗(kW·h)	空气制动能耗(kW·h)	电阻制动能耗(kW·h)	出入段能耗(kW·h)	途中作业(kW.
1	1267.686	1.521	0.833	0.000	2.976	0.000	0.00
2	401.371	4.258	0.833	0.250	10.892		
3	2256.460	5.370	0.833	0.278	10.607		
总计	3925.517	11.149	2.499	0.528	24.475	50.000	125.

图 3-84　能耗计算数据

3.7.10　计算图形

计算图形包括了区间平均时速曲线图、区间运行速度分布图、坡段运行速度分布图、运行工况对比图、运行能耗分布图，能够直观的反映运行特性。

1. 区间平均时速曲线图

区间平均时速曲线图是根据牵引计算结果统计各区间的平均时速，反应的是列车在不同区间的平均运行速度，也从另外一个角度反应了各区间的线路条件。

选择计算图形→区间平均时速曲线图，查看区间平均时速曲线图如图 3-85 所示。

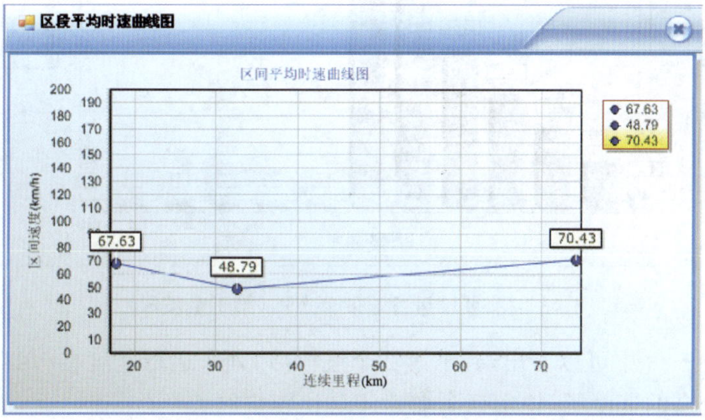

图 3-85　区间平均时速曲线图

2. 区间运行速度分布图

区间运行速度分布图是反应列车在每个区间内的各运行速度的分布情况。

选择计算图形→区间运行速度分布图，查看区间运行速度分布图，如图 3-86 所示。从图 3-86 中可以看出，区间 1 运行速度在 70～80 km/h 占 41.55%；运行速度在 80～90 km/h

占 24.08%。

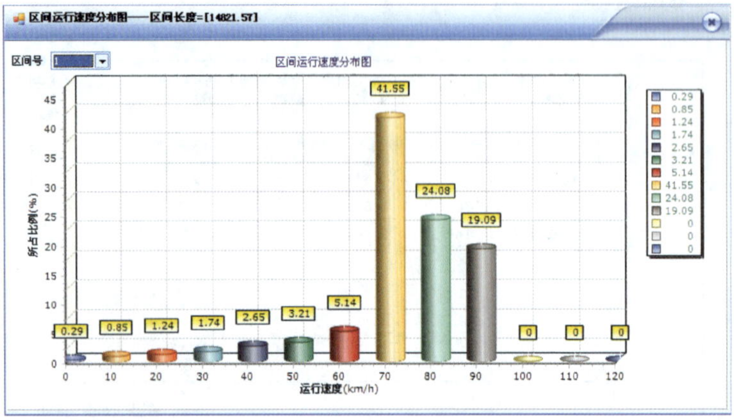

图 3-86　区间运行速度分布图

3. 坡段运行速度分布图

坡段运行速度分布图是反应列车在每个坡段内的各运行速度的分布情况。也部分反应坡段的线路条件和列车在该坡段的运行工况。

选择计算图形→坡段运行速度分布图，查看坡段运行速度分布图如图 3-87 和图 3-88 所示。

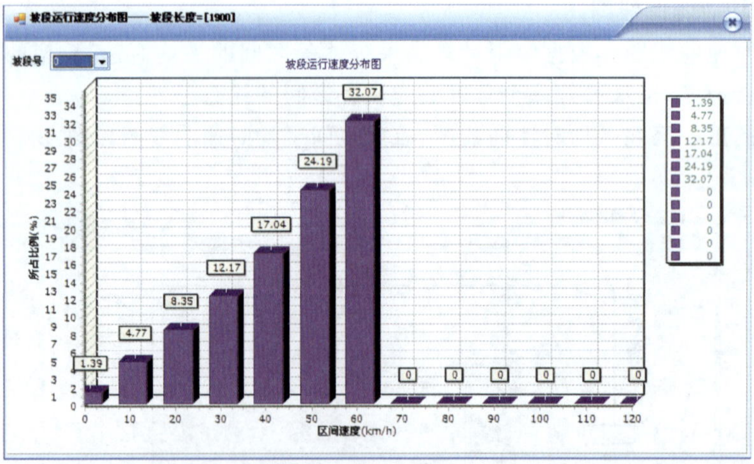

图 3-87　坡段运行速度分布图(第 1 个坡段)

从图 3-87 和 3-88 中可以看出，到了第 2 个坡段后，列车运行速度在 70 km/h 以上时约占 90%，已经具有较高的速度了，说明列车加速还是比较快的。

4. 运行工况对比图

运行工况对比图反应列车在整个线路运行过程牵引、惰行和制动三种工况在运行时间和走行距离上的统计图形。选择计算图形→运行工况对比图，查看运行工况对比图，如图 3-89 所示。

5. 运行能耗分布图

运行能耗分布图反应了列车在整个线路运行总的耗电量。包括牵引运行能耗、惰行能耗、

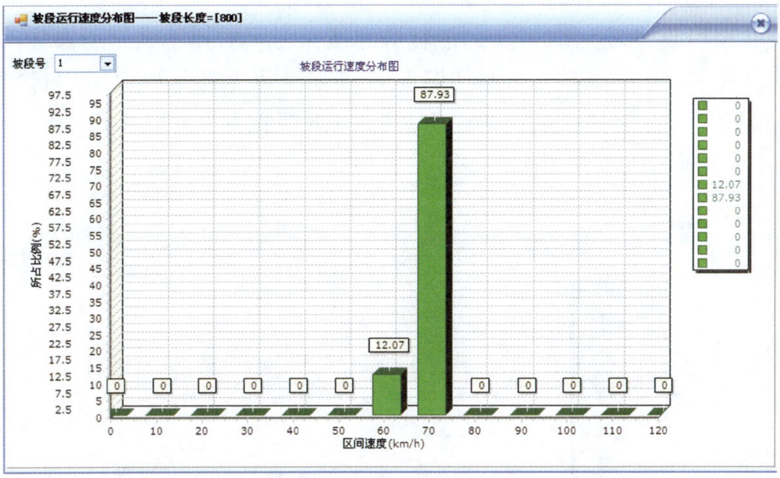

图 3-88 坡段运行速度分布图(第 2 个坡段)

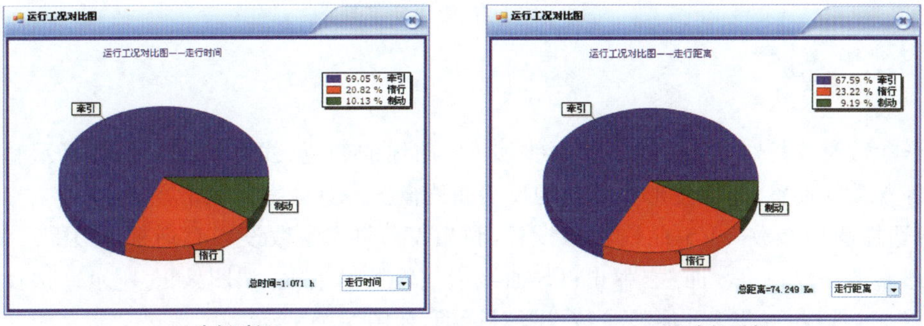

(a) 走行时间　　(b) 走行距离

图 3-89 运行工况对比图

停站自用能耗、空气制动能耗、电阻制动能耗、出入段能耗和停车作业能耗。选择计算图形→运行能耗分布图,查看运行能耗分布图如图 3-90 所示。

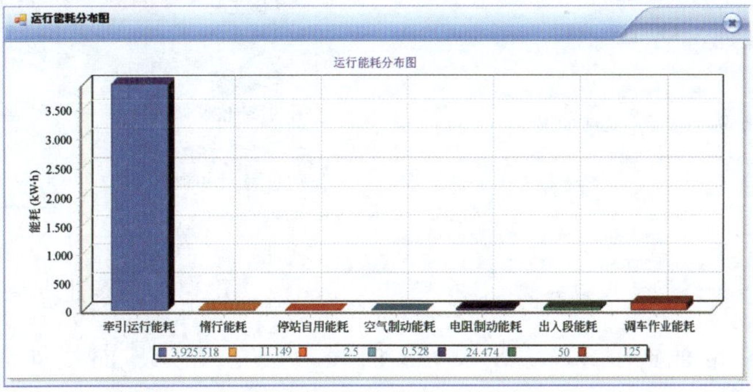

图 3-90 运行能耗分布图

从图 3-90 中可以看出,牵引运行能耗占了主要能耗量。说明列车在该线路运行过程中,牵引运行的工况占了大部分。其原因有线路的因素(线路越平缓,同样条件能耗会小一些)、牵引重量的因素(牵引重量越大,同样条件能耗也一定会越大)。

图 3-90 是在牵引重量 $G=4\ 000$ t 的能耗分布图。为了对比不在牵引参数对能耗的影响,将牵引重量 G 改为 3 000 t,能耗分布图如图 3-91 所示。虽然还是以牵引运行能耗为主(线路条件的限制),但牵引运行能耗已从 3 925.518 kW·h 降低到 2 995.167 kW·h,牵引运行能耗减少了 930.351 kW·h,减少了 23.7%。

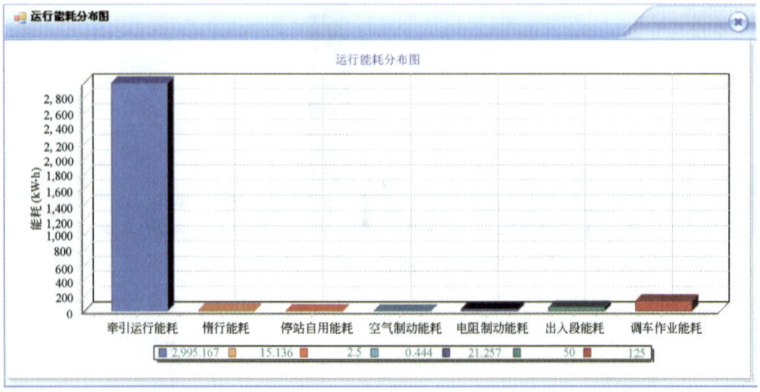

图 3-91　运行能耗分布图 2

3.7.11　图形参数

图形参数设置是对 *VS* 曲线、*TS* 曲线和 *ES* 曲线的颜色、线宽、比例、是否显示和是否标识数值等参数的设置,能够更形象直观的反映曲线概况。具体操作如下。

(1)选择图形参数→*VS* 曲线参数设置,弹出 *VS* 曲线参数设置对话框,如图 3-92 所示。选择图形参数→绘制 *TS* 曲线,弹出 *TS* 曲线参数设置对话框,如图 3-93 所示。选择图形参数→绘制 *ES* 曲线,弹出 *ES* 曲线参数设置对话框,如图 3-94 所示。

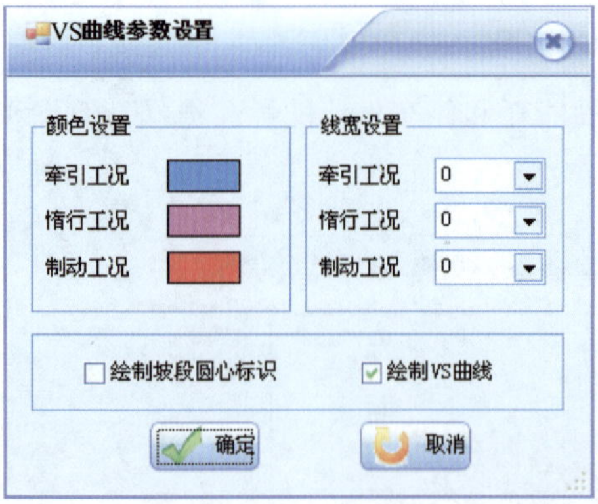

图 3-92　*VS* 曲线参数设置界面

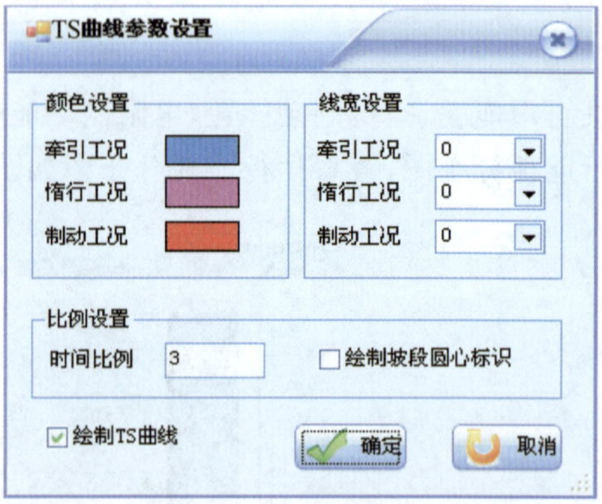

图 3-93　*TS* 曲线参数设置界面

单击确定后,主界面显示 *VS*、*TS* 及 *ES* 曲线。*VS*、*TS*、*ES* 曲线同时显示时如图 3-95 所示。

3.7.12　自动浏览

计算完成后可点击自动浏览,系统自动展示整运行区间运行特性,用户可方便快捷查看。

包括开始、暂停、停止、移动到起点、移动到终点、加速和减速功能。菜单如图 3-96 所示。

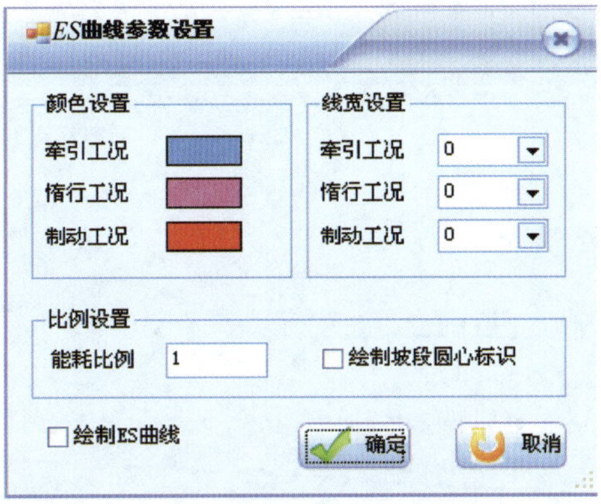

图 3-94　*ES* 曲线参数设置界面

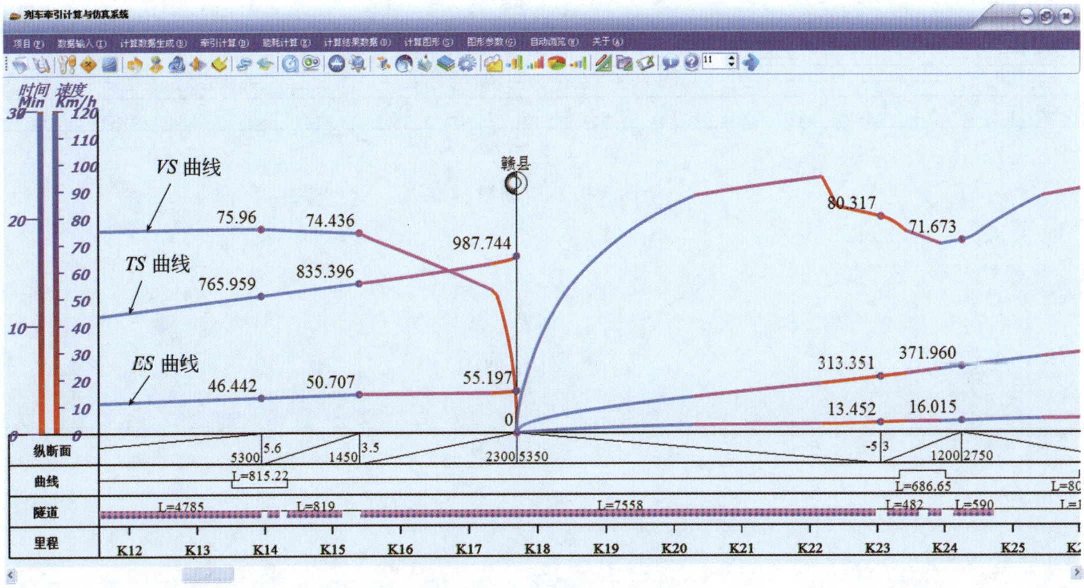

图 3-95　*VS*、*TS* 和 *ES* 曲线同时显示

图 3-96　自动浏览菜单

图 3-97 即为自动漫游期间的截图。

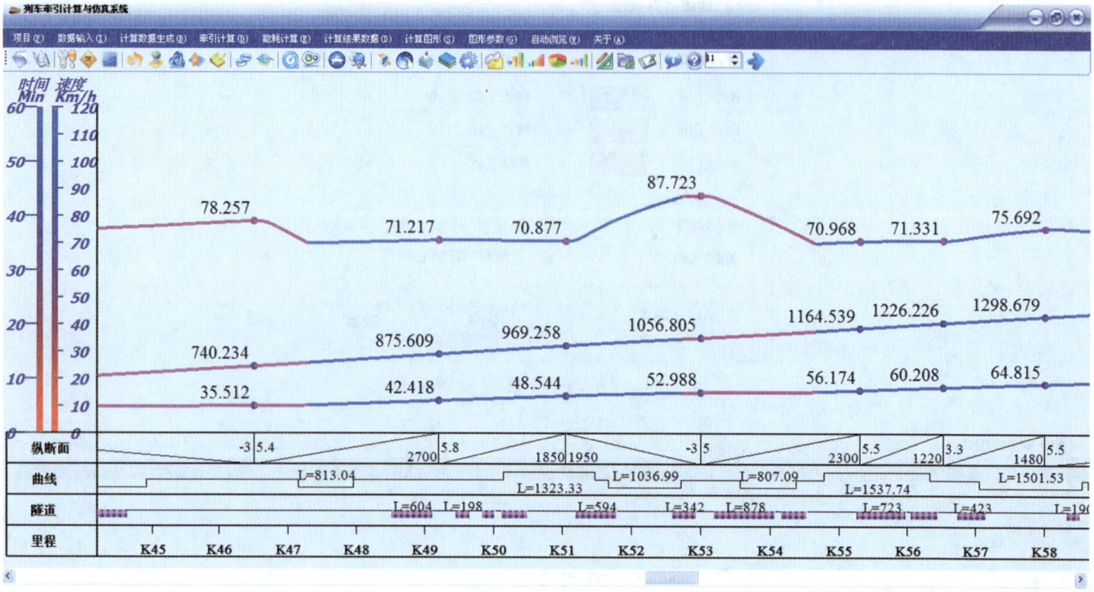

图 3-97 自动漫游

第四章　线路平纵断面设计

铁路是一个三维的带状实体，铁路线路是机车车辆和列车运行的基础，是由路基、桥隧建筑物和轨道组成的一个整体工程结构。线路的空间位置就是由它的平面和纵断面决定的，线路的平纵断面设计实际上就是确定线路的空间位置。选定铁路线路的空间位置，应该综合考虑工程和运营的要求，通过方案比较，在满足运营基本要求的前提下，尽量减少工程量，降低造价。

4.1　铁路平纵断面设计概述

4.1.1　认识线路平、纵、横断面的对应关系

铁路线路在空间的位置用它的线路中心线表示，图 4-1 为三维线框模式的线路示意图，图 4-2 为三维实体效果图。线路中心线在水平面上的投影（俯视），表明线路的直、曲变化状态，称为铁路线路的平面；线路中心线在垂直面上的投影称为铁路线的纵断面，表示线路起伏情况，其高程为路肩高程。

图 4-1　铁路三维示意图

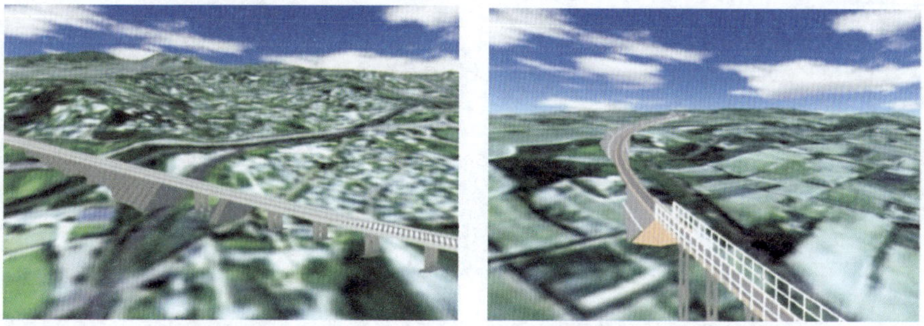

图 4-2　线路三维实体示意图

线路中心线是指距外轨半个轨距的铅垂线 AB 与两路肩边缘水平连线 CD 交点 O 的纵向连线。图 4-3 为标准轨距线路中心线示意图，图 4-4 为轨距加宽时线路中心线示意图。

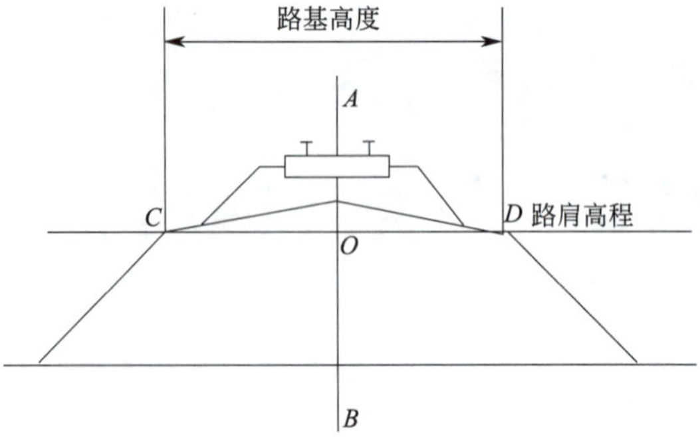

图 4-3　标准轨距线路中心线示意图

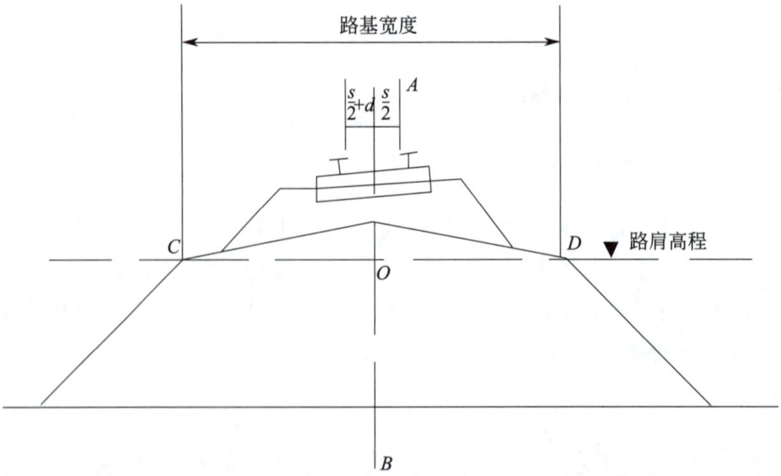

图 4-4　轨距加宽时线路中心线示意图

线路空间位置示意图如图 4-5 所示。

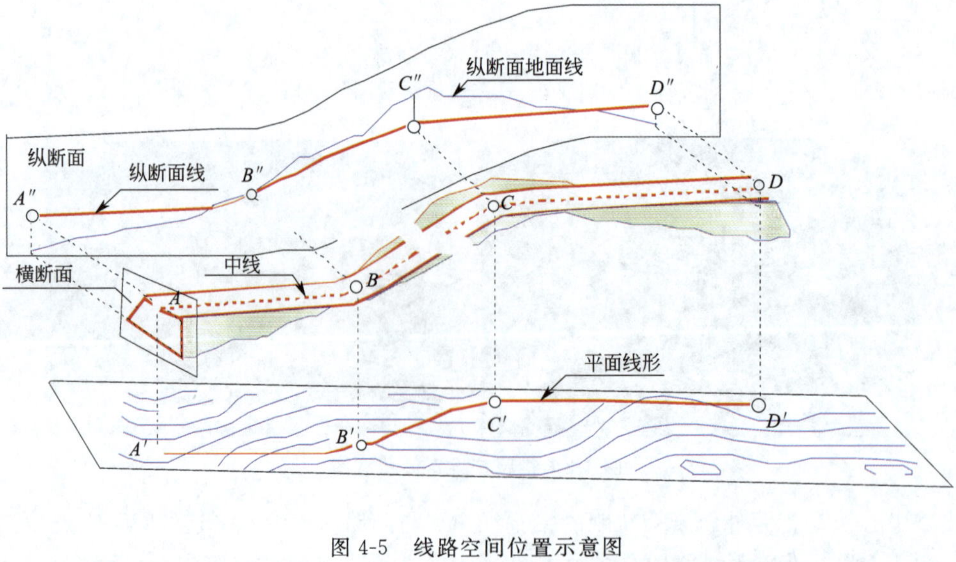

图 4-5　线路空间位置示意图

4.1.2　线路平纵断面设计的基本要求

线路平纵断面设计必须满足以下基本要求：

(1)必须保证行车安全和平顺，即要遵守《铁路线路设计规范》(GB 50090)的各项要求。

(2)应力争节约资金。既要力争减少工程数量、降低工程造价；又要为施工、运营、维修提供有利条件，节约运营支出。

(3)既要满足各类建筑物的技术要求，还要保证它们协调配合、总体布置合理。

线路平纵断面设计如图 4-6、图 4-7 所示。

图 4-6　绕避障碍

图 4-7　以桥代路

4.1.3 设计主要成果

在铁路线路平纵断面设计完成后，其设计结果有平面设计图(成卷图、平面折图、分页图)、平面用地图、曲线表、逐桩坐标表、坡度表、车站数据表、隧道数据表、桥涵数据表以及纵断面设计图等图形和数据表。

1. 平面设计图

线路平面图和纵断面图是铁路勘测设计、施工和运营的重要文件。用一定比例尺，把线路中心线及其两侧的地面情况投影到水平面上，就构成了铁路线路平面图。

线路平面图绘出线路中心线平面位置，并注明有关资料的地形图。是铁路设计的基本文件，在各个设计阶段都要编制要求不同、特点不同的各种平面图，如线路平面图、线路平面略图、方案研究平面图等。其格式和要求可参见原铁道部审批的《铁路线路图式》。现以常用的线路平面图(图 4-8)来说明其基本要求。

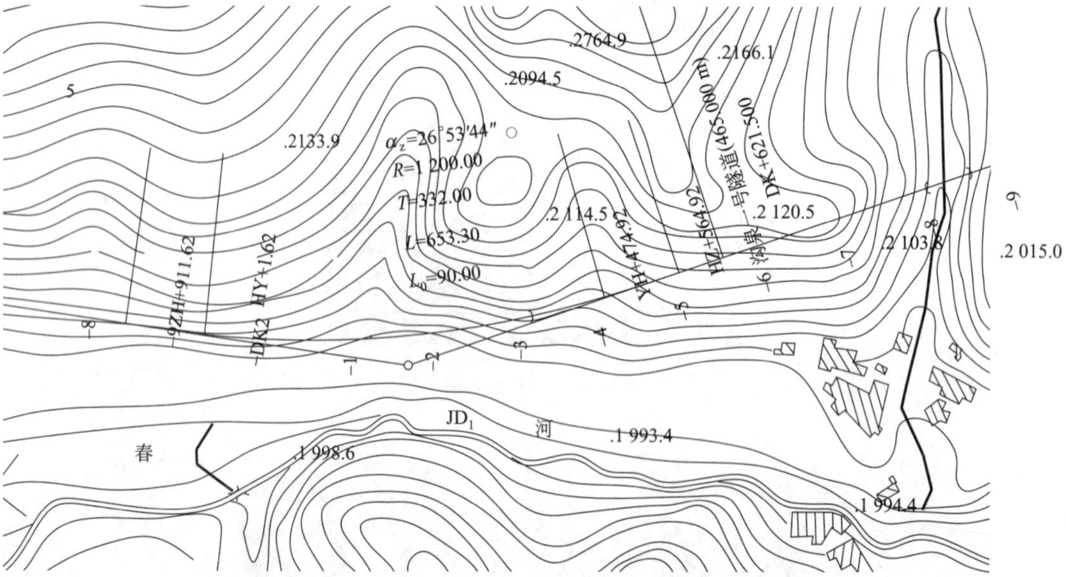

图 4-8　线路平面图一

(1)线路里程和百米标。

整公里处注明线路里程，里程的符号可行性研究用 AK，初步设计阶段用 CK，施工图设计阶段用 DK。

公里之间注有百里标数，数字写在线路右侧，面向起点书写。两方案或两测量队衔接处出现断链，应在图上注明断链关系与断链长度(图 4-9)。

(2)曲线要素及其起终点里程。

曲线交点应注明曲线编号，曲线偏角应加脚注(左偏或右偏)。曲线要素应平行线路写在曲线内侧。曲线起点(直缓点)和终点(缓直点)的里程，应垂直于线路写于曲线内侧，如图 4-10 所示。

图 4-9　线路平面图二

(3)线路上各主要建筑物。

沿线的车站、桥梁、隧道、平立交道口等建筑物,应以规定图例符号表示,并注明里程、类型、大小。如有改移公路、河道时,应绘出其中线。

(4)初测导线和水准基点。

图中连续的折线表示初测导线,导线点符号为 C,脚注为导线点编号。图中应绘出水准基点的位置、编号及高程,其符号为 BM。

2. 平面用地图

平面用地图如图 4-10 所示。

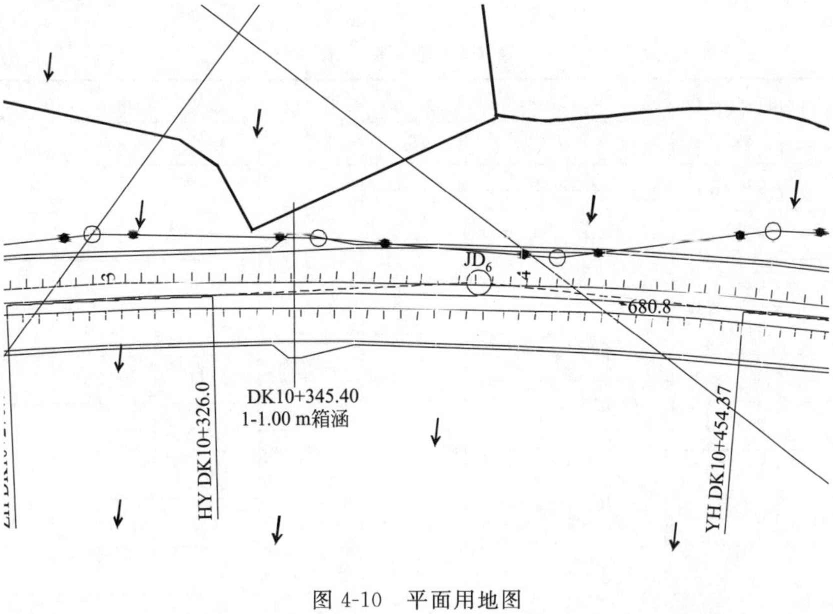

图 4-10　平面用地图

3. 纵断面设计图

线路纵断面图是用一定的比例尺(如水平方向为 1∶10 000、垂直方向为 1∶1 000)和规定的符号,把平面图上的线路中心线展直后投影到铅垂面上,并注有线路平面和纵断面有关资料的图,如图 4-11 所示。

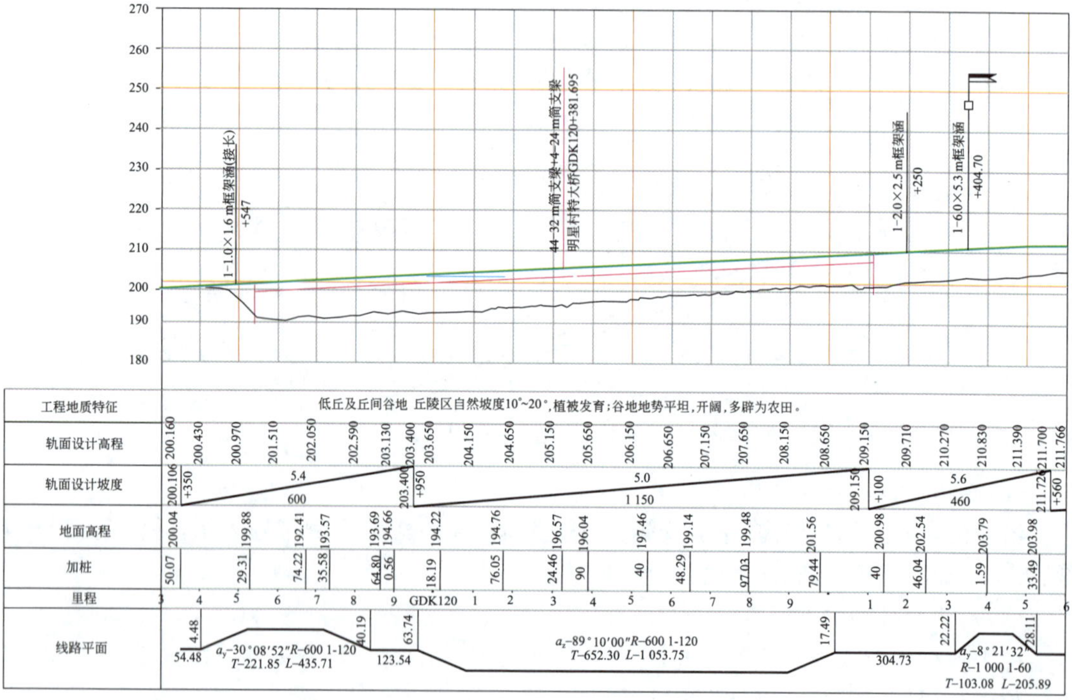

图 4-11 纵断面示意图

4. 成果数据表

包含坡度表、曲线表、逐桩坐标表等,见表 4-1~表 4-3。

表 4-1 坡 度 表

变坡点里程	路肩设计高程(m)	设计坡度(‰) 上	设计坡度(‰) 平	设计坡度(‰) 下	坡长(m)	竖曲线(m) 半径	竖曲线(m) 长度	附注
K0+264.00	1 924.56							
			0		336.0			
K0+600.00	1 924.56					2 000	16.6	
		8.3			510.0			
K1+110.00	1 928.80					2 000	43.4	
		30.0			420.0			
K1+530.00	1 941.40					2 000	50.0	
		5.0			290.0			
K1+820.00	1 942.85					1 000	25.0	
		30.0			135.0			
K1+955.00	1 946.90					1 000	30.0	
			0		164.0			
K2+119.00	1 946.90					1 000	60.0	
		60.0			92.6			
K2+211.60	1 952.46							

表 4-2　曲　线　表

交点号 JD	交点坐标(本线全线采用WGS84 坐标系统)		曲线里程		偏角		曲线半径 R	缓和曲线长度 I	切线长度 T	曲线长度	夹直线长度	坐标带	备　注
	纬距(N)	经距(E)	ZH 或 ZY	HZ 或 YZ	a_z	a_y	m	m	m	m	m		
起点	3 519 662.181	79 600.556	DK0+000.00	DK0+000.00									
1	3 519 832.906	482 099.865	DK1+797.00	DK3+209.54	11°6′5″		6 000	250	708.136	1 412.541	1 796.996		
2	3 520 795.283	485 689.203	DK5+256.72	DK7+125.56		35°29′49″	2 500	320	960.705	1 868.842	2 047.275		
3	3 518 954.422	490 616.043	DK8+335.05	DK14+109.43		53°10′28″	5 500	670	3 089.320	5 774.378	1 209.493	中央子午线 117°30′0″, 投影高 20 m	断链 1: DK3+300.097～DK3+300 长链 0.097 m
4	3 510 680.369	4 93 041.490	DK15+954.82	DK22+875.88	51°9′56″		7 000	670	3 687.508	6 921.057	1 845.396		
5	3 507 394.665	500 975.256	DK25+857.42	DK29+649.62	22°56′3″		8 000	590	1 918.182	3 792.204	2 981.539		
终点	3 507 414.002	503 507.008	DK30+000.00	DK30+000.00							613.644		断链 2: DK30+163.268～DK29+900 长链 263.268 m
起点	3 507 438.657	47 804.286	DK30+000.00	DK30+000.00									
6	3 507 453.539	4 82 588.169	DK31+571.44	DK33+990.37		10°40′20″	11 000	370	1 212.485	2 418.931	1 571.438		
7	3 506 363.074	488 549.570	DK37+516.44	DK40+148.06	14°45′55″		8 000	570	1 321.756	2 631.613	3 526.074		
8	3 507 932.121	508 944.794	DK55+213.40	DK62+904.64		47°52′2″	8 500	590	4 068.394	7 691.246	15 065.339	中央子午线 117°45′0″, 投影高 30 m	
9	3 502 611.675	514 557.648	DK65+048.00	DK68+072.55		17°26′10″	8 000	590	1 522.019	3 024.545	2 143.362		断链 3: DK68+565.499～DK69+000 短链 434.501 m
终点	3 500 850.979	515 537.472	DK69+000.00	DK69+000.00							492.951		

表 4-3 逐桩坐标表

桩 号	坐 标		桩 号	坐 标		桩 号	坐 标	
	N(x)	E(y)		N(x)	E(y)		N(x)	E(y)
K125+860	2 874 874.149	5 09 998.345	K126+233.692	2 875 052.835	510 297.414	K126+571.589	2 875 378.957	510 335.427
K125+877.253	2 874 889.071	510 007.006	K126+240	2 875 059.057	510 298.442	K126+580	2 875 387.358	510 335.011
K125+880	2 874 891.446	510 008.385	K126+260	2 875 079.020	510 299.207	K126+600	2 875 407.350	510 334.893
K125+900	2 874 908.557	510 018.737	K126+280	2 875 098.956	510 297.663	K126+611.589	2 875 418.882	510 335.994
K125+920	2 874 924.727	510 030.485	K126+283.692	2 875 102.629	510 297.280	K126+620	2 875 427.140	510 337.579
K125+922.253	2 874 926.445	510 031.944	K126+300	2 875 118.848	510 295.584	K126+630.426	2 875 437.144	510 340.497
K125+940	2 874 938.957	510 044.506	K126+320	2 875 138.739	510 293.503	K126+640	2 875 446.030	510 344.053
K125+960	2 874 950.664	510 060.693	K126+340	2 875 158.631	510 291.422	K126+660	2 875 463.665	510 353.461
K125+980	2 874 959.524	510 078.598	K126+360	2 875 178.522	510 289.341	K126+680	2 875 480.483	510 364.281
K125+983.968	2 874 960.920	510 082.312	K126+366.540	2 875 185.027	510 288.661	K126+680.426	2 875 480.838	510 364.517
K126+000	2 874 965.413	510 097.693	K126+380	2 875 198.423	510 287.353	K126+700	2 875 497.147	510 375.341
K126+020	2 874 969.228	510 117.322	K126+400	2 875 218.399	510 286.605	K126+720	2 875 513.812	510 386.400
K126+028.968	2 874 970.640	510 126.178	K126+416.540	2 875 234.844	510 288.216	K126+740	2 875 530.476	510 397.460
K126+040	2 874 972.349	510 137.076	K126+420	2 875 238.233	510 288.909	K126+760	2 875 547.140	510 408.519
K126+060	2 874 975.448	510 156.835	K126+429.940	2 875 247.786	510 291.638	K126+780	2 875 563.804	510 419.578

4.2　区间线路平面设计

4.2.1　主要流程和步骤

线路平面设计之前需做线路调查工作，调查工作在整个勘察设计工作中是一项非常重要的工作，对弄清控制、影响线路走向的因素，稳定线路方案，合理确定道路立交方式，确定取弃土场位置、进行合理的土石方调配等，作用十分重大，因此调查工作是线路专业一个很重要的工作。线路平面设计的基本流程大致如下。

1. 获取地形信息

地形信息的获取方法由传统手工方式逐渐发展到数字化航测技术的应用。数字化航测技术包括全站仪测图技术、航测数字化技术、遥感技术、全球定位技术、航测全自动数字化技术和激光扫描测量等技术。

2. 确定平面主要技术标准

铁路主要技术标准包括：正线数目、限制坡度、最小曲线半径、牵引种类、机车类型、机车交路、车站分布、到发线有效长度和闭塞类型等。这些标准是确定铁路能力大小的决定因素，一条铁路选用不同的标准对设计线的工程造价和运营质量有重大影响，同时又是确定设计线的工程标准和设备类型的依据。铁路等级是铁路的基本标准，设计铁路时，首要任务就是确定铁路等级（Ⅰ、Ⅱ、Ⅲ级）。

3. 牵引计算

牵引计算包括了机车牵引力、列车运行阻力、列车制动力、牵引重量、编挂辆数及长度、列车运行速度时间距离和能耗量、铁路通过能力的计算。

4. 走向选择

（1）根据沿线地形地势条件、技术标准、运量要求以及施工条件确定线路的基本走向。

（2）带状范围选线，控制点的选择。

（3）各类建筑物选址包括桥梁、隧道、涵洞在平面图的位置选择以及车站的分布。

（4）定线，根据主要技术标准和线路方案，结合经济条件等在有利的定线条件下确定最优线路方案。

4.2.2　线路平面组成

线路平面是由直线、曲线（圆曲线和缓和曲线）组成，因此，列车的行驶轨迹线有直线（曲率为0）、圆曲线（曲率为常数）和缓和直线（曲率为变数）三种。

我国铁路曲线的基本形式是：直线—缓和曲线—圆曲线—缓和曲线—直线（图4-12）。线路的平面设计就是对线形组成要素进行合理的取值与组合，使设计达到最优的目的。

4.2.3　直线段设计

线路直线段设计包括直线设计的一般原则、交点的设置和夹直线的设置三部分内容。

1. 直线设计的一般原则

直线段是平面设计要素之一，位于两段曲线之间。在设计线路平面时，应力争设置较长的直线段，这样能够减少交点个数，从而缩短线路长度、改善运营条件、降低运营支出。只有遇到地形、地质或地物等局部障碍，而引起较大工程时，才设置交点绕避障碍。而在绕避时，应及早绕避，减小偏角，使线路具有较小的曲线偏角。直线设计如图 4-13 所示。

图 4-12　铁路线路实例

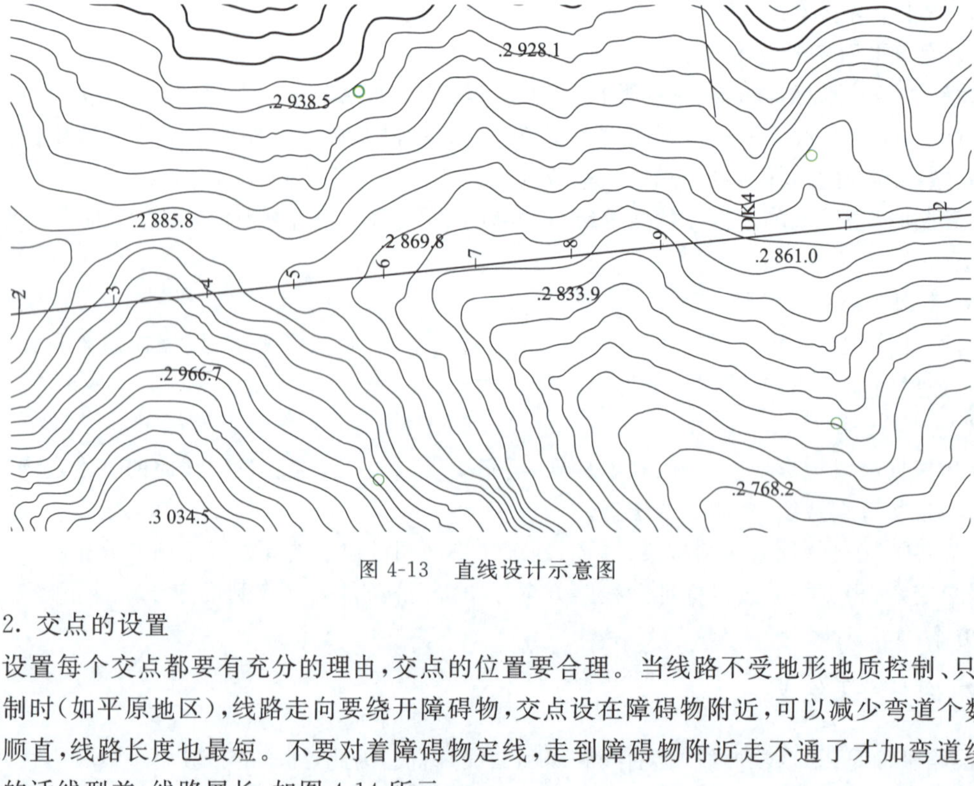

图 4-13　直线设计示意图

2. 交点的设置

设置每个交点都要有充分的理由，交点的位置要合理。当线路不受地形地质控制、只受地物控制时（如平原地区），线路走向要绕开障碍物，交点设在障碍物附近，可以减少弯道个数，线路也顺直，线路长度也最短。不要对着障碍物定线，走到障碍物附近走不通了才加弯道绕避，这样的话线型差，线路展长，如图 4-14 所示。

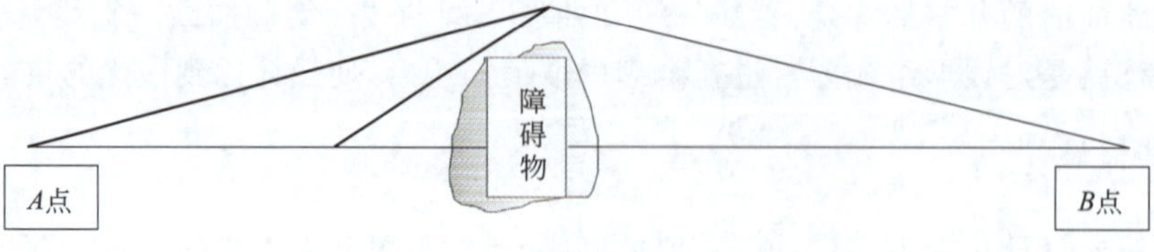

图 4-14　绕避障碍物示意图

3. 夹直线的设置

在两段曲线之间应设置夹直线（图 4-15），为了保证线路养护维修的要求、车辆横向摇摆不致影响行车平顺和车辆振动不致影响旅客舒适，夹直线长度应力争长，不宜小于 2～3 节标准钢轨长度(50～75 m)，《铁路线路设计规范》(GB 50090)对夹直线规范要求见表 4-4。

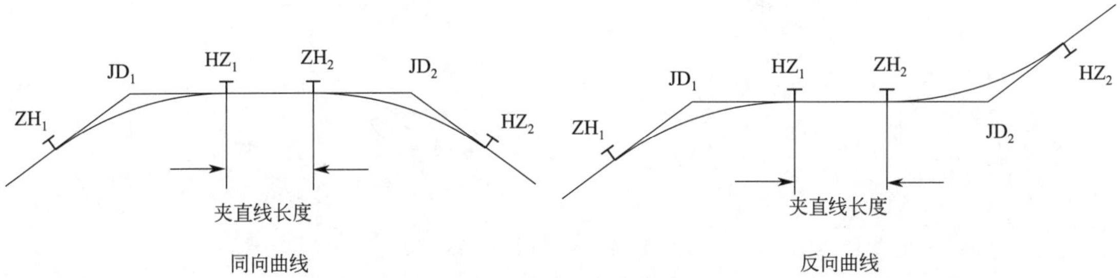

图 4-15　夹直线位置示意图

表 4-4　夹直线及圆曲线最小长度(m)

路段旅客列车设计行车速度(km/h)	350	250	200	160	140	120	100	80
圆曲线或夹直线最小长度(m)	280 (210)	200 (150)	160 (120)	130 (80)	110 (70)	80 (50)	60 (40)	50 (30)

注：括号内的数值为特殊困难条件下经技术经济比选后方可采用。即有充足的理由，否则不要轻易使用。

改建既有线和增建第二线的并行地段，一般应采用表 4-4 的标准。特殊困难条件下，对旅客列车设计行车速度小于 100 km/h 的地段，有充分的技术经济依据时，夹直线及圆曲线长度可不受表 4-4 的数值限制，但不得小于 25 m。

在平面设计时，当夹直线长度不满足《铁路线路设计规范》(GB 50090)要求时，在平面上调整夹直线长度主要有下列方法。

(1)减小曲线半径，如图 4-16 所示；

(2)选用较短的缓和曲线长度，如图 4-16 所示；

(3)改移夹直线位置，如图 4-17 所示；

(4)合并同向曲线，如图 4-18 所示。

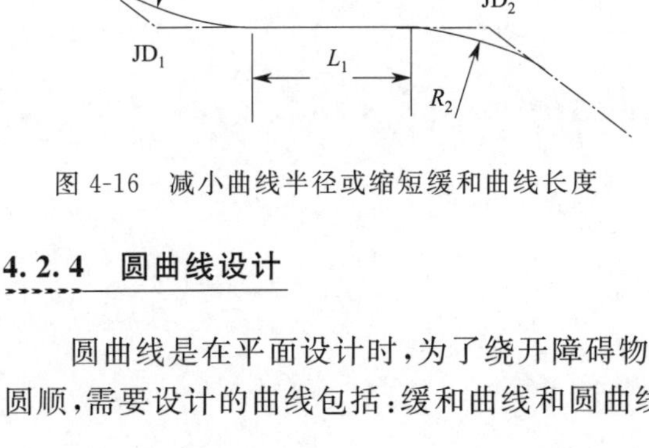

图 4-16　减小曲线半径或缩短缓和曲线长度

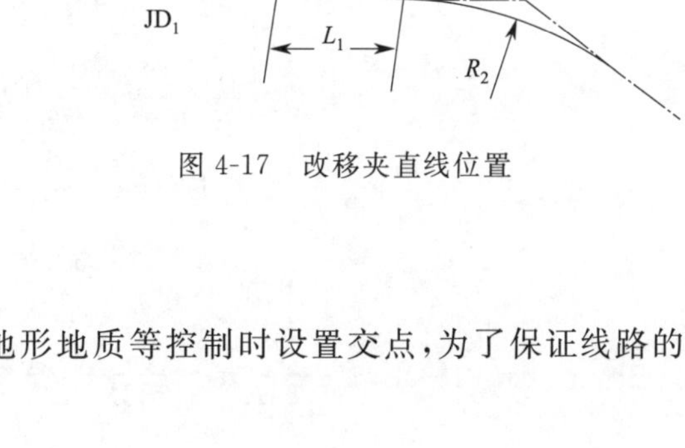

图 4-17　改移夹直线位置

4.2.4　圆曲线设计

圆曲线是在平面设计时，为了绕开障碍物、地形地质等控制时设置交点，为了保证线路的圆顺，需要设计的曲线包括：缓和曲线和圆曲线。

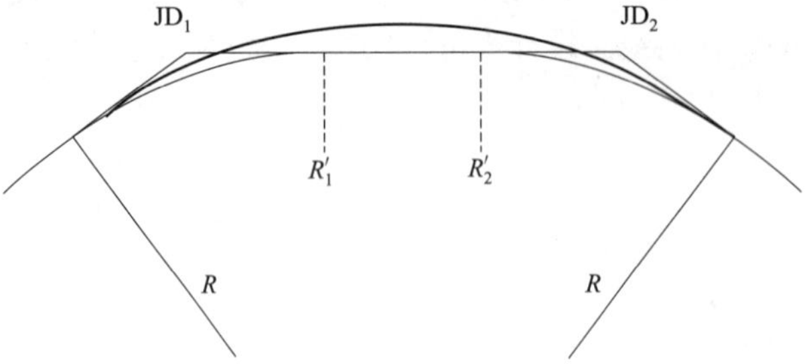

图 4-18　合并同向曲线

而圆曲线有以下几个内容：平面曲线要素计算、圆曲线半径的选择、圆曲线最小长度确定和曲线超高的计算。

1. 平面曲线要素计算

详细定线时，平纵面图中要绘出加设缓和曲线后的曲线，曲线五要素为：偏角 α、半径 R、缓和曲线长 l_0、切线长 T、曲线长 L，如图 4-19 所示。

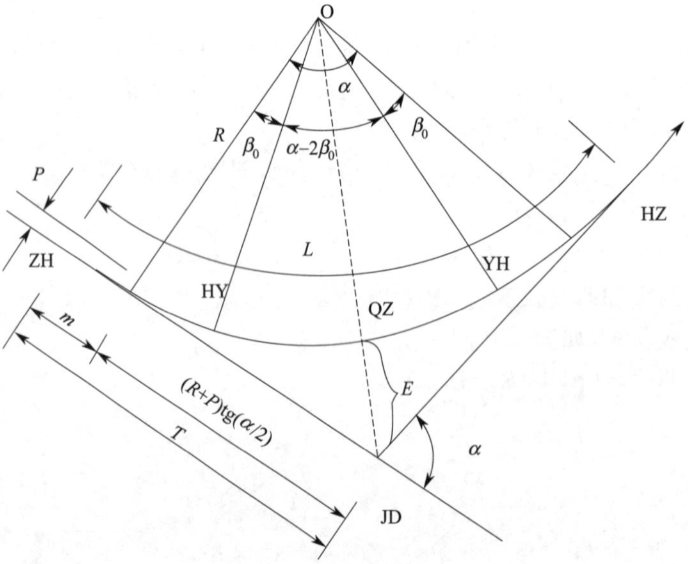

图 4-19　线路曲线示意图

曲线要素计算公式：

$$T=(R+P)\times\tan\frac{\alpha}{2}+m\quad(\mathrm{m})\tag{4-1}$$

$$L=\frac{\pi(\alpha-2\beta_0)R}{180}+2l_0=\frac{\pi\times\alpha\times R}{180}+l_0\quad(\mathrm{m})\tag{4-2}$$

$$E=(R+p)\times\sec\frac{\alpha}{2}-R\quad(\mathrm{m})\tag{4-3}$$

$$L_y=\frac{\pi(\alpha-2\beta_0)R}{180}\quad(\mathrm{m})\tag{4-4}$$

式中　P——内移距，$P=\frac{l_0^2}{24R}-\frac{l_0^4}{2\,688R^3}\approx\frac{l_0^2}{24R}$，m；

m——切垂距，$m=\frac{l_0}{2}-\frac{l_0^3}{240R}\approx\frac{l_0}{2}$，m；

β_0——缓和曲线角，$\beta_0=\frac{90l_0}{\pi R}$，(°)；

L_y——圆曲线长(m)，其最小长度见表 4-5。

表 4-5 为圆曲线检算实例。根据表 4-4 的要求，设计的圆曲线长都满足规范要求。因此，在设计圆曲线时，需要进行最小圆曲线长度的检算。

表 4-5　圆曲线检算表

交点	偏角	半径(m)	缓和曲线(m)	曲线长(m)	圆曲线长(m)
JD_1	37°33′29″	1 200	50	836.620	736.620
JD_2	32°59′42″	2 000	40	1 191.740	1 111.740
JD_3	61°47′7″	1 000	60	1 138.360	1 018.360
JD_4	72°40′27″	800	70	1 084.720	944.720
JD_5	26°13′33″	1 400	40	694.220	614.220
JD_6	16°37′2″	2 500	30	755.060	695.060
JD_7	37°13′2″	2 000	40	1 339.130	1 259.130

平面线路图曲线要素标志如图 4-20 所示。

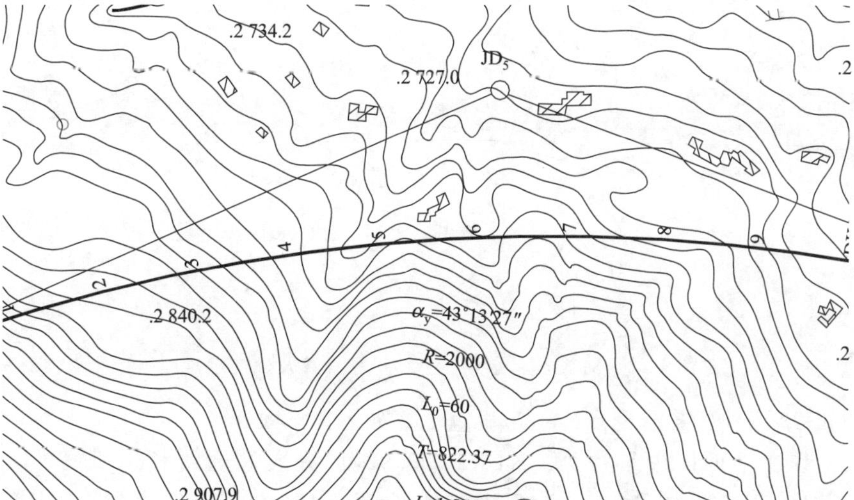

图 4-20　曲线五要图形标注

2. 曲线各起讫点(主点)里程计算

可按下列方法推算(图 4-21)：

(1)由各交点坐标计算交点间距；

(2)计算各曲线要素，由切线长 T 在图中标出各曲线主点位置，在顺线路下行方向曲线内侧画一垂直线路的线段；

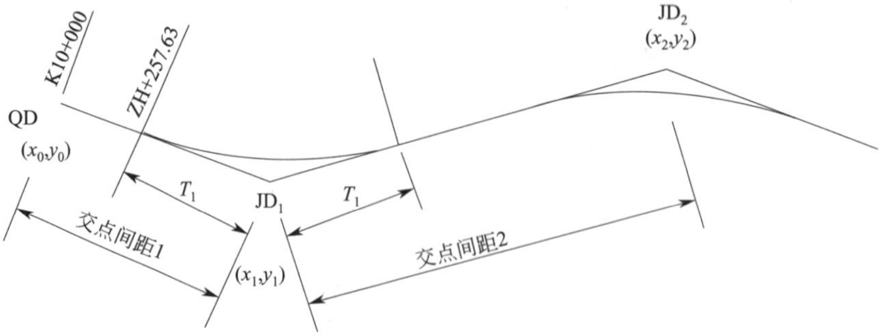

图 4-21　曲线各起讫点(主点)里程计算示意图

(3)根据交点间距和 T,得到曲线起点至线路起点距离,从而计算出曲线起点里程(ZH),字头向左朝向起点方向标出里程;

(4)根据曲线长度 L 和曲线起点里程,由公式 HZ=ZH+L 计算出曲线终点里程(HZ),同时标出里程;

(5)其他主点(HY、YH)里程,由公式 HY=ZH+l_0、YH=HZ−l_0,计算后用尺量得;

(6)下一曲线计算同前,只是要计算出曲线起点至前一曲线终点的距离,得到曲线起点的里程,以后方法同前。

最终标注效果如图 4-22 所示。

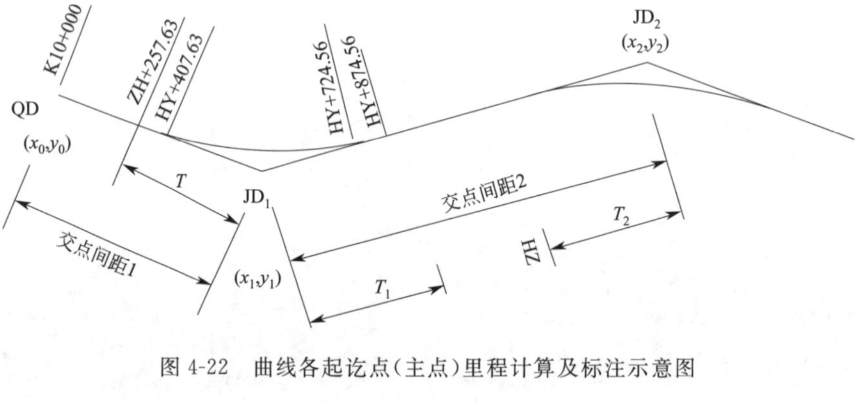

图 4-22　曲线各起讫点(主点)里程计算及标注示意图

例如图 4-23 中曲线各起讫点(主点)里程计算如下:

ZH 点里程在平面图中量得为 CK12+009.92,此处缓和曲线长 l_0 取 70 m,偏角 α= 24°15′,半径 R=2 000,由式(4-1)计算出切线长 T=464.69 m,由式(4-2)计算出曲线长 l=916.48 m,则 HY、YH、HZ 和 JD 里程计算如下:

HY 里程=ZH 里程+l_0=CK12+009.92+70=CK12+079.92

HZ 里程=ZH 里程+l=CK12+009.92+916.48=CK12+926.40

YH 里程=HZ 里程−l_0=CK12+926.40−70=CK12+856.40

JD4 里程=ZH 里程+T=CK12+009.92+464.69=CK12+473.89

3. 平面简图中曲线偏向的判断

在线路平面简图中,曲线偏向分为左偏和右偏两种,判断方法是:顺里程增大方向来看,曲线开口向左即为左偏,曲线开口向右即为右偏。如图 4-24 所示。

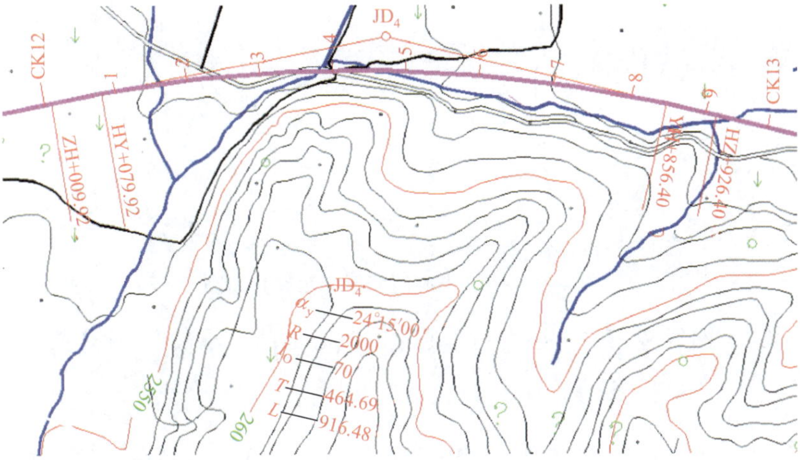

图 4-23　曲线各起讫点(主点)里程平面图标实例图

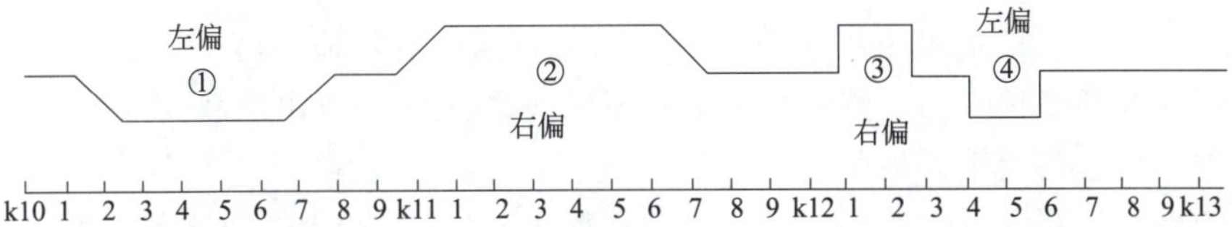

图 4-24　线路平面简图曲线偏向

4. 曲线超高

(1)设置曲线超高的目的。为了平衡列车行驶在曲线上所产生的离心力,使内外两股钢轨受力均匀,垂直磨耗均等,旅客不因离心加速度而感到不适,提高线路稳定性、安全性,将外轨抬高一定程度,使曲线地段外股钢轨高于内股钢轨的数值为曲线超高。

(2)超高设置方法。

①外轨提高法:目前使用较多的是外轨提高法,即保持内轨标高不变而只抬高外轨,如图 4-25 所示。

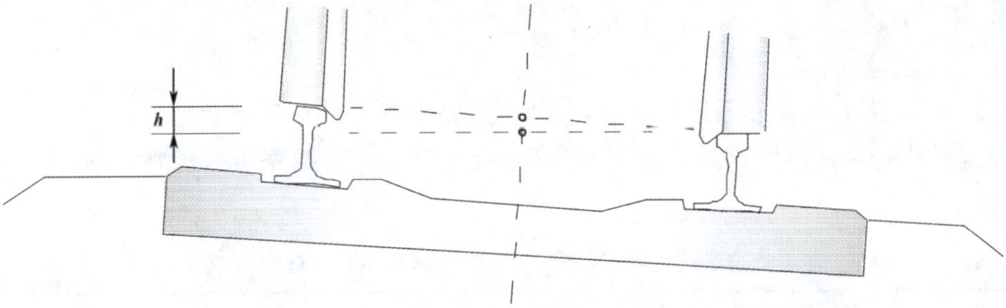

图 4-25　外轨提高法设置超高

②线路中心高度不变法:内外轨分别各降低和抬高超高值一半而保证线路中心标高不变的方法,在建筑限界受到限制时才采用,如城市地下无砟轨道的曲线地段。日本在高速铁路上,为了减轻车辆重心的上下变动和避免过长的缓和曲线,采用了此方法。如图 4-26 所示。

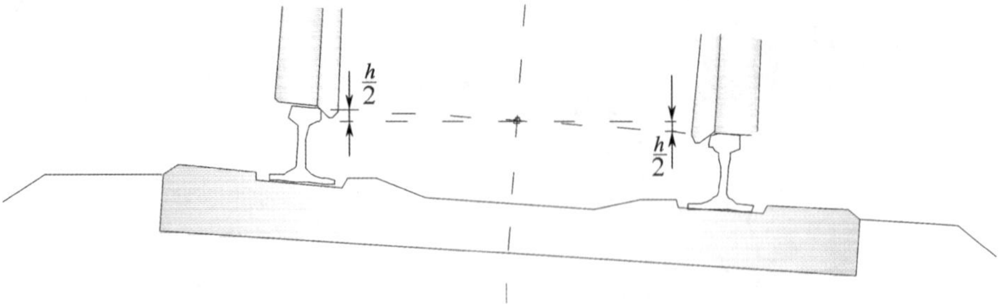

图 4-26　线路中心高度不变法设置超高

(3)计算公式。曲线超高的大小由列车通过时离心力的大小确定,计算如下:

$$h_0 = 11.8\frac{v_0^2}{R}\quad(\text{mm}) \tag{4-5}$$

式中　v_0——平均速度,为了计算方便,在新线设计与施工时,采用的平均速度 v_0 计算公式如下:

$$v_0 = \beta v_{\max} \tag{4-6}$$

其中　$v_{\max}$——预计该地段最大行车速度,km/h;

β——一般地段采用 0.80,单线上、下行速度悬殊地段可采用 0.65。

规定:圆曲线超高按 5 mm 整倍数设置。即根据式(4-5)计算出的超高取 5 mm 整倍数。

(4)未被平衡超高及其允许值。

曲线超高只对应某一速度,对速度高的列车而言,必然会产生未被平衡的离心加速度;对速度低的列车而言,必然会产生未被平衡的向心加速度。因此,根据超高计算公式(4-5),只有当列车通过曲线时的速度刚好等于 v_0 时,平衡离心力所需的超高刚好与实际设置的超高相等,此时两股钢轨承受相同荷载,旅客也没有不舒适感觉。但实际中,不同的列车甚至同一列车不同的时刻通过曲线的速度并不等于 v_0,此时实际设置的超高并不等于所需的超高。

当 $v \neq v_0$ 时,$\Delta h = |h - h_0|$,计算如下:

$$\Delta h = h_q = 11.8\frac{v_{\max}^2}{R} - h_0,\ v > v_0$$

$$\Delta h = h_g = h_0 - 11.8\frac{v_{\min}^2}{R},\ v < v_0 \tag{4-7}$$

式中　h_q——欠超高;

h_g——过超高;

$v_{\min}$——线路上列车最低运行速度,一般指线路上货物列车运行速度。

对于 h_q 和 h_g,《铁路线路设计规范》(简称《线规》)、《铁路线路维修规则》(简称《修规》)的规定见表 4-6。

表 4-6　《线规》、《修规》对欠超高、过超高和最大超高的规定

类　型	规　范	一般(mm)	困难(mm)	其　他
过超高 h_g	《线规》、《修规》	≤30	≤50	
欠超高 h_q	《线规》	≤70	≤90	既有线提速改造时≤110
	《修规》	≤75	≤90	$v_{\max}$>120 km/h 个别特殊情况下已设置 90(不含)~110 mm 可暂时保留,但应逐步改造
最大超高 $h_{\max}$	《线规》、《修规》	单线≤125 mm		双线≤150 mm

某客货共线单线铁路线路设计速度 $v_{max}=100$ km/h，$v_{min}=60$ km/h，工程条件为一般，曲线超高检算数据部分结果见表 4-7。

表 4-7　曲线超高检算数据表

交点编号	曲线半径(m)	实设超高(mm)	欠超高(mm)	过超高(mm)
JD_1	1 200	65	33	30
JD_2	2 000	40	19	19
JD_3	1 600	45	29	18
JD_4	1 400	55	29	25
JD_5	2 500	30	17	13
JD_6	2 000	40	19	19

注：实设超高为取为 5 mm 的整数倍后的值。

根据表 4-6 我国客货共线铁路欠超高和过超高的最大允许值，实设超高允许最大值取 150 mm，欠超高最大允许值 70 mm，过超高最大允许值 30 mm。设计方案的曲线超高符合《线规》和《修规》要求。

(5)从列车角度解决未被平衡超高——摆式列车。

摆式列车是一种在转弯时车体可以自动侧向摆动的列车，在通过曲线时，会自动让车体向轨道内侧倾斜 3°～10°，通过车体重心的离心力作用，车体会发生倾斜，能使重力和离心力的合力与车体底面大致垂直，这样旅客几乎感受不到未被平衡离心加速度的存在。摆式列车能够在普通路轨上的弯曲路段高速驶过而无需减速，它能够使列车在原来轨道上的运行速度提高 1/3。

①国内摆式列车。我国广深铁路曾经租用过瑞典 X2000 的摆式列车，被命名为“新时速”，是目前我国唯一运行过的摆式列车。在广深铁路上运行了近 9 年。2012 年 5 月 27 日，X2000 列车(图 4-27)在广州黄埔港起吊上船被瑞典国铁(SJ)以 4 500 万人民币返购回国。

我国自主设计研制的摆式列车(图 4-28)是中国北车唐山轨道客车有限责任公司于 2003 年研制的，总共 2 辆，填补了我国这一产品领域的空白。由广东三茂铁路股份有限公司定购，但因某些原因(非技术)，目前这两列摆式列车仍然存放在唐山轨道客车有限责任公司。

专用于太鲁阁列车的 TEMU1000 型电联车是台湾铁路管理局首次引进的倾斜式列车(图 4-29)，使得太鲁阁列车在弯道可以较非倾斜式列车快约 25 km/h 的速度行驶。

图 4-27　X2000 列车运行在广深线上

图 4-28　我国自主研制的摆式列车

② 国外摆式列车。国外的摆式列车目前主要有德国的 VT612 摆式列车、西班牙 talgo 摆

图 4-29　TEMU1000 型电联车

式列车、意大利 ETR450 摆式列车、瑞士 ICN 摆式列车、瑞典 X2000 型摆式列车和第四代摆式高速列车(Pendolino)等。如图 4-30～图 4-35 所示。

图 4-30　德国的 VT612 摆式列车

图 4-31　西班牙 talgo 摆式列车

图 4-32　意大利 ETR450 摆式列车

图 4-33　瑞典 X2000 型摆式列车

图 4-34　法国第四代摆式高速列车(Pendolino)

图 4-35　瑞士 ICN 摆式列车

(6)曲线半径对运营和工程的影响。

曲线半径对速度、运营和工程的影响见表 4-8,曲线处轨道加强措施如图 4-36～图 4-39 所示。

表 4-8　曲线半径对运营和工程的影响

类型	内　容	说　明
曲线限速	$V_R=\sqrt{\frac{h+h_{qy}}{11.8}R}$ (km/h)	列车运行在曲线地段,由于受曲线半径、曲线超高等技术条件限制以及旅客舒适度所允许达到的最高速度。半径越小,允许通过的速度就越低,见表 4-9
工程	增加线路长度	对于单个曲线,偏角一定时,半径越小,线路越长
	降低粘着系数	导致机车牵引力降低
	轨道需要加强	轨撑、防脱护轨、轨距杆
	增加接触导线的支柱数量	半径越小,接触导线的支柱间距越短
运营	增加轮轨磨耗	半径越小,轮轨磨耗越大
	维修工作量加大	钢轨磨耗增大,导致维修工作量加大
	行车费用增加	因小半径曲线处限速运行,列车频繁加减速,运行时分和行车费用增加

图 4-36　曲线处轨道需要加强——轨撑

图 4-37　曲线处轨道需要加强——防脱护轨

图 4-38　曲线处轨道需要加强——轨距杆图

图 4-39　曲线处增加接触导线的支柱数量

表 4-9　曲线限速条件

铁路类型	高速客运专线				客货共线铁路		
运行模式	单一高速		中、高速共线		普通车体		摆式车体
工程条件	一般	困难	一般	困难	一般	困难	
曲线限速条件	$4.5\sqrt{R}$	$4.7\sqrt{R}$	$3.9\sqrt{R}$	$4.2\sqrt{R}$	$3.8\sqrt{R}$	$4.0\sqrt{R}$	$5.4\sqrt{R}$

[实例]

已知某客货共线铁路，工程条件一般，曲线半径为 500 m，实设超高为 80 mm，当速度为 100 km/h 的列车通过该曲线时，是否满足旅客舒适性的要求（允许的未被平衡的超高为 70 mm）？在此条件下，该曲线允许通过的最高行车速度是多少？

解：

(1)旅客舒适性的要求主要是欠超高：$h_q=11.8\dfrac{V_{\max}^2}{R}-h_0=11.8\times\dfrac{100^2}{500}-80=156$(mm)，$h_q>70$，因此，当速度为 100 km/h 的列车通过该曲线时，不满足旅客舒适性的要求。

(2)根据表 4-6，客货共线铁路工程条件一般时，曲线限速为：

$V_x=3.8\sqrt{R}=3.8\times\sqrt{500}=84.97\approx85$ km/h，因此该曲线允许通过的最高行车速度为 85 km/h。

(7)圆曲线半径取值。

曲线半径不仅影响行车安全、旅客舒适等行车质量指标，而且影响行车速度、运行时间等运营技术指标和工程投资、运营支出和经济效益等经济指标。铁路曲线实例如图 4-40 所示。

图 4-40　铁路曲线实例图

平面曲线半径的选用原则：由大到小，合理选用。就是说，如果采用较大的半径不增加工程，或增加工程非常有限，则尽量采用较大的半径(推荐值)。没有特殊原因一般应采用较大半径(推荐值)，遵循"慎用最小曲线半径原则"。

因此要合理选取曲线半径，为了测设、施工和养护的方便，曲线半径一般应取 50、100 m 的整倍数。即 12 000、10 000、8 000、7 000、6 000、5 000、4 500、4 000、3 500、3 000、2 800、2 500、2 000、1 800、1 600、1 400、1 200、1 000、800、700、600、550、500 m。特殊困难下可采用 10 m 的倍数，有条件时宜选用表 4-10 所列的推荐曲线半径值。

表 4-10　推荐曲线半径值

铁路类型	高速客运专线				客货共线铁路				
设计速度(km/h)	350		300		200	160	140	120	100
轨道类型	有砟	无砟	有砟	无砟					
推荐曲线半径(m)	9 000～11 000	8 000～10 000	6 000～9 000	5 500～8 000	4 500～7 000	2 500～5 000	2 000～4 000	1 600～3 000	1 200～2 500

根据设计速度、工程条件、运输性质、运输需求，《线规》规定的最小曲线半径值见表 4-11，在平面线设计中圆曲线半径不应小于最小曲线半径值。

表 4-11　最小曲线半径表

铁路等级	路段设计行车速度(km/h)	最小曲线半径(m)	
		一般路段	困难路段
Ⅰ	160	2 000	1 600
	120	1 200	800
	80	500	450
Ⅱ	120	1 000	800
	80	450	400
Ⅲ	100	600	550
	80	400	

例如，合武铁路速度目标值为 200 km/h，预留 250 km/h 及以上条件，按暂行规定，最小曲线半径为 4 500 m。在实际设计过程中，区间线路的最小曲线半径经比选，用到了 5 500 m，基本不增加工程，为提速 300 km/h 预留了条件。

此外，京津城际铁路最小曲线半径 5 500 m，台湾高速铁路最小曲线半径 6 250 m；武广、郑西客运专线最小曲线半径一般 9 000 m/困难 7 000 m；成昆铁路一般地段最小曲线半径为 600 m，困难地段最小曲线半径为 400 m。

4.2.5　缓和曲线

1. 设置缓和曲线的原因

为了使列车安全、平顺地由直线运行到圆曲线(或由圆曲线运行到直线)而在直线与圆曲线之间设置一个曲率半径逐渐变化的曲线称为缓和曲线，如图 4-41 所示。其作用是曲线范围内，半径由无限大渐变到圆曲线半径；外轨超高由零逐渐增加到圆曲线上的超高值；轨距需要加宽时，在缓和曲线范围内，由标准轨距(1 435 mm)逐步加宽到圆曲线上的加宽值。

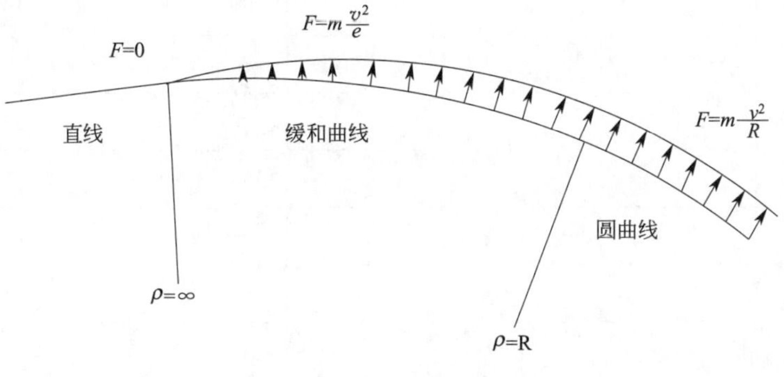

图 4-41　缓和曲线示意图(离心力变化示意图)

2. 线路平面设计中如何作好最小半径曲线的缓和曲线配搭

设计缓和曲线时，有线形选择、长度计算、如何选用和保证缓和曲线间圆曲线必要长度四个问题。我国铁路一直采用直线形超高顺坡的三次抛物线缓和曲线线形，具有线形简单，长度较短，计算方便，易于铺设养护的特点。

选用缓和曲线长度应根据铁路等级、曲线半径、结合曲线地段的行车速度和地形条件合理选用，有条件时，宜采用较长的缓和曲线，以创造更好的运行条件，增加旅客的舒适度。客货共线铁路和高速客运专线铁路常用曲线半径缓和曲线长度见表 4-12 和表 4-13。

表 4-12　客货共线铁路常用曲线半径和缓和曲线长度表

设计速度（km/h）		200		160		140		120		100		80	
工程条件		一般	困难	一般	困难	一般	困难	一般	困难	一般	困难	一般	困难
曲线半径（m）	12 000	40	40	40	40	30	20	20	20	20	20	20	20
	10 000	50	40	50	40	30	20	20	20	20	20	20	20
	8 000	60	50	60	50	40	20	30	20	20	20	20	20
	7 000	70	60	70	50	50	30	30	20	20	20	20	20
	6 000	80	70	70	50	50	30	30	20	20	20	20	20
	5 000	90	80	70	60	60	40	40	30	20	20	20	20
	4 000	110	100	80	70	60	40	50	30	30	20	20	20
	3 000	150	130	90	80	70	50	50	40	40	20	20	20
	2 800	170	170	100	90	80	60	50	40	40	30	20	20
	2 500	—	—	110	100	80	70	60	40	40	30	20	20
	2 000	—	—	140	120	90	80	60	50	50	40	30	20
	1 800	—	—	160	140	100	80	70	60	50	40	30	20
	1 600	—	—	170	160	110	100	70	60	50	40	40	20
	1 400	—	—	—	—	130	110	80	70	60	40	40	20
	1 200	—	—	—	—	150	130	90	80	60	50	40	30
	1 000	—	—	—	—	—	—	120	100	70	60	40	30
	800	—	—	—	—	—	—	150	130	80	70	50	40
	700	—	—	—	—	—	—	—	—	100	90	50	40
	600	—	—	—	—	—	—	—	—	120	100	60	50
	550	—	—	—	—	—	—	—	—	130	110	60	50
	500	—	—	—	—	—	—	—	—	—	—	60	60

表 4-13　高速客运专线铁路常用曲线半径缓和曲线长度表

设计最高速度（km/h）		350			300			250		200	
工程条件		最大	一般	最小	最大	一般	最小	一般	困难	一般	困难
曲线半径（m）	14 000	280	250	220	190	170	150	—	—	—	—
	12 000	330	300	270	220	200	180	120	100	50	50
	11 000	370	330	300	240	210	190	130	120	60	60
	10 000	430	390	350	270	240	220	140	130	70	60
	9 000	490	440	400	300	270	250	160	140	70	60
	8 000	570	510	460	340	300	270	170	150	90	80
	7 000	670	590	540	390	350	310	200	180	90	80
	6 000	670	590	540	440	390	350	250	230	120	100
	5 500	670	590	540	470	420	380	280	250	140	120
	5 000	—	—	—	500	450	410	300	270	160	140
	4 500	—	—	90	540	480	430	340	300	180	160
	4 000	—	—	100	570	510	460	370	330	200	180
	3 500	—	—	—	—	—	—	420	380	250	220
	3 200	—	—	—	—	—	—	450	400	270	240
	3 000	—	—	—	—	—	—	—	—	290	260
	2 800	—	—	—	—	—	—	—	—	320	280
	2 500	—	—	—	—	—	—	—	—	350	310
	2 200	—	—	—	—	—	—	—	—	390	350

4.2.6　桥涵地段

1. 桥梁分类

按长度桥梁类型分为五类，见表 4-14。

表 4-14　桥梁分类

桥梁类型	桥梁长度 L(m)	桥梁类型	桥梁长度 L(m)
特大桥	$L>500$	小桥	$L\leqslant 20$
大桥	$100<L\leqslant 500$	涵洞	孔径一般在 0.75～6.0 m
中桥	$20<L\leqslant 100$		

2. 铁路桥的桥面

铁路桥的桥面一般采用明桥面或道砟桥面。明桥面不设桥面板，钢轨和枕木直接联结在纵梁上（小桥无纵横梁，则设在主梁上）。这样可以减少恒载，但噪声和冲击较大，桥下容易污染（图 4-42）。道砟桥面（图 4-43）需设桥面板，上铺道砟、轨枕与钢轨，噪声和冲击力较小，桥下污染也少。

图 4-42　明桥面

图 4-43　道砟桥面

3. 桥涵地段的平面设计

桥涵地段的平面设计主要有四项要求,见表 4-15。

表 4-15　桥涵地段的平面设计

桥梁类型	类　　型	设计要求
1	小桥和涵洞	无特殊要求
2	特大桥、大桥	一般大中桥宜设在直线上,困难条件下必须设在曲线上时,宜采用较大曲线半径(图 4-44)
3	明桥面桥	设在直线上,不应设在反向曲线上
4	桥梁上采用的曲线半径	应不限制桥梁跨度的合理选用,见表 4-16

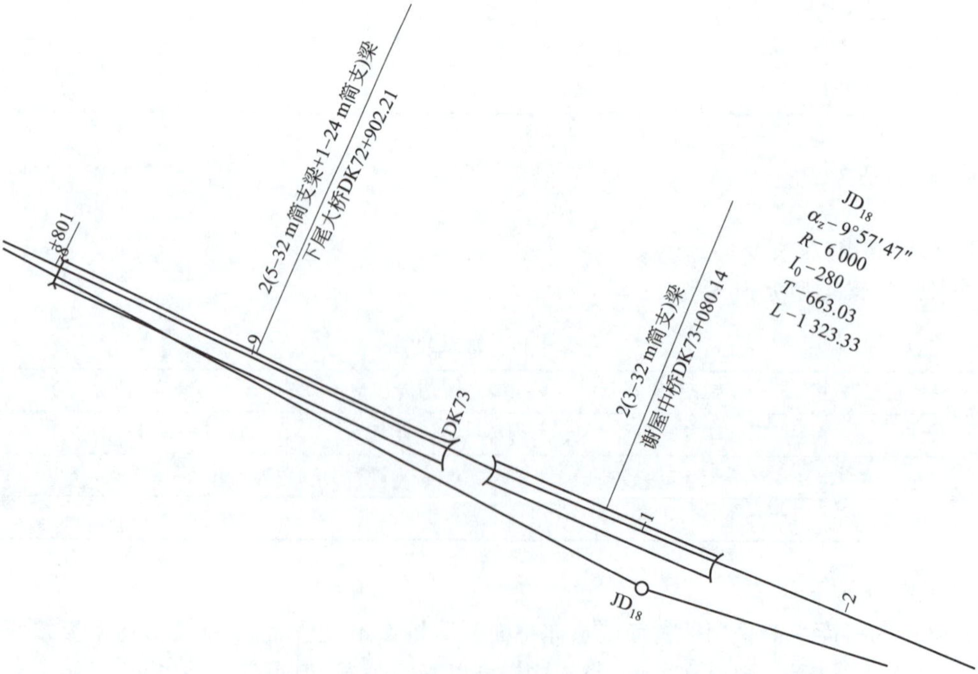

图 4-44　大半径曲线桥实例(R=6 000 m)

表 4-16　常用定型梁的允许最小值曲线半径

梁的类型		钢筋混凝土梁		预应力钢筋混凝土梁		钢筋混凝土板梁与板梁结合梁		
		普通	低高度					
跨度(m)		≤14	20	≤20	23.8 24.0	31.7 32.0	32	40
允许最小曲线半径(m)	一般情况	350	400	600	400	600	300	500
	特殊情况	250	300		300	450		

在平面设计图中，桥梁标注实例如图 4-45(单线)和图 4-46(双线)所示。

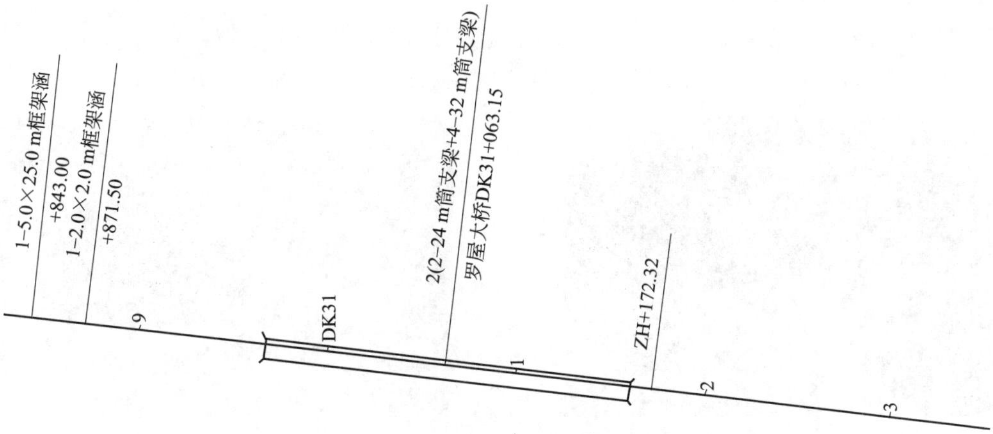

图 4-45　平面图中大桥设计图(单线)

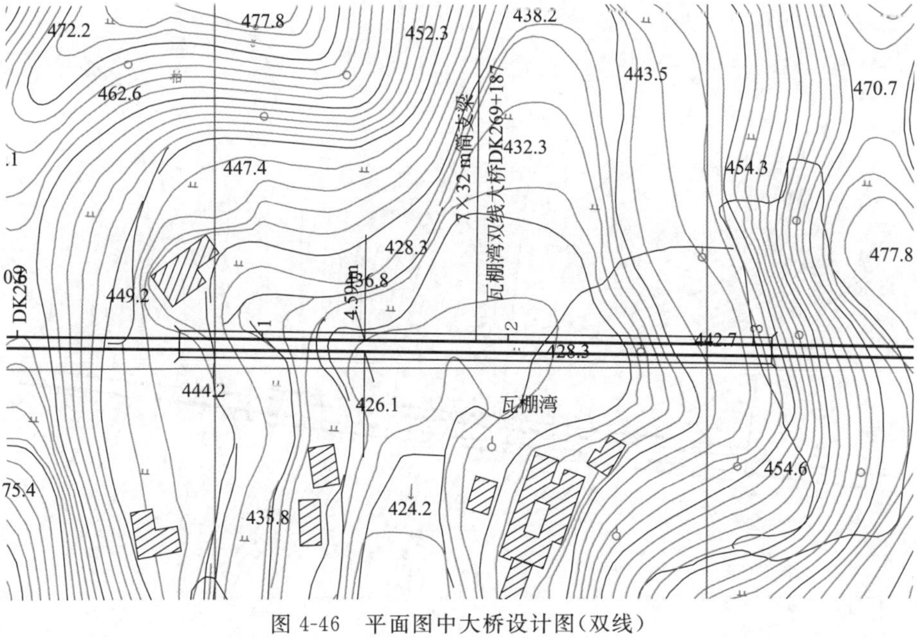

图 4-46　平面图中大桥设计图(双线)

4.2.7　隧　　道

隧道地段的线路平面设计要求如下。

(1)隧道内的测量、施工、运营、通风和养护等条件均比空旷地段差，曲线隧道更为严重。所以隧道宜设在直线上。

(2)如地形地质等条件限制必须设在曲线上时，宜将曲线设在洞口附近，并采用较大的曲线半径。

(3)隧道不宜设在反向曲线上。必须设在反向曲线上时，其夹直线长度不宜小于 44 m，以免两端的曲线加宽发生重叠，施工复杂。

(4)当直线隧道外的曲线接近洞口时，应使直缓点或缓直点与洞门的距离不小于 25 m，以免引起洞口和洞口的衬砌加宽。

1. 直线隧道的优点

线路顺直，列车可以快速通过，走行的距离也较短，有利于列车多拉快跑，提高线路的运营效率。在隧道内，线路就更应设计成直线，隧道实例如图 4-47 和图 4-48 所示。

图 4-47　西安至南京铁路东秦岭隧道(直线)

图 4-48　合武客运专线卢家大山一号隧道(曲线)

图 4-49 为平面设计中直线隧道图示例。

图 4-49　平面设计中的直线隧道

2. 曲线隧道的缺点

曲线上的隧道通风差，运营效率、维护作业量和难度都要比直线隧道大，施工时技术上较为复杂。由于曲线关系，洞内进行施工测量时，操作变得复杂，精度也有所降低。因此，在隧道设置曲线时应注意的问题如下：

(1)应尽可能采用较短的曲线或是半径较大的曲线，且将曲线设置在隧道洞口附近为宜，使曲线的影响小一些。

(2)在曲线两端应设缓和曲线时，最好不使洞口恰恰落在缓和曲线上。

(3)隧道内若设置圆曲线，其长度不应短于一节车厢的长度。

(4)当必须设置两条曲线时，两曲线间应有足够长的夹直线，一般是要求在三倍车辆长度以上。

曲线隧道设计实例如图 4-50 所示。

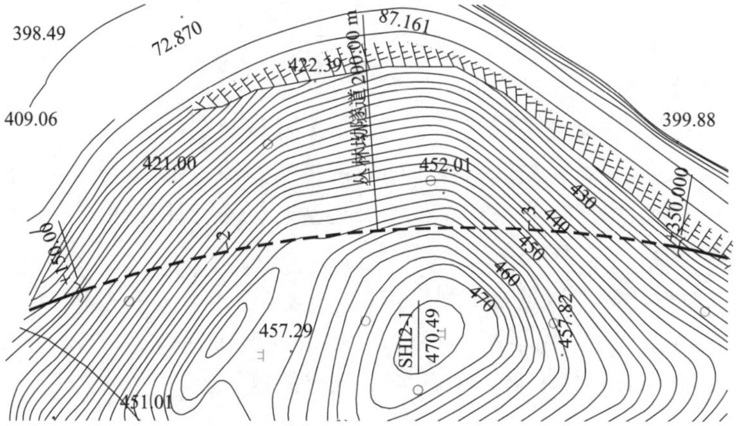

图 4-50　平面设计中的曲线隧道(R=5 500 m)

4.2.8　站　　坪

1. 站坪长度

站坪长度 L_Z 包含到发线有效长度 L_{yx} 和咽喉区长度 L_{yh} 及车站咽喉区两端最外道岔及其他单独道岔(直向)至曲线超高顺坡终点之间的直线长度，设计时对站坪平面长度要考虑长远发展的需要。站坪示意图如图 4-51 所示。

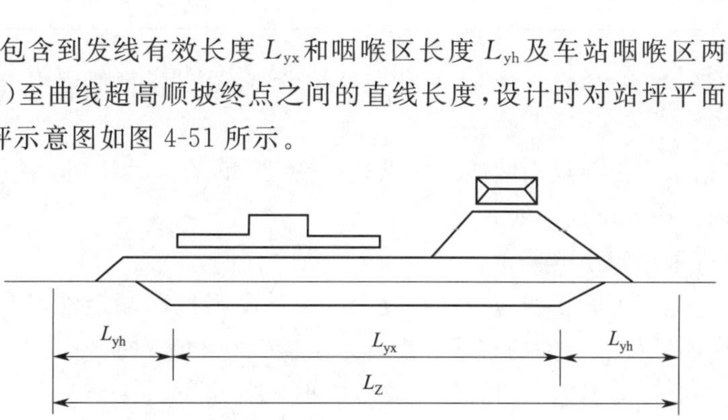

图 4-51　站坪示意图

站坪长度根据正线数目、车站种类、车站布置形式和远期到发线有效长度等条件确定。车站类别不同，股道数量不同，则站坪两端咽喉区长度不同。股道布置形式和到发线有效长度，决定站坪中段的长度。站坪长度一般可采用不小于表 4-17 所列数值。

表 4-17　站坪长度(m)

车站种类	车站布置形式	远期到发线有效长度 1 050 单线	1 050 双线	850 单线	850 双线	750 单线	750 双线	650 单线
会让及越行站	横列式	1 450	1 700	1 250	1 500	1 150	1 400	1 050
中间站	横列式	1 600	2 000	1 400	1 800	1 300	1 700	1 200
区段站	横列式	2 000	2 500	1 800	2 300	1 700	2 200	1 600
	纵列式	3 500	4 000	3 100	3 600	2 900	3 400	2 600

注意问题：

(1)表列站坪长度未包括站坪两端的竖曲线长度。

(2)如有其他铁路接轨时，站坪长度应根据计算确定。

(3)多机牵引时，站坪长度应根据机车数量及长度计算确定。

(4)表列的站坪长度，除越行站和双线中间站两端按各铺一组 18 号道岔单渡线确定外，正线其他道岔采用 12 号道岔确定，当采用其他型号道岔时应另行计算确定。

2. 站坪的线路平面

车站正线的平面设计标准应符合下列规定：

(1)区段站应设在直线上，中间站、越行站、会让站宜设在直线上。特殊困难条件下，困难条件下需设在曲线上时，其半径不得小于表 4-18 规定的数值。

表 4-18　车站平面最小圆曲线半径(m)

路段旅客列车设计行车速度(km/h)				160	140	120	100	80
最小曲线半径	区段站			1 600	1 200	800		
	中间、会让及越行站	工程条件	一般	2 000	1 600	1 200	800	600
			困难	1 600	1 200	800	600	

(2)改建车站时，特殊困难条件下，如有充分技术经济依据，可保留小于上表规定的曲线半径。

(3)横列式车站不应设在反向曲线上。纵列式区段站设在曲线上时，每一运行方向的到发线有效长度范围内不应有反向曲线。

(4)车站曲线宜采用较小的偏角。

(5)车站咽喉区范围内的正线应设在直线上。车站咽喉区两端最外道岔及其他单独道岔(直向)至曲线超高顺坡终点之间的直线长度，当 $v_{max}>120$ km/h 时，不应小于 40 m；困难条件下不应小于 25 m。低于上述速度的其他线路不应小于 20 m。

4.3　区间线路纵断面设计

为了适应地面的起伏，线路上除了平道以外，还修有不同的坡道，线路纵断面就是由平道、坡道及设于变坡点处的竖曲线组成。线路纵断面设计主要包括最大坡度确定、坡段长度设计、坡段连接处理和坡度折减计算等内容。

纵断面由长度不同、陡缓各异的坡段组成。坡段的特征用坡段长度和坡度值表示，如图4-52所示。坡度指以坡段终点对起点的高差与两点之间水平距离的比值，用 i‰表示，$i=\frac{h}{l}\times 1\ 000=1\ 000\tan\alpha$ 上坡取正，下坡取负。

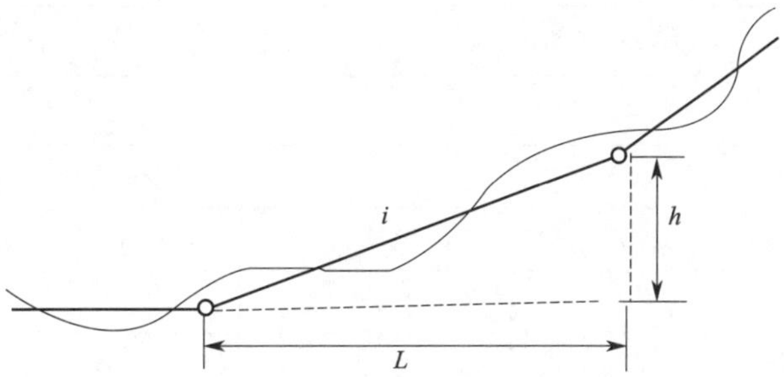

图 4-52　纵断面坡度示意图

4.3.1　线路的最大坡度

线路的最大坡度包括三类：限制坡度、加力牵引坡度和动能坡度。

1. 限制坡度

限制坡度：在这个坡度上，一台机车牵引普通货物列车连续上坡运行时，列车运行速度最终能够稳定在机车计算速度的水平上。

设计线选定的限制坡度，不应大于《线规》规定值，见表 4-19。

表 4-19　限制坡度最大值(‰)

铁路等级		Ⅰ			Ⅱ			Ⅲ		
地形类别		平原	丘陵	山区	平原	丘陵	山区	平原	丘陵	山区
牵引种类	电力	6.0	12.0	15.0	6.0	15.0	20.0	9.0	18.0	25.0
	内燃	6.0	9.0	12.0	6.0	9.0	15.0	8.0	12.0	18.0

限制坡度最小值，《线规》未作规定，但通常取为 4‰。这是因为限制坡度若小于 4‰，牵引质量受起动条件和到发线有效长度(一般最长取 1 050 m)的限制而不能实现，而工程投资却可能有所增加。

目前，我国既有铁路干线的限制坡度，4‰者约占 1/4，6‰者约占 1/2，12‰者约占 1/4，少数干线为 9‰或 10‰，全国路网基本形成了 4‰、6‰与 12‰的限制坡度系统。

2. 加力牵引坡度

在一条铁路线的全线范围内，地形是不相同的。有一般地段，也有困难地段，还可能有特殊困难地段(如跨越山岭地段)。

在特殊困难地段，线路纵断面的设计有两个方案：

(1)可以修建隧道穿过山岭；

(2)也可以利用高坡(坡度值大于限制坡度数值的坡段)跨越山岭。在这个坡段上，列车必须以双机牵引或多机牵引,这种坡段称为加力牵引坡段。例如,我国京张铁路的关沟段和宝成铁路的宝凤段,都采用了加力牵引坡段。

加力坡度的最大值取决于货物列车在陡坡上的运营条件。我国《线规》规定的内燃、电力牵引的最大加力牵引坡度值分别为 25‰、30‰,见表 4-20。

表 4-20 电力和内燃牵引的加力牵引坡度(‰)

<table>
<tr><th rowspan="2">限制坡度</th><th colspan="2">双机牵引坡度</th><th colspan="2">三机牵引坡度</th></tr>
<tr><th>电力</th><th>内燃</th><th>电力</th><th>内燃</th></tr>
<tr><td>4.0</td><td>9.0</td><td>8.5</td><td>14.0</td><td>13.0</td></tr>
<tr><td>5.0</td><td>11.0</td><td>10.5</td><td>16.5</td><td>15.5</td></tr>
<tr><td>6.0</td><td>13.0</td><td>12.5</td><td>19.0</td><td>18.5</td></tr>
<tr><td>7.0</td><td>14.5</td><td>14.5</td><td>21.5</td><td>21.0</td></tr>
<tr><td>8.0</td><td>16.5</td><td>16.0</td><td>24.0</td><td>23.5</td></tr>
<tr><td>9.0</td><td>18.5</td><td>18.0</td><td>26.5</td><td rowspan="8">25.0</td></tr>
<tr><td>10.0</td><td>20.0</td><td>20.0</td><td>29.0</td></tr>
<tr><td>11.0</td><td>22.0</td><td>21.5</td><td rowspan="6">30.0</td></tr>
<tr><td>12.0</td><td>24.0</td><td>23.5</td></tr>
<tr><td>13.0</td><td>25.5</td><td>25.0</td></tr>
<tr><td>14.0</td><td>27.5</td><td></td></tr>
<tr><td>15.0</td><td>29.0</td><td></td></tr>
<tr><td>16.0</td><td>30.0</td><td></td></tr>
</table>

3. 动能坡度

机车牵引按限制坡度计算的列车质量,利用列车的牵引力和积累的动能,以不低于机车的计算速度所闯过的、大于限制坡度的坡度称动能坡度。

4.3.2 坡段长度

1. 最小坡段长度

坡段长度对工程和运营都有重要的影响,较短的坡段长度一般有利于适应地形变化,减少桥、隧工程,节省工程投资。考虑安全、舒适、工程、运营等因素,我国《铁路线路设计规范》对级铁路最小坡段长度作了规定,见表 4-21。

表 4-21 最小坡段长度

<table>
<tr><th>铁路类型</th><th colspan="2">客运专线</th><th colspan="6">客货共线铁路</th></tr>
<tr><td>设计速度(km/h)</td><td>300～350</td><td>200～250</td><td>200</td><td>160</td><td colspan="4">≤140</td></tr>
<tr><td>远期到发线有效长度(m)</td><td></td><td></td><td></td><td></td><td>1 050</td><td>850</td><td>750</td><td>650</td></tr>
<tr><td>最小坡段长度(m)</td><td>900
(600)</td><td>800
(600)</td><td>600
(400)</td><td>400</td><td>400</td><td>350</td><td>300</td><td>250</td></tr>
</table>

2. 最大坡段长度

为了保证列车在下坡道的制动要求和最大程度上利用下坡的动能，在线路纵断面设计中，对最大坡段长度也作了要求，见表 4-22 所示。

表 4-22　线路最大坡长度

线路类型	线路坡度(‰)	最大坡段长度(km)	说　明
客货共线铁路	⩾6	8	在纵断面设计时应量减少长大下坡道的设置
	⩾12	5	
	⩾20	2	
客运专线	12	不受限制	最大坡段长度为不宜超过设定值
	15	9	
	20	5	

坡段长度问题说明：在条件允许时，尽量用较长的坡段、增加舒适度。速度高了以后，如果坡段太短，线路起伏较多，影响舒适度，如秦沈客专，坡度短，最小坡段长度仅为 400 m，舒适度较差。

合武铁路根据当时客货共线设计暂行规定，最小坡段长度为 600 m；2005 年 4 月颁布的《新建时速 200～250 公里客运专线铁路设计暂行规定》(铁建设〔2005〕140 号)，最小坡段长度为 800 m，困难条件下不应小于 600 m。合武铁路区间最小坡段长度实际用到 900 m，全线平均坡段长度为 2 100 m。

表 4-23 列出了某改建线路(客货共线铁路，设计速度 200 km/h，远期到发线有效长度 850 m 部分纵断面坡度设计结果，其中最小坡段长度为 600 m，满足《线规》要求。

表 4-23　坡度设计结果示例

坡段编号	坡段起点(m)	坡 度(‰)	坡段长度(m)	坡段编号	坡段起点(m)	坡 度(‰)	坡段长度(m)
SLP001	0	−1.0	1 900	SLP017	32 230	1.0	3 561
SLP002	1 900	5.4	800	SLP018	35 791	4.6	2 259
SLP003	2 700	6.0	600	SLP019	38 050	−2.0	1 400
SLP004	3 300	5.5	1 100	SLP020	39 450	3.6	1 750
SLP005	4 400	0.0	900	SLP021	41 200	−3.0	5 300
SLP006	5 300	5.5	1 900	SLP022	46 500	5.4	2 700
SLP007	7 200	5.9	1 450	SLP023	49 200	5.8	1 850
SLP008	8 650	4.6	5 300	SLP024	51 050	−3.0	1 950
SLP009	13 950	5.6	1 450	SLP025	53 000	5.0	2 300
SLP010	15 400	3.5	2 300	SLP026	55 300	5.5	1 220
SLP011	17 700	−5.0	5 350	SLP027	56 520	3.3	1 480
SLP012	23 050	3.0	1 200	SLP028	58 000	5.5	5 200
SLP013	24 250	−5.7	2 750	SLP029	63 200	3.8	3 350
SLP014	27 000	−3.6	2550	SLP030	66 550	3.1	1 550
SLP015	29 550	2.3	1 692	SLP031	68 100	−5.1	3 400
SLP016	31 242	1.5	988	SLP032	71 500	1.5	2 750

4.3.3 坡段连接

1. 坡度差

线路纵断面设计中，习惯上认为上坡的坡度为正值，下坡的坡度为负值，相邻两坡段的坡度代数差的绝对值 Δi 称为坡度差。客货共线铁路最大坡度差不得大于表 4-24 所列值。

表 4-24　最大坡度差

远期到发线有效长度(m)		1 050	850	750	650	550
最大坡度差(‰)	一般	8	10	12	15	20
	困难	10	12	15	18	25

根据表 4-21 中的实例数据，计算得到最大坡差为坡段编号 SLP023 和 SLP024 之间的坡度差，为 8.8，满足表 4-22 中的最大坡度差要求；最小坡度差为 SLP022 和 SLP023 之间的坡度差，为 0.4。

2. 竖曲线

(1)竖曲线线形。为了避免列车通过变坡点时脱轨、脱钩，以保证行车安全和平顺。在线路纵断面变坡点处设置的与坡段线相切的曲线。竖曲线有抛物线形和圆弧形两种主要线形，由于圆弧形竖曲线直接用一定半径的圆弧作为竖曲线，具有测设、维修方便的特点，目前国内外使用广泛。竖曲线示意图如图 4-53 所示。

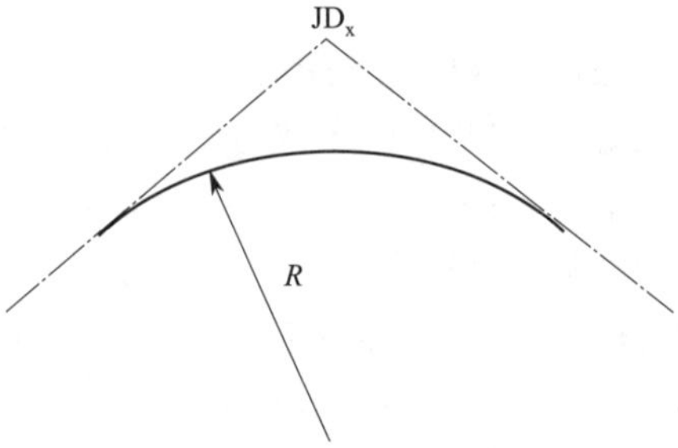

图 4-53　竖曲线示意图

(2)竖曲线半径最小值。竖曲线半径最小值见表 4-25。

表 4-25　竖曲线半径最小值

铁路类型	客运专线				客货共线	
设计最高行车速度(km/h)	350	300	250	200	200,160	≤140
竖曲线半径最小值(m)	25 000		20 000	15 000	15 000	10 000

采用大的竖曲线半径，可增加列车通过变坡点的平稳性和旅客舒适度；但当竖曲线半径增大到一定程度时，养护维修很难达到其要求。根据国外养护维修经验，最大竖曲线半径不宜大于 40 000 m。竖曲线半径与最小坡度差的关系见表 4-26。

表 4-26　竖曲线半径与最小坡度差的关系

竖曲线半径最小值(m)	25 000	20 000	15 000	10 000
Δi_{min}	1.8	2.0	2.3	2.8

(3)设置竖曲线的限制条件。综合考虑各项因素，我国规定各级铁路需要设置竖曲线的条件见表 4-27，设置竖曲线的限制条件与设计要求见表 4-28。

表 4-27　设置竖曲线的限制条件

	设计速度(km/h)	Ⅰ级铁路	Ⅱ级铁路	Ⅲ级铁路	说明
设置竖曲线的限制条件	≥160	$\Delta i \geqslant 1‰$	—	—	竖曲线长度不宜小于 25 m
	<160	$\Delta i \geqslant 3‰$	$\Delta i \geqslant 3‰$	$\Delta i \geqslant 4‰$	

表 4-28　设置竖曲线的限制条件与设计要求

序号	限制条件	设计要求
1	竖曲线不应与缓和曲线重叠	纵断面设计时，变坡点离开缓和曲线起终点的距离，不应小于竖曲线切线长(图 4-54)
2	竖曲线不应设置在明桥面上	变坡点距明桥面端点的距离，不应小于竖曲线的切线长(图 4-55)
3	竖曲线不应与道岔重叠	变坡点与车站站坪端点的距离，不应小于竖曲线的切线长
4	竖曲线不宜与平曲线重叠	线路设计时，应尽量将同一平面曲线范围设置为一个坡段(图 4-56)

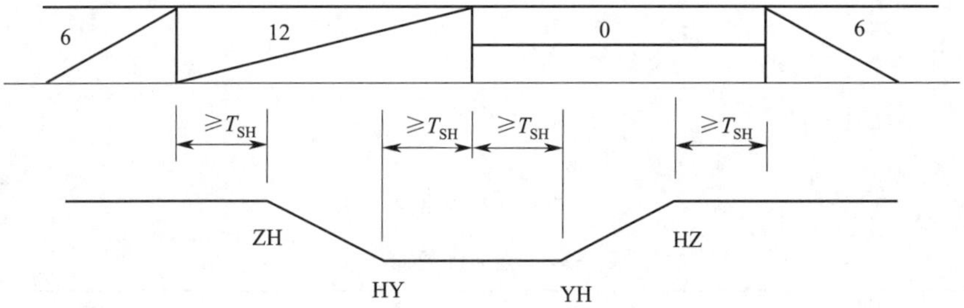

图 4-54　竖曲线与缓和曲线不重叠要求

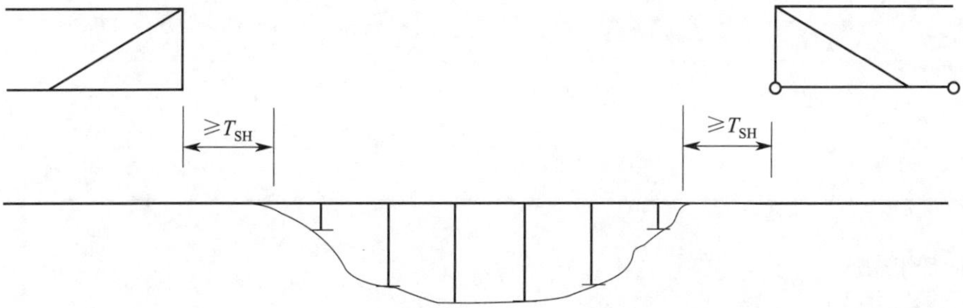

图 4-55　竖曲线不设置在明桥面要求

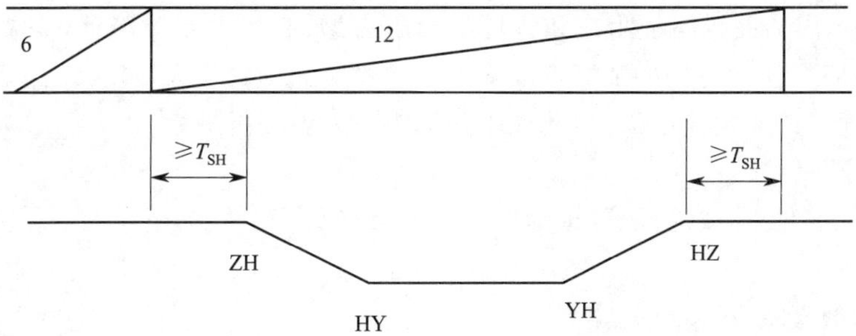

图 4-56　竖曲线不宜与平曲线重叠要求

(4)竖曲线要素计算。竖曲线要素主要包括竖曲线切线长、竖曲线长度、竖曲线纵距和竖曲线外矢距。竖曲线图如图 4-57 所示,计算公式见表 4-29。

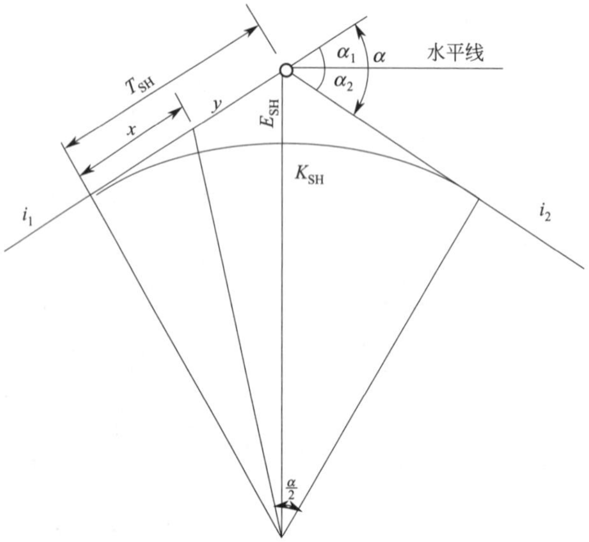

图 4-57　竖曲线

表 4-29　竖曲线要素计算

序号	要素名称	计算公式
1	切线长	$T_{SH}\approx\frac{R_{SH}\cdot\Delta i}{2\ 000}$
2	竖曲线长度	$K_{SH}\approx 2T_{SH}$
3	竖曲线纵距	$y\approx\frac{x^2}{2R_{SH}}$
4	竖曲线外矢距	$E_{SH}=\frac{T_{SH}^2}{2R_{SH}}$

4.3.4　坡段折减

1. 折减原因

线路纵断面设计时,纵断面上需要用足最大坡度的地段,当平面上出现曲线或遇到长于 400 m 的隧道时,因为曲线附加阻力和隧道附加阻力增加,黏着系数降低,需要将最大坡度值减缓,以保证线路上任何一处的加算坡度均不超过线路允许的最大坡度,以保证列车以不低于该地段的计算速度或规定速度运行,此项工作称为最大坡度折减。

2. 折减位置

曲线地段、小半径曲线地段、隧道地段(>400 m),计算公式如下:

$$i=\beta_s\cdot i_{max}-\Delta i_R-\Delta i_\mu(‰) \tag{4-8}$$

(1)隧道内的直线:$i=\beta_s\cdot i_{max}$

(2)隧道内的曲线($R>450$ m):$i=\beta_s\cdot i_{max}-\Delta i_R$

(3)隧道内的曲线($R\leqslant 450$ m):$i=\beta_s\cdot i_{max}-\Delta i_R-\Delta i_\mu$

隧道内的最大坡度系数见表 4-30,电力牵引铁路小半径曲线黏降坡度减缓值见表 4-31。

表 4-30　隧道内的最大坡度系数 β_s 表

隧道长度(m) \ 牵引类型	电力牵引	内燃牵引
$400<L_s\leqslant 1\ 000$	0.95	0.90
$1\ 000<L_s\leqslant 4\ 000$	0.90	0.80
$L_s>4\ 000$	0.85	0.75

注:折减范围,仅限于隧道长度内,并随折减坡段取值,进整为 50 m 的倍数。

表 4-31　电力牵引铁路小半径曲线黏降坡度减缓值(‰)

最大坡度(‰)		4	6	9	12	15	20	25	30
曲线半径(m)	450	0.20	0.25	0.35	0.45	0.55	0.70	0.90	1.05
	400	0.35	0.50	0.65	0.85	1.05	1.35	1.65	1.95
	350	0.50	0.70	1.00	1.25	1.50	2.00	2.45	2.90
	300	0.70	0.90	1.30	1.65	2.00	2.60	3.20	3.80

长度不小于货物列车长度的圆曲线,坡度减缓值为:

$$\Delta i_R=\frac{600}{R}(‰) \tag{4-9}$$

长度小于货物列车长度的圆曲线,设计为一个坡段,坡度减缓值为:

$$\Delta i_R=\frac{10.5\alpha}{L_i}(‰) \tag{4-10}$$

4.3.5　桥涵地段

纵断面设计。

(1)涵洞和道砟桥面桥:无特殊要求。

(2)明桥面桥:

①宜设在平道上;若设在坡道上,坡度不宜大于 4‰;

②明桥面桥上不应设置竖曲线;纵断面设计时,应使变坡点距明桥面两端不小于竖曲线切线长(图 4-58)。

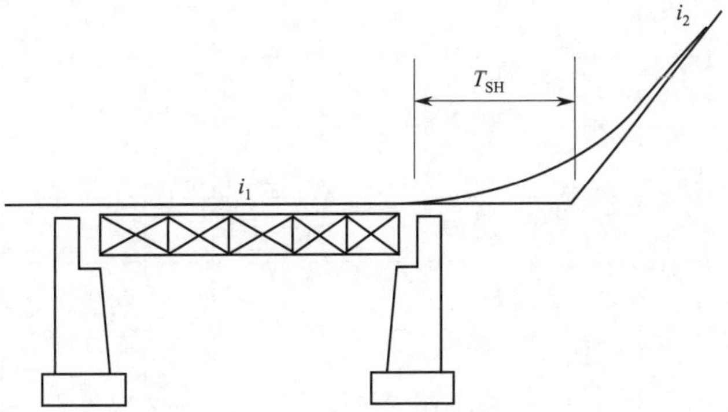

图 4-58　明桥面桥纵断面设计要求

图 4-59～图 4-62 分别为纵断面中特大桥、大桥、中桥和涵洞的设计实例。

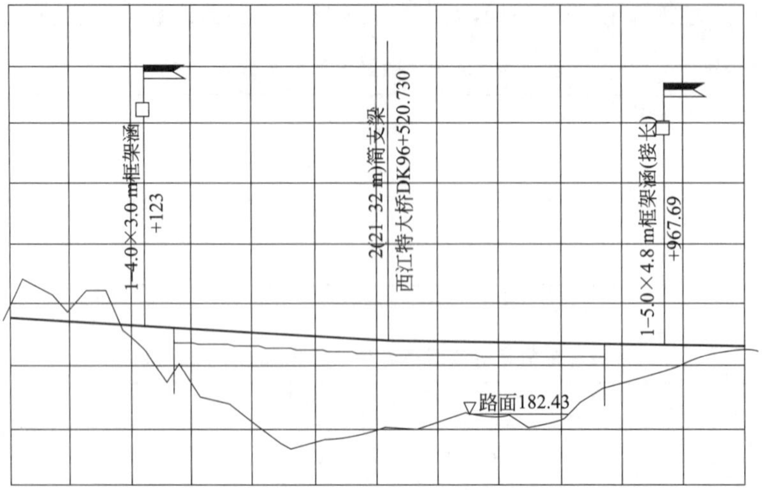

图 4-59　特大桥(桥跨:21-32 m 简支梁)

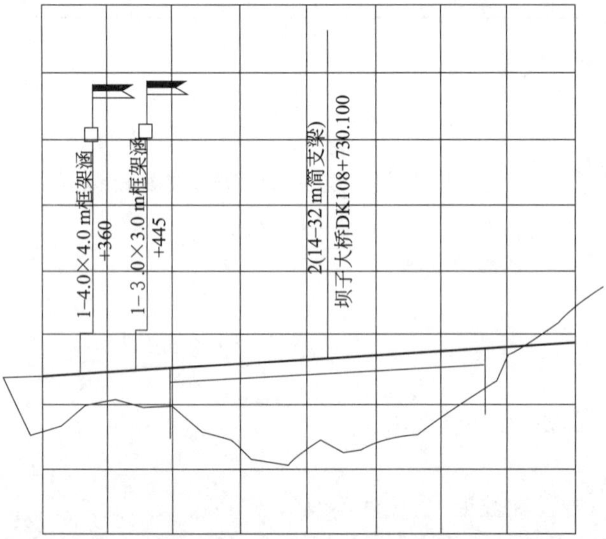

图 4-60　大桥(桥跨:14-32 m 简支梁)

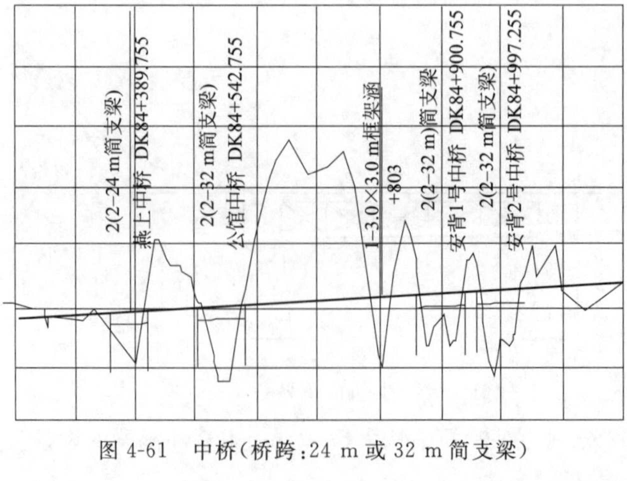

图 4-61　中桥(桥跨:24 m 或 32 m 简支梁)

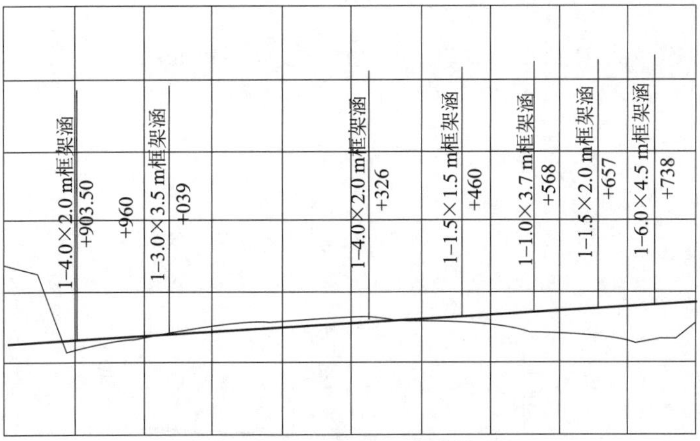

图 4-62　涵洞(类型:框架涵)

4.3.6　隧　　道

隧道处于地层之内,除了地质有变化时以外,线路的坡型本来不受什么限制,用不着采用复杂多变的型式。隧道地段的线路纵断面坡道型式一般可采用简单的单坡型(一字坡)或不复杂的人字坡型 ,示意图如图 4-63 所示。

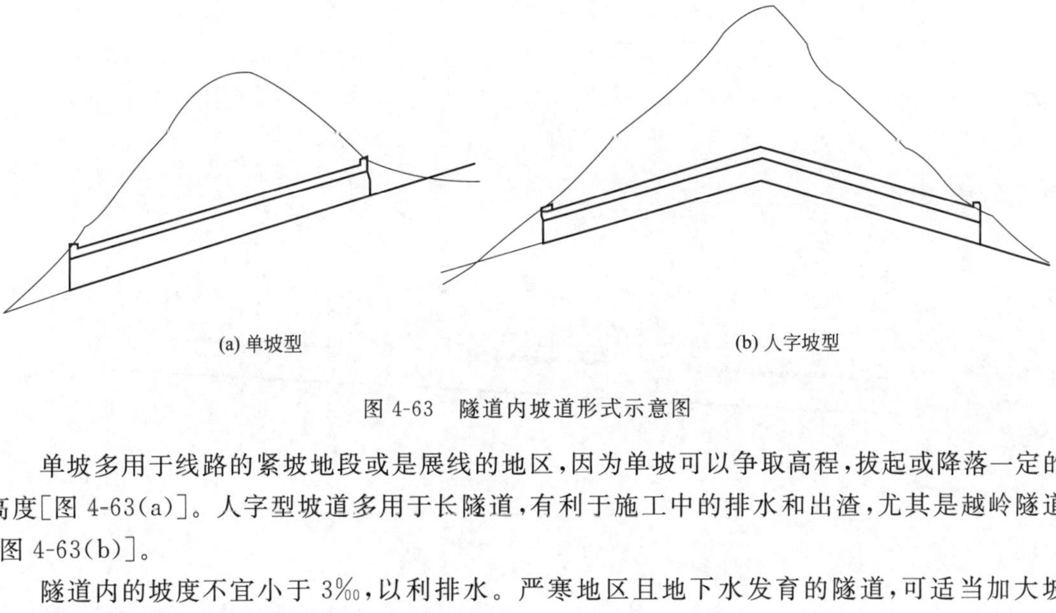

图 4-63　隧道内坡道形式示意图

单坡多用于线路的紧坡地段或是展线的地区,因为单坡可以争取高程,拔起或降落一定的高度[图 4-63(a)]。人字型坡道多用于长隧道,有利于施工中的排水和出渣,尤其是越岭隧道[图 4-63(b)]。

隧道内的坡度不宜小于 3‰,以利排水。严寒地区且地下水发育的隧道,可适当加大坡度,以减少冬季排水结冰堆积影响。

图 4-64 为纵断面设计图中单面坡隧道设计实例;图 4-65 为连续一字坡隧道设计实例,用于争取高程;图 4-66 为纵断面设计图中人字坡隧道设计实例。

4.3.7　站　　坪

1. 站坪纵断面设计要点

(1)站坪宜设在平道上。困难条件下,可设在不大于 1‰的坡道上。特殊困难条件下,有

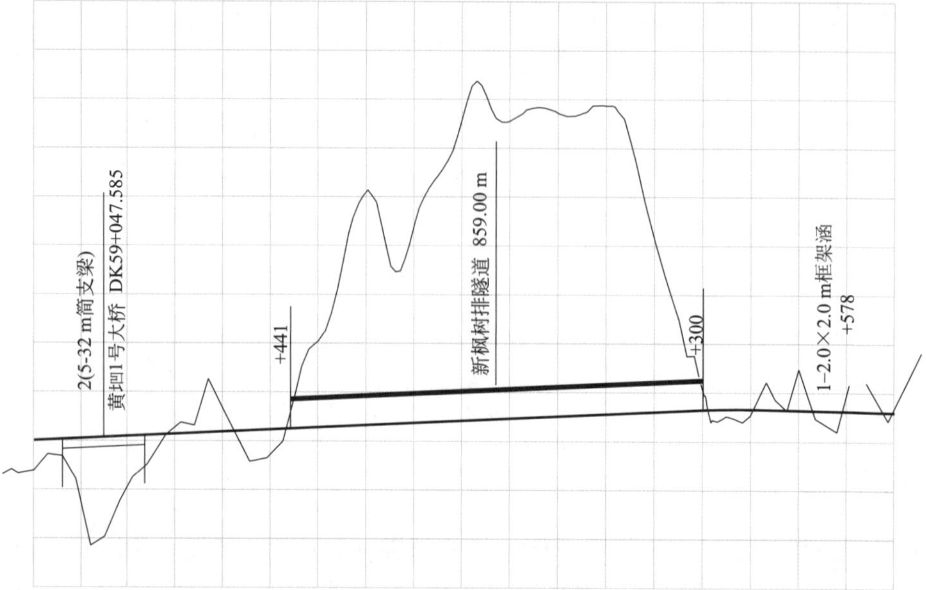

图 4-64　一字坡隧道设计实例(4.5‰)

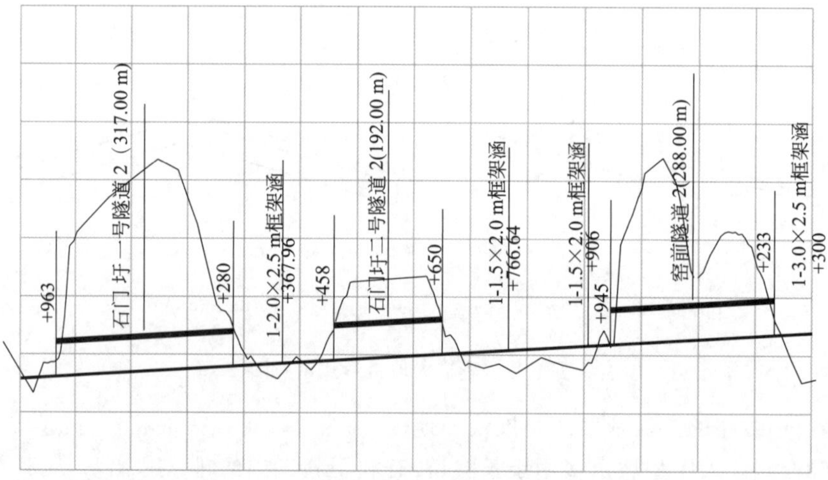

图 4-65　连续一字坡隧道设计实例(5.8‰)

充分技术经济依据时,会让站、越行站可设置在不大于 6‰的坡道上,但不应连续设置。

(2)咽喉区的正线坡度,宜与站坪坡度相同。特殊困难条件下,可将咽喉区设置在限制坡度减 2‰的坡道上,但区段站、客运站和中间站、会让站、越行站咽喉区的正线坡度分别不大于 2.5‰和 10‰。

(3)咽喉区外的个别道岔和渡线可设在不大于限制坡度的坡道上。

(4)旅客乘降所应设在能保证旅客列车起动且不大于 8‰的坡道上。在特殊困难条件下,有充分技术经济依据时,可设在大于 8‰的坡道上。

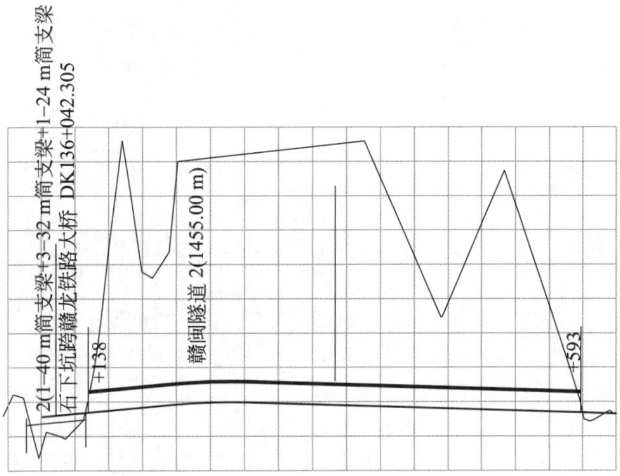

图 4-66　人字坡隧道设计实例(左侧:9‰ 右侧:－3‰)

图 4-67 为达成铁路淮口至仓山段新积金车站设置在平坡道上,坡段长度 1 800 m。

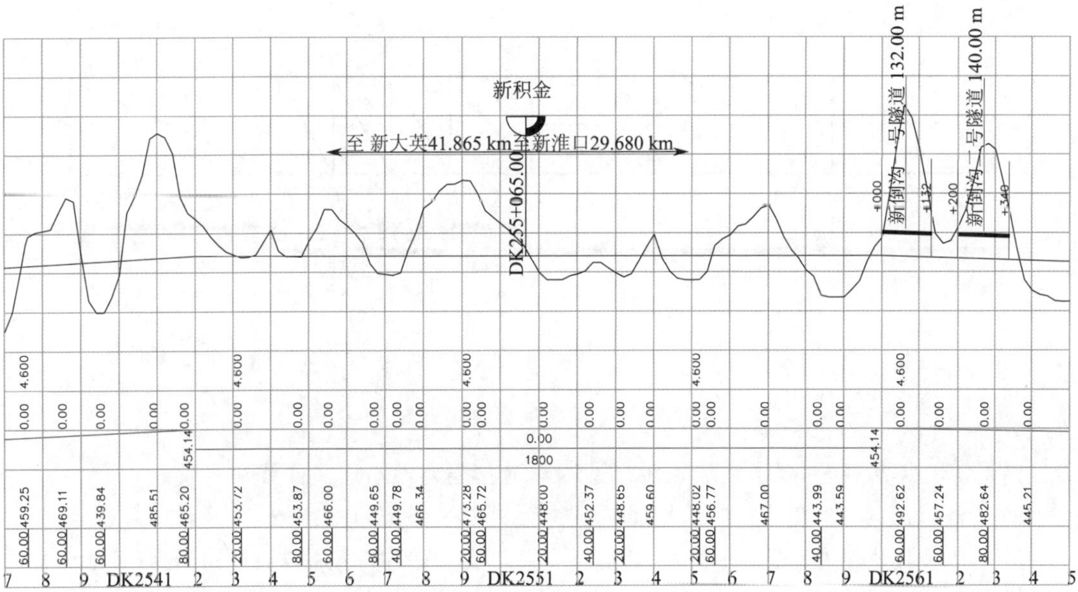

图 4-67　车站设在平坡道线段上

2. 站坪两端的线路平面和纵断面

(1) 竖曲线和缓和曲线不应伸入站坪,如图 4-68 所示。

(2) 进站起动缓坡。限制坡度≤6‰的内燃牵引线路,编组站、区段站和接轨站进站信号机前的线路坡度,不能保证货物列车顺利起动时,应设置起动缓坡。其他车站除地形困难外,也宜设置起动缓坡。

(3) 站坪与区间纵断面的配合。地形条件允许时,站坪尽可能设在两端坡度较缓、升高不大的凸形纵断面顶部,以利于列车进站减速和出站加速。

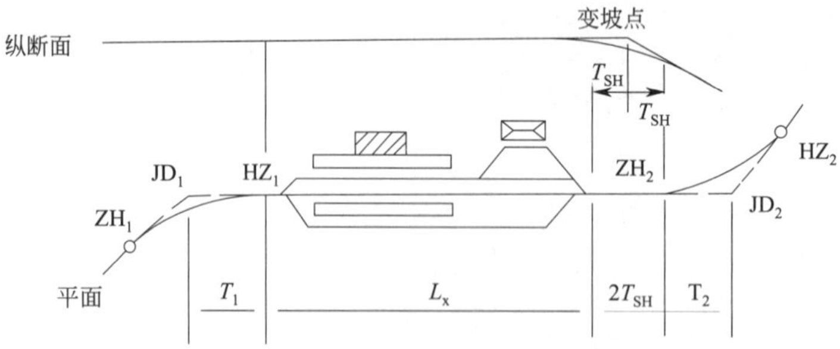

图 4-68　站坪两端的线路平面和纵断面要求

4.3.8　设计实例

新建Ⅰ级电力牵引铁路,远期到发线有效长度 1 050 m,站坪长度为 $L_Z=1\ 350$ m,$v_{max}=120$ km/h,限制坡度为 $i_x=6‰$,近期货物列车长 $L_L=800$ m,地形条件为一般,找出图 4-69 中纵断面设计中的错误。要求说明原因,并给出正确设计结果。

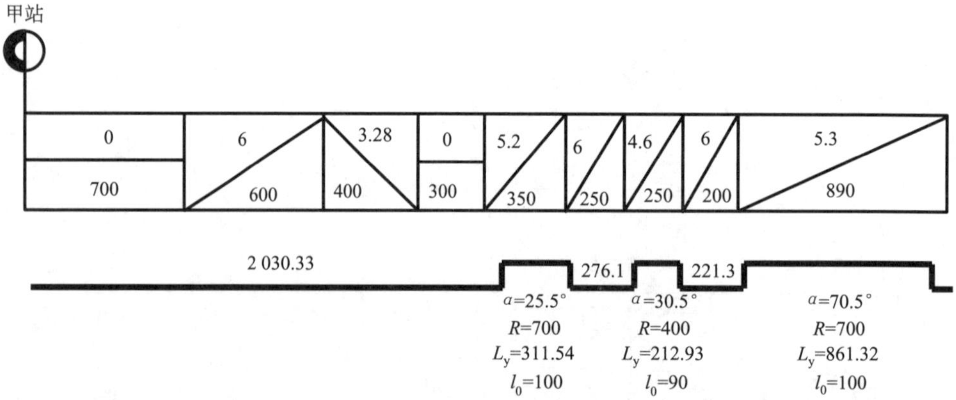

图 4-69　平纵断面设计简图

错误①。竖岔重叠:要求变坡点距车站咽喉道岔距离不小于竖曲线切线长。

$$变坡点曲线切线长\ T=5\Delta i=5\times(6-0)=30\ \text{m}$$

而变坡点距车站咽喉道岔距离 $=700-1\ 350/2=25\ \text{m}<30\ \text{m}$,所以设计错误为:竖岔重叠。

错误②。坡度差超限:6/600 和 3.28/400 坡段,其坡度差 $=|-3.28-6|=9.28$,而根据规范要求,远期到发线有效长 1 050 m,一般地形条件,相邻坡段最大坡度差 8‰。

错误③。坡度值不规范:3.28/400 坡段,其坡度值应为一位小数,所以设计错误为:坡度值不规范,应改为 3.2 或 3.3 。

错误④。坡段长度不够。根据规范要求,远期到发线有效长 1 050 m,其最小坡段长度为 400 m,300<400。

错误⑤。竖缓重叠。

曲线 $ZH=2\ 030.33-100/2=1\ 980.33$ m;$HY=2030.33+100/2=2\ 080.33$ m

竖曲线切长线 $T_{sh}=5\Delta i=5\times(5.2-0)=26$ m

变坡点到 ZH 距离 $d_1=2\,000-1\,980.33=19.67$ m；变坡点到 HY 距离 $d_2=2\,080.33-2\,000=80.33$ m

根据规范要求，变坡点到缓和曲线起终点距离不小于其切线长 T_{sh}，而 $d_1<T_{sh}$，所以竖缓重叠错误。

错误⑥。超限坡。

曲线 2：$i=6-\dfrac{10.5\times30.5}{250}-0.5=4.22$，而其设计坡度为 4.6，因此超限坡错误，正确值为 4.2。

错误⑦。超限坡。

曲线 3：$i=6-\dfrac{600}{700}=5.14$，而其设计坡度为 5.3，因此超限坡错误，正确值为 5.1。

错误⑧。坡段长度不规范，坡长应为 50 m 的整数倍，而设计坡长为 890 m，应改为 900 m。

将错误号标在示意图上如图 4-70 所示。

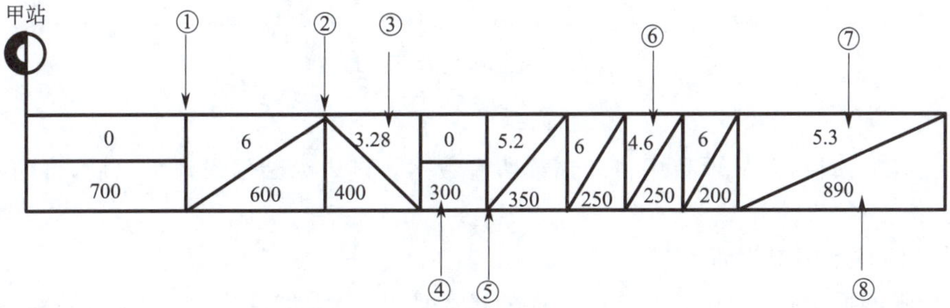

图 4-70　错误号标注图

4.4　纵断面 CAD 设计模块

纵断面 CAD 设计模块是以 Visual C++ 6.0 和 Access 数据库编写的，能够完成基本的线路纵断面设计，适合较简单的纵断面设计学习，运行主界面如图 4-71 所示。

图 4-71　纵断面设计模块主界面

4.4.1 项目管理

1. 新建项目

设计所需的数据通过 acess 数据库存储,新建项目即建立一个空的 acess 数据库和所需要的数据表,如图 4-72 所示。

图 4-72 纵断面技术标准设置

2. 打开项目

打开已有的项目,并从项目中自动加载所有数据。进入纵断面设计界面后,自动绘制所有图形数据。

3. 纵断面技术标准设置

在进行纵断面设计之前,需要对纵断面的最大坡度、最大坡度代数差(普通铁路)和最小坡长进行设置,如图 4-73 所示。

4. 设计方案的起点里程和标高

在进行纵断面设计之前,对新设计的方案确定其起点里程和起点设计标高,如图 4-74 所示。

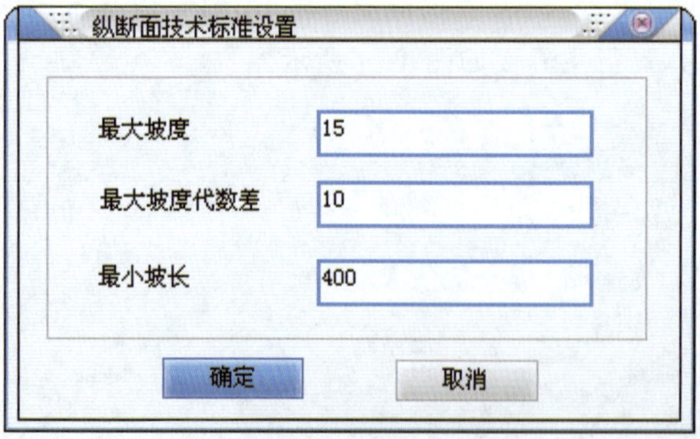

图 4-73 纵断面技术标准设置

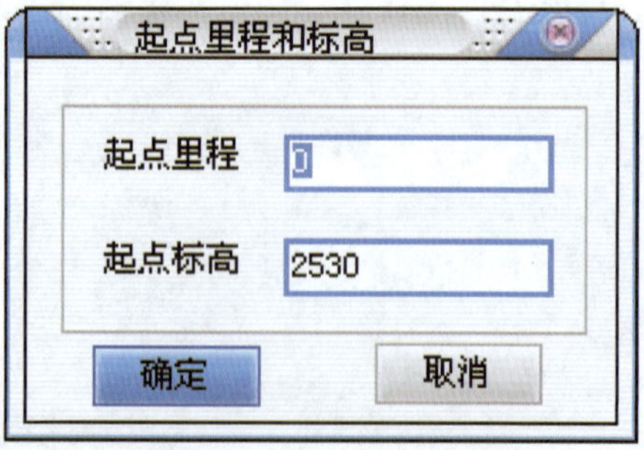

图 4-74 起点里程和标高设置

4.4.2 数据资料

包括坡度设计资料、工程地质特征数据、纵断面地面线数据和平曲线资料数据。

1. 坡度设计资料

包括坡长、坡度、标高、外矢距、切线长、变坡点桩号和坡度代数差数据,如图 4-75 所示。

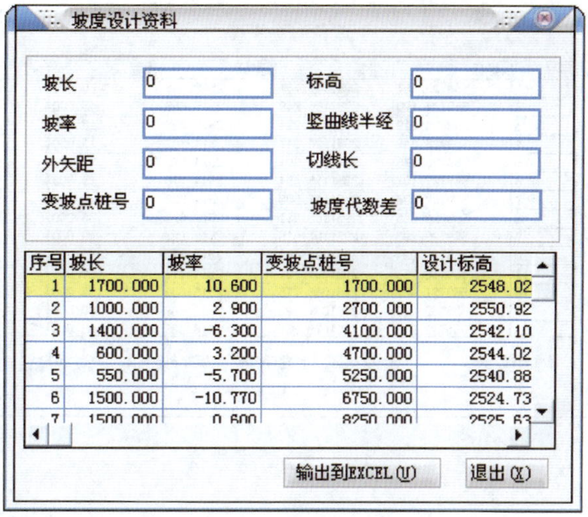

图 4-75　坡度设计资料

2. 工程地质特征数据

对设计方案的工程地质特征数据进行管理，包括地质特征的分段起终点里程和工程地质特征信息，可进行增加、删除、和修改操作，如图 4-76 所示。

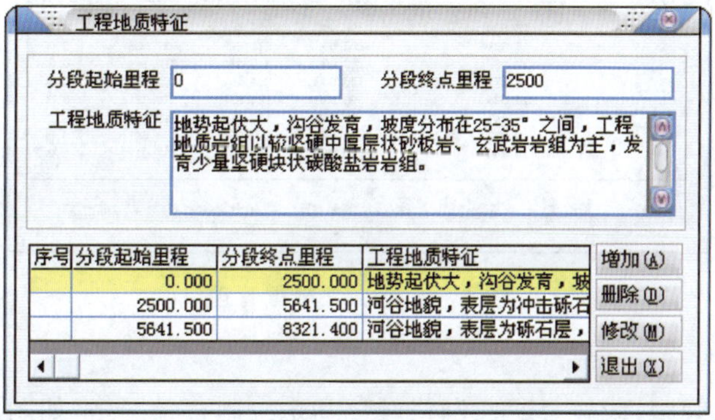

图 4-76　工程地质特征

3. 纵断面地面线数据

导入纵断面设计所需要的地面线数据，数据格式为(x,y,z)坐标和里程数据，如图 4-77 所示。导入完成后，先进行百米标整理，程序自动补充上缺少的百米标数据，然后保存到数据库中。

4. 平曲线数据

根据平面设计结果，输入平曲线的交点编号、偏角、转向、缓和曲线长、ZH 里程和曲线半径，其他信息如曲线长、外矢距等由程序自动计算，可进行增加、删除、和修改操作，如图 4-78 所示。

4.4.3　参数设置

包括背景网格设置、栏日标注设置和设计线画笔设置。

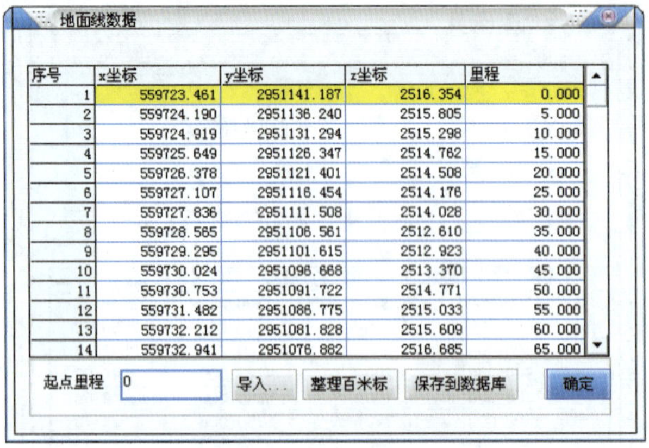

图 4-77　地面线数据

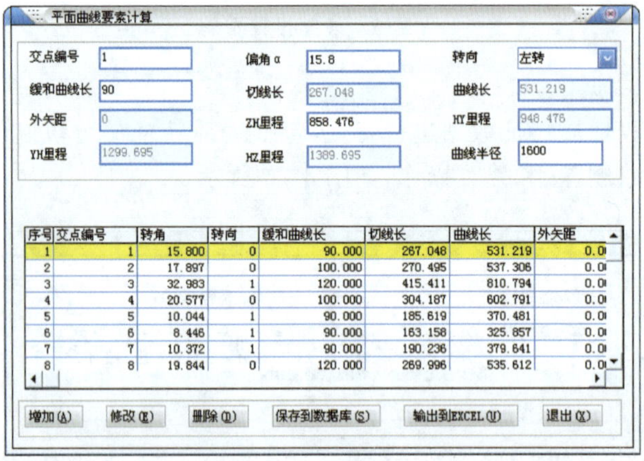

图 4-78　平曲线数据管理

1. 背景网格设置

设置背景网格的间距、线宽、线型、网格颜色和是绘制背景网格，如图 4-79 所示。

2. 栏日标注设置

设置 CAD 出图时输出的栏目，如图 4-80 所示。

3. 设计线画笔设置

对设计线的直线段、曲线段、地面线、隧道和桥梁的线宽和颜色设置，如图 4-81 所示。

4.4.4　纵断面拉坡设计

主要分为静态拉坡设计和动态拉坡设计。

1. 静态拉坡设计

静态拉坡设计有坡长坡率法和桩号标高两种方法。

(1)坡长坡率法：直接输入坡段的坡长和坡度，变坡点的桩号和标高由程序自动计算，如图 4-82 所示；

(2)桩号标高法：直接输入变坡点的桩号和标高，坡段的坡长和坡度由程序自动计算，如图 4-83 所示。

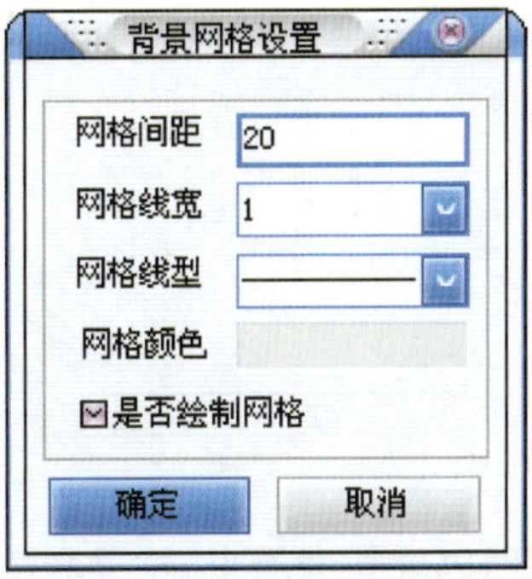

图 4-79 背景网格设置

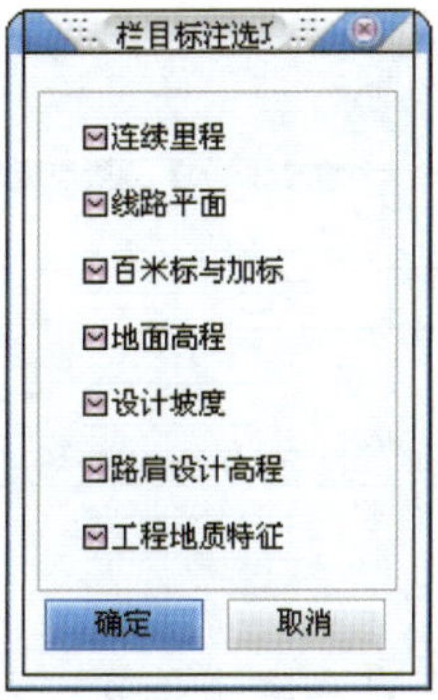

图 4-80 栏日标注设置

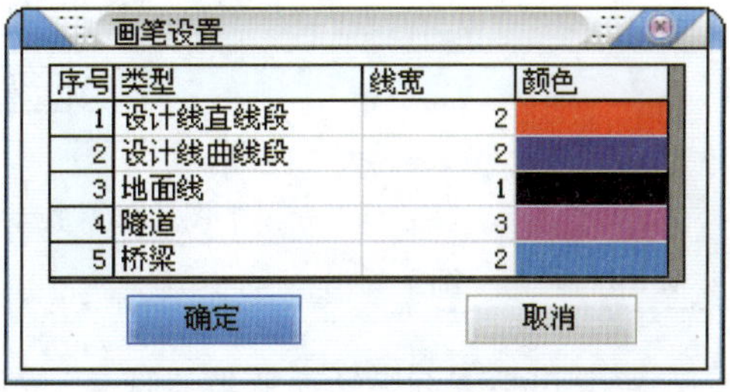

图 4-81 设计线画笔设置

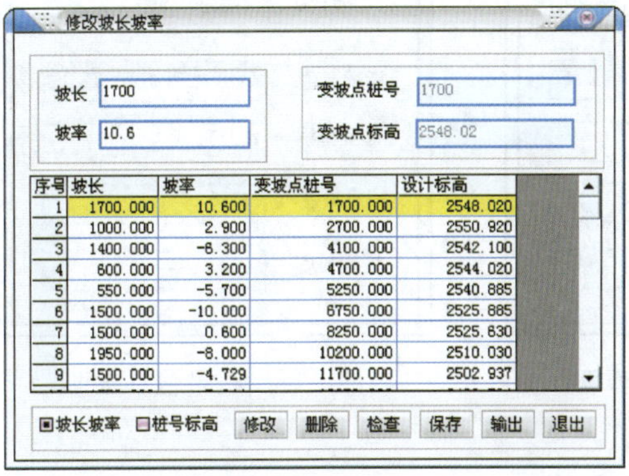

图 4-82 坡长坡率法

图 4-83 桩号标高法

2. 动态拉坡设计

包括插入变坡点、删除变坡点和拖动变坡点，直接在地面线上进行设计和修改。其中删除变坡点是在图形上选中要删除的变坡点，直接删除即可。拖动变坡点是选择要拖动的变坡点，自由拖动即可，如图 4-84 所示。在拖动过程中进行规范检查，如图 4-85 所示。

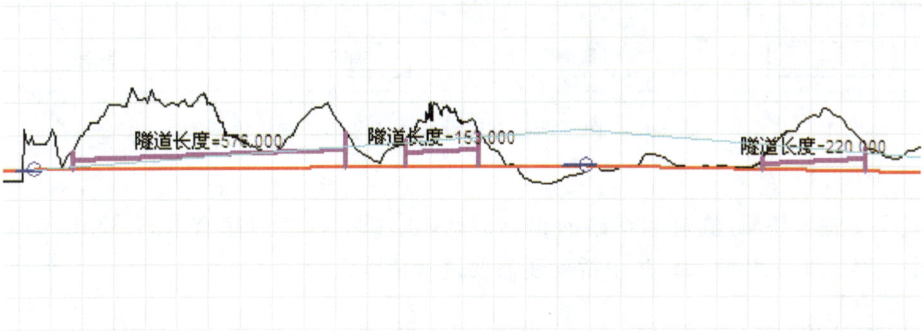

图 4-84 拖动变坡点

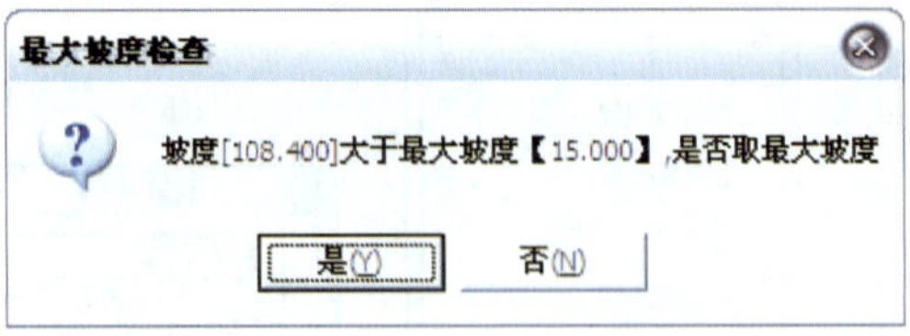

图 4-85　拖动变坡点过程中的规范检查

4.4.5　查　询

主要包括查询纵断面变坡点信息、桥梁信息和隧道信息。将鼠标放置在变坡点、桥梁和隧道附近，单击鼠标左键始可，如图 4-86～图 4-88 所示。

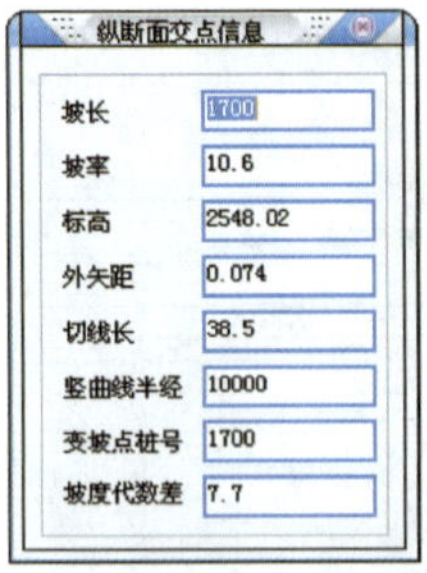

图 4-86　变坡点信息查询

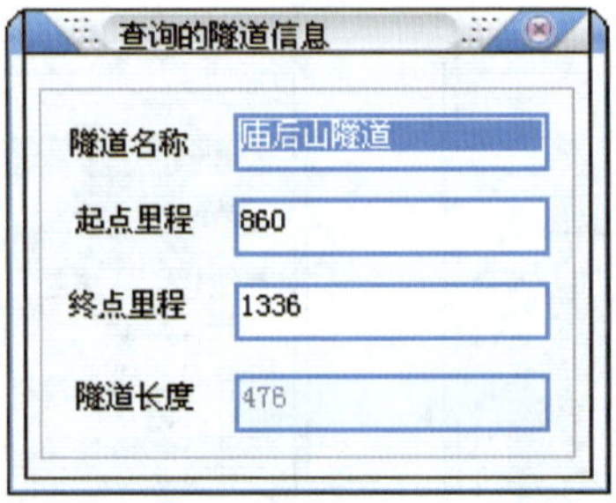

图 4-87　隧道信息查询

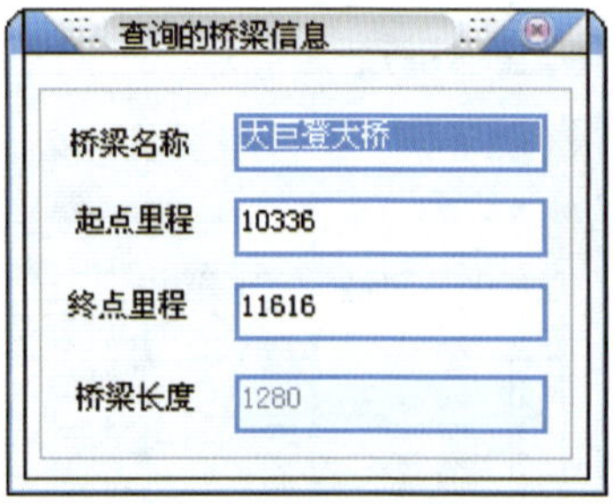

图 4-88　桥梁信息查询

4.4.6　桥隧车站设计

1. 图形选择方式

直接在地面线上，选择桥梁、隧道的起终点，然后要求输入隧道和桥梁的名称，如图 4-89 所示。

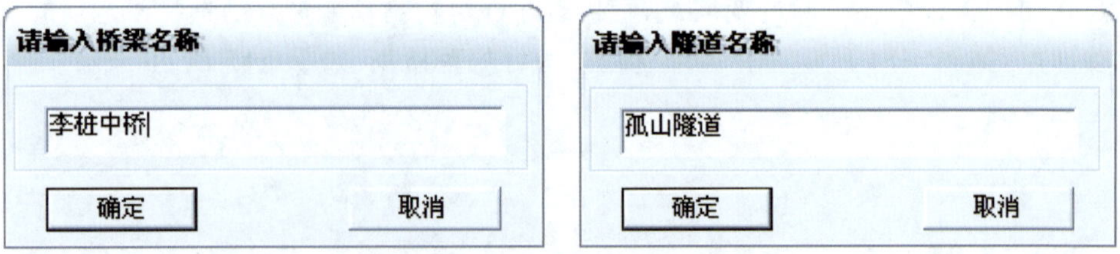

图 4-89　图形选择方式设计桥梁和隧道的位置

2. 数据输入方式

通过手工输入桥梁、隧道和车站的相应信息，如名称、起终点里程等，长度由程序自动计算，如图 4-90～图 4-92 所示。其中桥梁还需要进行桥跨设置。

4.4.7　CAD 出图

当设计完成后，可将设计图以 dxf 格式输出到 AutoCAD 中，如图 4-93 所示。在 AutoCAD 中进行设计图的打印。

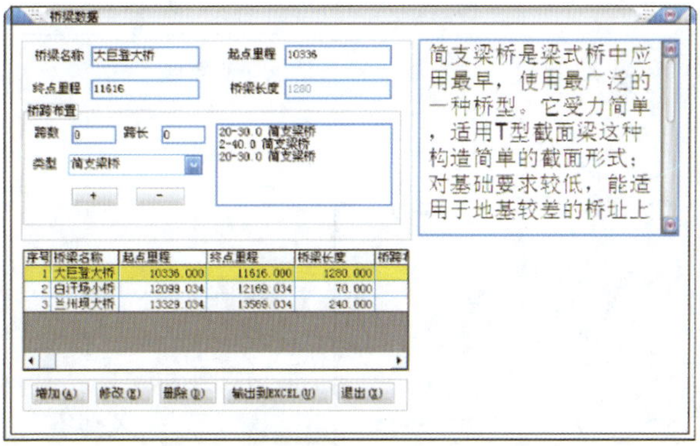

图 4-90　桥梁设置

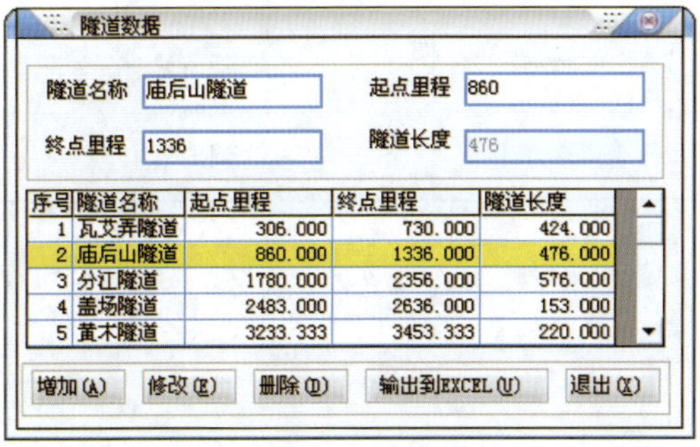

图 4-91　隧道设置

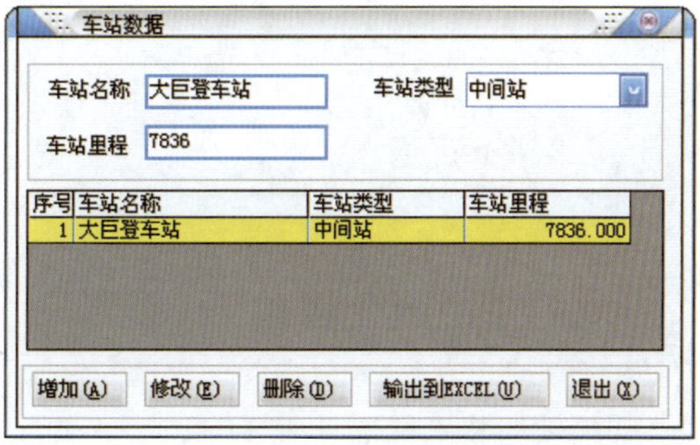

图 4-92　车站设置

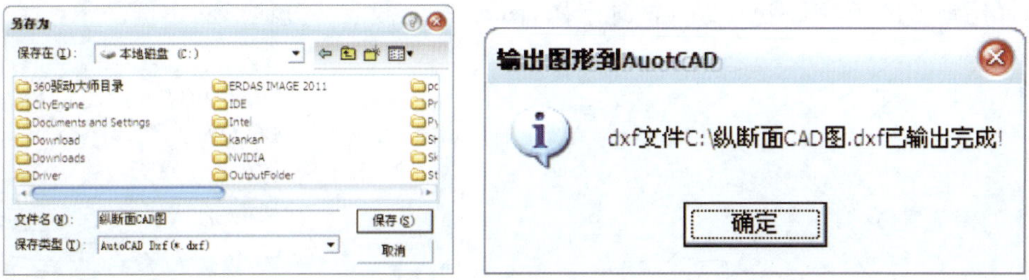

图 4-93　输出设计图到 CAD

4.5　合福铁路线路设计实例

4.5.1　合福铁路概述

合福客运专线是京福铁路客运专线的重要组成部分，是沟通华中与华南地区的一条大能力客运通道。自合肥南站引出，经安徽巢湖、铜陵、芜湖、绩溪、黄山，江西婺源、上饶，福建武夷山、南平，至福州站，线路全长 806 km。项目由原铁道部和福建省、江西省、安徽省政府三方投资建设，项目建设工期为 4 年半，有望于 2014 年 6 月竣工。主要技术标准为双线客运专线，速度目标值为 350 km/h 以上。合福客运专线示意图如图 4-94 所示。

图 4-94　合福客运专线示意图

表 4-32　合福铁路技术标准

正线数目	双　　线
速度目标值	350 km/h
限制坡度	12‰
最小曲线半径	一般 5 500 m；困难 4 500 m
牵引种类	电力
机车类型	动车
到发线有效长	650 m
闭塞类型	自动闭塞
行车指挥方式	综合调度集中

4.5.2　技术标准

合福铁路技术标准见表 4-32。

4.5.3　等值线地形图

设计用地形图为等高距为 2 m 的地形图，图 4-95 为截取部分地形图实例。

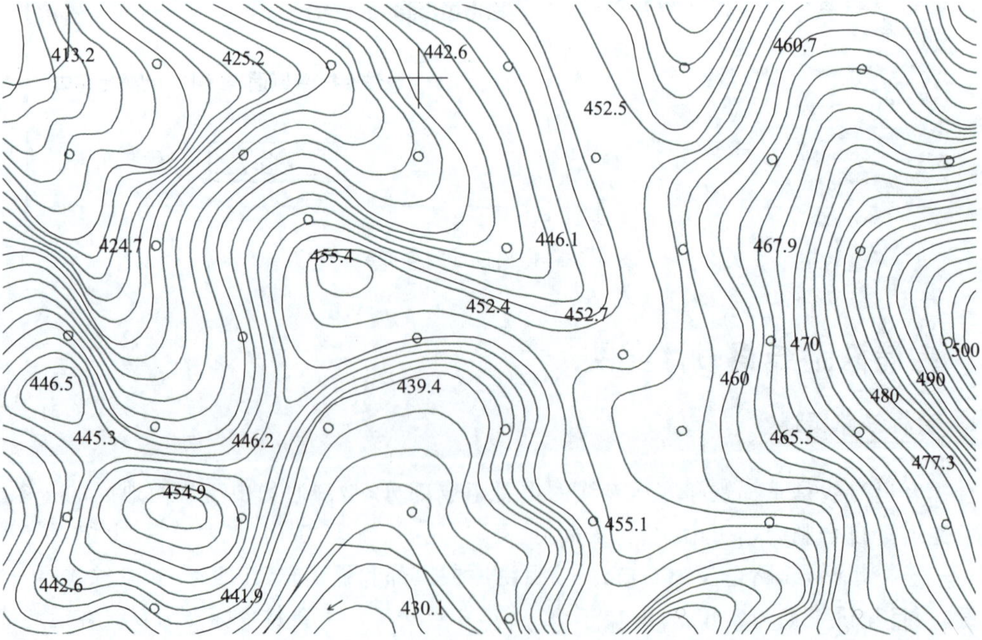

图 4-95　设计地形图实例(部分：2 m 等高距)

4.5.4 平面设计图

平面设计图如图 4-96 所示。

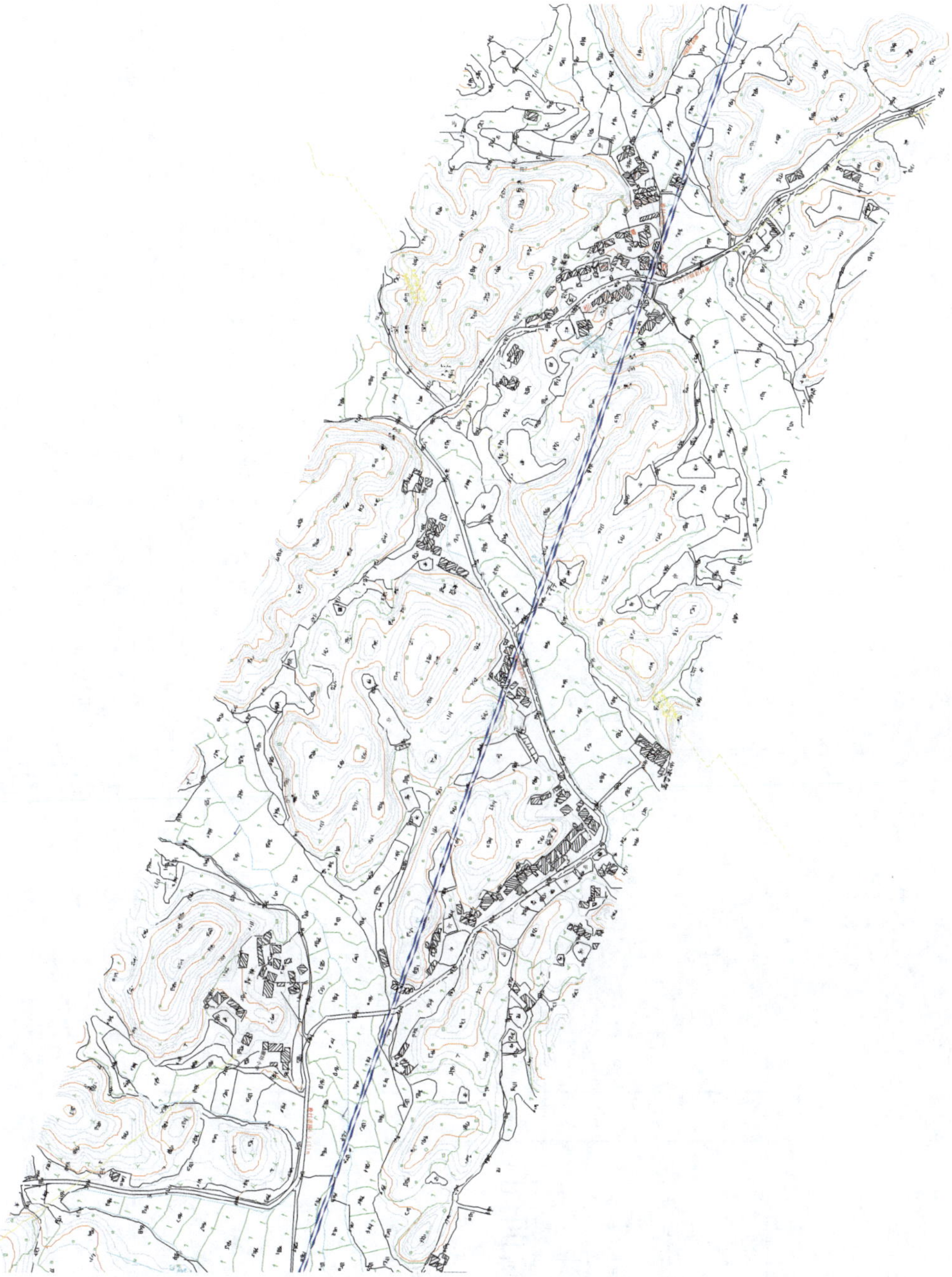

图 4-96 平面设计图实例

4.5.5 纵断面设计图

纵断面设计图如图 4-97 所示。

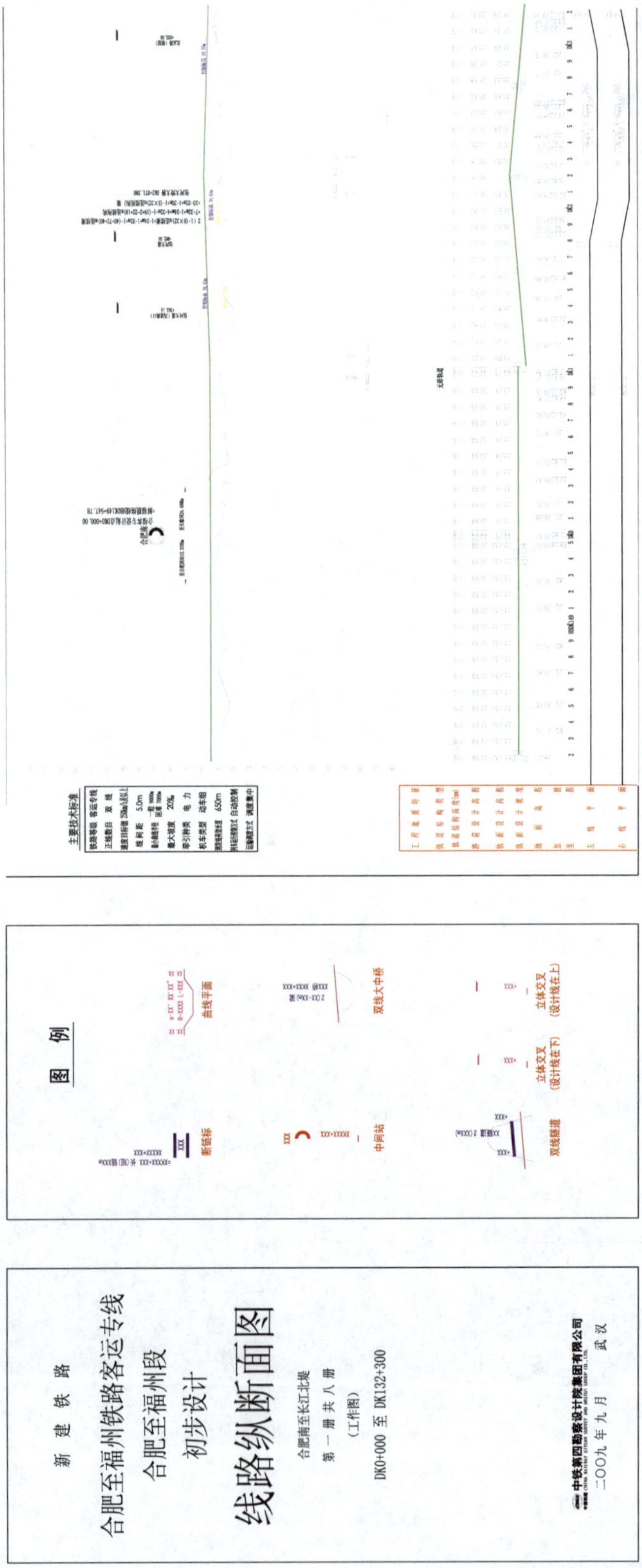

图 4-97 纵断面设计图实例

4.5.6 设计表格数据

合福铁路某段设计结果数据包括坡度数据、车站数据、隧道数据见表 4-33～表 4-35(部分设计结果)。

表 4-33 坡 度 表

ID	变坡点里程冠号	变坡点里程	设计高程(m)	坡度(‰)	坡长(m)	竖曲线半径(m)	竖曲线长度(m)
0	DK	61 500	15.48	14	1 600	3	1
1	DK	63 100	37.88	−7	1 500	20 000	420
2	DK	64 600	27.38	−4	1 900	20 000	60
3	DK	66 500	19.78	5	1 700	20 000	180
4	DK	68 200	28.28	−4	1 300	20 000	180
5	DK	69 500	23.08	1	1 450	20 000	100
6	DK	70 950	24.53	12	1 650	20 000	220
7	DK	72 600	44.33	2	2 150	20 000	200
8	DK	74 750	48.63	−4	1 550	20 000	120
9	DK	76 300	42.43	4	1 400	20 000	160
10	DK	77 700	48.03	−6	1 750	20 000	200
11	DK	79 450	37.53	3	1 450	20 000	180
12	DK	80 900	41.88	8	1 400	20 000	100
13	DK	82 300	53.08	−3	1 300	20 000	220
14	DK	83 600	49.18	−5	1 400	20 000	40
15	DK	85 000	42.18	3	2 100	20 000	160
16	DK	87 100	48.48	0	2 800	20 000	60
17	DK	89 900	48.48	9	3 000	20 000	180
18	DK	92 900	75.48	−1	2 150	20 000	200
19	DK	95 050	73.33	7	2 250	20 000	160
20	DK	97 300	89.08	−3	1 800	20 000	200
21	DK	99 100	83.68	3	1 450	20 000	120
22	DK	100 550	88.03	−7	1 300	20 000	200
23	DK	101 850	78.93	0	2 850	20 000	140
24	DK	104 700	78.93	4.2	1 650	20 000	84
25	DK	106 350	85.86	10.2	2 200	20 000	120
26	DK	108 550	108.3	11.2	1 850	20 000	20
27	DK	110 400	129.02	12	1 500	0	0
28	DK	111 900	147.02	5.5	4 900	20 000	130
29	DK	116 800	173.97	11	3 400	20 000	110
30	DK	120 200	211.37	3	1 750	20 000	160

续上表

ID	变坡点里程冠号	变坡点里程	设计高程(m)	坡度(‰)	坡长(m)	竖曲线半径(m)	竖曲线长度(m)
31	DK	121 950	216.62	−7	1 950	20 000	200
32	DK	123 900	202.97	−10	1 400	20 000	60
33	DK	125 300	188.97	2	1 700	20 000	240
34	DK	127 000	192.37	11.9	1 900	20 000	198

表 4-34　车 站 表

ID	车站名称	站房中心里程冠号	站房中心里程数	车站类型
1	宁国南	DK	103 650.00	中间站
2	胡乐南	DK	139 850.00	越行站
3	绩溪北	DK	174 644.76	中间站

表 4-35　隧 道 表

ID	隧道名称	起点里程冠号	起点里程数	终点里程冠号	终点里程数
0	隧道 1	DK	92 463.97	DK	92 593.89
1	隧道 2	DK	95 144.34	DK	96 337.76
2	隧道 3	DK	96 776.58	DK	97 038.75
3	隧道 4	DK	97 315.35	DK	97 957.56
4	隧道 5	DK	99 660.76	DK	101 428.64
5	隧道 6	DK	104 816.14	DK	106 703.56
6	隧道 7	DK	106 818.25	DK	107 591.04
7	隧道 8	DK	107 728.33	DK	108 473.56
8	隧道 9	DK	108 619.23	DK	108 810.64
9	隧道 10	DK	108 915.53	DK	109 030.03
10	隧道 11	DK	109 116.58	DK	109 249.57
11	隧道 12	DK	109 571.67	DK	109 746.09
12	隧道 13	DK	110 234.68	DK	110 390.91
13	隧道 13	DK	112 134.02	DK	112 452.2
14	隧道 14	DK	112 679.26	DK	116 758.43
15	隧道 15	DK	116 992.84	DK	117 254.91
16	隧道 16	DK	117 581.52	DK	117 786.5
17	隧道 17	DK	117 848.11	DK	117 964.24
18	隧道 18	DK	118 755.57	DK	118 950.5
19	隧道 19	DK	119 043.26	DK	119 511.74
20	隧道 20	DK	119 614.97	DK	119 865.3
21	隧道 21	DK	119 908.64	DK	121 014.96

续上表

ID	隧道名称	起点里程冠号	起点里程数	终点里程冠号	终点里程数
22	隧道 22	DK	121 251.42	DK	121 810.51
23	隧道 23	DK	121 892.67	DK	122 140.31
24	隧道 24	DK	122 369.2	DK	122 580.08
25	隧道 25	DK	122 621.49	DK	123 802.14
26	隧道 26	DK	128 937.22	DK	131 139.26
27	隧道 27	DK	132 217.859	DK	135 908.29
28	隧道 28	DK	136 911.09	DK	137 071.53
29	隧道 29	DK	137 208.72	DK	137 927.88
30	隧道 30	DK	138 015.41	DK	138 446.13
31	隧道 31	DK	138 610.23	DK	138 762.02
32	隧道 32	DK	138 867.31	DK	139 218.48
33	隧道 34	DK	141 471.69	DK	141 632.52
34	隧道 35	DK	141 697.82	DK	141 796.05
35	隧道 36	DK	142 549.18	DK	142 848.24
36	隧道 37	DK	143 327.68	DK	144 104.43
37	隧道 38	DK	144 280	DK	144 944.88
38	隧道 39	DK	145 112.25	DK	145 842.52
39	隧道 40	DK	145 935.94	DK	146 557.13
40	隧道 41	DK	147 391.5	DK	147 756.16

4.5.7　合福铁路线路桥隧设计实例

合福铁路某段桥梁、隧道设计实例如图 4-98～图 4-101 所示。

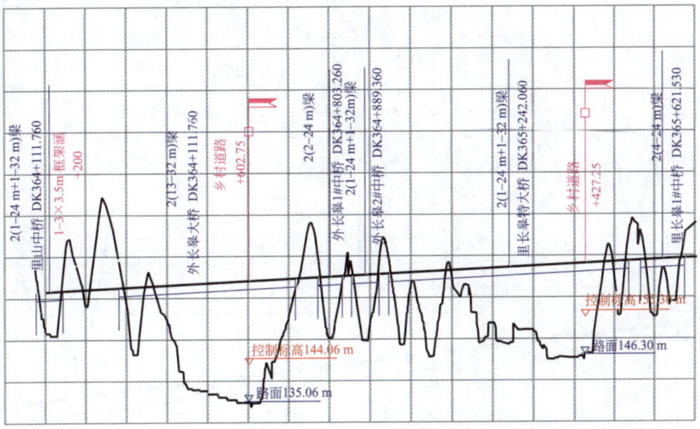

图 4-98　桥梁设计实例(中桥＋大桥＋特大桥，坡度:5.0‰)

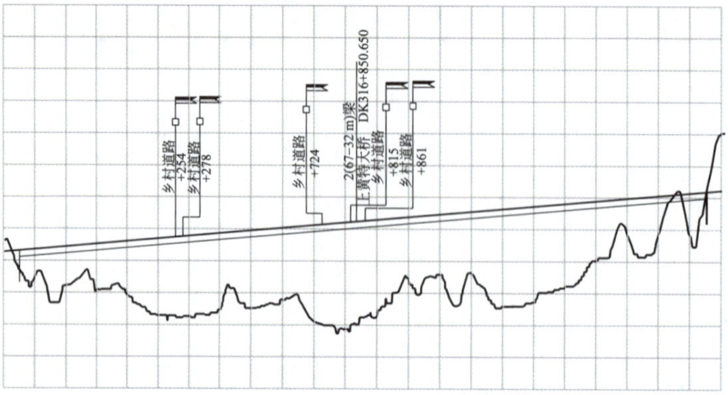

图 4-99　桥梁设计实例(特大桥,坡度:6.5‰)

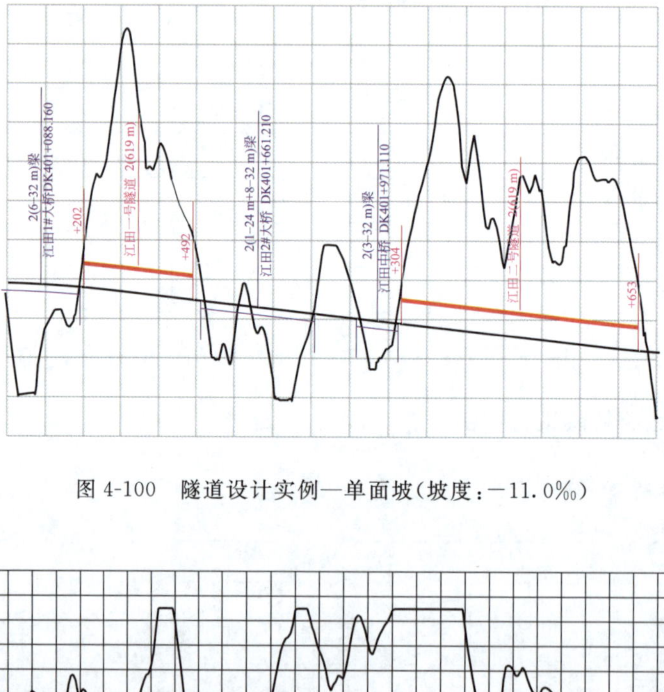

图 4-100　隧道设计实例—单面坡(坡度:-11.0‰)

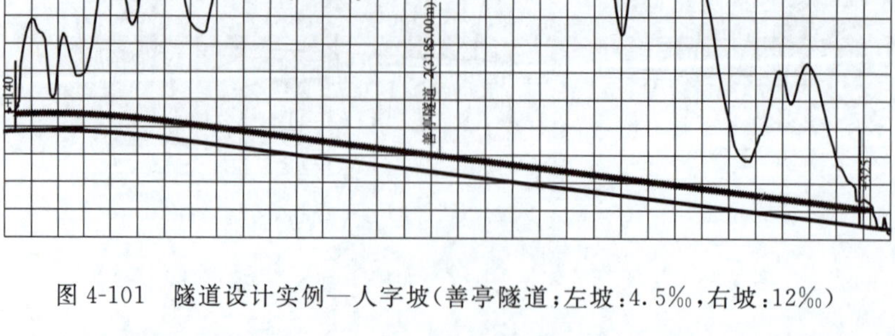

图 4-101　隧道设计实例—人字坡(善亭隧道;左坡:4.5‰,右坡:12‰)

4.6 断　　链

线路在勘测、设计、施工、竣工乃至后期的运营阶段中，断链均经常使用。通常只要线路（包括单线和复线）某处由于某种原因产生里程不连续，以致影响线路实际长度时，都称为“断链”。

4.6.1　断链分类

断链按其形成原因不同，可分为外业断链与内业断链。

1. 内业断链

内业断链是在设计阶段产生的。在线路设计中，常需要调整线路曲线参数或增减曲线（交点）或生成第二线等，使得线路局部长度发生变化，这时，需要“插入”断链，以方便线路局部调整，减少对其他部分的影响，该断链俗称“内业断链”，施工时先按此施工，竣工时再统一排里程。因第二线与第一线（基准线）比较而产生的特殊内业断链，属永久断链，则不可以通过“顺里程”而消除。

2. 外业断链

单线铁路一般不存在外业断链问题，复线铁路长短链是绝对会用到的，复线地段里程要求上下行要统一，并行地段上下行里程相同很容易，但碰到复线非并行地段就没法做到统一了，这时候一般以其中一条线为基准（一般以下行线为准）其里程一直顺延，另一条线里程丈量时从分线开始直到再次并线时所量出的里程和基准线里程不是同一个值，有可能长有可能短，长了就设置长链，短了就设置短链，但是长短链的设置要避开桥梁、隧道、曲线。

外、内业断链的具体表示方法如图 4-102 和图 4-103 所示。

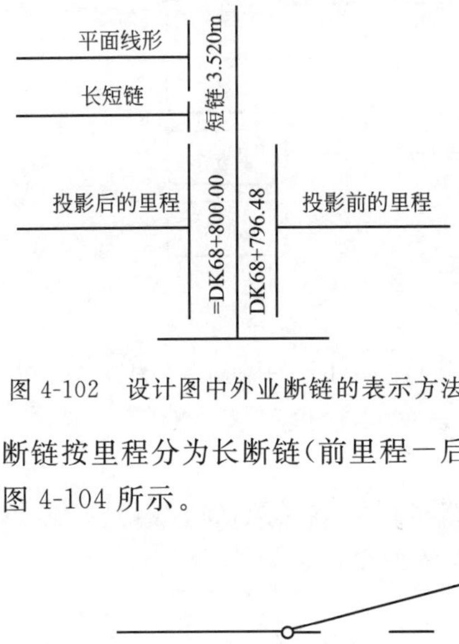

图 4-102　设计图中外业断链的表示方法

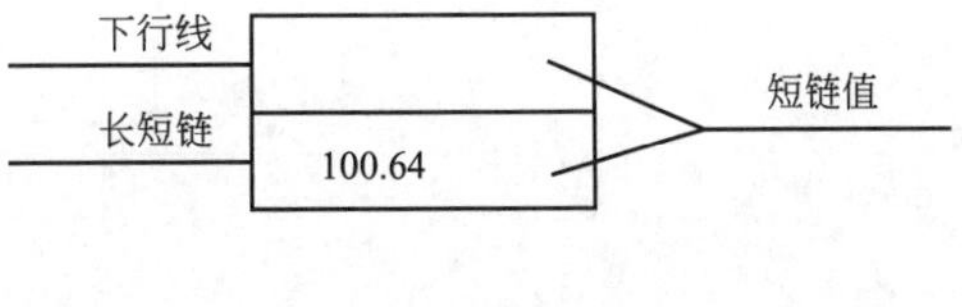

图 4-103　设计图中内业断链的表示方法

断链按里程分为长断链（前里程－后里程＞0）和短断链（前里程－后里程＜0）。短链示意图如图 4-104 所示。

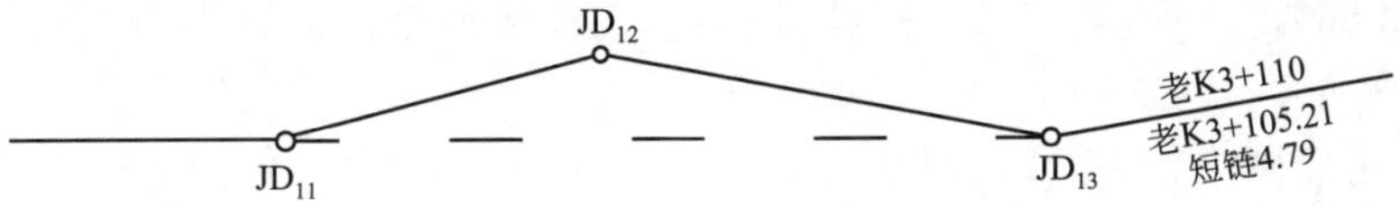

图 4-104　短链示意图

记为：K3＋105.21＝K3＋110（短链 4.79 m）。

4.6.2 外业断链的产生原因及设置方法

1. 外业断链的产生原因

外业断链是设计中的线路对基准线进行(基准线可以是其他线路也可以是其自身)里程投影,从产生里程不连续处开始,其一般设置在线路直线段,具体产生原因有:

(1)在选线设计阶段,常常因为某些原因造成线路局部改线,而改线段改线后的线路长度与改线前的线路走向与长度均不同,需要设置外业断链消除这个长度差值。此情况下断链通常设在改线地段里的直线段。

(2)在线路设计阶段,常常采用分段定测来进行线路勘测,但后期数据汇总时在相邻测量段的接口处必会产里程不连续,需要设置外业断链消除的此处里程不连续。此情况下断链通常设在相邻测量段接口附近。

(3)在设计二线时,新设计线路里程一般以并行段既有线为基准线进行里程投影,但投影里程与自身实际里程存在差值,需要使用外业断链消除这个差值。此情况下断链通常设置在里程差积累值较大处。

以上几种情况若不采用外业断链的方法,所有已经设计好的数据就要全部修改里程,这样工作量十分巨大。所以采用设计时先使用外业断链过渡,竣工时再统一消除的方法处理。

2. 外业断链的分类及计算

假设外业断链的值为$|A|$,A=改线后线路长度-改线前线路长度。若$A<0$则该断链为短断链(简称短链),若$A>0$则该断链为长断链(简称长链),长短链的主要作用是消除改线后前后投影里程的差值;若$A=0$则该断链为假断链,$A\neq0$则该断链为真断链,假断链的作用是表示出改线地点的起终点(具体划分方法如图4-105)。

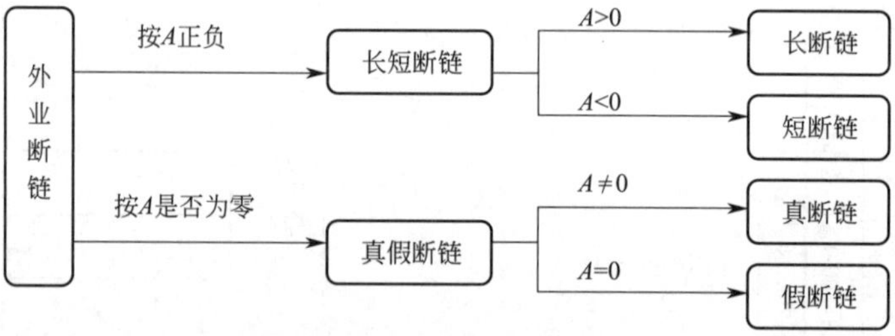

图4-105 外业断链分类方法

3. 外业断链的设置方法

以兰新铁路一处改线段为例(图4-106),因某种原因在D1K64+200~D1K70+900段线路需改线,改线前L'=6 700 m,改线后L=6 696.48 m,投影前里程X'=DK68+796.48,假设断链值为A,投影后里程为X,则设置方法如下。

(1)为使除DK64+200~DK70+900段以外线路里程均不受此次改线影响,则必须使DK64+200和DK70+900处里程与改线前相同,需设置两个假断链DK64+200=D1K64+200和D1K70+900=DK70+900;

(2)由(1)可以确定,断链A必产生在D1K64+200~D1K70+900段之间;

已知L'=6 700 m,L=6 696.48 m,X=D1K68+796.48,选定在D1K68+796.48处设置断链(该处为直线段)。

$$A=L-L'=-3.52\ \text{m}<0(\text{短链})$$

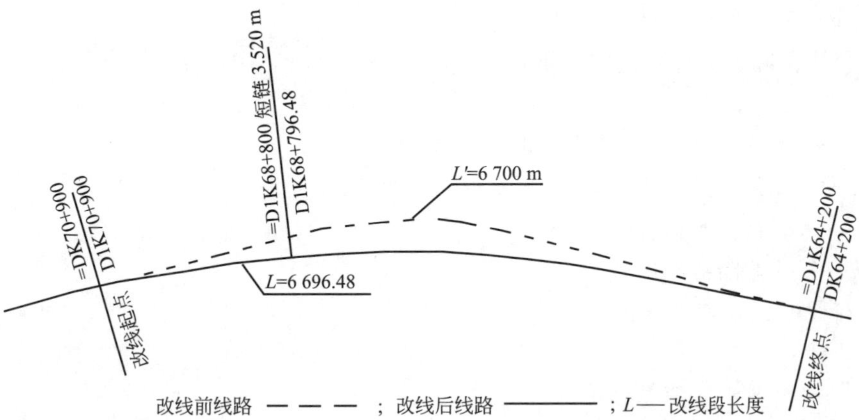

图 4-106　D1K64＋200～D1K70＋900 改线段断链示意图

$$X'=X-A$$
$$=68\ 796.48-(-3.52)=68\ 800$$

所以在 D1K68＋796.48 处设置断链 D1K68＋796.48＝D1K68＋800 为 3.52 m 的短链。

其中，A 为外业断链值；L'为投影前线路长度；L 为投影后线路长度；X'为投影前里程；X 为投影后里程。

4.6.3　永久内业断链的产生原因及设置方法

1. 永久内业断链产生的原因

永久内业断链是复线铁路上行线对基准线进行里程投影时（基准线是线路内部上下行其中一条，通常选取下行线为基准线）而产生的断链。

永久内业断链只出现在复线铁路曲线段上，由于复线铁路要求上下行里程统一。直线段里程很容易统一，但曲线段上下行半径不同而造成曲线长度不同，因此上行线曲线段在里程投影后就形成了内业断链。

2. 永久内业断链的计算方法

根据上下行 ZH 点与 HZ 的法线重合与否分为两种设置方法具体如下：

(1)当上下行 ZH 点与 HZ 的法线重合时，其值 B(内业断链)＝L'(上行线曲线长)－L(下行线曲线长)＋100。计算公式如下：

$$B=L'-L+100 \tag{4-11}$$

(2)当上下行 ZH 点与 HZ 的法线不重合时，内业断链 B 的值为最外侧两条法线所夹上行线长度(H')与下行线长度(H)之差与 100 的和。具体计算公式如下：

$$B=L'-L-2\times\left(T'-T+\tan\frac{\alpha}{2}\times D\right) \tag{4-12}$$

式中　L'——上行线曲线长；

L——下行线曲线长；

T'——上行线切线长；

T——下行线切线长；

α——曲线转向角；

D——线间距。

3. 上、下行线实际长度计算

(1)下行线实际长度计算公式如下：

$$S=(X_n-X_0)+\sum A \tag{4-13}$$

式中 $\sum A$——断链值总和，长链值为正，短链值为负。

X_n——线路结束里程；

X_0——线路开始里程；

n——外业断链的序号。

(2)上行线实际长度计算：

$$S=(X_n-X_0-n\times 100)+\sum A+\sum B \tag{4-14}$$

式中 $\sum B$——内业断链值总和；

$X_n, X_0, n, \sum A$ 意义同上。

4. 内业断链的设置方法

以包神铁路瓷至巴段某处内业断链为例(图 4-107)，图中上下行线 HZ 与 HZ′的法线不重合，其垂距离为 d_1，线间距 $D=5$ m。为使上行线里程在 HZ′后与下行里程统一，则须设内业断链，假设内业断链为 B，则设置方法如下。

根据式(4-11)，计算断链 B 值如下：

$$B=L'-L-2\times\left(T'-T+\tan\frac{\alpha}{2}\times D\right)$$

$$=398.06-379.46-2\times\left[199.93-190.61+\tan\left(\frac{15.4389}{2}\right)\times 5\right]=98.60\text{ m}$$

故在上行线路圆曲线段设置外业断链 $B=98.6$ m 可使线路在 HZ 点以后里程相同。

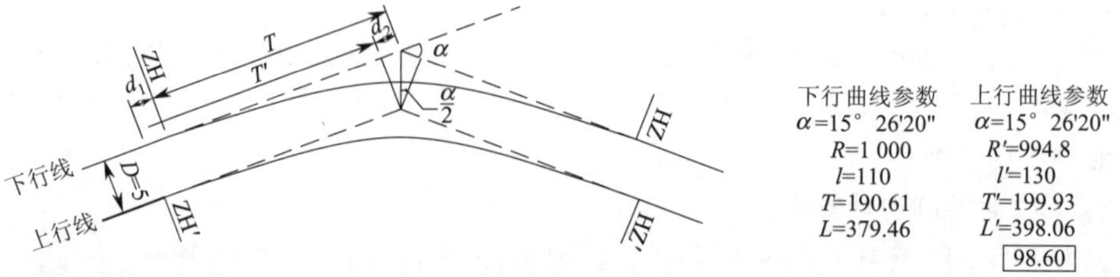

图 4-107 内业断链的设置方法

4.6.4 实际施工中的应用

以胶济线客运专线 K175+100～K195+500 段为例，该段线路长 20 400 m，有外业断链 6 条，内业断链 9 条，通过计算上、下行线路实际长度得出内、外业断链，线路里程及线路长度之间的关系。见表 4-36、表 4-37。

表 4-36 胶济客专上、下行线外业断链

序号	外业断链处里程及其关系	长度	断链(m)	
			长	短
1	K176+794.67=K176+800	S_1		5.33
2	K177+600=K177+600	S_2	0	
3	K179+299.97=K179+300	S_3		0.03
4	K183+460.06=K183+500	S_4		39.94
5	K188+500=K188+500	S_5	0	
6	K194+699.71=K194+700	S_6		0.29

表 4-37 胶济客专上行线内业断链表

序号	内业断链处里程及其关系		断链(m)
	ZH	HZ	
1	K175+126.16	K176+747.09	101.624
2	K177+670.37	K178+180.51	99.837
3	K178+381.79	K179+194.72	100.56
4	K179+387.81	K180+650.85	101.03
5	K182+666.26	K183+070.58	99.88
6	K188+657.33	K191+042.16	97.91
7	K191+248.39	K192+149.03	100.55
8	K192+363.00	K193+640.34	100.97
9	K193+867.83	K194+675.35	99.49

1. 下行线实际长度计算

根据式(4-12)计算下行线实际长度：

$$S=(X_n-X_0)+\sum A=195\ 500-175\ 100+[(-5.33)+(-0.03)+(-39.94)+(-0.29)]$$
$$=20\ 354.41\ \text{m}$$

即下行线消除断链后实际长度为 20 354.41 m。

2. 上行线实际长度计算

$$\sum A=[(-5.33)+(-0.03)+(-39.94)+(-0.29)]=-45.59\ \text{m}$$

$$\sum B=101.624+99.837+100.56+101.03+99.88+97.91+100.55+100.97+99.49$$
$$=901.851\ \text{m}$$

$$S=(X_n-X_0-n\times 100)+\sum A+\sum B=(195\ 500-175\ 100-9\times 100)+(-45.59)+901.851$$
$$=20\ 356.261\ \text{m}$$

即上行线消除断链后实际长度为 20 356.261 m。

4.6.5 断链标记

断链的标记，一般在平面图、直曲表、纵断面图等图表中均有表示，如图 4-108～图 4-110 所示，见表 4-38。

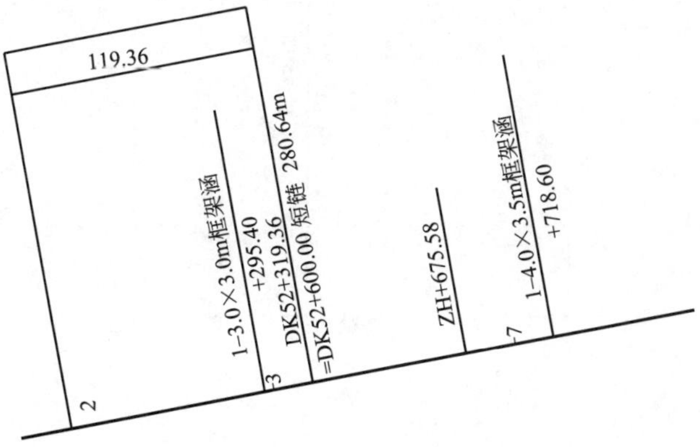

图 4-108 平面图中断链表示(一)

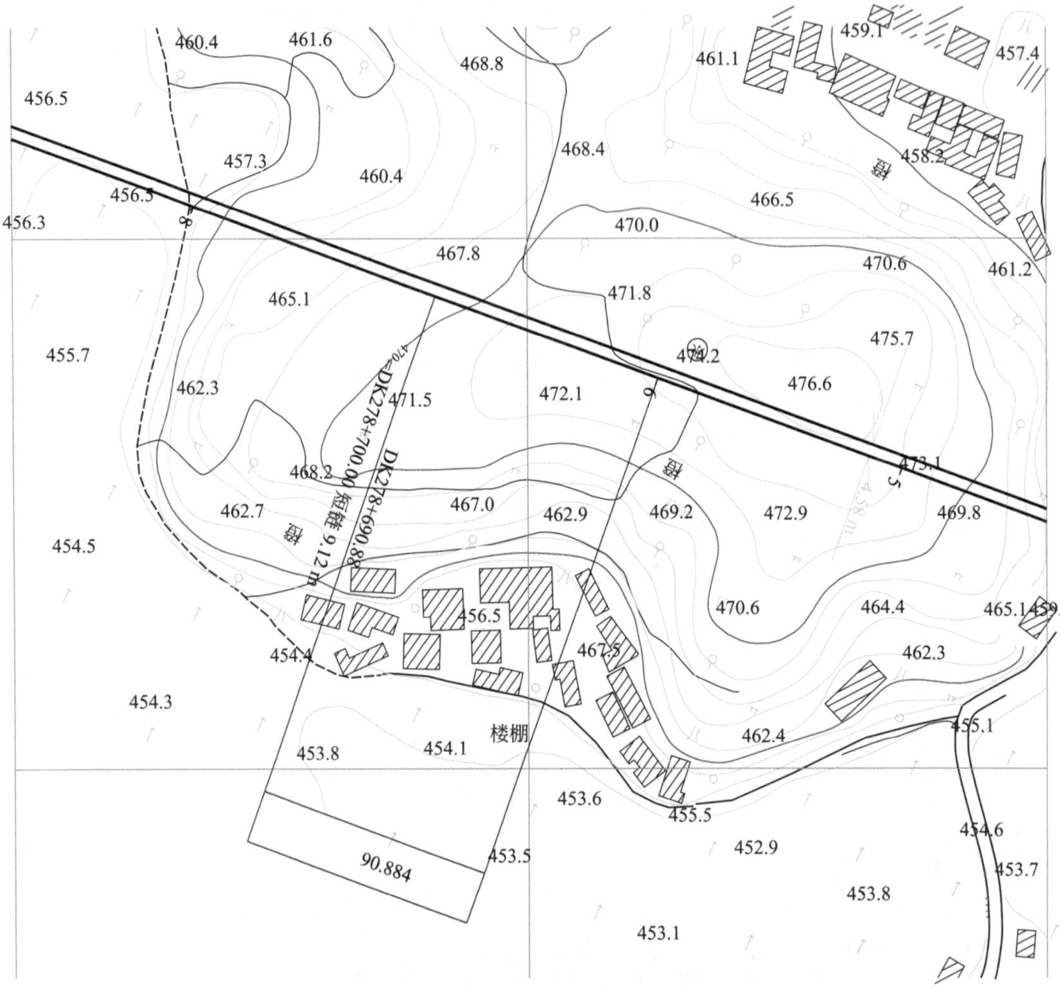

图 4-109　平面图中断链表示(二)

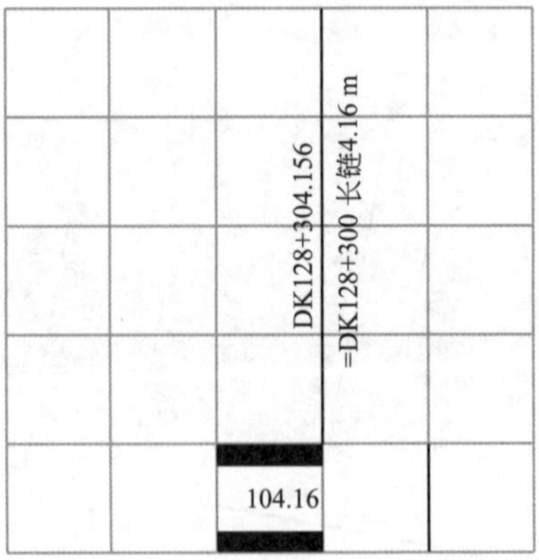

图 4-110　断链在纵断面上的表示

表 4-38　断链在直曲表上表示

交点号 JD	交点坐标（采用 WGS84 坐标系统）		曲线里程		偏角		曲线半径 R	缓和曲线长度 I	切线长度 T	曲线长度	夹直线长度	坐标带	备　注
	纬距(N)	经距(E)	ZH 或 ZY	HZ 或 YZ	α_z	α_y	m	m	m	m	m		
											757.328		
67	3 181 452.452	489 968.609	DK438+315.49	DK440+439.25			9 000	490	1 064.226	2 123.761		中央子午线118°00′0″,投影高 240 m	
											360.749		
终点	3 180 144.825	489 534.884	DK440+800.00	DK440+800.00		10°24′3″							
起点	3 180 114.741	489 534.982	DK440+800.00	DK440+800.00								中央子午线118°00′0″,投影高 180 m	断链 9：DK443+209.61=DK443+400 短链 190.366 m
68	3 173 268.944	492 499.591	DK447+582.05	DK449+317.16	7°6′38″		11 000	370	868.462	1 735.108	6 591.689		
终点	3 169 908.360	494 481.160	DK452+350.00	DK452+350.00							3 032.838		
起点	3 169 883.370	494 481.203	DK452+350.00	DK452+350.00								中央子午线118°00′0″,投影高 130 m	断链 10：DK463+090.213=DK463+100 短链 9.787 m
											4 127.390		
69	3 164 858.025	497 444.398	DK456+477.39	DK459+855.18		22°9′49″	7 000	670	1 706.530	3 377.786			
											698.538		
70	3 161 706.183	497 907.697	DK460+553.71	DK462+113.55	7°5′21″		8 000	570	780.644	1 559.837			
											2 790.770		
71	3 157 665.620	499 024.553	DK464+914.11	DK466+154.94	4°38′45″		10 000	430	620.664	1 240.827			
											1 039.615		
72	3 155 494.931	499 818.787	DK467+194.55	DK468+496.24		4°59′40″	10 000	430	651.149	1 141.868			
											2 807.658		
73	3 151 604.207	500 868.781	DK471+303.89	DK472+445.76	4°4′43″		10 000	430	571.108	3 128.613			
											472.519		
74	3 149 128.549	501 729.995	DK472+918.28	DK476+046.89		20°7′26″	7 000	670	1 577.551	3 128.613			
											1 307.373		
75	3 144 538.215	501 654.468	DK477+354.27	DK480+736.43		20°8′26″	8 000	570	1 706.032	3 382.166			
											340.176		

4.7　Global Mapper 地形图的三维处理

用于线路平面设计的二维等值线地形图，虽然反映了地形的高低起伏、河流、道路、房屋等信息，但并不直观，如能够展示为三维场景，在进行线路设计或观察整个区域地形时则会更为直观，效果也会更好。

4.7.1　DEM 数据读取

地形图上的等值线、高程点等具有三维坐标(图 4-111)，将这些具有高程的控制点坐标读取出来，即建立三维坐标格式的离散点数字高程模型(DEM)，格式见表 4-39。

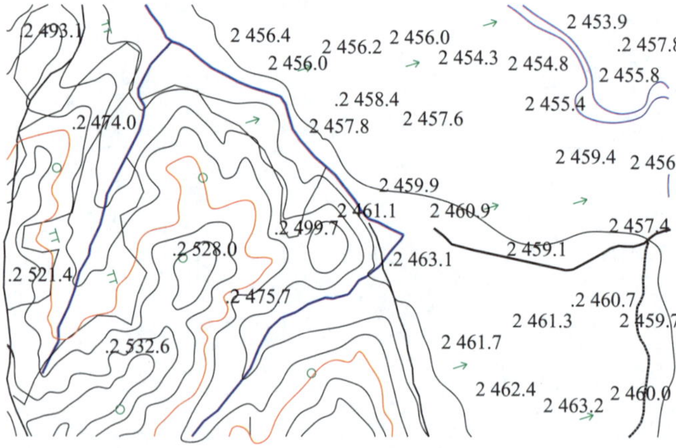

图 4-111　地形图示例

表 4-39　离散点数字高程模型数据示例

x	y	z
552 358.674	2 952 369.467	2 462.064
552 418.592	2 952 347.764	2 462.064
553 542.242	2 950 978.246	2 462.160
552 876.532	2 953 844.716	2 462.170
553 612.422	2 951 012.246	2 462.310
551 576.402	2 951 923.206	2 462.380
551 129.602	2 953 888.476	2 462.390
551 100.422	2 953 879.996	2 462.390
551 074.012	2 953 863.436	2 462.390
551 069.262	2 953 841.926	2 462.390
553 356.422	2 951 110.966	2 462.460

续上表

x	y	z
553 574.322	2 950 873.926	2 462.530
553 601.287	2 950 886.021	2 462.530
552 843.698	2 954 488.129	2 462.550
552 855.982	2 954 475.006	2 462.550
552 866.742	2 954 472.866	2 462.550
552 876.902	2 954 471.166	2 462.550

下面以图 4-112 所示地形图为例，讲解如何利用 Global Mapper 软件实现二维等值线地形图到三维场景。通过自主开发的程序模块(图 4-113)读取地形图三维坐标点，生成离散点数字高程模型(光盘附件：dem. txt 文件)，见表 4-40，共 94 828 行数据。

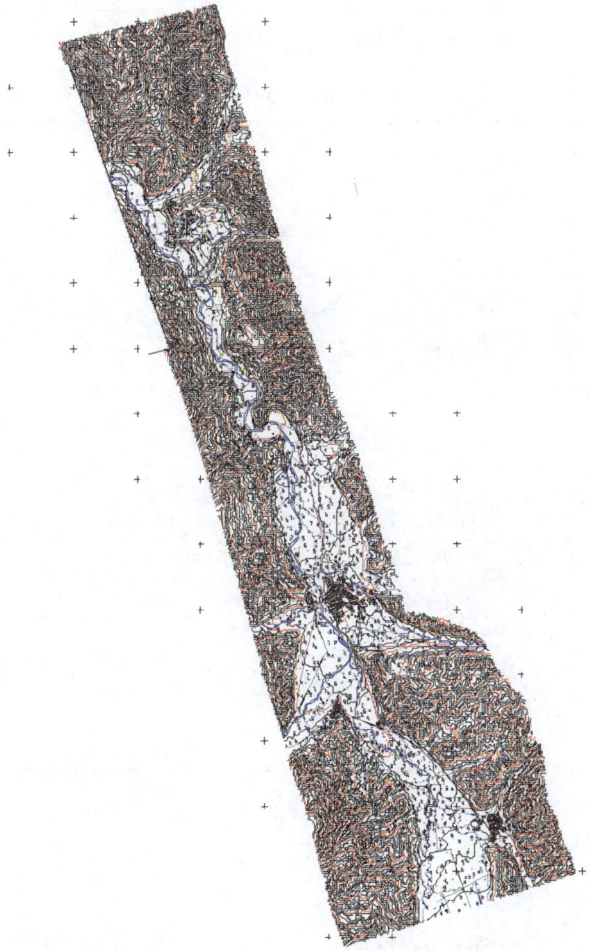

图 4-112　地形图

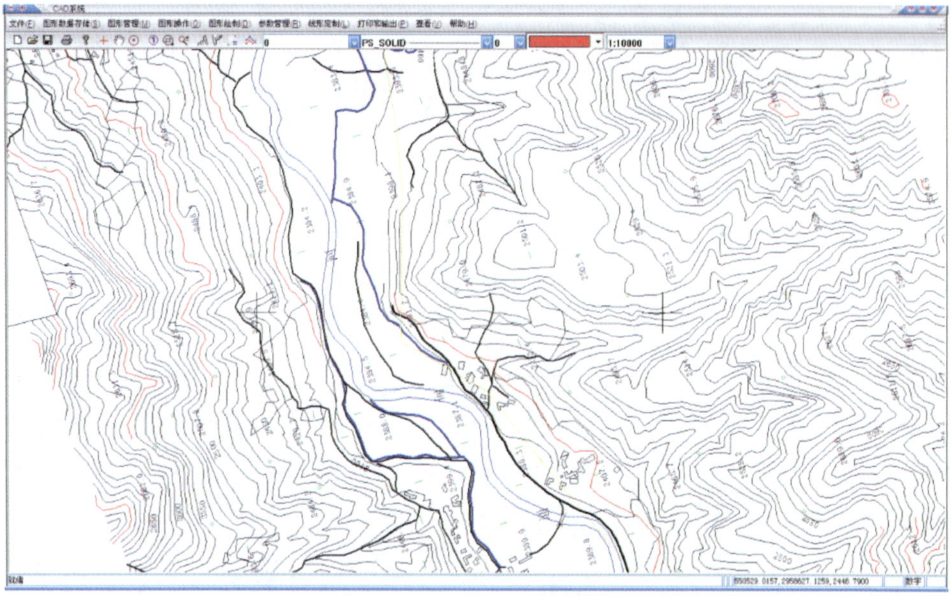

图 4-113 读取地形图三维控制点坐标——生成 DEM

表 4-40 建立 DEM 数据表

序号	x	y	z
1	548 617.977	2 960 575.368	2 358.040
2	548 614.880	2 960 577.000	2 358.040
3	548 599.380	2 960 572.790	2 358.190
4	548 599.750	2 960 635.090	2 358.420
5	548 595.920	2 960 632.290	2 358.420
6	548 607.220	2 960 628.675	2 358.490
…	…	…	…
94 820	551 786.452	2 950 643.516	2 830.000
94 821	551 779.442	2 950 623.426	2 830.000
94 822	551 774.652	2 950 611.996	2 830.000
94 823	551 769.492	2 950 601.226	2 830.000
94 824	551 767.912	2 950 600.016	2 830.000
94 825	551 768.412	2 950 590.736	2 830.000
94 826	551 769.302	2 950 573.316	2 830.000
94 827	551 766.772	2 950 558.976	2 830.000
94 828	551 763.572	2 950 545.690	2 830.000

4.7.2 Global Mapper 软件简介

1. Global Mapper 介绍

Global Mapper 是一款地图绘制软件，不仅能够将数据(如 SRTM 数据)显示为光栅地图、高程地图、矢量地图，还可以对地图作编辑、转换、打印、记录 GPS 及利用 GIS 功能，直接访问 USGS(美国地质勘探局)卫星照片 TerraServer 数据库和 Global Mapper 内部的地形图及以真实的 3D 方式查看高程地图功能。图 4-114 为软件启动时界面。

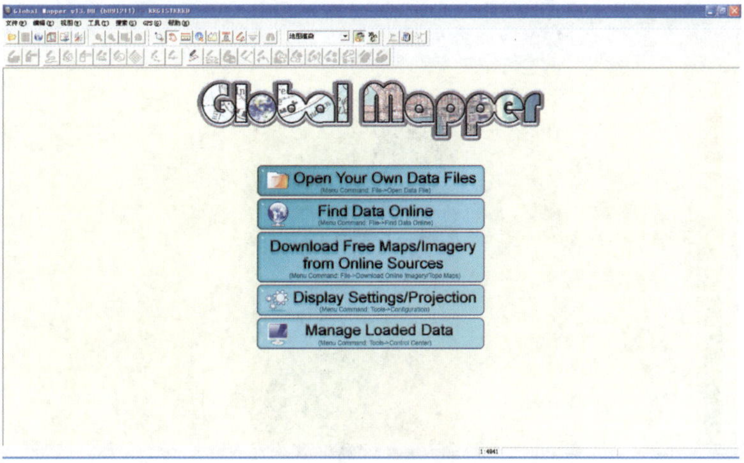

图 4-114　Global Mapper 启动主界面

2. Global Mapper 的用途

浏览、合成、输入、输出大部分流行的扫描点阵图、等高线、矢量数据集的软件，它可以编辑、转换、打印各类地图图形文件。可以转换数据集的投影方式以符合项目的坐标系统，并可以同时对数据集的范围进行裁剪。它还提供距离和面积计算，光栅混合、对比度调节、海拔高度查询、视线计算，以及一些高级功能，如图像校正、通过地表数据进行轮廓生成、通过地表数据观察分水岭、将 3Dpoint 数据转换为三角多边形和网格化等。通过内建的脚本语言或众多的批处理转换选项能够高效地完成重复性任务。

4.7.3　三维 DEM 实现

启动 Global Mapper，选择"Open Your Own Data Files"选项，在弹出的窗体中选择程序模块生成的 DEM. txt 文件，导入类型选择为"从 3D 点数据创建高程网格"选项，其他选项如图 4-115 所示。

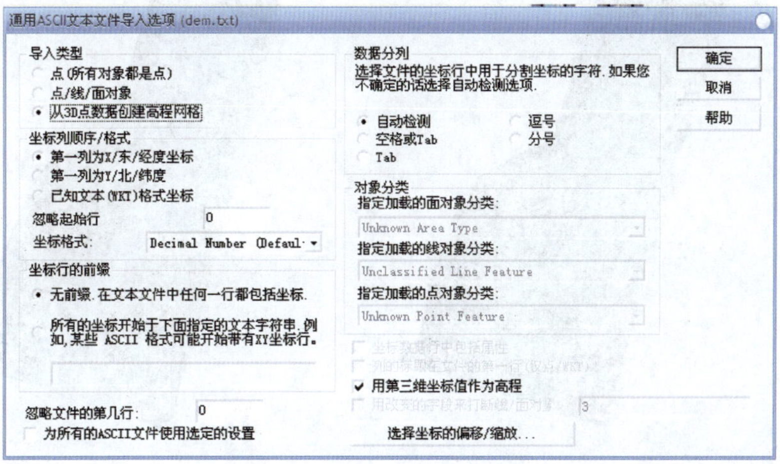

图 4-115　导入 DEM 数据文件

单击图 4-115 的[确定]按钮，生成彩色的 DEM 三维模型，如图 4-116 所示。

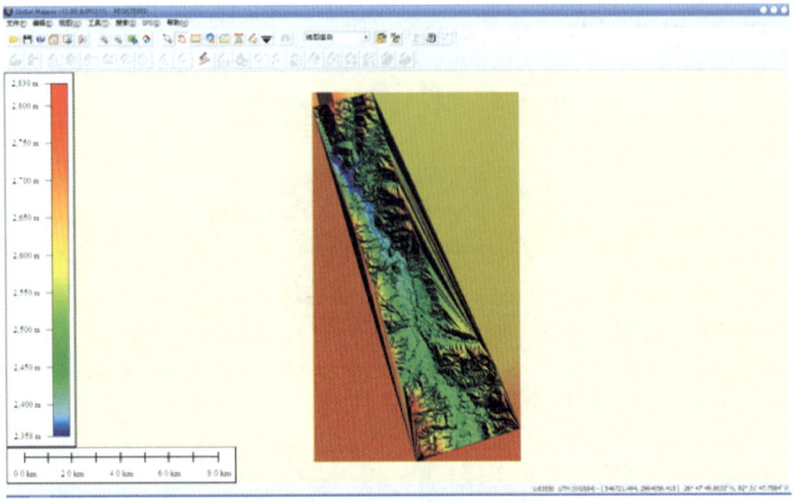

图 4-116　由 DEM 生成的 3D 彩色地形

Global Mapper 提供了地图渲染模式、色环渲染模式、日光渲染模式等 8 种模式，图 4-117 为地图渲染模式 3D 彩色地形图；图 4-118 为色环渲染模式 3D 彩色地形图。

图 4-117　3D 彩色 DME——地图渲染和色环渲染模式

图 4-118 为 3D 模式下三维立体地形效果图；图 4-119 为 3D 彩色地形图叠加格网 DEM 效果图。在 3D 模式下能够直观的观察设计区域的立体地形效果。图 4-120 为剖面图通视效果，可以设定任意观察路径，提取地形剖面数据和通视计算。

图 4-118　3D 彩色地形图

图 4-119　3D 彩色地形图＋DEM 格网效果图

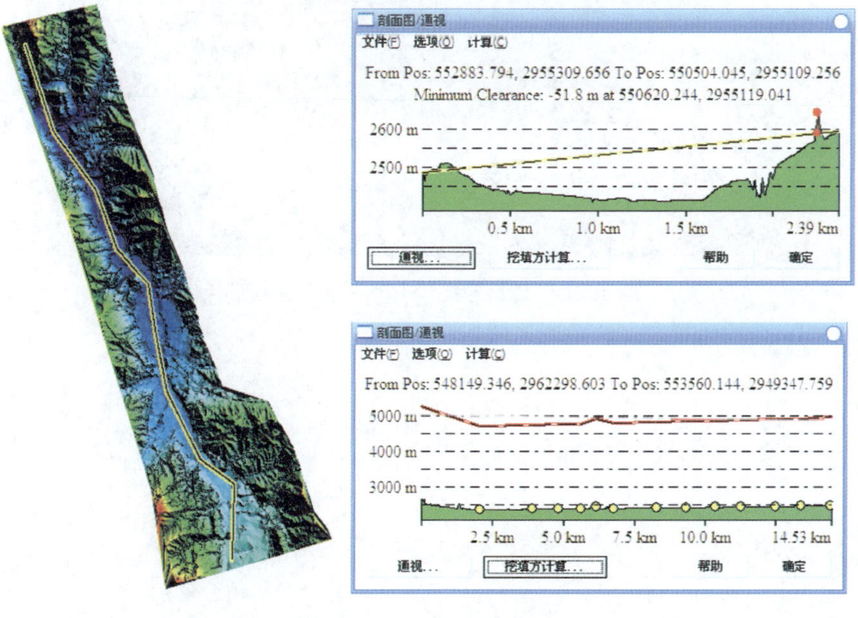

图 4-120　剖面图通视

图 4-121 为在彩色三维 DEM 上叠加等高线地形图的效果图；图 4-122 为叠加渐变等高线＋高程渐变地形图效果图。这些效果都能够更加直观和有效地对设计区域的地形进行观察和掌握。

图 4-121　叠加等高线地形图

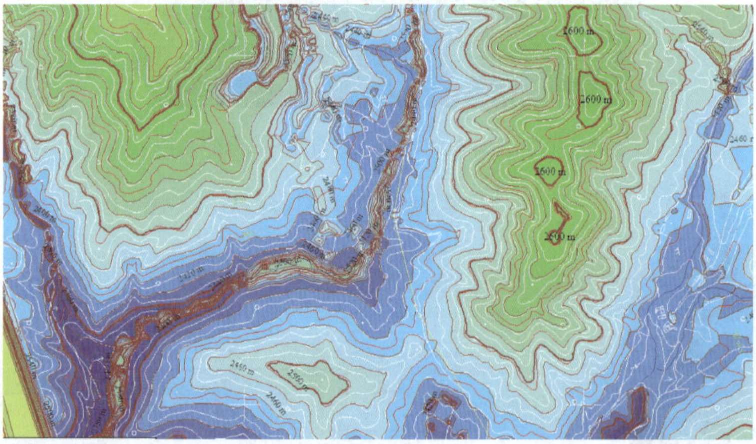

图 4-122　叠加等高线＋高程渐变地形图

第五章　铁 路 定 线

铁路线路上分布着大量的建筑物和设施，如桥涵、隧道、车站、供电、通信、信号及给排水等，线路的位置决定了各项建筑物的配置和设备的位置，反之有一些建筑物的配置也影响线路的位置。线路的位置不仅对工程数量和工程费用有巨大影响，而且对运行安全和运输效率也会产生深远影响。因此，铁路修建之前必须定好线路位置，才能进行各种建筑物的具体设计。

5.1　定线概述

一条铁路项目设计，线站技术人员最开始的基础工作就是选线。铁路选线设计的基本任务就是根据铁路主要技术政策、路网规划、地形条件、地质条件，经勘测设计，对线路走向、主要技术标准、车站分布等提出各种可供比选的方案，进行技术经济比较，以选定最佳线路方案。铁路定线是完成铁路选线设计任务的具体表现。

5.1.1　定线的工作内容

铁路定线是在地形图上或地面上选定铁路线路方向，确定线路的空间位置，并布置桥梁、隧道、涵洞、路基、车站等各种建筑物，是一项综合性的勘测设计工作。需经综合考虑各方面因素，包括经行地区运输、经济、地形和地质条件等方面的问题。因此，定线过程先从大面积着手，逐步缩小范围，分阶段进行，即由粗到细，从面到带，从带到线，逐步接近、分阶段进行。

铁路定线主要分为室内定线（在等高线地形图上进行，即纸上定线）和野外定线（到现场进行踏勘，定线）两种方式。在定线过程中，二者相互结合，交替进行。

铁路定线工作内容主要包括以下 4 个方面：(1)在地形图或地面上选定线路方向；(2)进行线路平面和纵断面设计；(3)分布车站；(4)确定桥隧等建筑物的位置。概括而言，即提出一切可能的走向，并对每个可能走向进行定线。其最终目的就是确定线路最佳空间位置。

5.1.2　定线的基本过程

由于铁路定线直接影响运行安全、运输能力、工程投资、运营支出和经济效益以及沿线社会、经济发展，决策失误常导致巨大经济损失，要作好定线工作，必须综合考虑多方面的因素，逐步接近地、由粗到细、从面到带、从带到线，由整体到局部、分阶段地进行工作。每一阶段都应精心设计，多作方案比选。其过程如图 5-1 的所示。

5.1.3　各设计阶段定线工作的基本内容

1. 可行性研究阶段的定线工作

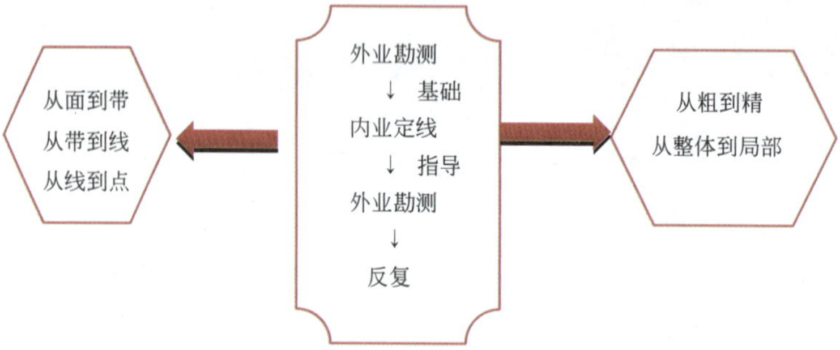

图 5-1 定线的基本过程

在 1∶5 万～1∶10 万的地形图上，在规定的线路起终点间的大面积范围内，找出一切可能方案，经概略定线和初步评比后，提供出进一步比选的方案，供上级抉择并为编制项目建议书提供基础资料。这一阶段的定线工作就是“从面到带”。内业主要解决线路起讫点、线路走向、接轨问题；外业只进行重点踏勘。

2. 初步设计阶段的定线工作

根据设计任务书，进行外业初测，绘制 1∶2 000～1∶5 000 的带状地形图，逐段研究线路位置的合理性，进行线路的改善，然后再把带状地形图上的线路测设于地面。根据定测资料编制线路平面图及详细纵断面图，同时对各专业的单项工程设计进行协调。这一阶段的定线工作就是“从带到线”。内业进行纸上定线和主要技术标准确定。

3. 施工图阶段

外业测设于地面，研究线路的合理性，进行线路改善。对线路需要进一步改善的个别地段，重新编制线路平面图和详细纵断面图。

以上各阶段定线的主要成果有推荐方案与主要比较方案的线路平面图和线路纵断面图，线路平、纵面缩图，接轨站、区段站、编组站、机车交路示意图等。

5.2 线路走向的选择

线路走向的选择是铁路定线工作的第一步，影响线路走向选择的因素主要有满足运输要求、促进地区经济的发展、提升铁路经济效益以及工程和运营条件良好。设计线与既有线的接轨方案则是影响线路局部走向的重要因素。

5.2.1 概　　述

确定线路走向的前提条件包括线路起讫点和控制点的确定。

(1)线路起迄点。一般事先给定，有时需要对接轨点做比较。一般确定了线路起迄点后，通常有若干个可供选择的线路走向。长大干线要特别注意做好线路走向选择，线路越长，线路方案越多。

(2)控制点。线路的控制点主要有：①线路的起点、终点；②政治、经济和国防等据点；③技术控制点，如垭口、禁区绕避、江河湖泊(采用桥梁或隧道等通过)等。

在设计线起讫点间，因城市位置、资源分布、工农业布局和自然条件等具体情况的不同，常有若干可供选择的线路走向，如图 5-2 所示。选线的基本任务之一，就是从中选出最合理的方案作为进一步设计的依据。

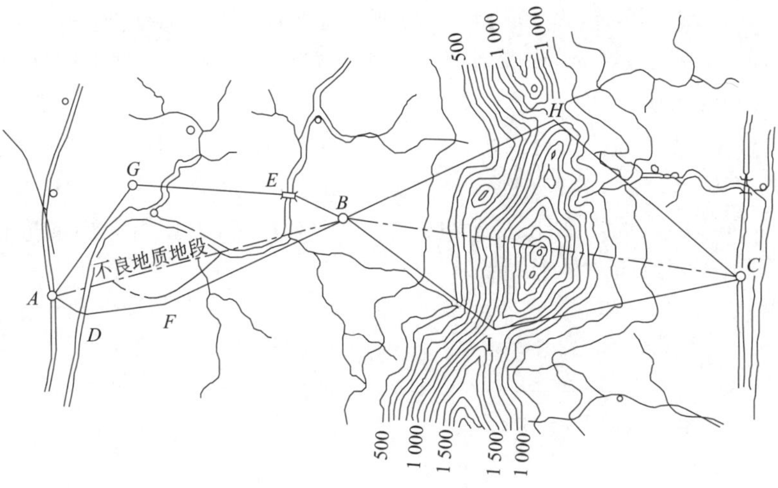

图 5-2　线路走向的拟定

5.2.2　线路走向选择的示例与简要分析

1. 武广客运专线粤北大瑶山地段

经庆云至北乡的两跨武水方案和不跨武水方案是大瑶山东线一系列方案中最具研究价值的两个方案(图 5-3)。武水峡谷在坪石至乐昌间呈"V"形展布,湖洞断层的空间分布是西宽东窄、西低东高,于武水转折的梅园角处附近呈抬起渐趋尖灭之势。

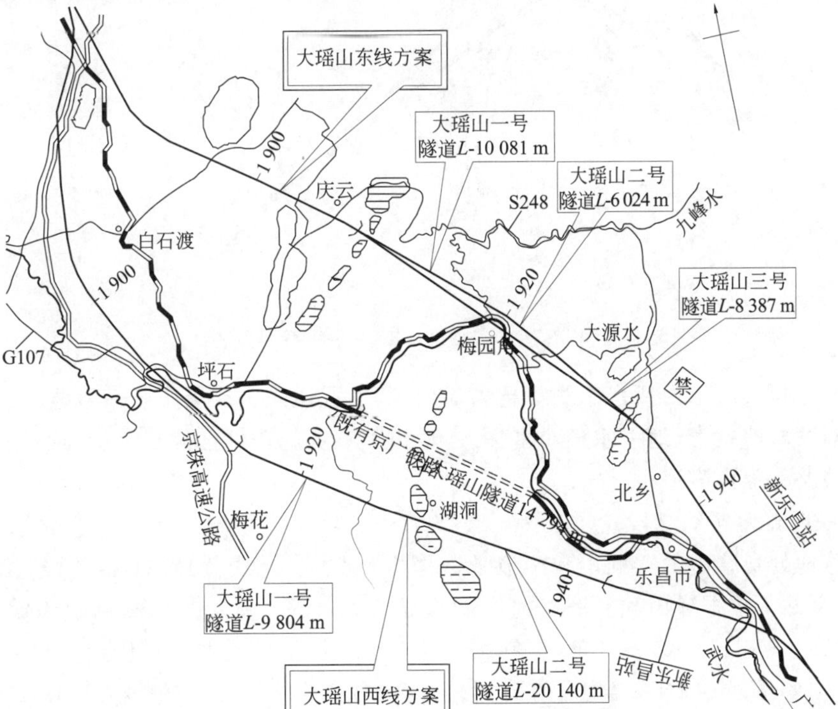

图 5-3　武广客运专线大瑶山东线和西线方案图

(1)两跨武水方案,线路顺直穿越,受武水与大源水分割,大瑶山地段设4座隧道,长度依次为10 840 m、2 100 m、2 350 m、9 000 m。其主要不足之处有:(1)受规划乐昌峡水利枢纽影响,线路两跨武水时均需设超过50 m的高桥;(2)线路需经武水两岸大型坍塌体,且位于梅园角的大瑶山二号隧道岩体破碎。

(2)不跨武水方案,增设曲线绕避武水,最远处较两跨武水方案线路东移1.5 km,线路多展长85 m。受九峰水、大源水分割,设3座大瑶山隧道,长度分别为10 081 m、6 024 m、8 387 m,如图5-4所示。其优点在于:工程地质条件相对较好,大瑶山3座隧道长度相对均衡,控制性工期较短,工程风险总体上稍低。

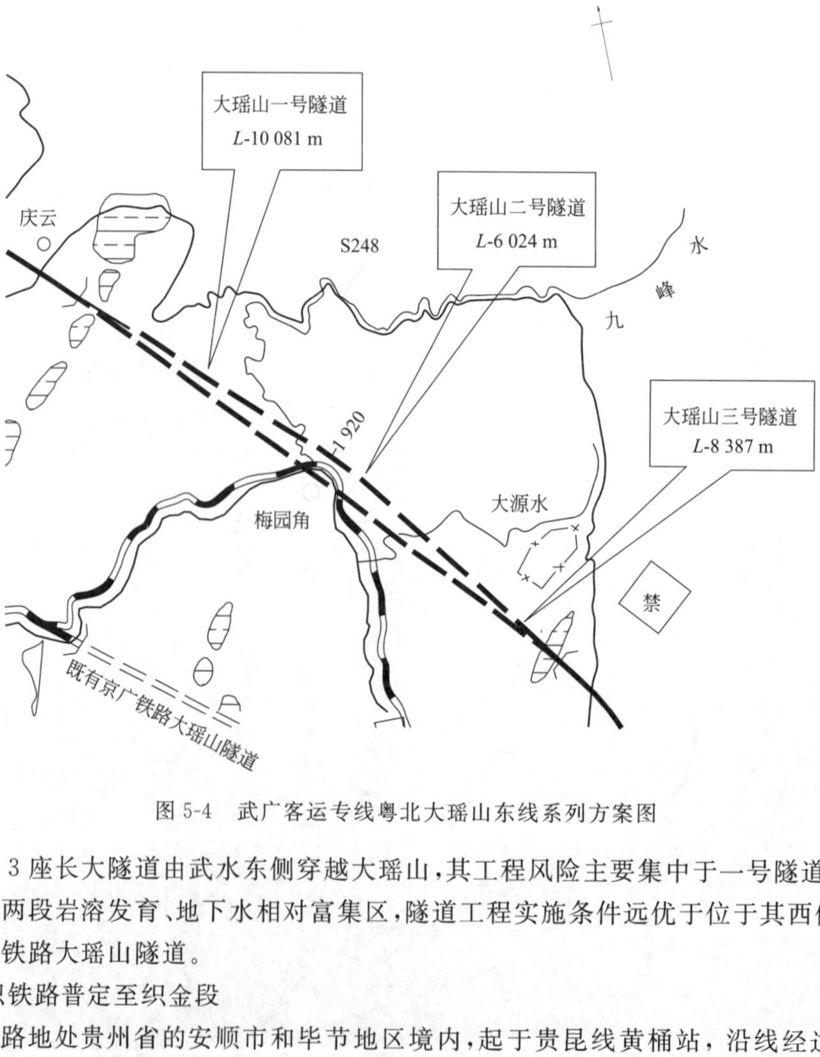

图5-4　武广客运专线粤北大瑶山东线系列方案图

推荐以3座长大隧道由武水东侧穿越大瑶山,其工程风险主要集中于一号隧道进口、三号隧道出口的两段岩溶发育、地下水相对富集区,隧道工程实施条件远优于位于其西侧10.6 km的既有京广铁路大瑶山隧道。

2. 黄织铁路普定至织金段

黄织铁路地处贵州省的安顺市和毕节地区境内,起于贵昆线黄桶站,沿线经过普定和织金县,止于织金站。根据煤田和经济点的分布,结合工程地质、水文地质条件,黄织铁路在普定至织金段(CK12+400～CK58+100)有东、中、西三大走向方案,如图5-5所示。

(1)西线方案:虽经过矿区,方便了矿区运输,但该方案线路最长,较中线方案长17.146 km,多设1个车站。运输距离长,工程量大,重点工程多;线路穿过煤系地层地段最长,施工难度大;由于线路经过矿区,会出现压矿现象,影响资源的有效开发。经综合分析比较,予以放弃。

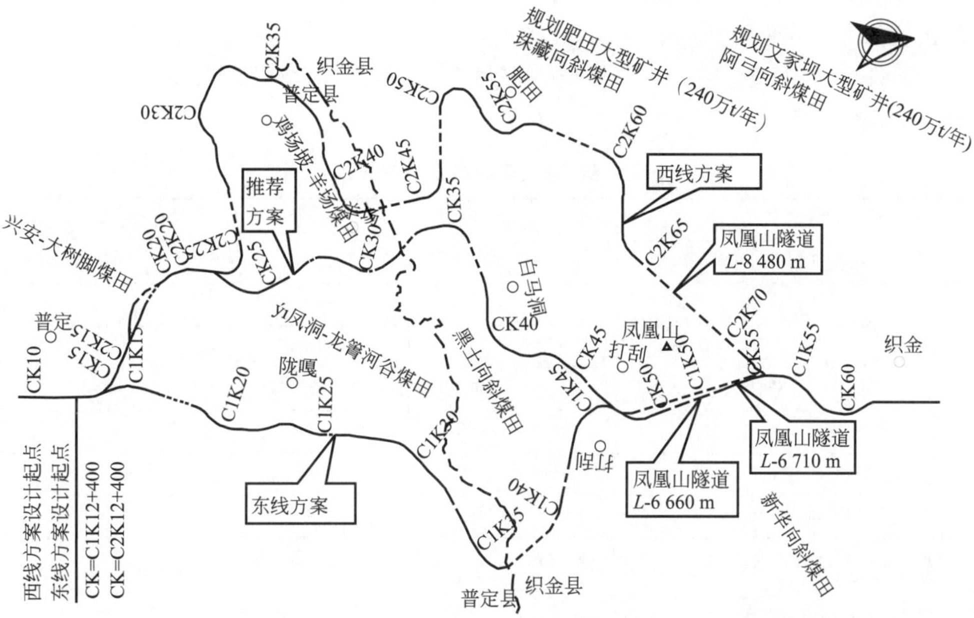

图 5-5　黄织铁路线路方案示意图

(2)中线与东线方案相比，两方案工程量大致相同，中线方案略优。东线方案有 2 座瓦斯隧道，长 5 650 m，较中线方案多 1 座 4 450 m 长的隧道 。复杂高桥有 3 座，比中线方案多 1 座。从工程地质条件看，中线方案较好，压矿少，与肥田矿区距离适中，仅需修建长 10 km 肥田专用支线。黄织线是国家一级干线隆黄线的一段，采用正线长度较小的方案，可获得比较明显的社会效益。

综上所述，黄织铁路推荐采用中线方案。

5.2.3　接轨方案的选择

设计线与既有线的接轨方案是影响线路局部走向的重要因素，它关系到路网规划、运输效率，受路网规划、线路走向、主要客货流方向和既有区段站分布及当地接轨条件等因素的影响，因此接轨方案应综合考虑。

1. 接轨方案的影响因素分析

(1)路网规划。一般来说国家重要干线的接轨点已在路网规划中确定，选线设计时应充分考虑；一般干线和次要线路的接轨点，也应征求并尽量考虑各级规划部门的意见合理确定。

(2)线路走向。接轨方案选择与线路走向是相互关联、相互影响的，设计时应进行综合比选。在设计方案不稳定前，应针对不同的接轨点做出所有线路走向设计，不遗漏有价值方案；反之，线路方案的技术经济综合比较也是接轨方案选择的决定因素，最终反映在经济指标上，包括主要工程静态投资和年运营费。

(3)主要客货流方向。接轨站应选在使主要客货流方向顺直，运程尽量缩短的车站。尽量采用运输联系最集中和运量最多的方向，保证主要方向的列车无需折角运行。

(4)既有区段站的分布及当地接轨条件。接轨站应力求选在既有线的区段站上，这样既可减少列车编组作业设备和机务设备的投资,又可改善运营管理条件。

2. 接轨方案的实例分析

南昌至福州、莆田接轨方案有单独引入福州方案、单独引入莆田方案和同时引入福州、莆田方案。技术经济指标见表 5-1。

表 5-1 南昌至福州、莆田接轨方案技术经济指标

项 目		单独引入福州方案	单独引入莆田方案	同时引入福州、莆田方案
线路长度(km)		482.27	522.57	575.96
运营长度	南昌—福州(km)	482.27	58.90	516.88
	南昌—厦门西(km)	726.57	647.47	659.06
	合计(km)	1 208.84	1 236.37	1 175.94
静态投资(亿元)		263.96	277.48	322.30
投资差额(亿元)		0	+13.52	+58.34
运营费差额(亿元)		0	+19.78	−13.64

注:福州至福州南运营长度 18.17 km,同时引入福州、莆田方案长度含永泰至莆田长度 59.08 km。

三个接轨方案分析如下:

(1)单独引入福州方案新建线路最短(图 5-6),工程投资最省。充分考虑了省会城市的核心地位,与同时引入福州、莆田方案相比,存在的主要问题是人口最稠密、经济最发达、客货运输需求最旺盛的福厦城市带的大量客货流(客车 35 对,货运 960 万 t)需绕行 67.51 km,接轨站导致主要客货流方向不顺直。

图 5-6 单独引入福州系列方案示意图

(2)单独引入莆田方案新建线路较短(图 5-7),工程投资较省,接点位置适中,也有利于湄洲湾港货物的大进大出。但主要问题是福州及以北方向占本线 54%的客运量(客车 40 对)和 44%的货运量(750 万 t)均需绕行 72.02 km,与单独引入福州方案存在同样的问题。同时沿海方向客货列车全部挤占福厦线能力,加速沿海通道中最繁忙区段福厦线客货分线工程提前实施。

(3)线路同时引入福州、莆田方案(图 5-8)兼容了单独引入福州和单独引入莆田两个方案的优点,克服其不足,可较好地满足福建沿海地区的客货运输需求,突出中心城市的辐射作用,有利于沿海中部港口群的开发和发展。同时,可大大减少不合理迂回运输,节省大量运营支出和降低社会成本。但该方案由于增建永泰至莆田段 59.08 km,致使工程投资大,财务效益稍

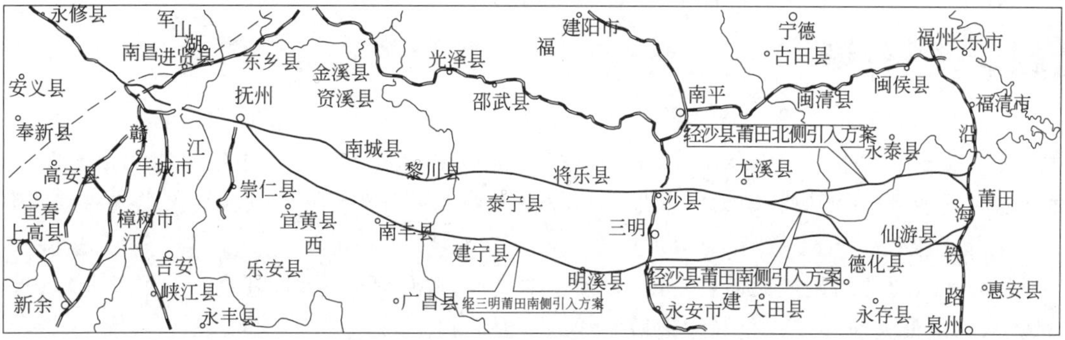

图 5-7　单独引入莆田系列方案示意图

逊，但国民经济效益、社会效益和路网整体效益较好。

同时引入福州、莆田方案。虽然工程投资最大，但从有利于铁路运输、提高社会效益、缓解沿海通道运输压力、延迟福州枢纽扩建工程、促进港口及其后方通道建设、有利于沿海城市发展等方面都具有优势，建设路网作用明显。因此，推荐线路同时接福州、莆田方案。从线路顺直、工程投资分析、工程地质条件及工程可靠性分析，用中线方案(引入福州站、莆田站方案)，如图 5-8 所示。

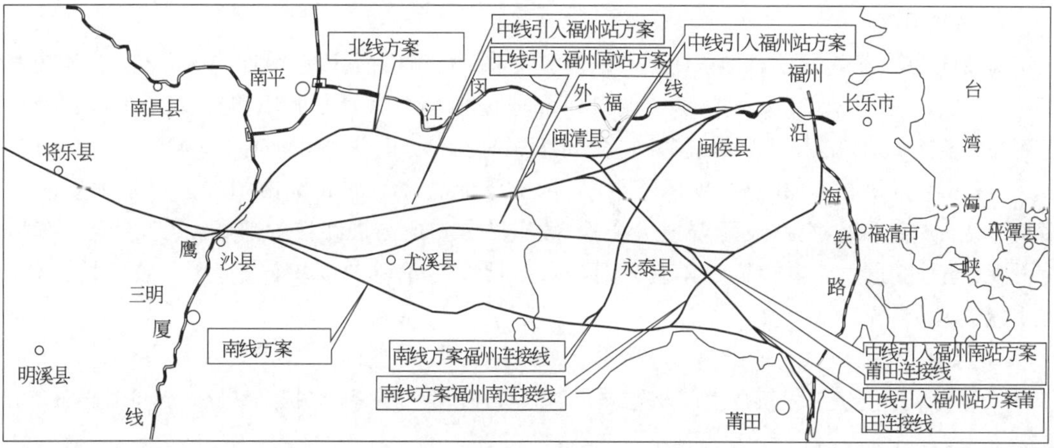

图 5-8　同时引入福州、莆田系列方案示意图

5.3　定线的基本方法

地形条件、特别是地面平均自然纵坡的大小，对线路位置和定线方法影响很大。定线时应分两种情况区别对待：缓坡地段和紧坡地段。

(1)采用的最大坡度大于平均自然纵坡，线路不受高程障碍的限制，能绕避平面障碍，按短直方向定线，即可得到合理的线路位置，这种地段称为缓坡地段。

(2)采用的最大坡度小于或等于平均自然纵坡，则线路不仅受平面障碍的限制，更受高程障碍的控制。这种地段，称为紧坡地段。这时，主要矛盾在纵断面一方，需要根据地形变化情况，选择平均自然坡度与最大坡度基本吻合的地面坡度定线，有意识地将线路展长，使能达到预定的高程。

缓坡地段和紧坡地段的条件不同,因此它们的定线方法也不相同。

5.3.1 紧坡地段定线

沿线路方向的地面平均自然纵坡大于或等于设计线采用的最大坡度的地段称为紧坡地段。紧坡地段一般采用导向线定线,主要克服高程障碍,高程差和最大坡度决定线路的理论长度。地形复杂、地面横坡陡峻或不良地质地段也可采用横断面定线。紧坡地段定线要点如下。

1. 用足坡度

紧坡地段通常用足最大坡度定线,以便争取高度,避免额外展线,以减少工程投资,降低运输费用,用足最大坡度定线是紧坡地段定线的首要原则。

2. 留有余地

在展线地段定线时,若在长距离内机械地全部用足最大坡度,丝毫不留余地,必然会给以后的局部改线(为改善线路的工程、运营条件)带来严重困难。因此,在车站两端、地质复杂、桥隧毗连地段,应结合地形、地质条件,在坡度设计上适当留有余地。

3. 不设长坡

展线地段若无特殊原因,一般不采用反向坡度(也称逆坡),以避免无谓增大克服高度,引起线路不必要的展长和增加运营支出。

4. 由难到易

紧坡地段,一般应从困难地段向平易地段引线,因为垭口附近地形困难,展线不易,为避免线路高悬山坡上,一般宜从垭口处越岭隧道洞口开始向下引线,并宜及早利用侧谷展线,使线路及早降至河谷阶地。个别情况下,当受山脚控制点(如高桥)控制时,也可由山脚向垭口定线。

一般认为:硬展不如顺展,晚展不如早展,小范围盘绕不如大范围阔展。因站坪要求地形平坦开阔,坡度平缓,车站设置要损失高程,故车站分布应与展线统筹兼顾,合理配合。车站避免设在桥梁、隧道上。隧道洞口不宜正对沟口。展线尽量避免高堤深堑,严重破坏植被,导致水土流失。

5. 综合考虑

尽可能采用土建工程新技术以及先进的牵引动力和信号设备,以提高铁路运输的整体效能。

5.3.2 缓坡地段定线

缓坡地段地形平易,展线少,以航空(折)线位主导方向,沿短直方向定线,既要力争线路顺直,又要尽量节省工程投资。直接连接各据点,结合地形、地物情况设置曲线,曲线半径尽量大。因此,缓坡地段定线要点如下。

(1)绕避前方障碍而使线路偏离短直方向时,必须尽早绕避,力求减小转角。图 5-9 表示两种绕避湖泊的方法,虚线方案在全长范围内很少偏离短直方向,但曲线数目,总转角和线路

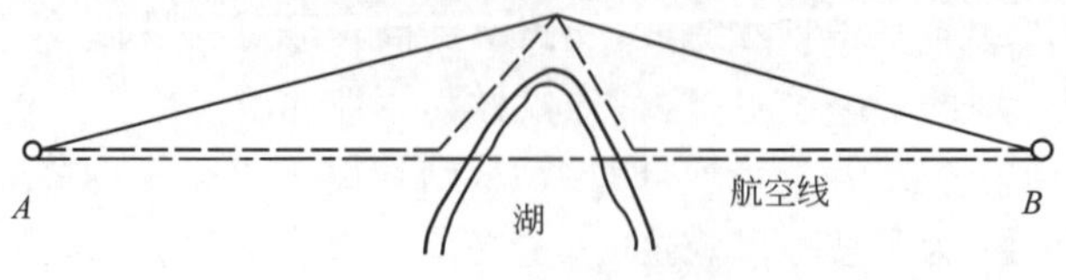

图 5-9 绕避障碍

长度均较实线方案增加。

提前绕避障碍实例图如图 5-10 所示。

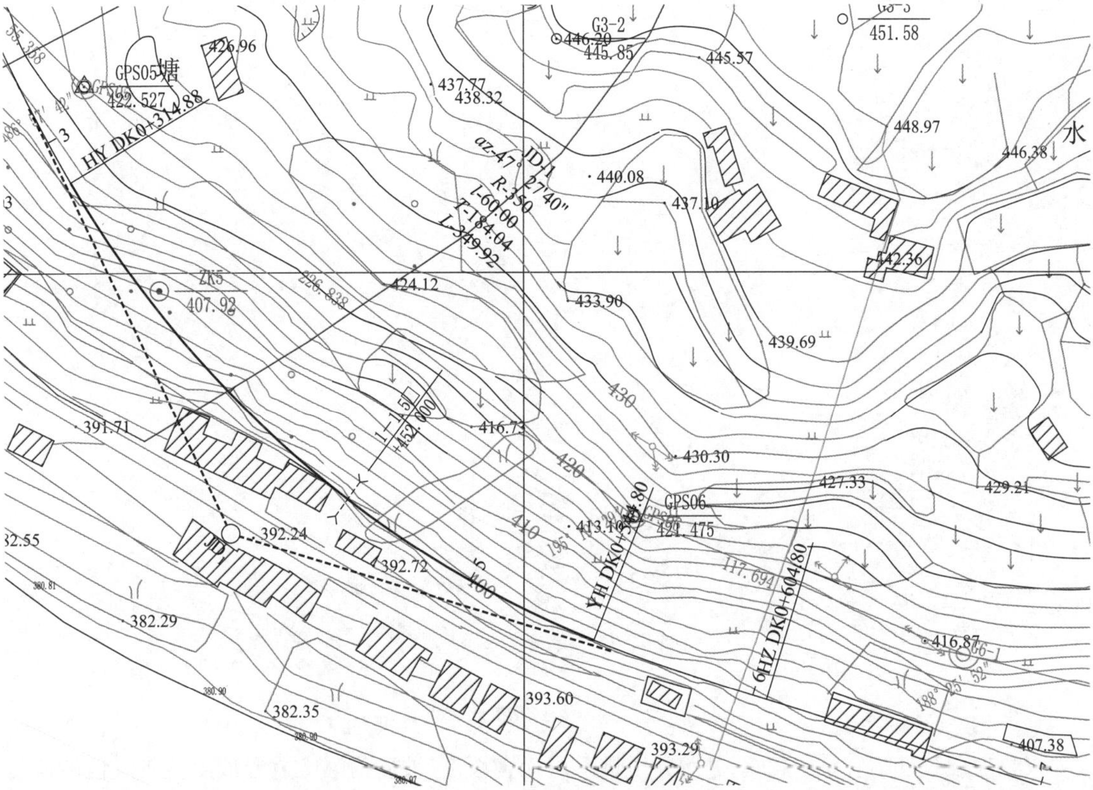

图 5-10　提前绕避障碍实例图

(2)线路绕避山咀，跨越沟谷或其他障碍时，必须使曲线交点正对主要障碍物，使障碍物在曲线的内侧并使其转角最小。使线路短直、减小曲线阻力功及相应运营支出。从图 5-11 中可见，曲线正对障碍物的实线方案比未正对障碍物的虚线方案的土石方数量少。

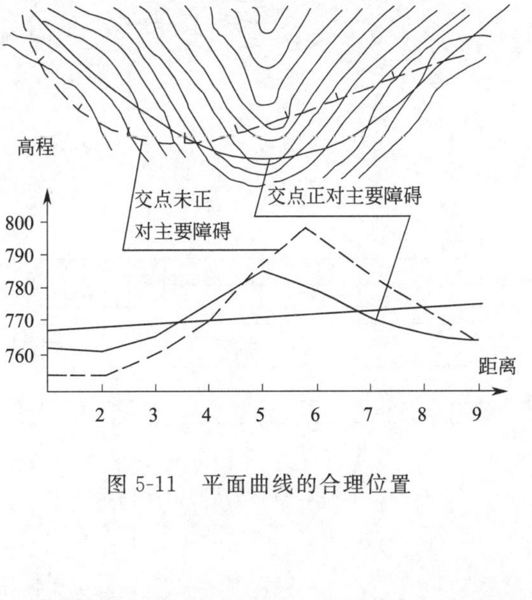

图 5-11　平面曲线的合理位置

(3)须确有障碍存在才设置曲线,曲线应结合地形尽量采用大半径。实例图如图 5-12 所示。

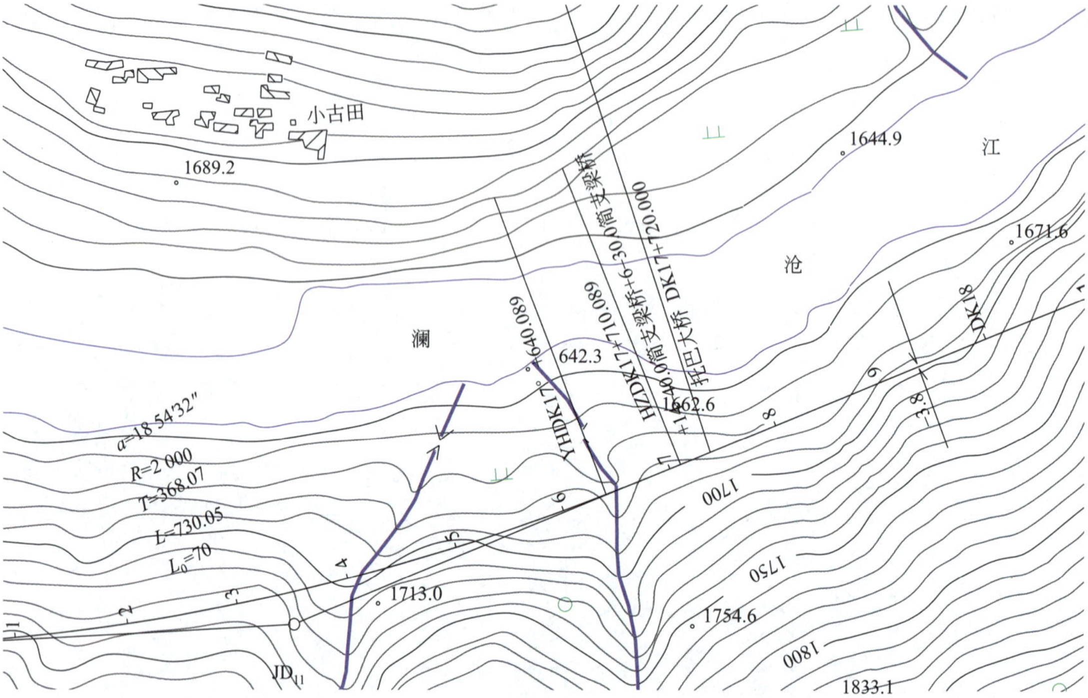

图 5-12　障碍存在才设置曲线

(4)坡段长度不宜小于列车长度,并尽量采用无害坡度(坡度值不大或者坡度值较大但坡段长度较短,下坡无需限速的坡段)。坡长不宜过短,相邻坡度差不宜过大,并尽量减少克服高度。

(5)力争减少总的拔起高度,但绕避高程障碍而导致线路延长时,应认真比选。

(6)车站的设置应不偏离线路的短直方向,并争取把车站设在凸形地段,如图 5-13 所示。

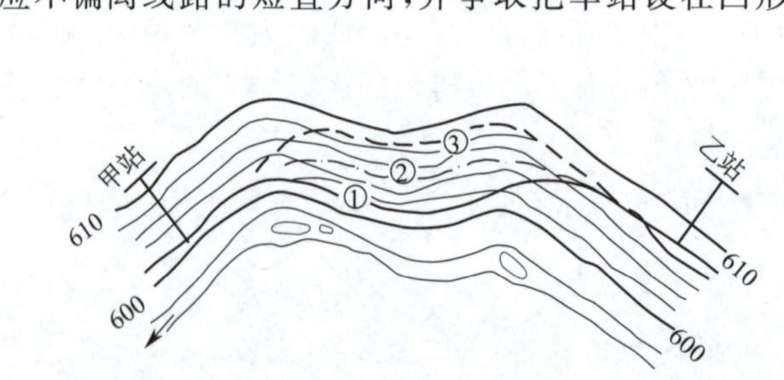

图 5-13　缓坡地段的站间纵断面设计

设站处地形应平坦开阔，以减少工程量。

这三个方案的线路长度和工程量都很接近，但就列车出站加速和进站减速的条件而言，不论甲站或乙站，均以方案①最有利。所以，应按方案①的纵断面来考虑线路的平面位置，这样定线可以改善列车运行条件。

图 5-14 为车站设在 1‰的凸形地段，坡长 1 750 m。

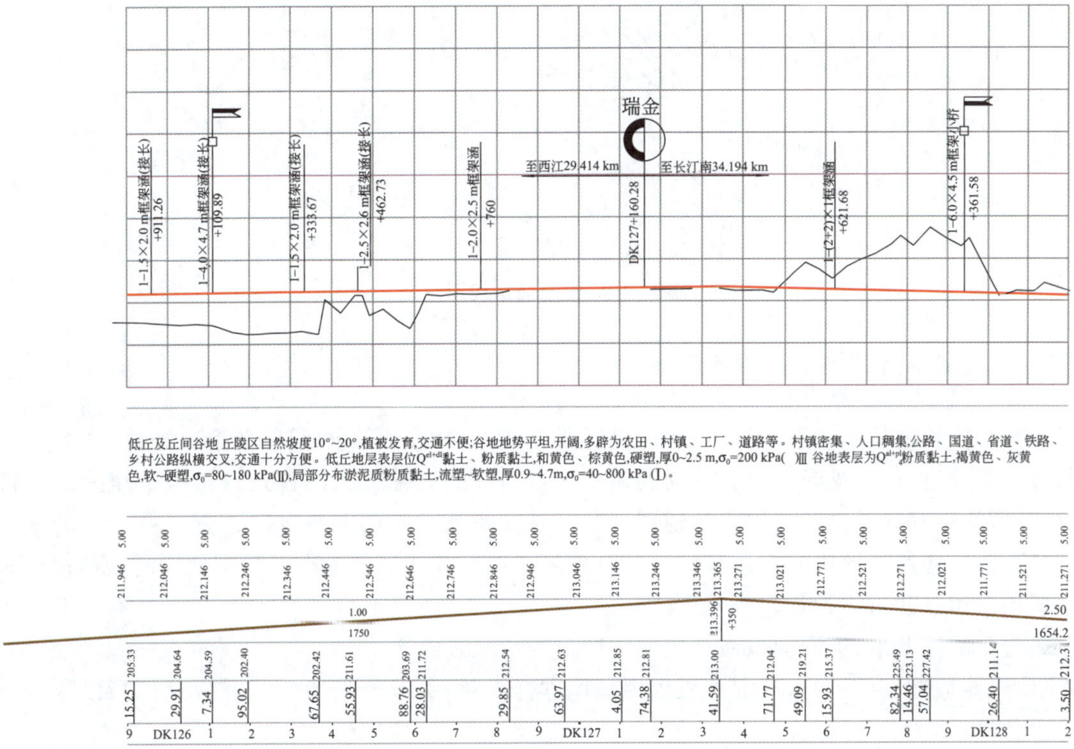

图 5-14　车站设在 1‰的凸形地段

5.3.3　横断面定线

在横坡较陡地段和不良地质地段定线时，有时从纵断面上看，填挖高度并不大，平面也合理，但从横断面上看，则可能出现很大的工程，或者线路处于地质条件十分不利的位置。因此，定线工作不仅要使线路的平面和纵断面合理，同时还要使横断面也合理。

(1)首先找出控制线路位置的横断面。在横坡较陡地段、不良地质地段、河岸冲刷严重地段以及有代表性的百米标处，测绘其横断面图。

(2)根据各控制断面原设计的路肩标高，确定线路中心在横断面上可以左右移动的合理范围。

(3)将各横断面图上线路可能左右移动的边缘点，按相应的距离和比例尺移到平面图上，连接各边缘点，即可得到在平面图上线路可能移动的合理范围(图 5-15 中阴影部分)。

(4)在平面图上线路可能移动的范围内，重新设计平面，并在两端和原定线路妥善连接，即得在平、纵、横三个面上均较合理的新的线路中线位置。

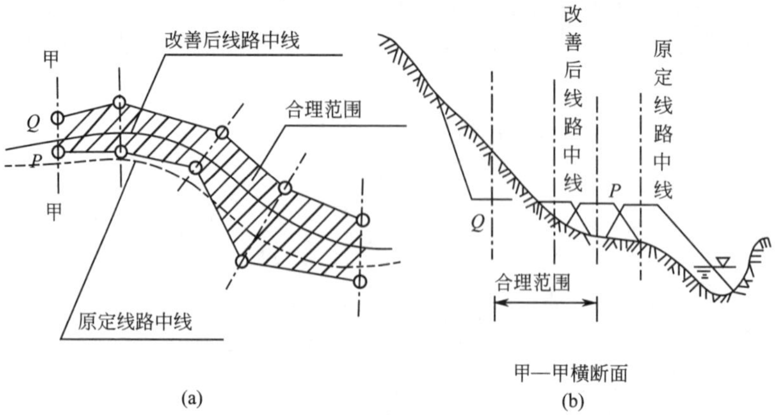

图 5-15　横断面定线示意图

5.3.4　线路平面、纵断面的改善

对初步确定的线路平面和纵断面，进行研究分析，找出存在的问题及解决办法，进行局部修改。需要进行平、纵断面改善的问题通常有：(1)线路局部方案的比选；(2)减少填挖方及桥梁、隧道的工程数量；(3)绕避不良地质；(4)车站及桥涵分布的调整；(5)改善某些工点的施工条件；(6)改善局部地段的运营条件；(7)改善采用规范容许最低标准的局部地段的设计；(8)减少耕地占用及建筑物拆迁。

常见的修改平、纵断面以减少填挖方数量的情况有：

(1)原坡度设计不当，局部地段出现填挖方过大时，可改变坡段组合或设计标高以减少填挖方数量，如图 5-16 所示。

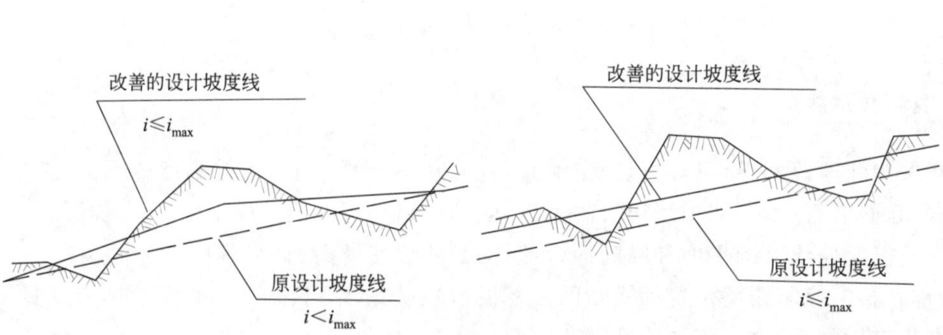

图 5-16　改变设计坡度减少工程

(2)原设计坡度不宜改动(如已用足最大坡度)，但在纵断面图上填挖高度由一端向另一端逐渐增大到不合理的程度时，则可根据具体情况改变线路平面位置，如将线路扭转一个角度，如图 5-17 所示。

(3)当平面曲线和切线配合不当而引起工程增加时，应重新调整偏角和配置曲线，以减小工程量，如图 5-18 所示。

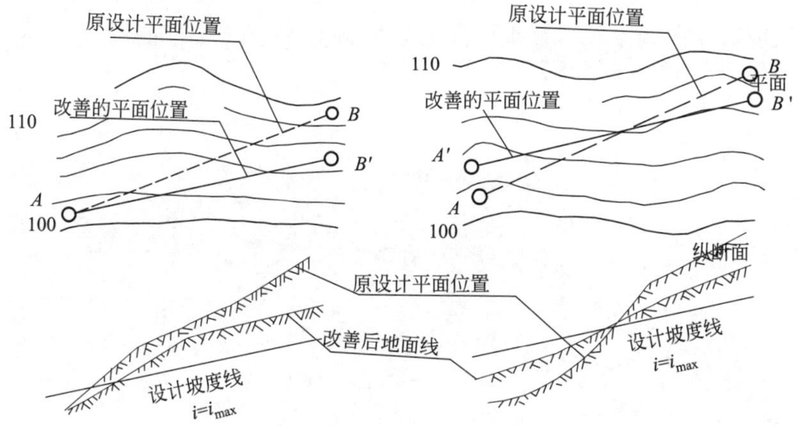

图 5-17　扭转切线减少工程

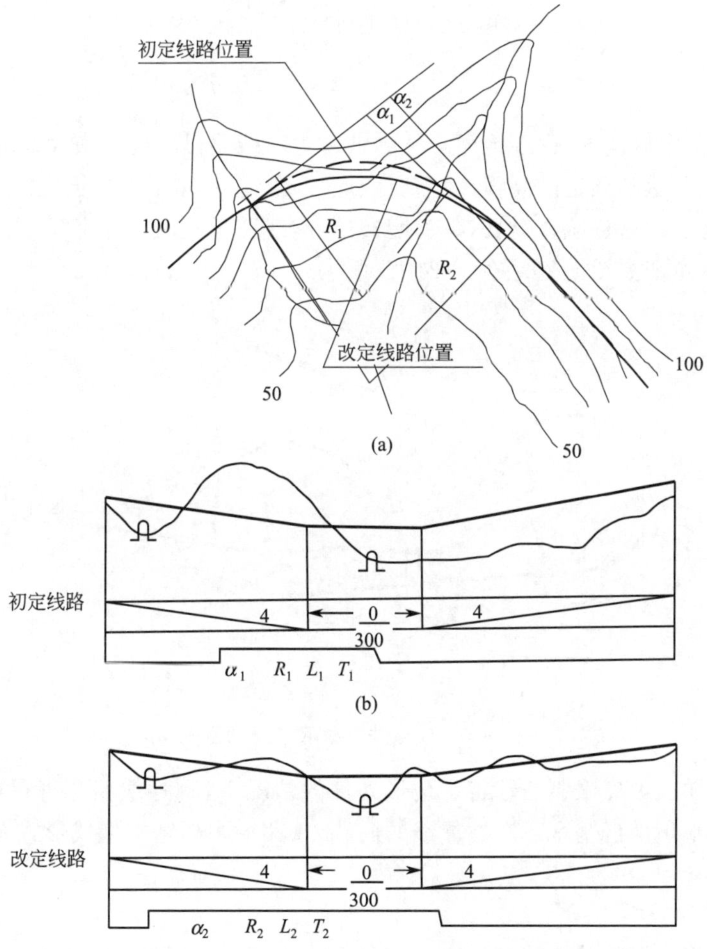

图 5-18　改动切线和曲线半径减少工程

(4)原坡度设计合理,而在纵断面图上填挖高度由两端向中间逐渐增大到不合理的程度时,则可增设曲线或改变曲线半径以减少中间的填挖高度,如图 5-19 所示。

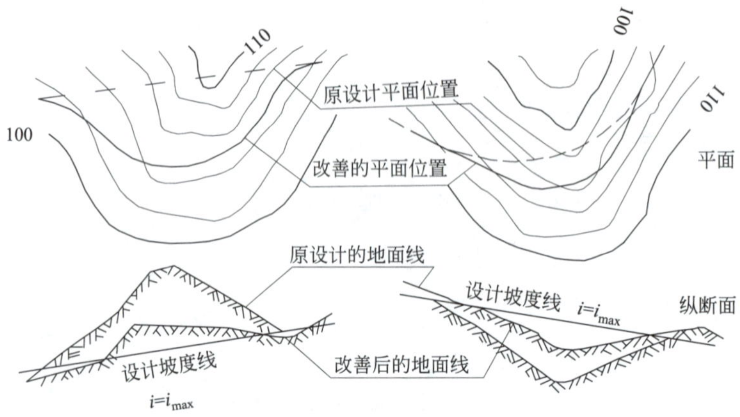

图 5-19　改变曲线减少工程

5.3.5 展　　线

展线指的是在山岭地带,由于地面自然纵坡常大于线路设计容许最大纵坡,加上工程地质条件限制,为使线路达到预定的高程,就需要顺应地形,适当延伸线路长度沿山坡逐渐盘绕而上,以致达线路终点。这种减缓纵坡,延长起、终点间线路长度的设计定线,人为地展长线路的方法称为展线,示意图如图 5-20 和图 5-21 所示。

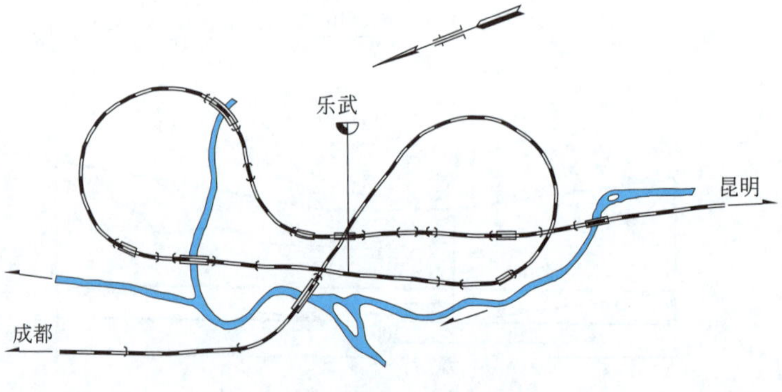

图 5-20　成昆铁路乐武展线示意图

展线只出现在因坡度限制或遇特殊地形条件的情况下,牺牲线路顺直程度来换取尽可能低的限制坡度。平坦地区基本不存在展线的问题,铁路的主要基本展线形式有:灯泡线、套线、螺旋线。

1. 展线系数

展线系数是指一段铁路线路起讫点之间的定线长度与包括经济据点在内的航空折线长度的比值,该比值与沿线地质与地形条件、障碍物数量和分布、经济据点的数量和分布、施工技术水平和经济条件、设计最大坡度与地形坡度条件的适应程度等因素有关。其值恒大于 1,且一

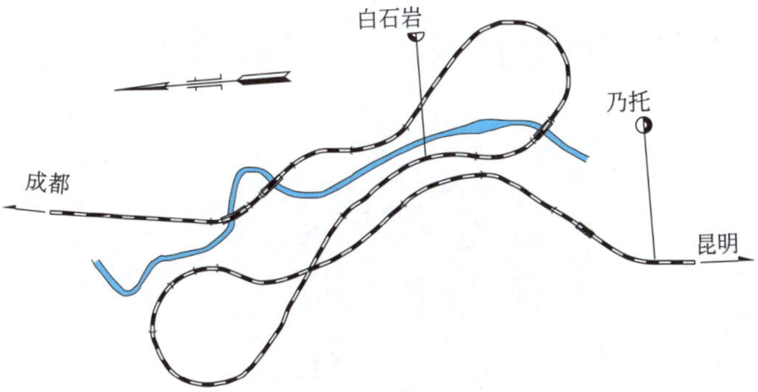

图 5-21　成昆铁路乃托展线示意图

般平原地区小于 1.1，丘陵地区小于 1.3。过去由于资金和技术的限制，山区铁路往往有很大的展线系数，近年由于技术的进步，展线系数日益缩小。

2. 展线的分类

建设展线时，需要结合地形和地质条件选取展现方式。若展线不长，可结合地面形态，采用简单展线；若长度较大，则需要以灯泡线、螺旋线、套线等方式设置迂回展线，称作复杂展线。地形特别复杂时，可以铺设迂回交叉的线路，设置螺旋线方式展线，根据交叉处采用桥梁或隧道，又可分为桥梁螺旋线和隧道螺旋线。展线没有标准图式，应根据地形变化的实际情况，因地制宜地组合各种展线方式，并使之相互配合。

(1)套线。当沿河谷定线时，遇到主河谷坡度大于最大坡度，而侧谷又比较开阔时，常常在侧谷内采用套线展线。套线由三个曲线组成，每一曲线的转角均不大于 180°，如图 5-22所示。

图 5-22　套线

(2)灯泡线。在谷口狭窄的侧谷内，采用套线，在谷口往往需要隧道或深路堑引起较大工程，为了更好适应谷口狭窄地形，可采用灯泡展线形式。它由三个或三个以上曲线组成，若由三个组成曲线，中间曲线的转角均大于 180°，小于 360°，如图 5-23 所示。

(3)螺旋线。在地形特别困难的地段，线路可以迂回 360°成环状，称为螺旋线。在上、下两线交叉处，可以用跨线桥或隧道通过(图 5-24)。

图 5-25 为螺旋线展线实例图。

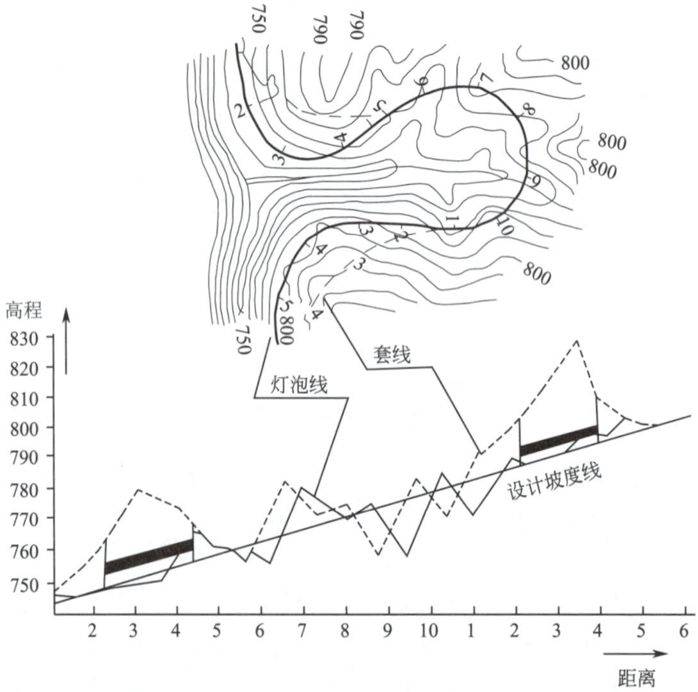

图 5-23　灯泡线

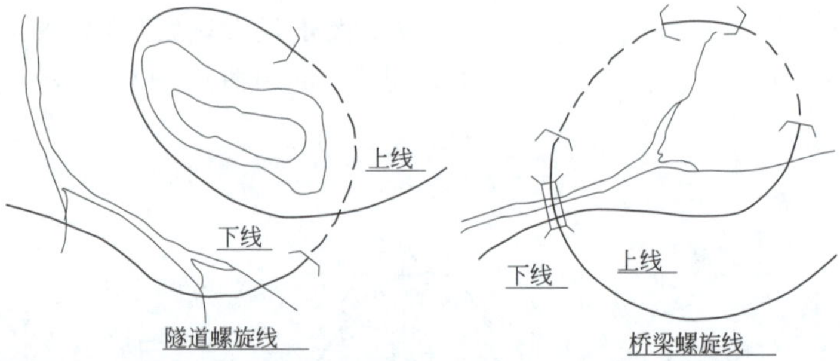

图 5-24　螺旋线

图 5-25　螺旋线展线实例图

注意：螺旋线回头曲线里程的标注，字头朝向的改变应符合线路展直后字头仍朝向图纸左端的规定。如图 5-26 所示。

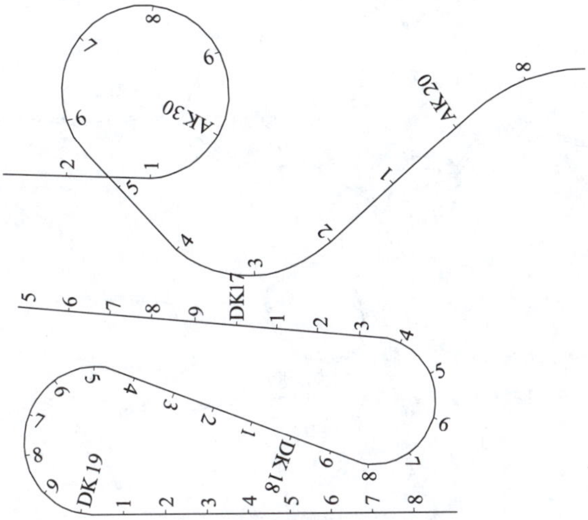

图 5-26　展线里程标注实例

3. 我国铁路著名展线

我国铁路著名的展线主要有：(1)成昆铁路的乃托展线、两河口展线、六渡河展线、巴格勒展线、法拉展线、乐武展线；(2)内昆铁路的彝良展线；(3)宝成铁路的观音山展线、秦岭展线；(4)黔桂铁路的拉易展线；(5)青藏铁路的关角展线；(6)兰新铁路乌鞘岭展线；(7)内昆铁路彝良展线等。图 5-27～图 5-36 展示了部分铁路展线实例。

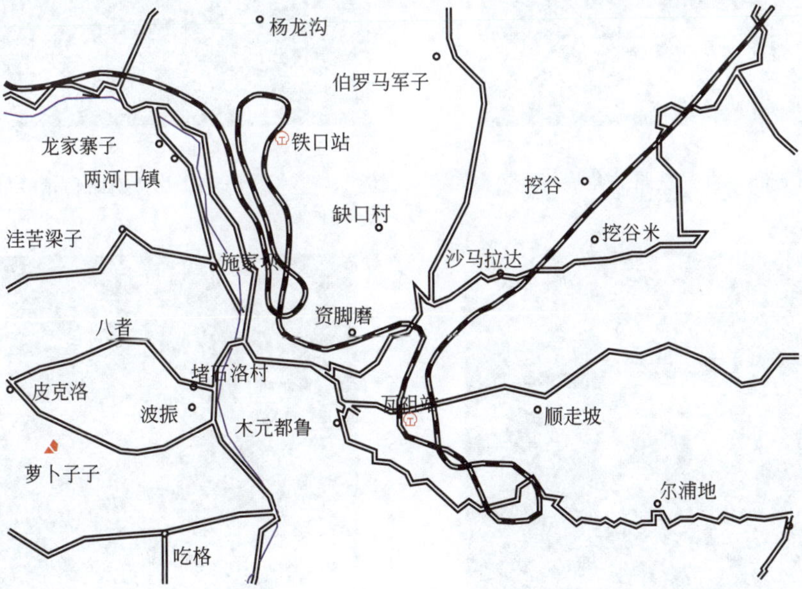

图 5-27　成昆铁路两河口展线

图 5-28　成昆铁路乃托展线

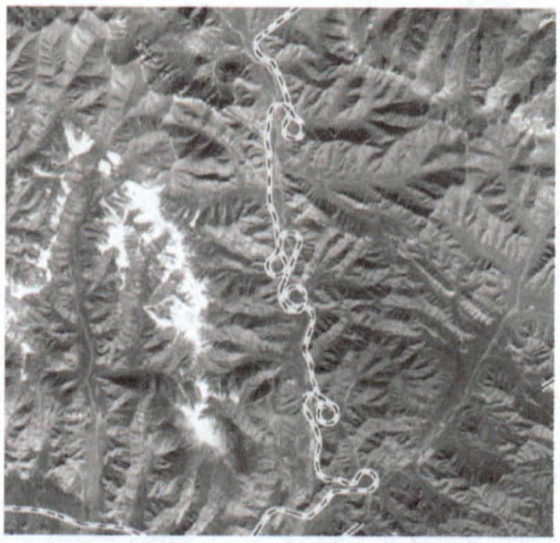

图 5-29　青藏铁路关角展线

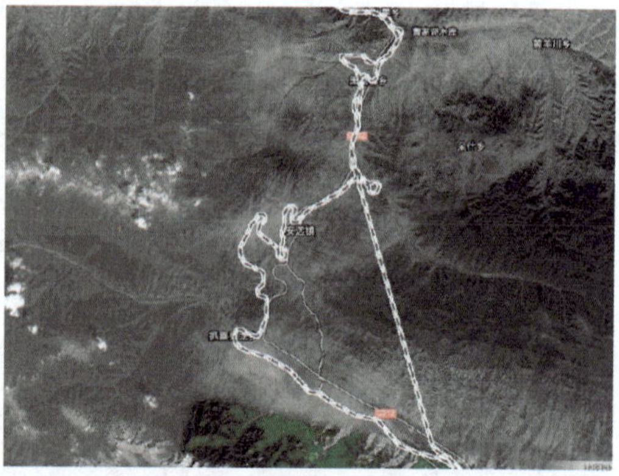

图 5-30　兰新铁路乌鞘岭展线

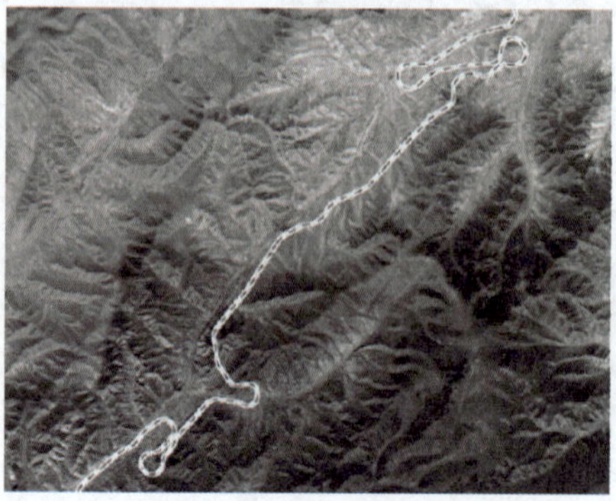

图 5-31　集通铁路热水展线

图 5-32　宝成铁路“观音山展线

图 5-33　成昆铁路乐武展线

图 5-34　成昆铁路拉法展线

图 5-35　宝成铁路秦岭展线示意图

图 5-36　内昆铁路彝良展线

5.4　典型地形条件下的定线方法

典型地形条件下的定线主要包括平原、丘陵地区，河谷地区和越岭地区的定线。

5.4.1　平原、丘陵地区的定线

平原地区地形平坦，丘陵地区丘岗连绵，但相对高差不大，一般工农业都比较发达，占地及拆迁问题比较突出，地质条件比较简单，但水文条件可能复杂。因此，在平原、丘陵地区定线，应着重注意解决好下列问题。

1. 线路应尽量顺直

平原、丘陵地区的定线，一般不受高程控制，应遵循航空折线把线路定得尽量顺直。先把线路总方向内所必须经过的或绕避的主要据点如城镇、工矿企业、文化风景等作为大的控制点，然后在控制点间确定行经区或绕避区，从而建立起一系列中间控制点。图 5-37 为平原地区铁路实例图。

2. 正确处理铁路与行经地区的关系

(1)平原、丘陵地区城镇密布，工、农业发达，城镇内外的道路、沟渠、电力线路等纵横交错。选定线路位置时，应尽量减少拆迁和占地；在地形有利时铁路宜靠近山坡。并应尽可能减少现有道路、沟渠、电力及通信线路和管道系统的改移。

(2)车站(尤其大型客、货站)分布应结合城镇规划。既要方便地方客货运输，也要充分发

图 5-37 平原地区铁路实例图

挥铁路运营效率,设站不应过密,也不宜为靠近城镇而过分迂回线路。

(3)为方便沿线交通并确保铁路行车安全,要认真布置好沿线的道口和立交桥涵,并以交通量为依据确定其修建标准。有条件时,可加大排洪桥涵孔径,并修建路面兼作立交桥涵使用。

3. 注意适应水文条件的要求

平原和低缓丘陵地区易受洪水泛滥的危害,线路高程应高出规定。跨河桥梁孔径不宜压缩,路基应有足够的高度,并做好导流建筑物与路基防护工程。选线时应尽量沿接近分水岭的地势较高处布线。当遇到较大的湖塘、泥沼和洼地时,一般应绕避。客运专线采用高架桥梁通过湖塘、泥沼区,如图 5-38 所示。

图 5-38 客运专线采用高架桥梁通过湖泊

4. 处理好线路与桥位的关系

大桥桥位常常成为线路的控制点,应结合线路走向,将大桥桥址选在主流集中、槽稳定和基础较好的地段。当线路通过洪泛区时,桥梁、路基应有足够的高度,以免被洪水淹没。小桥涵位置服从线路走向。

5. 车站设置

平原、丘陵地区的车站,应尽量靠近较大的城镇和居民点、工矿区,不宜片面强调区间通过能力的均衡性。地形条件允许时,应将车站设在起伏不大的凸形纵断面的顶部,以利于列车起动加速和进站停车。

5.4.2 河谷地区定线

沿河而行的线路称为河谷线,在路网中,河谷线路占有较大的比重。图 5-39 为河谷线实例图。

1. 河谷地区的特点

(1)河谷地区的优点。①河谷地形开阔、地质条件好、通常有河谷阶地可利用,因此开挖量少;②河谷纵坡均匀、线路容易适应、紧坡地段还可利用支流侧谷展线;③多数城镇位于河谷地区、线路方便地方运输;④原有运输设施,方便施工。

(2)河谷地区的缺点。①占地较多,弯曲河流可能使线路展长,山区河流横坡陡峭,地质不稳定;②桥隧相连,水害、地质病害较多。图 5-40 为典型河谷地区的三维地形图。

图 5-39　河谷线实例图

图 5-40　河谷地区三维地形图

2. 沿河谷定线着重解决的三个问题

(1)河谷选择。①优先考虑线路短直方向的越岭垭口和垭口两侧的河谷;②选择河谷纵坡接近线路最大坡度的河谷,越岭地段纵坡陡可考虑双机牵引或展线;③选择河谷平缓、两岸开阔、地质条件较好的河谷。

(2)选择岸侧。①河谷选择好后,要逐级选择线路经过的岸侧,应按两岸的地质、水文、农田及城镇等合理选择;②有利的岸侧,不会始终局限于一侧,应该选择有利的地点跨河改变岸侧。

影响岸侧选择的因素主要有地质因素和地形因素。其中地质因素是决定因素,岩层倾向对线路也有影响,如图 5-41 所示。地形因素中,应选择地形平坦顺直、支沟少、不受水流冲刷的一侧,如图 5-42 所示。

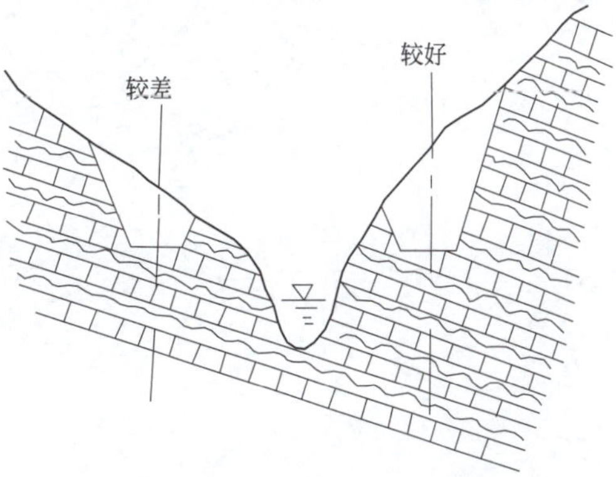

图 5-41　岩层倾向对线路的影响

(3)线路位置的选择。

①河谷较开阔,横坡较缓且地质良好,宜选择不受洪水冲刷的阶地,如图 5-43 所示。

②河谷狭窄,横坡较陡且地质不良时,应有避开山坡与外移建桥的方案选择。如成昆线铁

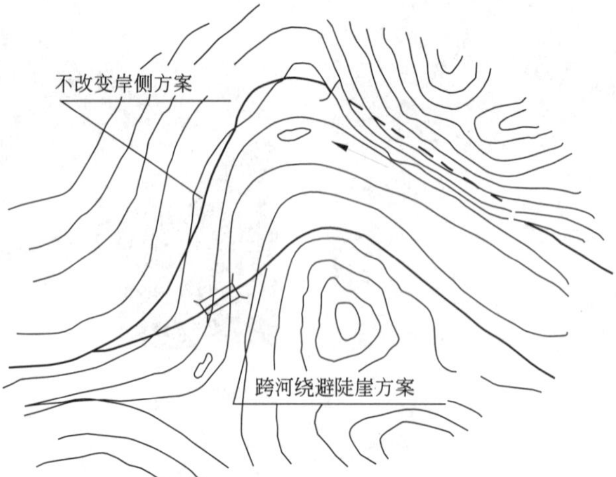

图 5-42　改变岸侧示意图

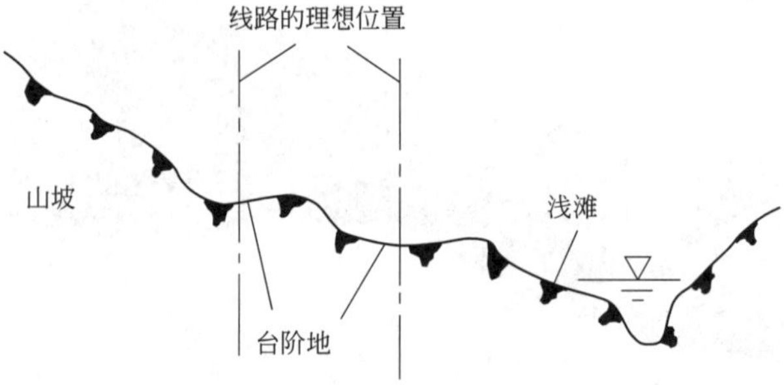

图 5-43　河谷岸侧线路选择

马大桥，位于牛日河左岸，原设计靠山，由于山坡基岩破碎，地表坍塌，冲沟严重危险施工和运营安全，最后决定外移到河谷阶地上，建桥通过，如图 5-44 所示。

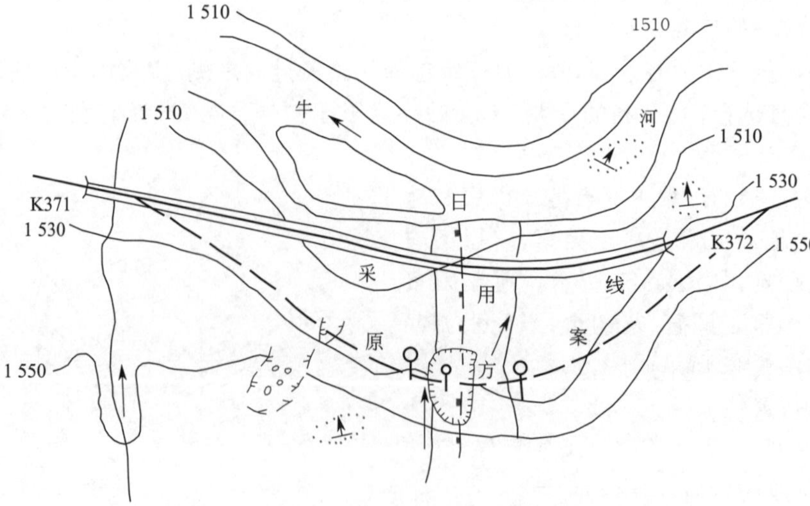

图 5-44　牛日河修建顺河桥方案

③河谷十分弯曲时，可根据山咀或河弯的实际情况，采取绕行或取直方案。沿山咀绕行，线路较长，有利于争取高度，但易受病害危险；隧道取直通过，线路较直，安全性好，投资大，应结合其他条件进行比选，如图 5-45 和图 5-46 所示。

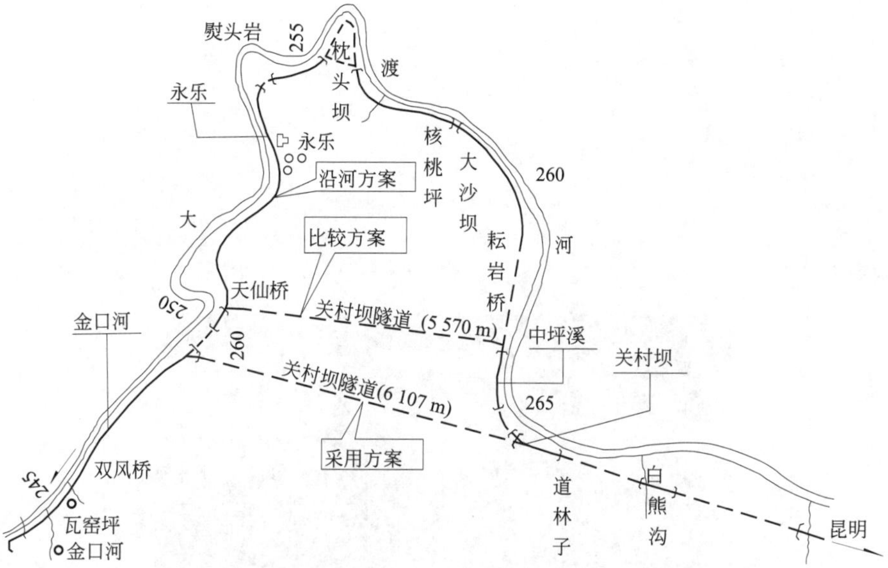

图 5-45　沿山嘴绕行与修建隧道取直线路示意图

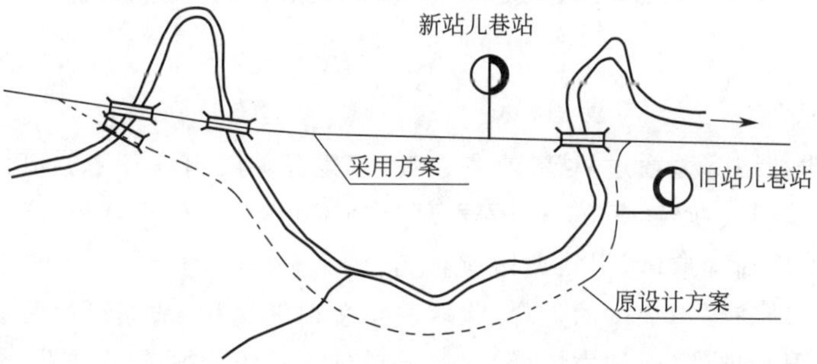

图 5-46　河湾地段绕行与取直线路方案示意图

5.4.3　越岭地段的定线

在山区或多丘陵地区定线，线路需要从一个水系转入另一个水系，必须穿越分水岭，越岭线即为横贯分水岭的线路(图 5-47)。其主要特点是克服高程障碍大，地形、地质条件复杂，工程集中，任务艰巨。通常由分水岭的一侧沿选定的河谷用足坡度向垭口定线，以隧道或路堑穿过垭口，再沿分水岭的另一侧河谷下降。一般而言，越岭线总是同河谷线联系在一起。

越岭线路应解决的主要问题为越岭口选择、越岭高程选择和越岭引线定线三个问题。

1. 越岭垭口选择

垭口是指分水岭上一些马鞍形凹口。对越岭线来说，垭口是线路方案的重要控制点。最好的越岭垭口为较少偏离直短方向，高度低，山体薄，地质良好，两侧引线条件好。同一垭口并非同时具备上述各条件，此时应精心比选，找出最合理的越岭垭口。图 5-48 为海拔 5 231 m

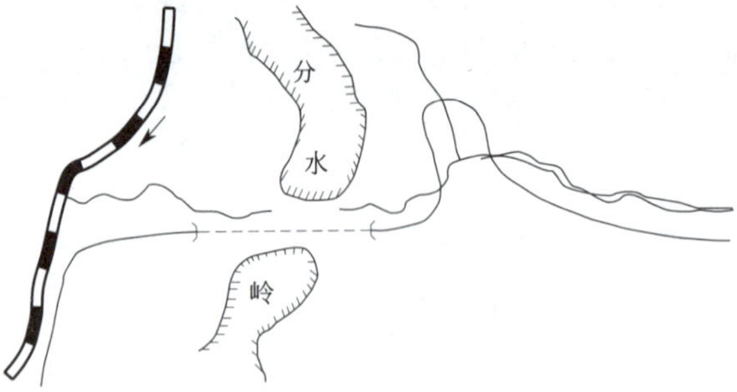

图 5-47　越岭线路选择

的唐古拉山垭口。

图 5-48　海拔 5 231 m 的唐古拉山垭口

2. 越岭高程选择

越岭垭口一般都用隧道通过，越岭高程选择，就是越岭隧道高程与隧道长度选择。高程愈高隧道愈短，但两端引线愈长。对工程而言，理想的越岭高程应使引线和隧道总的建筑费用最小；就运营而言，越岭高程愈低、引线愈短愈有利。

越岭隧道的合理高程与长度的选择，除取决于垭口的高程、地面自然坡度、地质条件外，还与设计线的运量、限制坡度(或加力坡度)以及隧道施工技术水平有关。设计线的运量大、限坡小时，宜采用高程低的长隧道方案。图 5-49 为川黔线凉风垭口越岭线方案。

3. 越岭引线定线

越岭引线定线时，应注意下列几点：

(1)结合地形条件选择合理的最大坡度(限制坡度或加力坡度)；

(2)为了能控制合理的展线长度，应从垭口往两侧(从高处往低处)定线，以避免展线不足或过长；

(3)垭口附近，地形尤为困难，有充分依据时，引线可合理选用符合全线标准的最小曲线半径。

5.4.4　水库地区的定线

1. 水库对铁路选线的影响

水库影响铁路选线的 3 个主要因素是水库坍岸、淤积和地下水壅升，正确掌握和处理这 3 个方面的问题是选线的关键。表 5-2 详细列出了水库地区选线考虑的因素和解决方法。图

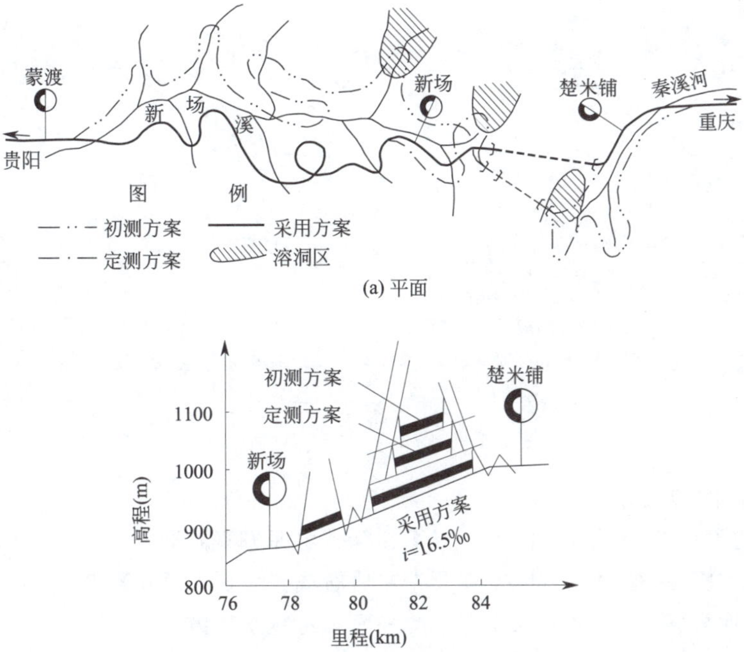

(a) 平面

(b) 纵断面

图 5-49　川黔线凉风垭口越岭线方案

5-50为水库铁路实例，图 5-51 展示了水库漫坝对铁路的破坏，图 5-52 展示了水库坍岸对线路的影响。

图 5-50　乔楼水库高速铁路桥

图 5-51　湘桂铁路蒙村水库漫坝

表 5-2　水库地区选线考虑的因素和解决方法

考 虑 因 素	解决方法，注意问题
水库坍岸	因风浪冲击引起库岸坍塌，铁路不宜修在坍岸范围内，以保证安全
水库淤积	提高设计标高
地下水壅升	不良地质现象发育，地下水位升高，造成建筑物基底承载力下降
正确处理与水库建设的关系	

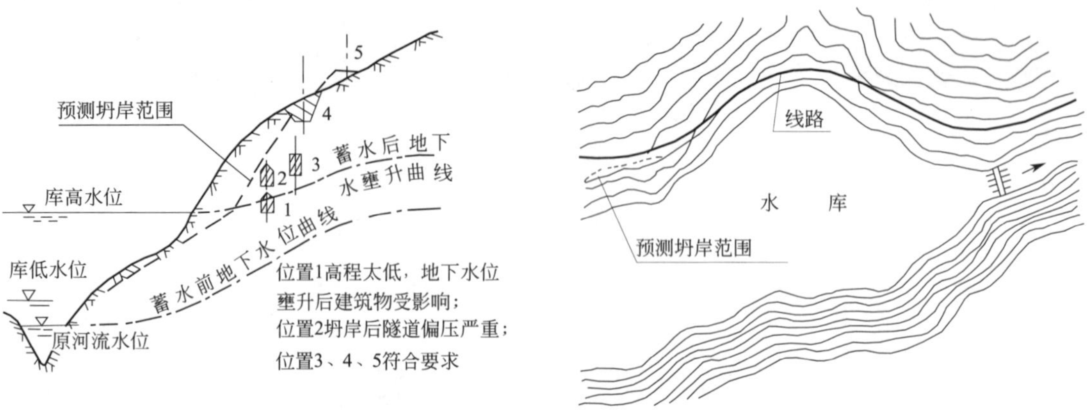

图 5-52　水库坍岸对线路的影响

2. 水库地区的选线方案

水库选线方案组成一般分为沿水库方案和跨越水库方案两类。

(1)沿水库方案，一般分左右岸方案及先左后右或先右后左库中跨越方案。

(2)跨越水库方案，一般又分水库上下游和库中跨越水库方案。

锡乌铁路在通过霍林河水库地段时，鉴于水库附近地形情况以及水库坍岸、淤积和地下水壅升等对铁路选线的影响，经过综合考虑各种因素，线路选择于霍林河水库北岸通过，选线方案如图 5-53 所示。

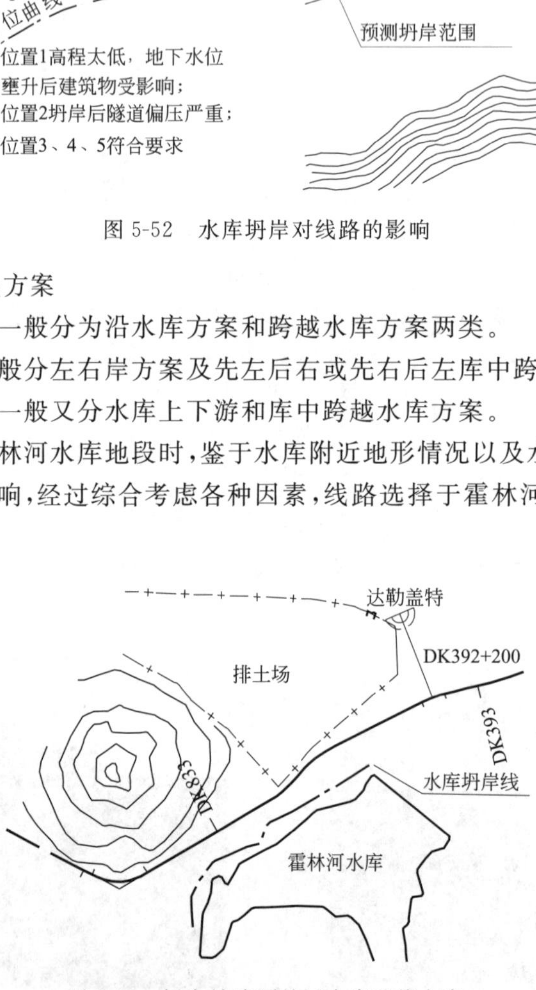

图 5-53　锡乌铁路覆林河水库选线方案

3. 岢瓦线天古崖水库区工程地质选线实例

(1)方案概况

新建铁路奇岚至瓦塘线吕家沟至魏家滩，区间长约 12 km，高差 110 m 左右(994～1 056 m)。该区间线路右侧有天古崖水库，设计洪水位为 1 027.5 m，沿线有岩溶、采空及滑坡等不良地质分布。为避免水库对铁路的影响，选择 2 个方案进行比选，如图 5-54 所示。

(2)DAK 方案

DAK 方案在水库区沿岚漪河河谷两侧 1 025.0 m 以上布线(高出水库溢洪道高程 1 024.0 m)，在魏家滩对面岚漪河北岸螺旋展线降坡后跨岚漪河及公路，在南岸平坦的阶地上

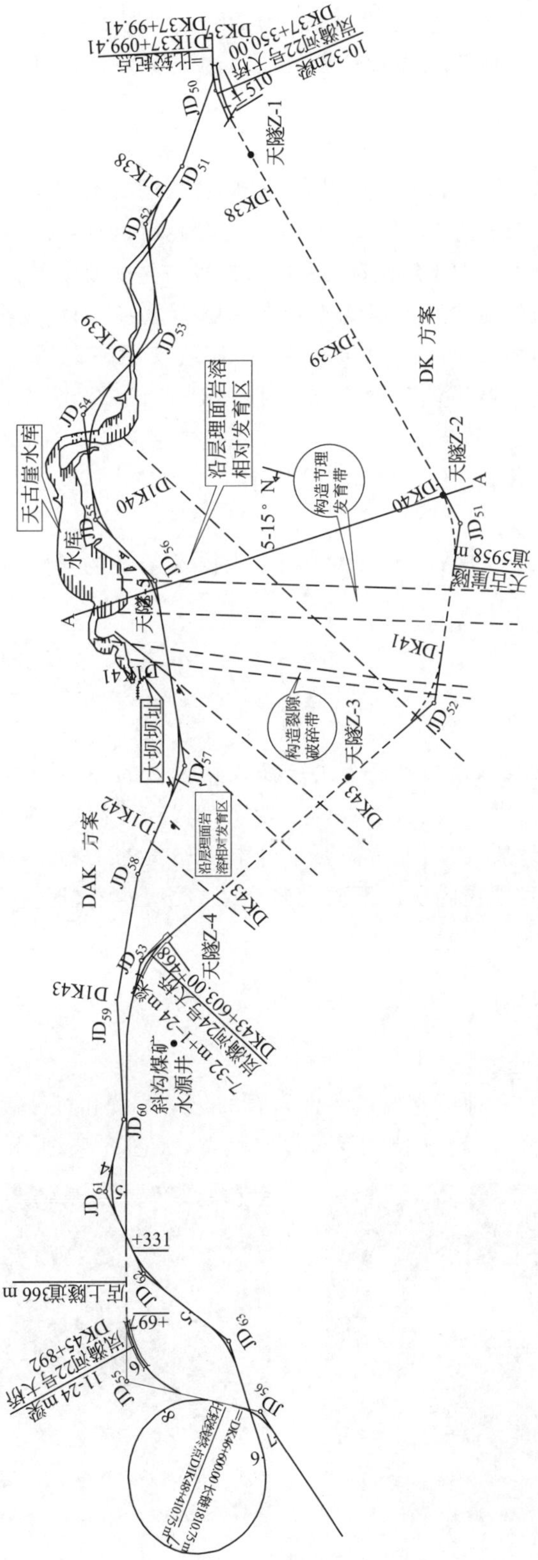

图 5-54　线路方案比选及工程地质分区

设魏家滩站。方案优点是没有大的控制性工程，技术难度小，工程费用低；缺点是线路里程长，运营条件差，不利于远期的扩能改造，压煤量大（为 DK 方案的 1 倍多）。

存在的工程地质问题：①水库坍岸；②范家幢、斜沟煤矿采空；③店上滑坡；④螺旋展线段压煤多，占用煤炭资源。

（3）DK 方案

DK 方案在天古崖水库南岸以 5.9 km 长的隧道展线（洞身有约 2/3 低于水库设计洪水位 1 027.5 m，约 1/4 低于现在的蓄水高程 1 000 m），后跨越岚漪河，在范家幢一带绕避采空区，与原方案相接在岚漪河南岸平坦的阶地上设魏家滩站。方案优点是线路里程短，运营条件好，有利于远期的扩能改造，压煤量少且可以绕避开水库塌岸、煤矿采空及滑坡等不良地质；缺点是长隧道为控制性工程，地质条件复杂，技术难度大，工程费用高。

存在的工程地质问题：①隧道位于岩溶区，可能遇到溶洞及岩溶水；②隧道大部分埋深低于天古崖水库设计洪水位 1 027.5 m，水库一旦治理完毕蓄水，那么库水可能沿溶洞、贯通性构造裂隙与隧道连通，会给设计、施工及运营等带来一系列技术难题。

（4）方案比选结论

由于 DK 方案压煤量只是 DAK 方案的一半，从技术经济的角度亦具有优势，因此推荐 DK 方案。

5.5 地质与定线

在不良工程地质地区定线，地质条件为决定铁线路位置的主要因素。对铁路危害严重的不良工程地质现象有：滑坡、泥石流、岩溶、沼泽、沙漠、地震、冲沟、永冻土、盐渍土、岩堆、水库坍岸等。为克服不良工程地质现象，通常需要十分艰巨昂贵的工程，有时还不易奏效。因此，铁路定线必须特别重视工程地质问题。下面主要介绍岩溶、沙漠、地震、冻土和泥石流等复杂地质地区的铁路定线及实例。

5.5.1 岩溶地区的定线

1. 岩溶对铁路工程的危害

岩溶地貌是岩溶地表水和地下水对可溶性岩石的化学溶解和机械侵蚀作用所产生的地貌现象，往往呈奇特形状，有洞穴、溶洞、地下河，也有峭壁，如图 5-55 所示。对铁路的危害主要

图 5-55 岩溶地貌

表现在：地下洞穴的顶板坍塌引起洞上的铁路建筑物下沉或破坏；洞穴或漏斗周期性冒水，淹没路基基底，引起沉陷、翻浆或崩塌；突发性地下涌水，冲毁铁路建筑物。

2. 岩溶地段定线原则

(1)对于大型的、处于强烈发育阶段、具网状洞穴、巨大空洞及暗河发育的岩溶地段对铁路勘察、设计、施工和运营都会造成极大的困难，线路应予绕避，将线路选在岩溶发育相对轻微的地区；

(2)对于中、小型的，已停止发育的岩溶，可选择其窄处、易于处理的部位通过。根据岩性及地质构造，宜将线路选在难溶岩层通过，宜避开地质构造破碎带和有利于岩溶发育的构造带，使线路方向与主要构造线正交或较大夹角斜交，以减少其影响。

(3)可溶岩层与非可溶岩层和不透水层的接触带常诱发落水洞、漏斗、塌陷及暗河等，应予绕避。

(4)岩溶地段，宜以明线(路基、桥涵等)通过，不宜做地下工程(隧道)特别是长隧道。

(5)线路宜尽量短距离通过可溶岩区，特别应避免线路顺可溶岩与非可溶岩接触带、有利于岩溶发育的褶皱轴和断裂带及其交汇处展布。这些地段一般岩溶与岩溶水十分发育，隧道涌水、突泥的可能性极大，危害性极强，线路应绕避或选择最窄处大角度通过。

(6)岩溶区线路高程应尽可能抬高，高程宜控制在垂直渗流带中，使线路从垂直渗流带通过，减少在水平径流带以及地下隧道长度，避免隧道雨季突水灾害。

(7)线路应尽量绕避暗河，如无法绕避，应尽量以桥梁工程通过；若以隧道工程通过时，线路应行走于暗河上部一定高度，隧道纵断面宜采用“人”字坡，以利于隧道施工和运营中排水。

(8)傍山岩溶隧道应选择从岩溶安全带通过。岩溶斜坡地带存在一个岩溶安全带，即岩溶水最低排泄点与山顶面靠河谷最外侧的洼地、竖井等垂直岩溶形态之间的地带，如图 5-56 所示。安全带内岩溶水的发育程度相对微弱，是隧道通过的最佳位置。

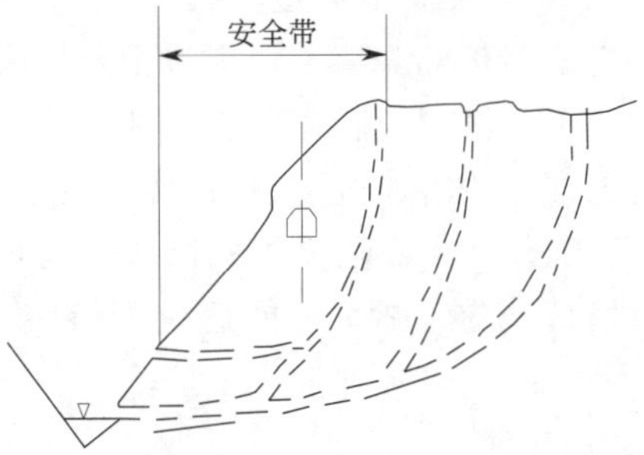

图 5-56 岩溶安全带示意图

注：渝怀铁路乌江峡谷段通过可溶岩的隧道 22 座，其中白沙沱 1 号隧道、枳城隧道、武隆隧道、板桃隧道、杉树沱隧道等 5 座隧道在平面上与暗河相交，通过精心的地质选线，有 4 座隧道选择在岩溶安全带通过，揭示溶洞很少，施工非常顺利。只有武隆隧道因距河谷太远、位置偏低，线路与暗河相交，在雨季发生了特大岩溶涌水，这是值得吸取的深刻教训。

(9)隧道应于暗河顶板之上保证安全顶板厚度大角度与地下暗河相交。

隧道与暗河平行走行或下穿暗河极有可能因施工袭夺暗河水，诱发突水灾害。隧道应位于暗河顶板之上大角度与地下暗河相交，并保证安全顶板厚度，防止暗河与隧道连通，诱发突水灾害。

3. 岩溶地段定线实例

(1)既有铁路南岭隧道。

由于在构造夹持地带以浅埋长隧道(一般埋深 29～35 m)下穿连溪河、生潮垅为代表的 5 个与暗河连通的大型溶蚀洼地，地表水与地下水存在良好的水力联系，施工期间，雨季最大涌水量达 87 000～110 000 m^3/d,发生突水涌泥 24 次。地表出现陷坑 52 处,连溪河河床被陷坑 5 次断裂,河道曾被迫临时改移 3 次,致使施工严重受阻并危及既有线安全。运营至今,虽历经多次整治,隧道常年仍每日排泄浑水数千至数万立方米,诱发诸多病害,数次中断行车,造成了严重的涌水、突泥,并形成地下水降落漏斗,大面积降低了地下水位,致使地下水被疏干、地表水遭袭夺,造成了难以逆转的环境灾害。

(2)宜万铁路云雾山隧道。

东起宜昌花艳,西至重庆万州,全长 377 km,大部分地形为喀斯特地貌,也是目前国内已建和在建铁路中最难的复杂山区铁路。其中全长 6 640 m 的云雾山隧道被称为高风险隧道,施工风险极高,遇到大量的溶管、溶洞、地下暗河等(图 5-57),是一座突泥突水、天然气、高地应力、地温等地质灾害集一体的长大隧道。中铁一局在施工中采取了各种防范措施,每一次开挖都小心谨慎,但在几年的施工中,依然先后发生大的突泥突水 21 次之多。如图 5-58 所示。

图 5-57 云雾山隧道溶洞纵横交错

图 5-58 云雾山隧道进口掌子面左边墙出水

(3)黔桂铁路扩能改造工程。

黔桂铁路扩能改造工程都匀至龙里段,大取直方案与沿既有线改扩建方案的比选重点是定水坝隧道与罗家山隧道地质条件的比选。罗家山隧道全长 6 714 m,如图 5-59 所示,进口段及洞身大部分段落通过可溶岩,出口段小部分通过石英砂岩地层,虽然洞身仅穿越 1 条断层,但平面上通过 3 条断层交汇的断层三角带,更主要的是洞顶地表岩溶洼地、漏斗、落水洞、岩溶泉十分发育。隧道施工可能遇到岩溶突水,疏干岩溶水和地表泉水将产生严重的环境地质问题。

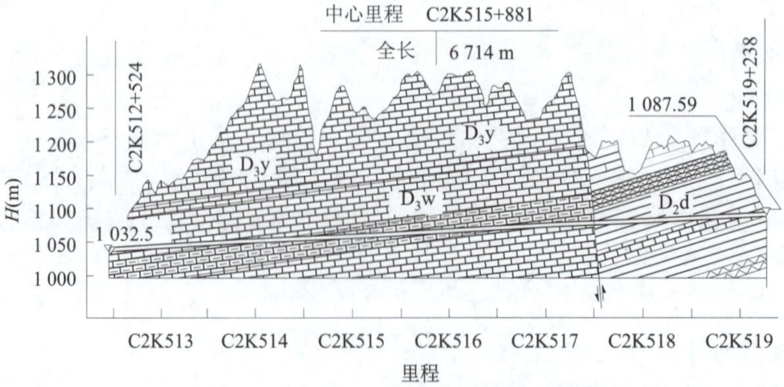

图 5-59 罗家山隧道地质纵断面图

定水坝隧道全长约 8 536 m，如图 5-60 所示。虽然洞顶地表可溶岩溶蚀洼地、漏斗、落水洞、竖井星罗棋布，但洞身通过石英砂岩等碎屑岩类，隧道涌水量小，对环境的破坏也小。因此，采用定水坝隧道取直方案。

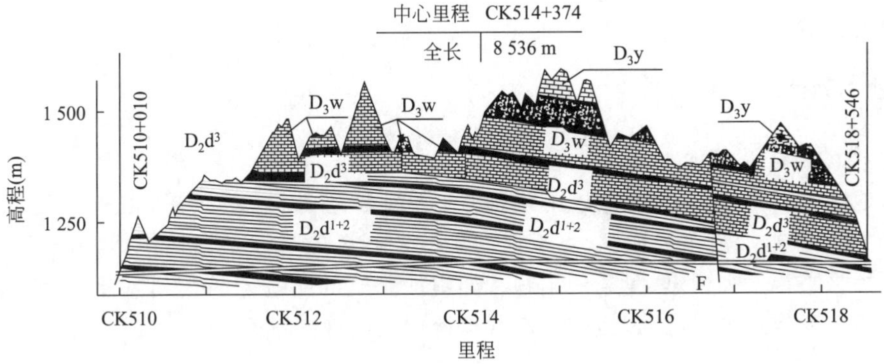

图 5-60　定水坝隧道地质纵断面图

(4)兰渝线桔柑隧道。

兰渝线桔柑隧道定测阶段调查发现，在 D_1K385 +950 的祠沟沟口有一泉水，泉水出露灰岩岩坎下部，出水口已被洪积卵砾石土覆盖，泉水点高程 946 m。距离泉水 3 km 的陈家山滴水坝有一溶蚀洼地(高程 2 000～2 030 m 之间)，洼地有水并发现有 2 处落水洞，根据调查及访问得知，该洼地水通过落水洞补给沟口泉水。为查明暗河位置，选择合理线路位置，采用电测深、大地电磁等物探方法探测暗河位置。大地电磁物探资料显示，DK 方案地下暗河位置距泉水点距离约 1 400 m，地下暗河顶板高程 980.6 m，该处轨面高程为 972 m，如图 5-61 所示。

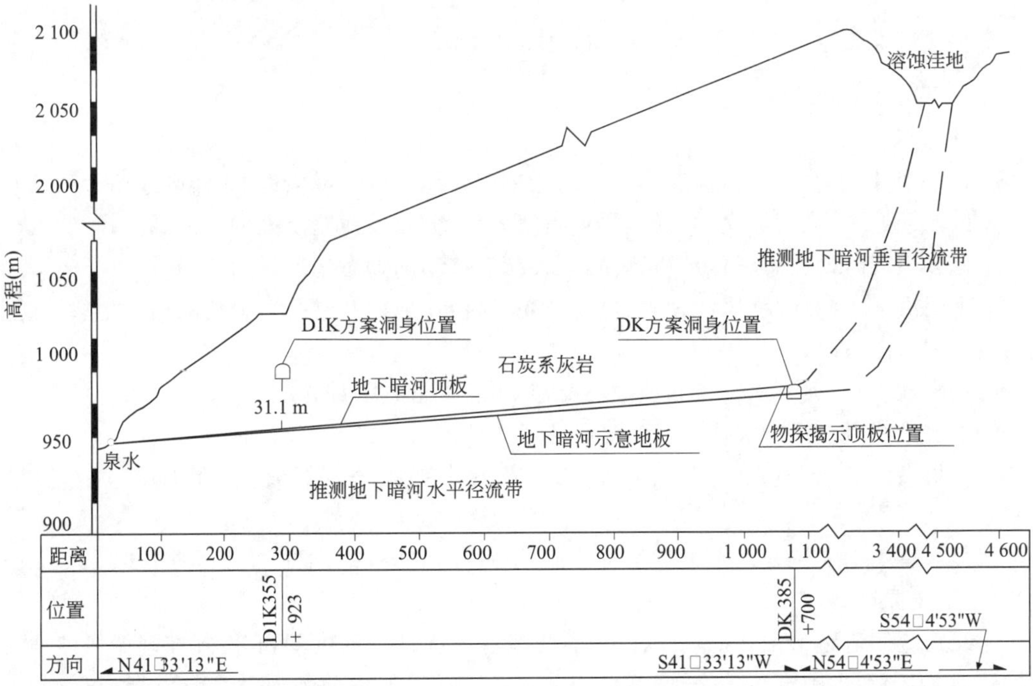

图 5-61　DK，D1K 方案与暗河关系示意图

受坡度限制，调整高程困难，洞身正好位于暗河之下，隧道施工极有可能吸夺暗河水，诱发突水灾害。

由图 5-61 可见，推测地下岩溶水通道与 D 1K 正洞相交在里程 D1K385＋923 附近，该里程隧道路肩高程为 985.3 m，该处暗河顶板高程为 954.2 m，路肩高出岩溶水通道 31.1 m，隧道位于暗河之上，不会诱发突水灾害，且有足够顶板厚度，故推荐 D1K 方案。

5.5.2 沙漠地区的定线

1. 沙漠的特征及风沙对铁路的危害

沙漠地区气候干燥、日照强烈、雨量稀少、气温较差大、风沙频繁、植被稀疏低矮等（图 5-62）。在沙漠和半沙漠定线地区，由于沙的松散性和风的吹蚀及搬运作用，风沙给铁路修筑和运营养护带来一系列困难、复杂的问题。如用沙修筑的路基容易受到风蚀，风沙对机车、车辆和通信设备的磨耗等，铁路定线应考虑减少沙埋和风蚀的危险。

图 5-62　沙漠地区

2. 沙漠地区勘测要点及定线原则

(1)勘测要点。

①宜采用综合勘察方法，前期充分利用遥感图像地质解译或借助 Google 地图大致了解沙漠分布以辅助选线，查明沙漠的成因、严重程度分类、分布及线路所处的沙漠部位；

②通过不同时期遥感图像地质解译，了解沙丘移动的动态情况；

③查明沿线风沙地貌（风蚀地貌、风积地貌、风沙流地貌）特征，划分线路通过地段沙丘、沙地的类型和分布情况；

④了解地表水、地下水分布和埋藏情况，判明有无造林条件；

⑤了解沿线风沙活动规律、危害程度、防风固沙的成功经验及教训；

⑥搜集沿线气温、蒸发、降水、风向、风速及其出现频率延续时间、能见度、风沙日数等资料；

⑦配合有关专业调查沙生植物生态特征，了解林带的树种，配置宽度及防沙效果。

(2)定线原则。

①线路应绕避整治困难的严重流沙区，不宜深入大沙漠的内部，宜选择在轻微风沙地段及风蚀洼地、固定和半固定沙丘、丘间低地和戈壁、沿古河床、山前平原潜水溢出带或凸型地带、防风林带内侧通过。并尽可能不通过半固定沙丘的下风侧，避免沙体移动掩埋铁路；

②线路应避开山地陡坡积沙地段，宜选在山地背风侧风影响部分以外的地段通过；

③线路走向宜顺直，与主导风向平行或小夹角。在纵断面设计时，应尽量避免不填不挖、路堑和半填半挖路基，多设路堤。受地形条件限制，必须设置路堑时，也应尽量缩短长度，避免长大段落的路堑工程；

④线路应与当地防风沙规划相结合，宜选择在地下水埋藏较浅、接近水源和防护材料产地之处；

⑤车站位置应选择在无风沙或风沙轻微地段，避开有风沙活动的隘口。站房和住宅应朝向背风一侧；

⑥线路平面宜采用较大曲线半径，尽量少设置曲线，必须设置曲线时，最好设在填方地段，也宜采用大半径曲线或将曲线外凸部分朝向迎风面，如图 5-63 所示，这样可减少风沙对路基的危害。

3. 包兰线—沙坡头沙漠定线实例

(1)包兰线—沙坡头概况。

包兰铁路有长约 40 km 的线路通过腾格里大沙漠的东南缘，是我国第一条穿越大沙漠地区的铁路，也是世界上第一条穿越高大流动沙丘区的干线铁路(图 5-64)。该段选线设计和防沙体系的成功建立，是我国铁路建筑史上的创举，为世界在沙漠地区筑路提供了丰富的经验，被联合国列为沙漠筑路的范例。治沙工程被誉为“世界奇迹”，并荣获联合国“全球 500 佳环境保护奖”。

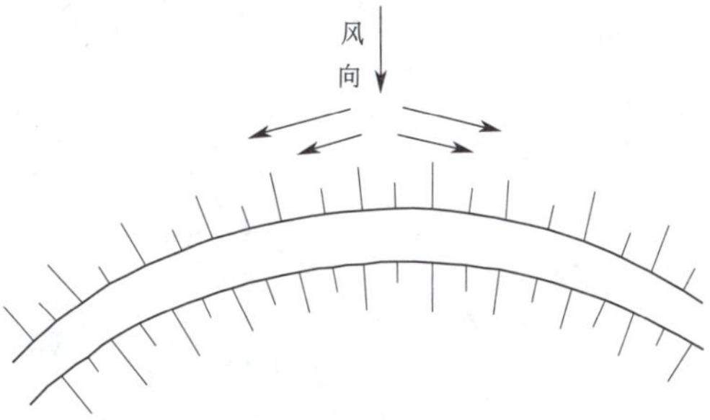

图 5-63　曲线外凸部分朝向迎风面

图 5-64　包兰线铁路

包兰铁路在中卫境内六次穿越沙漠，其中以沙坡头坡度最大，风沙最猛烈。沙坡头位于宁夏回族自治区中卫县境内(图 5-65)，属暖温带干旱荒漠区，典型的大陆性气候，由于深居内陆，气候干旱、降雨稀少、日照强烈、冷热剧变、风力强大、风沙频繁。

(2)线路选择。

1952 年中铁一院开展包兰铁路兰州至银川段勘测设计工作，对中卫至干塘段线路进行了认真比选，提出大南线和大北线两个线路方案：大南线方案兰州至靖远段地形、地质条件十分复杂，崩塌、滑坡发育；靖远至中宁段通过海原活动断裂带；大北线方案在沙坡头前后有 12 km 要穿越高大流动沙丘。而最后确定将铁路修建在茶房庙前的黄河阶地上，从阶地边缘通过，使

图 5-65　沙坡头地理位置图

吹来的沙子，跨过铁路，吹入黄河。阶地陡坎下又正是黄河拐弯处的主流冲刷地段，沙子极易被水流冲走；同时线路靠近河边，引水植树造林，固沙条件良好，从生态环境保护也是有利的。最后决定以通过沙坡头的北线方案作为初测的主要方案，也是最终的修建方案。在 50 多年铁路运营中，通过对沙坡头地区改造生态环境(图 5-66)，铁路两侧已建成防护林带，如图 5-67 所示。沙坡头已成为颇具特色的旅游景区，2007 年 5 月，国家旅游局正式批准为国家 5A 级旅游景区(图 5-68)。

图 5-66　控制流沙的草方格网络沙障

图 5-67　包兰线沙坡头地段铁路治沙防护

图 5-68　沙坡头旅游景区

5.5.3　高烈度地震区的定线

1. 地震引发次生地质灾害对铁路工程的常见破坏

在地震区修建铁路需要考虑地震的影响。地震引发次生地质灾害对铁路工程的破坏非常严重，主要包括崩塌、落石、滑坡、泥石流、堰塞湖及堰塞湖溃决等。如图 5-69 所示。

(a) 崩塌

(b) 滑坡

(c) 泥石流

(d) 堰塞湖

图 5-69　地震引发次生地质灾害

2. 地震区铁路定线原则

在高烈度地震山区进行铁路选线，应重视活动断层、不良地质等特殊地质的地震放大效应和进场区的地震近场效应，铁路选线应遵循的原则如下：

(1) 线路宜避开活动断裂带，难以绕避时，应在断裂带较窄处以简易工程大角度通过，不宜在断裂带内设置大中桥、高桥、隧道、高填深挖等难以修复的大型建筑物；

（2）线路宜绕避严重的山坡变形、易塌陷的地下坑洞、泥石流发育区、不稳定的悬崖深谷、高耸孤立的山丘等抗震不利地段，不宜在松散的山坡堆积层上设置高桥以及高填、深挖和半填半挖路基；线路应选择在工程地质条件良好、地形开阔平坦或缓坡地段；

（3）线路宜选择在非液化土层地带或液化土层埋藏较深、范围最小的地段通过，不得以液化土层作为建筑物的持力层；

（4）线路应尽量绕避断裂带，不得不通过时，在断裂带中不宜设置高大桥梁、隧道和高填深挖等大型建筑物；

（5）设计桥梁应控制桥高，一般优先采用连续梁或无铰拱桥等抗震性能好、整体性强的梁体结构体系；墩台结构应选用整体性好的结构形式。跨越活动断裂禁止设置高墩大跨并优先考虑简支梁。

（6）线路应尽量绕避潜在地震诱发次生地质灾害的地段，绕避潜在不稳定斜坡、松散的山坡堆积层，可能发生大规模滑坡和崩塌的不稳定悬崖深谷、高耸孤立山丘等易发生地震次生地质灾害的地段。

3. 成兰铁路龙门山段选线实例

（1）地震地质条件与选线对策。

龙门山地震带处于我国著名的“南北向地震构造带中段，成兰铁路横穿龙门山高烈度地震区，构造及地震条件是铁路选线的关键因素。汶川地震前带内最强地震是 1657 年汶川 6.5 级，其次为 1970 年大邑 6.2 级。历史地震有 6.0 级 5 次，5.0 级 13 次，并集中发生于两个区域，图 5-70 北段的汶川—北川（A 区）和南段的天全—宝兴（B 区）。A 区集中了 6 级 2 次、5 级 9 次，呈 NE 向椭圆形展布；B 区发生了 6 级 3 次、5 级 2 次，呈不规则椭圆形展布。A、B 区是主体活动地段，仅 2 次 5 级历史地震发生在区外。线路选择靠北段通过 A 区北缘是受走向控

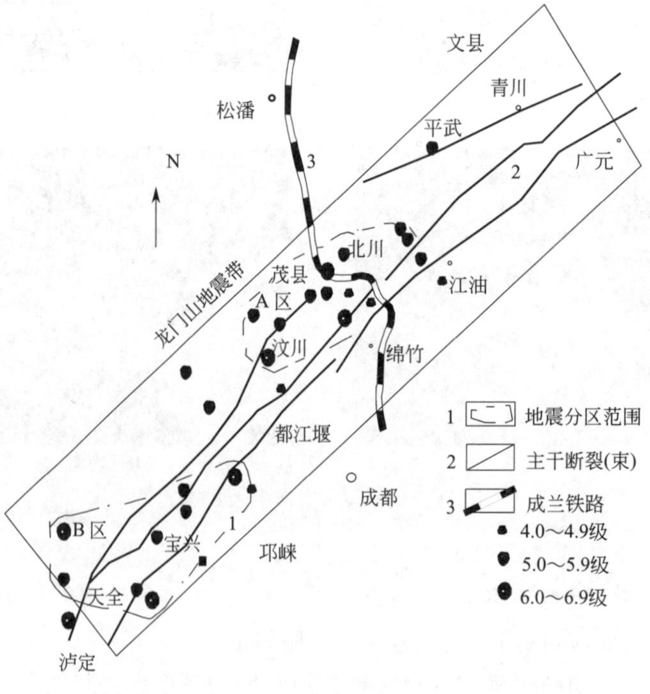

图 5-70　龙门山地震带 $M \geq 4$ 主要历史地震空间分布

制必经茂县所致。

(2)龙门山地区线路方案工程地质比选。

预可研放弃了最南端(经都江堰)和最北端(经江油)的两大径路,可研阶段以跨越龙门山中段详细比选了三个线路方案,如图 5-71 所示。

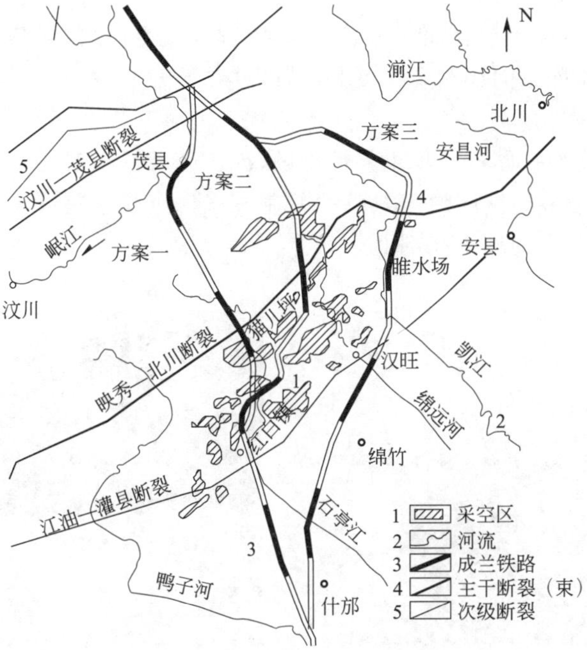

图 5-71　龙门山地区线路方案示意图

① 方案一。线路长 97 km,投资 80.6 亿元,主隧道长 28 km,最大埋深 3 000 m。区内为地震近源破坏核心区,地震破坏极严重、断裂活动性强、岩体极为破碎;滑坡、崩塌、泥石流成片分布且规模大;沿线分布含煤、磷矿地层,采空区连续分布,高瓦斯突出。重点隧道采用单面坡排水困难。优点是线路最顺直,总长度最短,宏观走向与主构造线交角最大,总投资最省,线路靠近茂县,利于地方发展。缺点是连续分布的采空区无法避免,单面坡反坡施工排水风险大,进出口路基挖填方较大。因线路风险极大而废弃。

② 方案二。线路长 105 km,投资 88.8 亿元;主隧道长 14 km,最大埋深 1 900 m。区内地震破坏严重、岩体极为破碎,断裂活动强烈,有 15 km 并行于主中央断裂是次生灾害极发育区。在猫儿坪附近分布含煤、磷矿地层及采空区。优点是线路较顺直,展线系数较小。缺点是线路展线并行于断裂区,处于几乎相连的移动盆地边缘,采空区及瓦斯等有害气体无法完全避免;隧道进口(Ⅷ度区)路基挖方深达 30 m。因风险仍然较大,所以仅作为主要比较方案。

③ 方案三。线路长 121 km,投资 92.2 亿元;主随道长 17.3 km,最大埋深 1 800 m。线路通过睢水河谷正穿断裂集中区后展线 NW 迂回,地震破坏相对轻微,桥梁及路基工程简易。优点是彻底绕避采空区;穿越断裂区长度最短,断裂活动性较弱,余震分布稀疏,地震破坏相对较轻;隧道最大埋深较小,高地应力及高压涌水有工程实践经验参考,破裂带处于隧道进口附近且为白石质灰岩等硬质岩集中段,破碎带宽度较窄。缺点是睢水河谷有地震堰塞湖,但可通

过抬高线位加以规避。总体上风险可控，故优先推荐。

5.5.4 永冻地区的定线

1. 多年冻土简介

多年冻土又称永久冻土，指的是持续三年或三年以上的冻结不融的土层，其表层冬冻夏融，称季节融化层。多年冻土层顶面距地表的深度，称冻土上限，是多年冻土地区线路设计的重要数据。我国的多年冻土面积约 215 万 km^2，占世界第三位，主要分布在青藏高原，东北大、小兴安岭和天山、阿尔泰山。

多年冻土是建设高原铁路的一项世界性难题，冻土随着季节交替不断地冻结、融化，会造成路基冻胀、下沉，严重影响铁路通车，因此，控制冻胀融沉变形是冻土区筑路技术的核心问题。图 5-72 为厚达十余米的地下冰剖面。

图 5-72　昆仑山地下冰剖面

青藏铁路是世界上穿越冻土里程最长的高原铁路，铁路穿越多年连续冻土里程达 550 km，图 5-73 为青藏铁路穿越的昆仑山冻土地段。青藏铁路有最高最长的高原冻土隧道——风火山隧道(图 5-74)，全部位于永久性高原冻土层内，是目前世界上海拔最高、横跨冻土区最长的高原永久冻土隧道；有世界上最长的高原冻土铁路桥——全长 11.7 km 的青藏铁路清水河特大桥(图 5-75)，处于高原多年冻土地段，冻土厚度达 20 多米。

图 5-73　青藏列车驶经昆仑山(550 km)冻土地段

2. 冻土区选线原则

冻土区选线主有要原则见表 5-3。

图 5-74　青藏铁路风火山隧道

图 5-75　青藏铁路清水河特大桥

表 5-3　冻土区选线原则

序号	选线原则	说　明
1	宜高不宜低	线路通过山岳丘陵地区时，宜选择在融冻坡积层缓坡上部，当线路走向沿大河河谷时，宜选择在高台地上，不宜顺着大河融区边缘定线
2	宜阳不宜阴	线路应尽量选在向阳的山坡上。因为阳坡日照时间长，水分蒸发量大，地表及地下水含量相应减少，引起冻害和其他病害的因素亦相应减轻。但由于阳坡冻土融解层深，所以陡坡地段要注意绕避热融滑塌等不良地质地段
3	宜粗不宜细	线路宜选择在岩石、卵石土、砾石土、粗中砂等粗颗粒地层地段通过。当线路需通过黏土、粉土等细颗粒地层时，也应尽量选择含水量小的少冰冻土地带，应尽量避免在饱冰、富冰冻土和含土冰层通过
4	宜绕不宜穿	线路对一些严重的不良冻土现象地段，如厚层地下冰、热融滑塌、热融湖溏、土沼泽等应尽量绕避，当不可避免时，应采取相应的工程措施进行处理
5	宜填不宜挖	线路应尽量采用路堤，少用路堑。并尽量减少低填方，以避免破坏冻土，影响路基稳定
6	宜长不宜短	线路穿越山岭而采用隧道方案时，当地层条件相近时，当产生短隧道群方案和单一长隧道方案时，宜选择采用长隧道方案或将短隧道尽量合并，以减少隧道洞口，减少由于隧道洞口过多对洞身冻土的影响和节省采取保温等工程措施的投资等
7	宜单不宜双	线路跨越大河需设置大、中桥时，应选择在单一地层地段，如融区地段或基底均为少冰冻土的河段，避免将一座桥设在融区和冻土两种不同的地基上
8	宜大不宜小	线路在条件允许的情况下，应尽量选用较大的曲线半径，以提高列车行车速度而减短旅客在高原的通过时间。当受地形限制时，需采用小曲线半径时应集中使用
9	宜少不宜多	沿线应尽量少设站点。由于高原生活、工作条件极为恶劣，在满足输送能力要求前提下，应最大限度减少车站数量，以减少管理人员和少破坏自然环境

3. 青藏铁路冻土地区乌丽山垭口段工程地质选线实例

青藏铁路望昆至安多 550 km 通过多年冻土区，海拔在 4 500～5 300 m 之间，建成后的青藏铁路冻土地段时速达到 100 km。由于青藏高原特殊的地理环境，特别是多年冻土区极其脆弱的生态环境，对铁路建设提出了极高的要求，根据多年冻土区铁路选线的原则，对多年冻土区乌丽山垭口段线路方案进行比选。

(1)乌丽山垭口段工程地质概况。

乌丽山垭口段位于乌丽盆地之中，处于青藏铁路通过多年冻土区中段，海拔在 4 500～4 600 m之间，相对高差不超过 100 m，地形开阔，坡度平缓。垭口宽约 200 m，东西两侧为丘陵山地，中部为河流冲蚀谷地，河谷南北走向。铁路选线范围为乌丽山北坡区域，铁路与青藏公路并行自北向南翻越垭口(图 5-76)。该区主要冻土不良地质现象有：冻土湿地、热融湖塘、冻胀丘、冰锥。

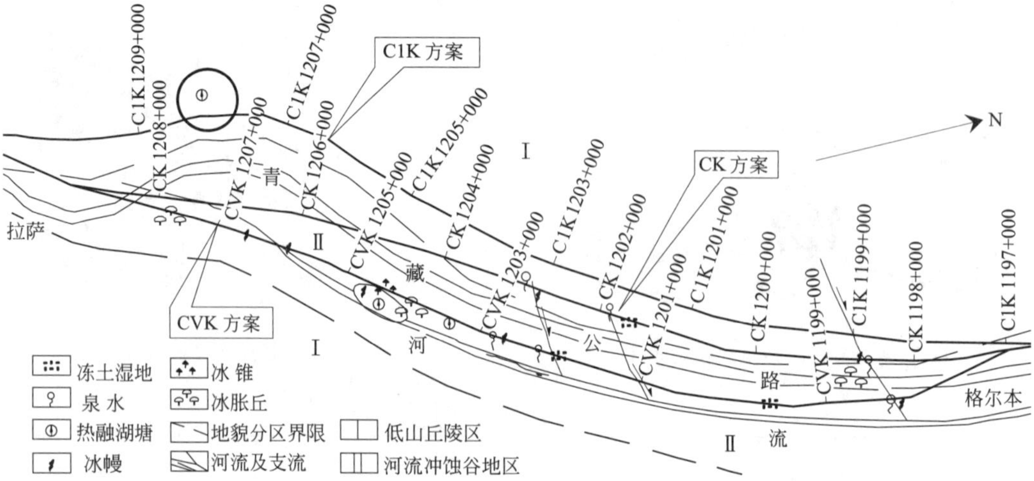

图 5-76　乌丽山垭口线路方案示意图

(2)乌丽山垭口段线路方案及工程地质评价。

在进行青藏线乌丽山垭口段定测纸上定线阶段，鉴于既有线路初测 CK 方案在 CK1198＋500～＋680 段泉水集中出露，出水点达 30 多处，成条带状垂直于线路，线路方向长 180 余米，宽 300 余米，冬季此处形成大面积冰幔及冻胀丘，线路在此处填方通过，难于处理。并且线路在 CK1205＋700 和 CK1208＋350 处跨越公路桥梁与公路夹角小于 33°，因此，此处确定 CIK 和 CVK 方案与 CK 方案进行比选(图 5-76)。

① 冻土不良地质现象及分布。3 个线路方案所通过的冻土不良地质现象的类型、范围及危害程度见表 5-4。

表 5-4　比选方案不良地质分布情况

	里　　程	不良地质类型	不良地质长度(m)	各方案不良地质长度(m)
CK 方案	CK1198＋500～CK1198＋680	泉水、冰幔、冻胀丘	180	430
	CK1201＋950～CK1202＋100	泉水、冻土湿地	150	
	CK1202＋700～CK1202＋800	泉水、冰幔	100	
CIK 方案	CIK1207＋800～CK1208＋200	热融湖堰	400	900
	CIK1198＋700～CK1199＋200	冻土挖方	500	
CVK 方案	CVK1198＋100～CVK1198＋300	泉水、冰幔	200	1 687
	CVK1199＋200～CVK1199＋350	冻土湿地	150	
	CVK1201＋950～CVK1202＋150	泉水、冻土湿地	200	
	CVK1202＋740～CVK1202＋780	泉水、冰幔	40	
	CVK1203＋300～CVK1203＋340	热融湖堰	40	
	CVK1203＋900～CVK1204＋600	热融湖堰、冰幔、冰锥、	700	
	CVK1206＋800～CVK1207＋000	冰幔	200	
	CVK1207＋450～CVK1207＋600	冰幔	150	
	CVK1207＋900～CVK1207＋907	冻胀丘	7	

②CK 方案及工程地质评价。线路自初测里程 CK1196＋500 引出，在公路右侧沿山前缓坡行走，于 CK1205＋700 处跨至青藏公路左侧，再在 CK1208＋350 跨回公路右侧。本方案全长 12.0 km，主要在垭口右侧低山丘陵区的坡脚通过，地层以粗颗粒土及基岩为主，土中含冰量相对较小，冻土以少冰、多冰冻土为主，分布范围稳定，厚度较均匀，工程地质条件较好。CK 方案线路通过 3 处不良地质，都是由泉水引起。CK1198＋500～＋680 处泉水分布密集，但线路通过位置并没有形成明显的冰锥及冻胀丘。CK1201＋950～CK1202＋100 和 CK1202＋700～＋800 两段不良地质都是由线路右侧 50 m 以外的一处泉眼形成，面积较小，形成冻土湿地及冰幔规模也较小，没有冻胀丘或冰锥的形成。CK 方案通过地区上限稳定，不良地质分布集中，利于路堤保温处理，工程量最小。并且既有公路在此处以路堤通过，运营情况良好，无地质病害。

③CIK 方案及工程地质评价。线路自初测里程 CK1196 ＋ 500 引出，减少两跨公路，沿公路右侧至 CIK1212＋300 处接 CK 方案。本方案全长 15.8 km，线路纵坡抬高，在垭口右侧低山丘陵区山坡中部通过，地层以基岩为主，土中含冰量较少，基本为少冰、多冰冻土，冻土分布范围稳定，绕避了大部分冻土不良地质现象。缺点是产生了很多挖方地段，虽避过了 CK1198＋500～CK1198＋680 段泉水不良地质，但线路要通过一直径 400 m 的热融湖塘，无法避让，需远距离运土回填，其工程造价将最为昂贵。并且在 CIK1198＋700～CIK1199＋200 有大段深挖方，最大挖深 30 余米，在冻土地段深挖方是选线的大忌，处理不好会造成无法整治的不良地质破坏。基于以上原因，工作中最先否定了这一方案，未作进一步深入调查。

④CVK 方案及工程地质评价。线路自初测里程 CK1197＋100 引出，由 CVK1197＋320 处跨至公路左侧，在河流冲蚀谷地区行走至 CVK1208＋300 回跨至公路右侧，于 CVK1208＋500 处接 CK 方案。本方案全长 11.4 km，主要行走于公路左侧河流冲蚀谷地中，有时与河较近。地层以细颗粒土为主，且厚度较大，土层中含冰量较大，以富冰、饱冰冻土为主，且厚层地下冰发育，冻土与冰层分布不连续，常年流水地段多有带状融区分布。由于泉水和地表水排泄不畅，本方案冻土不良地质分布面积最广、位置最散，给工程处理带来许多困难。线路多次穿越多年冻土区和岛状融区，多年冻土上限变化大，地温变化大，给路基保温处理带来了很大麻烦，这也是冻土区选线的大忌。

(3)方案比选。根据冻土区铁路选线的原则，线路宜选择在地形平缓、干燥少冰的岩石、粗颗粒土地带及少冰冻土和多冰冻土分布的阳坡地带。CK 方案就遵循了这一原则，通过区域为阳坡，厚层地下冰分布较少，上限稳定，且地层多为岩石，这使路基相对稳定，温差变化影响不明显。CVK 方案却有很多不利，冻土不良地质分布广泛，冻土多为富冰、饱冰冻土和含土冰层，对路基影响大，保温措施花费也很大。CVK 通过位置有很多个泉水点，泉水附近由于排水不畅，形成冰幔、胀丘、冰锥、冻土湿地等不良地质现象，分布广泛，处理困难。CK 方案也通过一处泉水比较发育的区域，但这一区域相对集中，线路容易跨越，并且泉水分布于山坡之上，不易富集，不会造成对线路大的影响。多年冻土地区宜避免以路堑形式通过，当必须采用路堑时，宜减少挖方高度，且线路纵断面不宜采用平坡。CIK 方案虽然避开了 CK1198＋500～＋680 段不良地质，但这样做的结果会产生高达 30 余米的挖方，与冻土区选线的原则是相违背的。经过对以上各方案工程地质条件的对比，最终将 CK 方案作为推荐定测方案。

5.5.5 泥石流地区的定线

1. 泥石流简介

泥石流是指在山区或者其他沟谷深壑，地形险峻的地区，因为暴雨暴雪或其他自然灾害引发的山体滑坡并携带有大量泥沙以及石块的特殊洪流(图 5-77)。泥石流常常具有暴发突然，来势凶猛、迅速的特点。并兼有崩塌、滑坡和洪水破坏的双重作用，其危害程度比单一的崩塌、滑坡和洪水的危害更为广泛和严重。泥石流可直接埋没车站、铁路、公路，摧毁路基、桥涵等设施，致使交通中断(图 5-78)，还可引起正在运行的火车、汽车颠覆，造成重大的人身伤亡事故。

图 5-77 泥石流

图 5-78 泥石流冲毁铁路图

1981 年 7 月 9 日凌晨甘洛县境内大渡河南岸利子依达沟暴发特大泥石流，泥石流体冲毁了成昆铁路尼日车站北侧跨越利子依达沟口的利子依达大桥，并在几分钟内堵塞大渡河干流，大渡河断流 4 h 后泥石流大坝溃决。造成成昆线中断，攀枝花到成都的 442 次 2 台机车、1 辆行李车和 1 辆客车坠入大渡河内，此次灾难造成 300 余人死亡，146 人受伤，成昆铁路瘫痪 372 h，直接经济损失 2 000 余万元，灾后改线避绕工程投资 3 000 多万元。是世界铁路史上迄今为止由泥石流灾害导致的最严重的列车事故，如图 5-79 所示。图 5-80 为废弃的利子依达大桥。

图 5-79 成昆铁路泥石流线路中断

图 5-80 成昆铁路废弃的大桥和隧道

2. 泥石流地区的铁路选线

泥石流地区的铁路选线，是使铁路避免淤塞、冲刷安全通过泥石流的关键性环节。关系着铁路工程设计、施工、养护的难易和运营的安全，而处理泥石流沟，首先从选线角度来考虑，则比较主动，效果较好。因此，线路方案必须认真比选，现归纳其主要经验如下。

(1)泥石流沉积区选线。

泥石流沉积区一般地形平缓,是铁路选线平剖面设计较自由的部位。但由于线路通过沉积区的具体位置不同,其危害程度差别很大。宽谷段泥石流沉积区地势开阔,线路位置越靠近扇缘,泥石流对铁路的危害作用越轻,但对农田的干扰则越大。因而在宽谷段泥石流洪积扇上选线,应作多方案的比选。如西昌集中分布的宽谷段泥石流,除了作绕避(走对岸或脱离扇缘)方案比较外,在洪积扇群上还作过扇顶、扇腰、扇缘三方案的比较,如图 5-81 所示。其结果是:扇顶方案工程大,线路弯曲绕长 27 km,扇缘方案工程小,但要多占好田;扇腰居中,又不占好田。经全面综合比较和地方有关部门协商一致,采用了扇腰方案。

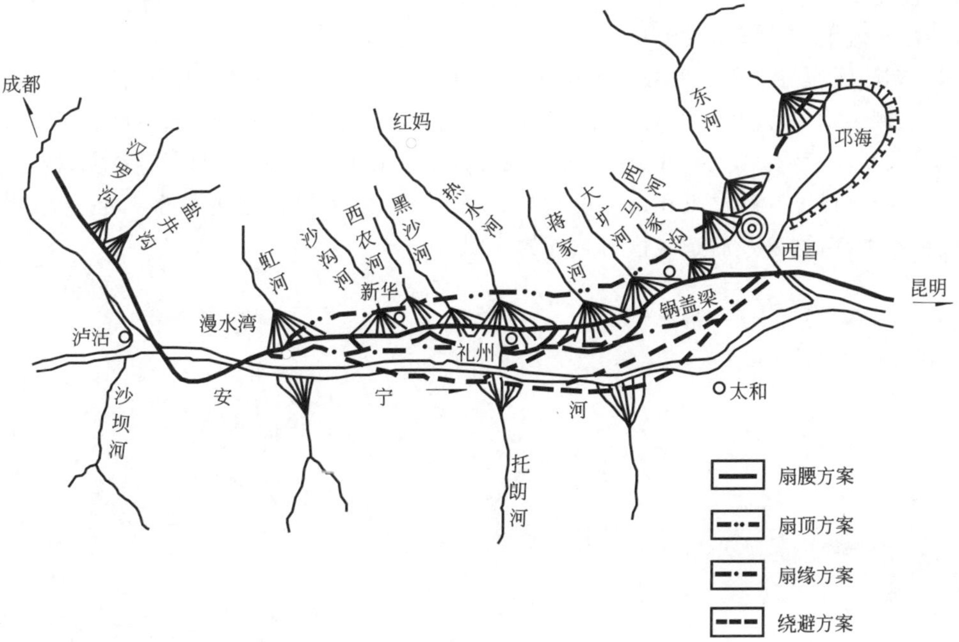

图 5-81　西昌宽谷段泥石流线路方案示意图

对峡谷段泥石流沉积区的线路位置,是越靠上越好,不得已时,也不应选在扇缘受主河水流切割的影响范围之内。如金沙江峡谷段泥石流,由于阶地狭窄,洪积扇发育不全,线路在扇面上可摆动的幅度较小,这就需要着重考虑桥隧相结合的方案,隧道群与长隧道、分散设桥与集中设桥的比较,在具体作法上是以重点泥石流沟为控制点。考虑隧道时,以长隧为主,洞口位置应满足洞口桥孔净空设计要求;考虑架桥时,以高桥大跨为主,必要时为线路在泥石流沟下通过的隧道方案留有余地,如白沙沟泥石流线路方案。

(2)泥石流流通区选线。

线路通过泥石流流通区,是铁路横跨泥石流沟比较好的方案。因为它与泥石流的遭遇范围最小,有河道稳定、冲淤变化较小、桥渡工程小等优点。但由于流通区所处地势较高,桥渡两端引线工程较大,成昆铁路在越岭地段和沿河展线地段,是线路通过泥石流流通区最多的地方。因此,要充分利用地势选好方案。以桥通过时,净空高度控制选线,才能确保桥渡及其两侧隧道的安全,如成昆铁路法拉、羊臼河展线地段泥石流沟的桥隧工程,均为成功之例。反之,桥孔被堵,亦危及隧道安全,如柳树塘泥石流沟桥下净空仅 3 m,1974 年 5 月 1 日发生泥石流,堵塞桥孔，漫入两侧隧道淤埋轨道厚约 1 m，造成中断行车。当以隧道通过泥石流沟时，要从施工的难度来考虑，以深埋或浅埋隧道控制线路标高，如大塘河明洞为浅埋通过；下格达、莲地隧道为深埋通过，均为成功之例。不深不浅通过洪积层的做法，对隧道的稳定性，防护和施工都不利，故不可取。

(3)零散分布的泥石流应予重视。

零散分布的泥石流特点是形态不明显、难识别，易被忽视。选线时要从正确鉴别泥石流沟上着眼，在局部方案比较上着手，对主要控制性工程要留有余地。成昆铁路在零星分散的点上教训较多，如大渡河、牛日河零散分布区在通车后发生泥石流病害工点 9 处，原因是由于认识不足，未按泥石流设计。

(4)泥石流地区设车站要慎重。

停歇期的泥石流洪积扇常被选为山区铁路设站的位置，实践证明，出现问题较多，如埃岱、新铁村、花棚子站等，应尽量避免。在不得已时，要切实查明泥石流的性质，有无复活的因素存在，慎重处理，注意将站房、仓库、住房等设施放在车站的下游一侧，站内不宜设涵，桥下应设陡坡，拦排结合。成昆铁路在洪积扇上设站共 23 处，其中发生泥石流病害的 7 处。站内病害远较区间更难处理，这是今后选线值得重视的问题。

第六章　线路方案优化比选方法及应用

铁路线路方案比选是铁路设计中的一项重要的工作，线路方案的优劣直接影响项目的经济和社会效益。不仅牵涉面大，比选范围广，而且既有定量指标，又有施工环境条件等定性因素，因此铁路线路方案比选属于多目标的综合评价问题，且各项指标之间往往存在矛盾问题。例如，线路里程取最短，工程填挖方量可能又较大，这就需要综合来权衡。因此，选择适宜的评价方法显得尤为重要。在本章中，将以实例应用来介绍目前常用的层次分析法、一致性模糊层次分析法、灰色优选模型法、模糊优化模型、灰色聚类法等各种方案比选方法。

6.1　层次分析法及应用

6.1.1　层次分析法简介

层次分析法（AHP 法）是一种解决多目标复杂问题的定性与定量相结合的决策分析方法。该方法将定量分析与定性分析结合起来，根据问题的性质和要达到的总目标，将问题分解为不同的组成因素，并按照因素间的相互关联影响以及隶属关系将因素按不同层次聚集组合，形成一个多层次的分析结构模型，最终使问题归结为最低层（供决策的方案、措施等）相对于最高层（总目标）的相对重要权值的确定或相对优劣次序的排定，从而在不同的方案中做出选择或形成选择方案的原则。

6.1.2　层次分析法的步骤和方法

运用层次分析法构造系统模型时，大体可以分为以下四个步骤：①建立层次结构模型；②构造判断（成对比较）矩阵；③层次单排序及其一致性检验；④层次总排序及其一致性检验。下面简要说明各步骤。

1. 建立层次结构模型

将决策的目标、考虑的因素（决策准则）和决策对象按它们之间的相互关系分为最高层（决策的目的、要解决的问题）、中间层（考虑的因素、决策的准则）和最低层（决策时的备选方案），绘出层次结构图。

2. 构造成对比较矩阵

设某层有 n 个因素，$X=\{x_1, x_2, \cdots, x_n\}$，把 n 个因素对上层某一目标的影响程度进行排序。比较是两两因素之间进行的比较，比较时取 1～9 尺度，其含义见表 6-1。用 a_{ij} 表示第 i 个因素相对于第 j 个因素的比较结果，则 $a_{ij}=1/a_{ji}$。

$$A=(a_{ij})_{n\times n}=\begin{bmatrix} a_{11} & a_{12} & \cdots & a_{1n} \\ a_{21} & a_{22} & \cdots & a_{2n} \\ a_{31} & a_{32} & \cdots & \cdots \\ a_{n1} & a_{n2} & \cdots & a_{nn} \end{bmatrix} \tag{6-1}$$

A 为成对比较矩阵，a_{ij} 满足：$a_{ij}>0, a_{ij}=\frac{1}{a_{ji}}, a_{ii}=1$。$A$ 是正的互反矩阵，且对角线上元素为 1。

表 6-1　1～9 尺度的含义

标　度	含　义
1	表示两个因素相比，具有相同重要性
3	表示两个因素相比，前者比后者稍重要
5	表示两个因素相比，前者比后者明显重要
7	表示两个因素相比，前者比后者强烈重要
9	表示两个因素相比，前者比后者极端重要
2,4,6,8	表示上述相邻判断的中间值
倒数	若因素 i 与因素 j 的重要性之比为 a_{ij}，那么因素 j 与因素 i 重要性之比为 $a_{ji}=1/a_{ij}$

3. 层次单排序及一致性检验

层次单排序：确定下层各因素对上层某因素影响程度的过程。

用权值表示影响程度，先从一个简单的例子看如何确定权值。例如一块石头重量记为 1，打碎分成 n 个小块，各块的重量分别记为：$w_1, \cdots, w_n$，则可得成对比较矩阵：

$$A=\begin{bmatrix} 1 & \frac{w_1}{w_2} & \cdots & \frac{w_1}{w_n} \\ \frac{w_2}{w_1} & 1 & \cdots & \frac{w_2}{w_n} \\ \vdots & \vdots & \vdots & \vdots \\ \frac{w_n}{w_1} & \frac{w_n}{w_2} & \cdots & 1 \end{bmatrix} \tag{6-2}$$

由上面矩阵可以看出：

$$\frac{w_i}{w_j}=\frac{w_i}{w_k}\cdot\frac{w_k}{w_j}, \text{即 } a_{ik}\cdot a_{kj}=a_{ij}\ ,\ i,j=1,2,\cdots,n$$

在正互反矩阵 A 中，若 $a_{ik}\cdot a_{kj}=a_{ij}$，则称 A 为一致阵，此时 A 的最大特征根(值)为 $\lambda=n$，其余 n-1 个特征根均等于 0。

(1)若成对比较矩阵是一致阵，则我们自然会取对应于最大特征根 n 的归一化特征向量 $\{w_1, w_2, \cdots w_n\}$，且 $\sum_{i=1}^{n} w_i=1$，w_i 表示下层第 i 个因素对上层某因素影响程度的权值。

(2)若成对比较矩阵不是一致阵，Saaty 等人建议用其最大特征根对应的归一化特征向量作为权向量 w，则：$Aw=\lambda w, w=\{w_1, w_2, \cdots, w_n\}$。

这样确定权向量的方法称为特征根法。

由于 λ 依赖于 a_{ij}，则 λ 比 n 大的越多，A 的不一致性越严重。用最大特征值对应的特征向量作为被比较因素对上层某因素影响程度的权向量，其不一致程度越大，引起的判断误差越大。因而可以用 $\lambda-n$ 数值的大小来衡量 A 的不一致程度。

对判断矩阵的一致性检验步骤如下：

(1)计算一致性指标 CI。

$$CI=\frac{\lambda-n}{n-1} \tag{6-3}$$

式中　n——A 的对角线元素之和，也为 A 的特征根之和。

(2)查找相应的平均随机一致性指标 RI。

对 $n=1,2,3,\cdots,9$，Saaty 给出了 RI 的值，见表 6-2。

表 6-2　平均随机一致性指标 *RI* 值

维数	1	2	3	4	5	6	7	8	9
RI	0.00	0.00	0.58	0.96	1.12	1.24	1.32	1.41	1.45

(3)计算一致性比例 CR。

$$CR=\frac{CI}{RI} \tag{6-4}$$

当 $CR<0.10$ 时，认为判断矩阵的一致性是可以接受的，否则应对判断矩阵作适当修正。

4. 层次总排序及其一致性检验

确定某层所有因素对于总目标相对重要性的排序权值过程，称为层次总排序。从最高层到最低层逐层进行，层次结构模型示意图如图 6-1 所示。

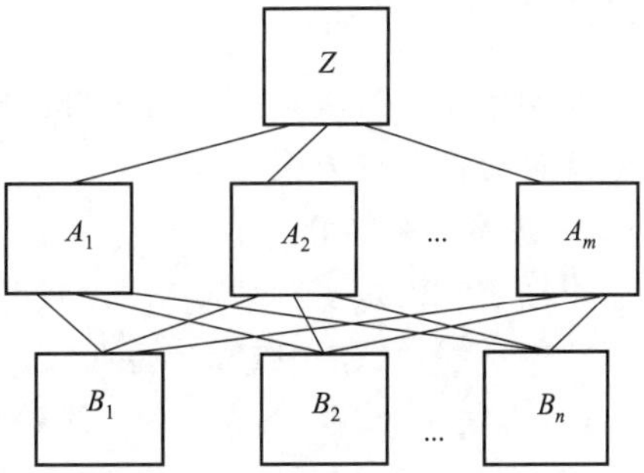

图 6-1　层次结构模型示意图

设：A 层 m 个因素 $A_1,A_2,\cdots,A_m$，对总目标 Z 的排序为 $a_1,a_2,\cdots,a_m$，B 层 n 个因素对上层 A 中因素 A_j 的层次单排序为 $b_{1j},b_{2j},\cdots,b_{nj}$ $(j=1,2,\cdots,m)$，B 层的层次总排序为：

$$B_1:a_1b_{11}+a_2b_{12}+\cdots a_mb_{1m}$$
$$B_2:a_1b_{21}+a_2b_{22}+\cdots a_mb_{2m}$$
$$\cdots$$
$$B_n:a_1b_{n1}+a_2b_{n2}+\cdots a_mb_{nm}$$

总目标的权值为：$\sum_{j=1}^{m}a_jb_{ij}$，见表 6-3。

表 6-3　层次总排序

B \ A	$A_1,A_2,\cdots,A_m$ $a_1,a_2,\cdots,a_m$	B 层的层次总排序
B_1	$b_{11}b_{12}\cdots b_{1m}$	$\sum_{j=1}^{m}a_jb_{1j}=b_1$
B_2	$b_{21}b_{22}\cdots b_{2m}$	$\sum_{j=1}^{m}a_jb_{2j}=b_2$
⋮	⋮　⋮　⋮　⋮	
B_n	$b_{n1}b_{n2}\cdots b_{nm}$	$\sum_{j=1}^{m}a_jb_{nj}=b_n$

层次总排序的一致性检验。对层次总排序也需作一致性检验，检验仍像层次总排序那样

由高层到低层逐层进行。这是因为虽然各层次均已经过层次单排序的一致性检验，各成对比较判断矩阵都已具有较为满意的一致性。但当综合考察时，各层次的非一致性仍有可能积累起来，引起最终分析结果较严重的非一致性。

设 B 层 $B_1, B_2, \cdots, B_n$ 对上层（A 层）中因素 $A_j (j=1,2,\cdots,m)$ 的层次单排序一致性指标为 CI_j，随机一致性指为 RI_j，则层次总排序的一致性比率为：

$$CR=\frac{a_1 CI_1+a_2 CI_2+\cdots+a_m CI_m}{a_1 RI_1+a_2 RI_2+\cdots+a_m RI_m} \tag{6-5}$$

当 $CR<0.1$ 时，认为层次总排序通过一致性检验。层次总排序具有满意的一致性，否则需要重新调整那些一致性比率高的判断矩阵的元素取值。

到此，根据最下层（决策层）的层次总排序做出最后决策。

6.1.3 应用实例

采用层次分析法，以宁（南京）杭（杭州）线湖州—杭州段为例，将各个影响因素进行分解，经过计算得出最优方案。

1. 线路方案简介

根据宁杭沿线工程地质情况、城市规划布局和地方政府意见，对湖州—杭州段线路走向提出了清德东线、清德中线和清德西线 3 个方案。

(1)方案一，清德东线方案。线路全长 58.66 km，线形顺直，但距新城较远，旅客出行不便，而且穿越规划工业园影响其发展，投资超过 52 亿元。

(2)方案二，清德中线方案。线路全长 59.70 km，线形顺直，旅客列车不需限速，能兼顾新、老城关客流，但穿越外围风景区，投资近 51 亿元。

(3)方案三，线路全长 63.78 km，旅客列车需限速运行，吸引主城区客流较有利，需穿越外围景观控制地带，投资近 55 亿元。

2. 方案比选

(1)构建系统的层次结构模型如图 6-2 所示。

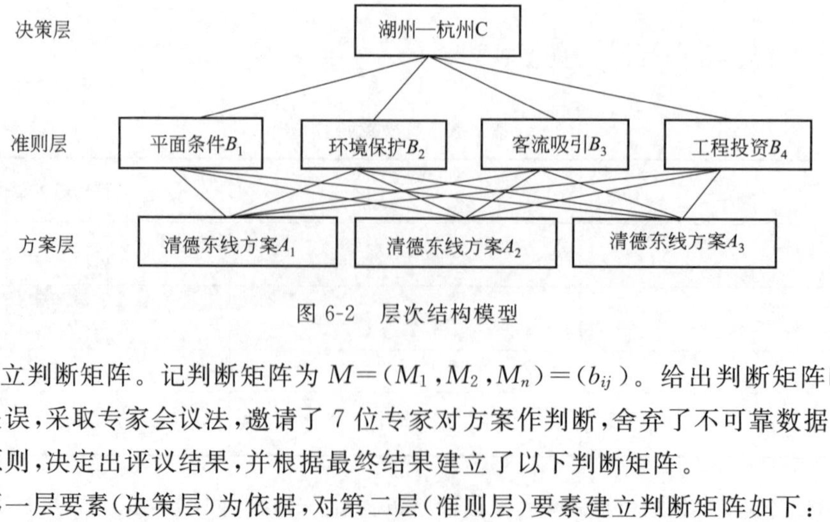

图 6-2　层次结构模型

(2) 建立判断矩阵。记判断矩阵为 $M=(M_1, M_2, M_n)=(b_{ij})$。给出判断矩阵时，为了减少个人的失误，采取专家会议法，邀请了 7 位专家对方案作判断，舍弃了不可靠数据，实行少数服从多数原则，决定出评议结果，并根据最终结果建立了以下判断矩阵。

①以第一层要素（决策层）为依据，对第二层（准则层）要素建立判断矩阵如下：

$$M_c=\begin{bmatrix}1 & 2 & 1/3 & 4\\ 1/2 & 1 & 5 & 1/2\\ 3 & 1/5 & 1 & 1/3\\ 1/4 & 2 & 3 & 1\end{bmatrix}$$

②以第二层要素(准则层)为依据,对第三层(方案层)要素建立判断矩阵分别如下:

$$M_{B1}=\begin{bmatrix}1 & 1/3 & 1/3\\ 3 & 1 & 5\\ 3 & 1/5 & 1\end{bmatrix}\qquad M_{B2}=\begin{bmatrix}1 & 1/3 & 1/3\\ 3 & 1 & 3\\ 3 & 1/3 & 1\end{bmatrix}$$

$$M_{B3}=\begin{bmatrix}1 & 1/2 & 1/3\\ 2 & 1 & 1/2\\ 3 & 2 & 1\end{bmatrix}\qquad M_{B4}=\begin{bmatrix}1 & 1/5 & 7\\ 5 & 1 & 9\\ 1/7 & 1/9 & 1\end{bmatrix}$$

(3)计算各要素的优先级向量。优先级向量或称判断矩阵的特征向量,记为 $W=(W_1,W_2,W_3)$,并做判断矩阵的一致性检验。

①计算 M_c判断矩阵(4×4)各要素的优先级向量,先计算矩阵各行元素乘积的 4 次根。

第一个:$\sqrt[4]{1\times2\times1/3\times4}\approx1.277\,9$,其余 3 行类推得:1.057 4,0.668 7,1.106 7。

② 将上述计算结果正交化,即先将各数相加,再除以每个数,得到各要素的优先向量级。

第一个:1.277 9/(1.277 9+1.057 4+0.668 7+1.106 7)≈0.310 5,其余三个类推得:0.257 2,0.162 7,0.269 2。所以,以决策层为依据,平面条件、环境保护、客流吸引、工程投资的优先级向量为:W_c=(0.310 9,0.257 2, 0.162 7,0.269 2)。依此方法,可求得其余 4 个矩阵的优先向量级,分别如下:

$$W_{E_1}=(0.168\,5,0.574\,5,0.256\,9)$$

$$W_{E_2}==(0.174\,5,0.523\,4,\ 0.302\,2)$$

$$W_{E_3}=(0.199\,4,0.312\,1,0.488\,5)$$

$$W_{E_4}=(0.269\,7,0.642\,3,0.088\,0)$$

③进行 M_C 判断矩阵的一致性检验。其中,RI 为平均随机一致性指标,RI 的取值见表 6-2。当 $CR<0.1$ 时,判断矩阵的一致性可以接受。经试算,CR 值大于 0.1 的反馈给 7 位专家重新判断,对 M 作反复调整并重新计算得一致性比率,直到满足 $CR<0.1$。

计算判断矩阵的最大特征值公式:

$$\lambda=\frac{1}{n}\left(\frac{M_1W_1}{W_1}+\frac{M_2W_2}{W_2}+\frac{M_3W_3}{W_3}+\frac{M_4W_4}{W_4}\right)$$

$$M_cW_c=\begin{bmatrix}1 & 2 & 1/3 & 4\\ 1/2 & 1 & 5 & 1/2\\ 3 & 1/5 & 1 & 1/3\\ 1/4 & 2 & 3 & 1\end{bmatrix}\begin{bmatrix}0.310\,9\\ 0.257\,2\\ 0.162\,7\\ 0.269\,2\end{bmatrix}=\begin{bmatrix}1.956\,4\\ 1.637\,4\\ 0.541\,9\\ 0.067\,3\end{bmatrix}$$

则 M_c判断矩阵的最大特征值为:

$$l_{\max}=1/4(1.956\,4/0.310\,9+1.637\,4/0.257\,2+0.541\,9/0.162\,7+0.067\,3/0.269\,2)$$
$$=4.060\,0$$

计算一致性指标:$CI=(l_{\max}-n)/(n-1)=(4.060\,0-4)/3=0.020\,0$

计算一致性比率：$CR=CI/RI=0.020\ 0/0.96=0.020\ 8<0.1$

依此方法，可求得其他 4 个矩阵的一致性比率，分别为：0.026 3，0.044 5，0.047 2，0.011 6，均满足一致检验性要求。

(4)确定总体优先级向量，见表 6-4。

根据表 6-4 可知，清德东线方案 A_1 的总体优先级为 0.202 3，清德中线方案 A_2 的总体优先级为 0.536 9，清德西线方案 A_3 的总体优先级为 0.260 8。可以认为 3 个方案的排序应为 A_2，A_3，A_1，即应选择清德中线方案为最优方案，此结果与项目最终采纳的方案一致。

表 6-4　总体优先级向量的计算表

湖州—杭州方案 C	B_1	B_2	B_3	B_4	总体优先级
	0.310 9	0.257 2	0.162 7	0.269 2	
A_1	0.168 5	0.174 5	0.199 4	0.269 7	0.202 3
A_2	0.574 5	0.523 4	0.312 1	0.642 3	0.536 9
A_3	0.256 9	0.302 2	0.488 5	0.088 0	0.260 8

6.2　灰色关联分析法及应用

灰色关联分析法是一种多因素统计分析方法，它是以各因素的样本数据为依据用灰色关联度来描述因素间关系的强弱、大小和次序的。如果样本数据列反映出两因素变化的态势(方向、大小、速度等)基本一致，则它们之间的关联度较大；反之，关联度较小。

6.2.1　评价指标

某设计线有三个方案可供选择，为了更简捷说明评价方法的具体应用流程，实例中只选用了 7 个主要定量指标(工程指标和技术指标)：线路总长度、最大坡度、平面交点数、桥梁总长、隧道总长、竖曲线个数和最小圆曲线半径。三个方案各指标详细数据见表 6-5。

表 6-5　三方案综合比较表

指 标 名 称	方案一	方案二	方案三
线路总长度(km)	16.221	16.517	16.739
最大坡度(‰)	13.923	13.100	14.300
平面交点数(个)	9	8	8
桥梁总长(m)	627	5 501	9 256
隧道总长(m)	11 090	7 560	4 203
最小圆曲线半径(m)	1 200	1 400	1 600

6.2.2　评价步骤

1. 指标量化

在表 6-5 指标中，主要涉及到两种类型，即“效益型指标”、“成本型指标”。所谓效益型指标是指属性值越大越好的指标，即最小平曲线半径；所谓成本型指标是指属性值越小越好的指标,即线路总长度、最大坡度、平面交点个数、桥梁总长和隧道总长。一般而言,不同的评价指标往往具有不同的量纲和量纲单位,为了消除量纲和量纲单位不同所带来的不可公度性,决策之前首先应将评价指标进行标准化处理,标准化处理方法应该根据评价指标类型确定。

对于效益型指标:

$$U_{ij}=\frac{x_{ij}}{\bigvee_{j} x_{ij}+\bigwedge_{j} x_{ij}},i=1,2,\cdots,n \tag{6-6}$$

式中 $\bigvee_{j} x_{ij}$、$\bigwedge_{j} x_{ij}$——分别为 V_j 指标的最大值和最小值。

对于成本型指标:

$$U_{ij}=1-\frac{x_{ij}}{\bigvee_{j} x_{ij}+\bigwedge_{j} x_{ij}},i=1,2,\cdots,n \tag{6-7}$$

式中 $\bigvee_{j} x_{ij}$、$\bigwedge_{j} x_{ij}$ 的含意同上。

这里只选取了 6 个目标,$V=\{V_1,V_2,\cdots,V_6\}$,$V_1 \sim V_6$ 各个字母与表 6-5 第一列从上到下指标一一对应,各目标的权重为 ω_j,满足:$0\leqslant\omega_j\leqslant 1$,且 $\overset{6}{\underset{j=1}{\text{å}}} w_j = 1$ 。选线设计通常具有多个设计方案,即多目标问题的决策集合:$P=\{P_1,P_2,\cdots,P_n\}$。

方案 P_i 对目标 V_j 的属性记为 $U_{ij}(i=1,2,\cdots n;j=1,2,\cdots,m)$,通常对最小曲线半径等效益型指标是越大越好,对其余 6 项则越小越好,构成决策矩阵:

$$U=(u_{ij})_{n\times m}=\begin{bmatrix} u_{11} & u_{12} & \cdots & u_{1m} \\ u_{21} & u_{22} & \cdots & u_{2m} \\ \cdots & \cdots & \cdots & \cdots \\ u_{n1} & u_{n2} & \cdots & u_{nm} \end{bmatrix}$$

根据表 6-5 数据和式(6-6)和(6-7),计算的决策矩阵如下:

$$U=(u_{ij})_{m\times n}=\begin{bmatrix} 0.5079 & 0.4919 & 0.4706 & 0.9366 & 0.2748 & 0.4286 \\ 0.4989 & 0.5219 & 0.5294 & 0.4434 & 0.5057 & 0.5000 \\ 0.4921 & 0.4781 & 0.5294 & 0.0634 & 0.7252 & 0.5714 \end{bmatrix}$$

2. 灰色关联决策

(1)决策矩阵的规范化处理。由于不同的目标具有不同的物理意义和量纲,不便直接比较,所以首先用均值化算子对原始数据进行处理,得到规范化矩阵。

$$X=(x_{ij})_{n\times m}=\begin{bmatrix} x_{11} & x_{12} & \cdots & x_{1m} \\ x_{21} & x_{22} & \cdots & x_{2m} \\ \cdots & \cdots & \cdots & \cdots \\ x_{n1} & x_{n2} & \cdots & x_{nm} \end{bmatrix}$$

式中 $$x_{ij}=\frac{u_{ij}}{\frac{1}{n}\sum_{k=1}^{n} u_{kj}} \tag{6-8}$$

$$X=(x_{ij})_{m\times n}=\begin{bmatrix} 0.163\,3 & 0.158\,1 & 0.151\,3 & 0.301\,1 & 0.088\,4 & 0.137\,8 \\ 0.166\,3 & 0.174\,0 & 0.176\,5 & 0.147\,8 & 0.168\,6 & 0.166\,7 \\ 0.172\,1 & 0.167\,2 & 0.185\,1 & 0.022\,2 & 0.253\,6 & 0.199\,8 \end{bmatrix}$$

(2)理想方案的确定。

定义 $x_0=(x_{01},x_{02},\cdots,x_{0m})$为最优方案满足：

当 j 目标效果值越大越好时，$x_{0j}=\max\limits_{1\leqslant i\leqslant n}\{x_{ij}\}$；

当 j 目标效果值越小越好时，$x_{0j}=\min\limits_{1\leqslant i\leqslant n}\{x_{ij}\}$。

除最小曲线半径外其他都是越小越好，故最优方案为：

$$x_0=(0.163\ 3,0.158\ 1,0.151\ 3,0.022\ 2,0.088\ 4,0.199\ 8)$$

(3)计算各个方案与理想方案的灰色关联系数。

计算规范化矩阵中的各个方案 x_i 与理想方案 x_0 的灰色关联系数为：

$$\gamma(x_0(j),x_i(j))=\frac{\min\limits_{n}\min\limits_{m}\Delta_i(j)+\lambda\max\limits_{n}\max\limits_{m}\Delta_i(j)}{\Delta_i(j)+\lambda\max\limits_{n}\max\limits_{m}\Delta_i(j)} \tag{6-9}$$

式中 $\Delta_i(j)=|x_{0j}-x_{ij}|$——方案 x_i 与理想方案 x_0 关于 j 目标的绝对差；

λ——分辨系数($0\leqslant\lambda\leqslant1$)，通常取 0.5。

目标的绝对差矩阵如下：

$$\Delta_i(j)=\begin{bmatrix}0 & 0 & 0 & 0.278\ 9 & 0 & 0.062\ 0\\0.003\ 0 & 0.015\ 9 & 0.025\ 2 & 0.125\ 6 & 0.080\ 2 & 0.033\ 1\\0.008\ 8 & 0.009\ 1 & 0.033\ 8 & 0 & 0.165\ 2 & 0\end{bmatrix}$$

灰色关联系数矩阵如下：

$$\gamma=\begin{bmatrix}1.000 & 0.994\ 9 & 0.999\ 9 & 0.333\ 3 & 1.000 & 0.333\ 3\\0.591\ 8 & 0.333\ 2 & 0.401\ 3 & 0.526\ 1 & 0.507\ 4 & 0.483\ 6\\0.333\ 4 & 0.466\ 6 & 0.333\ 1 & 1.000\ 0 & 0.333\ 4 & 0.999\ 3\end{bmatrix}$$

灰色关联系数矩阵描述了各个方案的指标相对于理想方案的关联度。

(4)计算出各个方案的优劣排序。

当不考虑各指标权重时，灰关联度如下：

$$\gamma(p_0,p_i)=\frac{1}{m}\sum_{i=1}^{m}\gamma_{ij} \tag{6-10}$$

当考虑各指标权重时，有的灰关联度如下：

$$\gamma(p_0,p_i)=\sum_{j=1}^{m}\gamma_{ij}\omega_j \tag{6-11}$$

显然，$\gamma(P_0,P_i)$反映了方案 P_i 与理想方案 P_0 的关联程度。$\gamma(P_0,P_i)$越大，方案 P_i 就越接近理想方案 P_0。按照 $\gamma(P_0,P_i)$由大到小的顺序排列，即可得到各个方案的优劣排序。

本方案考虑各指标的权重，采用层次分析法进行计算，得到各个指标的权重如下：

$$w=\begin{bmatrix}0.081\ 455\\0.046\ 456\\0.042\ 800\\0.363\ 248\\0.363\ 248\\0.102\ 793\end{bmatrix}$$

计算各个方案与最优方案的灰关联度：

$$r(P_0,P_i)=rw=\begin{bmatrix}1.000 & 0.9949 & 0.9999 & 0.3333 & 1.000 & 0.3333\\0.5918 & 0.3332 & 0.4013 & 0.5261 & 0.5074 & 0.4836\\0.3334 & 0.4666 & 0.3331 & 1.0000 & 0.3334 & 0.9993\end{bmatrix}\begin{bmatrix}0.081455\\0.046456\\0.042800\\0.363248\\0.363248\\0.102793\end{bmatrix}$$

$$=\begin{bmatrix}0.689059\\0.505966\\0.712436\end{bmatrix}$$

$r(P_0,P_1)=0.68906$，$r(P_0,P_2)=0.50597$，$r(P_0,P_3)=0.71246$，方案从优到劣的次序为：方案3、方案1、方案2，方案3为最优方案。

6.3　多目标系统模糊优选模型法及应用

优与劣这一对概念既有差异又有共维且处于两极，具有中介过渡性，是客观存在着的模糊概念，这是优选的模糊性，是事物在优与劣识别过程中所呈现的一种客观属性。

6.3.1　多目标系统模糊优选模型建立

设系统有 q 个方案组成的论域 U，其中有 n 个方案满足约束集形成方案集：

$$D=\{d_1,d_2,\cdots,d_n\}$$

优选是在方案集 D 中进行，即在 D 中的各个方案之间作优劣比较，与 D 以外的方案无关，这是优选的相对性。

设系统有 m 个目标组成对方案集 D 的评价目标集：

$$P=\{P_1,P_2\cdots,P_m\}$$

m 个目标对 n 个方案的评价目标特征矩阵用 X 表示：

$$X=\begin{bmatrix}x_{11} & x_{12} & \cdots & x_{1n}\\x_{21} & x_{22} & \cdots & x_{2n}\\\vdots & \vdots & \vdots & \vdots\\x_{m1} & x_{m2} & x_{m3} & x_{mn}\end{bmatrix}=(x_{ij}) \tag{6-12}$$

式中　$i=1,2,\cdots,m$；$j=1,2,\cdots n$，此样的系统称为单元系统。

定义：设在优选与决策过程中，取决策集 D 中的目标最大特征值 $\bigvee\limits_j x_{ij}$ 与最小特征值 $\bigwedge\limits_j x_{ij}$ 作为上下确界的相对值，由此构成参考连续统的两极。据此计算的目标对优的隶属度，称为相对优属度。

$$r_{ij}=\frac{\bigvee\limits_j x_{ij}-x_{ij}}{\bigvee\limits_j x_{ij}-\bigwedge\limits_j x_{ij}} \tag{6-13}$$

式中　r_{ij}——方案 j 标 i 的相对优属度；

$\vee$，$\wedge$——分别为取大、取小符号；

$\bigwedge\limits_j x_{ij}$，$\bigvee\limits_j x_{ij}$——分别表示就方案 $j=1,2,\cdots,n$ 对目标的特征值取大、取小。

用目标对优的相对隶属度式(6-13),将目标特征值矩阵变换为目标相对优属度矩阵:

$$R=\begin{bmatrix} r_{11} & r_{12} & \cdots & r_{1n} \\ r_{21} & r_{22} & \cdots & r_{2n} \\ \vdots & \vdots & \vdots & \vdots \\ r_{m1} & r_{m2} & \cdots & r_{mn} \end{bmatrix} \tag{6-14}$$

设系统中 m 个目标的权重不同,权向量为:

$$\omega=(\omega_1,\omega_2,\cdots,\omega_m)^{\mathrm{T}},\sum_{i=1}^{m}\omega_i=1 \tag{6-15}$$

式中　ω_i——目标 i 的权重。

决策 j 可用向量表示为:

$$r_j=(r_{1j},r_{2j},\cdots,r_{mj})^{\mathrm{T}} \tag{6-16}$$

它与优等方案的差异可用广义权距离表示,简称距优距离:

$$d_{jg}=\sqrt[p]{\sum_{i=1}^{m}[\omega_i(g_i-r_{ij})]^p} \tag{6-17}$$

它与劣等方案的差异可用广义权距离描述,简称距劣距离:

$$d_{jb}=\sqrt[p]{\sum_{i=1}^{m}[\omega_i(r_{ij}-b_i)]^p} \tag{6-18}$$

$g=1$ 为最大相对优属度,$g=0$ 为最小相对优属度;p 为距离参数,$p=1$ 为海明距离,$p=2$ 为欧氏距离。

在模糊集合论中隶属度也可定义为权重,决策 j 以相对隶属度 u_j 隶属于模糊概念—优,它的距优距离为 d_{jg}。为了完善地表达决策 j 与优等方案的距离,距优距离 d_{jg} 以 u_j 作为权重,则有:

$$D_{jg}=\mu_j d_{jg}=\mu_j\sqrt[p]{\sum_{i=1}^{m}[\omega_i(g_i-r_{ij})]^p} \tag{6-19}$$

D_{jg} 称为加权距优距离。

类似的,加权距劣距离

$$D_{jb}=\mu_j d_{jb}=(1-\mu_j)\sqrt[p]{\sum_{i=1}^{m}[\omega_i(r_{ij}-b_i)]^p} \tag{6-20}$$

为了求解决策 j 相对隶属度 u_j 的最优值,建立如下的优化准则:决策 j 加权距优距离与加权距劣距离的平方和为最小,即目标函数为:

$$\min\{F(\mu_j)=(D_{jg}^2+D_{jb}^2)=\mu_j^2\left[\sum_{i=1}^{m}(w_i(g_i-r_{ij}))^p\right]^{\frac{2}{p}}+$$
$$(1-\mu_i)^2\left[\sum_{1}^{m}(w_i(r_{ij}-b_i))^{\frac{2}{p}}\right]\} \tag{6-21}$$

求目标函数的导数,并令导数为零,即:

$$\frac{\mathrm{d}F(\mu_j)}{\mathrm{d}\mu_j}=0 \tag{6-22}$$

解得:

$$\mu_j = \frac{1}{1+\left\{\frac{\sum_{1}^{m}[\omega_i(g_i - r_i)]^p}{\sum_{1}^{m}[\omega_i(r_{ij} - b_i)]^p}\right\}^{\frac{2}{p}}} \tag{6-23}$$

如将 $g_i=1, b_i=0$ 代入上式，得到方案相对优属度模型为：

$$m_j = \frac{1}{1+\left\{\frac{\sum_{1}^{m}[w_i(1 - r_i)]^p}{\sum_{1}^{m}(w_i r_{ij})^p}\right\}^{\frac{2}{p}}} \tag{6-24}$$

式(6-23)或式(6-24)称为单元系统模糊优选理论模型。在满足约束的决策集中，决策相对优属度 u_j 最大的决策称为满意决策，u_j 从大到小的排列次序称为满意排序。用上式可计算出系统中各方案从属于优向量的隶属度，由 m 个方案的优属度向量，可根据最大隶属度原则，求得系统中的最优设计方案或设计方案的最优排序。

6.3.2　应用实例

为了更为直观的说明多目标系统模糊优选在线路方案比选中的应用方法，以某设计线三个方案中的技术指标和工程指标为例来说明，三个方案各指标的详细数据见表 6-6。

表 6-6　三方案综合比较表

指标名称		方案一	方案二	方案三
线路总长度(m)		22 006.861	22 130.726	21 558.049
最大坡度(‰)		3.8	3.5	3.5
平面交点数		9	8	7
桥梁总长(m)		4 836.000	3 549.000	2 888
隧道总长(m)		15 485.000	10 379.000	14 550.000
克服高度(m)	上行	40.250	15.090	16.500
	下行	36.366	35.000	18.800

取表 6-6 中的取线路总长度、最大坡度、平面交点数、桥梁总长、隧道总长，上行和下行克服高度为指标。

应用步骤如下：

(1)利用式(6-13)计算方案 j 的目标 i 的相对隶属度 r_{ij}，最终构成相对隶属度矩阵 R。

$$R=\begin{bmatrix} 0.496\,3 & 0.493\,4 & 0.506\,6 \\ 0.437\,5 & 0.500\,0 & 0.562\,5 \\ 0.373\,9 & 0.591\,1 & 0.626\,1 \\ 0.404\,6 & 0.595\,4 & 0.440\,6 \\ 0.611\,1 & 0.388\,9 & 0.611\,1 \\ 0.750\,0 & 0.291\,7 & 0.250\,0 \\ 0.272\,7 & 0.727\,3 & 0.683\,8 \\ 0.441\,9 & 0.462\,9 & 0.558\,1 \end{bmatrix}=(r_{ij})$$

(2)利用层次分析法,计算各个指标的权重如下:

$$w=\begin{bmatrix}0.1148\\0.1855\\0.2718\\0.2718\\0.0209\\0.0209\\0.0571\\0.0571\end{bmatrix}$$

(3)利用式(6-24)计算方案的相对优属度(取 $p=1$),见表 6-7。

表 6-7　方案的相对优属度计算结果表

	方案 1	方案 2	方案 3
u_j	0.342 2	0.607 0	0.582 2

计算结果表明,方案从优到劣的次序为:方案 2、方案 3、方案 1,方案 2 为最优方案。

6.4　基于 GIS 的新线铁路快速方案比选系统

新线铁路快速方案比选系统目标是,在人工指定的多个控制点间自动生成满足经济、技术要求和地理环境约束的最优(满意)方案,从而把设计决策者从方案的设计中解脱出来,进行更高级的方案决策,达到加快设计进程、减轻劳动强度和提高方案决策科学性的目的。

6.4.1　系统主要功能简介

系统包括地理信息的获取与管理、知识获取与管理以及铁路方案比选三个部分。地理信息的获取与管理直接利用 ArcGIS Desktop,只是需要利用本体建立统一的数据模型;快速方案比选系统的知识以对象的形式存储于完全面向对象的 DB4O 数据库中,知识的获取与管理由系统知识处理模块完成;方案比选是系统功能的集中体现,它实现在指定的控制点间生成在评价指标集上最优或较优的方案或方案集。表 6-8 给出了各部分相关的操作、相应的实现方法以及功能说明。

表 6-8　铁路方案快速比选系统的功能

类别	功　能	说　明
地理信息	建模	建立选线地理环境本体,然后转换为地理信息逻辑模型,再转换为物理模型(地理信息数据库内模式)
	获取	利用各种地理信息相关工具获取地理信息
	管理与常规操作	地理信息的维护、更新、修改、导入、导出
	方案设计相关操作	根据要素类、三角网生成栅格,栅格叠加,栅格操作,统计用地、拆迁等
知识	建模	建立线路本体与线路评价本体,形成铁路线路领域完整的概念体系。建立方法与应用本体,得到共享问题求解方法
	获取与转换	根据知识模型获取知识,得到文本的形式化知识,并将这些知识转化为可执行形式的知识对象存储于 DB4O 数据库中
	管理	知识的更新、维护、导出

续上表

类别	功　能		说　明
方案比选	线路方案管理		线路方案新建、获得、删除、修改等
	平面	最短费用路径	生成基于栅格的最小费用路径
		线路平面	将最短费用路径拟合为最合适的线路平面
	纵断面	地面线拟合	采用分段线性拟合方法拟合地面线
		初始纵断面	生成不考虑结构物要求的满足规范要求的纵断面
		布置结构物	自动布置结构物并自动完成横断路基面设计
		坡度折减	修改纵断面使其满足结构物需求并进行坡度折减
		方案改进	优化纵断面设计
		纵断面方案比选	采用生成—筛选—改进方法得到最优纵断面
	结构物	结构物布置	根据结构特点或控制点布置车站、路基、桥梁、隧道等
		横断自动设计	自动设计路基横断面(包括挡墙)
	工程量		自动完成线路方案的工程量统计，包括土石方(车站与区间)、桥梁与隧道长度、用地、拆迁等
	方案比选		采用生成—筛选—改进方法比选出在多个控制点间评价指标集上最优或较优的方案。对其中每个方案实施从方案建立到工程数量计算的所有步骤，然后对多个方案进行综合评价

下面以具体应用实例来介绍系统的主要功能和实现。

6.4.2　设计资料

1. 地理环境

算例以××至××铁路某段长约 12 km 宽 4 km 的地段为研究目标。以数字摄影测量为依托，部分利用既有的 AutoCAD 图形，协同使用 Microsoft Visio 2003、Helava socet4.4、ESRI 的 ArcMap9.2 和 ArcCatalog9.2 等软件完成数据的建模与采集任务，建立研究区域的地理信息数据库。数据库包括了数字地形模型(DTM)、地物、地质以及用地等地理环境信息。DTM 利用 ArcGIS 的 Terrain 数据格式表示，建立 1∶1 000、1∶10 000、1∶50 000 三级地形，高程误差分别为 0.5 m、1 m 和 2.5 m。建立的地理环境如图 6-3 所示。

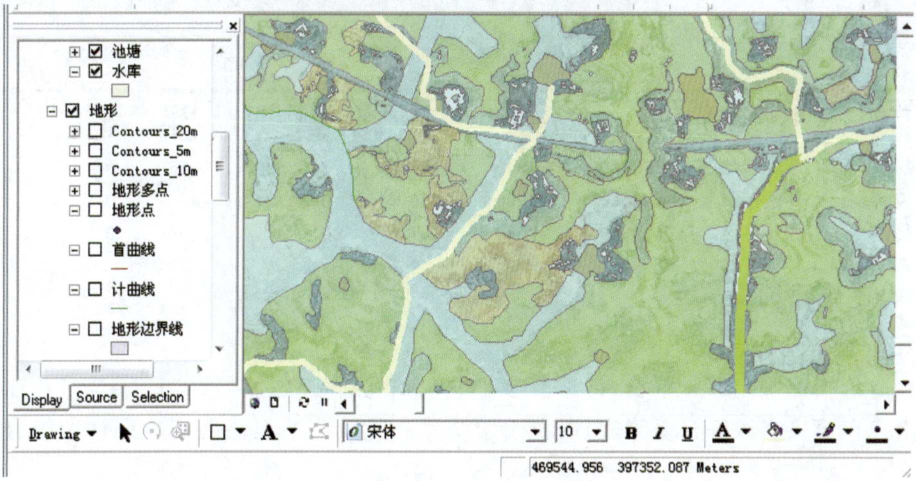

图 6-3　地理信息获取结果图

2. 控制资料

算例的目标是在研究区域内快速生成一个满足设计要求的满意方案。在研究区域内有既有铁路通过，但技术指标差，现在要求在不影响既有铁路的前提下修建单线新线，主要技术标准见表 6-9。

表 6-9　线路主要技术标准

铁 路 等 级		Ⅰ级
正线数目		单线
限制坡度		12(‰)
最小曲线半径		一般 1 600 m，困难 1 200 m
牵引种类	近期	电力
	远期	电力
机车类型	近期	SS4
	远期	SS4
到发线有效长		850 m
闭塞方式		半自动闭塞
设计行车速度		140 km/h

要求在研究区域内根据控制点，生成满足技术要求的优秀方案。在研究区域设置了三个控制点，控制点的坐标、属性以及在研究区域中的位置如图 6-4 所示。

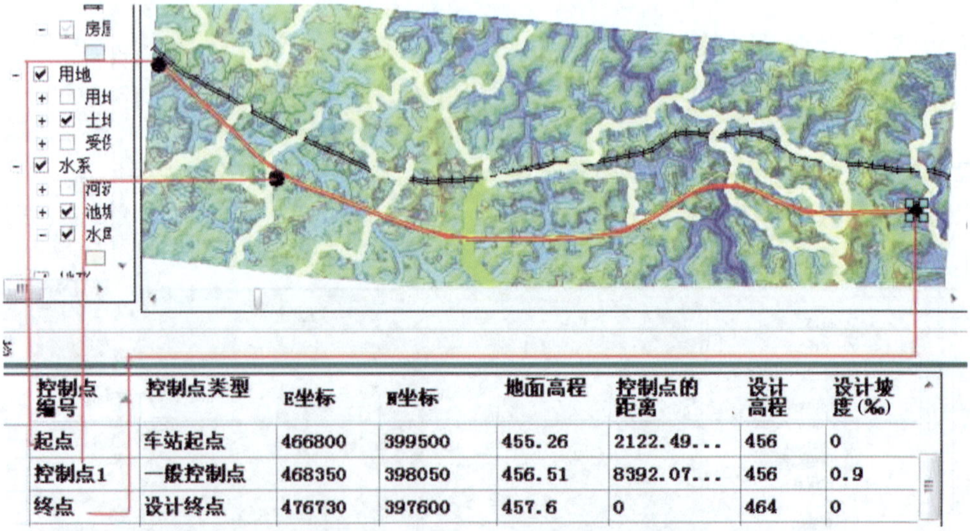

图 6-4　方案设计控制信息

3. 工程造价指标

工程造价指标采用综合单价，指标值参考中铁二院新建铁路兰渝线广元至重庆段可行性报告的南充东至高兴段综合概算表，以及改建铁路成昆线广通至昆明初步设计的综合概算表得到。

(1)路基：土方单价 12 元/断面方，石方单价为 28 元/断面方，路基附属工程为土石方造价的 0.95 倍；

(2)桥涵：特大桥 3.5 万/延长米，大桥 3.0 万/延长米，中桥 3.0 万/延长米，小桥 1.3 万/延长米，涵洞 0.95 万/延长米；

(3)隧道：假设以Ⅲ、Ⅳ、Ⅴ类围岩为主，隧道长 $L>4$ km 时 3.0 万/延长米，3 km$<L\leqslant$4 km时 2.5 万/延长米，2 km$<L\leqslant$3 km 时 2.5 万/延长米，1 km$<L\leqslant$2 km 时 2.5 万/延长米，$L\leqslant$1 km 时 3.6 万/延长米；

(4)征地与拆迁：民房 240 元/m^2，土地征用与补偿 1.2 万/亩；

(5)与线路长度成正比的费用：包括轨道、通信、信号、信息，电力及电力牵引供电，房屋，其他运营生产设备及建筑物，大型临时设施和过度设施，其他费，基本预留费等等，占静态投资的 35%。

4. 线路知识

线路知识包括线路几何知识和线路结构物知识，这些知识主要从教材、线路设计参考资料和设计规范中获取，通过本体建模建立起统一的知识模型，然后实例化事实知识和过程性知识以及问题求解知识。

事实知识通过事实知识类和事实知识对象表示，事实知识类用 C# 语言编写，事实知识对象是类的实例化。过程性知识和问题求解知识，分别用规则和控制知识表示，具有人工可读及其可执行两种形式化形式。

6.4.3 线路方案管理

在快速新线铁路比选系统中，线路信息以线路方案的形式集中管理，所有数据保存于 DB4O 面向对象数据库中。一个方案包括了主要技术标准、线路平面、线路纵断面以及各种结构物如隧道、车站、路基等。

线路方案管理包括线路方案的建立、获取、保存、删除等。新建方案是自动方案设计的开始，设置方案的主要技术标准和方案名等信息。同时可以保存已完成或未完成的设计方案，需要继续设计时重新从数据库中获取，比较差的方案通过线路方案管理模块删除。

新建方案必须保证信息正确性，因此设置了检查模块，负责方案信息的验证与更改，检查模块利用存储在知识库的知识，调用知识验证机进行。图 6-5 演示机车类型验证时的知识关系。

6.4.4 线路平面自动生成

线路平面根据控制点、相应技术标准以及线路相关知识自动生成，分最小费用路径生成和线路平面拟合两步。该任务主要利用图 6-6 所示对话框完成。自动生成线路平面之前必须新建方案，或获取已经建立的线路方案。

1. 栅格数据准备

由于最小费用路径是基于栅格数据的，因此首先应将研究区域的相关费用栅格化，包括房屋、地质、用地、水系、道路等。栅格化后费用根据其对线路影响的特点进行叠加。

由于 ArcGIS 自带工具在边界和分辨率设置方面不够灵活，因此利用 ArcEngine 进行定制，定制工具位于主界面的地理操作菜单项下。

2. 生成最小费用路径

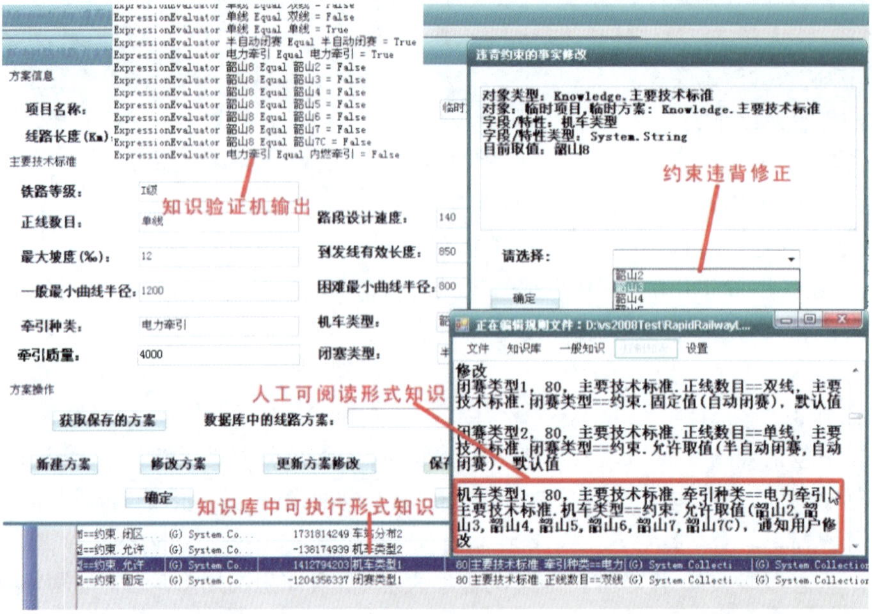

图 6-5　约束验证示意图

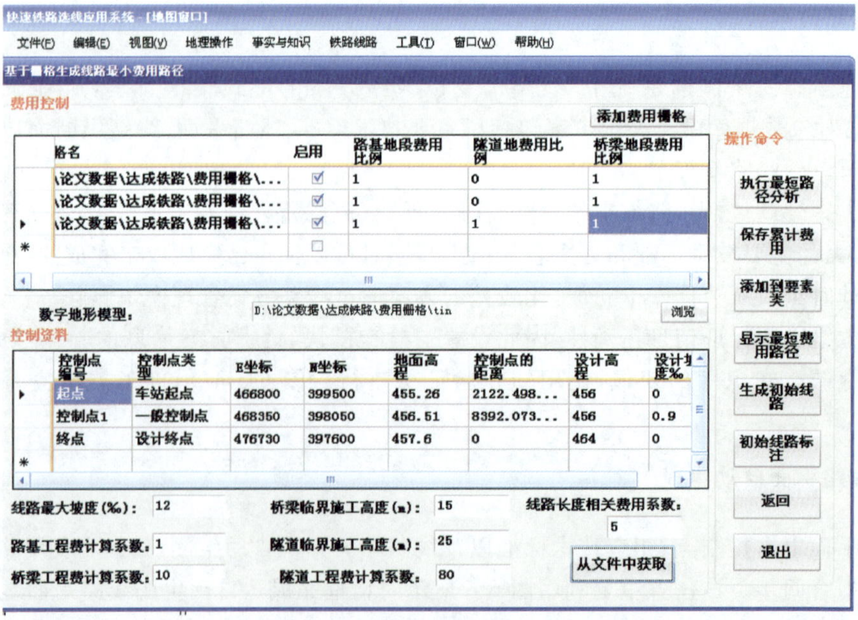

图 6-6　方案设计控制信息

要求新建铁路不干扰既有铁路，因此生成最小费用路径时考虑既有铁路改建费用，并把改建费用设置为比较大的数值，这里为 1 000 000。图 6-7 显示了两条路径，各项参数取值相同，只是一条路径考虑了既有铁路的影响，而另一条则没有。图中可见两条路径区别很大。不考虑既有铁路的路径走向与既有线走向大体相当，间接说明了既有铁路走向合理，也说明最小费用路径的算法符合处理实际问题。

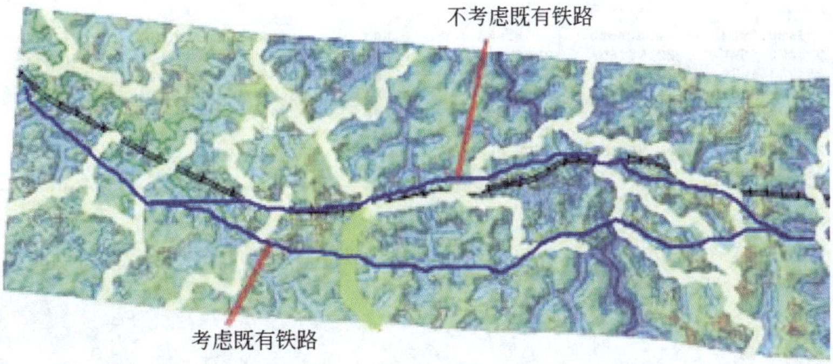

图 6-7　最小费用路径

3. 最小费用路径拟合为线路平面

把最小费用路径拟合为符合设计规范线路平面。采用二分渐进和自动曲线配置方法把最小费用路径拟合为满足线路设计规范的线路平面。曲线配置推理过程的部分解释输出如图 6-8 所示。

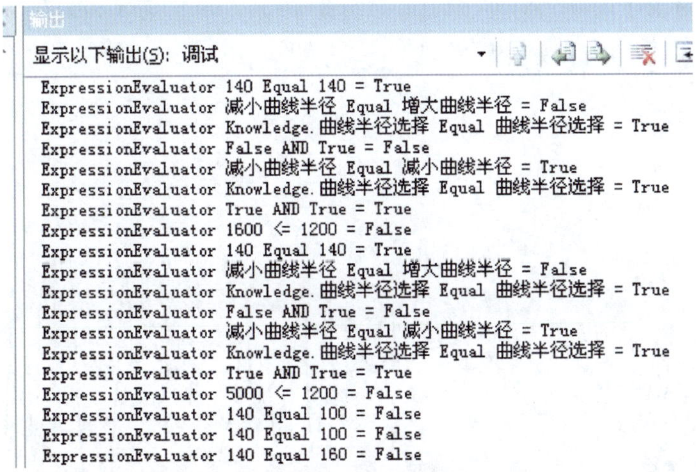


```
ExpressionEvaluator 140 Equal 140 = True
ExpressionEvaluator 减小曲线半径 Equal 增大曲线半径 = False
ExpressionEvaluator Knowledge.曲线半径选择 Equal 曲线半径选择 = True
ExpressionEvaluator False AND True = False
ExpressionEvaluator 减小曲线半径 Equal 减小曲线半径 = True
ExpressionEvaluator Knowledge.曲线半径选择 Equal 曲线半径选择 = True
ExpressionEvaluator True AND True = True
ExpressionEvaluator 1600 <= 1200 = False
ExpressionEvaluator 140 Equal 140 = True
ExpressionEvaluator 减小曲线半径 Equal 增大曲线半径 = False
ExpressionEvaluator Knowledge.曲线半径选择 Equal 曲线半径选择 = True
ExpressionEvaluator False AND True = False
ExpressionEvaluator 减小曲线半径 Equal 减小曲线半径 = True
ExpressionEvaluator Knowledge.曲线半径选择 Equal 曲线半径选择 = True
ExpressionEvaluator True AND True = True
ExpressionEvaluator 5000 <= 1200 = False
ExpressionEvaluator 140 Equal 100 = False
ExpressionEvaluator 140 Equal 100 = False
ExpressionEvaluator 140 Equal 160 = False
```

图 6-8　推理机解释器输出

自动生成的线路平面如图 6-9 所示。图中上半部分是线路平面的曲线要素，下半部分为地理环境中线路示意图。图中可以看出线路很好拟合了最小费用路径，同时完全满足线路规范。

6.4.5　纵断面自动生成与比选

这里演示如何利用生成－筛选－改进方法得到当前线路平面的最优(满意)纵断面。首先说明如何生成一个初始纵断面，以及如何改进该断面，然后展示通过生成－筛选－改进方法得到最优方案。

1. 地面线的分段线性最小二乘拟合

对地面线采用最小二乘法分段线性拟合得到变坡点位置，地面线是根据平面坐标利用数字地形模型得到。使用的可变参数有：平顺长线长度 L_1 和平顺短线长度 L_2，最小坡段长度

E坐标	N坐标	偏角	半径	缓长	切线长	曲线长	夹直线长	ZH
466800.0000	399500.0000	0.000000	0.000	0.000	0.000	0.000	1508.539	0.000
468350.0000	398050.0000	-22.581657	2800.000	90.000	613.960	1212.588	1207.055	1508.539
470564.6500	397238.6950	-19.571241	2800.000	90.000	537.564	1065.109	463.051	3928.182
471653.8303	397235.5369	-2.254016	3000.000	50.000	88.570	177.121	569.647	5456.342
472894.3889	397284.5321	-29.513089	2000.000	100.000	583.308	1142.261	172.368	6203.110
474140.6201	398066.9060	56.551499	1200.000	130.000	715.785	1322.147	73.818	7517.739
475250.4433	397554.0825	-26.344131	1600.000	110.000	432.974	852.202	1047.295	8913.704
476730.0000	397600.0000	0.000000	0.000	0.000	0.000	0.000	0.000	10813.201

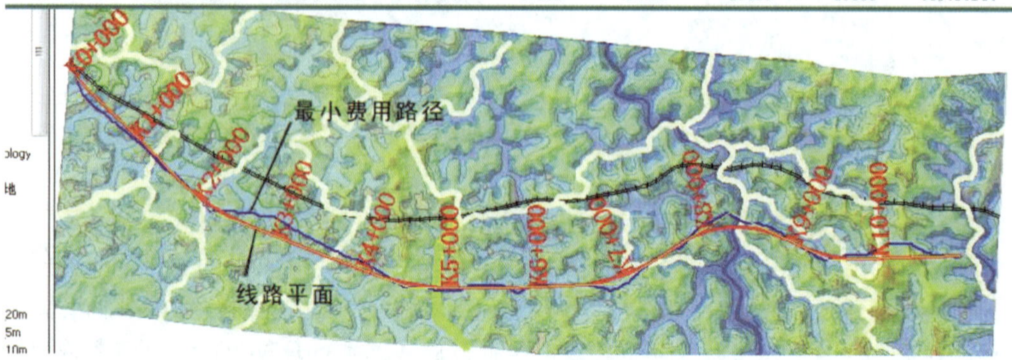

图 6-9　自动生成的线路平面

L_{min}。图 6-10 是对应于图 6-9 平面，以上参数分别取 300 m、800 m 和 300 m 时的地面线分段拟合线段，显示比例横向为 1∶5 万，纵向为 1∶1 000。

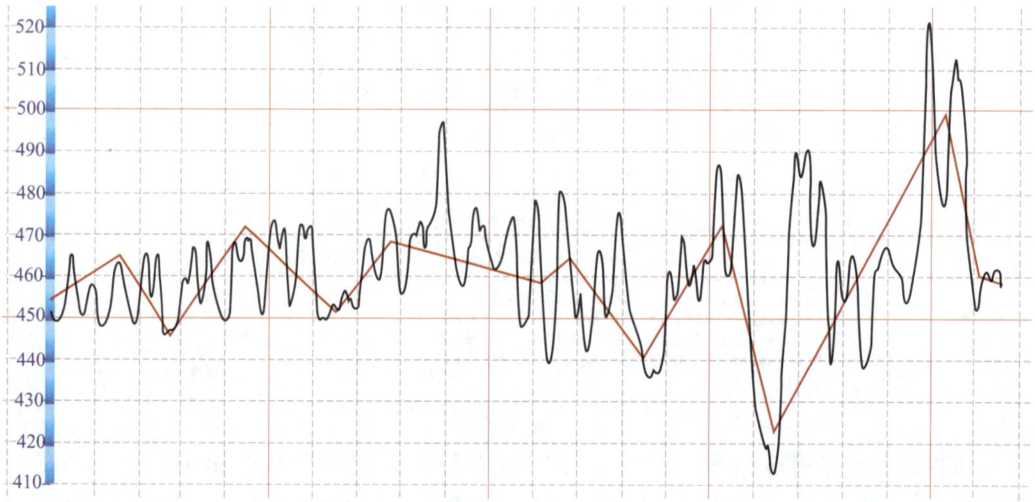

图 6-10　地面线分段线性拟合

2. 生成初始纵断面

地面线的分段拟合线不满足纵断面的技术要求，基于分段拟合线，利用提案—目标验证通用推理，生成不考虑结构物约束的初始纵断面。这里考虑的约束主要有最小坡长(坡长为 50 m 的整倍数)最大坡度、最大坡度差、竖缓重合等。生成的初始纵断面如图 6-11 所示。

3. 布置结构物

不同的结构物，对线路平面和纵断面有不同的要求，因此需要根据结构物自身的特点设置坡度。由于车站情况比较复杂，因此根据控制点来设置。结构物自动布置由线路方案知识类

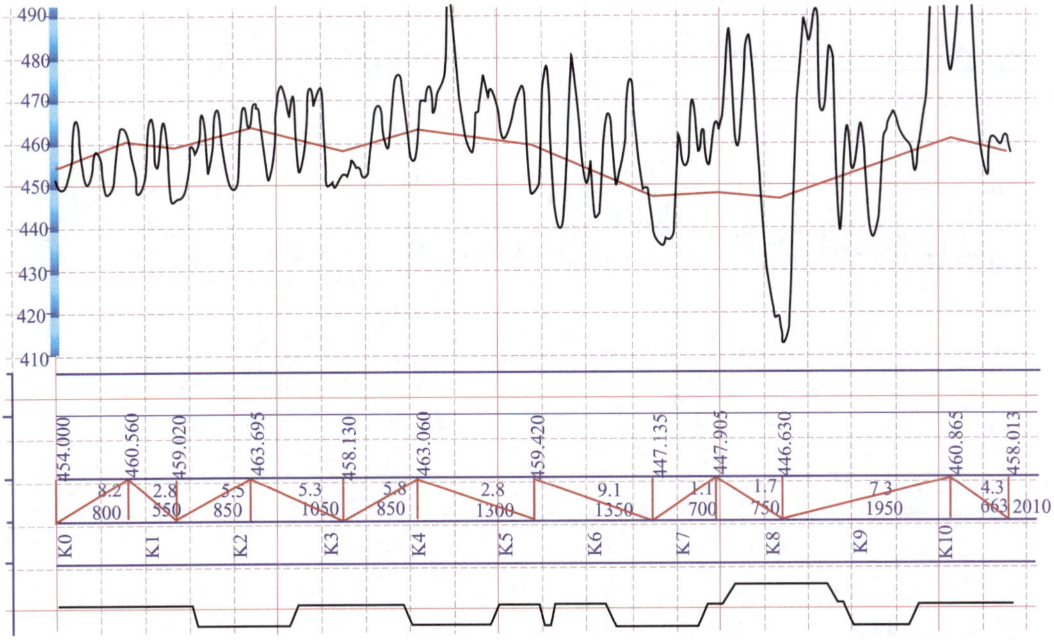

图 6-11　初始纵断面

(对象)自动完成,图 6-12 为布置结构物后的纵断面和横断面图。

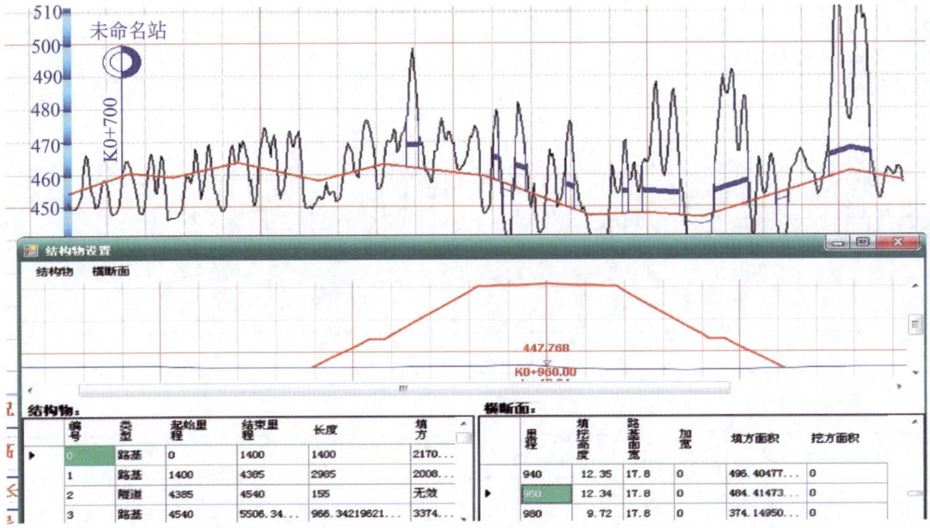

图 6-12　纵断面结构物分布

4. 坡度折减与结构坡度验证修改

有了结构物就可以进行坡度折减和根据结构的要求修改纵断面,使其满足结构物要求。这里也采用提案—目标验证通用推理方法修改纵断面。图 6-13 为坡度折减和结构物坡度验证后的纵断面，即可行纵断面。

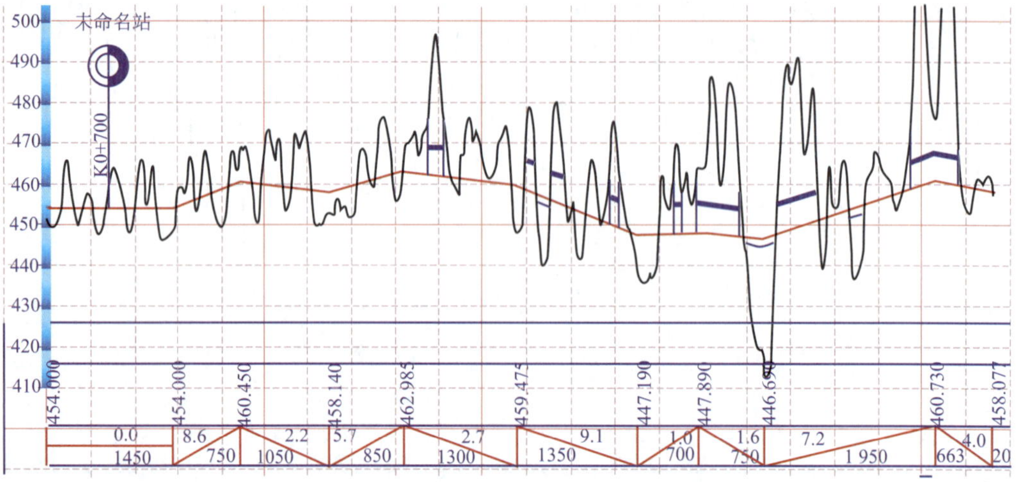

图 6-13 可行纵断面

5. 方案改进

有了可行方案就可以对方案进行改进，从而优化方案。方案改进采用自动的方法进行，改进时以工程造价最小为目标。改进后可能会影响到结构物的分布，需重新设置并验证结构物。图 6-14 为改进后纵断面图。

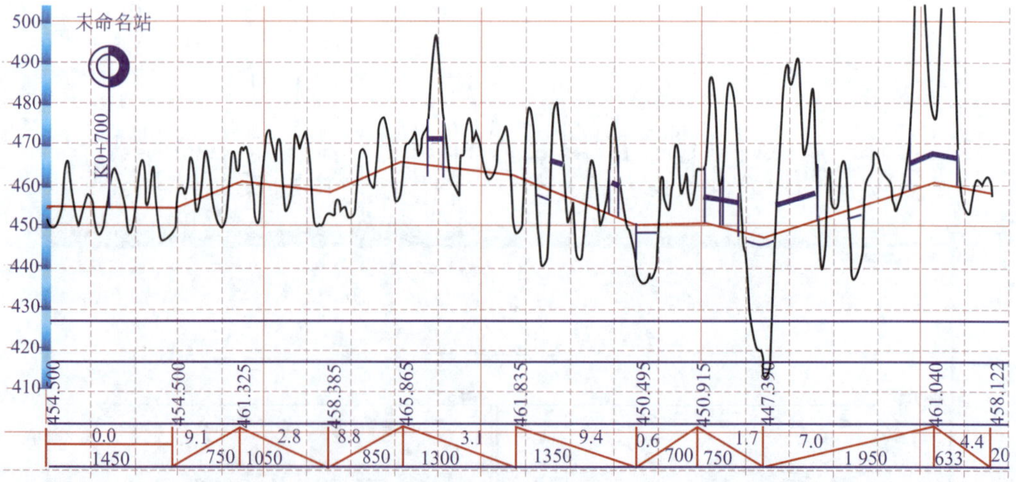

图 6-14 改进后纵断面

6. 最优(满意)纵断面生成

采用生成—筛选—改进方法生成最满意方案，首先根据纵断面的方案构架生成大量方案，然后对每个方案生成可行方案，如果不能生成可行方案则舍去；再在可行方案集中选择比较优秀的方案进行改进，最后对改进后方案实施综合评价，选出最满意方案。整个过程是根据程序利用知识和推理机自动实现，无需人工干预。图 6-15 为纵断面方案的综合评价结果和最满意纵断面，综合评价主要考虑了工程造价、填挖平衡和克服高度（间接反映运营维护条件）。

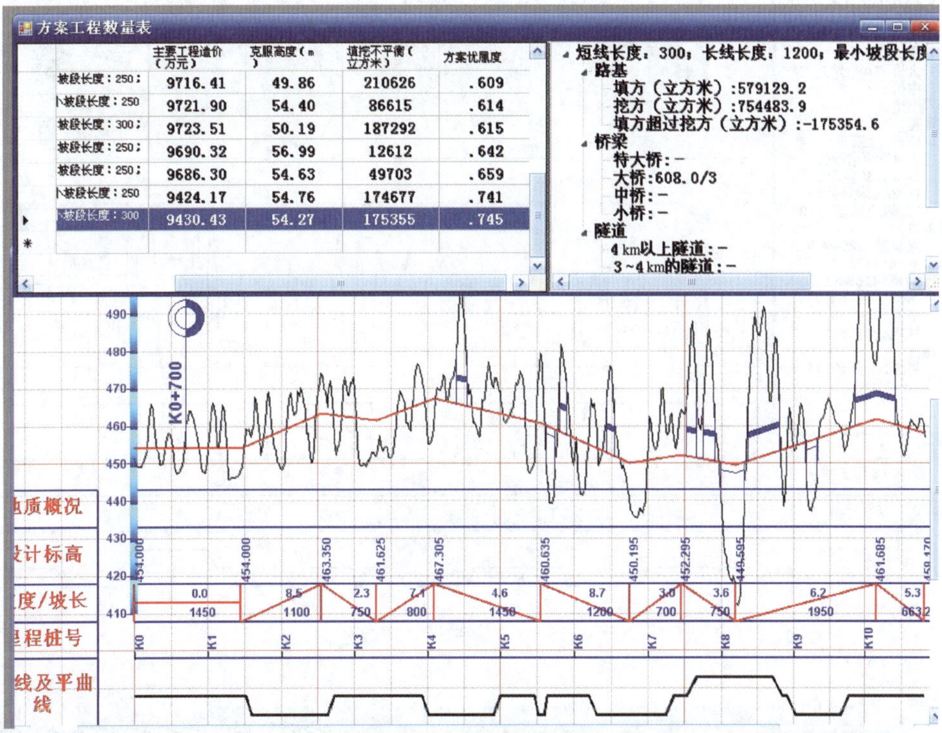

图 6-15　改进后纵断面

6.4.6　设计方案比选

1. 方案生成

经过以上步骤生成了一个完整设计方案，现在可以统计方案的各项工程数量，这些数量包括桥梁、隧道、路基土石方以及用地、拆迁等。用地范围根据《铁路路基设计规范》（TB 10001—2005）的附录 C 铁路建设用地确定，用地界内各类土地可根据地理信息数据库分类统计；拆迁的房屋也根据用地范围统计，房屋通过集合关系判断是否需要拆除，凡是与用地范围有重叠的房屋都需拆除。图 6-16 展示了设计方案的平面、纵断面以及相应的工程数量。

2. 方案比选

局部最优（满意）方案也是通过生成一筛选一改进方案得到。图 6-17 展示了 4 个比较优秀的方案，以及其综合评价结果，评价时线路长度、静态投资、填挖不平衡和线路克服高度的权系数分别为 0.2、0.4、0.25 和 0.15。图中蓝色显示是就当前方案评价偏好（权系数）来说是最好的方案，其线路长度短、投资较小、填挖平衡，但克服高度最大，即运行指标最差。

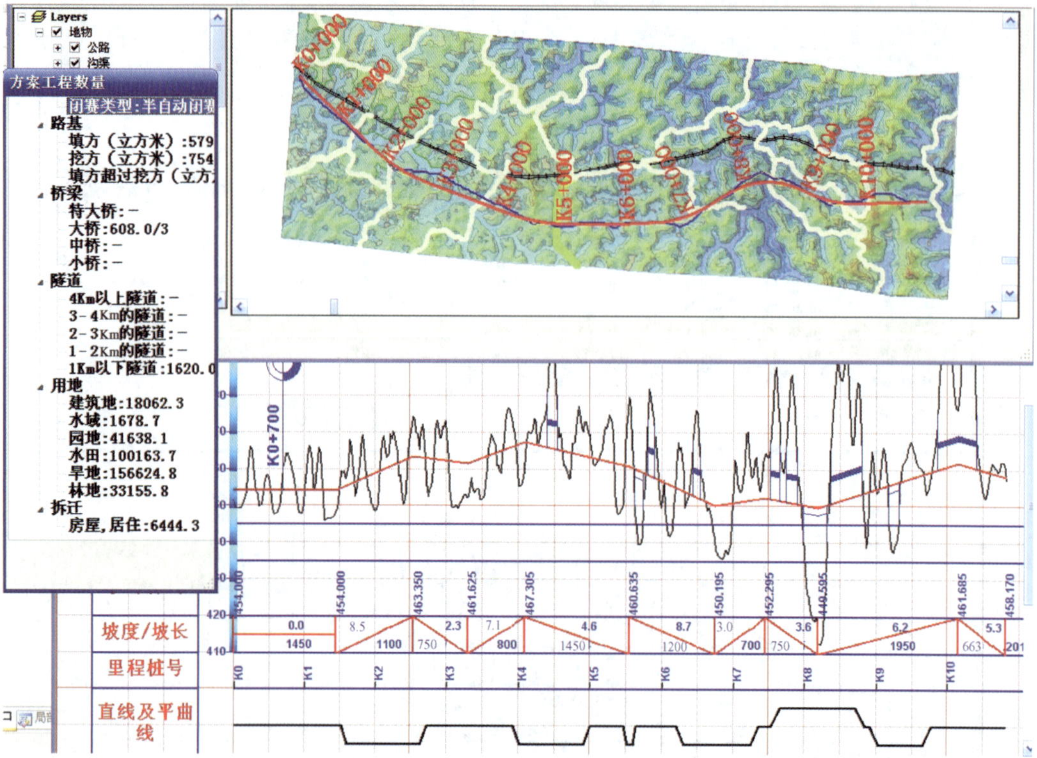

图 6-16　线路设计方案

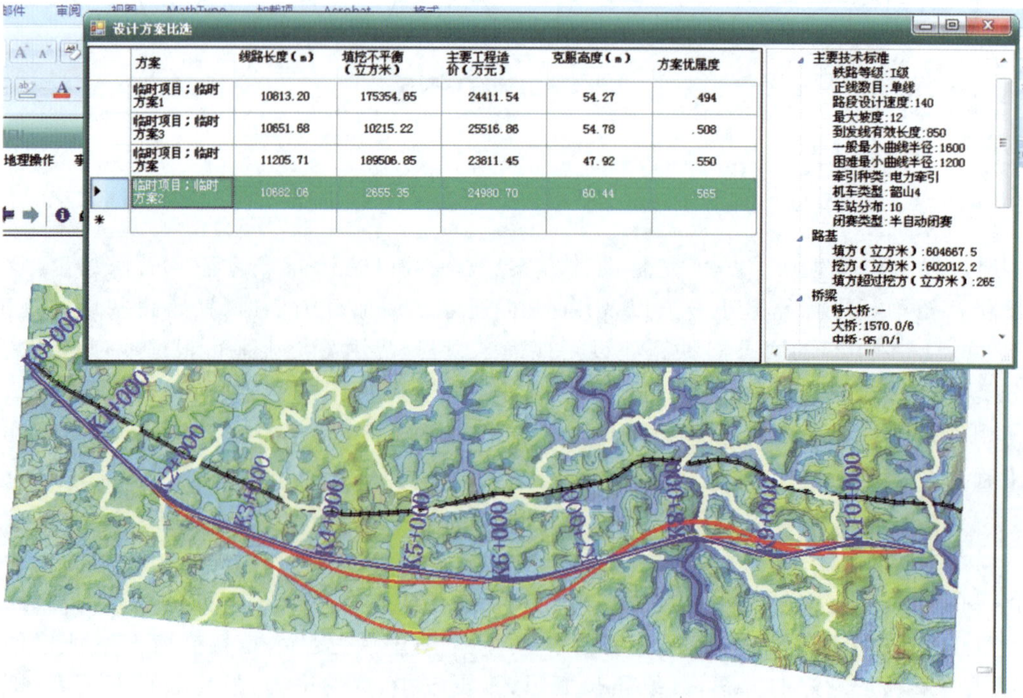

方案	线路长度（m）	填挖不平衡（立方米）	主要工程造价（万元）	克服高度（m）	方案优属度
临时项目；临时方案1	10813.20	175354.65	24411.54	54.27	.494
临时项目；临时方案3	10651.68	10215.22	25516.86	54.78	.508
临时项目；临时方案	11205.71	189506.85	23811.45	47.92	.550
临时项目；临时方案2	10682.08	2655.35	24980.70	60.44	.565

图 6-17　局部方案比选

6.5 小　结

铁路选线设计方案比选是复杂的多目标决策问题，影响方案比选的因素非常复杂。涉及技术、经济、环境等多方面的因素，既有定量指标，又有定性描述，而且各个因素相互关联。许多研究者在对铁路选线多方案的评选进行了较为广泛的研究，取得了较多的研究成果。本章讲解了最为常用的层次分析法、灰色关联分析法、基于目标决策模糊集理论模糊优选模型及在线路方案比选中的应用，并给出了应用实例。GIS 在铁路选线中应用非常广泛，本章介绍了基于 GIS 的新线铁路快速方案比选系统的主要功能和应用实例。

第七章　遥感技术在选线中的应用

遥感图像的宏观、逼真、多光谱特征，能够清晰直观的显示铁路设计方案的走向和地形地貌、地质构造之间的关系，十分有助于设计方案的论证与表达。遥感技术在宏观定性分析上可对线路方案设计中一些控制性工程的地质分析研究，如特大桥、超长隧道、构造断层、地质灾害区等区域的水文地质研判。通过对高分辨率、多光谱卫星遥感影像的研判，可以对这些控制性工程的水文地质情况、地质构造断层情况、地质灾害情况（如泥石流、滑坡）、地下溶洞和地下水的发育分布情况等进行前瞻性的评估，从宏观上优化线路设计方案，规避线路方案设计风险、铁路投资风险及日后的铁路运营风险。

从 20 世纪 50 年代开始，我国就将遥感技术应用于铁路选线中，已有很多成功的实例，如兰新铁路、青藏铁路格尔木至拉萨段、川藏铁路等选线中，遥感技术发挥了极其重要的作用。

7.1　航空遥感影像

航空遥感一般是指以高度在 80 km 以下的中低空遥感平台为基础进行摄影（或扫描）成像的遥感方式，主要包括飞机和气球两种。获得的影像称为航空像片，一般分辨率较高，影像清晰而且细致，反映的地物也较丰富，比较容易判读。可以应用于铁路建设中的地质勘测、铁路沿线环境的监测。利用高光谱数据与专题图结合，可以全面对感兴趣区域地质进行研究并进行细分，判释区域内地层、岩性、地质构造、不良地质等，给铁路选线提供可靠的依据。但是航片获取成本也较高，而且它属于中心投影，校正处理比较复杂。一般在局部范围和制作大比例尺时使用。

7.1.1　航空遥感的特点

航空遥感是遥感技术的重要组成部分，与其他遥感技术系统相比，具有很多优点：

(1)航空遥感空间分辨率高、信息容量大。利用航空像片，可以取得较精确的位置、方位、距离、面积、高度、体积和坡度等数据。

(2)航空遥感灵活，适用于一些专题遥感研究。可以根据用户的需求，灵活选择具有特定空间分辨率、波谱分辨率、时间分辨率的传感器，设计航空测量飞行的方案和路线等。

(3)信息获取方便。航天遥感需要卫星，因此受到时间和空间限制，不能随时对感兴趣的目标进行观测。而航空摄影的平台主要是飞机，受到的限制少，可以随时随地对需要侦察或普查的地区进行遥感。

(4)与其他遥感技术系统一样，航空遥感也有其固有的弱点，主要表现在：航空遥感受天气等条件限制大，航空遥感的观测范围受到限制，航空遥感数据的周期性和连续性不如航天遥感。

7.1.2　航空像片分类

航空像片又称航摄像片，泛指用航空摄影装置拍摄的各类遥感像片，种类很多。

(1)按摄影机结构和成像方式分为画幅式、全景式和连续条带式。

画幅式航空像片又可按像幅大小分为3种：小像幅，如70 mm×70 mm；标准像幅，如18 cm×18 cm和23 cm×23 cm；大像幅，如23 cm×46 cm。

(2)按像片倾斜角分类，分为垂直摄影和倾斜摄影。

①倾斜角等于0°的，是垂直摄影，这时主光轴垂直于地面(与主垂线重合)，感光胶片与地面平行。但由于飞行中的各种原因，倾斜角不可能绝对等于0°，一般凡倾斜角小于3°的称为垂直摄影。

②倾斜角大于3°的，称为倾斜摄影，所获得的像片称为倾斜像片。这种像片可单独使用，也可以与水平像片配合使用。

(3)按影像比例尺，分为超小比例尺、小比例尺、中比例尺、大比例尺。

① 超小比例尺。像片比例尺为1∶10万～1∶25万；

②小比例尺。像片比例尺为1∶3万，1∶10万；

③中比例尺。像片比例尺为1∶1万，1∶3万；

④大比例尺。像片比例尺大于1∶1万；

(4)按感光胶片的感光特性，分为全色、彩色、全色红外、彩色红外和多波段航空像片。

①全色、全色红外、单波段和多波段均为黑白航空像片，具有几何形变小、像片倾斜角小、空间分辨率高以及可进行立体观察等特点，其用途极广。图7-1为镶嵌好的黑白航空影像图(多张航空像片)。

图7-1　镶嵌好的黑白航空影像

②彩色航空像片有天然色(图7-2)和由多波段片合成的近似天然色两种；彩色红外和由

图7-2　彩色航空像片(天然色)

多波段片假彩色合成的均是假彩色像片。就用途而言，画幅式测量摄影机摄取的全色黑白航空像片，主要用于地形测图，其他各类航空像片多用于各种专题判读与制图。

(5)按摄影实施方式，分为单片摄影、单航线摄影和多航线摄影3种。

①单片摄影。为特点目标或小地块进行的摄影，一般获得一张、一对或数张不等的像片。

②单航线摄影。沿一条航线对地面上狭长地带或线状地物(如铁路、公路、河流等)进行连续的摄影，航向重叠度一般为60%，不得小于53%，如图7-3和图7-4所示。

图7-3 镶嵌好的黑白航空像片(单航线摄影)

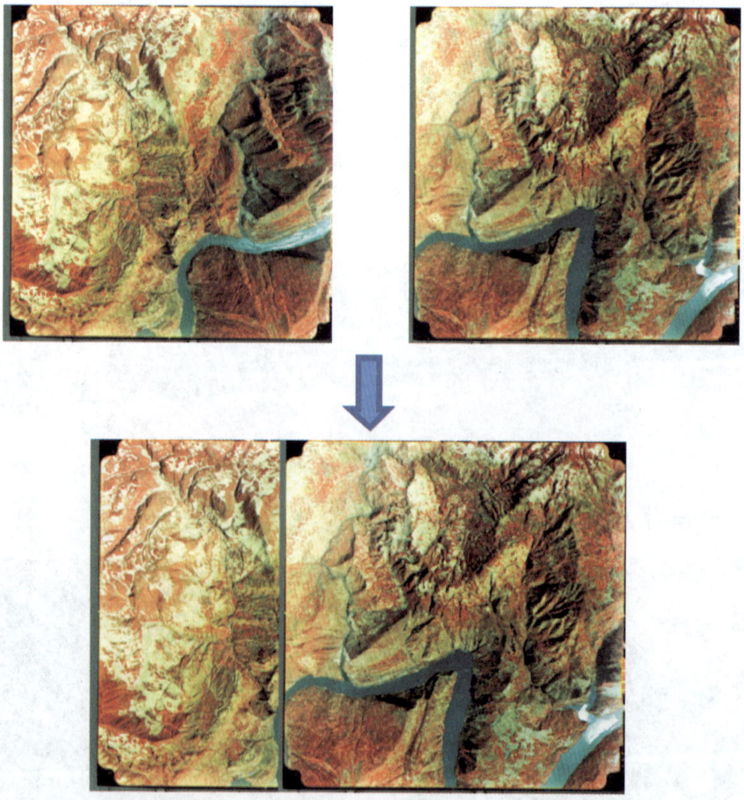

图7-4 单航线摄影旁向重叠的彩色航空像片

③多航线摄影。由几个互相平行的、互相连续并有一定重叠部分的单航线摄影组成。除了有航向重叠外，旁向重叠度一般为15%～30%。为了避免飞行距离太长可能产生较大飞行偏差，一般限制航线的长度为60～120 km，航线一般为东西(或南北)方向飞行的航线，如图7-

5 所示，镶嵌好的彩色航空像片多航线摄影实例图如图 7-6 所示。

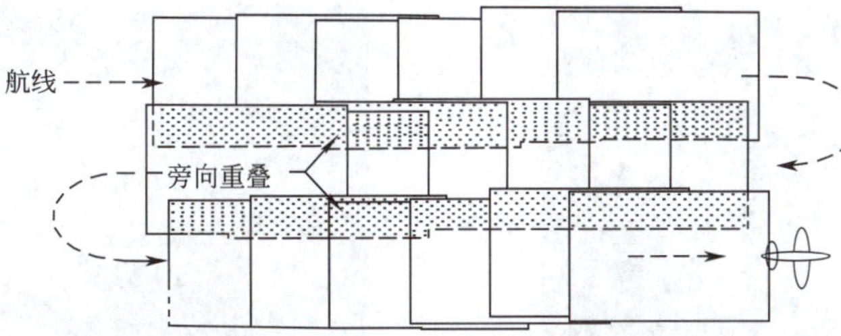

图 7-5　多航线摄影示意图

图 7-6　镶嵌好的彩色航空像片(多航线摄影)

7.2　常用高分辨率卫星遥感影像

随着信息技术和传感器技术的飞速发展，卫星遥感影像分辨率有了很大提高，包括空间分辨率、光谱分辨率和时间分辨率。空间分辨率已从 30 m、10 m 提高到今天的 2 m、1 m，军用甚至达到 0.1 m。光谱分辨率已达到 5～6 nm(纳米)，包括高光谱在内已超过 400 个波段，时间分辨率即重访周期也在不断缩短。每天都有数量庞大的不同分辨率的遥感信息，从各种传感器上接收下来。目前主要高分辨率卫星有 SPOT5、IKONOS、QUICKBIRD、GeoEye-1、WorldView 等。

高分辨率的卫星影像数据提供了充分、丰富、精确的信息，能清楚地反映出大的地貌单元、区域构造行迹、水系分布及某些大型物理地质现象等，大大拓宽了遥感应用的范围，保证了进行科学合理的新线选线工作，也可应用于铁路发展规划与决策支持。

7.2.1　SPOT 卫星影像

SPOT 卫星是法国空间研究中心(CNES)研制的一种地球观测卫星系统，至今已发射 Spot 卫星 1～5 号(4 号 1997 年 11 月 14 日停止运行)，并构成一个强大的 SPOT 星群，其中 SPOT1 在 SPOT5 发射后，就停止从地面收集信息，只作数据存储使用。1986 年以来，Spot 已经接收、存档超过 7 百万幅全球卫星数据，提供了准确、丰富、可靠、动态的地理信息源，满足了制图、水利、环境、地质勘探等多个应用领域不断变化的需要。图 7-7 为 SPOT5 全色波段图像的青海玉树灾后影像(2.5 m 分辨率)，图 7-8 为 SPOT5 全色波段安提瓜和巴布达卫星地图

(2.5 m 分辨率)。SPOT5 卫星主要参数见表 7-1。

图 7-7　青海玉树灾后影像(2.5 m)

图 7-8 安提瓜和巴布达卫星地图(2.5 m)

表 7-1　SPOT-5 卫星主要参数

所属公司	法国 SPOT 公司
发射时间	2002 年 5 月
分辨率	全色:插值 2.5 m 多光谱:10 m
波段设置	PAN:0.48~0.71 μm 波段 1:0.50~0.59 μm　G 波段 2:0.61~0.68 μm　R 波段 3:0.78~0.89 μm　NIR 波段 4:1.58~1.75 μm　SWIR
立体成像	同轨立体(前、后视)
成像分幅	60 km×60 km
解译精度	1/10 000~1/50 000

7.2.2　IKONOS 卫星影像

IKONOS 是美国空间成像公司(Space Imaging)为满足高解析度和高精度空间信息获取而设计制造,IKONOS-1 于 1999 年 4 月 27 日发射失败,同年 9 月 24 日,IKONOS-2 发射成功,10 月 12 日成功接收到第一幅影像。IKONOS 卫星具有较高的精度:全色分辨率达 1 m、多光谱 4 m,完全能够满足 1∶10 000 比例尺测图精度要求,是全球首颗高分辨率商业遥感卫星,也是全球第一颗民用 1 m 级高分辨率的卫星遥感图像。IKONOS 卫星图象与航空像片相类似,直接进行目视解读即可获得丰富的信息,清晰度可以和航空摄影照片媲美,使得高清晰度遥感解译成为可能。IKONOS 卫星主要参数见表 7-2。

表 7-2　IKONOS 卫星主要参数

所属公司	美国 GeoEye 公司
发射时间	1999 年 9 月
分辨率	全色:1 m 多光谱:4 m

续上表

波段设置	PAN：0.45～0.90 μm 波段1：0.45～0.53 μm B 波段2：0.52～0.61 μm G 波段3：0.64～0.72 μm R 波段4：0.77～0.88 μm NIR
立体成像	是
定位精度	平面 CE90：20 m 高程 LE90：10 m
成像分幅	11 km×11 km
采集能力	10万 km^2/d
解译精度	1/2 000～1/10 000

图7-9～图7-12为IKONOS高分辨率影像。

图7-9　上海浦东IKONOS影像

图7-10　约旦—佩特拉古城IKONOS影像

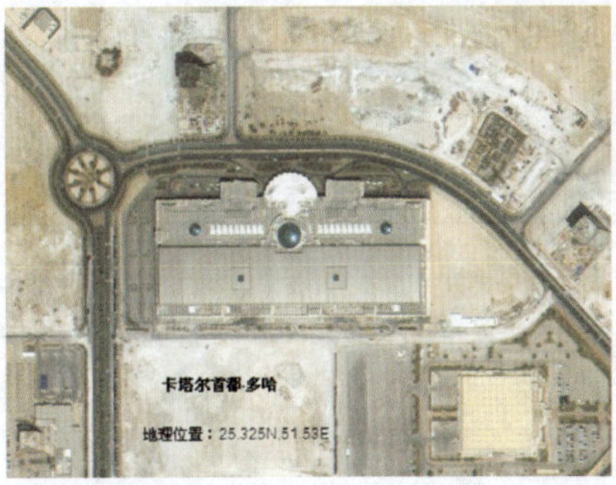

图7-11　卡塔尔首都—多哈 IKONOS影像

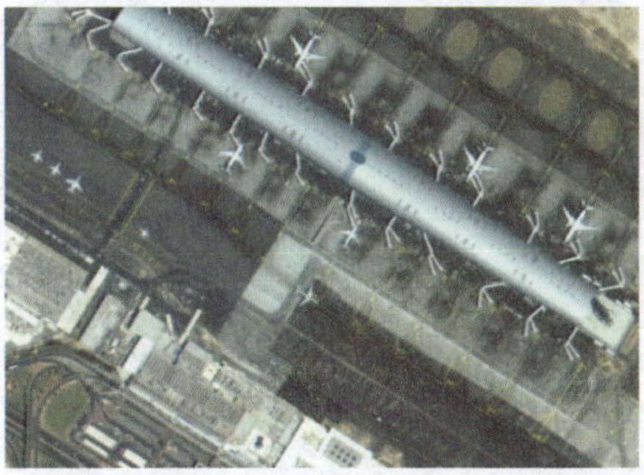

图7-12　阿联酋—迪拜机场IKONOS影像

IKONOS提供用户使用的标准产品主要是1 m分辨率的全色遥感影像数据、4 m分辨率的多光谱遥感影像数据和1 m分辨率增强型彩色遥感影像数据(多光谱彩色合成影像与1 m分辨率的全色遥感影像数据的复合，模拟真彩色或伪彩色)，详细见表7-3。

表 7-3　IKONOS 遥感卫星数据产品一览表

产品名称	数据特性	备　注	应　用
几何纠正影像数据	只进行几何改正	是 IKONOS 卫星的常规遥感数据，主要用于遥感解译	工程建设方面的工程规划，工程选址（选线），勘察测量，设施管理监测等
标准立体影像数据	核线重采样	提供用于数字摄影测量的有理函数	没有经过地面控制点纠正，其平面精度和高程精度分别为 25 m 和 22 m，主要用于测制相应比例尺地形图和影像地形图
精纠正立体影像数据	核线重采样及地面控制点数据	提供用于数字摄影测量的有理函数，利用地面控制点进行区域改正以改善几何精度	精纠正立体影像数据经过地面控制点纠正，其全色波段平面精度和高程精度分别为 4 m 和 5 m，多光谱波段的平面精度和高程精度分别为 6 m 和 9 m
正射纠正影像数据	具有地图精度的数据，用于各种精度的地理信息系统、测图和其他测量应用	通过 IKONOS 遥感卫星数据或其他数据生成的数字地形模型进行地形纠正，精纠正影像数据及增强精纠正影像数据需地面控制点纠正	可以形成镶嵌 1 m 分辨率的全色黑白影像数据、4 m 分辨率的多光谱数据或 1 m 分辨率的彩色数据图像
地图参考影像数据			平面中误差为 12 m，相当于 1∶5 万地形图的平面精度。主要应用于区域规划管理、工程的可行性研究等方面
地图影像数据			平面中误差为 6 m，相当于 1∶2.5 万地形图的精度。主要用于工程规划管理和勘察等方面
增强地图影像数据			平面中误差为 5 m，达到相当于 1∶1 万地形图精度。主要用于工程规划管理和工程勘察等方面
精纠正影像数据			经过地面控制点纠正，平面中误差为 2 m，相当于 1∶5 000 地形图精度，平面精度可达到 6 m。可用来编制高精度的城市影像地图等
增强纠正影像数据			经过地面控制点纠正，平面中误差为 1 m，相当于 1∶2 500 地形图精度，专门用于编制高精度的城市影像地图以及作为对地理位置精度要求较高的 GIS 数据源
数字高程模型			数字产品共有 5 级，其高程精度分别为 30 m、12 m 和 3 m（有地面控制点）

7.2.3　QUICKBIRD 卫星影像

QuickBird（快鸟）卫星于 2001 年 10 月 18 日由美国 DigitalGlobe 公司在美国范登堡空军基地发射，是目前世界上最先提供亚米级分辨率的商业卫星，卫星影像分辨率为 0.61 m。幅宽 16.5 km。可应用于制图、城市详细规划、环境管理、农业评估。QuickBird 遥感卫星数据提供立体像对，能生成数字高程模型和数字正射影像图，卫星主要参数见表 7-4。

表 7-4　QuickBird 卫星主要参数

国　家	美　国
发射时间	2001 年 10 月
分辨率	全色：0.61 m 多光谱：2.44 m
波段设置	PAN：0.45～0.90 μm 波段 1：0.45～0.52 μm B 波段 2：0.52～0.60 μm G 波段 3：0.63～0.69μm R 波段 4：0.76～0.90 μm NIR
立体成像	否
定位精度	平面 CE90：23 m 高程 LE90：15 m

续上表

成像分幅	16.5 km×16.5 km
采集能力	25 万 km²/d
解译精度	1/2 000～1/10 000

图 7-13 和图 7-14 为 IKONOS 高分辨率影像。

图 7-13　QuickBird 影像(分辨率:2.8 m)

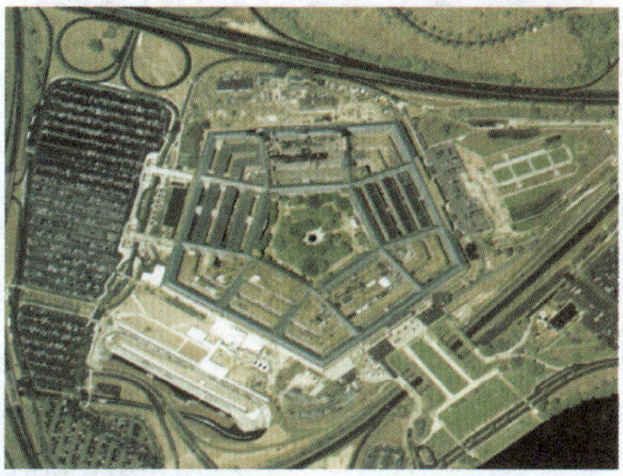

图 7-14　美国五角大楼 QuickBird 影像

7.2.4　GeoEye-1 卫星影像

GeoEye - 1 卫星是由美国 GeoEye 公司于 2008 年 9 月 6 日发射的一颗迄今技术最先进、分辨率最高的商业对地成像卫星。该卫星能提供全色 0.41 m 分辨率和多谱段 1.65 m 分辨率的超高分辨率影像,而且还能以 3 m 的定位精度(无控制点)精确确定目标的位置。GeoEye-1 是 IKONOS 的后续卫星,较 IKONOS 分辨率更高卫星姿态更灵活、获取能力更强、内外精度更高,于 2009 年 2 月正式商业运作。GeoEye 公司和 ITT 公司合作,计划于 2013 年发射 GeoEye-2 卫星,它的拍摄精度将达到 25 cm。GeoEye-1 卫星主要参数见表 7-5。

表 7-5　GeoEye-1 卫星主要参数

所属公司	美国 GeoEye 公司
发射时间	2008 年 9 月
分辨率	PAN:0.5 m 多光谱:2 m
波段设置	PAN: 0.45～0.80 μm 波段 1: 0.45～0.51 μm B 波段 2: 0.51～0.58μm G 波段 3: 0.65～0.69 μm R 波段 4: 0.78～0.92 μm NIR
立体成像	√
定位精度	平面 CE90:5 m 高程 LE90:6 m
成像分幅	15 km×15 km
采集能力	70 万 km²/d

图 7-15～图 7-18 展示了 0.5 m 分辨率的 GeoEye-1 卫星影像。

图 7-15　东京迪士尼乐园(0.5 m)

图 7-16　伦敦奥运会场所(0.5 m)

图 7-17　荷兰阿姆斯特丹水坝广场图像(0.5 m)

图 7-18　阿联酋迪拜塔(0.5 m)

图 7-19 为通过立体像提取的数字地形模型彩色立体图。

7.2.5　WorldView 卫星影像

WorldView 卫星是 Digitalglobe 公司的下一代商业成像卫星系统。它由两颗(WorldView-Ⅰ和 WorldView-Ⅱ)卫星组成，其中 WorldView-Ⅰ已于 2007 年发射，WorldView-Ⅱ于 2009 年 10 月份发射升空，WorldView-Ⅲ预计于 2014 年中期发射升空。

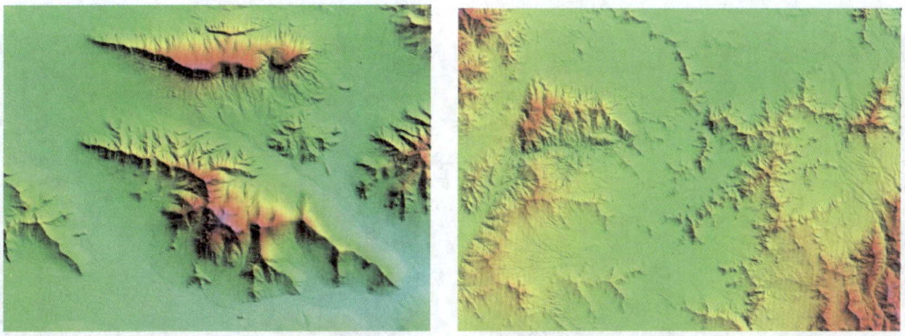

图 7-19　提取的数字地形模型彩色立体图

WorldView-Ⅱ能够提供 0.5 m 全色图像和 1.8 m 分辨率的多光谱图像，是全球第一个具有高光谱的亚米级遥感民用卫星，成图比例尺 1∶2 000。除了包含 4 个业内标准谱段(红、绿、蓝、近红外)，还包括 4 个额外谱段(海岸、黄、红边和近红外 2)，WorldView-2 卫星主要参数见表 7-6。

表 7-6　WorldView-2 卫星主要参数

所属公司	美国 Digitalglobe 公司
发射时间	2009 年 10 月
分辨率	全色：0.50 m 多光谱：1.8 m
波段设置	PAN：450～1 040 nm 波段 1：450～510 nm B 波段 2：510～580 nm G 波段 3：630～690 nm　R 波段 4：770～895 nm 近红外 波段 5：400～450 nm 海岸波段 波段 6：585～625 nm 黄色波段 波段 7：705～745 nm 红色边缘波段 波段 8：860～1040 nm 近红外 2 波段
立体成像	√
定位精度	平面 CE90：6 m 高程 LE90：4 m
成像分幅	27 km×30 km
采集能力	90 万 km^2/d

图 7-20～图 7-22 展示了 0.5 m 分辨率的 WorldView-2 卫星影像。

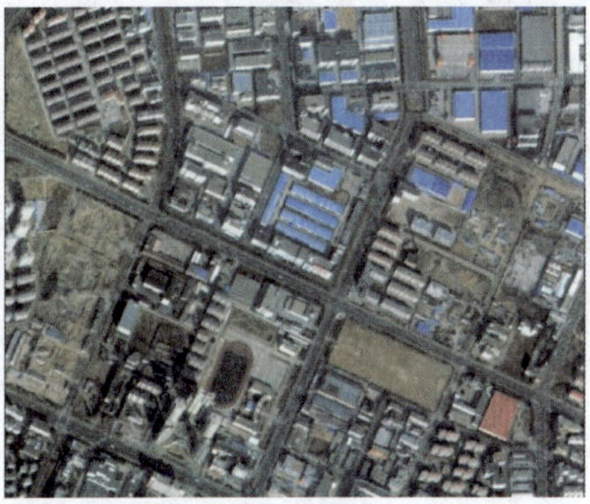

图 7-20　青岛 WorldView-2 卫星影像

图 7-21　郑州 WorldView-2 卫星影像

图 7-22　WorldView-2 卫星影像(0.5 m)

根据相关研究，分辨率为 0.5 m 的 WorldView-Ⅰ卫星影像为铁路勘测设计中的摄影测量制图提供了新的数据源。试验结果表明，配合 RPC 参数，WorldView-Ⅰ高分辨率卫星立体像对在无定向外控点情况下，平面定向精度可以达到 2～3 m，高程精度在 2 m 左右；只需少量定向外控点就可以满足铁路勘测设计 1∶2 000 测图的精度要求，可以应用在铁路 1∶2 000 测图中。图 7-23 为试验的 WorldView-Ⅰ立体影像，表 7-7 为定向外控点多种布设方案得到的定向精度，图 7-24 为按照铁路 1∶2 000 的测图要求，利用 WorldView-Ⅰ立体像对测制影像范围内 1∶2 000 数字线划图。

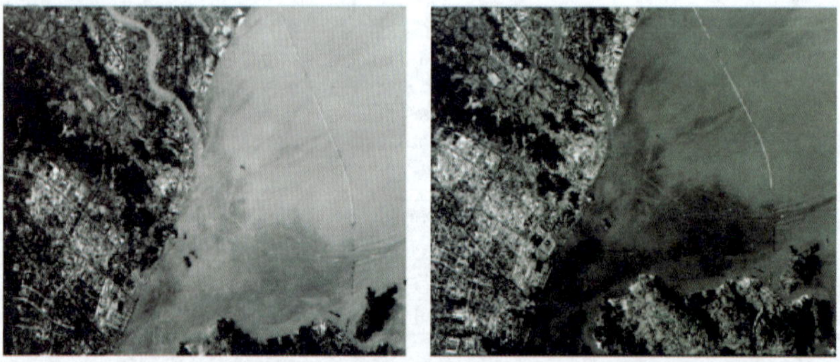

图 7-23　WorldView-Ⅰ立体像对

表 7-7　WorldView-Ⅰ立体像对定向精度

序号	控制方案	定向外控制点残差中误差				多余外控制点中误差			
		点数	m_X	m_X	m_H	点数	m_X	m_X	m_H
方案 1	无外控制点，单独依靠 RPC 参数					4	1.79	0.96	1.87
方案 2	单点定向	1	0.00	0.00	0.00	3	1.28	0.78	0.74
方案 3	双点定向	2	0.018	0.04	0.25	2	1.17	0.88	0.84
方案 4	三点定向	3	0.24	0.10	0.07	1	0.86	0.39	0.52
方案 5	全部控制点都参与定向	4	0.42	0.18	0.13				

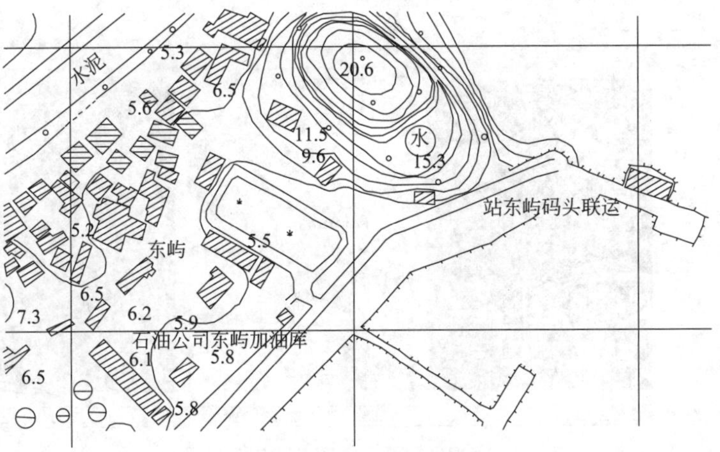

图 7-24 WorldView-Ⅰ卫星影像测制的 1∶2 000 地形图

7.3 常用遥感处理软件

目前遥感图像处理软件中，国际上最通用的是美国 ERDAS LLC 公司(2011 年并入美国 Intergraph 公司的 SG&I 部门)开发的 ERDAS Imagine 、加拿大 PCI 公司开发的 PCI Geomatica 以及美国 Research System INC 公司开发的 ENVI。国产遥感图像处理软件主要有原地矿部三联公司开发的 RSIES、国家遥感应用技术研究中心开发的 IRSA 、中国林业科学院与北大遥感所联合开发的 SAR INFORS 以及中国测绘科学研究院与四维公司联合开发的 CASM ImageInfo。

7.3.1 ERDAS IMAGE

ERDAS IMAGINE 是美国 ERDAS 公司(世界上最大的专业遥感图像处理软件公司)开发的遥感图像处理系统。可以处理的遥感图像包括卫星图片(IKONOS、Landsat 和 SPOT 等)、航测图片和雷达图片。ERDAS IMAGINE 软件处理技术覆盖了图像数据的输入/输出，图像增强、纠正、数据融合以及各种变换、信息提取、空间分析/建模以及专家分类、数字摄影测量与三维信息提取、雷达数据处理、正射影像纠正、三维立体显示分析。其应用领域包括：环境监测、制图、工程、水利、测绘勘察等，已成为世界上占最大市场份额的专业遥感图像处理软件。

目前最新版本为 2011，将广泛的影像分析、遥感影像处理、地形分析和地理信息分析工具集成为一个功能强大且使用方便的工具包，提供了一个一体化的影像分析和地理空间分析工作流。如批处理的分布式运算、新的 WorldView-2 融合工具、集成谷歌地球 Google Earth^{TM} 与 ERDAS APOLLO 工作流更加完美地结合等，代表了遥感图像处理系统未来的发展趋势。图 7-25 为 ERDAS IMAGINE 2011 的主界面。

图 7-26 和图 7-27 为应用 ERDAS IMAGINE 对 LandSat 卫星影像进行波段合成后的假彩色影像效果图。

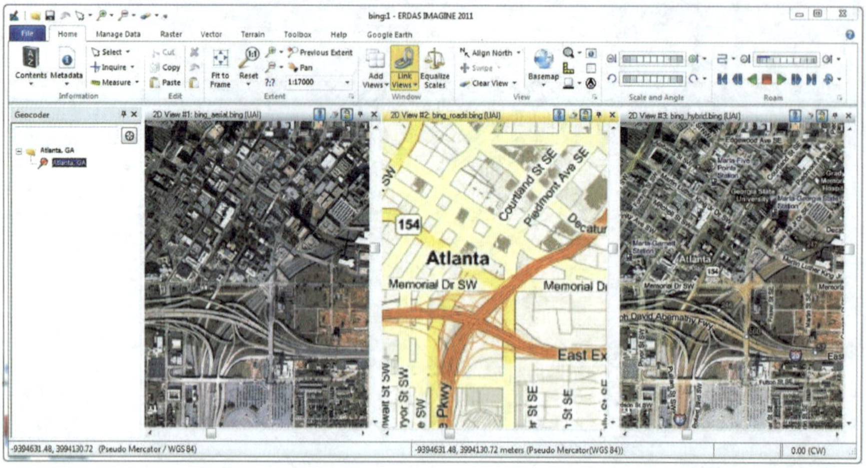

图 7-25　ERDAS IMAGINE 2011 主界面

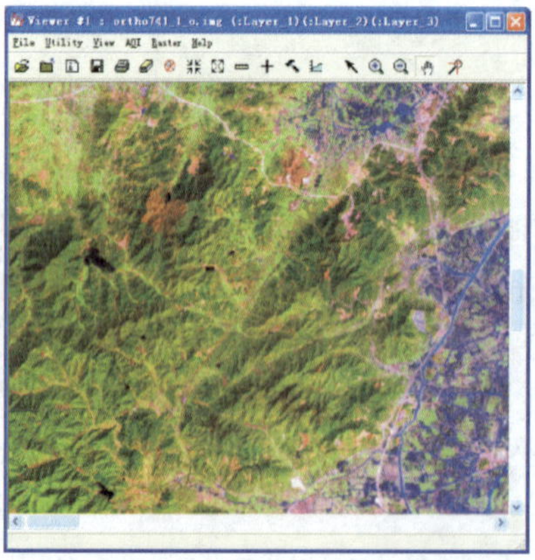

图 7-26　741 波段合成影像

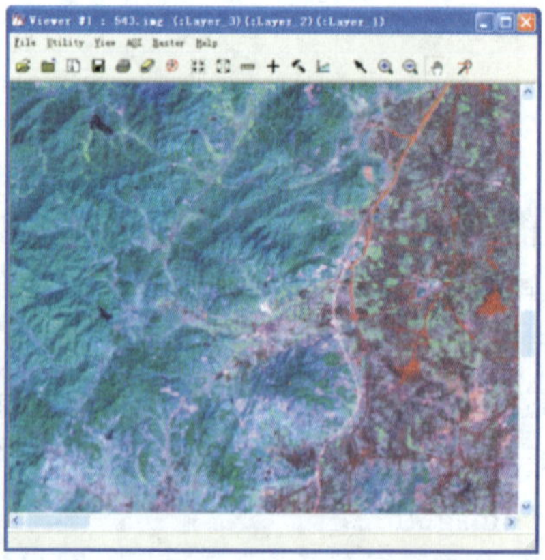

图 7-27　543 波段合成影像

图 7-28 为应用 ERDAS LPS 进行正射影像纠正后的 SPOT5 卫星正射影像图。

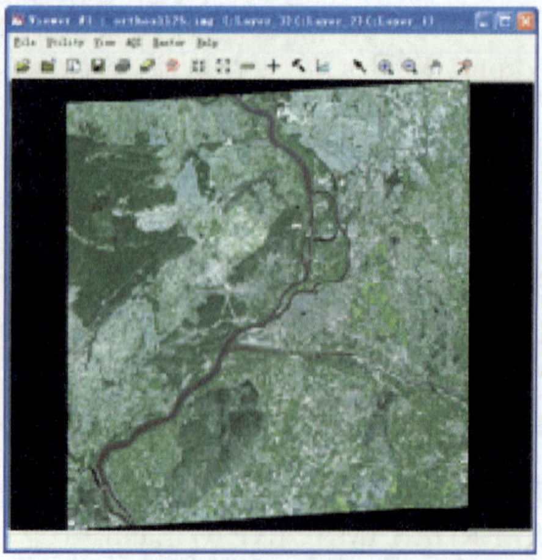

图 7-28　SPOT5 正射影像图

7.3.2 PCI Geomatica

PCI Geomatica 软件是加拿大 PCI 公司的旗舰产品，集摄影测量分析、遥感影像处理、几何制图、GIS 分析、雷达数据分析以及资源管理和环境监测等多功能于一体，它拥有相当齐全的功能模块：常规处理模块、几何校正、大气校正、多光谱分析、高光谱分析、摄影测量、雷达成像系统、雷达分析、极化雷达分析、干涉雷达分析、地形地貌分析、矢量应用、神经网络分析、区域分析、GIS 分析、正射影像图生成及 DEM 提取(航片、光学影像、雷达数据)、三维图像生成、丰富的可供二次开发调用的函数库、制图、数据输入/输出等四百多个软件包组成了影像处理软件中非常全面的系统。

应用领域包括测绘、地质、环境、城市规划、铁路交通、工程建设、光谱分析、雷达数据分析等领域。由于 Geomatica 对 SPOT5 和 IKONOS、QuickBird、ALOS、WorldView-1 数据的强大支持能力，已广泛地被加拿大遥感中心、SPACE Imaging 公司、美国测绘局 NIMA、中科院遥感所、中国土地勘测规划院、地矿部遥感中心、南京大学、北京师范大学等国内外用户使用。PCI Geomatica 最新版本为 2013 版，图 7-29 为 PCI Geomatica 的主界面。

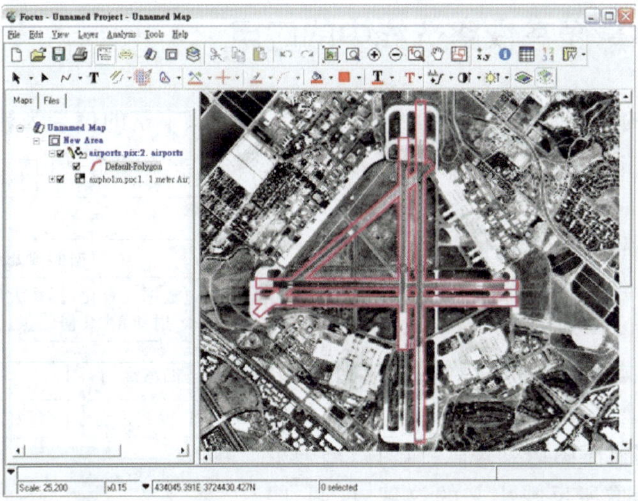

图 7-29　PCI Geomatica 软件界面

7.3.3 ENVI

ENVI 遥感图像处理平台是美国 Exelis Visual Information Solutions 公司的旗舰产品，它是采用交互式数据语言 IDL(Interactive Data Language)开发的一套功能强大的遥感图像处理平台。包含齐全的遥感影像处理功能：常规处理、几何校正、定标、多光谱分析、高光谱分析、雷达分析、地形地貌分析、矢量应用、神经网络分析、区域分析、GPS 联接、正射影像图生成、三维图像生成、丰富的可供二次开发调用的函数库、制图、数据输入输出等功能组成了图像处理软件中非常全面的系统。

ENVI 对于要处理的图像波段数没有限制，可以处理最先进的卫星格式，如 Landsat7、IKONOS、SPOT、RADARSAT、NASA、NOAA、EROS 和 TERRA，并准备接受未来所有传感器的信息。ENVI 已经广泛应用于科研、环境保护、气象、农业、林业、地球科学、遥感工程、海洋、测绘勘察和城市与区域规划等领域。ENVI 最新版本为 4.8(ENVI 5.0 目前为 beta

版),图 7-30 为 ENVI EX 4.8 的主界面。

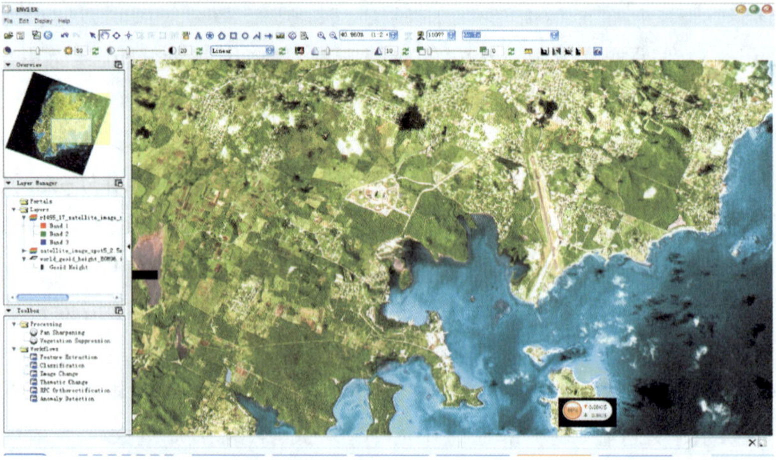

图 7-30　ENVI EX 4.8 主界面

7.4　卫星遥感影像在铁路选线中的应用

随着空间技术的飞速发展,遥感图像宏观、逼真、直观、丰富的信息为铁路、公路工程地质选线,工程可行性研究,线路工程地质条件评价提供了有利条件。

遥感技术在铁路勘察选线中技术流程的设计思想:充分利用现有条件、现有资料的可获取性及其时空代表性,通过全面、客观而科学的分析和计算方法,尽可能应用已有基础地质和工程地质资料,充分发挥卫星图像宏观逼真、动态、多波段特征和工程地质信息的优势,利用遥感图像处理软件解译、增强卫星影像,根据遥感影像所反映出来的纹理、色调、图形、图案,判释区域内地层、岩性、地质构造、不良地质等现象。遥感技术在铁路勘察选线中的应用,可以全面提高路线方案质量和水平。主要包括遥感图像处理、地学信息提取、野外调查验证、线路方案比选修改等,如图 7-31 所示。

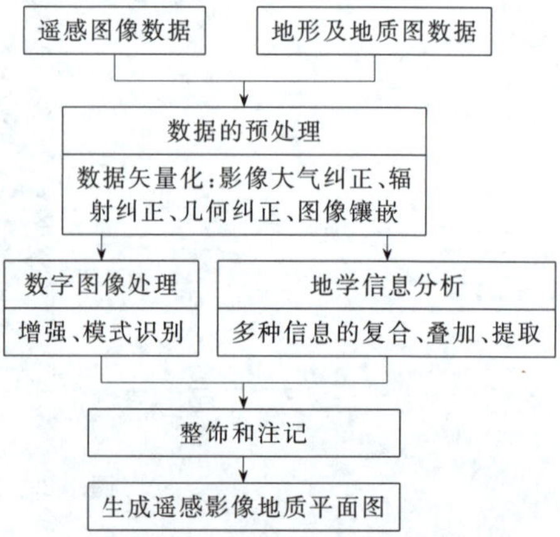

图 7-31　遥感图像处理生产作业流程图

7.4.1　卫星遥感影像的收集

沿线路方案(正线和比较线)收集卫星遥感影像,所收集的卫星遥感影像应覆盖所有线路设计方案,可根据需要收集分辨率为 10 m、5 m、2.5 m、1 m 的卫星影像,最好是能收集到 2.5 m 或 1 m 的卫星遥感影像。同时,还要对影像产品进行检查,包括影像是否有技术上不能修正的辐射缺陷,影像上是否有云层覆盖等,以便采取补救措施。

7.4.2　卫星遥感影像的纠正

获取卫星遥感影像时,由于搭载平台、传感器、地球曲率和地形起伏等影响,往往会造成影像的几何畸变。为了修正这些几何畸变，同时也把卫星遥感影像纳入到制图坐标系中（如北京-54或西安-80坐标系），就需要对影像进行几何纠正。卫星遥感影像几何纠正分光学纠正和数字纠正两大类。光学纠正通常不能对卫星遥感影像进行严格的纠正，一般较少采用。

数字纠正是建立在严格的数学基础上，通过构像方程（指地物点的图像坐标 (x,y) 和地面坐标 (x,y,z) 之间的数学关系），建立纠正变换函数，利用控制点数据求取纠正变换函数的系数，达到纠正的目的。

在卫星遥感影像的几何纠正中，需要一定数量地面控制点的基准数据。地面控制点的坐标可有以下几种方式获得：

(1)在有地形图的地区，可以从数字栅格地图上获取与卫星遥感影像同名点的地面控制点坐标，这种方法最为经济可行；

(2)从已有的正射影像上获取；

(3)利用GPS或传统的野外测量的方法来获取地面控制点的坐标，即在待纠正影像上选择明显点作为地面控制点，到野外利用GPS或传统测量的方式实测这些点的坐标。

需要指出的是：在每一景卫星遥感影像的几何纠正中，地面控制点要保证一定数量，每景影像以不少于20～25个地面控制点为宜。此外，还需一定数量的检查点，以检核卫星遥感影像纠正的精度是否满足要求。地面控制点的误差应小于1个像元的精度，在影像中的分布应比较均匀，以保证几何纠正的精度。

7.4.3　获取纠正后的卫星遥感影像

获取纠正后的卫星遥感影像的方法有两种：一种是在地势较为平坦的地区，且几何精度要求不是特别高的情况下，卫星遥感影像经计算纠正后直接进行图像重采样，获得纠正后的卫星遥感影像；一般在铁路选线的粗选方案阶段，可以采取这种方法。另一种是在地形起伏比较大的地区，几何精度要求又比较高，可以通过DEM来修正地形起伏所引起的投影差，以达到对卫星遥感影像进行精纠正的目的。

7.4.4　卫星遥感影像的应用

经图像重采样纠正后的卫星影像，可以在卫星遥感影像上注记整公里数（也可以注记其他间隔）的格网或十字丝，以将坐标信息反映在图像中。还可以将影像进行分割，以获得所需区域的影像，再将影像导入到线路设计的工作平台（如CAD平台），就可以得到量化后的地物信息。有了这些带有实际坐标信息的遥感影像，就可以对数字栅格地图进行修正，将重要地物（如高速公路、等级公路、城镇、水利枢纽工程、高压输电网、变电站枢纽等信息）反映到数字栅格地图上，使得在数字栅格地图上设计的粗选方案更趋合理。

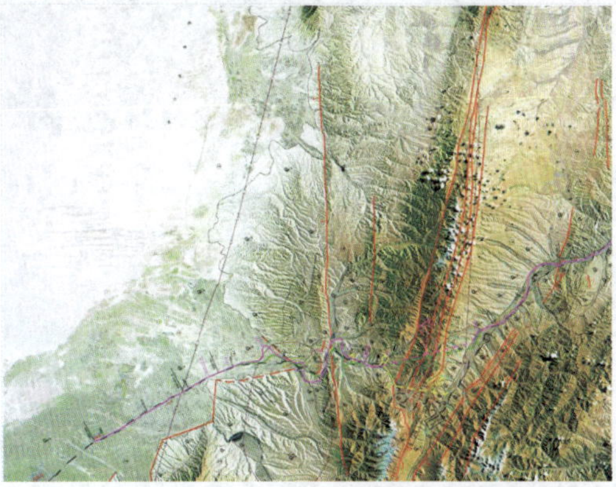

图7-32　兰州—武威铁路选线遥感图

图7-32为利用TM/ETM＋遥感影像辅助进行铁路选线。以卫星图像为底图，叠加地层、

地质构造、地震烈度及工程布线等信息，为规划决策和建设施工提供参考。图中红色线条为断层或隐伏断层，粉红、黄以及绿色线条为三种不同的选择方案。

7.4.5 小 结

将卫星遥感影像应用到铁路选线中，是铁路勘测设计工作流程中又一新的设计理念。应用卫星遥感影像的优势在于：经纠正后的卫星遥感影像具有坐标信息，卫星遥感影像比现在能获得的地形图更现势、更直观，更能正确反映地面的实际情况。高分辨率的（如 2.5 m 级、1 m 级）卫星遥感影像可将局部地物的信息反映得非常清晰，很容易进行地物判断和地质解译，在粗选方案时就可以规避一些重要的工程设施和地质灾害区。卫星遥感影像的幅面宽，如一景 SPOT 影像能够覆盖 60 km×60 km 的范围，一景 TM 影像能够覆盖 185 km×185 km 的范围，使得设计人员的视野更为开阔，方案设计也更趋合理。将卫星遥感影像应用到铁路选线中，可以优化线路方案设计，使设计更为合理；同时还可以减少方案比选的反复，减少野外勘测的工作量，降低勘测设计成本，缩短设计周期。

7.5 三维遥感技术在铁路地质选线中的应用

遥感技术作为铁路工程地质勘察的有效手段之一，在铁路勘察设计的各个阶段得到了广泛应用。而三维遥感可视化技术能再现工作区的真实三维场景，真实反映地形地物、地貌地质状况，具有直观性、操作性强和可视化等特点。能快速有效查明线路沿线的地质构造、地层岩性和不良地质等，为复杂山区铁路工程地质选线及优化线路方案提供更高效、快捷的工具。

图 7-33～图 7-37 为应用 SPOT5 卫星影像和提取的 DEM，采用 OpenGL 图形库、VC＋＋和 VR 技术开发的三维遥感立体场景建模效果。

图 7-33 三维遥感立体场景 1

下面以十宜铁路为例，介绍三维遥感技术在铁路地质选线中的应用。

7.5.1 遥感数据处理

十宜铁路位于鄂西北山区，走廊带地势险峻、交通极其困难、工程地质条件复杂，中铁四院冯光胜以十宜铁路为例，基于 WebGIS 平台开发了三维遥感可视化技术结合高分辨率遥感影像（Alos、SPOT 和 QuickBird）进行三维解译，实现快速查清沿线区域地质、地层岩性及重大不良地质体等，为方案比选和快速稳定方案提供可靠的大比例工程地质资料。

图 7-34　三维遥感立体场景 2

图 7-35　三维遥感立体场景 3

图 7-36　三维遥感立体场景 4

图 7-37　三维遥感立体场景 5

遥感解译数据源为 ETM、SPOT、Alos 和 QuickBird 等，对影像进行了最有利工程地质解译标志判识的波段组合，如 ETM543＋8、SPOT432＋Pan 假彩色合成等。其中 ETM 用于大面积遥感解译，SPOT、Alos 和 QuickBird 等高分辨率影像校正、融合后，主要用于方案沿线的带状遥感解译。

7.5.2 三维遥感模型的建立

利用矢量化 1：50 000 地形图生成 DEM 三维地形模型，制作 ETM、Alos 和 SPOT 假彩色影像作为三维表面的纹理信息。将线路方案、区域地质资料、地理信息等以图层方式叠加至三维表面上，构建真实的三维可视化工程地质遥感模型。从而反演测区实景，对研究区地质构造、地层岩性、不良地质等进行全面的解译、分析和评价。

7.5.3 地质构造解译

基于工程地质条件考虑，对线路有较大影响的深大断裂主要有 4 条，以白河—石花街大断裂和新华大断裂为例，其特征如下：

(1)白河—石花街大断裂，其中主干断裂破碎带宽约 150 m，如图 7-38 所示。

(2)新华大断裂，大体呈 NNE 向，该断裂交于线位 AK160 处，破碎带宽约 120 m，影像特征明显，如图 7-39 所示。

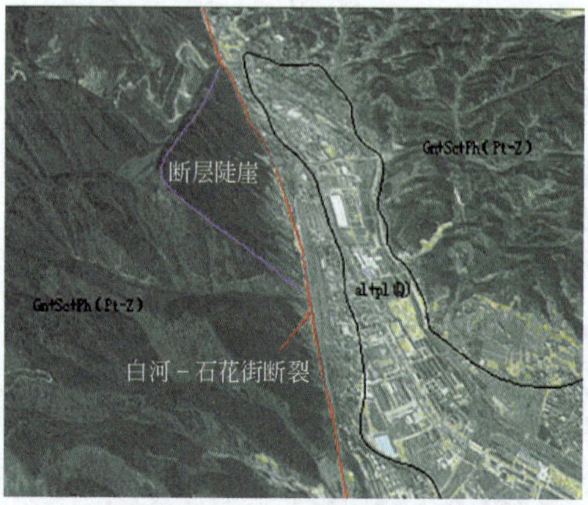

图 7-38 白河—石花街断裂及断层陡崖

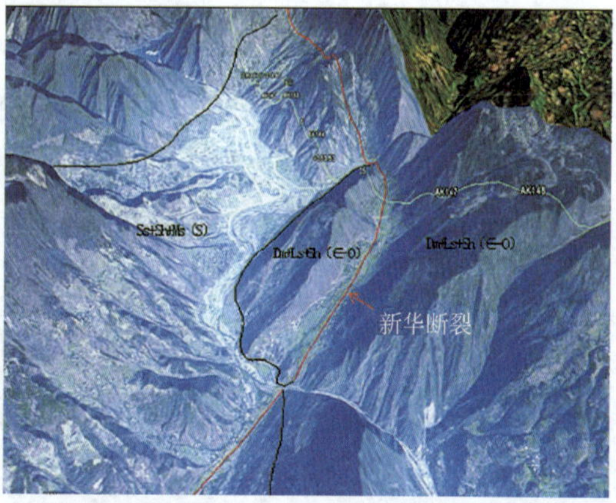

图 7-39 新华断裂三维显示

(3)不良地质解译。测区地势陡峻、构造发育、可溶岩分布广泛，故岩溶、岩堆、滑坡及崩塌等不良地质体较发育。

①岩溶：测区可溶岩分布较广，岩溶较发育，如图 7-40 所示，对工程地质选线影响较大。

②山体变形：通过遥感解译，发现测区内有较多大小规模不等的滑坡、崩塌、岩堆等不良地质体发育。其中滑坡主要分布于山体坡脚缓坡、河流沿岸，尤其是陡崖下缓坡地段，如图 7-41 所示。崩塌及危岩、落石主要分布在峡谷陡崖、山体斜坡陡崖地段，如图 7-42 所示。这些不良地质体对方案的选择有着重要的影响，选线过程中应予以绕避。

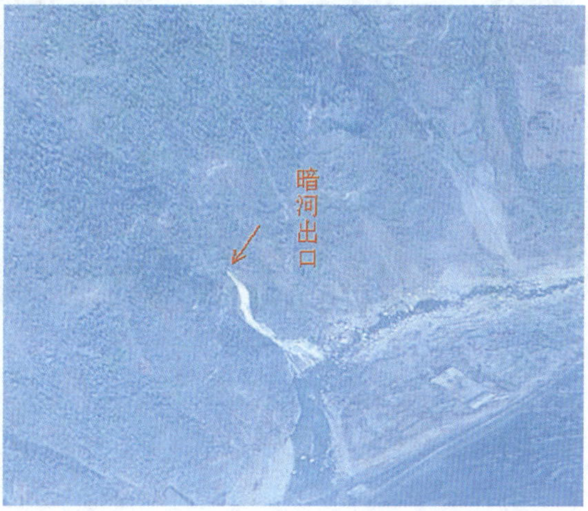

图 7-40　仙女山隧道出口右侧 490 m 处暗河

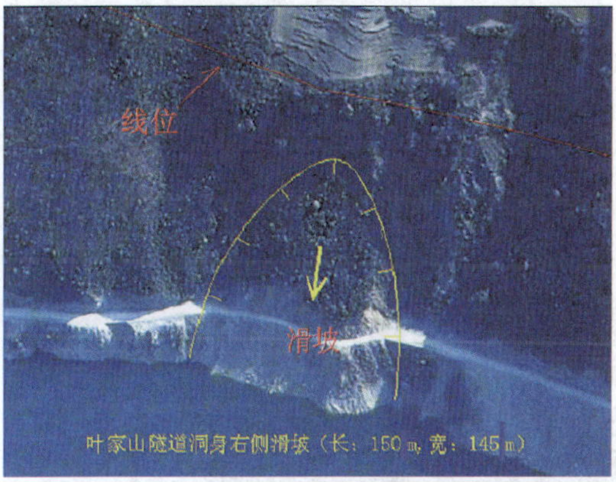

图 7-41　叶家山隧道滑坡

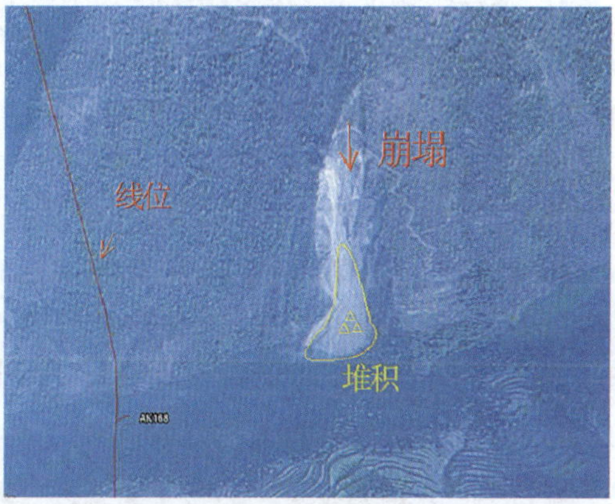

图 7-42　AK168 左 40 m 处崩塌堆积

7.5.4 小　　结

利用三维遥感可视化技术结合高分辨率影像进行三维遥感工程地质选线，完成全线 1∶5 万工程地质解译，加深地质工作范围完成 1∶1 万工程地质解译。基本查明了沿线地形地貌、地层岩性、地质构造及不良地质体的发育、分布情况，以及断裂带的宽度、不良地质体的规模大小等，为工程地质选线提供了高精度、大比例的工程地质调查资料。同时经多方案的工程地质比选，选出了最佳方案，达到短时间内稳定方案、缩短选线周期的目的。图 7-43 为兴山—三峡段方案比选后线位。

该方法较之以往遥感大面积选线，实现了由平面到立体、定性化解译到定量化解译的飞跃，为工程地质选线准确地提供了地质资料，值得进一步研究和推广应用。

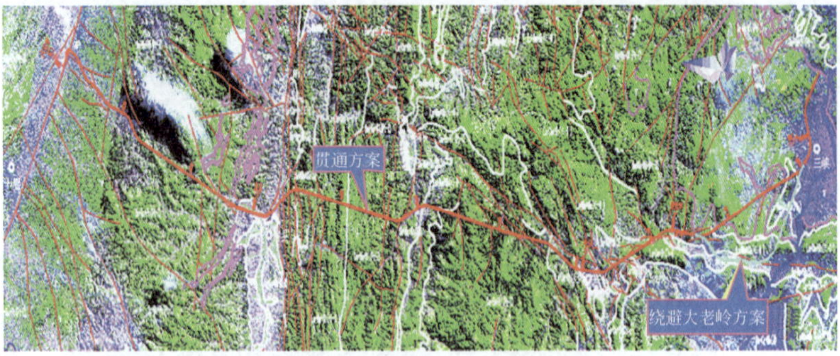

图 7-43　兴山—三峡段方案比选后线位

7.6　遥感选线三维可视化设计原型系统

以基于遥感技术、数字摄影测量技术所获取的三维空间数据为主要数据源(DEM、DOM)以及其他辅助多源数据,利用虚拟现实技术和三维可视化技术,重建三维地形场景,基于遥感地质解译的基础上,建立三维地质环境,共同构成了选线系统的三维地理环境,实现数字化选线设计,选定 Oracle9i 数据库用于系统后台的数据库。系统提供利于选线的大区域三维立体实景,并对竣工后的线路进行三维建模,工程量的查询、统计、汇总。系统主要由立体选线平台、矢量图形系统、数据库系统 3 大模块组成,下面简要介绍系统的主要功能。

7.6.1　三维地形环境建模

基于全数字摄影测量系统获取数字高程模型(DEM)和遥感正射影像图(DOM),其中 DOM 来源于彩色航空影像,如图 7-44 所示。对每级左右影像建立影像金字塔,采用自适应分块技术实现 DOM、DEM 的数据库管理,如图 7-45 和图 7-46 所示。

图 7-44　实验区带状正射影像图

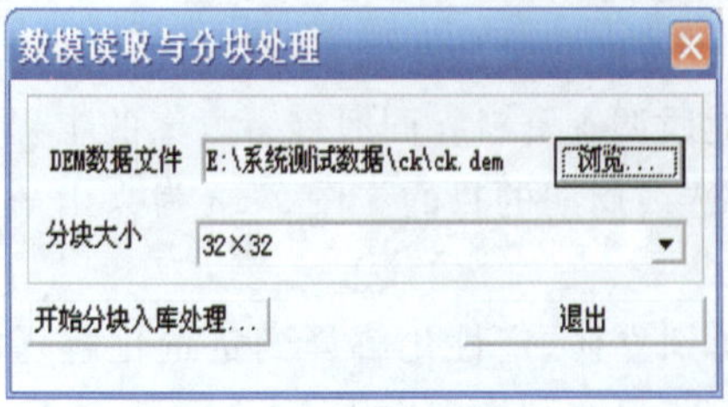

图 7-45　DEM 数据分块入库

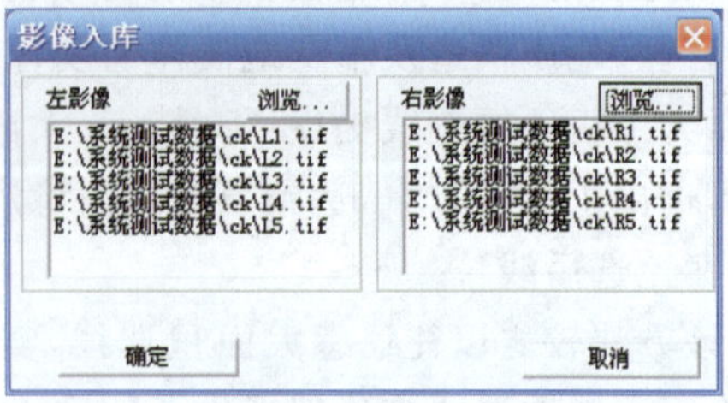

图 7-46　多分辨率 DOM 数据入库

图 7-46 中的 L1,L2…,L5 和 R1,R2…,R5 分别表示正射影像图的分辨率级别,其顺序从高到低,分辨率也逐渐降低。系统将按影像级别的不同自动进行分块处理并依次写入数据库,并建立影像块索引,实现影像的数据库管理。基于实时动态调度策略,建立多分辨率真三维选线地理环境,如图 7-47 所示。

图 7-47　实验区三维选线地理环境

设置好飞行路径后,可以沿着所设定的路径观察三维地理环境。图 7-48 为沿飞行路径的三维漫游效果图,图中的曲线为飞行路径。

图 7-48　沿飞行路径三维漫游效果图

7.6.2 三维地质环境建模

通过 ERDAS IMAGE 软件解译的遥感地质解译图如图 7-49 所示。将地质对象的空间分布范围矢量数据投影到三维地形上，实现 DEM 与矢量数据的三维叠加分析，建立起直观的地质环境，将各种数字化地质信息以适当的形式表达出来，为在三维地形上进一步进行地质分析提供了数据依据，将有助于选线工程师更加直观的进行地质选线。选线设计人员能够对地质信息进行各种空间查询与分析决策，并能够以一种动态的交互式的三维影像形式表现出来。图 7-50 为数字地质对象在三维地形环境中集成效果。

图 7-49 遥感地质解译图

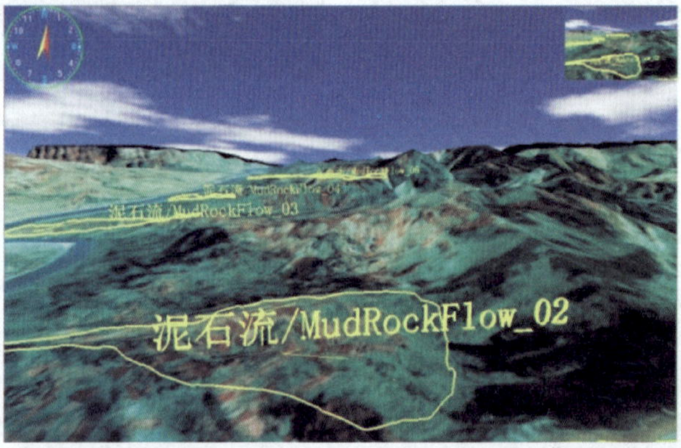

图 7-50 数字地质对象在三维地形环境中集成效果

7.6.3 遥感地质信息系统

利用 RS、GIS 的各自优势，建立遥感地质信息系统，实现对地质信息、遥感解译影像的管理、查询检索，分析各种不良地质的分布规律、进行地质灾害的危险度区划评价、评价结果的可视化与三维选线系统的虚拟地理环境的集成，实现在虚拟环境下对各个线路方案的工程地质条件进行定性评价等。主要包括数据采集模块、数据管理与维护模块、地质评价模型模块和成果输出模块。图 7-51 为遥感地质信息系统主界面，图 7-52 为在遥感地质资料的基础上，基于 LM 神经网络法的地质灾害危险性评价及结果，图 7-53 为地质评价结果的三维可视化。

图 7-51　基于 GIS 的遥感地质信息系统

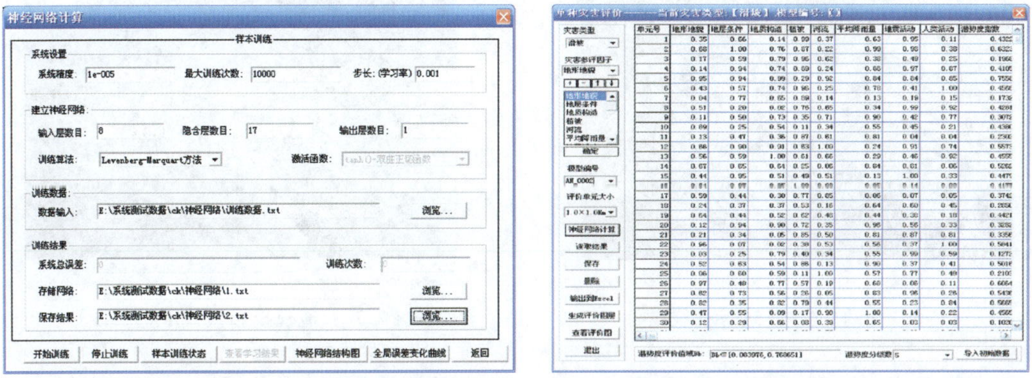

图 7-52　基于 LM 神经网络法地质灾害危险性评价及结果

(a) 颜色填充模式　　　　(b) 线框模式

图 7-53　地质评价结果的三维可视化

7.6.4 三维可视化设计

可在正射投影模式(平面遥感正射影像图)、透视投影模式(三维环境)下进行选线设计,两种模式可实时切换(图 7-54～图 7-57)。同时自动生成平面设计图(图 7-58)、路基横断面图(图 7-59)和纵断面交互设计图。线路可实时进行线路方案的三维建模,浏览查看线路三维效果(图 7-60)。图 7-61 为正射投影下的线路多方案显示,图 7-62 为线路方案三维漫游效果图。

图 7-54 正射投影的选线模式

图 7-55 透视投影的选线模式

图 7-56 正射投影模式下选线设计

图 7-57 透视投影模式下选线设计

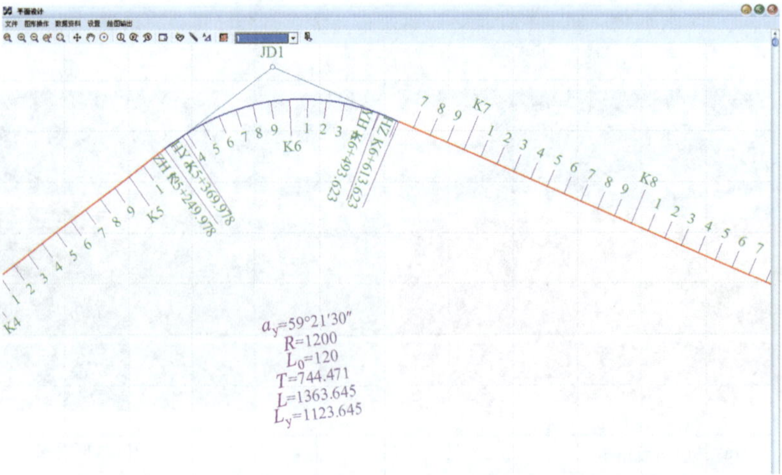

图 7-58 平面设计方案的自动生成

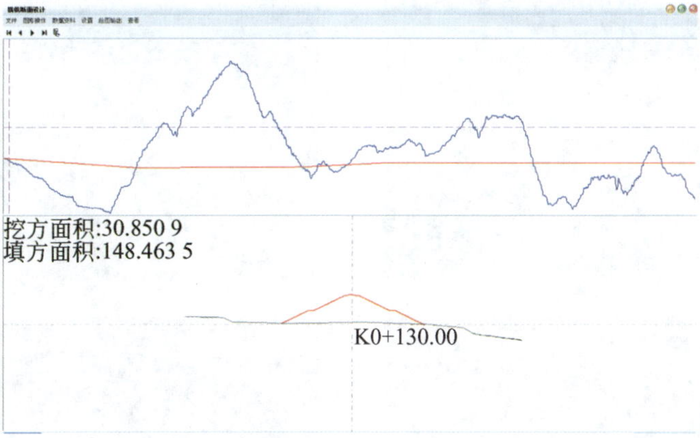

图 7-59　路基横断面的自动生成

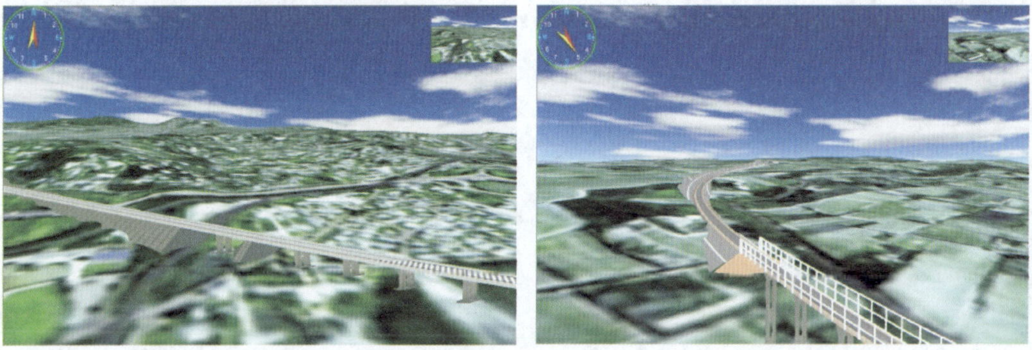

图 7-60　线路三维设计效果

图 7-61　正射投影模型下线路多方案显示

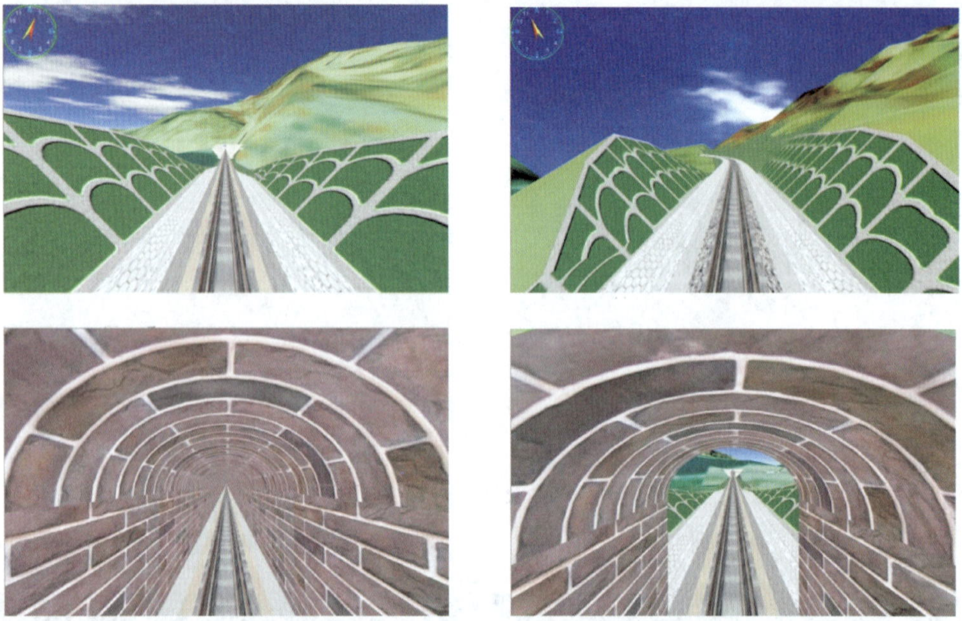

图 7-62　线路三维漫游效果图

第二篇　铁路线路计算机辅助设计——CARD/1 系统应用

计算机辅助选线设计主要是研究计算机及其外围设备和图形输入输出设备帮助工程师进行铁路线路设计的技术。铁路线路计算机辅助设计可以达到提高生产效率，提高设计质量的目的。目前国外在线路 CAD 上推出了多个优秀软件，如德国的 CARD/1 系统、英国的 MOSS 系统、美国的 INRail 系统和澳大利亚旷达公司 Quantm 系统。这些软件代表了当今国际线路 CAD 的潮流与方向，具有完善的图形处理和三维图形显示功能，能完成除构造物设计之外的线路设计全过程，均是建立在功能强大的三维数字地面模型及结构物模型的基础上，有较完善的测量数据采集与处理子系统，分析算法多样，具备多种工程分析与计算方法，软件开发技术紧跟计算机技术发展潮流，软件水平和商品化程度高。

在众多优秀的国外软件中，德国 IB&T 有限公司出品的 CARD/1 软件系统是一款包含公路和铁路的勘测设计一体化软件系统，至今已有 20 多年历史，现已发展到 8.2 版本。覆盖铁路、公路、测绘、道路及管道多个专业，可完成铁路、轻轨、地铁和磁悬浮等各种复杂工程设计，是一种高度集成，功能广泛，图形交互的计算机辅助设计系统，在我国应用最为广泛。该系统自设图形平台，并建立独立完整的数据与图形编辑体系，除采用 Windows 操作系统外，可以不依靠任何其他支撑软件就可完成地形图测绘，铁路、公路、管网等项目的各种平、纵、横断面设计，文件管理，编辑，图表处理和绘图等工作。自东、西德合并后，德国几乎 100% 的铁路都是由 CARD/1 设计完成。CARD/1 软件系统以先进、精细、高效、功能强大而著称，广泛应用于测绘、道路、铁路(包括磁悬浮)和管道的规划、设计和施工，本篇以 CARD/1 软件为依托，全面讲解铁路计算机辅助设计方法、理念和 CARD/1 软件系统在铁路线路设计中的应用。

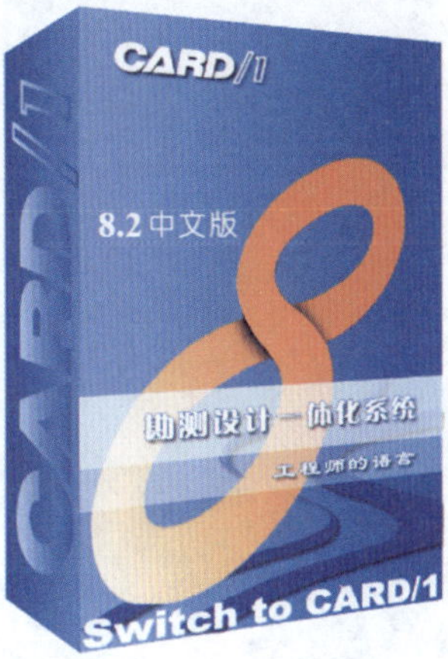

第八章　设计准备工作——地形数据读入及数模建立

地形数据是进行线路设计的基础数据，也是建立数模的数据源。CARD/1 系统在进行线路设计之前，必须先读入地形数据文件，然后在此基础上建立用于线路设计的数字地形模型。

8.1　CARD/1 系统概述

8.1.1　IB&T 公司简介

IB&T(Ingeneurbuero Busedow & Tornow GmbH)公司是德国一家土木工程 CAD 软件开发及销售的公司，成立于 1988 年，主要产品是被广大用户称为功能强大、高度集成的 CARD/1 土木工程设计系统。公司有近 90 名土木工程和计算机方面的高级人才专门从事 CARD/1 系统的研究与开发，使 CARD/1 软件更符合用户和市场的需要。CARD/1 的开发始于 1983 年，是一个具有 20 多年历史、经过成千上万家用实践检验的功能精细、可靠、技术先进的国际化著名产品。

8.1.2　CARD/1 系统简介

德国 IB&T 有限公司出品的 CARD/1 软件系统是一款道路(公路和铁路)勘测设计一体化软件系统，以先进、精细、高效、功能强大而著称，广泛应用于测绘、道路、铁路(磁悬浮)和管道的规划、设计和施工。能完成从勘测、设计到绘图出图的全过程。CARD/1 软件技术性能比较优势见表 8-1。

表 8-1　CARD/1 软件技术性能比较优势

功能对比	国内铁路软件	国内公路软件	国内市政软件	国内勘测软件	CARD/1 软件
测绘数据处理	不能	不能	不能	能	能
铁路线路设计	能	不能	不能	不能	能
公路线路设计	不能	能	不能	不能	能
市政线路、管网设计	不能	不能	能	不能	能
独立平台	不是	不是	不是	不是	是
数字地面模型	功能简单、精度低	功能简单、精度低	功能简单、精度低	没有	功能强、精度高
仿真空间视图	没有	没有	没有	没有	有
道理行驶模拟	没有	没有	没有	没有	有
二次开发平台	没有	没有	没有	没有	有
创新功能	没有	没有	没有	没有	有
转弯半径验算	不能	不能	不能	不能	能

8.1.3 CARD/1 系统主界面

CARD/1 系统主界面如图 8-1 所示，大致分为：(1)上面的主功能菜单栏；(2)右侧的边菜单操作栏；(3)上面的显示录入栏；(4)下面的报告提示栏；(5)中间的窗口主界面。

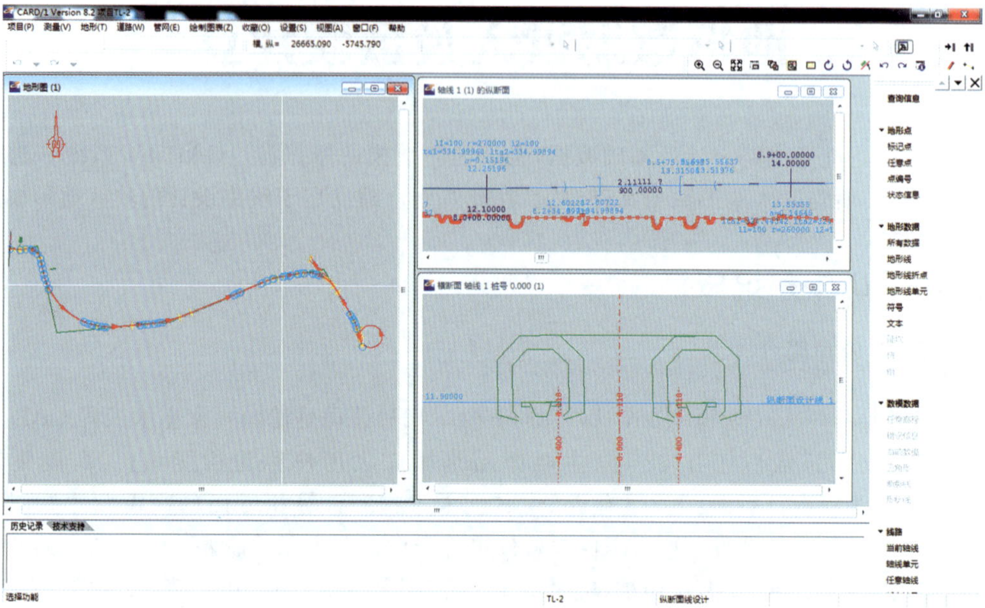

图 8-1 CARD/1 系统主界面

主功能菜单实现的主要功能见表 8-2。

表 8-2 CARD/1 菜单的功能划分

菜单	内　容
项目	可新建项目或选择、复制、导入和删除现存的项目。此外可使用 CARD/1 工具文件管理和文件编辑来对 CARD/1 项目进行日常的编辑和管理。通过项目资料管理可以对横断面设计，互通立交设计，土石方调配的基础资料进行准备。执行和开发 CardScript 菜单用来执行核心项目或者本项目下的开发程序
测量	在"测量"菜单中有如下功能：数据录入，编辑、分析计算和测量管理，光栅图分析处理等。此外还可以处理混合数据、点云等
地形	在"地形"菜单中包括地形数据的处理(线，面，符号，文本，组，陡坎，树)、数模(DGMs)及等高线的编辑、地形数据的输入输出。此外还可由横断面线生成地形图，由横断面拟合数模。
道路	在"道路"菜单中可以设计铁路，公路和市政线路的轴线、纵断面和横断面，也可编辑桩号数据。此外也可进行横断面工程量计算、土石方调配、互通立交设计、运行速度计算、磁悬浮设计、轨道梁计算等
管网	在"管网"菜单中可进行力学测算和丈量管网
绘图	在"绘图"菜单中包括所有生成、编辑和输出绘图所需的功能组
收藏	在"收藏"菜单中包括 10 个最近使用过的功能组，也可以保存自定义菜单
设置	编辑设置，如编码表、显示列表、横断面表、符号库和绘图页边等。这些设置可编辑核心项目或本地项目。此外还可以建立用户自定义的设置或专为计算机和 CARD/1 系统使用的设置
视图	在当前窗口中进行剪切，该剪切部分可放大、缩小、旋转和移动。所有的窗口改动都可撤销和恢复。可在图形区中查询和显示数据。此外还可管理透视图
窗口	可以新建视窗。其中包括不同的窗口视图，如地形图，纵断面图，横断面图，自由剪裁、绘图和 3D 项目视图。所有图形窗口都可排序、最小化和关闭
帮助	在此菜单中可查看 CARD/1 文档和新版本的新特性。此外还可查看 IB&T 公司的基本信息，当前安装的程序版本概况以及在线文件等

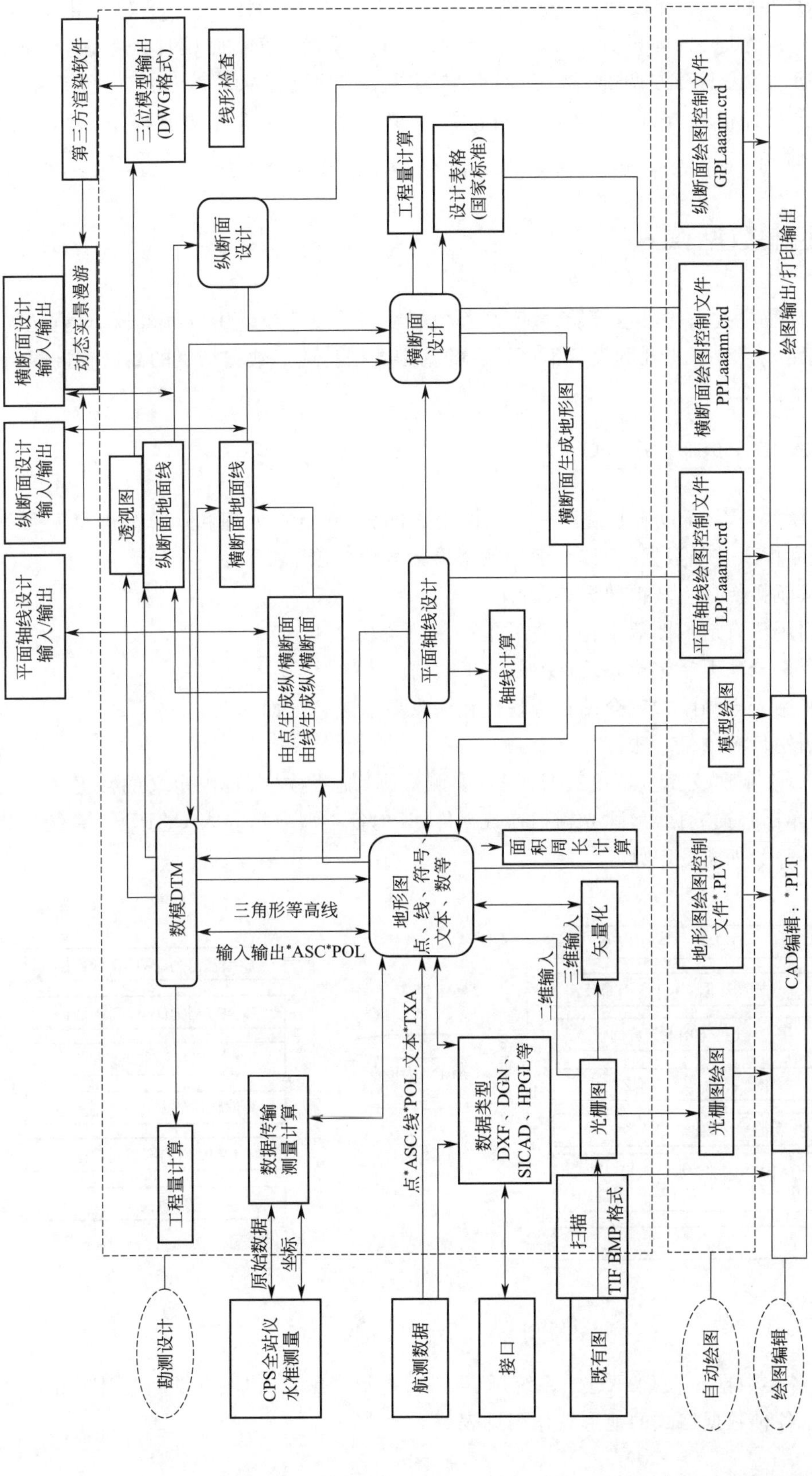

图 8-2 CARD/1 功能模块结构关系图

CARD/1 设计系统按功能划分包括三维可视化平台、测绘及三维数字化地形处理系统、项目资料管理、平面设计子系统、纵断面设计子系统、横断面设计子系统、绘图出表子系统、互通立交、土石方调配、挡墙设计、转弯半径验算模块、V85 安全评价系统、排水设计子系统、设计信息查询子系统、线路行驶模拟子系统、接口等功能模块，模块结构关系如图 8-2 所示。

8.2 地形数据读入

随着计算机技术的飞速发展，数字高程模型在铁路线路设计中发挥着越来越重要的作用，已成为铁路线路计算机辅助设计不可缺少的基础数据。地形数据精度的高低直接影响到数字高程模型的质量。

8.2.1 CARD/1 地形数据接口

测量模块是 CARD/1 系统的一个基本组成部分，它负责处理和计算外业勘测数据，为地形图数据库提供基础数据。目前，地形数据采集方法有以下几种：

(1)从航摄像片上获得数据；

(2)利用已有地形图数字化方法采集；

(3)利用全球卫星定位系统(GPS)采集数据；

(4)利用光电测距仪或全站仪等现代化测量要器进行地面速测；

(5)利用传统测量方法。

CARD/1 同时支持全站仪数据、GPS 实测数据、航测数据、自由定义的数据、各种矢量数字地图和光栅扫描数据等，除光栅扫描数据外，其他各类型数据导入 CARD/1 系统后，都作为矢量数据使用，如图 8-3 所示。

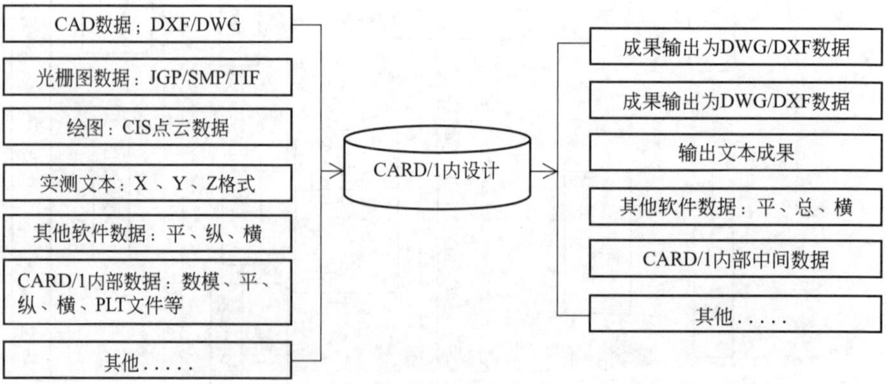

图 8-3　CARD/1 数据接口

上述各类数据导入 CARD/1 系统，即可进行地形图编辑、成图和项目设计的全流程操作。在系统内，各种数据格式的地形图作用见表 8-3。

表 8-3 各种数据格式的地形图作用表

数据格式	作为定线屏幕背景	提供建模数据	生成地形图绘图	备 注
3D 矢量	可	可	可	
2D 矢量	可	不可/经地形处理后可以	可	2D 矢量地形数据经过地形图处理后，赋予高程信息可作为 3D 矢量数据使用
光栅	可	不可/地形信息矢量化后可以	可	光栅扫描图通过矢量化，可向地形图数据库提供矢量数据，这些数据既可以用于建立数字地面模型，也可以用于生成地形图绘图

8.2.2 地形图数据的读入

(1)首先从铁路模板项目复制创建一个项目：项目→项目管理，弹出项目管理窗体，如图 8-4 所示。

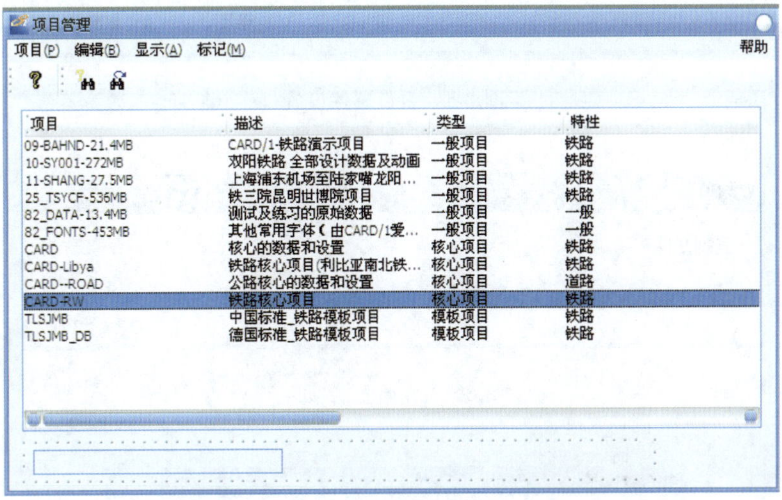

图 8-4 项目管理

选择铁路核心项目后，单击菜单：项目→复制，弹出项目属性对话框，如图 8-5 所示。项目名称要求为英文字符，项目描述为“铁路核心项目”，项目类型选“核心项目”，单击“确定”按钮，开始复制项目，如图 8-6 所示，复制完成后，这样就建好一个新项目。

(2)打开 TLLXXM，新建立项目之后，系统默认角度单位为哥恩(400 哥恩为一圆周)，应将之改为我国用户习惯的度分秒格式。通过主菜单：[设置]→[数字格式]，弹出数字格式设置窗体，如图 8-7 所示。显示了常规数值、日期/时间、桩号数值和角度类型。

哥恩(gon)：400 哥恩为一个圆周，正北方向为 0 度；

度(顺时针)：正北方向为 0 度；

度(逆时针)：即数学角度，水平方向为 0 度；

度，分，秒：正北方向为 0 度，但角度表现形式为度分秒，如 45.3626＝45°36′26″。请注意修改该格式，以便于按我国方式进行设计及出图。

国内常用的地形数据大致分为以下三类：(1)应用最为广泛的 DWG/DXF 格式的地形图数据；(2)各种格式的光栅图像；(3)外业测量得到的文本数据。CARD/1 能接收多种多样的数据格式。

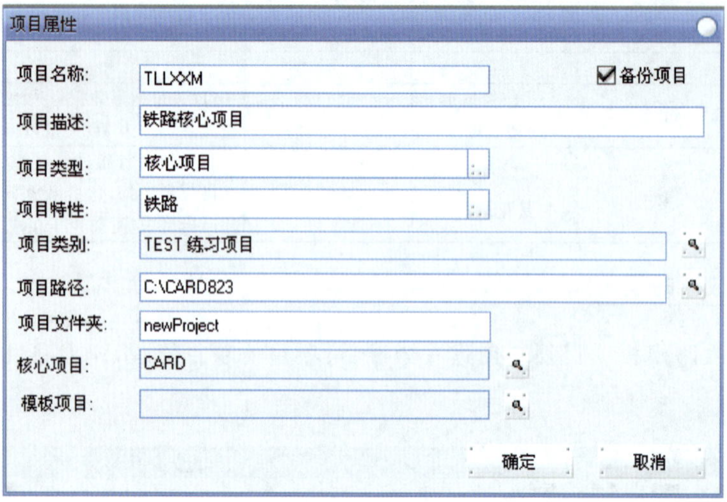

图 8-5　项目属性设置

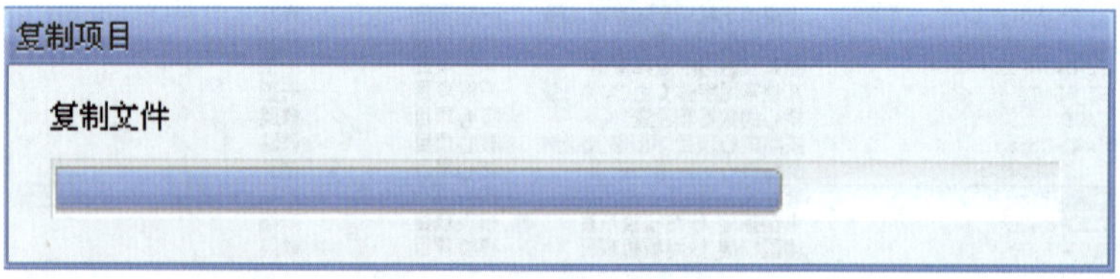

图 8-6　开始复制项目

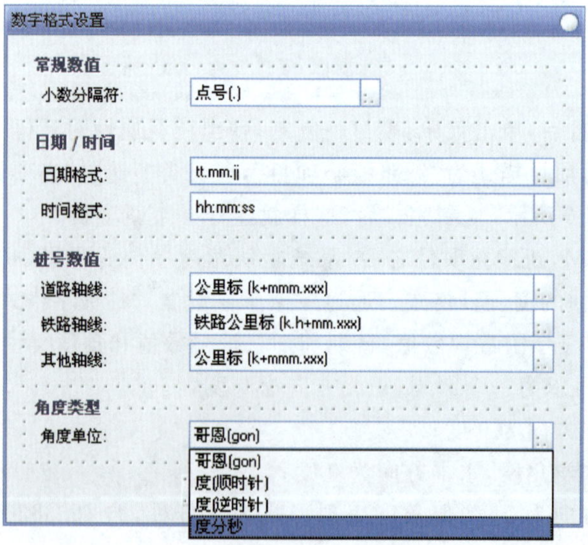

图 8-7　项目数字格式设置

下面以最广泛的 AutoCAD 地形图数据为例，对 CARD/1 和 AutoCAD 数据间的接口进行详细介绍，图 8-8 为 CAD 数据导入的流向图。

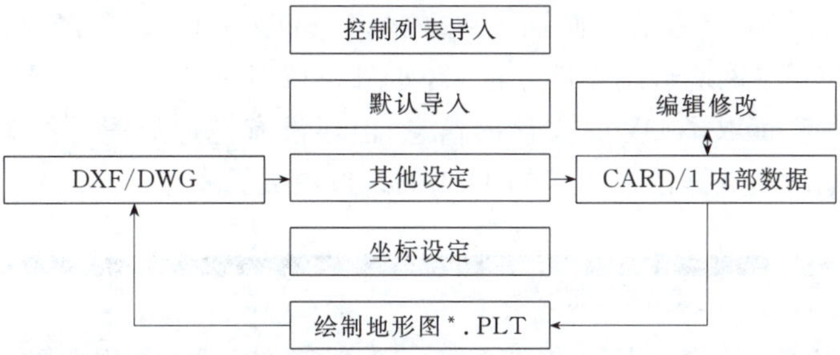

图 8-8　CAD 数据导入的流向图

CARD/1 中读入 DWG 或 DXF 数据流程如图 8-9 所示。

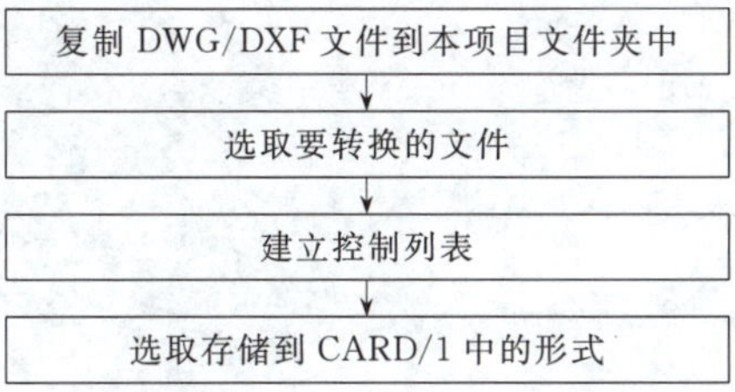

图 8-9　读入 DWG 或 DXF 数据流程图

(1)拷贝项目所需要的地形图数据:项目→文件管理→文件→复制→指定文件夹→选择文件类型,输入*.dwg(图 8-10)。单击确定,列出指定文件夹下所有 dwg 文件,如图 8-11 所示。双击复制到项目文件夹的 dwg 进行标记,凡是被标记上的呈灰色条。文件→复制(表明拷贝标记的文件)→确定。

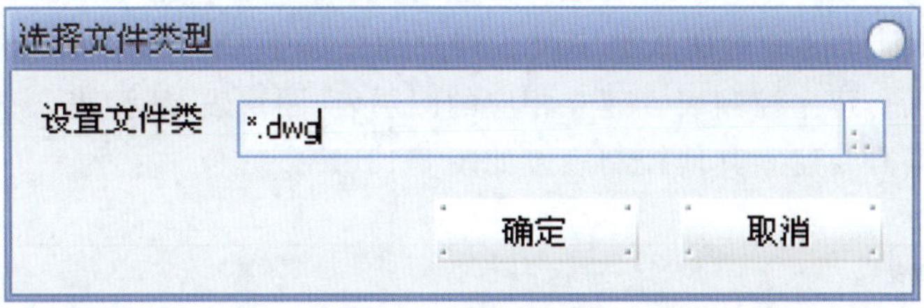

图 8-10　选择文件类型

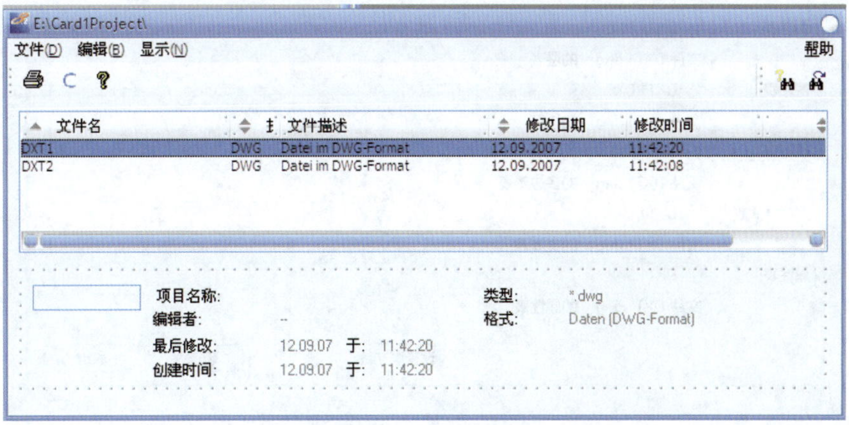

图 8-11　选择地形图件

(2)导入 DWG/DXF 数据。(地形→数据接口→DWG/DXF 数据导入→DWG 图形文件),双击 DXT1. dwg 将该地形图文件导进来,如图 8-12 所示。这时 CARD/1 只是相当于对 dwg 文件浏览了一遍,读取了 DWG 文件的信息,但还没有把地形图转换为 CARD/1 的数据格式,即还没有把地形图数据读入到 CARD/1 的地形图数据库里。

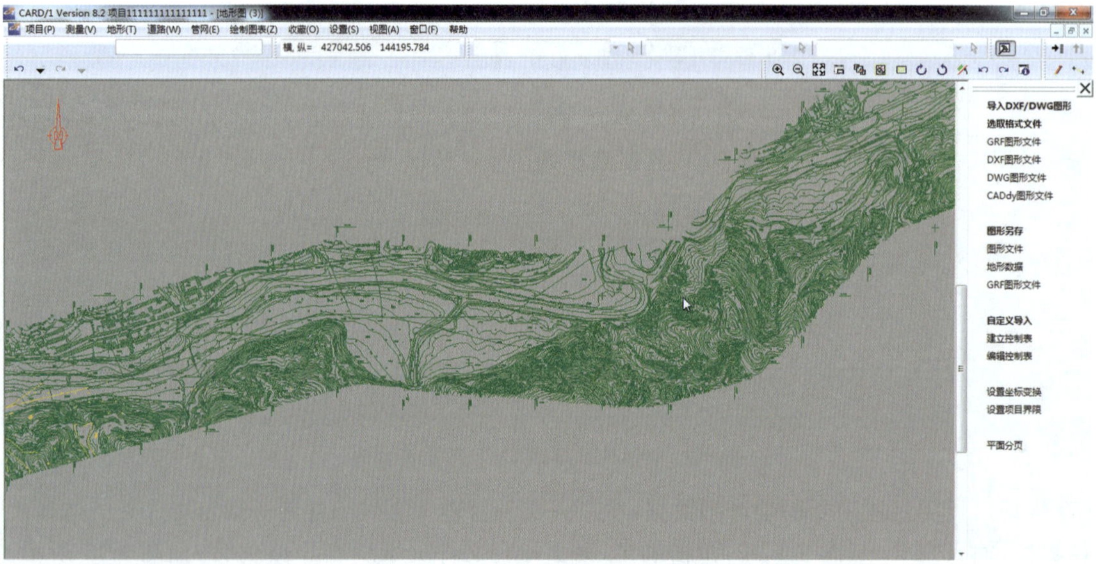

图 8-12　导入 AutoCAD 地形文件

(3)建立控制表。把 DWG 格式的地形图转化为 CARD/1 格式的地形图,把相应的地形元素数据存入 CARD/1 的地形图数据库内。首先建立关于 CARD/1 的图层表,图块表,线型表等等,自定义导入→建立控制表。建立相应的图层表,图块表,线型表,一般建立这三个表就够用了,也可以根据需要建立其他控制表。如图 8-13 所示。

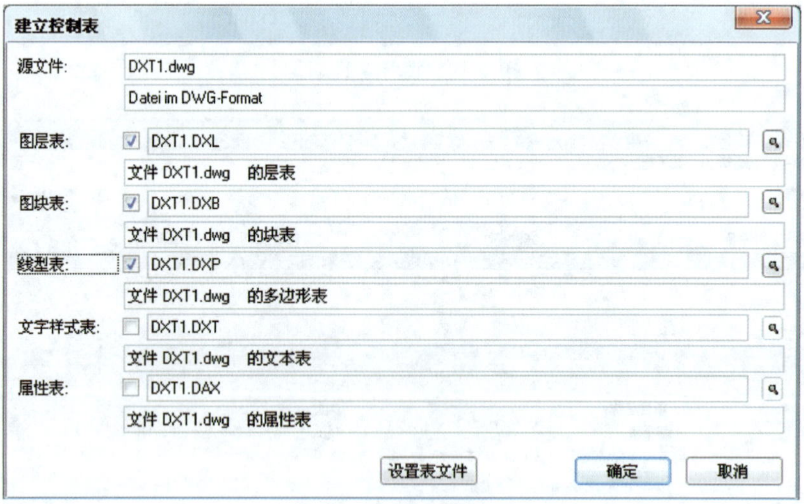

图 8-13　建立控制表图

最后另存为地形数据，如图 8-14 所示，是将选取图形中的信息存储到 CARD/1 的数据库中。地形数据可以用于工程设计，建立数模，可以作为平面图、总体图、用地图的底图。各图层根据建立的控制列表进行分配。可以设置图形范围（高度和宽度）、多边形剪裁方式、文字比例等参数。

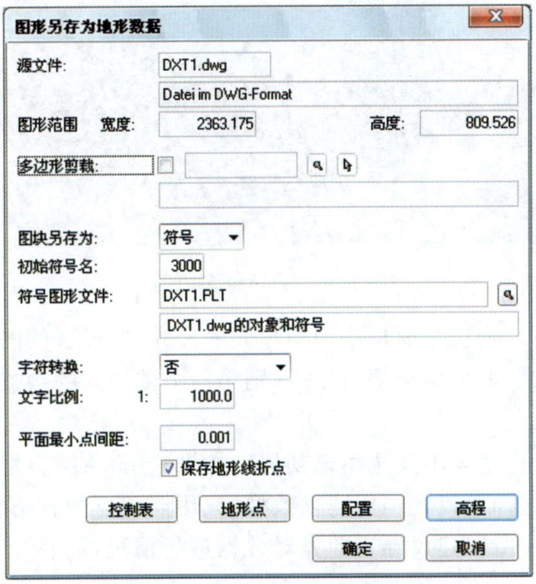

图 8-14　图形另存为地形数据

图 8-14 中各界面参数说明如下：

(1)图形范围。表示所导入地形图的宽度和高度。

(2)多边形剪裁。用户可以选择已经存在的留空多边形或者建立一个多边形。对读入的数据范围进行设定。图中的线如果和多边形相交，导入的时候线不会被多边形截断。

(3)留空多边形。在 CARD/1 中很多地方都使用到。留空多边形分为两类，分为内留空和外留空。其中内留空为对多边形外部数据进行处理，一般操作为逆时针方向进行点的连接，得到箭头向外的闭合多边形，如图 8-15 所示。外留空为对多边形内部数据进行处理。一般操作为顺时针方向进行点的连接，得到箭头向内的闭合多边形。留空多边形决定了删选的范围。比如导入地形图的时候，修剪地形图的时候，标记地形点等。

(4)图块另存为。符号/对象是指将图形中的块生成为 CARD/1 符号库中的符号或绘图中的对象指针进行显示。在 DXF 数据读入到地形图数据库中时，块引用对应生成符号数据元素，该选项确定生成符号数据元素的显示方式。选择符号方式，则图块定义被读入 CARD/1 符号库，符号编号从给出的“符号的第一个编号(初始符号名)”开始递增编号，这些符号将在 CARD/1 中被显示或绘图输出；选择对象方式，则图块定义不进入 CARD/1 符号库，而是生成同名绘图对象，保存到与 DXF 同名的绘图文件中(*.PLT)，数据库中符号元素引用相应的绘图对象进行显示和绘图。

(5)初始符号名。设置导入符号的初始编号，默认 3 000，一般无需修改。

(6)符号图形文件。设置生成的符号图形文件名称，保存为 PLT 图。

(7)字符转换。是否将进行字符转换。

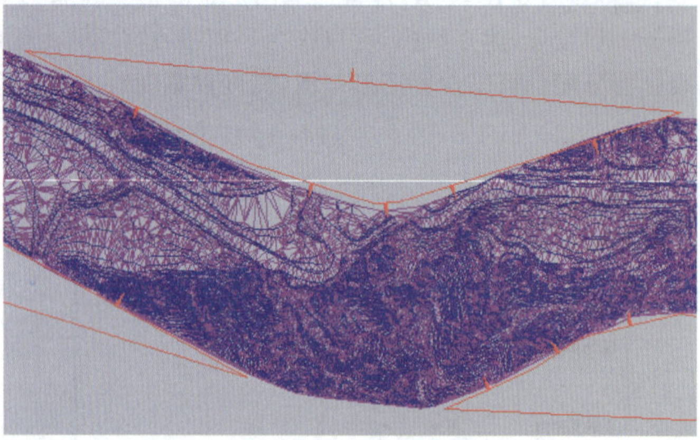

图 8-15　内留空多边形

(8)平面最小点间距。确认平面最小网格单元的尺寸，在设置的网格单元内如果已经存在点，则新的点不能被导入。如果两个都是新点，则第一个被导入的将被保留，后一个被忽略，单位 m。

(9)保存地形线折点。建议不要选用该功能。如果选用，系统会把地形图中所有线上的所有折点都生成地形点。这样可以光用点建立数模(只用点建立数模方便数据的排错)，但是导入的速度将会相对慢些。所以建议导入前先对数据进行清理，而且如果建立的线折点比较密集则会大大增加数据量。

(10)控制表。控制表格可以有 3 种情况。①无控制：不选取控制表格，按照默认导入。这样所有的数据信息都将保存到一个图层中。②表文件：将建立和编辑的控制列表文件进行导入，此时导入的信息和分层情况就按设置的控制列表进行(图 8-16)。③标记层：首先标记要导入的图层，导入后将得到的各个图层和 CAD 中分类是一致的，在 CAD 中无图层的部分将被默认保存到 0 图层。

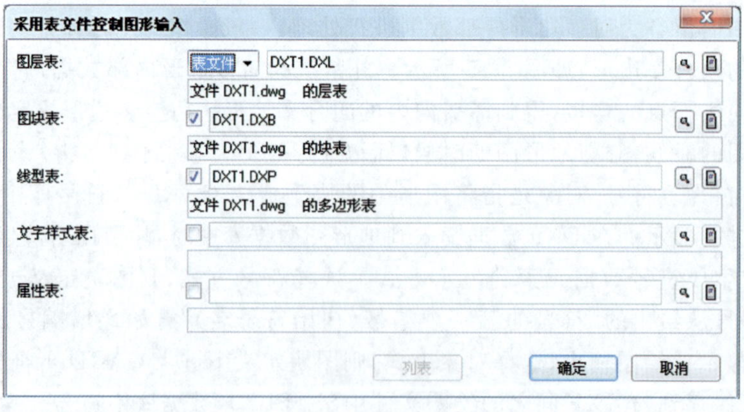

图 8-16　采用文件表控制图形输入

(11)地形点。预定义地形点编号。CARD/1 中的地形点是独立于图层存在的。点有很多属性：X、Y、Z(或无高程)，名称，描述，编码，类型；附加属性等(图 8-17)。这里完成的是特殊的地形点编号定义，一般使用默认就可以了。

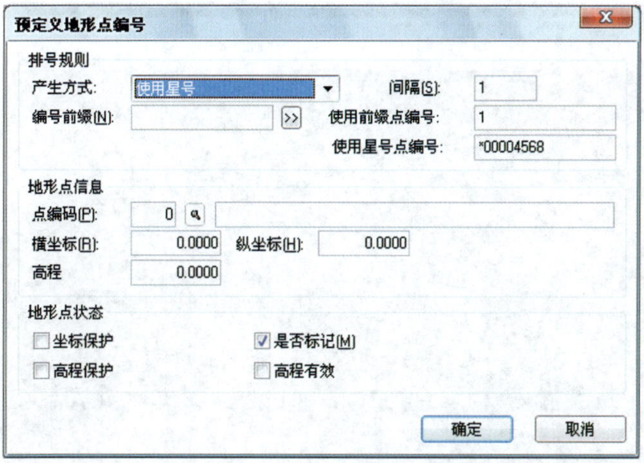

图 8-17　地形点编号设置

(12)配置。这里主要是为了避免重复导入进行的配置。假如要保存的点已经保存在点数据库中,在这里可设定保存点的方式,如图 8-18 所示。

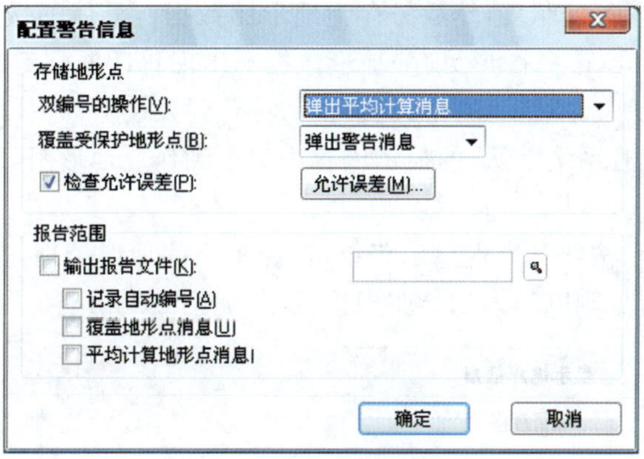

图 8-18　配置警告信息

(13)高程。设置的无效高程值可以在建立数字地面模型等操作中用于排除无效的高程点,默认值为 0,如图 8-19 所示。

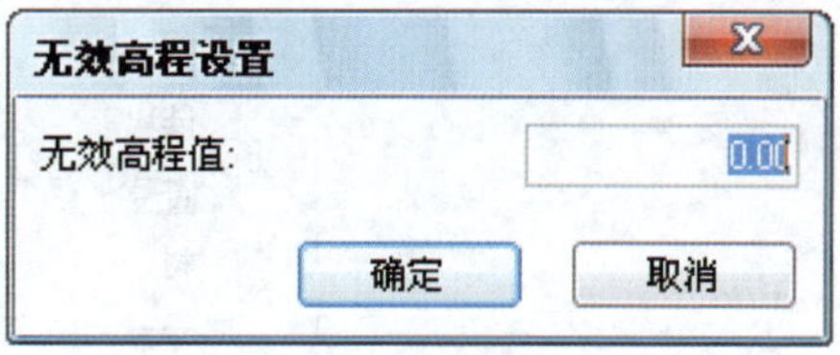

图 8-19　无效高程值设置

地形数据存储后,会自动弹出扩展项目界限(图 8-20),更新平面和高程界限后,创建符号库,将 DWG 文件里的块转化到 CARD/1 中,读入的 CARD/1 的地形图如图 8-21 所示。

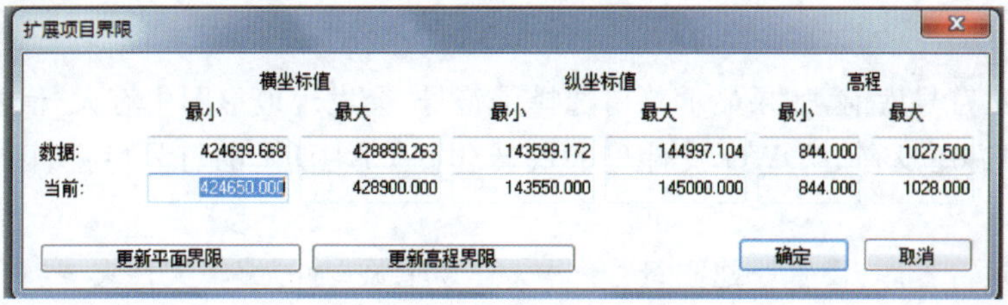

图 8-20　扩展项目界限

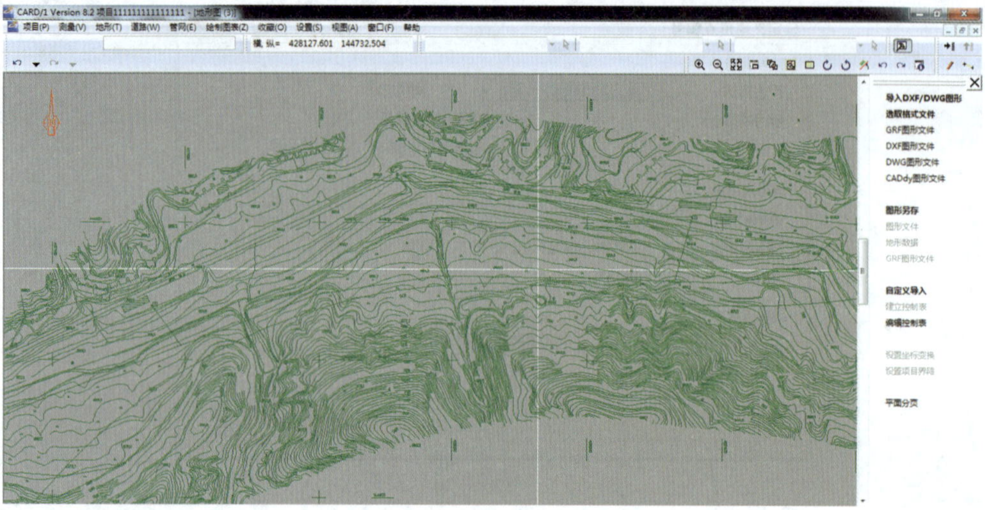

图 8-21　CARD/1 的地形图

同样的方法读入 DXT2. dwg，需要注意的是对于该幅图可以直接沿用其前面的控制表，就是说，不用新建和处理各控制表，然后另存为地形图数据。具体的做法是：(选择格式文件) dwg 图形文件→DXT2. dwg→(图形另存)地形数据→出现对话框→确认。

DWG 地形图转化为 CARD/1 的格式后，自动符合到大地坐标下，如果不重新定义显示内容，在目前(项目新建立时系统默认)的显示内容内看不到作业地形图，所以下面的工作将完成对显示范围的重新定义。

首先按“F2”或“显示按钮”，出现显示菜单，选择里面的地形处理，选择[所有图层]。如图 8-22 所示。然后就能看见刚刚导入的 2 张地形图了，如图 8-23 所示。

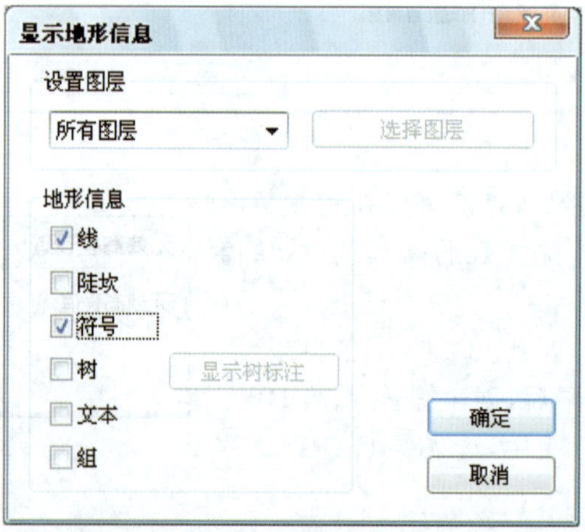

图 8-22　显示地形信息设置

在没有创建符号库前，如果显示菜单选择了符号，会发现地形图中有大“信封”状的符号或者乱线，这是因为还没有把 DWG 文件里的块转化到 CARD/1 的符号库里，因此不能正常显示符号的形状。

现在来创建符号库：设置→建立符号库→(符号库源文件)编辑文件夹→符号源文件，如图 8-24 所示。

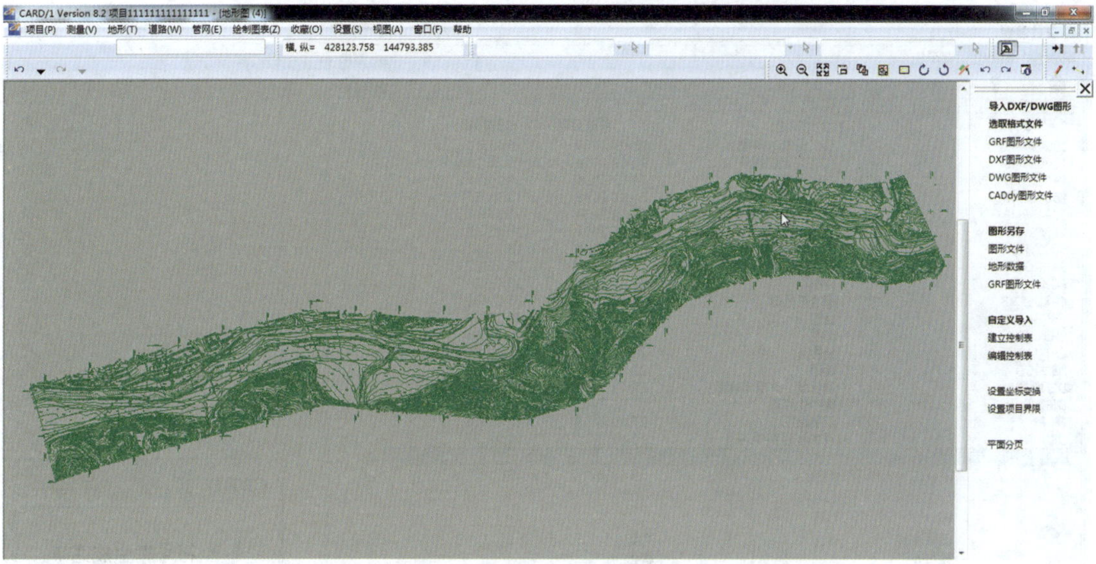

图 8-23　导入的地形图

单击编辑→插入文件，弹出文件管理窗体，如图 8-25 所示。分别选择两个符号源文件 DXF1，DXF2，(符号源文件)列表→保存→关闭。这时统会告诉符号库生成完毕(图 8-26)。

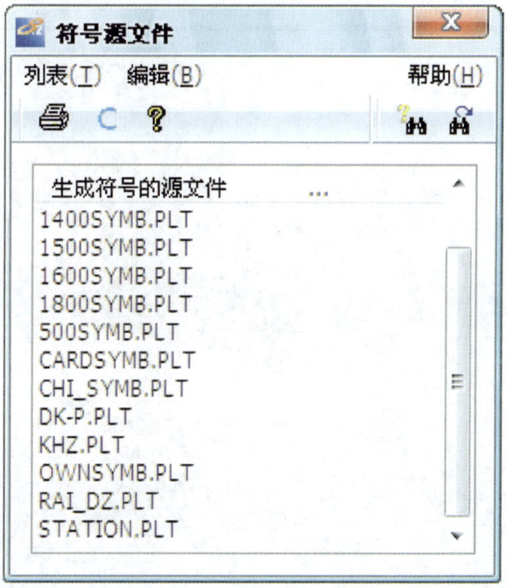

图 8-24　符号源文件管理

到这里为止，地形图的读入工作就算完成了。可以开始建立数字地面模型了。

8.2.3　光栅图生成与应用

光栅图也叫做位图、点阵图、像素图，就是最小单位由像素构成的图，只有点的信息，缩放时会失真。这种格式的图适合存储图形不规则，而且颜色丰富没有规律的图，如照相、扫描。与光栅图相对的是，矢量图也叫做向量图，记录的是点、线、面的位置和颜色信息的描述，图形放大不会失真，适合存储像标志、线路图、设计图等。光栅图和矢量图示例如图 8-27 和图 8-28 所示。

在 CARD/1 系中，大多数的数据单元，例如：线、文本、变量都是矢量格式(矢量图)。这些数据单元都是通过起始和终止桩号来设定的。由于存储空间少，矢量化的数据是一种精密的数据结构。

扫描的光栅图，例如地图、卫片、航片、照片只含有具有不同颜色或灰度的点。一般可以利用扫描仪迅速获得，但是这些数据没有精密的结构，而且还需要很大的存储空间。

CARD/1 提供了全面细致的光栅图处理功能，可从各个方面对光栅图进行管理和编辑，从在平面中读入，参考地形和进行调整（模块 光栅图编辑）一直到编辑绘图，整体输出光栅图和矢量数据到打印机或到一个 BMP 文件(模块：光栅绘图编辑)中。

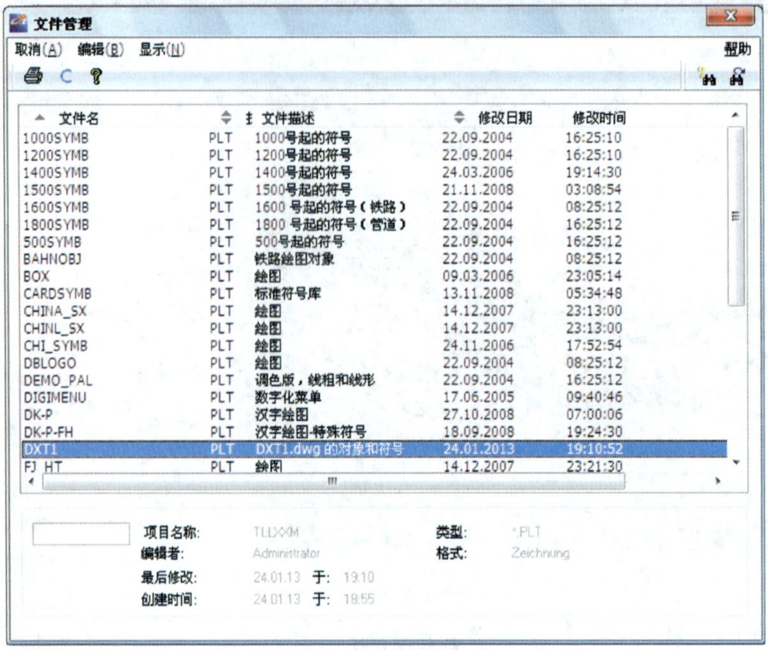

图 8-25 文件管理

图 8-26 库生成完毕提示信息

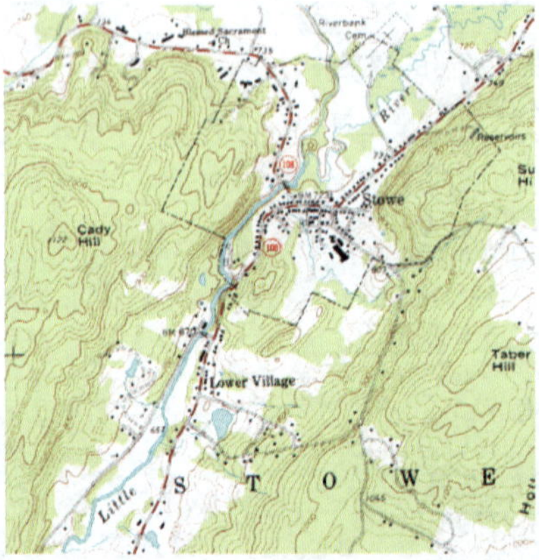

图 8-27 光栅图

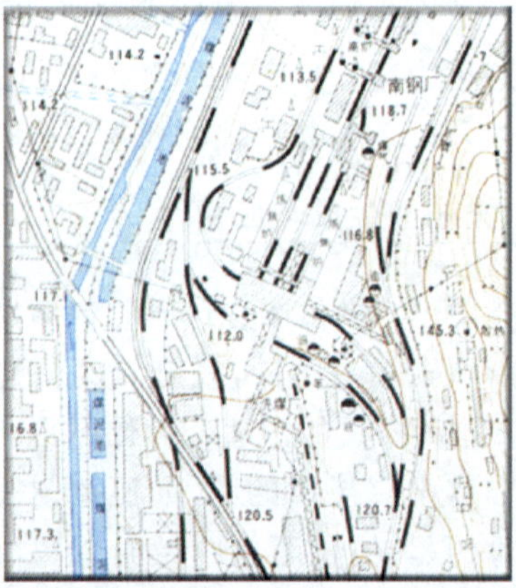

图 8-28 矢量图

初步设计阶段经常会有使用光栅图进行设计的情况。扫描图片的格式可能是 JPG、BMP、TIF 或其他。当使用这些地形图进行设计时就将使用到 CARD/1 的光栅图处理模块。在一个项目中可以读入任意多个光栅图。每幅图的像素最大可为 40 000×40 000 。图片可以为 216 256 和 1 千 6 百万(真彩) 色。光栅图设计流程如图 8-29 所示。

光栅图通过读入、定位、矢量化，就如同导入了一张 DWG 图一样，可以导出 DWG 图供其他应用。

1. 光栅图的读入

有的光栅图片需要使用其他软件进行预处理，目的是使图像更加清晰便于追踪，如果图像为真彩图则不能进行定位和追逐，用户需要将图像编辑另存为单色或其他色的格式。然后放到本项目下进行读入。如图 8-30 所示。光栅图读入后效果如图 8-31 所示。

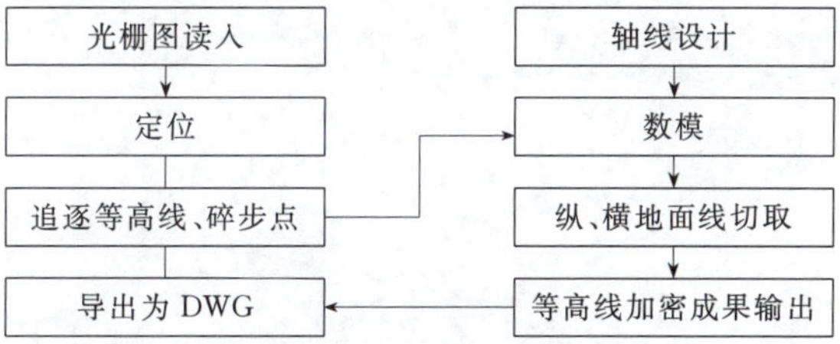

图 8-29　光栅图设计流程

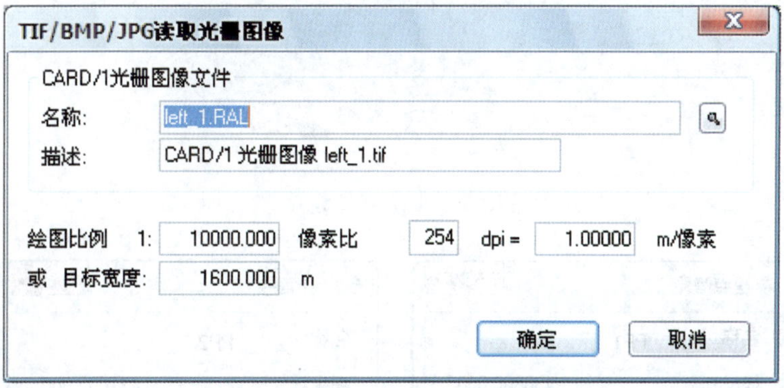

图 8-30　光栅图读入

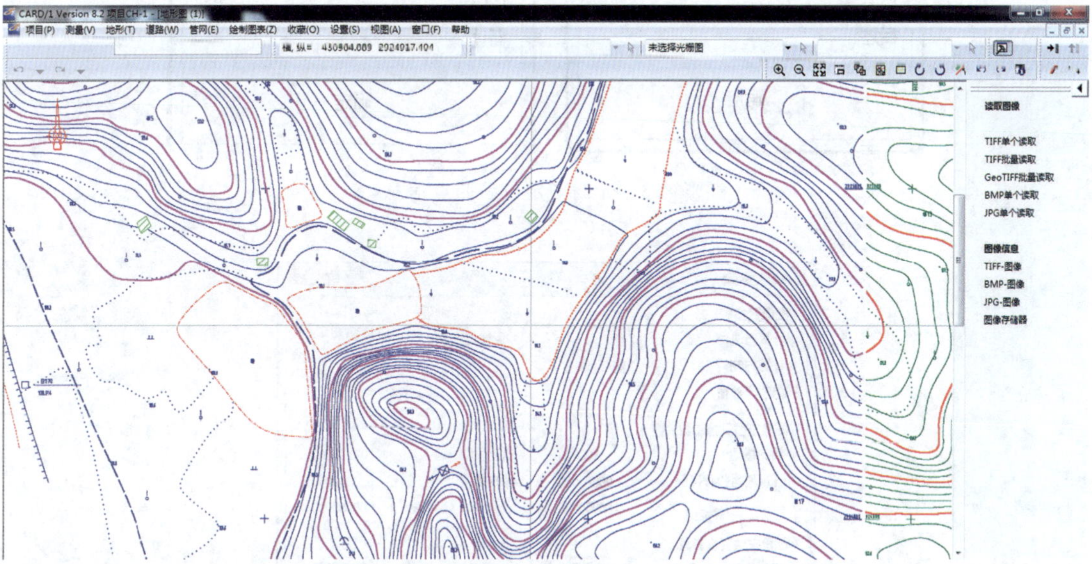

图 8-31　读入的光栅图片

2. 光栅图的定位

光栅图读入 CARD/1 后，图片是以(0,0)为基点进行放置的，用户需要将图片进行(伸)缩放、旋转处理将其定位到大地坐标系下，如图 8-32 所示。

光栅图定位参照点信息如图 8-33 所示。光栅图定位参数设置如图 8-34 所示。

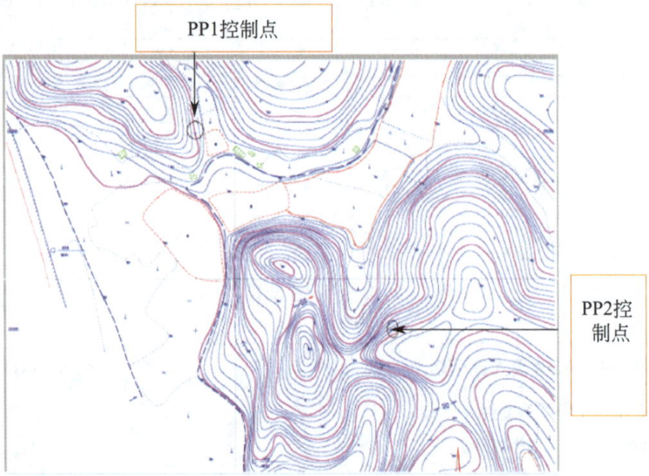

图 8-32　光栅图定位

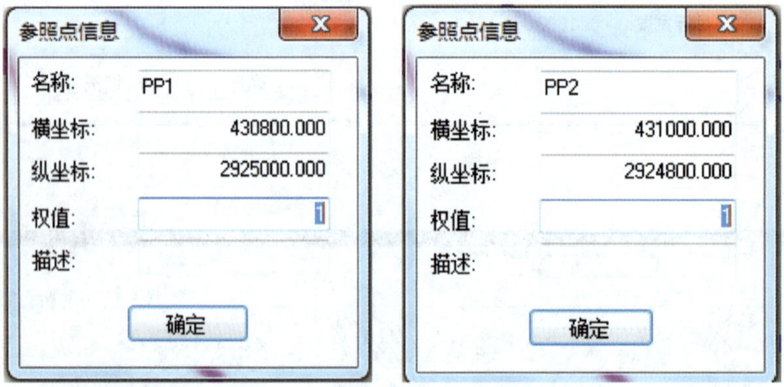

图 8-33　光栅图定位参照点信息

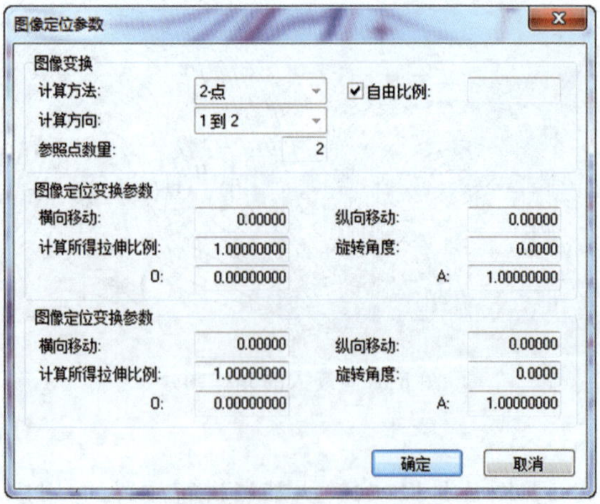

图 8-34　光栅图定位参数设置

在对话框里可以大致检查变换是否正确，比例参数一般在 0.8～1.3 徘徊。角度一般在 0 和 1 之间徘徊。这样即可把光栅图标定在大地坐标下。

3. 光栅图的矢量化

由于图片是没有高程信息的，所以用户需要根据图中的内容对等高线进行追踪赋值，根据散点建立碎部点，这样就如同导入了一张 DWG 图，用户可还可以将矢量化后的地形数据导出为 DXF/DWG/DWF 格式的数据。例如捕捉光栅图上粉红色的设计曲线，每捕捉完一条给出该计曲线的高程，如图 8-35 所示。捕捉控制点时输入点的坐标和高程如图 8-36 所示。在光栅图矢量化基础上即可建立数字地面模型，依据矢量化的光栅图进行三维设计，最后进行三维行驶模拟。

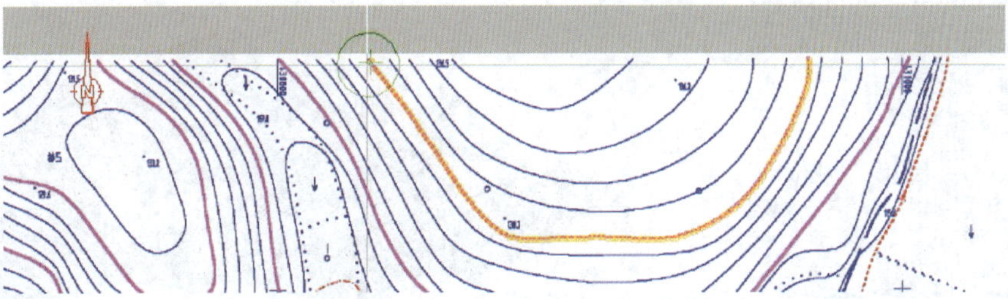

图 8-35　矢量等高线图

光栅图经过矢量化后就变成了三维数据，就可以用矢量化得到的地形数据进行建模，然后利用数模截取纵断面地面线和横断面地面线进行设计；利用这些数据建立数字地面模型，分析计算纵断面地面线和横断面地面线等。矢量化后的地形数据可以导出为 DWG 格式数据，供其他途径使用。

图 8-36　矢量控制点输入框

此外，可以将任何图片格式与三维数字地面模型叠加为真实的三维场景，为多媒体汇报提供较好的平台。

8.3　数模建立

8.3.1　数字地面模型简介

数字地面模型(Digital Terrain Model ,DTM)就是地形表面形态属性信息的数字表达，是带有空间位置特征和地形属性特征的数字描述。地形表面形态的属性信息一般包括高程、坡度、坡向等。一般认为，DTM 是描述包括高程在内的各种地貌因子，如坡度、坡向、坡度变化率等因子在内的线性和非线性组合的空间分布，其中数字高程模型(Digital Elevation Model ，DEM)是零阶单纯的单项数字地貌模型，是数字地形模型的一个分支。其他如坡度、坡向及坡度变化率等地貌特性可在 DEM 的基础上派生。

常见的数字高程模型包括规则格网 DEM，不规则三角网 DEM(TIN)和格网(Grid)与 TIN 混合结构。

1. 规则网格

规则矩形格网利用一系列在 X,Y 方向上都是等间隔排列的地形点的高程 Z 表示地形，形成一个矩形格网 DEM。把 DEM 表示成高程矩阵(图 8-37、图 8-38)。规则网格适合较规则的区域，也可改造成多个网格拼接的形式以适应非规则区域。规则格网的高程矩阵很容易用计算机进行处理，高程矩阵已成为 DEM 最通用的形式。它还可以很容易地计算等高线、坡度坡向、山坡阴影和自动提取流域地形，使它成为 DEM 最广泛使用的格式。格网 DEM 的缺点是不能准确表示地形的结构和细部，为避免这些问题，可采用附加地形特征数据，如地形特征点、山脊线、谷底线、断裂线，以描述地形结构。规则网格的网格边长越短精度越高，同时网格加密也可以提高精度。

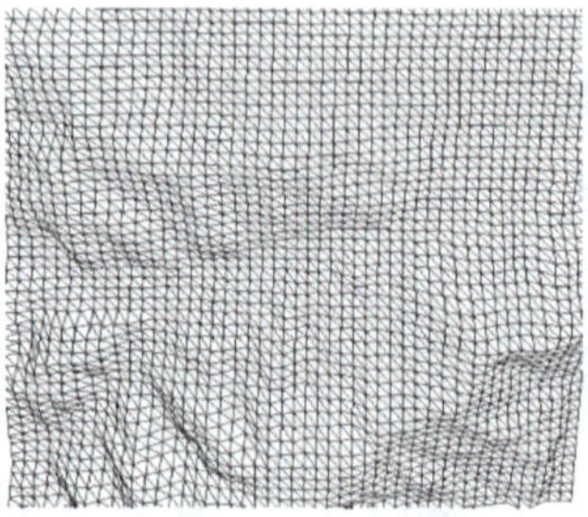

图 8-37　规则网格二维地形

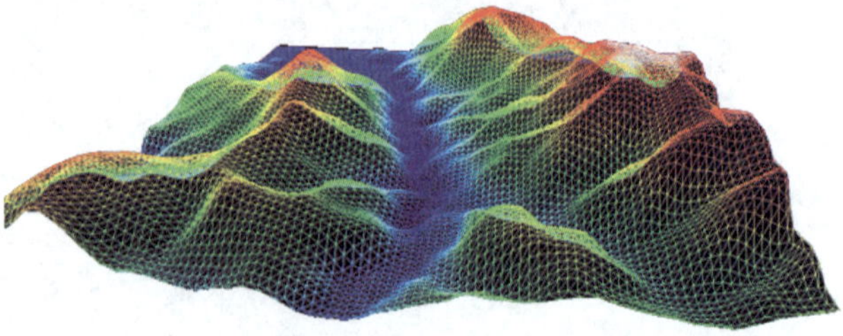

图 8-38　规则网格三维地形

2. 不规则三角网

TIN(Triangulated Irregular Network)(图 8-39、图 8-40)利用所有采样点取得离散数据，按照优化组合的原则，把这些离散点(各三角形的顶点)连接成相互连续的三角面(在连接时，尽可能地确保每个三角形都是锐角三角形或是三边的长度近似相等——Delaunay)。因为 TIN 可根据地形的复杂程度来确定采样点的密度和位置，能充分表示地形特征点和线，从而减少了地形较平坦地区的数据冗余。

不规则三角网(TIN)表示法克服了高程矩阵中冗余数据的问题，而且能更加有效地用于各类以 DTM 为基础的计算。但其结构复杂。

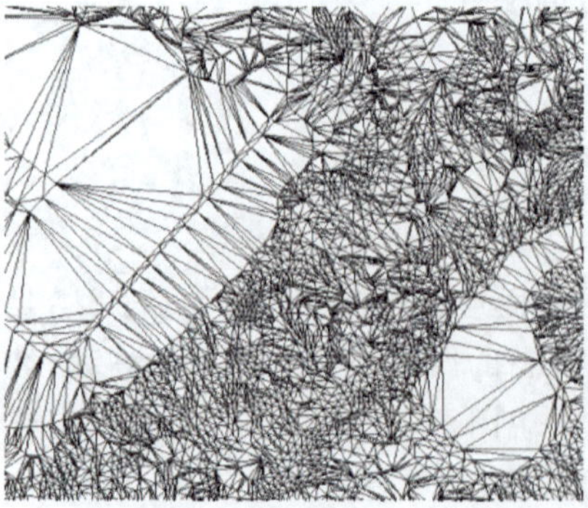

图 8-39　三角网 TIN 二维地形

图 8-40　三角网 TIN 三维地形

3. Grid-TIN 混合网(图 8-41)

德国 Ebner 教授等提出了 Grid-TIN 混合形式的 DEM，一般地区使用矩形网数据结构，沿地形特征附加三角网数据结构。因其结构比 GRID 和 TIN 都要复杂，特别是随着图形处理器(Graphic Processing Unit，GPU)性能的大幅度提高，绘制一个三角形的开销已经比选择合适的三角形结构(GRID 或 TIN)的开销小的多，因此 Grid-TIN 混合网目前应用不多。

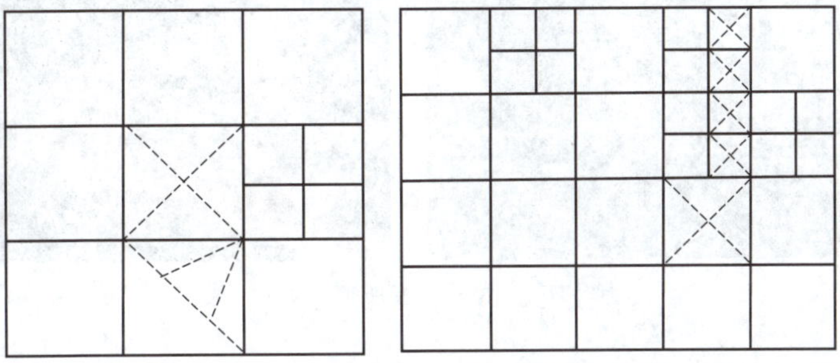

图 8-41　Grid-TIN 混合形式 DEM

4. 数模应用

数字地面模型被用于各种线路(铁路、公路、输电线等)的设计及各种工程的面积、体积、坡度的计算，任意两点可视性判断及绘制任意纵断面图。在测绘中被用于绘制等高线、坡度坡向表、立体透视图，制作正射影响图与地图的修测。DEM 广泛应用于道路设计、坝址选择、数字城市、三维地质、洪水淹没分析等多个领域。图 8-42～图 8-48 为 DEM 在洪水淹没分析、线路设计、数字城市、三维地质可视化等多个领域的应用实例。

图 8-42　洪水淹没分析

图 8-43　三维 DEM 地形图

图 8-44　地表彩色渲染的 DEM 地形图

图 8-45　三维地形景观

图 8-46　数字城市景观

图 8-47　交通行业数字铁路和公路设计

图 8-48　三维地质可视化和分析

8.3.2 数模数据建立

地形图的读入工作完成后，就可以开始建立数字地面模型。数字地面模型是在空间地形图数据库中存储并管理的空间地形数据集合的统称，是带有空间位置特征和地形属性特征的数字描述。CARD/1 可以识别全站仪数据，航测数据，GPS 数据，既有图扫描数据，国际上较为先进的“点云”数据(带有色值的三维极光扫描数据)和其他测绘软件数据等。建立数字地面模型流程图如图 8-49 所示。

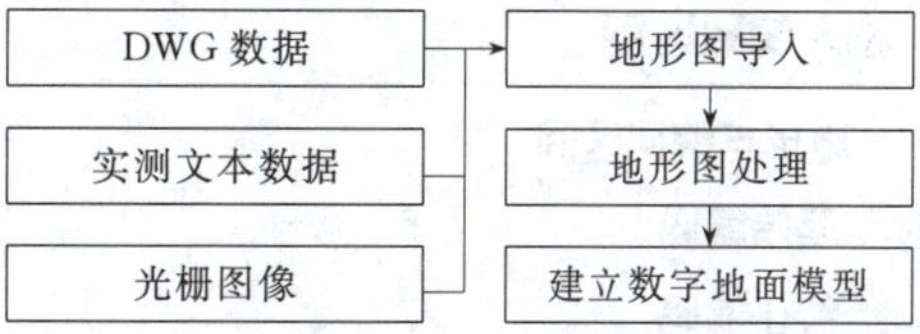

图 8-49 建立数字地面模型流程图

CARD/1 建立数模是通过读 CARD/1 内部信息得到的。可以用于 CARD/1 建模的数据主要有两类：

(1)CARD/1 的地形数据，地形点或地形线；

(2)CARD/1 中的横断面线。建立数模的流程图，如图 8-50 所示。

CARD/1 中数模的数据来源大致为以下三大类：(1)高程点；(2)线：断裂线、形状线；(3)留空：内留空、外留空。基于 TIN 三角网数模的优越性，CARD/1 中设计用的数模结构为 TIN 结构。建立 TIN 三角网数模流程如图 8-50 所示。

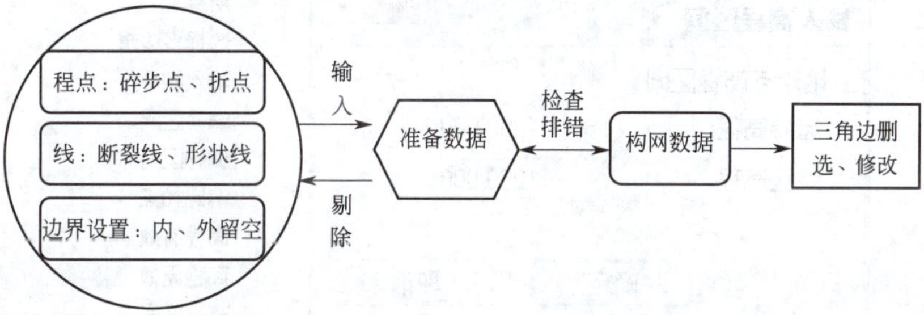

图 8-50 CADR/1 生成三角网数模流程图

具体步骤如下：

(1)进入地形→数模设计→新建数模，在这里将新建的数模取名为“DGM”，描述为“数模”，如图 8-51 所示。

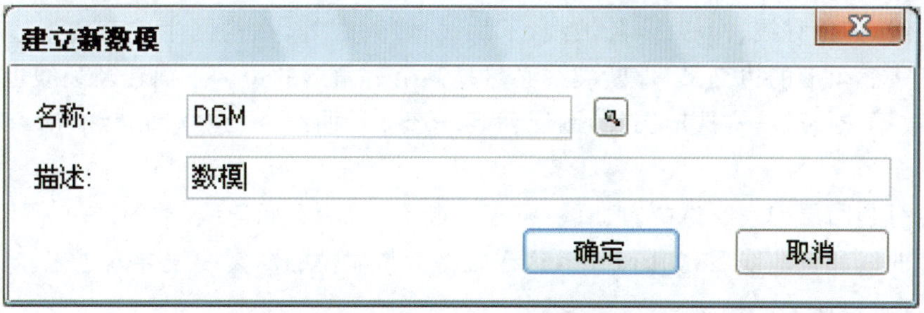

图 8-51 建立新数模

(2)由于在 CARD/1 8.2 里面数模点和地形点是用的同一个数据库，所以要进行数模点的添加。在这里，选择性的导入一些点参与数模的建立(选择点编码为 5 的计曲线、点编码为 6 的首曲线和点编码为 7 的碎部点，并只选择高程范围在 200～1 200 m 的数模点，参与数模的计算)具体操作步骤如下：

①建立数模→数模点→标记地形点→取消标记→所有，标记→编码区间，选择从点编码 5 到点编码 7，返回，(建立数模点)所有标记点。如图 8-52 所示。

图 8-52　地形点编码设置

②标记地形点→取消标记→所有，标记→高程区间，选择点高程 200～1 200(图 8-53)，取反标记→所有，返回，(删除)标记。

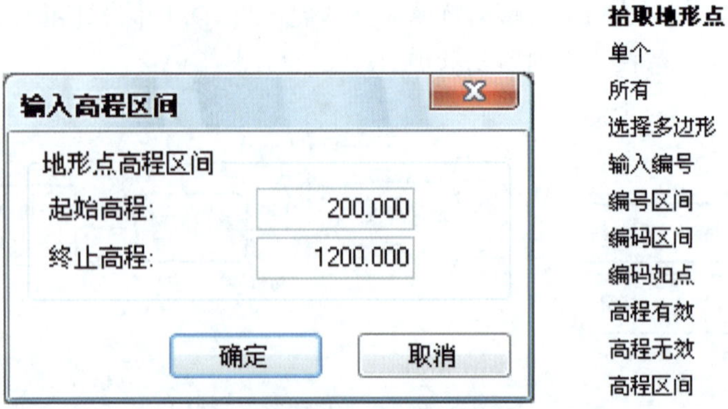

图 8-53　输入高程区间

到这里为止，就将参与建模的点编码 5～7 的点和高程范围 200～1 200 的点导入，作用是筛选并保证后续参加建模的点的有效性和有用性。

数字地面模型建立最基本的地形数据类型有两种，即地形高程点和断裂线数据，断裂线是指地形特征线，如山脊线、沟心线、陡坡线、下坎线、坡脚线等，在构网生成三角形过程中，断裂线不会和任一三角形的边交叉，即断裂线必然是某个三角形的边。下面让断裂线也参与建模。

(建立数据)断裂线→(选取图层)图层列表→选择计曲线→(建立断裂线)所有标记线(图 8-54)。

(选取图层)图层列表→选择首曲线→(建立断裂线)所有标记线，如图 8-55 所示。

选择计曲线和首曲线后，如图 8-56，这样就将参与建模的断裂线线导入进来。

8.3.3　数模数据检查

建立数模过程中为保证参与建模地形数据的准确和无矛盾性，需要进行数据检查。数模的数据检查可以检查数模点和数模线，如图 8-57 所示。检查可以通过排查错误来完善数模，使数模成为一种严谨、科学、符合实际的有用的模型。

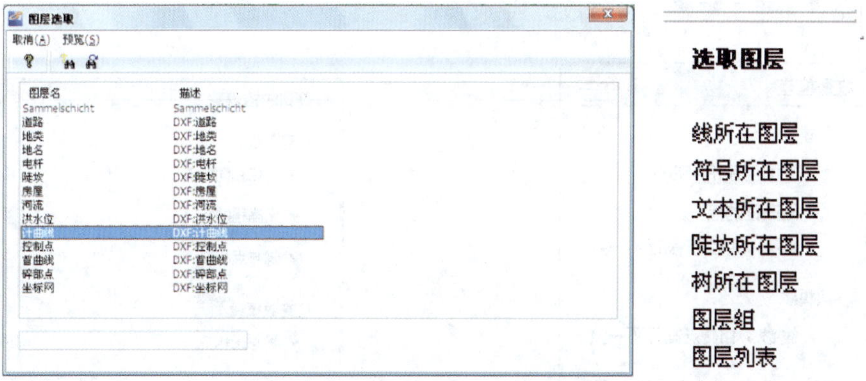

图 8-54　选择计曲线建立断裂线

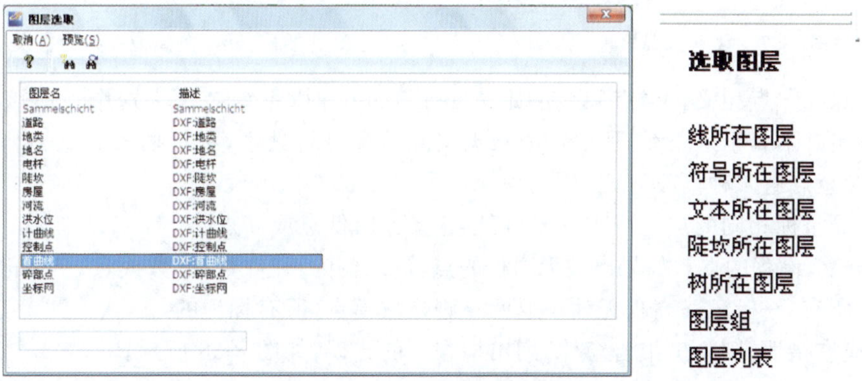

图 8-55　选择首曲线建立断裂线

图 8-56　参与建模的断裂线

下面进行原始数据的检查，单击边菜单(数据检查)检查错误，弹出数据检查窗口，如图 8-57 所示。

图 8-58 所示的数模点和数模线的错误，可根据实际情况来选择操作方法。

(1)线—线相交，点高程不一致。出现错误的原因是地形上不可能出现断裂线与断裂线在空间相离交叉的情况。交叉投影点会导致同一地形点产生两个高程值，即有一个不能确定高程的二义交点，这是测绘上不容许的。修改方式：根据实际情况进行选择，包括删除短线、删除长线、建立交点和手工编辑 4 种修改方式。

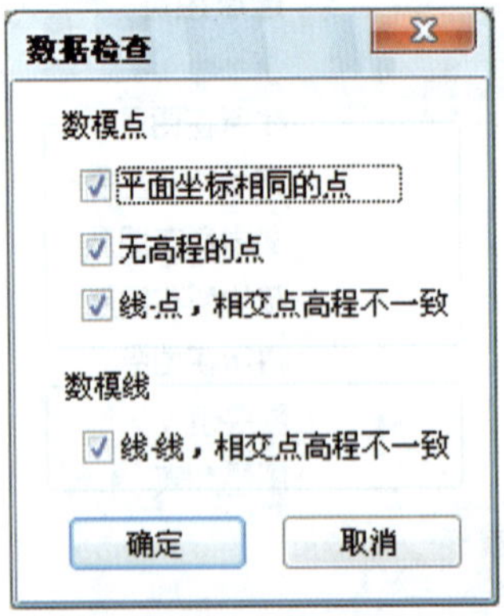

图 8-57　数模错误检查

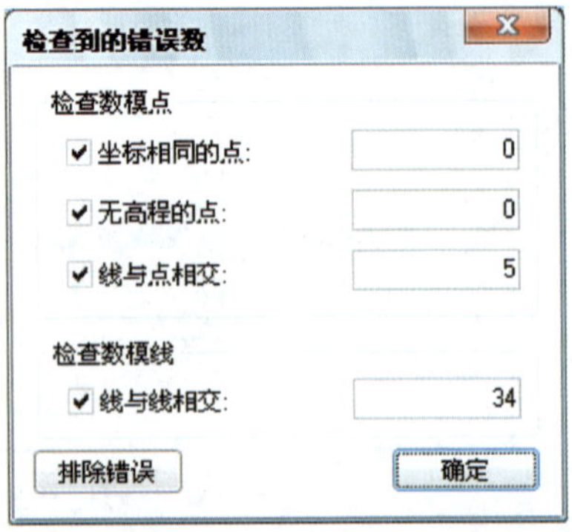

图 8-58　数模检查到的错误

(2)排除线—点相交。当点和线的距离小于 1 mm 时，系统会认为这个点应该属于这条线，但是事实是不属于这条线，所以需要根据实际情况进行处理，包括插入交点、删除该点、手工编辑和存至点组 4 种修改方式。

(3)排除坐标相同的点。当出现时，可以选择保留低点或高点。

(4)排除无高程的点。如果出现无高程的点，可以删除：建立数据(数模点)→标记地形点→取消标记(所有)→标记→高程无效→返回→删除数模点(所有标记的)。

若数模有错误，则弹出报告窗体，列出检查到的错误，如图 8-58 所示。

在检查到数模错误后，通过错误修改功能，去除相应错误。

8.3.4　数模的建立

完成了数模排错后就可以进行三角构网，数模→(构建三角构)执行构网，到这里数模建立完成。三角网如图 8-59 所示。

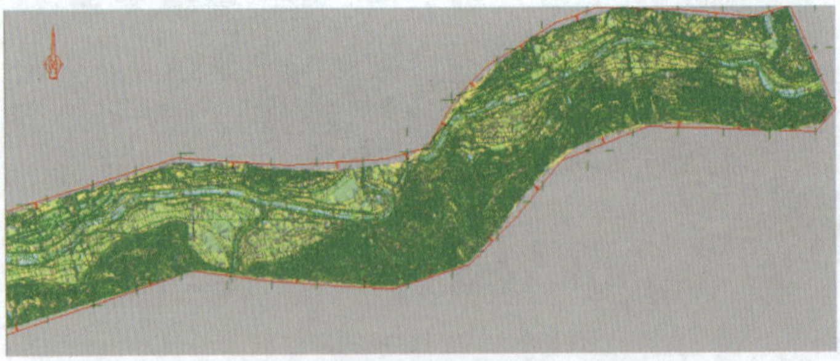

图 8-59　三角网数模

数模建好后，可以在空间视图里面欣赏成果。数字地面模型空间视图是指利用数字地面模型生成所选范围内的三维可视化地形。此功能在没有卫星图片的情况下可以帮助设计者简单快速的全面了解地形起伏状况，并且能检查出数模构建的准确性。同时可以对多个数字地面模型进行空间叠加，如：将真实地面的空间视图和设计道路的空间视图叠加为三维实景模型，而且还可以叠加桥梁、隧道等构造物的三维模型。

单击窗口→空间视图，这样就会出现空间视图窗口。这时因为没有选择显示的对象，所以空间视图里面没有显示，可以直接按“F2”或“显示按钮”进入显示菜单，选择数模数据→单个标记→保存→关闭，如图 8-60 所示。

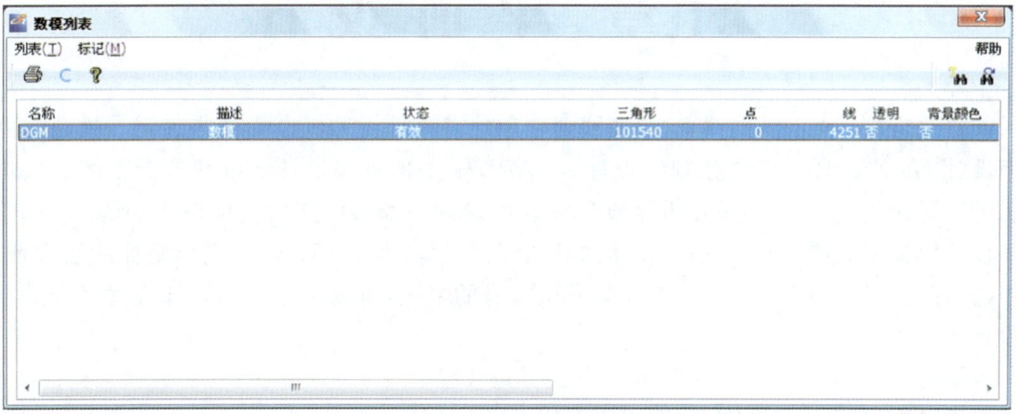

图 8-60　数模列表

设置三维透视空间模型参数，如图 8-61 所示。包括数模名称、数模状态、线数和三角形数量、设置是否显示、透明显示、表面显示颜色、高程层、参与显示的模型数据等。

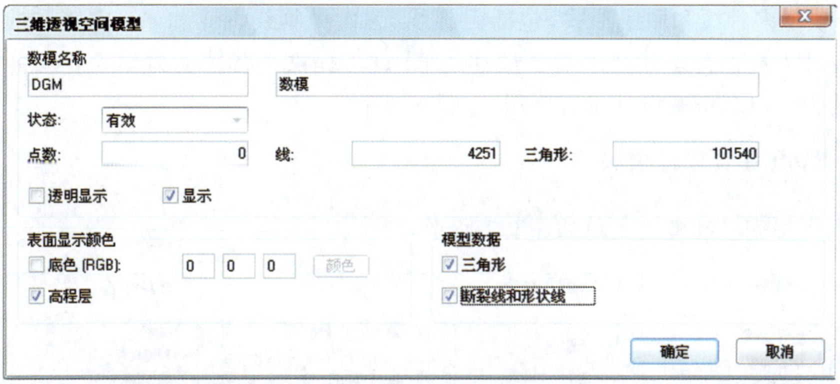

图 8-61　三维透视空间模型参数设置

用鼠标左键拖动，就可以看到刚才建立的数模的空间视图了。如图 8-62 所示。

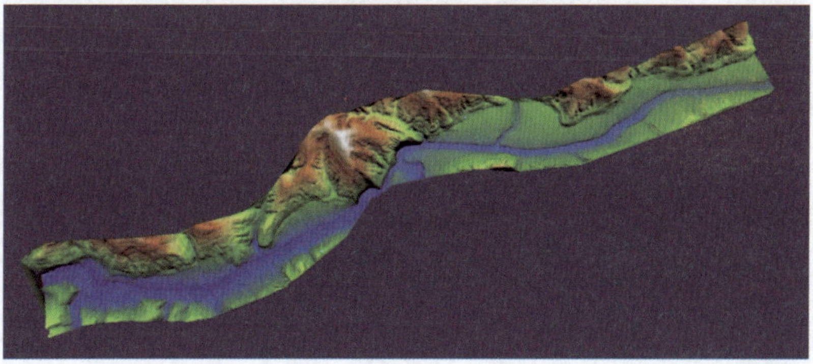

图 8-62　CARD/1 数字地面模型生成的空间视图

第九章　平 面 设 计

铁路线路是一条空间曲线，这条曲线通常用线路平面图和纵断面图来表示。铁路线路的平面设计，在 CADR/1 中称作轴线设计。CARD/1 中的轴线设计是以图形交互的方式进行的。无论是在铁路设计，还是在道路设计和管网设计中都可以使用这项设计功能。CARD/1 平面设计能够完成传统的交点法、积木法和曲线法设计，但 CARD/1 的精髓是曲线法设计，它是目前国际上流行的设计方法。考虑到我国本身的情况，可以将这三种设计方法融合进行平面设计。

9.1　CARD/1 平面模块主要功能

CARD/1 平面设计模块提供非常灵活的设计方式，这些方式体现在平面设计模块菜单中，使设计人员可以随心所欲的实现自己的构思。另外，在高速铁路和磁悬浮设计中，CARD/1提供了多种缓和曲线形式，包括回旋线、三次抛物线、sin 和 cos 型缓和曲线。同时，为了辅助设计人员检查设计结果的合理性，CARD/1 提供了行驶动力学检查功能，设计人员可以通过动力学原理检查设计是否合理。

9.1.1　CARD/1 平面设计模块

CARD/1 平面设计模块菜单如图 9-1 所示。

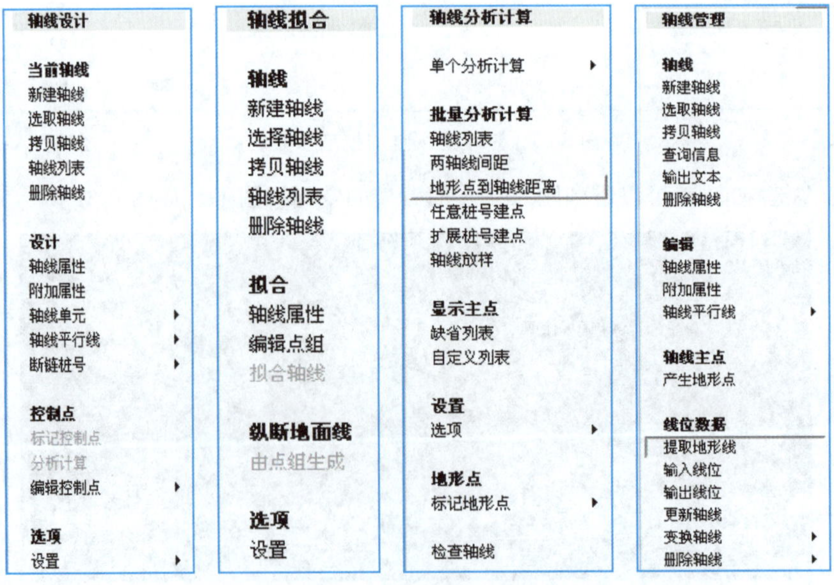

图 9-1　CARD/1 平面设计模块菜单一览

轴线设计的主要功能菜单及下级菜单，如图 9-2 所示。主要包括以下功能：

（1）第一层轴线设计：完成的是轴线的管理和切换，平行线、断链等设计。

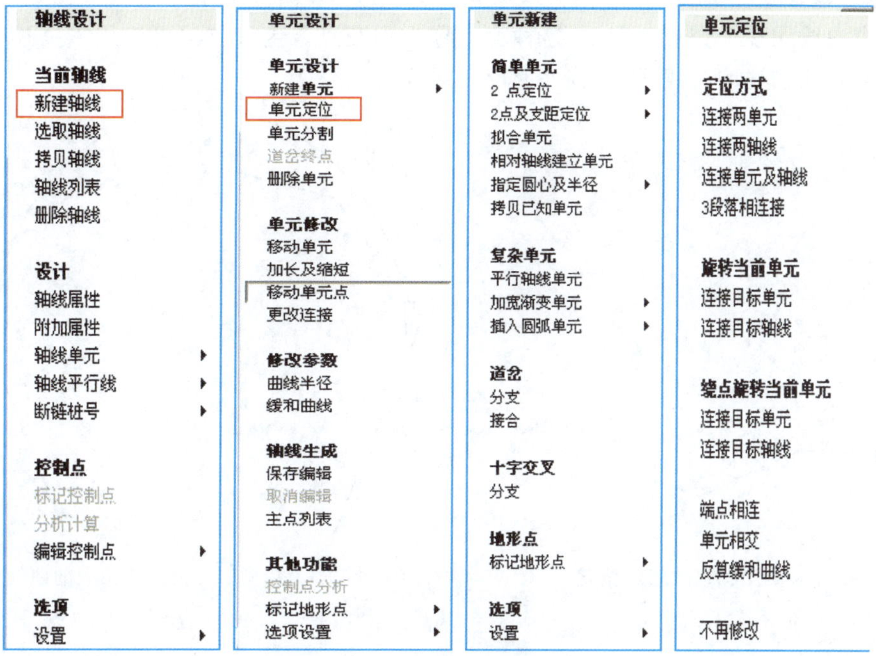

图 9-2　轴线设计菜单

（2）第二层单元设计：完成单元的新建、修改、连接等。

（3）第三层单元操作：具体的单元设计、单元定位（他们是平级的菜单）。

在平面设计模块中，CARD/1 还提供了轴线拟合功能、轴线分析计算功能和轴线管理功能。

CARD/1 的轴线拟合采用最小二乘法根据一组点位拟合生成曲线和直线单元。使用 CARD/1 的轴线拟合功能、纵断面拟合功能，配合横断面开发功能可以很好完成旧路的平面、纵断面的自动拟合，完成改扩建项目。

轴线分析计算对相互连接进行分析计算并存为轴线数据。很多时候轴线并不是孤立存在的，它需要计算一些与其他轴线间的相互关系，为了准确的确定轴线的位置及参数，就需要用到轴线分析计算功能。

轴线管理对同一项目下多条轴线（CARD/1 允许在同一项目建立 999 条轴线）进行统一管理。

9.1.2　CARD/1 线路设计方法

目前铁路平面计算机辅助设计有交点法、积木法和曲线法等。CARD/1 线路设计方面采用的是曲线法，兼容传统的积木法和交点法设计思想，它可以使工程师们合理、快速、灵活、轻松地达到设计目的。

1. 交点法

传统的铁路平面计算机辅助设计中大多采用交点法，如图 9-3 所示，顺序输入线路相邻切线的交点坐标以及该交点所对应的圆曲线半径及缓和曲线长，从而确定线路的平面位置。这种方法输入数据量少，适应线形简单的线路，其缺点是对较复杂的线形不适用。例如线路要连续绕过两个地形不利地段，这时线位应该由曲线控制，如果使用交点法来定线，实施起来相当的困难。

2. 副交点法

副交点法如图 9-4 所示，当一个曲线的偏角大于 180°时，一般很难用一个交点描述，这时可以将一个曲线用多个交点来表示，这种交点称为副交点。这种方法可以用来描述一些复杂的无法用交点法描述的曲线线形，例如卵形曲线等。

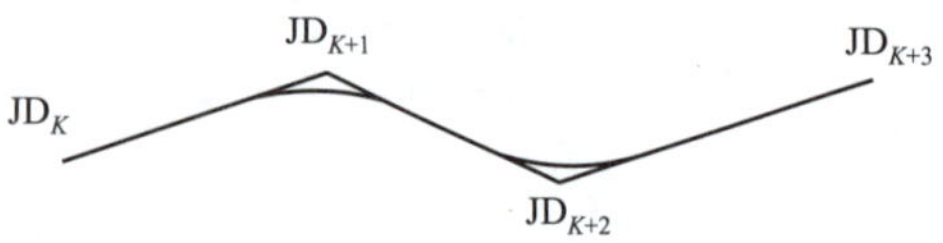

图 9-3　用交点坐标描述线路位置

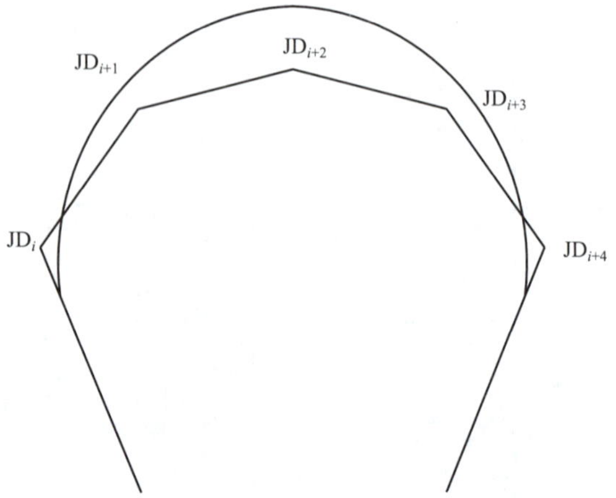

图 9-4　用副交点描述转角大的曲线

3. 积木法

积木法是把线路看成由一个个独立的直线段、圆曲线段或回旋曲线段拼接而成，对于任一种线形单元，只要给定必要的线形参数，从线路的起点或终点开始，利用上述三种曲线单元之一逐段向前或后拼接，就可以象搭积木一样设计出理想的线路平面线形，积木法在国内的公路设计中应用较多。

4. 曲线法

曲线法设计思想就是将直线看作特殊的圆曲线，先创建独立的曲线单元，之后程序会按照所给的参数进行接线并创建平面线位。曲线法思想定线时在确定首尾两个曲线位置固定的情况下可以自动对中间的两个曲线进行接线设计。如图 9-5 所示。

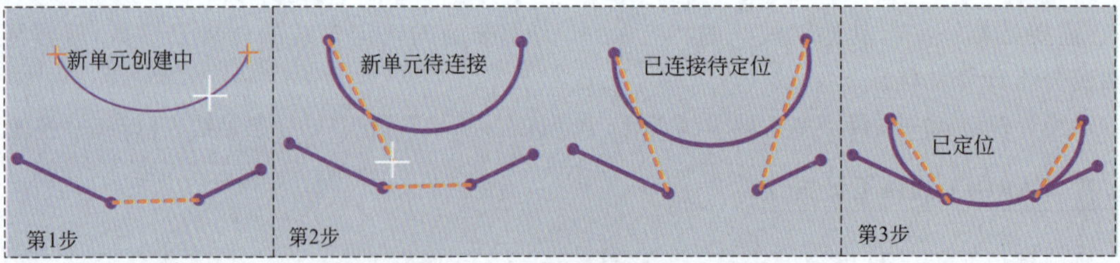

图 9-5　曲线法创建轴线单元步骤图

CARD/1 平面设计能够完成传统的交点法、积木法和曲线法设计等，但 CARD/1 的精髓是曲线法设计，它是目前国际上最为流行并且是最科学的设计方法。CARD/1 在局部选线设计可以实现智能化接线，即采用曲线法思想定线时在确定首尾两个曲线位置固定的情况下，可以自动对中间的两个曲线进行接线设计。

曲线法定线的优势如下：

(1)可以更好地适应地形；

(2)在山区地形复杂的地方可比较容易实现快捷敷设“S”型、复合型曲线等。

(3)CARD/1 自成系统，横断面还提供二次开发功能，只需把同等类型归类，采取同样的处理方式处理，即可达到批量处理的效果。另外由于 CARD/1 横断面同一桩号可拥有 999 条断面线，故可计算各种工程量类型，而不受限于程序本身。

9.2　轴线的建立

CARD/1 中具有图形环境的模块大多数都具有显示设置和查询功能，对于轴线设计模块还提供了定位工具。在轴线设计环境下，三者共同凝聚成了一个出类拔萃的可视化辅助设计平台。

9.2.1　轴线单元设计的主要方法

轴线设计最重要的是轴线单元设计及定位，铁路平面轴线设计，设计流程如图 9-6 所示。新建轴线单元一般方法主要有 2 点定位、2 点及支距定位(图 9-7)、拟合单元、相对轴线建立单元、最小二乘法、指定圆心和半径方法、拷贝已知单元；复杂方法有平行轴线单元、加宽渐变单元、插入圆弧单元等。

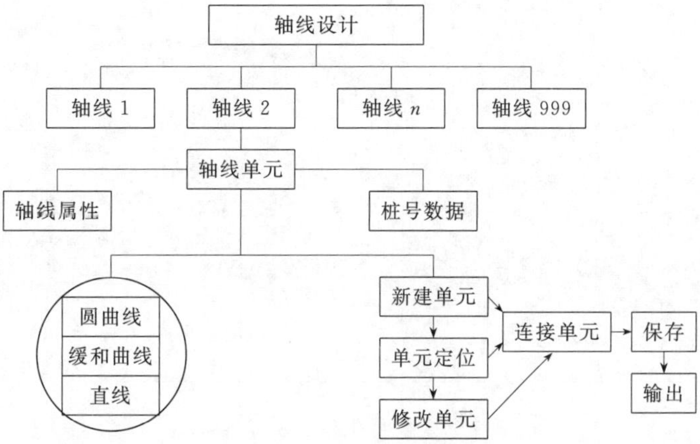

图 9-6　CARD/1 线路平面轴线设计

1. 新建轴线单元的一般方法

(1)2 点定位。通过输入 2 个单元点坐标，之后输入半径来创建一个单元。如果是曲线，需要进一步输入两端回旋线参数或长度。CARD/1 可利用鼠标拖动单元通过点确定曲线半径，提高了所布设线型适应地形条件的能力，如在山凹、山嘴处就能更快的布设出顺应等高线走向的曲线，达到节省工程量的目的。

(2)2 点及支距定位。工程实际中为了和某物体保持安全距离，又要最大限度的接近该点，那么就可以使用该功能。该线在路线局部需同时绕避 2 个控制点时最为常用，如路线绕避文物、高压电塔、重要工矿设施等。

(3)“最小二乘拟合”法。根据一组点拟合生成曲线或直线单元。该组点可以是标记的地形点，也可以是光标点取的点。该法在利用老路段落或路线受系列点位控制时，使用非常方便，避免了设计人员大量的试算工作，同时系统拟合的线位也更加切合实际，如图 9-8 所示。

(4)相对轴线建立单元。从既有轴线某一桩号的法线方向放样新生单元点位，同时新生单元在该单元点处切线方向与原轴线对应桩号处切线方向的夹角可指定后作为一边界条件，然后输入另一个单元点生成新单元，如图 9-9 所示。

2. 新建轴线单元的复杂方法

(1) 平行轴线单元。拷贝既有轴线上指定桩号范围的单元生成新单元组，拷贝方式是沿法线方向，在铁路设计方面主要用于复线设计，如图 9-10 所示。

(2) 加宽渐变单元。加宽过渡的原理是基于当前轴线的起点和终点之间能产生一个正切多边形。读入这个多边形的圆弧单元可引导加宽过渡起始与终止，如图 9-11 所示。

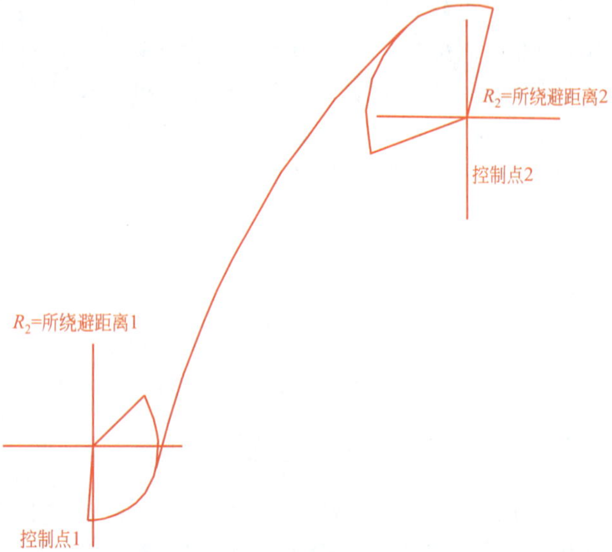

图 9-7　2 点及支距定位

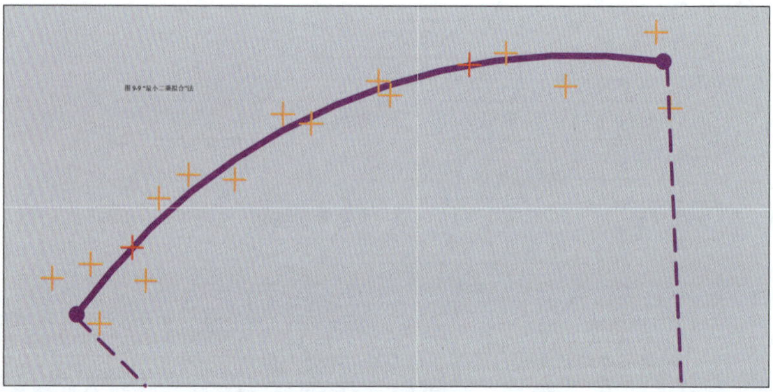

图 9-8　“最小二乘拟合”法

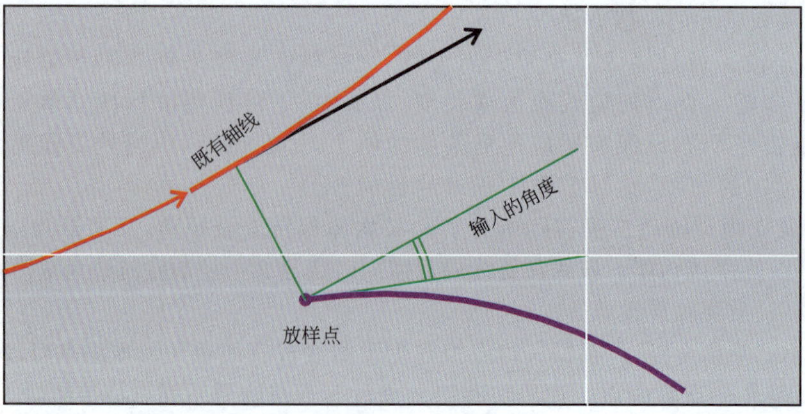

图 9-9　相对轴线建立单元

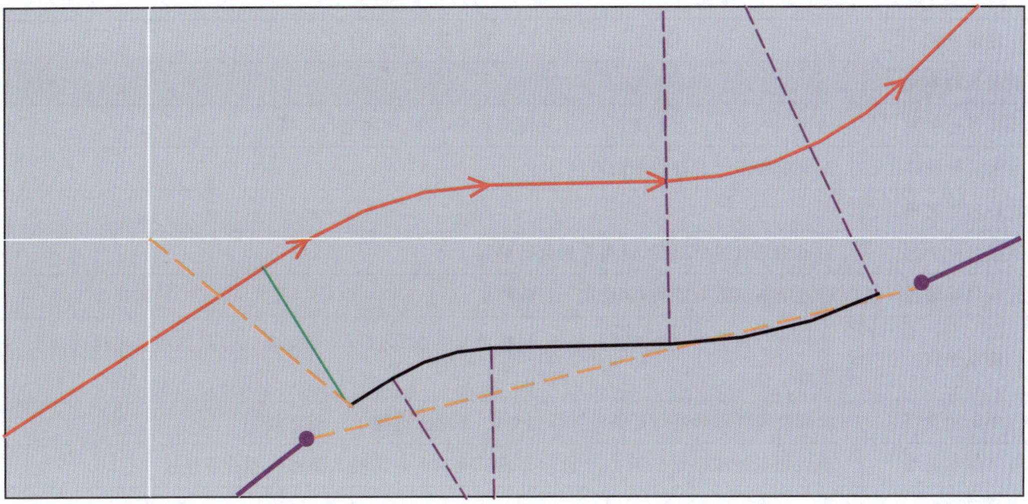

图 9-10　平行轴线单元

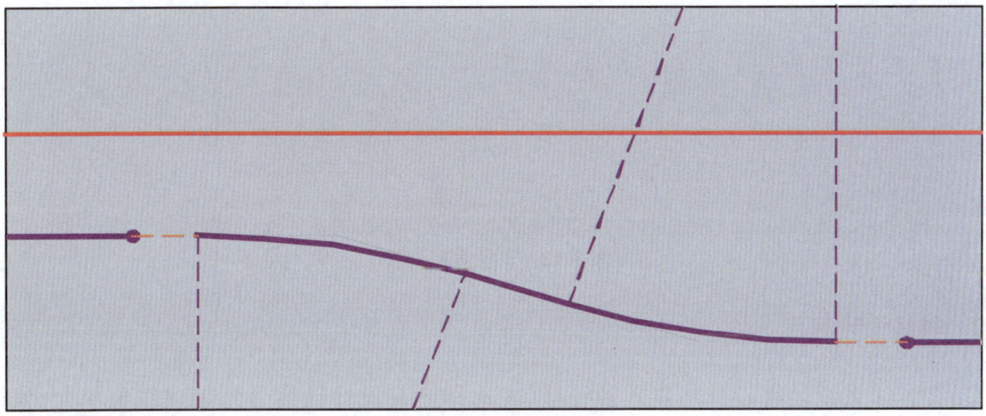

图 9-11　结束加宽过渡

新建立单元完成后可以有两个选择：

①不修改：将建立的单元先固定在那里，后期根据需要对其进行处理。

②单元定位：对当前单元进行连接计算，其位置发生变动，从而与前后相邻单元相连接。单元定位方式见表 9-1。

表 9-1　单元定位方式

定位方式	功能说明
连接两单元	由中间单元反算连接前后单元，实现贯通，中间单元位置发生变化，前后相邻单元位置不变
连接两轴线	通过两条已存在的轴线或其平行线反算当前单元的位置，实现当前单元与两轴线或轴线的平行线相切
连接单元及轴线	对当前单元进行定位计算，实现当前单元与相邻单元及轴线的连接
3 段落相连接	功能类似连接两单元，也是中间单元进行反算定位，如图 9-12 所示
指定经过点	被定位的单元位置或半径都可以改变由此实现通过指定点，并与前后单元进行连接

续上表

定位方式	功　能　说　明
旋转当前单元	
连接目标单元	待定位的单元起点不变，目标单元终点位置不变，中间进行反算
连接目标轴线	实现单元与已有轴线相切连接
绕点旋转当前单元	
连接目标单元	通过绕某点进行旋转，连接贯通目标单元
连接目标轴线	通过绕某点进行旋转，相切接入目标轴线
端点连接	旋转当前单元去连接某目标单元，目标单元终点方向角与新建单元起点相切。实现这两个单元的贯通
单元相交	相邻直线或圆形进行延长计算得到交点，两单元连接于一相交点
反算缓和曲线	前后圆半径和位置都不变，中间段落反算缓和曲线实现 S 型和 C 型曲线连接
固定缓长	
反算半径	

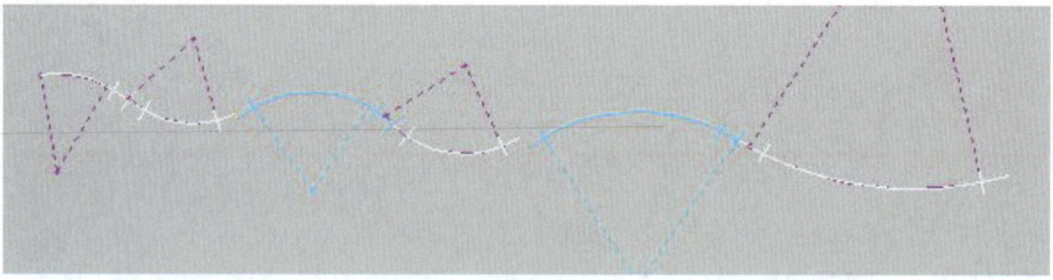

图 9-12　3 段落相连接

9.2.2　轴线设计流程

CARD /1 系统轴线设计从建立轴线号(或选择已有设计轴线号)、创建线位单元、修改线位单元、线位单元定位、设计轴线计算，一条完整的设计轴线即被建立。而后利用系统构建的三维数字地模，计算出线路纵断面、横断面相对应的地面线，在此基础上进行线路的纵、横断面的线型设计。

1. 轴线建立

单击菜单：道路→平面设计→轴线设计→(轴线设计)新建轴线。如图 9-13 所示。

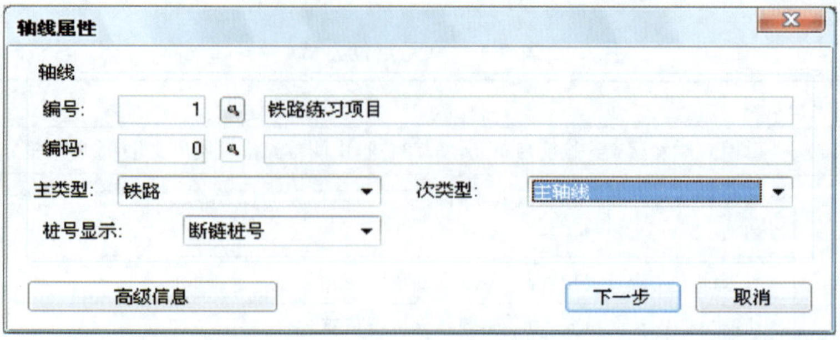

图 9-13　轴线设计

在这里，将编号设置为“1”，表示这是第 1 个轴线，主类选择“铁路”，次类型选为“主轴线”，桩号显示可选择断链桩号或连续桩号（设计时可以考虑断链）。点击下一步按钮，设置轨道轴线参数，如图 9-14 所示。

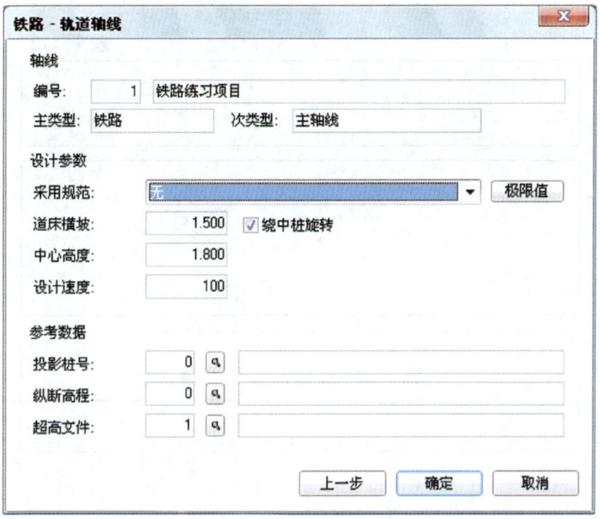

图 9-14　新建轴线参数设计

单击菜单：（设计）轴线单元→新建单元→2 点定位→光标，通过光标拾取设计单元的起终点并依据设计规范和控制因素给出圆的半径。

当确定圆曲线单元的起终点及圆的半径后，会要求输入缓和曲线的参数或选择建议的缓和曲线参数。CARD/1 铁路设计提供各种形式的缓和曲线类型，包括：回旋线、三次抛物线、四次曲线、正弦曲线等。

注意：屏幕上圆曲线单元的端点上会出现一个黄色的小方框，表明目前输入的缓和曲线的参数所确定的缓和曲线是接在圆单元的该点处；工具栏有参数输入对话框“DL”：默认的参数是“*L*”即缓和曲线长度，可以根据规范给出。如果想输入的是其他两个参数，需要点击它们的参数标志。如图 9-15 所示。

图 9-15　工具栏上参数输入对话框

当确定完一端的缓和曲线后，系统会要求选择另一端缓和曲线的类型和长度，此时，黄色小方框也会移到单元的另一端点。

当确定了圆单元两头的缓和曲线后，会要求确定单元连接形式。由于目前做的是设计轴线的第一个单元，其前后还没有其他单元，所以选择“不再修改”，表示将目前设计的单元按刚才定好的位置放到那里，暂时不对其进行连接操作。然后屏幕菜单会自动返回到“单元新建”。第一个单元设计如图 9-16 所示。

然后设置该轴线为当前轴线，根据地形条件选择合适的方法建立轴线单元。当建立轴线单元设置圆曲线半径时，有条件时宜优先选用表 9-2 所列的推荐曲线半径值，复杂情况下半径的选取不应小于规范规定的最小半径。

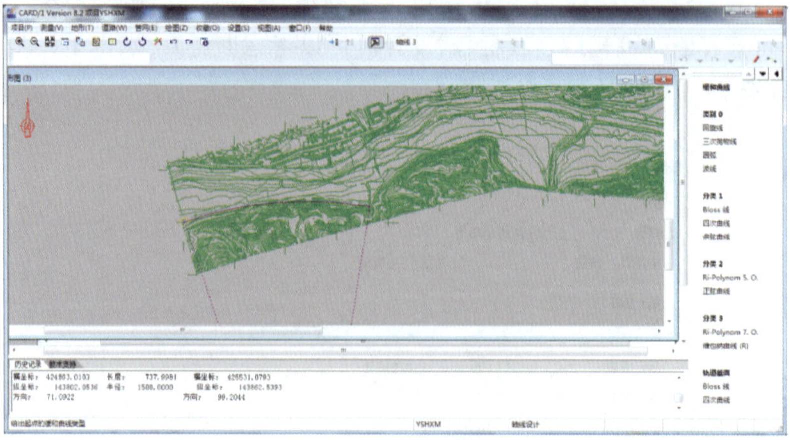

图 9-16　新建轴线单元

表 9-2　推荐曲线半径值

铁路类型	高速客运专线				客货共线铁路					
设计速度(km/h)	350		300		200	160	140	120	100	80
轨道类型	有砟	无砟	有砟	无砟						
推荐曲线半径(m)	9 000~11 000	8 000~10 000	6 000~9 000	5 500~8 000	4 500~7 000	2 500~5 000	2 000~4 000	1 600~3 000	1 000~2 500	800~2 000

为了测设、施工和养护的方便，曲线半径一般应取 50 m 和 100 m 的整倍数，特殊困难条件下，可采用 10 m 整倍数。双线铁路两线线间距不变的并行地段的平面曲线，宜设计为同心圆。有条件时宜优先选用推荐曲线半径值。

2. 进行轴线第二个单元的设计

单击边菜单：(设计)轴线单元→新建单元→2 点定位→光标，通过光标拾取设计单元的起终点，并依据设计规范和控制因素给出圆的半径。

按提示图形交互的拾取该单元的起终点(注意：不要把思路定格到“交点法”的套路中，曲线法中无需把前一个单元的终点与后一个单元的起点连在一起，只要给定圆单元和缓和曲线，单元与单元之间的连接就可以定下来)。在确定缓和曲线前，提示给出连接方向，同时鼠标也将始终拖着一条黄线，这时需要把该黄线连接到想要连接的前一个单元的终点(用鼠标拾取单元点)，用于确定单元的前后连接次序。接下来按照第一个单元缓和曲线的确定方法确定第二个单元的缓和曲线，这样就设计好了两个具有先后次序的单元，如图 9-17 所示。图 9-18 为放大的创建的两个轴线单元效果图。

3. 设计该轴线的第三个单元

设计一个连接前两个单元的直线单元，单击边菜单：单元新建→2 点定位→光标(注意：将第三个单元放在前两个单元的中间)，依照提示像做第一个单元那样操作，只是在确定单元半径是在边菜单选择直线，同时会提示给出连接方向，这时第三个单元有两个方向可连接，按右键可在该单元的两个端点切换黄线的起点，然后给出一个连接方向，系统会自动判断出另一个连接方向，以后的连接就会按这个连接逻辑进行定位单元。如图 9-19 所示。

给出连接方向后，进入单元连接的菜单项：连接两单元。

图 9-17　新建第二个轴线单元

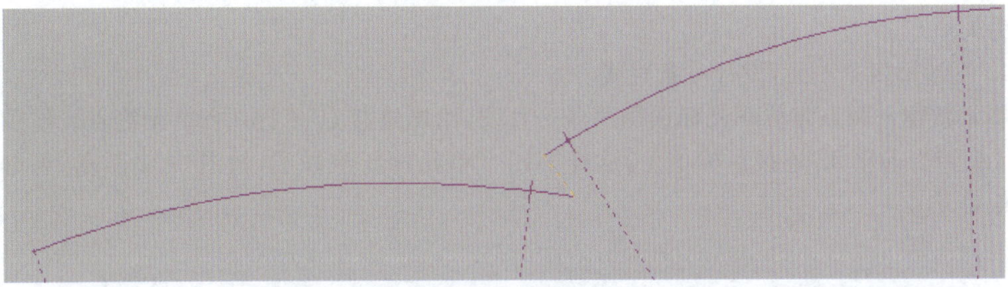

图 9-18　创建两个固定单元

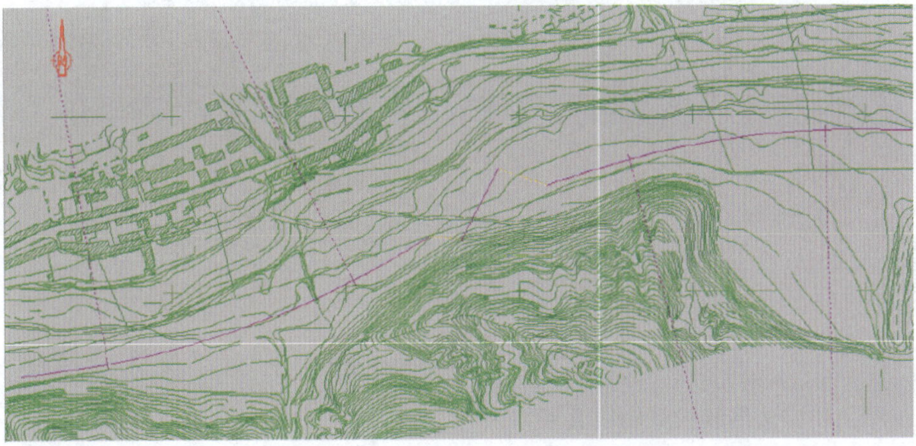

图 9-19　创建的第 3 个轴线单元

两单元的意思是：在确定其他两个单元位置不变的情况下，求算第三个单元的位置，将其按已设定的参数条件与其他两个单元连接起来，如图 9-20 所示。

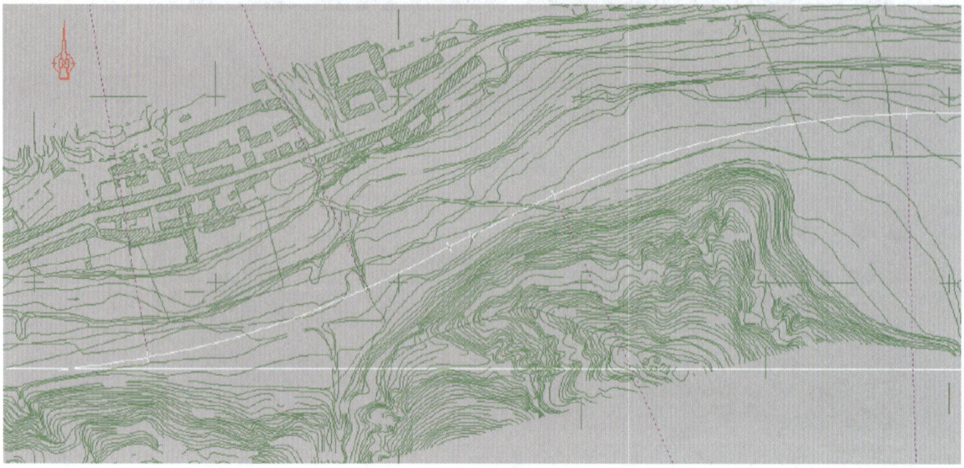

图 9-20 连接两单元

注:在轴线的单元设计过程中,不能退出平面设计的界面,否则在没有进行轴线的分析计算之前,前面的设计工作将得不到保存。因此,可以边往下设计边进行设计轴线计算,以防工作的丢失。

4. 设计第四个单元,设计一条直线

单元新建→两点定位→光标选择两点→直线,给出连接点→上一个单元终点。定位方式选择(旋转当前单元)连接目标单元,这样第四个单元就新建好了,如图 9-21 所示,可继续完成其他单元。

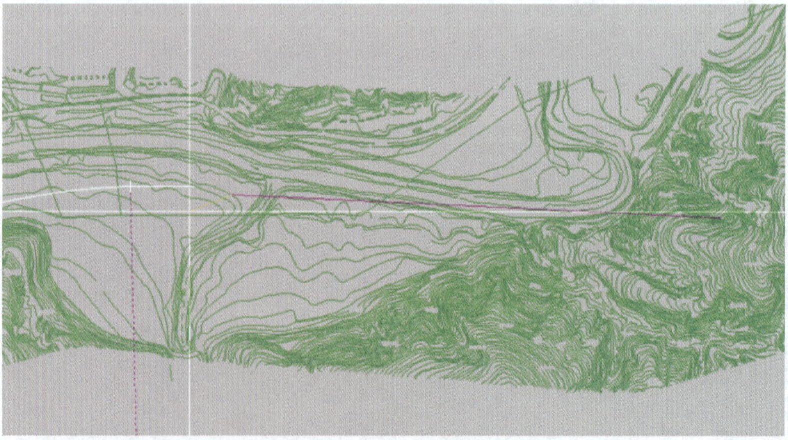

图 9-21 设计直线单元效果

5. 按照上述方法继续设计轴线直到结束

在单元都连接完毕后,进行设计轴线的计算(图 9-22)。单击菜单:轴线生成→保存编辑,实现轴线信息的保存。

6. 创建其他单元,进行连接定位,完成轴线设计

图 9-23 为用上面的方法完成的轴线设计。

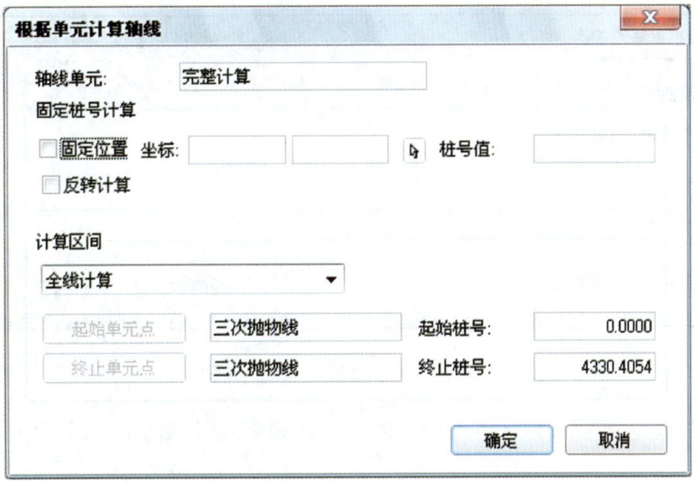

图 9-22　计算轴线

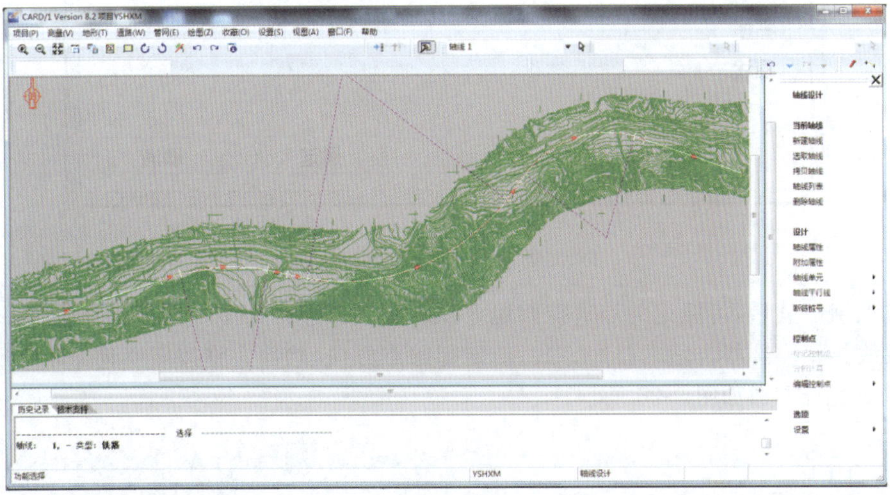

图 9-23　完成轴线设计示例

9.2.3　轴线单元设计的拟合

旧路的平面、纵面的自动拟合技术是广大设计人员迫切需要的。使用 CARD/1 的轴线拟合功能、纵断面拟合功能，配合横断面开发功能可以很好的完成改扩建项目。

轴线拟合是采用最小二乘法根据一组点位拟合生成曲线和直线单元，是将外业测量得到的轴线中线或边线散点进行拟合，然后需要将准备好的地形点进行归组，也就是将他们串起来，给定一个逻辑连接方向。得到几乎与旧路重合的道路线形，再由此进行下一步的设计，可应用于铁路既有线改建。

在平面上被标记的点为沿着旧路的轴线测量的点，即拟合前准备的点。

编辑点组，弹出参与拟合后的点组，如图 9-24 所示，其点精度为当 2 个点间距小于给定精度则视为一个点。

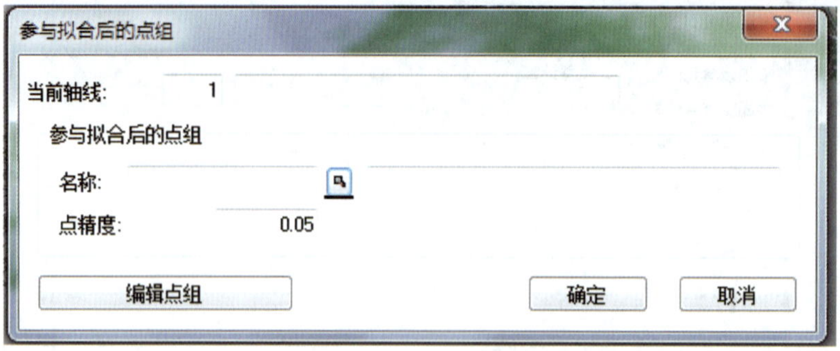

图 9-24 参与轴线拟合参数设置

单击编辑点组按钮，然后就新建点组，得到建立的点组 1，如图 9-25 所示。

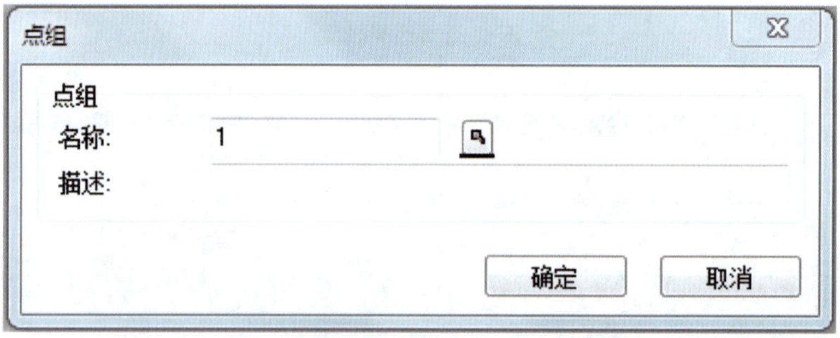

图 9-25 新建点组

完成点组建立后，将标记的点进行归组，完成归组后，进行排序。排序有自动排序、沿着多义线或轴线排序。选择合适的排序方式，给定起始点方向，然后它将按照就近原则将所有的点由红色虚线进行贯通如图 9-26 所示。

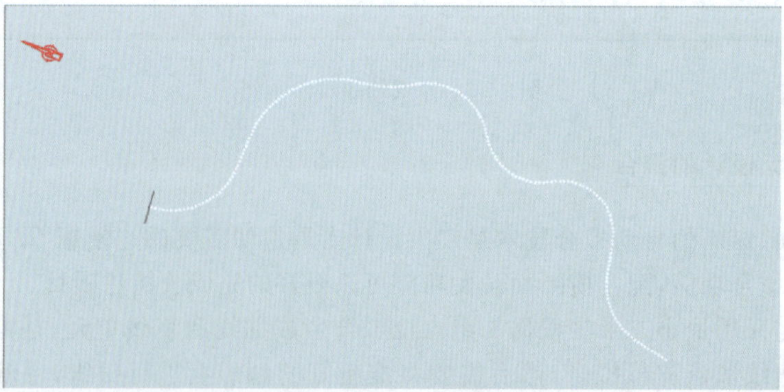

图 9-26 完成点排序

完成点组后，接下来需要进行轴线的拟合，设置直线、圆曲线和缓和曲线的参数。测量的点越密集，拟合的精度也就越高；测量点越稀少，拟合的精度就越差。测量点的密度可以根据旧路的具体线形灵活处理。设置单元拟合条件如图 9-27 所示。

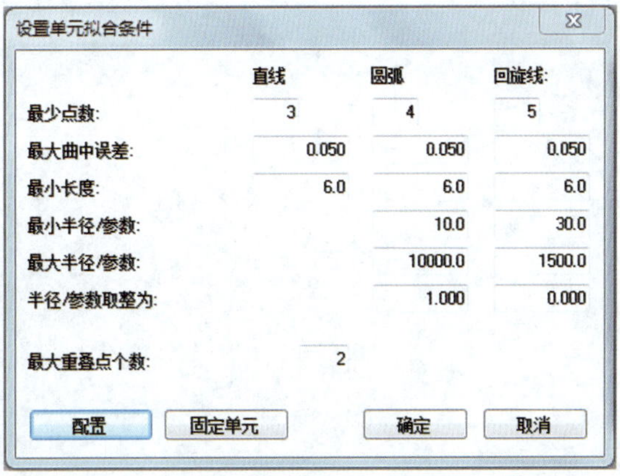

图 9-27　设置轴线拟合单元参数

单击配置可得平面配置，如图 9-28 所示。单击固定单元，可得到确定固定单元条件界面，如图 9-29 所示，可以设置固定单元的最小长度和最少拟合点数。

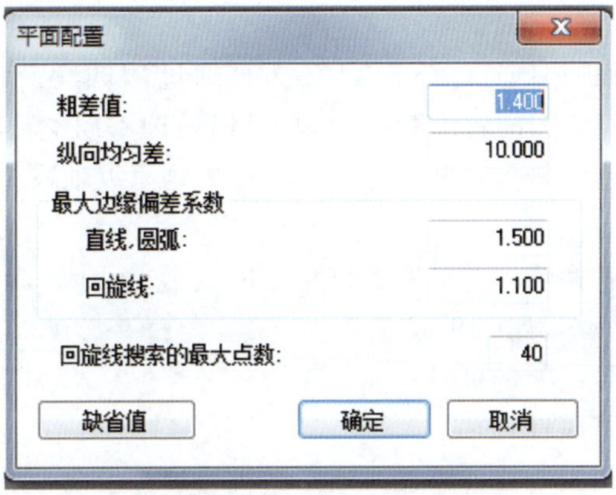

图 9-28　平面配置参数设置

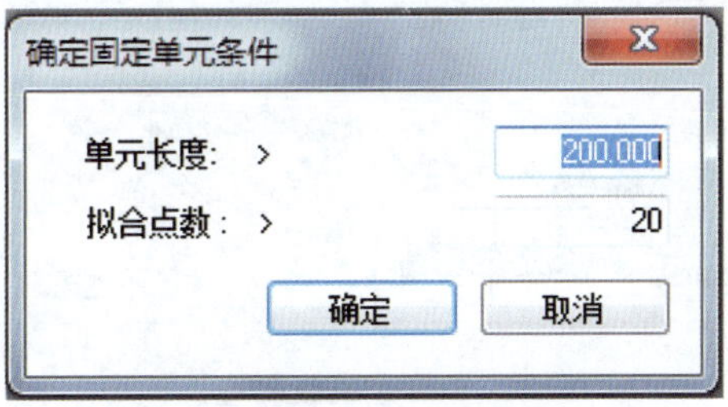

图 9-29　单元拟合条件设置

最后拟合单元，完成后可以对选择段落优化或对整条轴线优化，最后保存轴线，如图 9-30 所示。

如要修改单元的半径或移动单元位置，只需要选择编辑单元即可进行相关的操作。

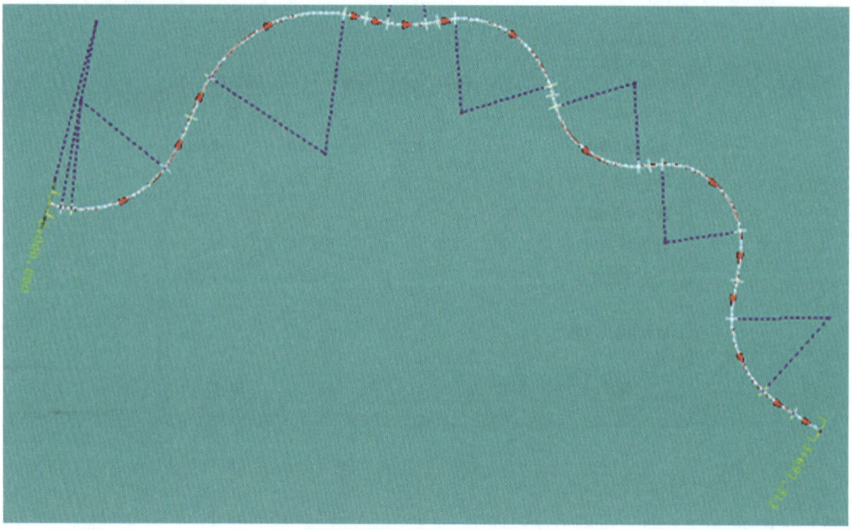

图 9-30　完整设计结果

9.2.4 断　　链

设计好的线路由于种种原因产生不连续(不方便通过“顺里程”消除之处)时,线路于该处产生断链。CARD /1 系统全面的解决断链问题,可以处理不同类型断链,用户可方便灵活的输入断链;并可方便的在连续桩号及断链桩号中切换。这里以轴线 4 为例,来说明断链的添加和平面图上断链的显示。

(1)通过轴线属性来切换连续桩号和断链桩号的显示,如图 9-31 所示

(2)实时添加或删除断链,如图 9-32 所示。

(3)实时切换连续桩号或断链桩号;

(4)实时查询断链及其属性;

(5)绘图时可以方便的设置按连续桩号或断链桩号进行绘制,如图 9-33 所示。

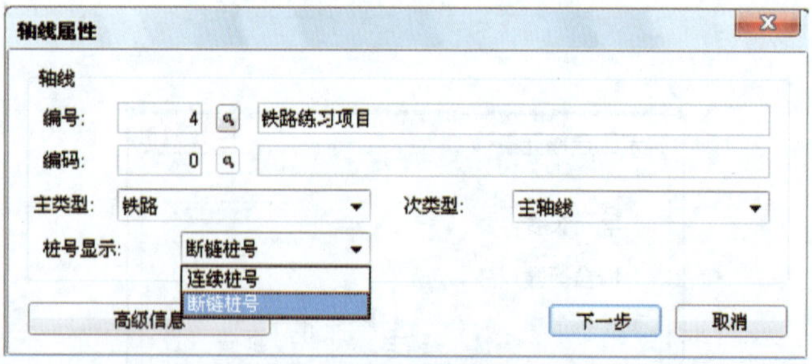

图 9-31　轴线属性

CARD/1 内部的所有桩号数据都是按照连续桩号编写和定义的。平、纵、横断面都能按照断链桩号出图;平、纵断面桩号显示和查询都能以断链桩号实现。项目资料管理器中输入的段落数据等都可以按照断链桩号录入,但是存储到最终文件还是以连续桩号记录的。绘图和横断面开发中都有相应的断链转换函数。

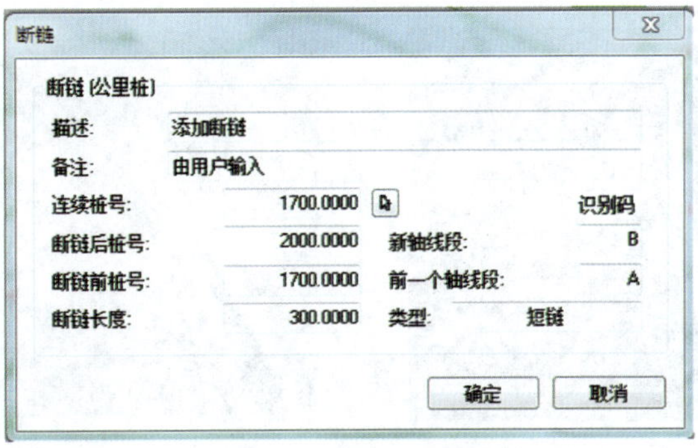

图 9-32　添加断链

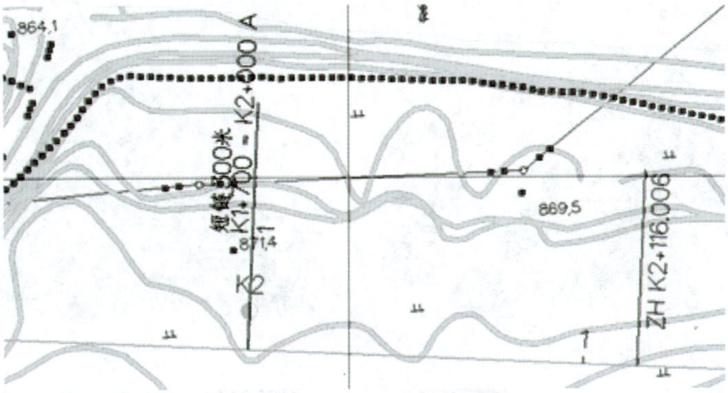

图 9-33　绘图断链的显示

9.3 道岔设计

道岔是机车车辆从一股轨道或越过另一股轨道时必不可少的线路设备，是铁路轨道的一个重要组成部分。通常在车站、编组站大量铺设。有了道岔，可以充分发挥线路的通过能力。即使是单线铁路，铺设道岔，修建一段大于列车长度的叉线，就可以对开列车。由于道岔具有数量多、构造复杂、使用寿命短、限制列车速度、行车安全性低、养护维修投入大等特点，与曲线、接头并称为轨道的三大薄弱环节。道岔种类很多，按轨型区分有：8 kg/m、12 kg/m、15 kg/m、18 kg/m、22 kg/m、24 kg/m、30 kg/m、38 kg/m、43 kg/m、50 kg/m、60 kg/m 和 75 kg/m 钢轨用的道岔。按道岔号码区分有：2 号、3 号、4 号、5 号、6 号、7 号、8 号、9 号和 12 号等道岔。按类区分有：单开道岔、对称道岔、三开道岔、复式交分道岔、交叉渡线道岔、渡交组合道岔等，如图 9-34 所示。

9.3.1 CARD1 道岔布置的基本流程

在完成铁路线路平面设计后，通常在车站、编组站大量铺设道岔。CRAD/1 有丰富的道岔库，道岔类型有普通单开道岔、特殊类型的道岔、交分道岔、交叉渡线等。可根据线路需要，来选择布置合适的道岔。如果没有合适的道岔，可以在道岔库中添加需要的道岔。下面介绍道岔布置。

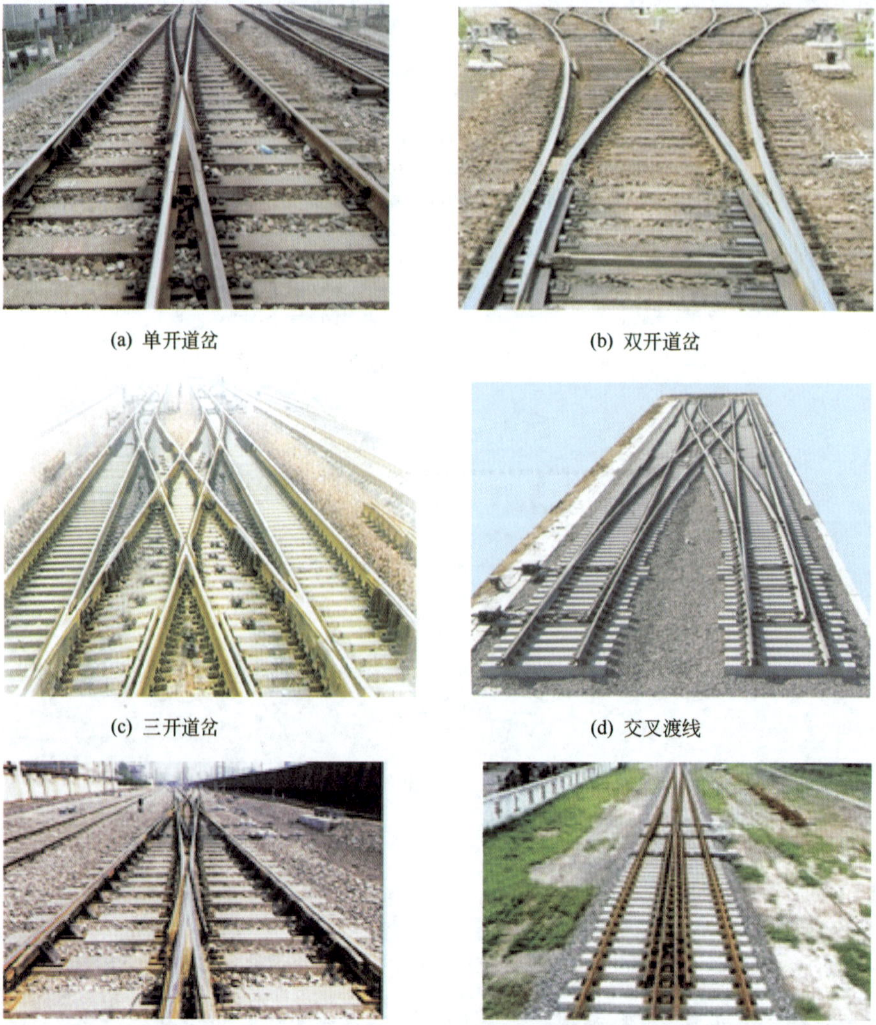

(a) 单开道岔　(b) 双开道岔

(c) 三开道岔　(d) 交叉渡线

(e) 交分道岔　(f) 对称高速道岔

图 9-34　常用道岔实例图

新建一条轴线，设置该轴线为当前轴线，在新建单元下级菜单中选择道岔类型(图 9-35)。若需要布置单开道岔，选择分支(图 9-36)，然后选择要设道岔的轴线。

在道岔的“特殊形式”中，有荷兰、中国和磁悬浮 3 种，其中中国特殊形式如图 9-37 所示。

选择合适的道岔，输入桩号或者用鼠标点取轴线上需要放置道岔的位置，最后延长道岔支线，警冲标自动布置，保存即可完成专线 4151-180-1：9 单开道岔布置，如图 9-38 所示。

同样的方式，可以布置复式交分道岔和单式交分道岔交叉渡线等形式。布置结果如图 9-39 所示。

对于添加好的道岔，CARD/1 软件有分析功能，可以完成道岔的修改，属性修改，道岔的信息检查、删除功能，连接和移动等。

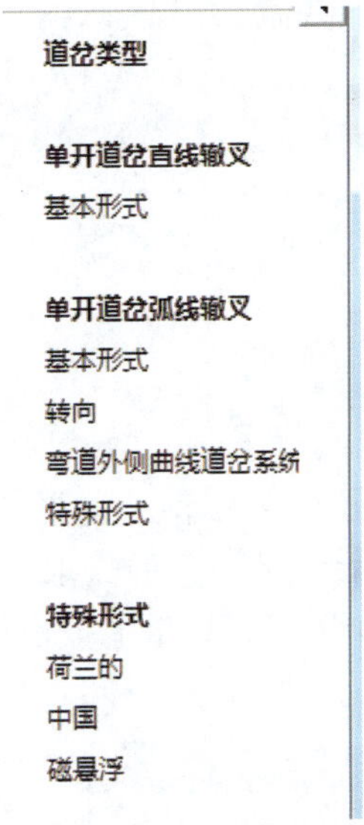

图 9-35　道岔类型选择

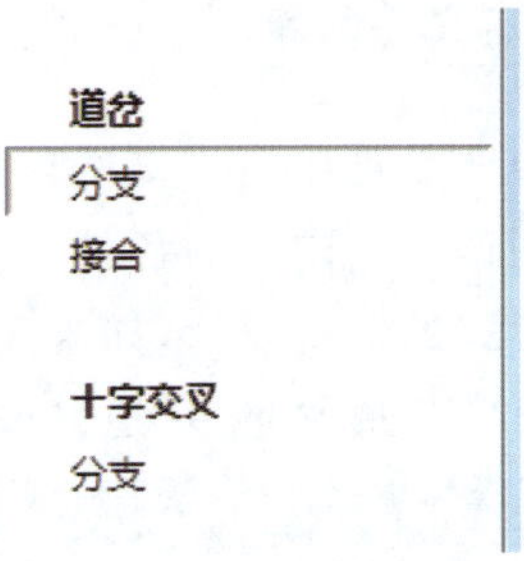

图 9-36　布置单开道岔

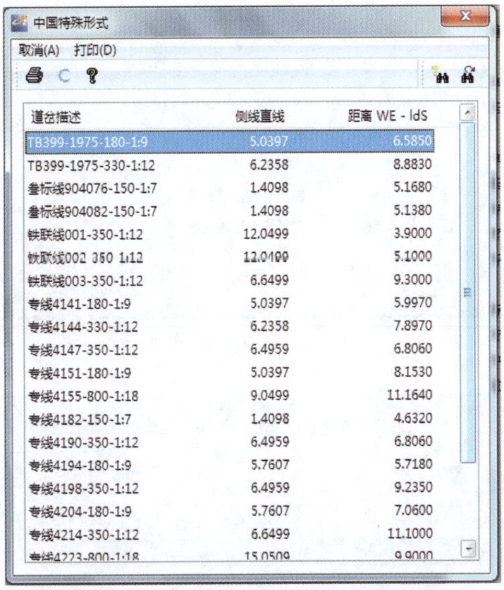

道岔描述	侧线直线	距离 WE - IdS
TB399-1975-180-1:9	5.0397	6.5850
TB399-1975-330-1:12	6.2358	8.8830
叠标线904076-150-1:7	1.4098	5.1680
叠标线904082-150-1:7	1.4098	5.1380
铁联线001-350-1:12	12.0499	3.9000
铁联线002-350-1:12	12.0499	5.1000
铁联线003-350-1:12	6.6499	9.3000
专线4141-180-1:9	5.0397	5.9970
专线4144-330-1:12	6.2358	7.8970
专线4147-350-1:12	6.4959	6.8060
专线4151-180-1:9	5.0397	8.1530
专线4155-800-1:18	9.0499	11.1640
专线4182-150-1:7	1.4098	4.6320
专线4190-350-1:12	6.4959	6.8060
专线4194-180-1:9	5.7607	5.7180
专线4198-350-1:12	6.4959	9.2350
专线4204-180-1:9	5.7607	7.0600
专线4214-350-1:12	6.6499	11.1000
专线4223-800-1:18	15.0509	9.9000

图 9-37　CARD/1 中国特殊形式的道岔

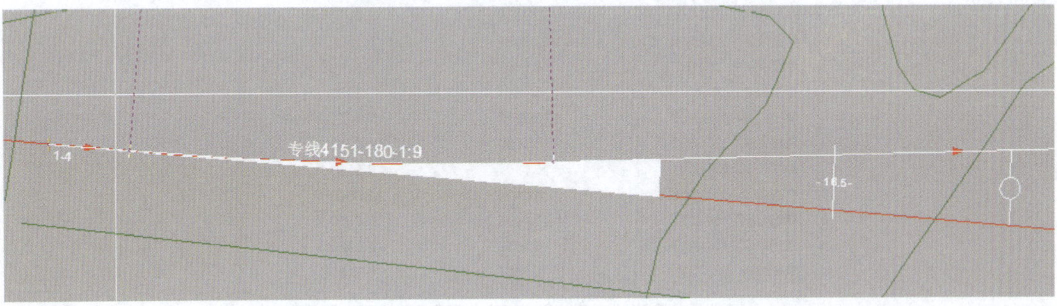

图 9-38　单开道岔布置

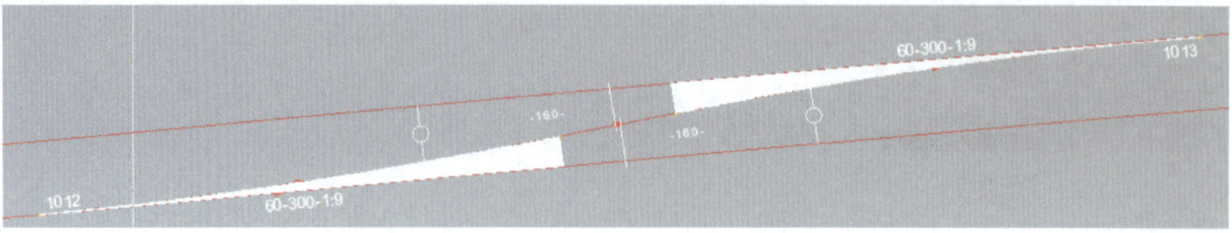

图 9-39 单式交分道岔交叉渡线

9.3.2 自定义道岔库

CARD/1 软件中有丰富的道岔库，用户可添加自定义的道岔放入库中，如图 9-40 所示，用时直接调用即可。同样的各种类型的道岔都可以添加，以最大满足用户的需求。CARD/1 还满足特殊形式的道岔设计，如高速道岔、磁悬浮等特殊形式道岔。道岔库是个积累的过程，用户添加的自定义道岔越多，道岔库中的道岔类型越丰富，如图 9-41 所示。

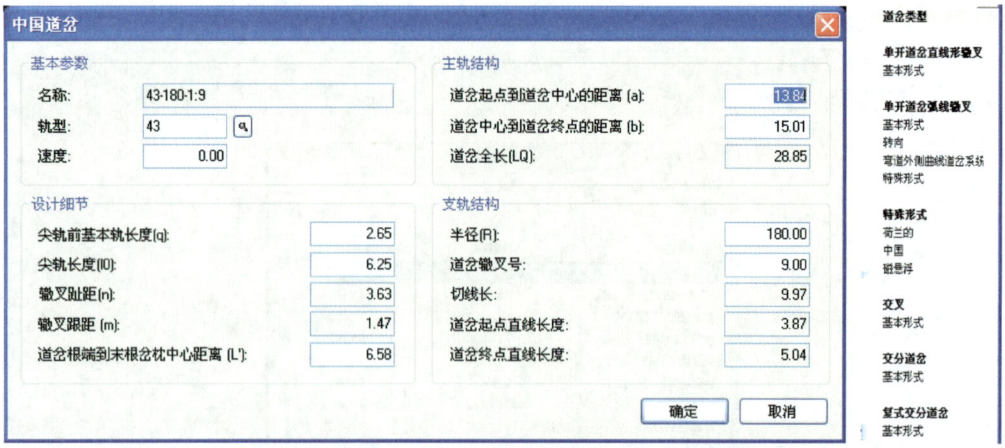

图 9-40 添加道岔库

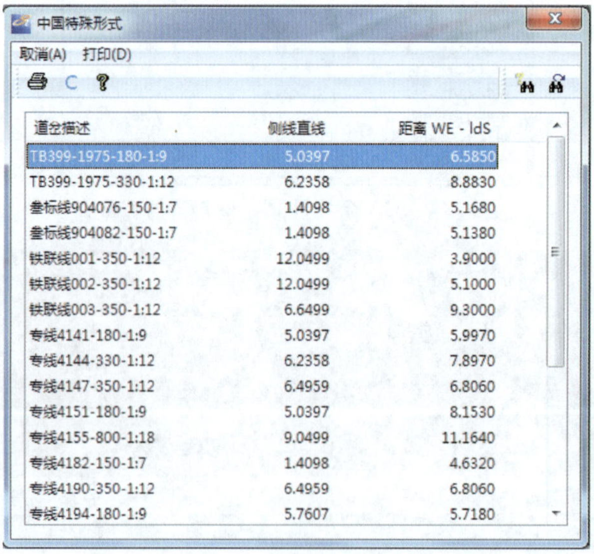

图 9-41 丰富的道岔库

9.4　平面绘图

CARD/1 绘图出表子系统包括如下功能：绘制平面图、纵断面图、横断面图，产生线路诸表、路基土石方数量表等设计表格。

在 CARD/1 系统中设计是与绘图分开的，以原始的地形图和线路设计方案为基础，再加上桥梁、涵洞、隧道设计的信息共同构成了平面图的内容。CARD/1 绘图处理模块是其他所有模块生成的绘图文件（*.plt）输出的必由之路，对绘图文件的编辑处理也在该模块内完成，CARD/1 PLT 绘图数据关系如图 9-42 所示。通过各类图表控制文件由程序从 CARD/1 系统数据库中自动创建设计图纸中的绘图元素，绘图手工修改量非常小，并且提供了绘图命令以修改图纸中的少量瑕疵和创建特殊符号。绘图处理模块具有通用绘图平台系统的功能，并具有出色的栅（格）矢（量）数据混编和无伤遮盖技术（文本留空、对象指针留空、围栏、白色阴影）。绘图控制文件可以在所有铁路项目中重复使用，不但实现了自动出图出表，而且还保持了各个项目设计图表格式的统一性。

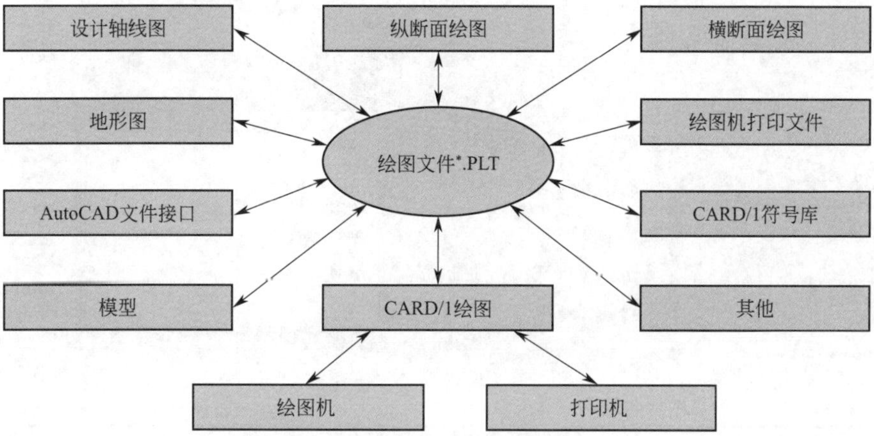

图 9-42　CARD/1 PLT 绘图数据关系

9.4.1　绘制地形图

平面轴线设计完成后，可以绘制地形图及平面图，运行准备好的绘图约定文件来实现轴线的平面线位图的绘制，格式是*.PLT 图，如图 9-43 所示。在完成纵断面和横断面设计后，在此功能下还可以完成总体图及用地图的绘制。CARD/1 的所有绘图都是依靠运行绘图约定文件绘制的。修改了绘图约定文件，重新运行约定文件后，绘图也会有相应变化。不同类型的绘图用到的绘图约定文件也不同，CARD/1 能自动生成各种绘图约定文件。用户可根据需要对生成好的约定文件进行修改使用，也可不做任何修改。

地形图的绘制是由 CARD/1 内部数据转为绘图数据*.PLT 的过程。项目设计平面图是由绘制的地形图叠加绘制的轴线图完成的。平面分页是装配统一的保证，所以绘制地形图前首先需要建立设计轴线，即完成线位设计，并根据此轴线建立平面分页。

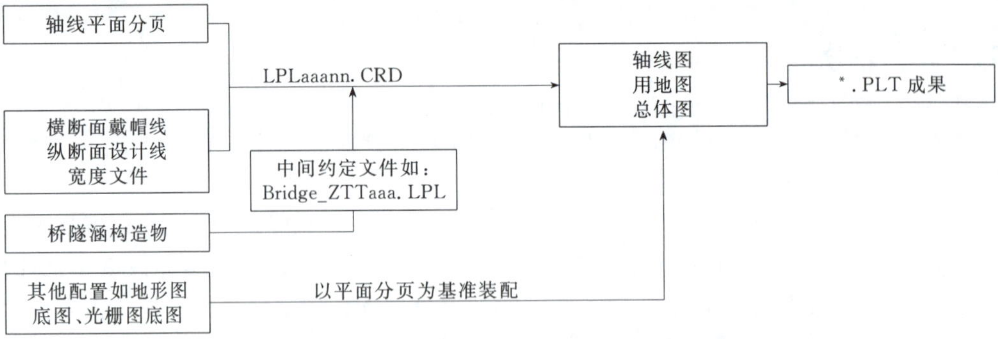

图 9-43　CARD/1 生成成果图

建立平面分页，就是定义绘图范围。在没建立任何分页的情况下，项目中存在一个基础页面，名称为＄LAGE，其比例为 1∶100，绘图范围为原点到项目界限的最大坐标位置。建立平面分页如图 9-44 所示。

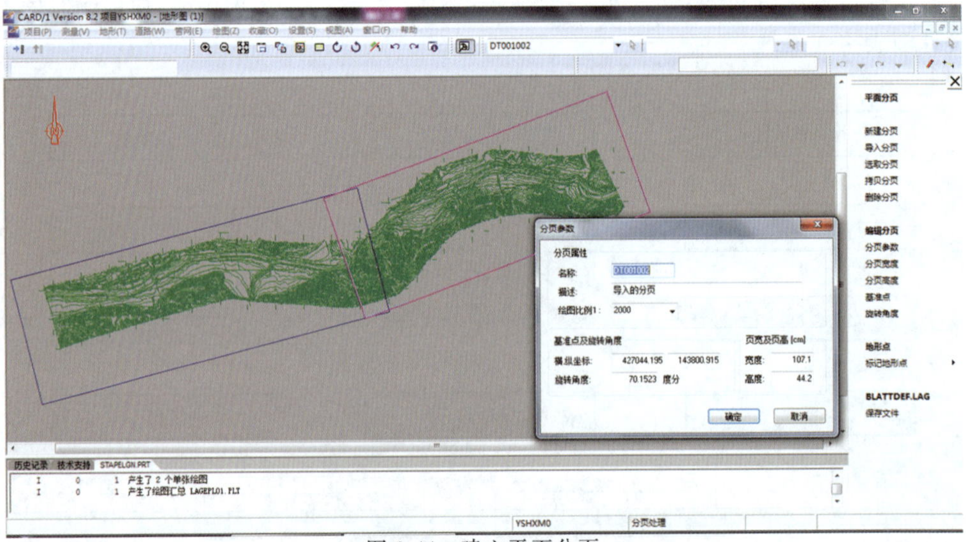

图 9-44　建立平面分页

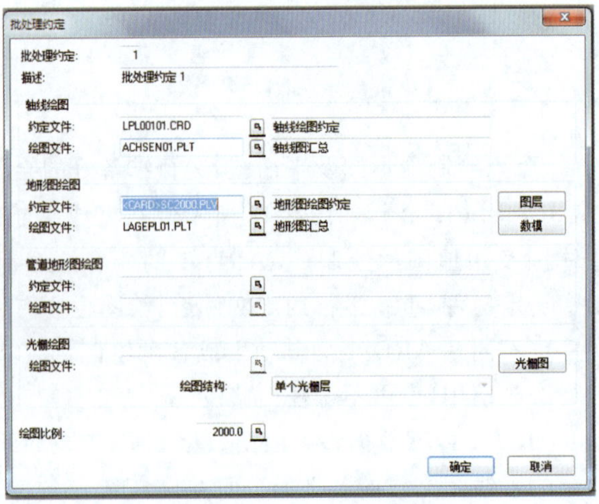

图 9-45　地形图绘图设置菜单

执行地形图绘制即可生成地形图。如图 9-45 所示。

一定要注意批处理约定的编号与轴线的关系，记住各轴线使用的地形图的批量绘图编号，因为在后面绘制轴线平面图或总体图等需要插入地形图元素的图纸时，需要给定地形图绘图的批处理编号，如果给错了这个编号，那么插入的地形图就是错的。约定文件可以选择核心项目 CARD 下的地形图绘图约定文件 SC2000. PLV，可以选择自行建立或修改后的地形图绘图约定文件。完成批量地形图的绘图，如图 9-46 所示。

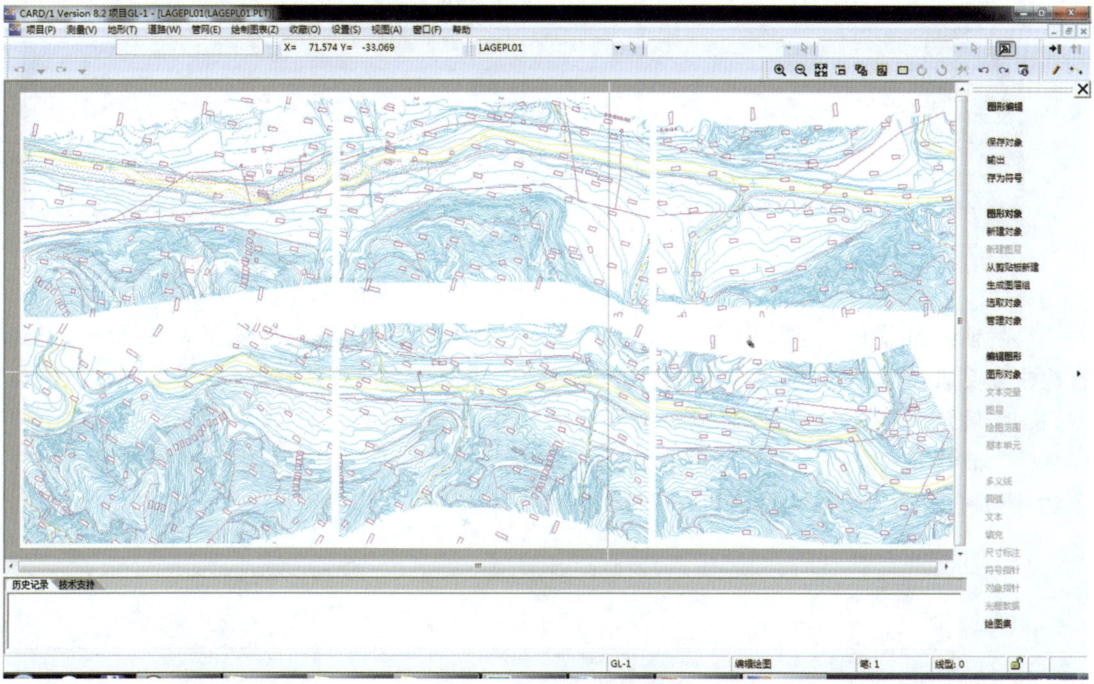

图 9-46　批量地形图绘制

9.4.2　绘制平面图

轴线设计完成后执行核心文件 CSX0001. CSX，得到桩号文件表对话框，如图 9-47 所示，执行就可以生成轴线的桩号列表文件，如图 9-48 所示。

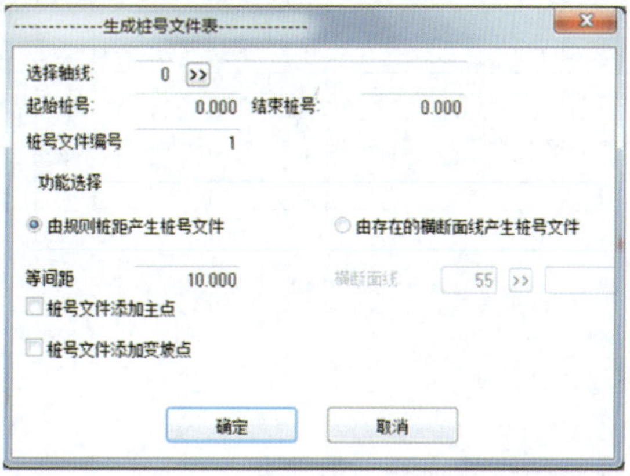

图 9-47　生成桩号文件对话框

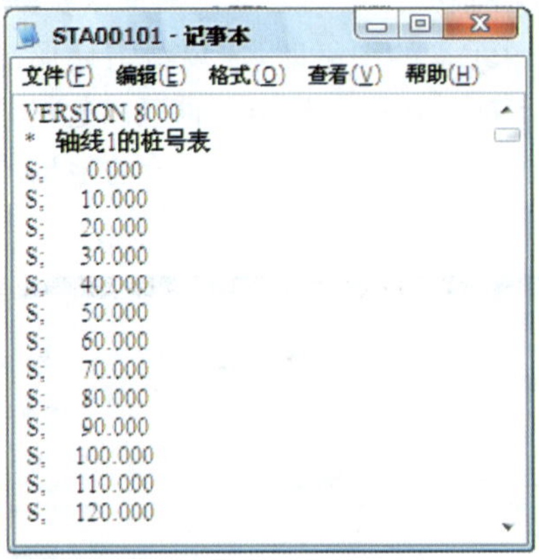

图 9-48 桩号文件

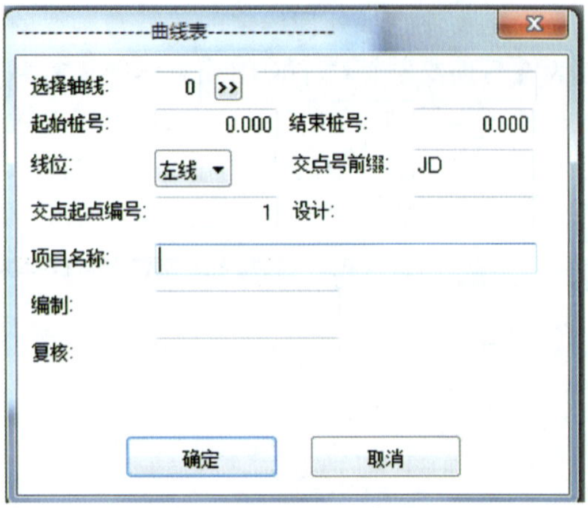

图 9-49 曲线表输入框

绘制轴线图必须先运行 CSX0003. CSX 号文件，得到曲线表输入框如图 9-49 所示，得到直线曲线要素表，如图 9-50 所示。CARD/1 记录轴线信息为曲线法，轴线按照主点、桩号、类型、长度、偏角、参数等信息记录，没有交点信息，所以需要先运行 CSX0003. CSX 得到这个中间文件。曲线要素表的 * . PLT 格式表也是通过读取 TSPNTaaa. DAT 中间文件进行绘制得到的，绘图会自动通过插入对象的方式放到轴线图中。

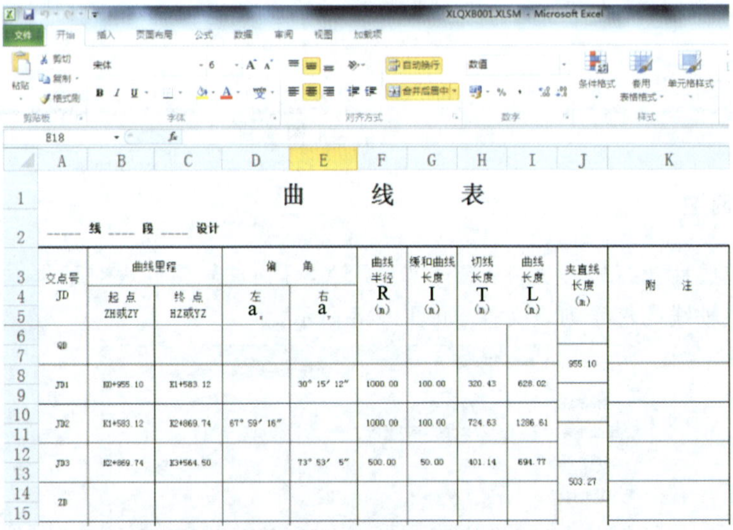

曲线表

_____ 线 ____ 段 ____ 设计

交点号 JD	曲线里程 起点 ZH或ZY	曲线里程 终点 HZ或YZ	偏角 左 a_z	偏角 右 a_y	曲线半径 R (m)	缓和曲线长度 I (m)	切线长度 T (m)	曲线长度 L (m)	夹直线长度 (m)	附注
QD										
									955.10	
JD1	K0+955.10	K1+583.12		30° 15′ 12″	1000.00	100.00	320.43	628.02		
JD2	K1+583.12	K2+869.74	67° 59′ 16″		1000.00	100.00	724.63	1286.61		
JD3	K2+869.74	K3+564.50		73° 53′ 5″	500.00	50.00	401.14	694.77		
									503.27	
ZD										

图 9-50 曲线表

9.4.3 绘制轴线

点击绘制轴线，即可生成轴线图，如图 9-51 所示。

将轴线和地形图合并成为平面图线路平面设计图，生成平面图如图 9-52 所示。

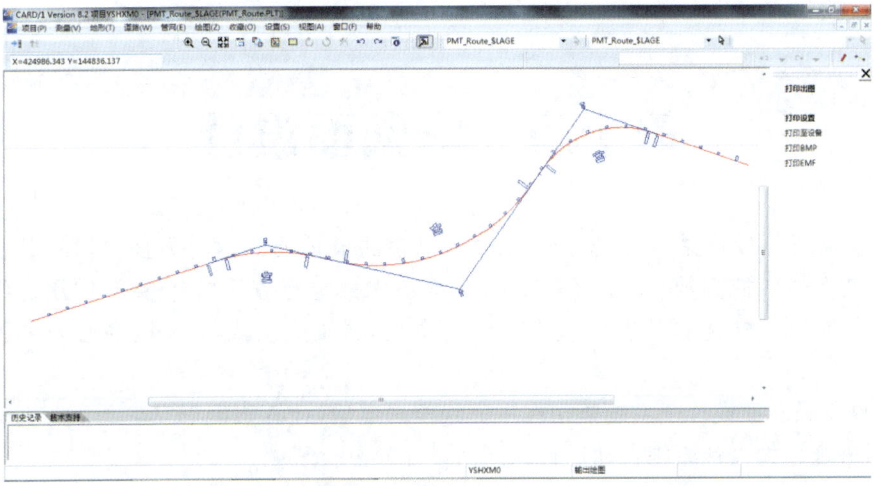

图 9-51　绘制轴线图

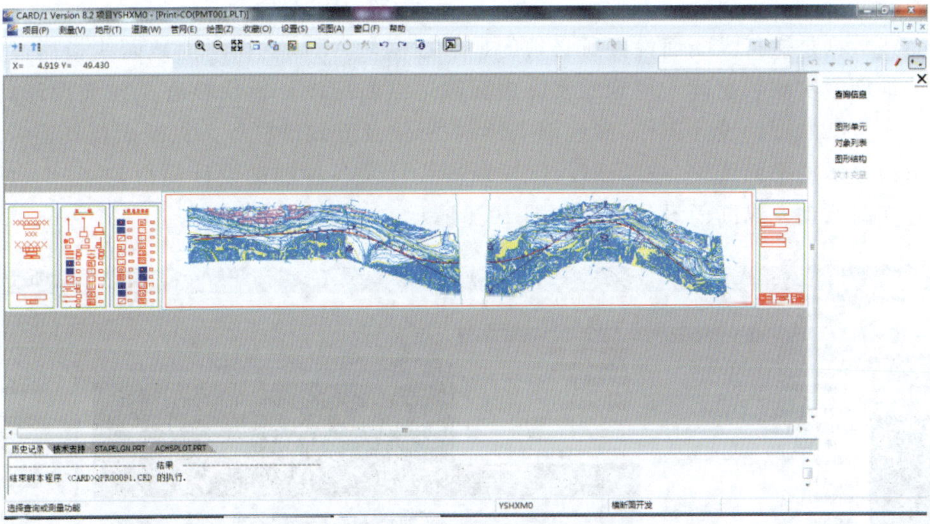

图 9-52　绘制平面图

第十章　纵断面设计

平面和纵断面设计是铁路选线设计中所包含的最重要的两个方面。其中线路的纵断面设计对工程的填挖方数量、工程造价以及路基的稳定有着十分重要的作用。纵断面设计可评定平面位置的优劣及提出改进或修改意见，进而为方案比选提供必要的技术经济依据。

CARD/1 纵断面设计子系统是指在平面线位选定后，计算机能够从三维数字地面模型切取地面线，并能根据设计原则自动进行纵断面设计。

10.1　CARD/1 纵断面模块主要功能

地面线数据是进行纵断面设计所必须的地形数据，CARD/1 纵断面地面线指通过数字地面模型或地面线实测数据读入得到的实际地面线。纵断面设计模块核心是拉坡设计，另外还包含了许多复杂的辅助设计工作，如地面点绘制、标注及五线谱栏等。纵断面设计还考虑能够同时多窗口显示如平面线位、纵断面设计、横断面设计及各种辅助设计窗口，并且平、纵、横设计维持着实时联动。纵断面设计模块如图 10-1 所示。

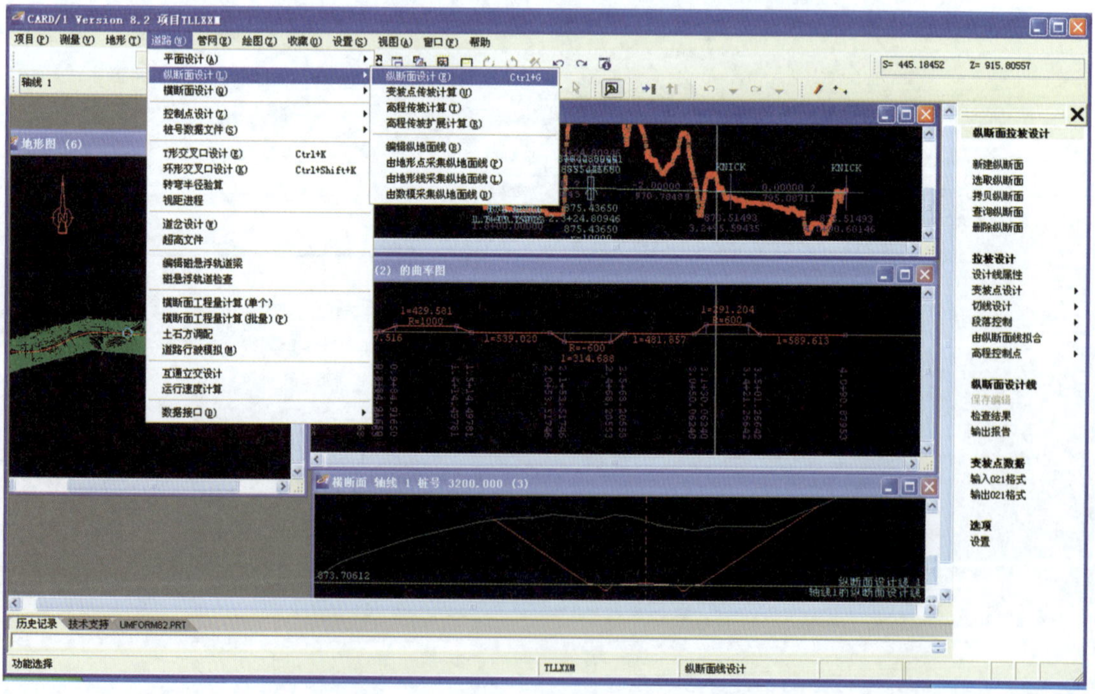

图 10-1　CARD/1 纵断面设计模块

10.1.1　CARD/1 软件纵断面设计功能特点

1. 地面线处理

地面线数据来源于数模自动切取或批量读入外业实测地面高程数据。设计人员可以对地面线点进行删除、移动、添加等编辑。

2. 设计线处理

设计线处理就是纵断面设计、修改和管理，具有以下功能特点：

(1)根据所给约束条件及规范要求，在无特殊要求的前提下以填挖平衡和工程量最少为原则，通过回归分析自动拉坡。实现了具有自动拉坡功能的“回归分析”，可以根据参数要求自动生成设计线方案。

(2)各类相关信息分窗口显示。可以显示的数据如平面图、纵断面图、横断面、空间视图、曲率图、超高图、视距图、工程量图等，工程师可以在拉坡过程中，综合考虑平面及工程数量情况。

(3)交互设计过程输入时地面线数据可实时精确地拾取，精确定位设计线元素(如切线、变坡点)。

(4)图形拖动及数图互动显示，配合键盘输入，方便进行变坡点、切线定位及竖曲线设置。

(5)灵活多样的设计方法和设计工具。CARD/1 纵断面设计线各要素(变坡点、切线、竖曲线)的编辑修改实现了多种多样交互修改的定位方法。

3. 控制点处理

高程控制点的作用是在纵断面设计线设计修改过程中，如果设计高程超出任何一个控制点限制范围，实时地予以警告提示。

纵断面设计模块边菜单功能一览表见表 10-1。

表 10-1　纵断面设计模块边菜单

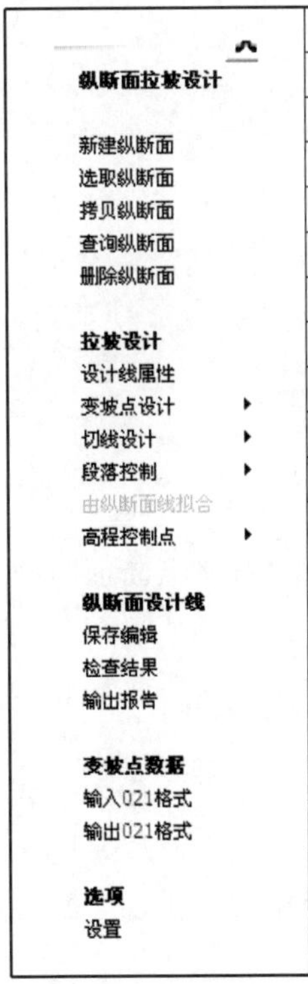

菜单	说　明
新建纵断面	给出新建设计方案号
选取纵断面	选取要操作或编辑的纵断面设计线
拷贝纵断面	复制纵断面设计线，以便进行存档或修改
查询纵断面	查询当前纵断面设计线信息
删除纵断面	删除当前纵断面设计线
拉坡设计	纵断面设计的核心功能实现变坡点的设计
设计线属性	修改纵断面设计线属性
变坡点设计	以光标点击变坡点位置进行变坡点的设计；是最主要的变坡点设计方法
切线设计	使用前后切线设计，计算交点得到变坡点
段落控制	控制需要修改和移动的段落
由纵断面线拟合	纵断面拟合
由横断面线拟合	考虑横断面工程量进行拟合
高程控制点	修改高程控制点
纵断面设计线	保存编辑
保存编辑	保存 GRAaaannn.CRD 文件
检查结果	检查是否超限，以及和控制点的限制
输出报告	输出检查结果
变坡点数据	
输出 021 格式	输出德国格式
选项	
设置	竖曲线半径的默认设计

10.2　纵断面设计流程

CARD/1 中的纵断面数据来源主要有以下 3 个途径：正常纵断面设计、纵断面传坡、其他软件数据。CARD/1 中进行纵断面设计的方法可以分为 3 类：独立新建、切线法、纵断面拟合。纵断面设计思路如图 10-2 所示。通过三种设计方法设计得到变坡点，然后就是对变坡点的修改和竖曲线设计。

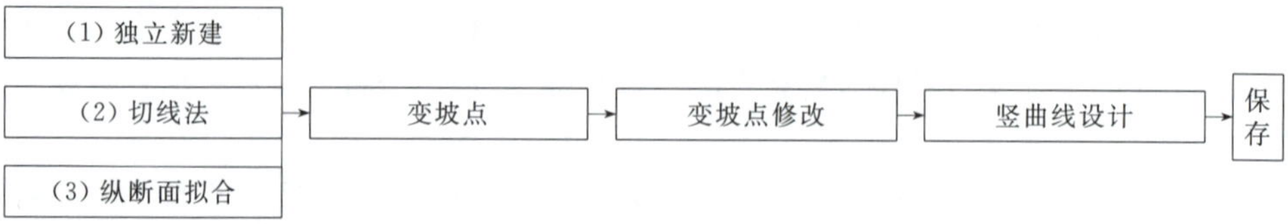

图 10-2　纵断面设计思路

10.2.1　新建纵断面

独立新建轴线，首先在数模里面将设计轴线的纵断面地面线切取出来。道路→纵断面设计→由数模采集纵地面线，设置如图 10-3 所示。由数模采集的地面线如图 10-4 所示。

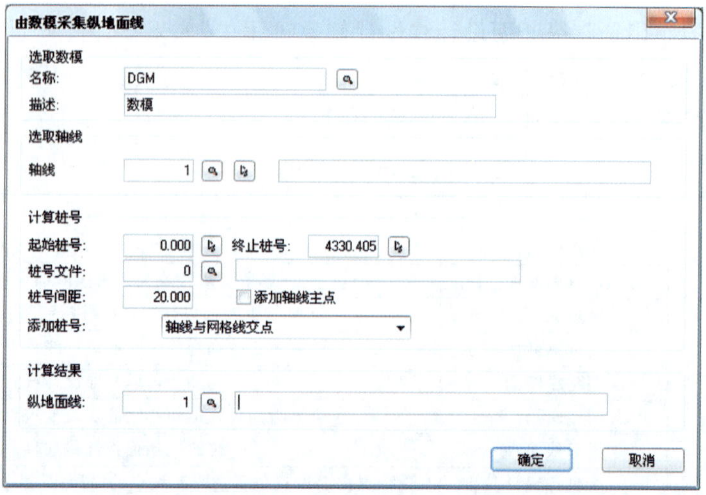

图 10-3　由数模采集地面线参数设置

在工具栏上选中编号为“1”的地面线（图 10-4），地面线显示为红色（图 10-5）。

新建纵断面：道路→纵断面设计→纵断面设计，在弹出的边菜单中选择“新建纵断面”，弹出纵断面设计线属性窗体，如图 10-6 所示。

在这里，可以对新建轴线纵断面的极限值（包括最小竖曲线半径、最小竖曲线切线长和最大坡度）加以设置，如图 10-7 所示。

在进行纵断面设计前，可以先把纵断面窗口向下还原，然后右键编辑窗口组。具体步骤为在纵断面设计窗口单机鼠标右键两次选择“建立窗口组”，弹出编辑窗口组对话框（图 10-8），复选框中选中曲率视图，确定后调整两个窗口到合适大小即可。窗口组中窗口是动态联动的，在设计过程中可以实时观察是否存在竖缓重合的错误（图 10-9）。

图 10-4　纵断面轴线地面线的选取

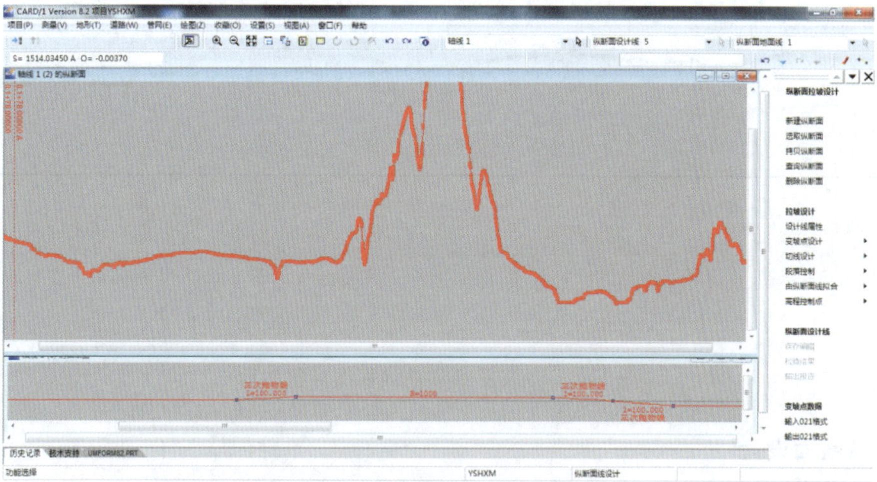

图 10-5　由数模采集的地面线

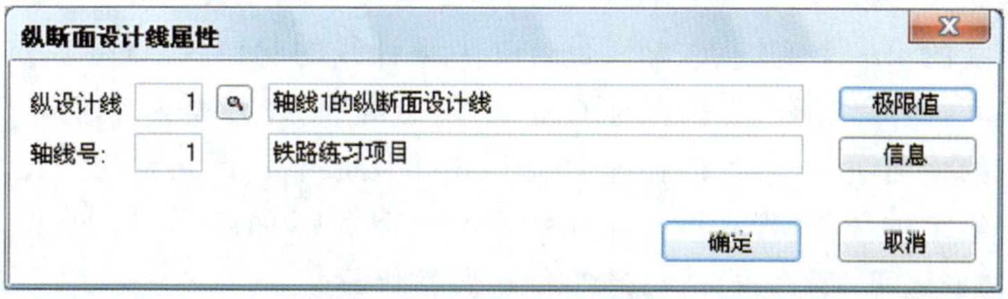

图 10-6　新建纵断面

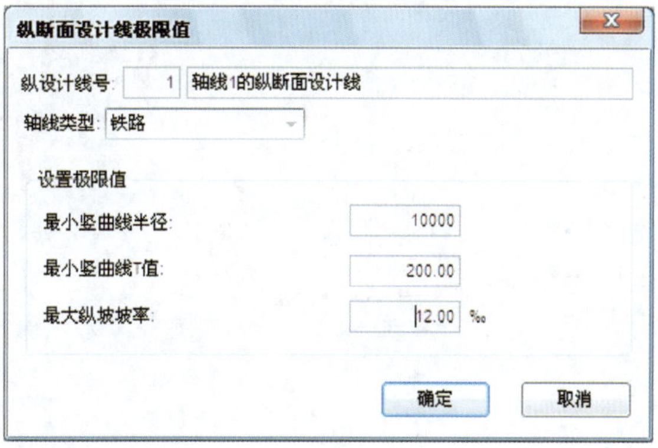

图 10-7　纵断面线极限值设置

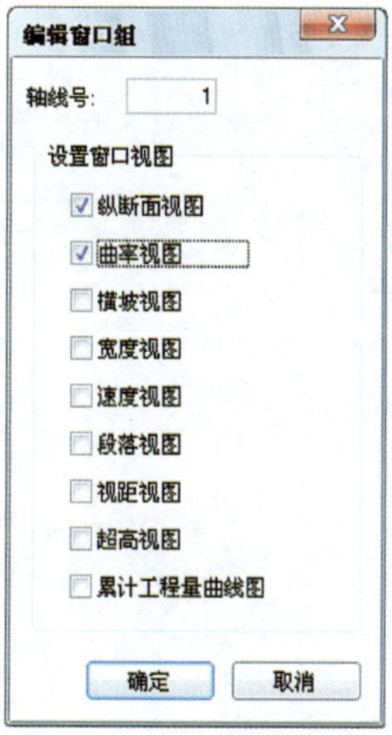

图 10-8　编辑窗口组

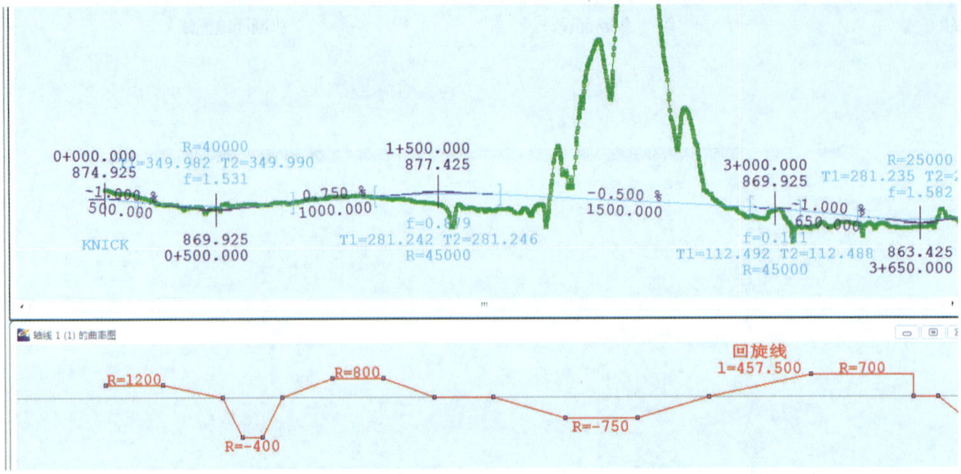

图 10-9　纵断面视和曲线视图对比显示

10.2.2　纵断面设计

单击边菜单:变坡点设计→新建变坡点→光标,在屏幕上根据纵断面地面线拾取,也可以直接输入桩号等相关参数,在右侧菜单,可以选择要捕捉其他特殊点相应内容。

设计纵断面线的第一个变坡点,输入桩号 0 为设计线的起点,确认变坡点位置后,对于变坡点高程可以输入,也可以通过点击鼠标右键选择:点高程、线高程或者切线高程。

在数模采集的地面线后,就可以在地面线上进行纵断面设计,最常用的拉坡设计方法是变坡点设计。只要给定桩号、高程和坡度就可以确定变坡点。如图 10-10 所示。对于设计好的变坡点,可通过选择水平、垂直、自由移动等进行调整修改。

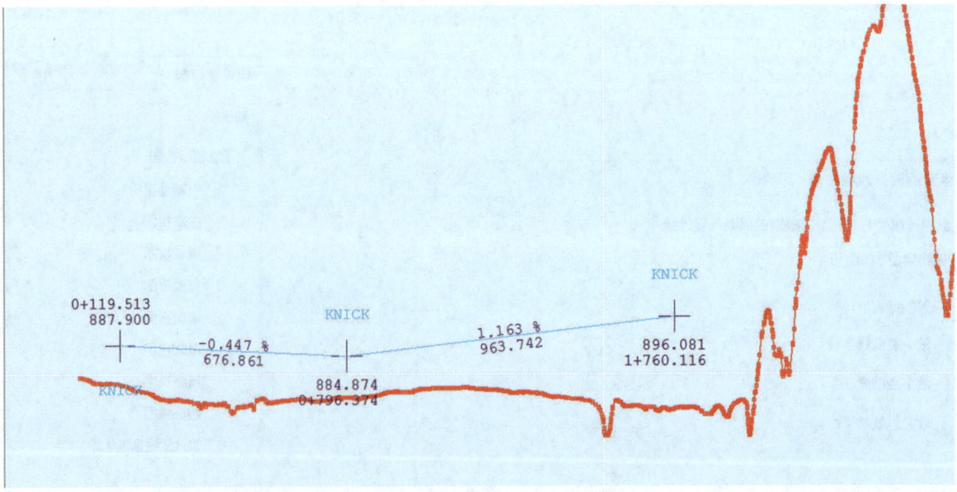

图 10-10　变坡点设计

如果设计过程中想修改以前做好的变坡点,可通过选择水平、垂直、自由、沿切线水平和沿切线垂直移动,如图 10-11 所示,CARD/1 在设计方面做得很精细。

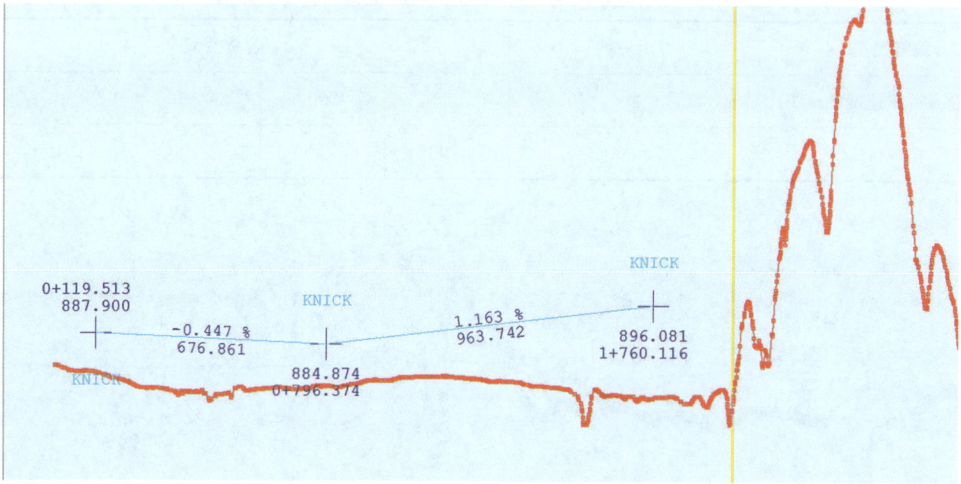

图 10-11　移动变坡点

变坡点设置完后，就可以内插竖曲线了。变坡点设计→(竖曲线设计)输入半径，根据提示选择变坡点。竖曲线类型有多种选择，如图 10-12、图 10-13 所示。

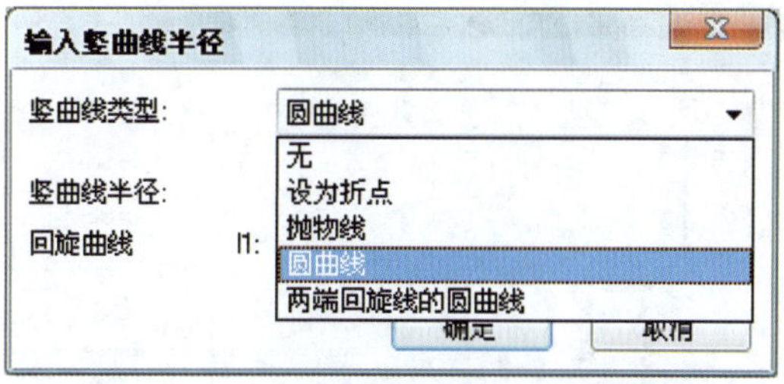

图 10-12　竖曲线的类型

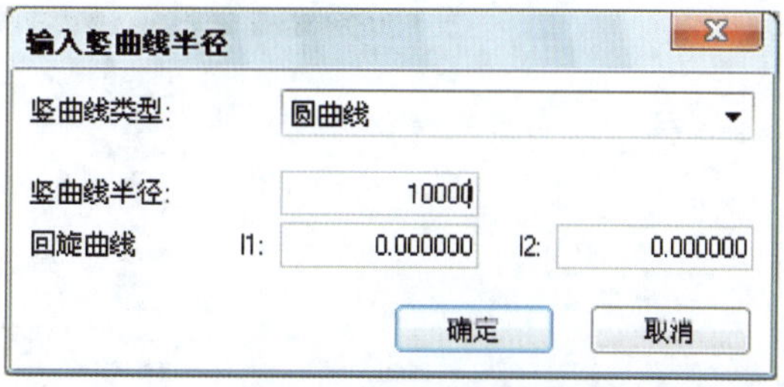

图 10-13　输入竖曲线半径

竖曲线半径有以下三种输入方式，如图 10-14 所示。

此外，也可以选择拖动模式：通过屏幕右上角的信息，图形交互式的进行给定，也可以根据提示信息，机动的输入“竖曲线切线长/半径”，对应着输入参数“T/R”，输入方式与上面变坡点的参数输入方式一样。如图 10-15 所示。

图 10-16 展示了竖曲线的设计结果。

竖曲线半径取值标准，是综合分析限制竖曲线半径取值的各项可见因素，对竖曲线最小半径起控制作用的是旅客舒适度条件，其值见表 10-2。

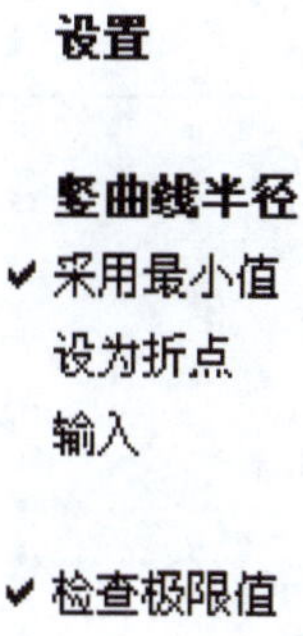

图 10-14　竖曲线半径三种输入方式

在设计过程中各类相关信息同屏显示。可以显示的数据如曲率图、超高图、视距图、土方累积曲线等，可以在拉坡过形过程中，综合考虑线形组合及工程量情况。如图 10-17 所示。

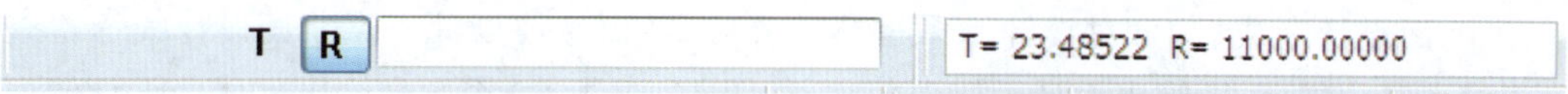

图 10-15　通过工具栏手工输入竖曲线半径

表 10-2　竖曲线半径最小值

铁路类型	客运专线		客货共线			
设计最高行车速度(km/h)	350	300	250	200	200,160	≤140
R_{sh}(m)	25 000		20 000	15 000	15 000	10 000

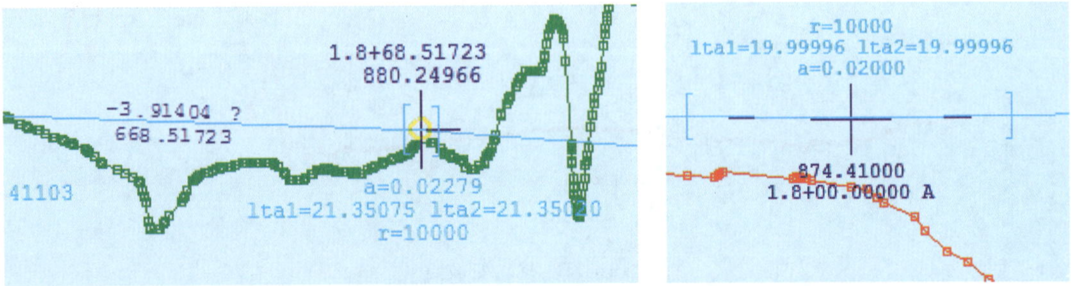

图 10-16　竖曲线设计结果

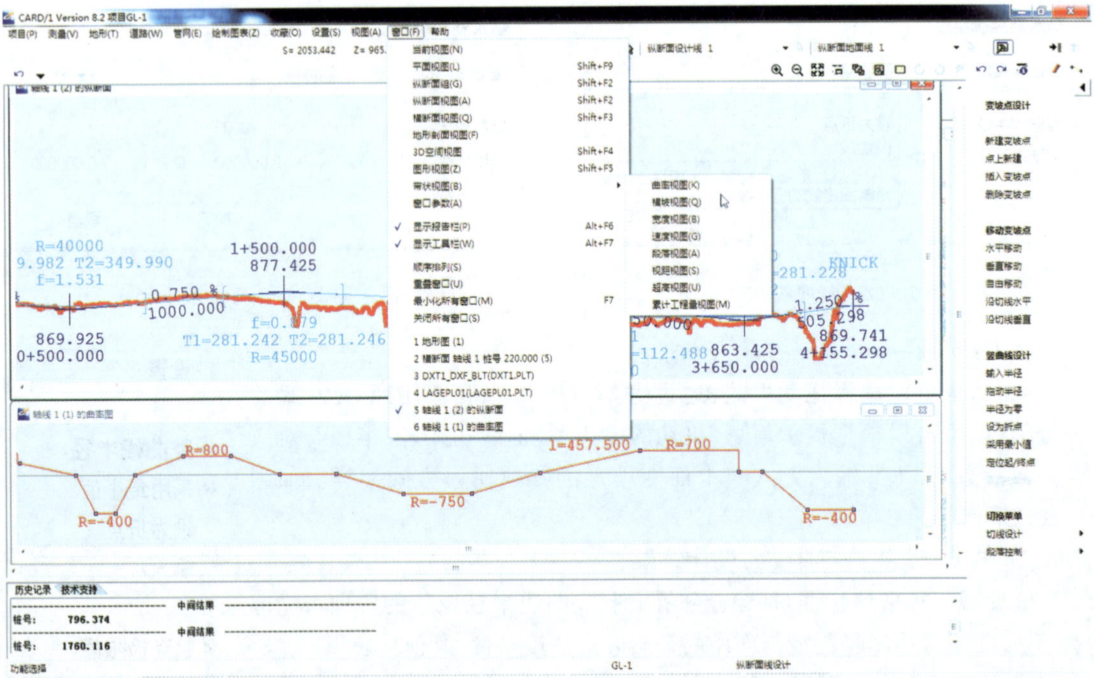

图 10-17　拉坡相关信息同屏显示

最终实现纵断面的设计，如图 10-18 所示。

纵断面设计完成后，可对设计结果进行检查：纵断面拉坡设计→纵断面设计线→检查结果，若设计符合规范，则给出设计无错误信息，如图 10-19 所示；否则会给出具体的设计错误信息，如图 10-20、图 10-21 所示。

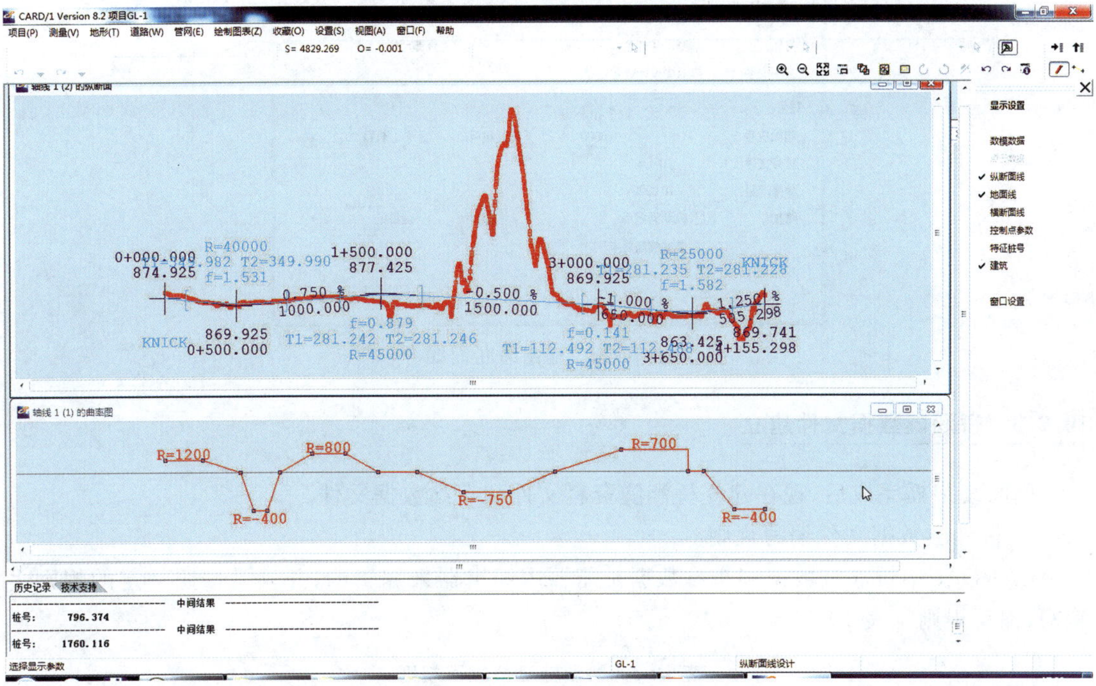

图 10-18　竖曲线设计完成结果

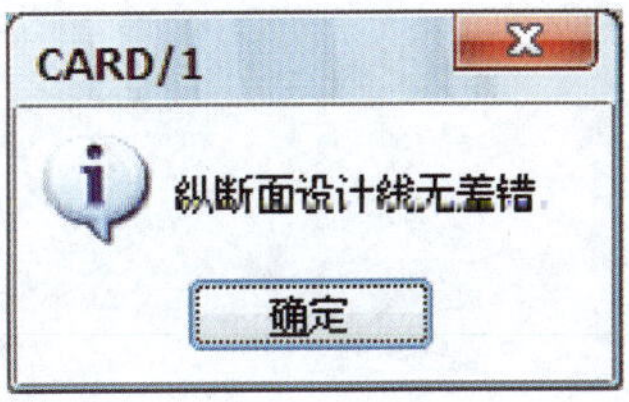

图 10-19　设计无错误

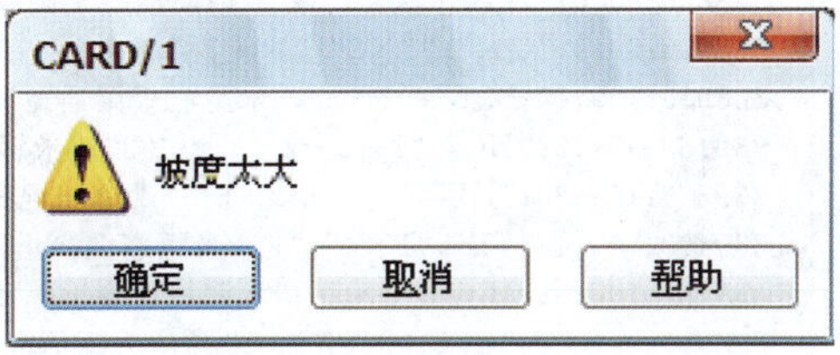

图 10-20　设计有错误

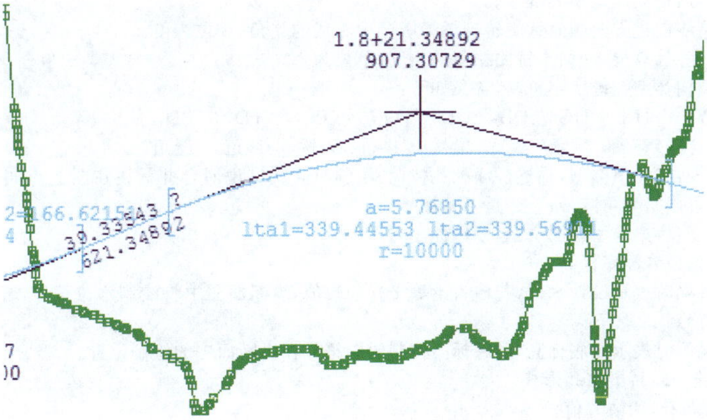

图 10-21　设计坡度过大

检查无错误后，可以输出纵断面设计线，如图 10-22 所示。

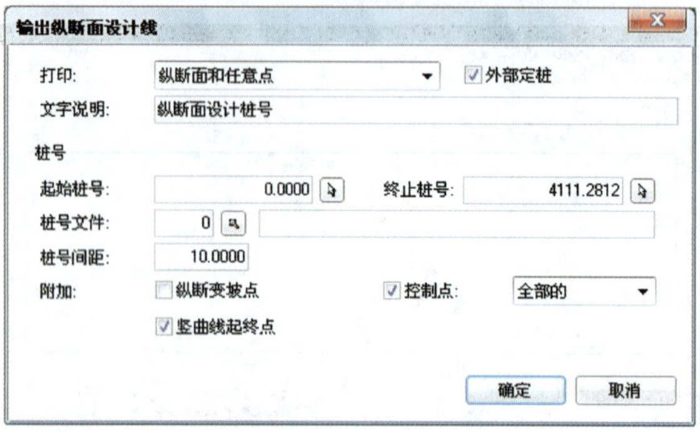

图 10-22　输出纵断面线

10.2.3　桥涵隧数据文件建立

竖曲线内插完成后，现在建立桥涵隧资料文件和车站数据文件。

1. 桥涵隧数据文件编写规则

CARD/1 中桥涵隧数据和车站数据是需要用编辑器来编辑的，并且需按照一定的规则去编写，编写规则见表 10-3。

表 10-3　桥涵隧资料编写规则

格式	中心桩号;角度;扣除长度;类型;孔数孔径;文字说明;设计水位或涵底设计标高;0 或 1 或-1。其中每桥一行，注意分隔符为半角分号
示例	338850;90;6;“HY”;“2×2”;“米钢筋混凝土圆管涵”;152 338900;90;5;“Q×”;“2×2”;“米天桥”;0 338988;100;10;“QB”;“1×8”;“米空心板梁通道”;0 339163;90;15;“HG”;“1×2+2×4+1×2”;“米钢筋混凝土拱涵”;154 339329;105;20;“HB”;“1×4+2×6”;“米钢筋混凝土盖板涵”;157 339400;100;4;“TD”;“1×4”;“×3 米钢筋混凝土箱式通道”;164 339480;108;8;“H×”;“2×2”;“米钢筋混凝土箱涵”;165 339960;90;300;“QL”;“7×40”;“米预应力钢筋混凝土简支 T 梁桥”;168 340290;90;100;“SD”;“1-120”;“米崇山峻岭隧道”;0 341040;90;167;“QG”;“1×20+3×40+1-20”;“米钢筋混凝土拱桥”;188
说明	(1)中心桩号:桥涵隧道中心桩号。 (2)角度:路线前进方向顺时针旋转到桥梁墩台中心线的夹角，单位为度。 (3)扣除长度:计算土方时，本桥要扣除的长度，单位为米。 (4)类型:结构类型关键字字符串，含义如下： HB　HY　HX　HG　QB　QL　QG　QX　TD　SD 板涵　圆管涵　箱涵　拱涵　板桥　梁桥　拱桥　天桥　通道　隧道 (5)孔数孔径:字符串类型，描述桥涵配孔情况，绘制时同文字说明合并标注在图上，其中“x”为英文字母，不是全角乘号，也可以是半角减号;“+”是半角加号。 (6)文字说明:桥梁类型说明文字，原样标注到图上。 (7)设计水位或者涵底标高。 构造物为桥梁时表示设计水位，若输入不等于 0 的数值，纵断面图中将绘制水位符号，若输入 0，纵断面图中将不绘制水位符号； 构造物为涵洞时表示涵底标高，涵底标高控制涵洞符号在纵断面中的绘制位置。 (8)0 或 1 或－1:桥梁布孔形式。 0 此桥正常布孔，为缺省值。 1 此桥错孔布置且位于右幅。 －1 此桥错孔布置且位于左幅。 (9)桩号要升序排列

2. 桥涵隧数据文件建立

由于作业轴线号是 1，所以文件名命名为 QZL001. DAT。

可以用 CARD/1 的编辑器来编辑文件：项目→文件编辑→新建，如图 10-23 所示。

也可以用记事本来编辑，如图 10-24 所示。

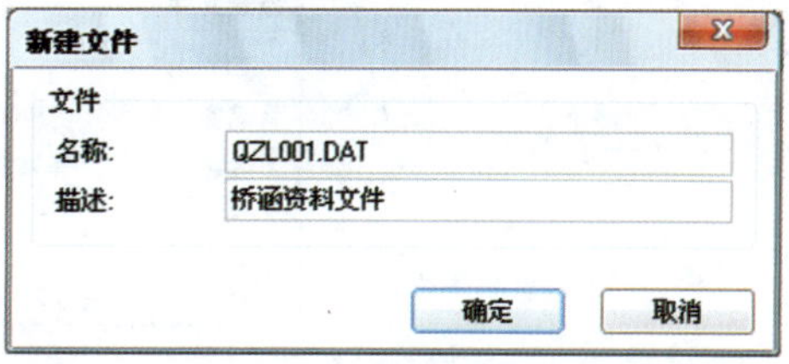

图 10-23　新建桥涵隧资料文件

10. 2. 4　车站数据文件建立

1. 车站数据文件编写规则

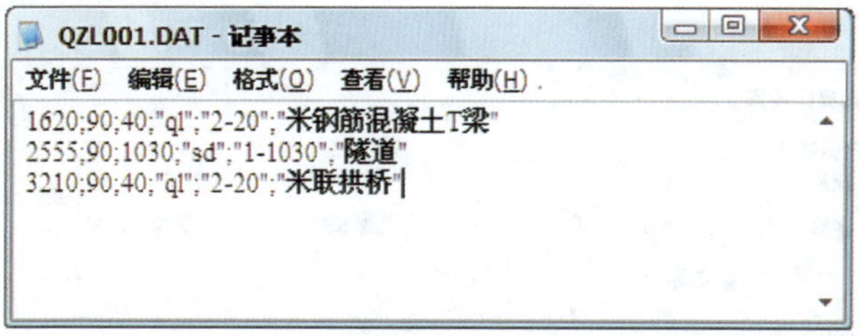

图 10-24　记事本方式编辑桥涵隧数据文件

CARD/1 中车站数据也是需要用编辑器来编辑的，并且需按照一定的规则去编写，编写规则见表 10-4。

表 10-4　建立车站数据文件格式

格式	桩号；车站名称；车站类型(从 1 到 12)；左右侧(左侧为 0，右侧为 1)；(前方)距××车站××km；(后方)距××车站××km。其中每站一行，注意分隔符为半角分号
示例	200；北戴河；5；1；距秦皇岛车站 22. 000 km 22 200；秦皇岛；1；1 ；距北戴河车站 22. 000 km ；距山海关车站 16. 000 km

车站类型见表 10-5。

表 10-5　Card/1 中车站类型

类型编号	类型说明	类型编号	类型说明
1	区段站	7	中间站(无商务作业)
2	预留区段站	8	预留中间站(无商务作业)
3	机务折返段	9	中间站近期无商务作业，远期开放
4	预留机务折返段	10	会让站、越行站
5	中间站	11	线路所
6	预留中间站	12	预留线路所

2. 车站数据文件建立

由于作业轴线号是 1，所以文件名命名为 STA001. DAT。

可以用 CARD/1 的编辑器来编辑文件：项目→文件编辑→新建，如图 10-25 所示。同样也可以用记事本来编辑。

图 10-25　新建车站资料文件

10.2.5　设置菜单

主要包括纵断面设置、轴线桩号设置和高控制点显示设置。如图 10-26、图 10-27 和图 10-28 所示。

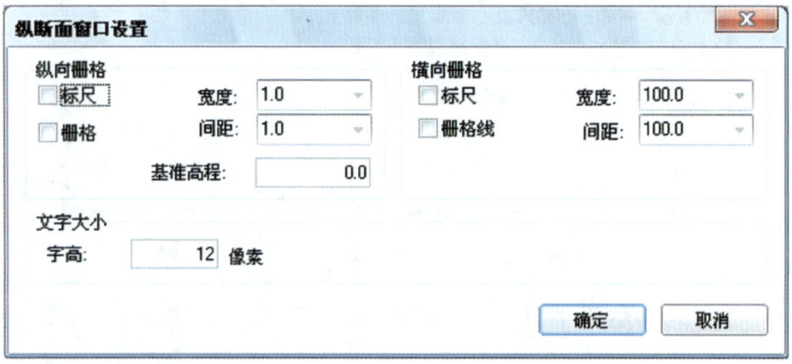

图 10-26　纵断面窗口设置

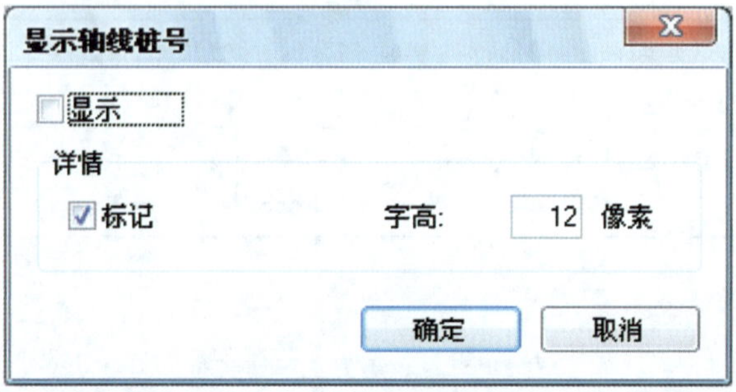

图 10-27　轴线桩号设置

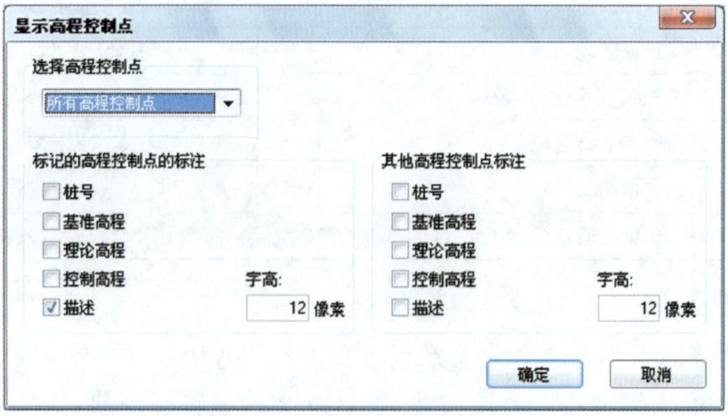

图 10-28　高控制点显示设置

10.3　纵断面自动拟合

纵断面自动拟合是最常用的拟合方式，在既有线改建中使用最为广泛。只需要有1组纵断面地面线就可以进行纵断面设计线的拟合。

例如有一组实测的旧线路纵地面线数据，取当前实测的纵断面地面线GEL00101.CRD为当前纵地面线，显示为红色。然后进行拟合参数设置，如图10-29所示。

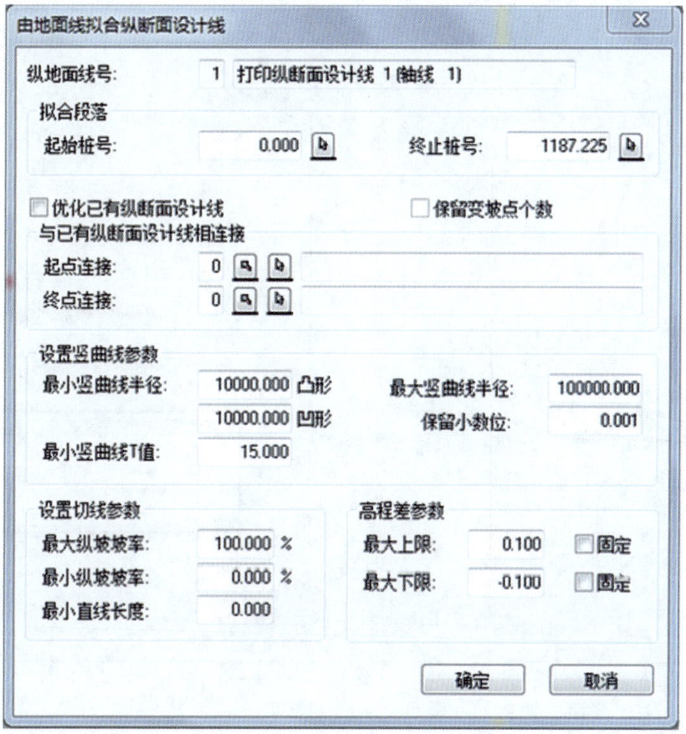

图10-29　纵断面自动拟合参数设置

各参数说明如下：

(1)拟合段落。一条轴线可以只对选择的区间进行拟合，而且拟合好的纵断面设计线可以和之前的段落实现连接。

(2)竖曲线参数。最小、最大竖曲线半径；最小切线长，精度设置。

(3)纵坡参数。最大纵坡、最小纵坡、最小坡长。

(4)高程差参数。拟合区间除了纵向区间外，还可以设置一个延地面线的带状区间。图10-29上−0.100～0.100就说明允许原实测地面点数据在拟合的纵断面设计线上下10 cm的范围内波动。如果设计的时候需要对原道路加铺30 cm，那么将上下限都输入0.3就可以。当然设计线和纵断面地面线点之间的间距将最大限度的趋向该区间，而依然可能出现少量实测点到拟合的纵断面线的间距超限的情况。

完成拟合参数配置后，进行拟合，拟合参数设置如图10-29所示。这里的9999是拟合的次数，给定值越大，拟合次数也就越多，耗费时间就越长。通常建议设置为100次。

而 Q=×××××则表示当前拟合成果的一个表征参数。可以理解为拟合得到的设计线与选定的地面线(或地面线平行线,调整上下限后的线)之间的夹面积大小。所以 Q 值越小,拟合精度也就越高。

点击开始,开始拟合(图 10-30),最终拟合结果如图 10-31 所示。

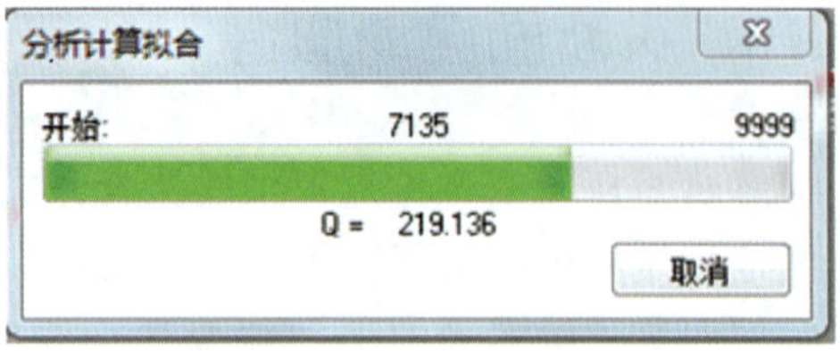

图 10-30 拟合过程中

CARD/1 可对拟合结果进行分析,这里只显示了超限的部分(图 10-32)。可以作为纵断面拟合成果的一个重要指标,再由此进行部分段落的调整。

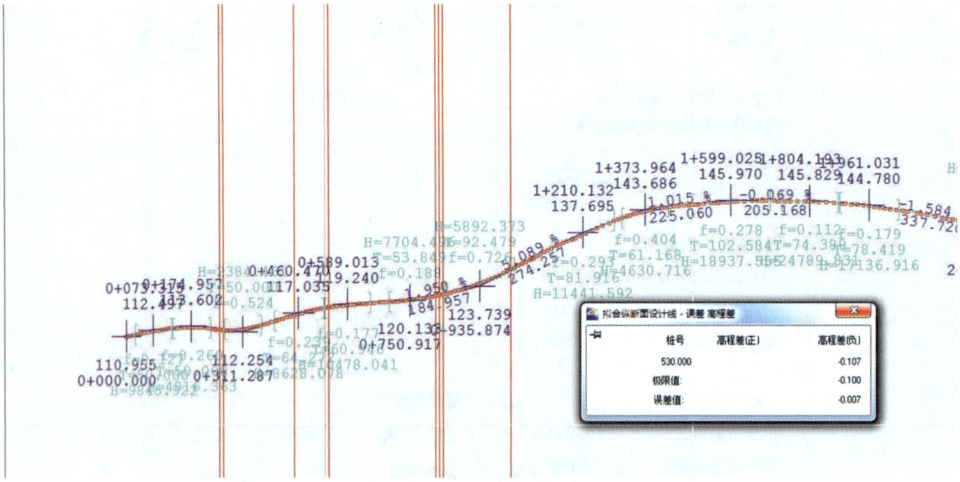

图 10-31 拟合成果

等级	错误	数量	消息文本
W	11 974	1	桩号 0.0000
Z	11 974	1	上限(0.100) 超过了 0.884 ,dH=0.984
W	11 974	1	桩号 10.0000
Z	11 974	1	上限(0.100) 超过了 0.734 ,dH=0.834
W	11 974	1	桩号 20.0000
Z	11 974	1	上限(0.100) 超过了 0.582 ,dH = 0.682
W	11 974	1	桩号 30.0000
Z	11 974	1	上限(0.100) 超过了 0.431 ,dH = 0.531
W	11 974	1	桩号 40.0000
Z	11 974	1	上限(0.100) 超过了 0.280,dH=0.380
W	11 974	1	桩号 50.0000
Z	11 974	1	上限(0.100) 超过了 0.129,dH=0.229
W	11 975	1	桩号 80.0000
Z	11 975	1	下限(−0.100) 超过了 0.125,dH=−0.225
……			

图 10-32 拟合成果中的错误信息

分析计算完成后，如果觉得结果不太理想，可以继续运行一次，如此反复，最终得到一个较好的结果。当然，计算得到的最终结果也不一定就非常理想，个别地方可以进行手工修改。

同时也可以对完成的轴线进行编辑，包括边坡点设计，设计线段落移动等，最终编辑好的纵断面图，如图 10-33 所示。

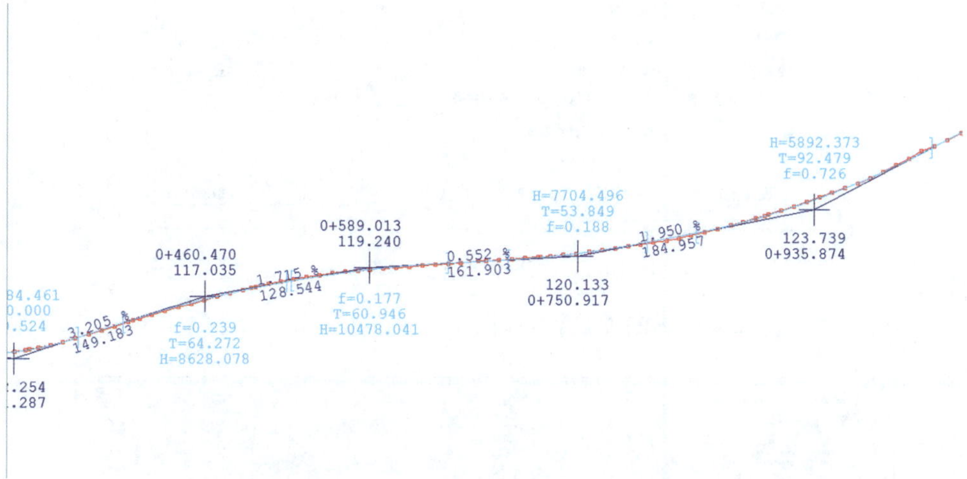

图 10-33　最终拟合完成的纵断面设计结果

10.4　纵断面传坡

纵断面传坡计算功能是在分离式路基的设计中，主线纵断面设计完成后，二线纵断面设计线高程在过渡位置是需要参考主线高程实现的。设计高程其实是从主线设计高程反推一定的横坡和宽度计算得到。

道岔设计好后，参考分析的主轴线已经完成了拉坡设计，然后在道岔过渡位置，根据主轴线控制次轴线来进行次轴线的纵断面设计(图 10-34)。纵断面变坡点传坡计算如图 10-35 所示。

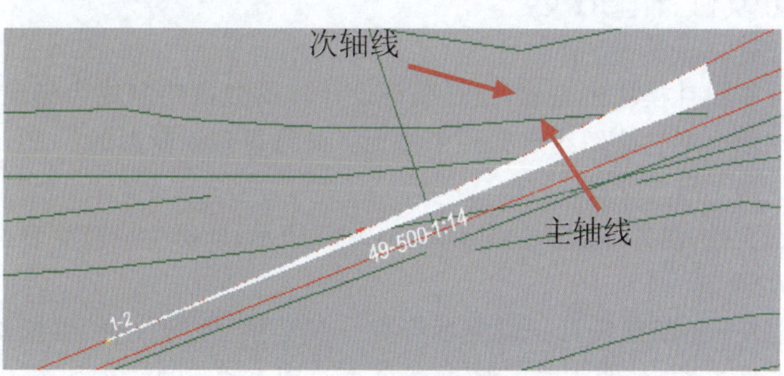

图 10-34　道岔主轴线和次轴线示意图

(1)主轴线。参考分析的主轴线编号，已经完成了拉坡设计；

(2)主轴线纵断面设计线。纵断面设计线编号；

(3)中桩至设计高支距。次轴线中桩位置到纵设计线的水平支距，左负右正。

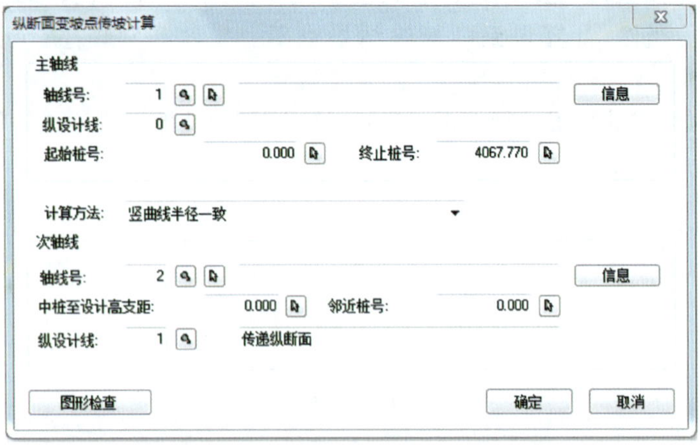

图 10-35　纵断面变坡点传坡计算

经计算就可得到次轴线的纵断面设计，如图 10-36 所示。

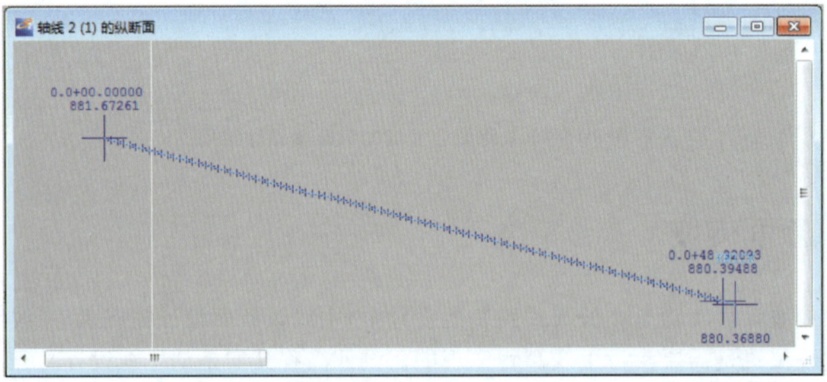

图 10-36　纵断面传坡设计

10.5　纵断面设计出图出表

纵断面的设计在设计模块中完成，但是要将设计好的数据绘制成为标准图纸则需要进入纵断面绘图模块完成。通过绘图约定文件来实现。最终得到纵断面的 * . PLT 图。

1. 坡度表

执行 4 号核心文件，填入相关的信息，如图 10-37 所示，即可生成坡度表，如图 10-38 所示。

2. 纵断面图的绘制

单击菜单：道路→横断面设计→横断面开发→核心的 41 号文件：纵断面设计图（一键成图），设置纵断面绘图参数，如图 10-39 所示；纵断面绘图工程信息设置如图 10-40 所示。

(1)如果需要按桩号表绘制纵断面绘图参数，可以通过核心的 1 号文件来生成桩号表，也可以手动建立或编辑桩号表文件 STAaaann. CRD 来控制纵断面绘图。

(2)如果不需要自动换轴，可以设置一个非常大的规则距离。

执行绘制纵断面可得纵断面图，如图 10-41 所示。

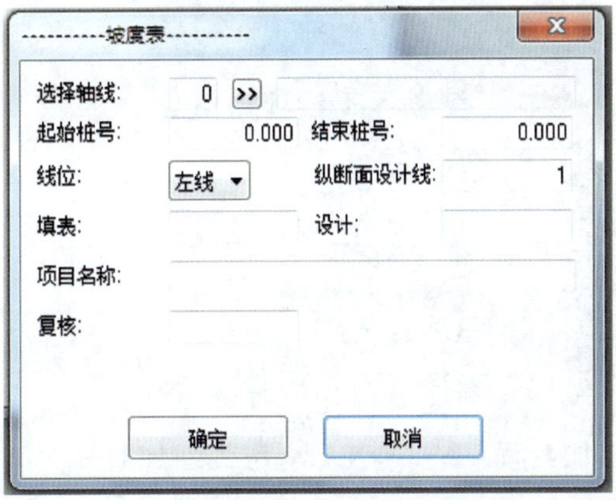

图 10-37　坡度表参数设置

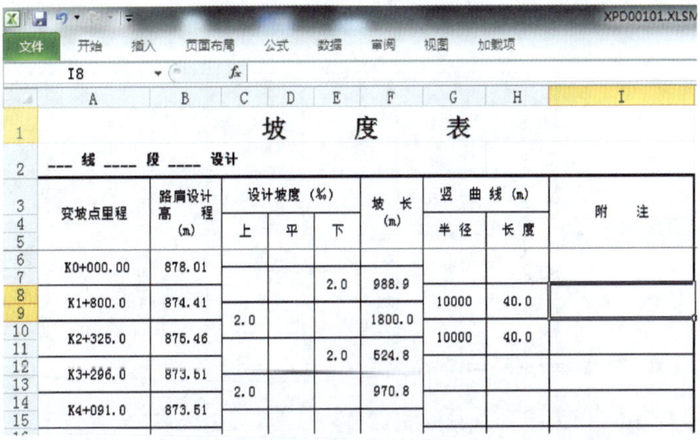

坡　度　表

___ 线 ____ 段 ____ 设计

变坡点里程	路肩设计高程(m)	设计坡度(%) 上	平	下	坡长(m)	竖曲线(m) 半径	长度	附注
K0+000.00	878.01							
				2.0	988.9			
K1+800.0	874.41					10000	40.0	
		2.0			1800.0			
K2+325.0	875.46					10000	40.0	
				2.0	524.8			
K3+296.0	873.51							
		2.0			970.8			
K4+091.0	873.51							

图 10-38　生成的坡度表

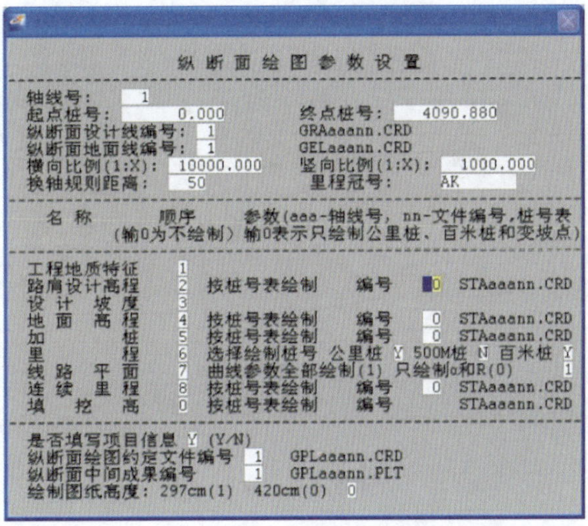

图 10-39　纵断面绘图参数设置

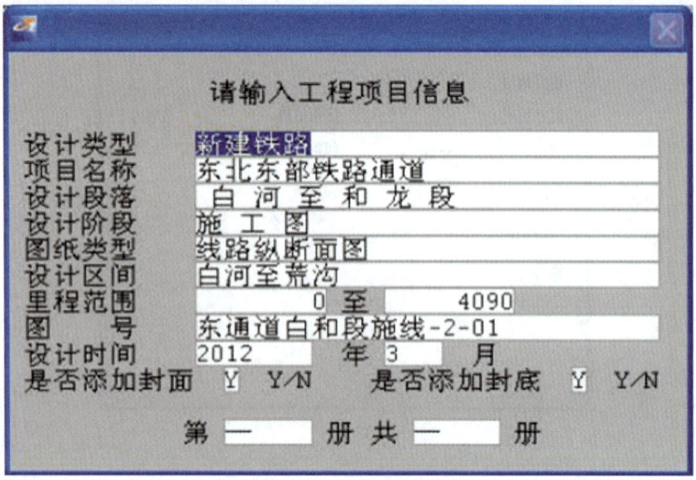

图 10-40 纵断面绘图工程信息设置

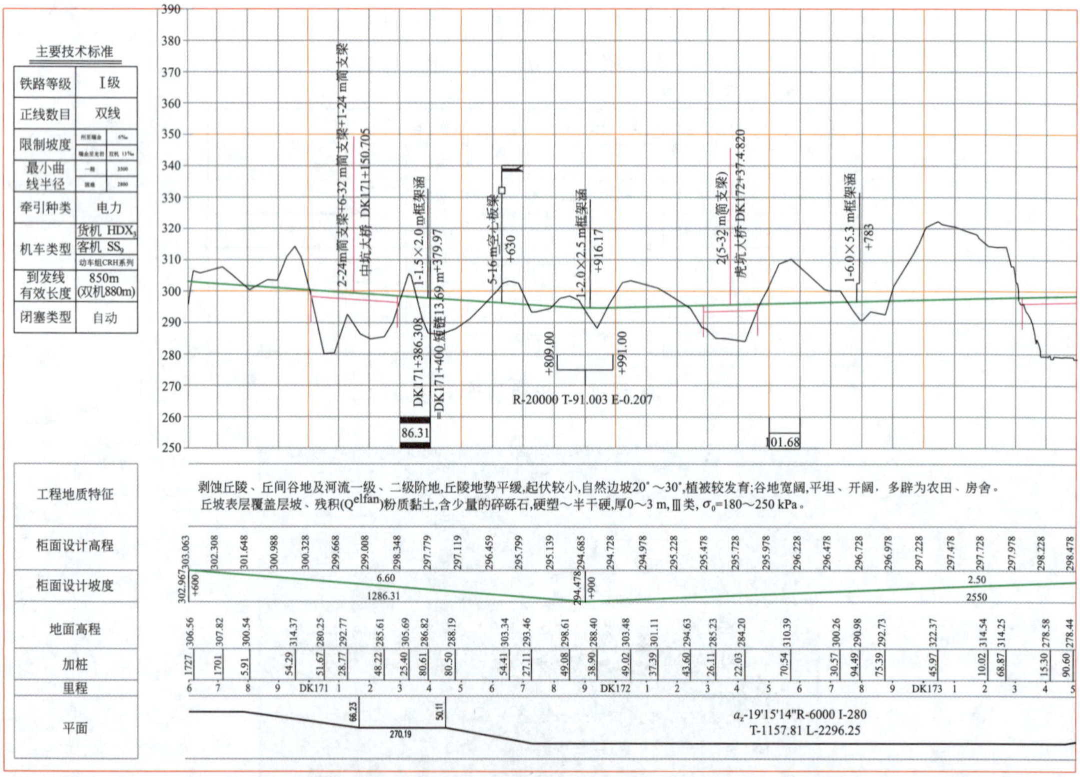

图 10-41 纵断面设计出图

第十一章　横断面设计

铁路路基横断面是指垂直于线路中心线截取的路基断面。依其所处的地形条件不同，有各种断面形式。路基按其横断面的挖填情况分为路堤、路堑、半路堤半路堑以及不填不挖断面等。在铁路的平面、纵断面确定之后，路基横断面设计是相当繁杂的工作。尤其是在地形、地质条件较复杂的山区，各种类型的防护、排水设施等均应在横断面设计图中予以体现，设计时必须综合考虑。CARD/1 系统为用户提供的二次开发平台，使用通俗易懂的宏控制语言和多种横断面开发函数，涵盖在横断面开发模块中。设计人员可以根据需要进行二次开发，自行解决路基横断面设计过程中的许多实际问题。横断面开发模块的基本功能是设计各种形式的横断面，也就是俗称的“戴帽子”，运用横断面开发函数可以灵活便利的设计出不同形式的挡墙、排(截)水沟等，更值得一提的是它的扩展功能，可以产生特定要求的图表，完成工程量、超高加宽等设计参数的计算等。

11.1　横断面模块

横断面设计子系统在铁路线路设计中扮演着十分重要的角色。横断面设计不仅是线路设计的主要构成部分，同时线路路基情况和工程量大小也是平面选线的主要控制因素之一。因此，平、纵、横设计应该是一个密不可分的整体。横断面设计包括横断面地面线设计和横断面设计线设计。铁路路基的典型断面形式如图 11-1 所示。横断面确定以后，再全面综合考虑路基工程在纵断面上的配合以及路基本体工程与其他各项工程的配合。

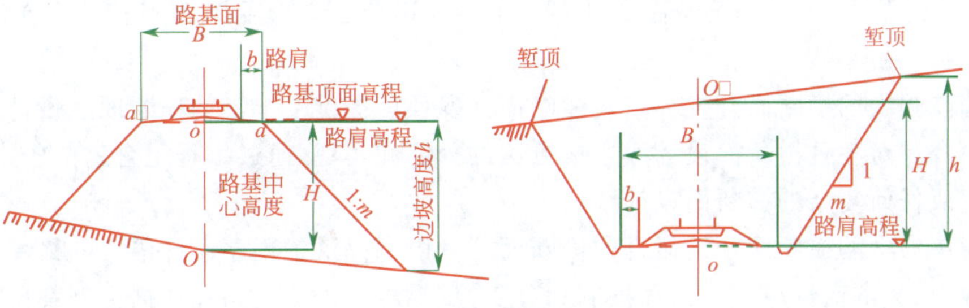

图 11-1　铁路横断面图

11.1.1　CARD/1 软件的横断面设计子系统组成

线路横断面设计子系统包括：横断面地面线和横断面设计。CARD/1 对横断面数据以数据库形式管理，每条设计轴线对应一个横断面数据库文件。

CARD/1 软件横断面自动设计全部通过在横断面开发环境下解释运行横断面开发文件机制实现，这种实现策略是所有横断面自动设计方法中最灵活的、最开放的、最先进的，用户具有极度的权利和对程序的可控性。

CARD/1 横断面的优势在于它是以数据库的方式实现数据的存储，也就是说完成了横断面的设计后可以任意将其中横断面信息提取出来，然后再使用这些设计数据进行相关表格的生成，或者对这些横断面进行编辑修改得到想要的横断面样式。平、纵、横设计应该是一个密不可分的整体，设计界面如图 11-2 所示。

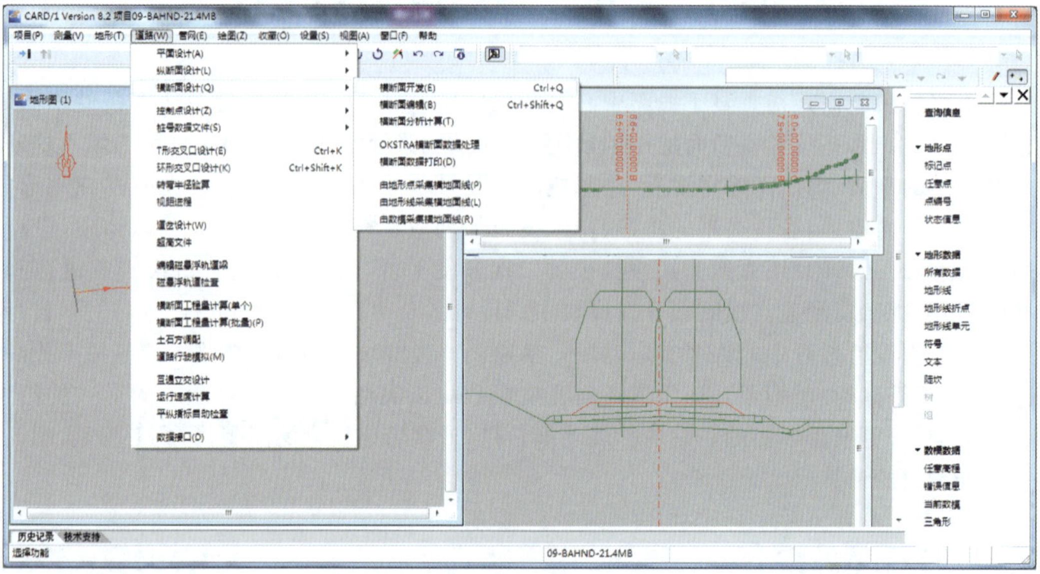

图 11-2　平、纵、横联动设计界面

11.1.2　CARD/1 软件的横断面开发环境特点

CARD/1 软件的横断面开发环境具有以下特点：

(1)功能自行滚动成长。不同于数据填空式的模板化横断面设计，用户希望设计的任何工程类型，都可以由用户通过自己编写或修改开发文件得以实现，另外，用户通过此方法也可达到及时顺应规范规程变化的目的，其用户群(包括技术支持人员)越大，功能成长越快。

(2)功能强大的横断面开发环境。横断面开发环境提供了丰富的横断面线设计、运算命令集，这些命令是对各种横断面设计线生成方法的分解和实现，通过编程组合这些较小粒度的命令，可以生成任何复杂的横断面设计线。

(3)简单易学的横断面开发语言。横断面开发语言提供了程序设计语言的最基本要素：数值变量/数组、文本变量/数组、循环控制和分支控制等，其语法结构和数据类型都比较简单，有过任何编程语言学习经历的工程师都能够很快掌握。

(4)横断面开发文件一次开发可以达到终身受益，软件使用时间越长，二次开发文件积累越多，设计效率和自动化程度越高。

(5)功能强大的 CardScript 模块。CardScript 模块是执行二次开发程序和建立二次开发程序的平台，采用 CardScript 语言进行程序文件的编写，CardScript 语言引入了面对对象的概念，可以让用户直接面对底层的数据信息，从而控制整个项目中的数据。利用这一语言，可以进行更多更深入的二次开发，实现特殊的个性化设计，而不再局限于模板功能，彻底摆脱被动使用软件的局面。对于 CardScript 文件，用户可以根据自己的需要任意命名。

11.2　横断面设计准备数据

CARD /1 的横断面设计主要通过执行其横断面设计程序来实现，用户只需事先建好程序所需的宽度、横坡等参数文件，设置好轴线号、纵坡线号、边坡坡率、坡高及边沟参数等，开发程序就可根据用户的设定进行相应的横断面设计。

横断面设计不仅包括地面线数据，还包括横断面参数文件、中桩地面高文件、纵断面文件、路基面各部分宽度文件及碎石台护坡道宽度文件、路基横坡文件、两侧边坡参数文件、路堤边沟沟底高程文件等外部文件。如有必要还可以加入机车车辆限界和轨道等的数据，这些数据是产生横断面设计的基础。

11.2.1　地面线数据

横断面地面线数据是进行横断面设计的基础数据，也是开始横断面设计的第一步。横断面地面线数据有：从数字地面模型生成横断面地面线；地形图数据库点、线生成横断面地面线数据；批量读入外业实测横断面地面线数据。

由数模切取的横断面地面线数据，横断面地面线效果如图 11-3 所示。

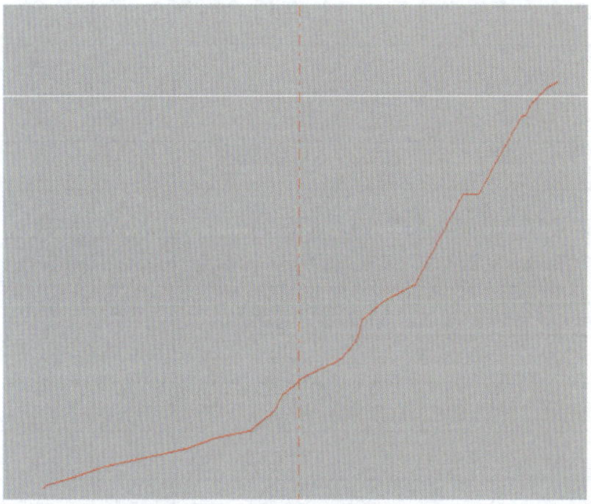

图 11-3　横断面地面线

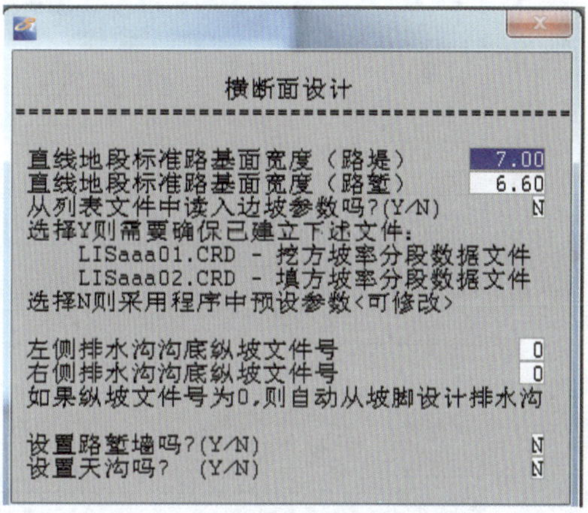

图 11-4　横断面设计界面

11.2.2　铁路横断面参数数据

CARD/1 为横断面设计提供了一个很开放的开发设计环境，对于 CARD/1 来说，没有设计不了的横断面。横断面自动设计是在横断面开发环境下实现的。在该环境下，系统通过解释执行横断面开发文件全自动生成横断面设计线，横断面开发文件包含生成横断面线的命令序列，这些命令序列根据横断面线设计的需要由用户进行组织和编写，可以适应各种类型横断面线设计的需求。横断面自动设计的主要工作就是编写、调试横断面开发文件。

铁路横断面参数文件中，路基面的有关参数有：设计高（纵断面）文件号、路拱高度、路拱顶宽、设计高位置（路肩、轨面）、基床换填厚度、轨道高度、两侧路基宽度文件号、加宽文件号及常数值，碎落台、护坡道宽度文件号、常数值、横坡等。

在编写铁路横断面参数文件时依据相关的规程和规范，以下是相关代码解析。运行核心10号文件，界面如图11-4所示。

(1)路基面宽度。

在编制CARD/1横断面参数文件时，通过程序设置路基(路堑)面的宽度，代码如下：

FillWid＝7.0　|直线地段标准路基面宽度(路堤)

CutWid＝6.6　|直线地段标准路基面宽度(路堑)

横断面设计界面(图11-5)的路基路堑初始值是按照铁路等级为Ⅱ级(中型)单线，基床表层类型为土质路基给定的。当设计铁路的铁路等级和基床表层类型不同时，直线地段标准路基面宽度需要参考铁路路基设计规范见表11-1。

表11-1　直线地段标准路基面宽度

项目				单位	Ⅰ级铁路						Ⅱ级铁路		
					特重型		重型			次重型	次重型	中型	轻型
旅客列车设计行车速度 v				km/h	160	$120\leq v<160$	160	$120<v<160$	120	120	$80\leq v\leq 120$	$80\leq v\leq 100$	80
双线线间距				m	4.2	4.0	4.2	4.0	4.0	4.0	4.0	4.0	4.0
道床顶面宽度				m	3.5	3.5	3.4	3.4	3.4	3.3	3.3	3.0	2.9
基床表层类型	土质	道床厚度		m	0.5	0.5	0.5	0.5	0.5	0.45	0.45	0.40	0.35
		单线	路堤	m	7.9	7.9	7.8	7.8	7.8	7.5	7.5	7.0	6.3
			路堑	m	7.5	7.5	7.4	7.4	7.4	7.1	7.1	6.6	5.9
		双线	路堤	m	11.3	11.1	11.2	12	12	11.7	11.7	11.2	10.5
			路堑	m	11.9	11.7	11.8	11.6	11.6	11.3	10.8	10.1	
	硬质岩石	道床厚度		m	0.35	0.35	0.35	0.35	0.35	0.3	0.3	0.3	0.25
		单线路堑		m	6.9	6.9	6.8	6.8	6.8	6.5	6.5	6.2	5.7
		双线路堑		m	11.3	11.1	11.2	11	11	10.7	10.7	10.4	9.9
	级配碎石或级配砂砾石	道床厚度		m	0.3	0.3	0.3	0.3	—	—	—	—	—
		单线	路堤	m	7.1	7.1	7	7	—	—	—	—	—
			路堑	m	6.7	6.7	6.6	6.6	—	—	—	—	—
		双线	路堤	m	11.5	11.3	11.4	11.2	—	—	—	—	—
			路堑	m	11.1	10.9	11.0	10.8	—	—	—	—	—

注：1. 特重型、重型轨道的路基面宽度为无缝线路轨道、Ⅲ型混凝土枕的标准值。对 v＝120 km/h的重型轨道：当采用无缝线路轨道和Ⅱ型混凝土枕时，路基面宽度应减小0.1 m；当采用有缝线路轨道和Ⅱ或Ⅲ型混凝土枕时，路基面宽度应减小0.3 m。

2. 次重型轨道的路基面宽度为无缝线路轨道、Ⅱ型混凝土枕的标准值。当采用有缝线路轨道时，路基面宽度应减小0.2 m。

3. 中型、轻型轨道的路基面宽度为有缝线路轨道、Ⅱ型混凝土枕的标准值。

4. 采用大型养路机械的电气化铁路：当接触网的立柱设在路肩上时，直线地段路基面宽度应满足以下标准：单线铁路不小于7.7 m；双线铁路160 km/h地段不小于11.9 m(其他不小于11.7 m)。表11-1中宽度小于该标准时应采用该标准。

例如当设计铁路等级Ⅰ级双线，设计时速为120 km/h，基床表层类型为土质时，路堤宽度最少为12 m，路堑宽度最少为11.6 m。对电气化铁路，如果采用大型机械养护，且接触网的立柱须设在路肩上时，且路基面宽度需满足表 11-1 要求。

路基面形状应设计为三角形路拱，由路基中心线向两侧设 4% 的人字排水坡。曲线加宽时路基面仍应保持三角形。在区间单、双线曲线地段的路基面宽度，应在曲线外侧按规范规定的数值适当加宽，加宽值应在缓和曲线范围内线性递减。

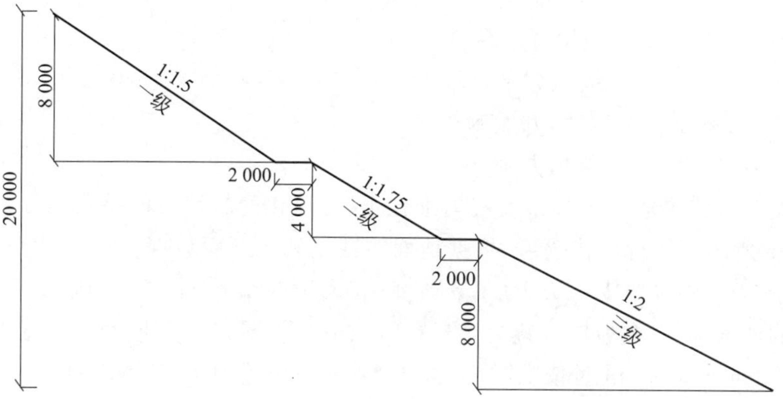

图 11-5　铁路路堤边坡形式(单位:mm)

(2)边坡坡度。

路基基床分为表层及底层，表层厚度为 0.6 m，底层厚度为 1.9 m，总厚度为 2.5 m。路堤的路肩宽度不应小于 0.8 m，路堑的路肩宽度不应小于 0.6 m。路堤边坡形式和坡率应根据填料的物理力学性质、边坡高度、轨道和列车荷载及地基工程地质条件等确定。当地基条件良好，边坡高度不大于表 11-1 范围时，其边坡形式和坡率应按表 11-2 采用。

表 11-2　路堤边坡形式和坡率

填料名称	边坡高度(m)			边坡坡率			边坡形式
	全部高度	上部高度	下部高度	全部坡率	上部坡率	下部坡率	
细粒土、易风化的软块石	20	8	12	—	1∶1.5	1∶1.75	折线型
粗粒土(细砂除外)、漂石土、卵石土、碎石土、不易风化的软块石	20	12	8	—	1∶1.5	1∶1.75	折线型
硬块石	8	—	—	1∶1.3	—	—	直线型
	20	—	—	1∶1.5	—	—	直线型

注:1. 如有可靠资料和经验时，可不受本表限制；
2. Ⅰ级铁路的路堤边坡高度不宜大于 15 m；
3. 填料为细砂、膨胀土等时，其边坡形式和坡率应按《铁路特殊路基设计规范》(TB 10035)的有关规定设计。

土质路堑边坡形式及坡率应根据工程地质和水文地质条件、土的性质、边坡高度、防排水措施、施工方法，并结合自然稳定山坡和人工边坡的调查及力学分析综合确定。当土质路堑边坡高度小于 20 m 时，边坡坡率可按表 11-2 所示设计。

Card/1 中设置填方边坡坡率程序代码如下：

```
********************************填方参数
FllGrad1=-1.5   |一级填方坡率  1:1.5
```

```
FllHght1=-8          |一级填方高
FllStep1=2           |一级填方平台宽
FllSlp1 = 0          |一级填方平台坡度 % ,开发方向下坡为负
FllGrad2=-1.75       |二级填方坡率
FllHght2=-12         |二级填方高
FllStep2=2           |二级填方平台宽
FllSlp2 = 0          |二级填方平台坡度 %
FllGrad3=-2          |三级填方坡率
FllHght3=-20         |三级填方高
```

该代码设置的路堤适合于基床表层为细粒土、易风化的软块石的铁路路堤边坡，设置边坡形式如图 11-5 所示。执行该代码后，根据地面线数据和纵断面数据，自动判断填方高度，如果填方高度小于 8 m，则设置为一级 1∶1.5 坡度，若大于 8 m 小于 12 m，则大于 8 m 段设置二级 1∶1.75 的坡度，同时在坡度变化处，设置 2 m 的平台(设定一定坡度满足排水要求)。当填方高度大于 12 m 小于 20 m 时依次类推，大于 12 m 段设置为 1∶2 的坡度。

例如当设计的铁路基床表层为硬块石时，这时边坡坡度形式只需设置为直线型就满足要求，当路堤高度小于 8 m 时，单坡最小坡率为 1∶1.3；当路堤高度大于 8 m，单坡最小坡率为 1∶1.5。这时只需要修改核心项目下参数就可实现，路基边坡形式如图 11-6 所示。

```
FllGrad1=-1.3     |一级填方坡率  1∶1.3
FllHght1=-8       |一级填方高
FllGrad1=-1.5     |一级填方坡率  1∶1.5
FllHght1=-20      |一级填方高
```

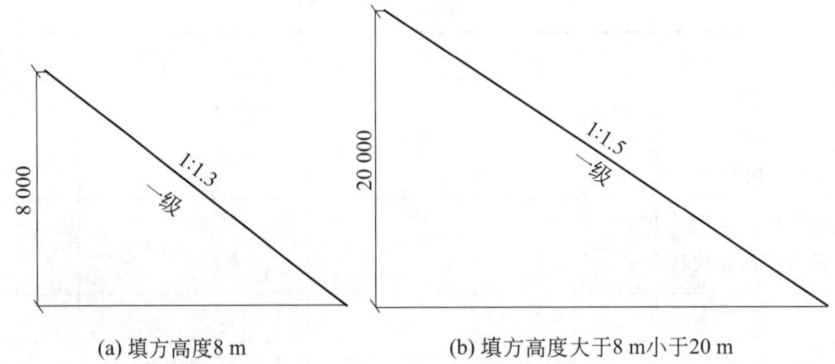

(a) 填方高度8 m　　(b) 填方高度大于8 m小于20 m

图 11-6　基床表层为硬块石边坡坡率(单位：mm)

Card/1 中设置挖方边坡坡率核心程序代码如下：

```
|* * * * * * * * * * * * * * * * * * * * * * * * * * * * * * * * 挖方参数
CutGrad1 = 1.5    |一级挖方坡率 1∶0.5
CutHght1 = 8      |一级挖方高
CutStep1 = 2      |一级挖方平台
StepSlp1 = 2%     |一级挖方平台坡度 %
CutGrad2 = 1.75   |二级挖方坡率 1∶0.75
CutHght2 = 12     |二级挖方高
```

```
CutStep2 = 2        |二级挖方平台
StepSlp2 = 2%       |二级挖方平台坡度 %
CutGrad3 = 2        |三级挖方坡率 1:1
CutHght3 = 20       |三级挖方高
```

该代码设置的路堑边坡参数是根据铁路路基设计规范选取的，该路堑基床表层类型为漂石土、卵石土、碎石土、粗砾土、细砾土的胶结和密实型。运行该代码可知，当开挖深度小于 8 m 时，路堑边坡设置为 1∶0.5 的单坡形式；当开挖深度大于 8 m 小于 12 m 时，则设置两级坡，二级坡段设置 1∶0.75 的坡度；当开挖深度大于 12 m 时，三级坡段设置为 1∶1 的坡度。如图 11-7 所示。

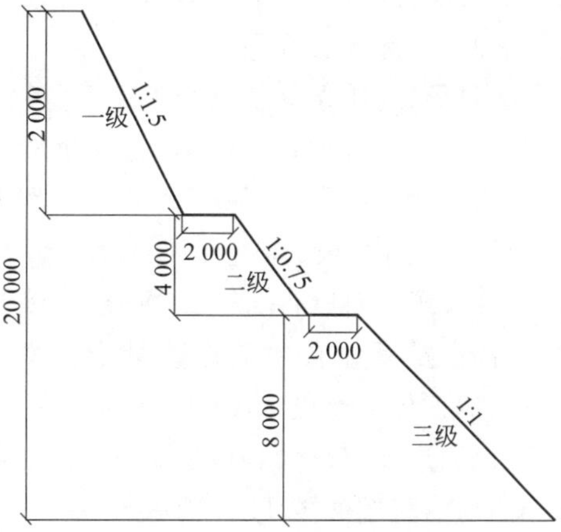

图 11-7　三级边坡示意图(单位：mm)

当设计铁路路堑时，土的类别不同时，只需要根据铁路路基设计规范的要求修改 Card/1 核心项目中的参数即可。土质路堑边坡坡率见表 11-3。

表 11-3　土质路堑边坡坡率

土　的　类　别		边坡坡率
黏土、粉土		1∶1～1∶1.5
中密以上的中砂、粗砂、砾砂		1∶1.5～1∶1.75
漂石土、卵石土、碎石土、粗砾十、细砾十	胶结和密实	1∶0.5～1∶1
	中　　密	1∶1～1∶1.5

注：1. 细砂、黄土、膨胀土等路堑边坡形式及坡率应按《铁路特殊路基设计规范》(TB 10035)有关规定执行；
2. 有可靠的资料和经验时，可不受本表限制。

岩石路堑边坡高度小于 20 m 时，边坡坡率可按表 11-4 所示的规定设计。

表 11-4　岩石路堑边坡坡率

岩石类别	风化程度	边坡坡率
硬质岩	未风化、微风化	1∶0.1～1∶0.3
	弱风化、强风化	1∶0.3～1∶0.75
	全风化	1∶0.75～1∶1
软质岩	未风化、微风化	1∶0.3～1∶0.75
	弱风化、强风化	1∶0.5～1∶1
	全风化	1∶0.75～1∶1.5

注：1. 膨胀岩等特殊岩质路堑边坡形式及坡率应按《铁路特殊路基设计规范》(TB 10035)有关规定执行；
2. 有可靠的资料和经验时，可不受本表限制。

Card/1 软件的核心程序对边坡坡率、坡高及边沟参数是采用赋值方式进行定义的，在进行横断面设计时，如果上述参数有一项发生变化，则需要对其进行重新赋值。该程序适用于特定段落的“局部开发程序”。

在地形、地质条件较复杂的山区，各种类型的防护、排水设施等均应在横断面设计图中予以体现，设计时必须综合考虑，力求使其包含所有需要设计的内容。这时可以利用具备深层开放、方便灵活等特点的 Card/1 软件对路基横断面进行“信息化”设计，基于 CardScript 脚本语言和 QPP 函数对软件进行二次开发，实现路基防护、排水及其他有关工程数量清单文件以及路基防护工程工点设计图的自动生成。

(1)侧沟及碎落台程序实现。

侧沟示意图如图 11-8 所示。

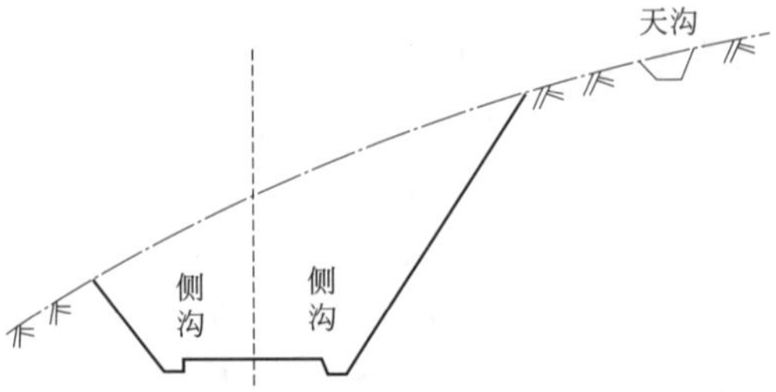

图 11-8　侧沟示意图

在 Card/1 中，通过设置侧沟及碎落台程序代码，就可实现挖方边沟的设置，代码如下：

```
|* * * * * * * * * * * * * * * * * * * * * * * * * * * * * * * * * * * * * 挖方边沟参数
DchWidth = 0.4        |沟底宽
DchDepth = 0.6        |沟深
DchSlope1 = -1        |1∶S 形式的边坡内侧
DchSlope2 = 1         |1∶S 形式的边坡外侧
SLT_W   = 1           |碎落台宽
SLT_SLP = 3%          |碎落台坡度%
```

所谓碎落台指的是：在路堑边坡坡脚与边沟外侧边缘之间或边坡上，为防止碎落物落入边沟而设置的有一定宽度的纵向平台。其宽度视边坡高度和土质而定，最小不得小于 1 m。

在沙类土、黄土、易风化碎落的岩石和其他不良的土质路堑中，其边沟外侧边缘与边坡坡脚之间，宜设置碎落台。其宽度视边坡高度和土质而定，一般不小于 0.5 m。当边坡已适当加固或其高度小于 2 m 时，可不设碎落台。

从代码可以判断出该地段为沟底宽为 0.4 m，沟底深为 0.6 m，边坡坡率为 1∶1，并且设置了碎落台，执行代码实现挖方地段边沟的形式如图 11-9 所示。当设计边沟的地段地质发生变化时应该根据《铁路路基设计规范》(TB 10001)，边沟参数做相应的调整，例如对土质等路堑，当基床表层换填 A、B 组填料时，其侧沟深度不应小于 0.8 m(含困难地段)。

(2)护坡道程序实现。

护坡道是为保护路基坡脚不受流水侵蚀(图 11-10)，保证边坡稳定，而在路基坡脚与取土坑内侧坡顶之间预留的 1～2 m 宽度的平台。

边坡高度不大于 8 m。两侧有取土坑的土质路堤。

在 Card/1 中设置护坡道时，代码如下：

```
|* * * * * * * * * * * * * * * * * * * * * * * * * * * * * * * * * * * * * * * * * * * * * * * * * * * * * * * * * * * * *
HPD_W   = 2        |护坡道宽(m)
```

HPD_PD =－3　　　|护坡道坡度(%)

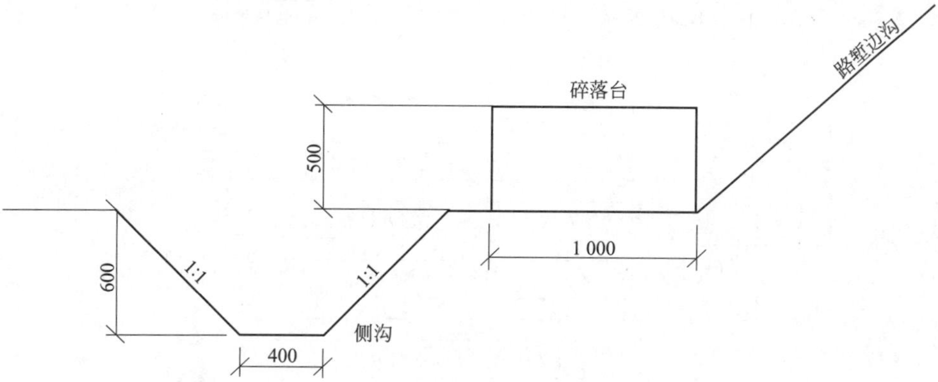

图 11-9　侧沟和碎落台(单位:mm)

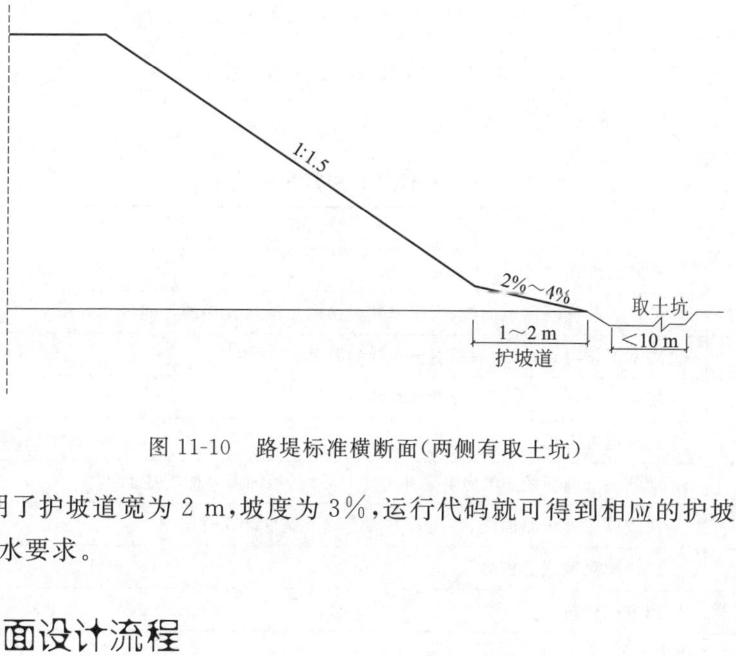

图 11-10　路堤标准横断面(两侧有取土坑)

该代码说明了护坡道宽为 2 m,坡度为 3%,运行代码就可得到相应的护坡道,并且有 3%的坡度,满足排水要求。

11.3　横断面设计流程

铁路线路完成了平、纵断面的设计后就可以进行横断面戴帽,戴帽的思想是“板块拼接”,即将横断面分为路基、边沟、边坡、碎落台、挡墙等,都是单独一个板块结构线,而最后再将这些结构线合并起来,完成整个设计。横断面戴帽流程图如图 11-11 所示。

横断面设计除地面线数据外,还需要路基参数数据,如有必要还可以加入机车车辆限界和轨道等的数据,这些数据是产生横断面带帽基础。横断面地面线数据是进行横断面设计的基础数据,也是开始横断面设计的第一步。横断面地面线数据有:从数字地面模型生成横断面地面线;地形图数据库点、线生成横断面地面线数据;批量读入外业实测横断面地面线数据。

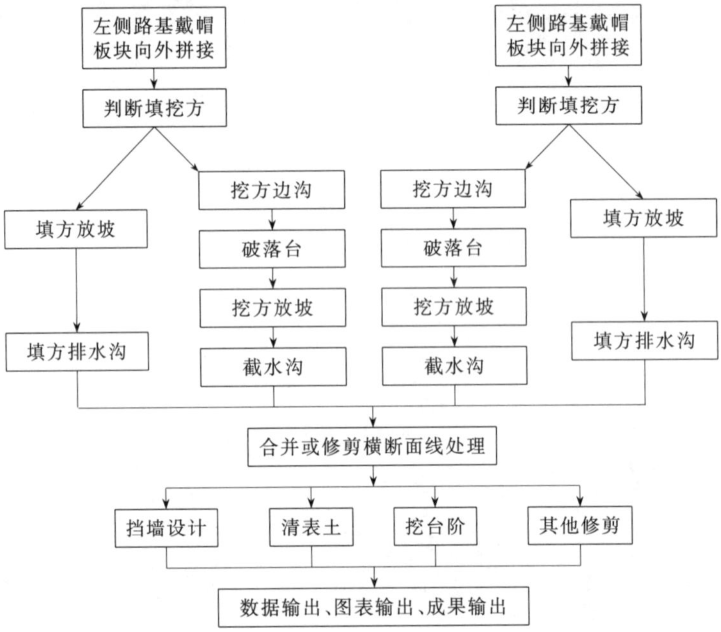

图 11-11　横断面戴帽流程图

下面是常用的线号,见表 11-5。

表 11-5　CARD/1 中常用的线号

最常用的线号	说　　明
55	横断面地面线
56	剪裁后的横断面地面线(用于横断面出图),默认在用地界向外 1.5 m
200	路基汇总设计线(绘制图表参考线),路基上表面线
201	槽汇总设计线(土石工程量计算线)
202	占地范围汇总设计线
99	动画模型断面线,包含了全部的 200 号线,再加上外侧的地面线
9999	清表以后的横断面线,在土石方调配或工程量计算时使用
1234	记录配对辅线的桩号
80	填方挖台阶

其他横断面线左侧比右侧大 100,见表 11-6。

表 11-6　CARD/1 中横断面线左、右侧线号

左侧	说　　明	右侧	左侧	说　　明	右侧
109	路基表面线	9	117	边沟盖板	17
110	路基工程量计算线(路槽)	10	120	挖方碎落台	20
111	路基设计线	11	121	挖方碎落台铺砌	21
115	边沟线	15	125	挖方边坡	25
112	路槽线	12	126	挖方边坡铺砌	26
116	边沟铺砌	16	127	挖方边坡截水沟	27

续上表

左侧	说　明	右侧	左侧	说　明	右侧
135	山坡截水沟	35	162	排水沟盖板	62
136	山坡截水沟铺砌	36	170	路肩墙	70
140	填方边坡	40	171	路肩墙地下部分	71
141	填方边坡铺砌	41	172	路肩墙	72
142	填方边坡截水沟	42	173	路肩墙地下部分	73
160	填方排水沟	60	174	路堑墙	74
161	排水沟铺砌	61	175	路堑墙地下部分	75

横断面线号和点号示意图如图 11-12 所示。

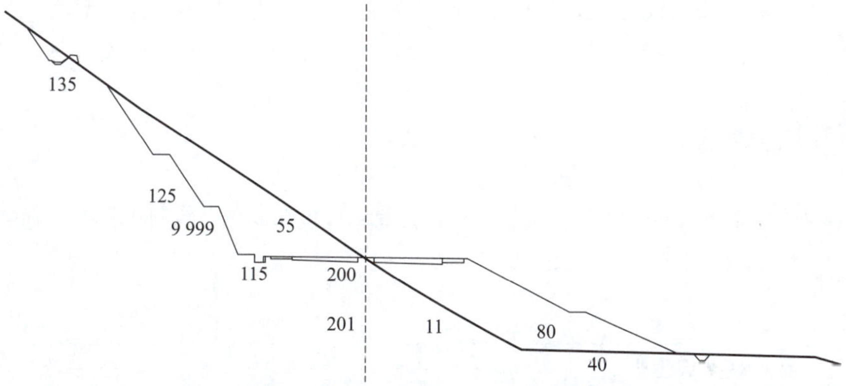

图 11-12　横断面线号和点号示意图

在准备好有关数据文件之后，运行横断面设计主程序进行路基横断面主体设计，如图 11-13 所示，生成横断面主设计线、路槽线、各类防护及排水设施设计线等，可逐桩检查，对设计不合理的断面可修改某些参数重新设计。

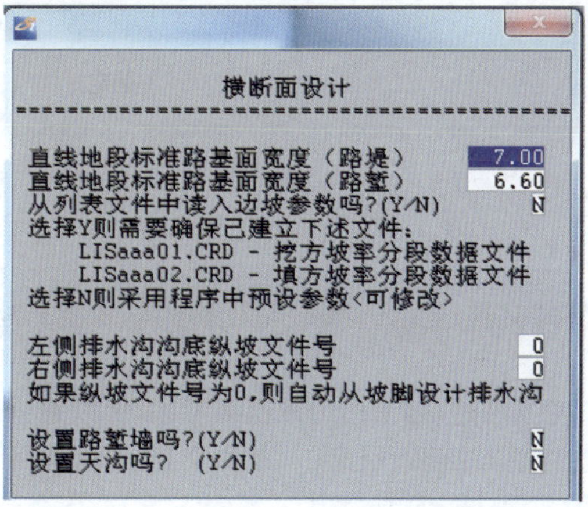

图 11-13　横断面设计界面

最后自动完成横断面设计，如图 11-14 所示。

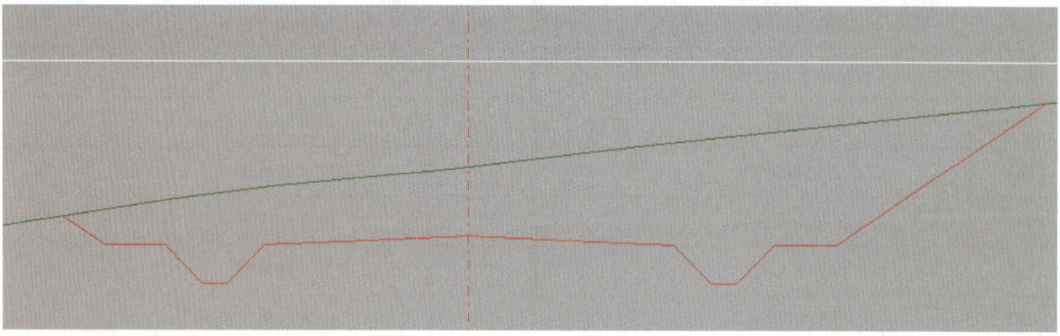

图 11-14　横断面设计

在横断面主体设计完成之后，根据预先准备好的关于各类水沟的铺砌型式、厚度、盲沟尺寸等信息的数据文件运行专用程序，即可生成水沟铺砌线、路堑纵向盲沟设计线等。

11.4　横断面分析

横断面的填挖面积即显示两线间夹取的断面面积，也可以是一条闭合线。通过边菜单中的选择线，来设置填挖断面区域如图 11-15 所示。

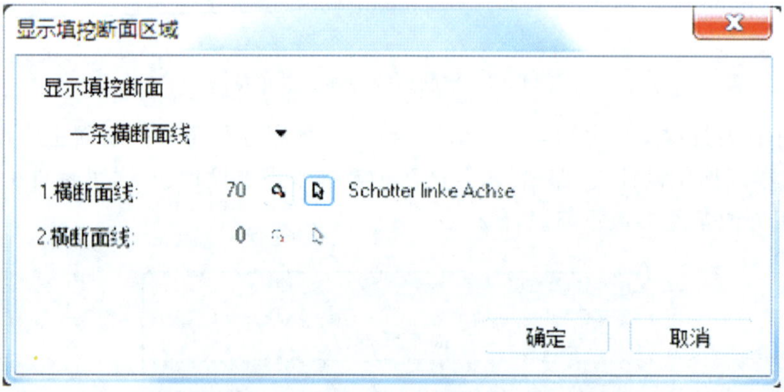

图 11-15　显示填挖断面区域

说明：当是两条线计算的时候，选取的第一条为参考线，也就是地面线。填、挖都是相对于它而言的。

第 1 条横断面线当长度不足时，因为作为地面线考虑，所以它会进行拉平处理；

第 2 条横断面线两边的端点如果不与第 1 条相交，也没有第 1 条宽，那么它因为是结构线，所以进行面积计算的时候是进行垂直处理。

通过横断面工程量计算(单个或批量)菜单可进行工程量计算：比如道砟，填挖土石方，圬工，防护等工程量的计算。通过横断面开发文件进行任意工程量的准确计算。

11.5　横断面出图

横断面设计完成后，执行横断面出图，新建横断面绘图约定文件，选取横断面戴帽子文件，如图 11-16 所示。

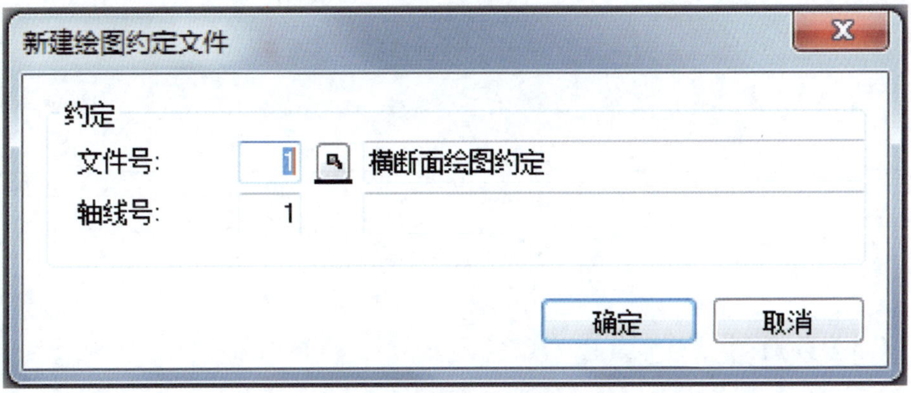

图 11-16　新建横断面绘图约定文件

执行绘图即可生成横断面（PLT 格式），如图 11-17 所示，同时可以将其转化为 Dwg 格式，如图 11-18 所示。

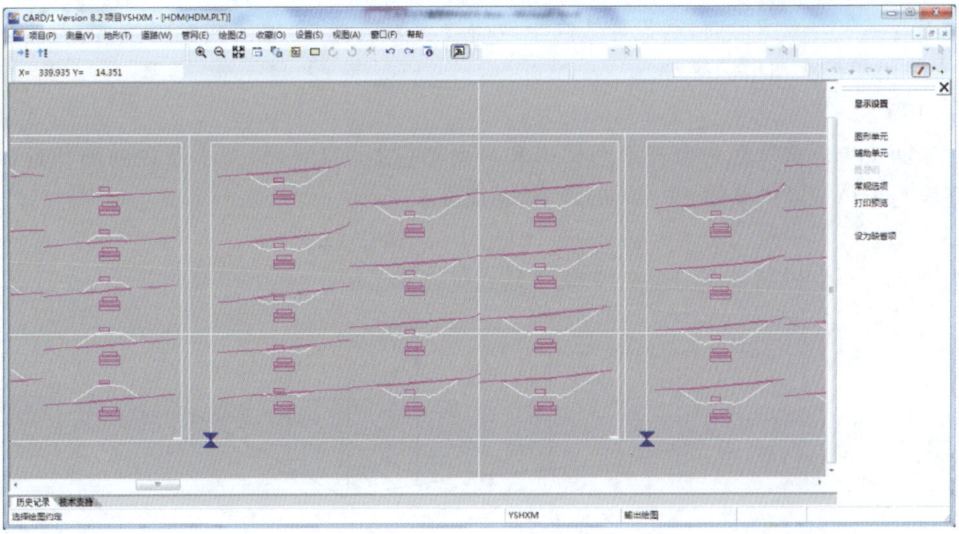

图 11-17　横断面（PLT 格式）

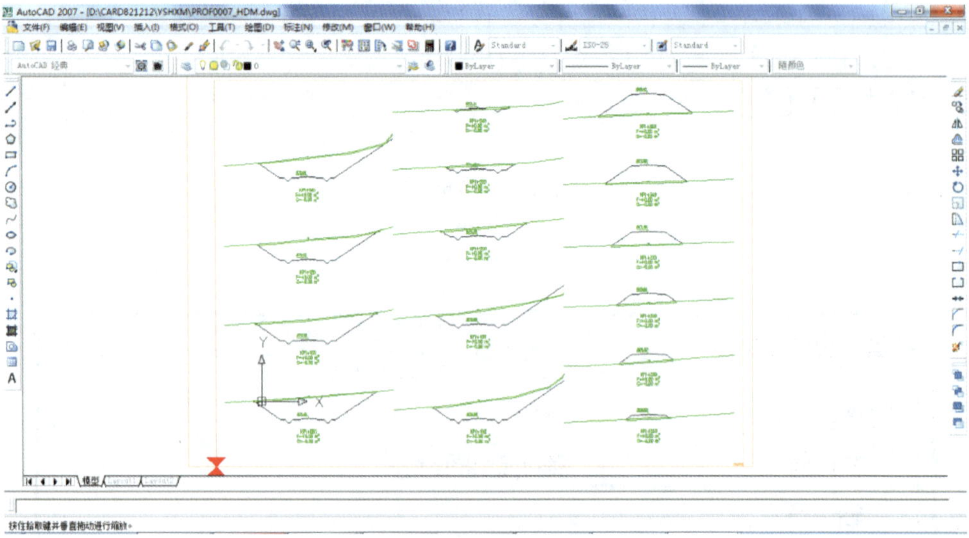

图 11-18　横断面(Dwg 格式)

11.6　CARD/1 土方计算

铁路路基土石方数量是铁路工程的重要工程量之一,是线路设计方案比选的一项主要技术经济指标,直接影响修建铁路的工程造价、劳动力、机具设备和施工期限。

土石方计算是土石方工程的基础,它主要包括以下工作内容:横断面面积的计算,横断面区间的体积计算,土石分类计算,天然方与压实方的换算等;土石方调配解决各路段土石方数量的平衡与利用问题,反映计价土石方的数量与运算,主要包括土石方横向调向调配与纵向调配。

横断面面积是土石方计算及调配的最基本的依据。横断面面积是地面线与设计线(帽子)围成的不规则闭合圈图形面积,设计线高于地面线者为填,低于地面线者为挖,两者应分别计算,通常采用积距法和坐标法等。

1. 积距法

将断面按单位横宽划分为若干个梯形和三角形(图 11-19),每个小条块的面积近似等于中心高度与单位宽度的乘积:$A_i = b\,h_i$,则横断面面积:

$$A = bh_1 + bh_2 + bh_3 + \cdots + bh_n = b\sum h_i \tag{11-1}$$

当 $b=1$ m 时,则 A 就等于各小条块平均高度之和 $\sum h_n$。

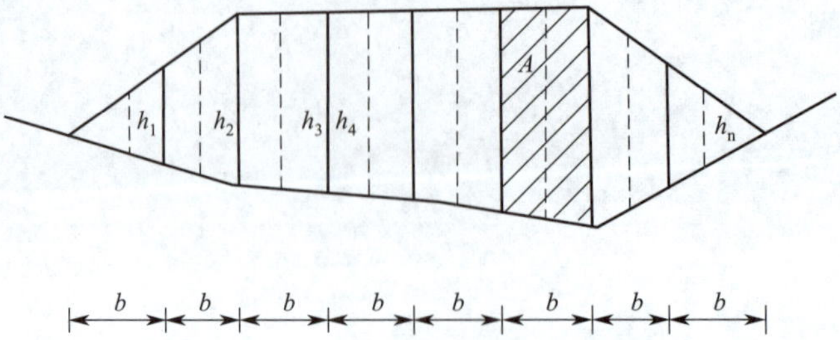

图 11-19　积距法划分断面

2. 坐标法

如图 11-20 所示，已知断面图上各转折点坐标(x_i，y_i)，则断面面积为：

$$A=\frac{1}{2}\sum_{i=1}^{n}(x_i y_{i+1}-x_{i+1}y_i) \tag{11-2}$$

坐标法的计算精度较高，适宜用计算机计算(图 11-20)。

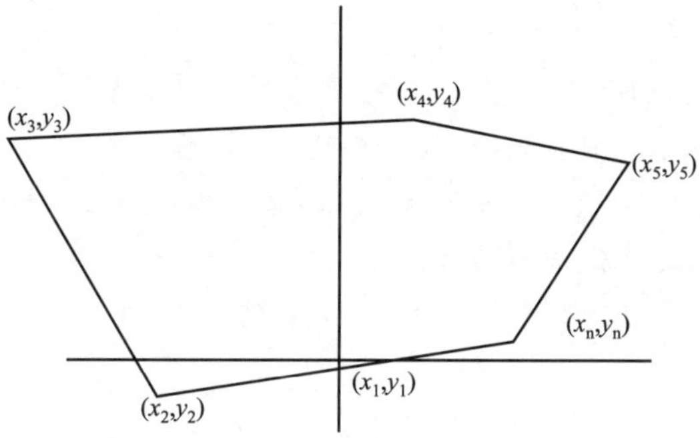

图 11-20　坐标法

路基土石方计算工作量较大，加之路基填挖变化的不规则性，要精确计算土石方体积是十分困难的。在工程上通常采用近似计算。

若相邻两断面均为填方或均为挖方且面积大小相近(图 11-21)，则可假定两断面之间为一棱柱体，其体积的计算公式为：

$$V=\frac{1}{2}(A_1+A_2)L \tag{11-3}$$

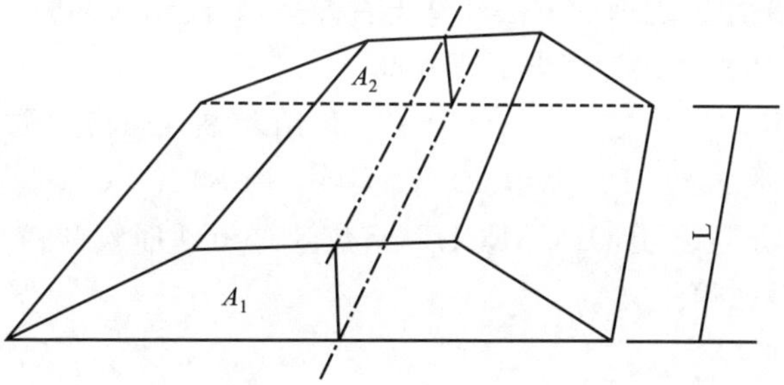

图 11-21　体积计算

在 Card/1 中计算土石方代码如下：

```
* 计算土石方数量；并记录在土方数量文件 TFB00*.DAT 中
* --------------------------------------填挖高计算
DATARANGE STA;STE;100;PLBAU
DEFSYMBOL HGRA:GRA(1)
STATION STA;STE;"PROFIL";PLBAU
HGEL=HEIGHT(PLERD;0)
IF HGRA>=HGEL THEN
```

```
H_TIAN=ABS(HGEL-HGRA)
H_WA=0
ELSE
H_WA=ABS(HGEL-HGRA)
H_TIAN=0
CONTINUE
*------------------------------------------
IF (STAT=STA) THEN
QFLAECHE 0;PLERD;PLBAU;TNUM;WNUM
DAT_SCHREIBEN 1;"#######.##;####.##;####.##;####.##;####.##;####.##;####.##;####.##;####.##;####.##;####.##";STAT;H_TIAN;H_WA;TNUM;0;0;0;WNUM;0;0;0;0
STA_P=STAT
T_PRE=TNUM
W_PRE=WNUM

ELSE
QFLAECHE 0;PLERD;PLBAU;TNUM;WNUM    |计算土石方面积
LENGH=STAT-STA_P
T_TIJI=(TNUM+T_PRE)/2
W_TIJI=(WNUM+W_PRE)/2
DAT_SCHREIBEN
```

Card/1 这段代码采用了近似的方法计算土石方量，假设相邻两断面均为填方或均为挖方且面积大小相近，利用体积公式计算出土石方量。

它首先用 DATARANGE 定义了开始桩号和结束桩号的范围，由横断面获取桩号，HGRA 表示设计横断面线，HGEL 表示 55 号地面线，用 STATION 循环，用 if 语句判断出整条线路的填挖方高度，并且调用 QFLAECHE 函数计算出地面线和横断面线之间的面积，用体积计算公式即可计算出填挖方量。

棱台体积法：

若 A_1 和 A_2 相差甚大，则与棱台更为接近。其计算公式为：

$$V=\frac{1}{3}(A_1+A_2)L\left(1+\frac{\sqrt{m}}{1+m}\right) \tag{11-4}$$

式中　$m=A_1/A_2$，其中 $A_1<A_2$。

该方法精度较高，应尽量采用，特别适用计算机计算。

路基工程中的挖方按天然密实方体积计算，填方按压实后的体积计算。计算路基土石方数量时，应扣除大、中桥及隧道所占路线长度的体积；桥头引道的土石方，可视需要全部或部分列入桥梁工程项目中，但应注意不要遗漏或重复；小桥涵所占的体积一般可不扣除。

11.7　CARD/1 土方调配

土石方调配的目的是为确定填方用土的来源、挖方土的去向，以及计价土石方的数量和运量等。通过调配合理地解决各路段土石方平衡与利用问题，从路堑挖出的土石方，在经济合理的调运条件下以挖作填，尽量减少路外借土和弃土，少占用耕地以求降低铁路造价。

11.7.1　CARD/1 土石方调配流程

CARD/1 中土石方调配大致分为：调配前、调配中、调配后三个阶段。调配界面如图11-22所示。调配前主要完成的是调配数据的准备；调配中完成选择方案进行调配；调配后完成成果输出。调配草图如图 11-23 所示，其中直线以上是挖方工程量，直线以下是填方工程量。

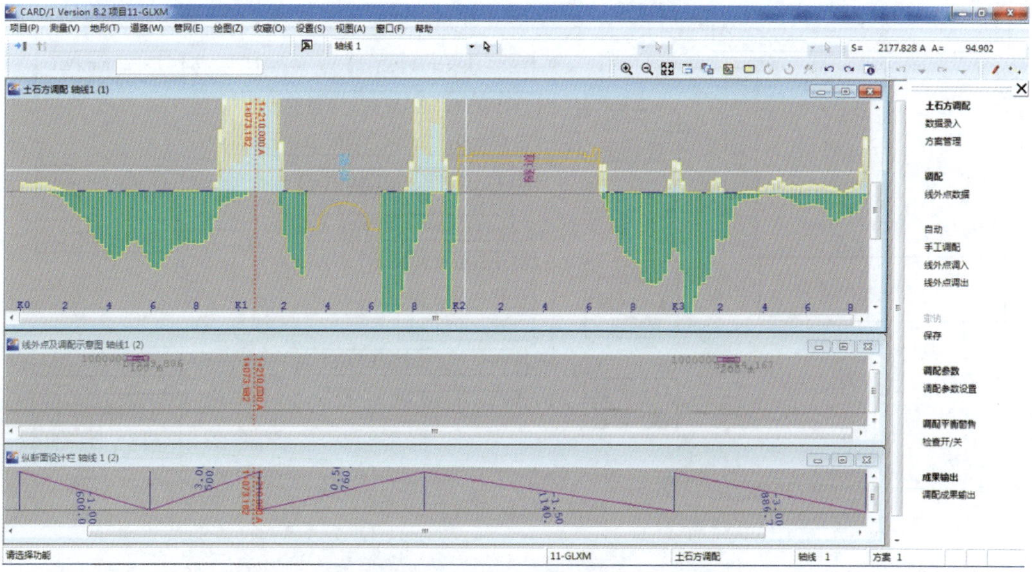

图 11-22　ARD/1 中土石方调配界面

11.7.2　调配的准备工作——调配前

调配前需要准备的数据主要包括：必须的横断面线 55 号地面线、201 号横断面线（要计算路基沉降时需要 111 号和 11 号路槽线）；PER 土石比例系数文件；MassVertConf. xml 调配文件（含填挖清表信息、超宽填筑信息、路基沉降信息）；MassVertConf. CRD 当前调配方案信息（记录当前调配轴线号；方案号；调配桩号段落）。这些数据文件最终生成 SECaaann. CRD 文件供调配使用。

1. 数据录入

土石方调配首先进行数据录入，做好调配前的数据准备，录入基础资料界面如图 11-24 所示。

在图 11-24 的土石方调配参数表中，土石比例系数产生 PERaaa01. CRD 文件；而其中的填挖清表厚度、左右超宽填筑宽度、路基沉降厚度信息都将保存到 assVertConf. xml 文件中。在该表中可以添加、修改、删除、刷新等操作来进行填写土石方调配参数。

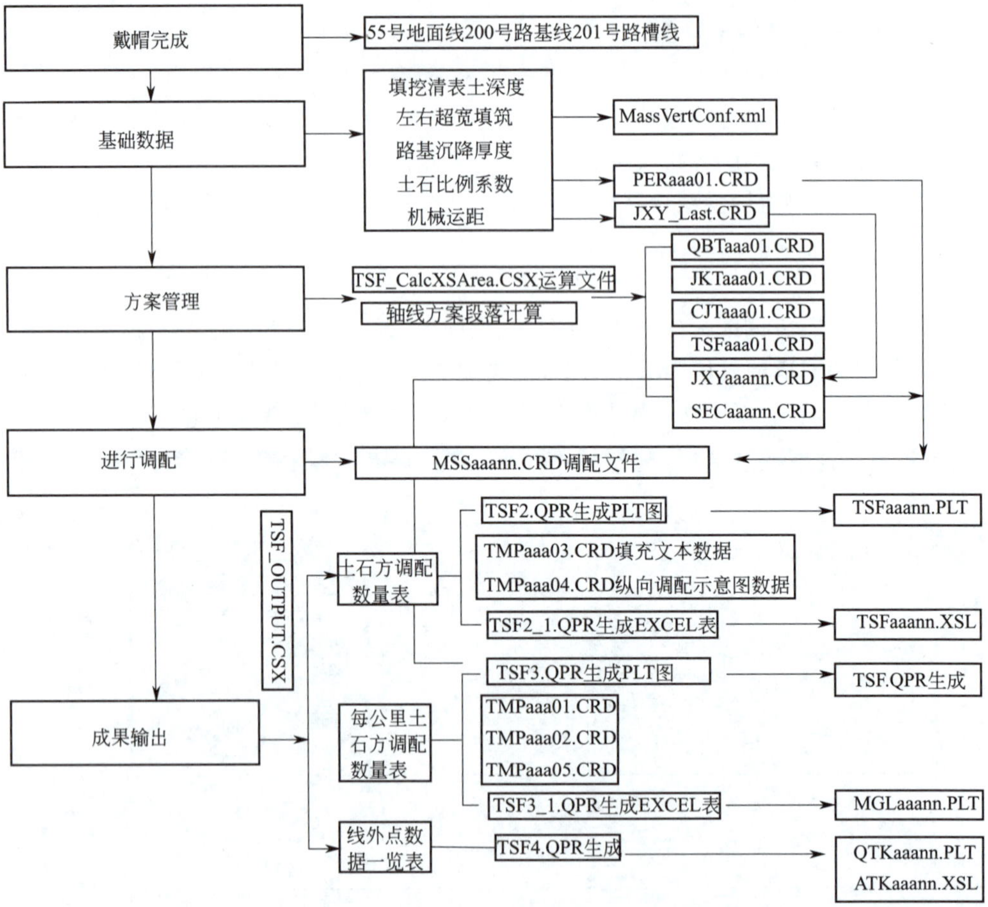

图 11-23　数据文件流程图

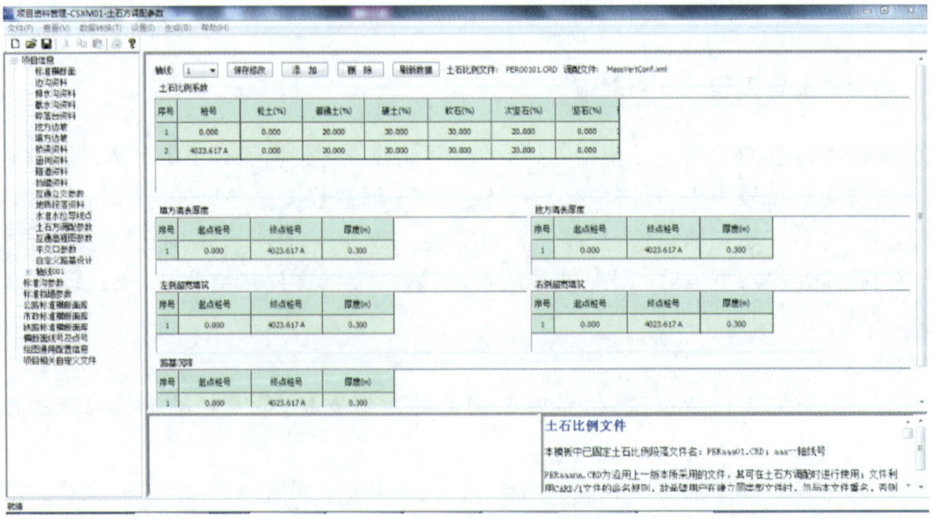

图 11-24　土石方调配参数表

数据录入中的录入机械运距(图 11-25),调用用到了 TSF_MachineMass. CSX 文件;首先会得到一个 JXY_LAST. CRD 文件,记录了设置的机械运距参数,当用户设置方案后程序会将它复制为 JXYaaann. CRD 文件(aaa 为轴线号 nn 为方案号),后期成果生成表格时将调用对应的 JXYaaann. CRD 文件信息。

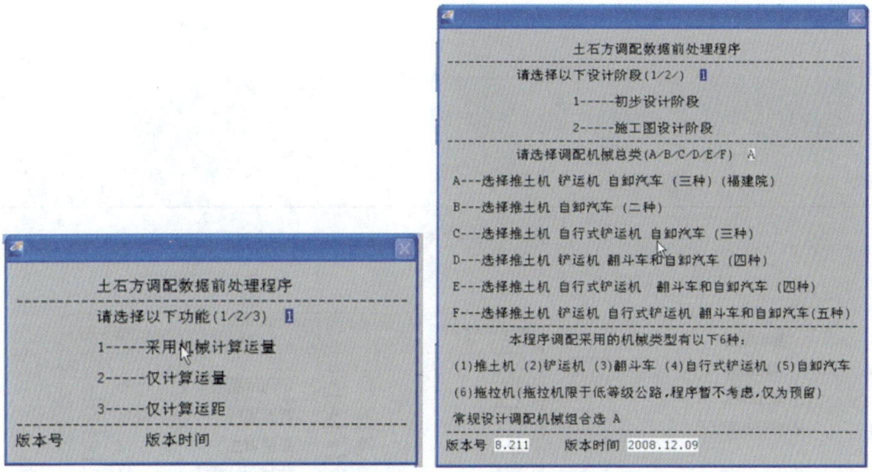

图 11-25　录入机械运距对话框

2. 方案管理

方案管理实现方案新建、删除、选择等功能,是调配前一个重要的环节。用户可以对全轴线进行调配,也可以部分轴线调配;或者对同轴线进行多种调配并对比,此时就可以通过方案号来区分(方案数最大为 99)。新建调配方案如图 11-26 所示。

这里程序是通过三步来实现的:

(1)将上面的轴线号、调配范围、终点桩号都录入到 MassVertConf. CRD 文件中保存;

(2)运行 TSF_CalcXSArea. CSX 文件进行面积计算;

(3)将 SECaaann. CRD 和 PERaaa01. CRD 文件传到计算机内部,得到调配界面。

这样就完成了调配前的准备工作。

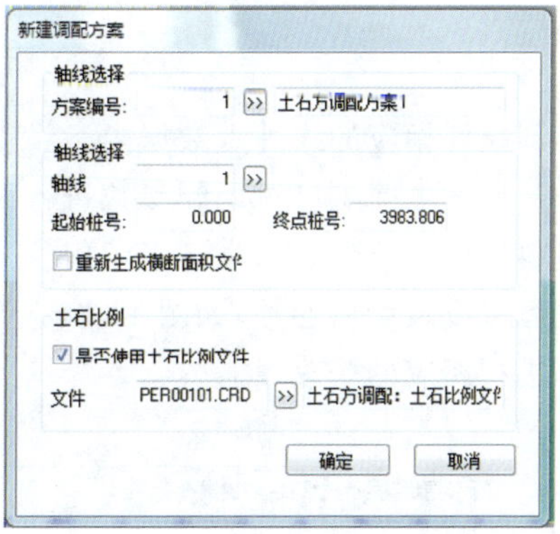

图 11-26　新建调配方案对话框

11.7.3　调配实现——调配中

这阶段主要完成土石方的调配工作。调配图如图 12-27 所示,该调配图设计线上侧为挖方量,下侧为填方量。以下开始进行调配过程。

可以通过显示菜单来设置调配窗口的显示。例如单元颜色设置、文字尺寸设置,同时桩号刻度标尺、纵向调配图等可以设置显示与否。如图 11-28 所示。

CARD/1 调配方式有三种:自动调配、手动调配、线外点调入或调出三种方法。其中自动调配是指通过程序按照填挖平衡原则进行自动调配;手动调配是指选择挖方段落向选择的填方段落进行调配;线外点调入或调出是指通过调配输入线外点数据,然后选择要调配的段落将

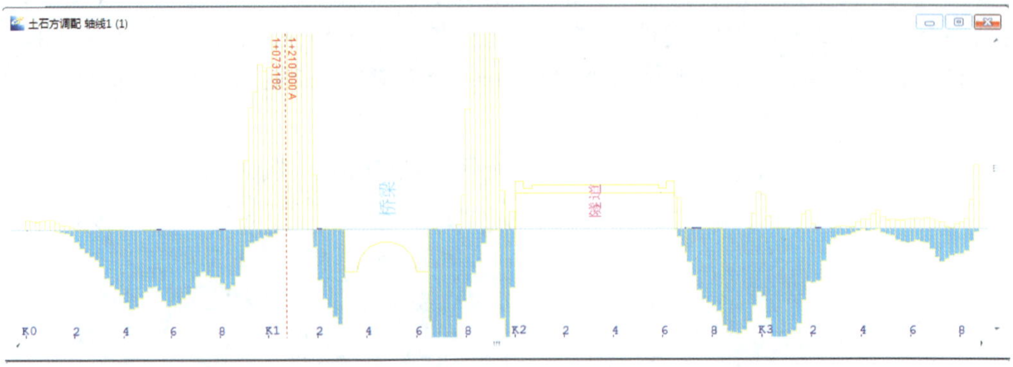

图 11-27　调配图示

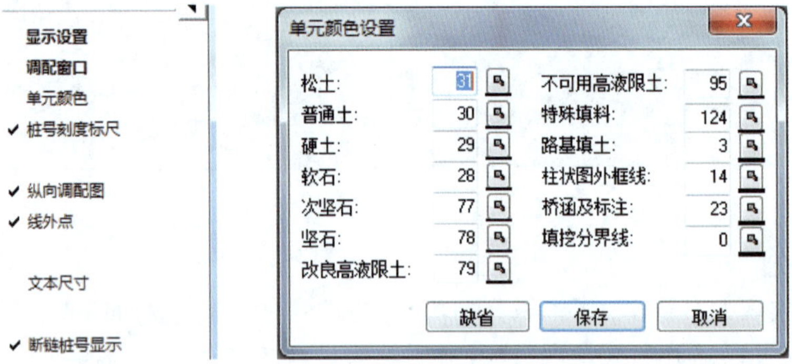

图 11-28　调配窗口显示设置

其调配到相应的线外点数据内。

调配之前可以对调配参数进行设置，可以选择运距优先或者填料优先，可根据需要对特殊填料填筑进行选取。当选择填料优先时，可以对填料优先权进行设定，如图 11-29 所示；同时也可以设定填料参数，如图 11-30 所示，填料参数初始值根据规范值进行设定，根据实际情况，可进行相应的修改。

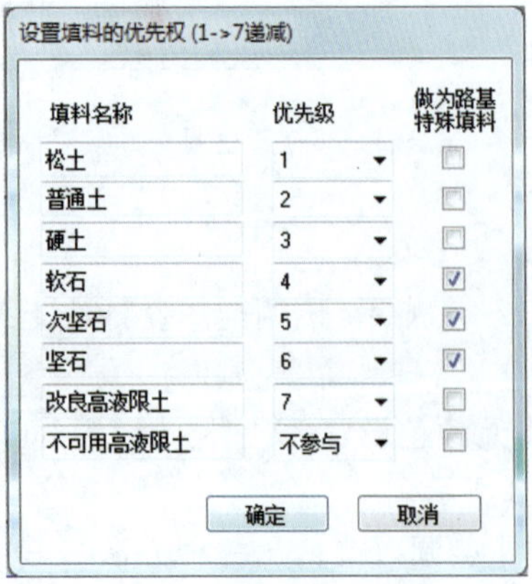

图 11-29　填料优先优先权设定对话框

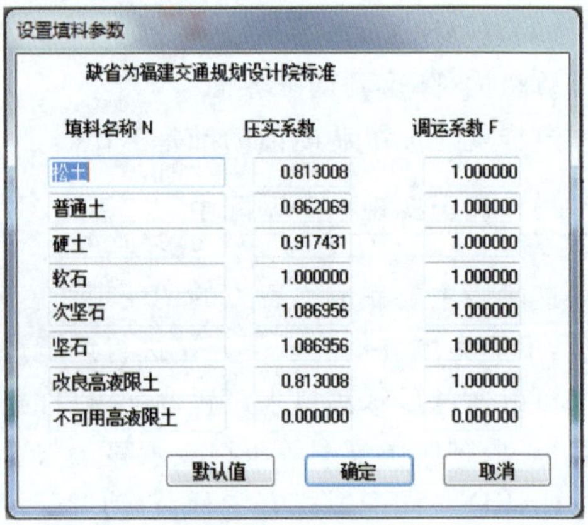

图 11-30　填料参数

完成调配参数设定后，采用自动调配方式进行调配。现在选取调配段落，根据提示信息，输入开始桩号或者用光标点取，选取要调配的段落结束桩号或者光标点取，同时会实时显示挖余量、填缺、压实方等信息，如有调配段落不连通的地方会有提示信息。

自动调配完成如图 11-31 所示。

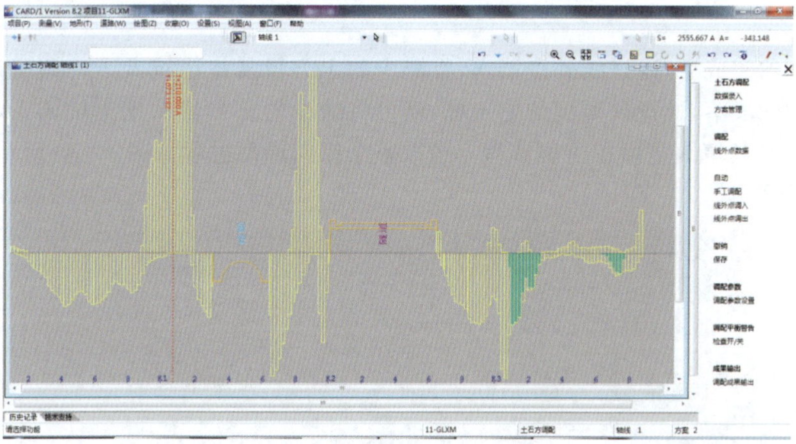

图 11-31　自动调配完成

自动调配完成后，从图中可知填方量大于挖方量，需要设置挖土坑，将通过线外点调入来满足填挖平衡。现在通过线外点数据添加挖土坑，如图 11-32 所示。

挖土坑位置可通过光标选取也可以直接输入桩号，同时如果有断链可以显示断链桩号；上路距离左负右正；挖土坑工程量一般给定一个比较大的值，最后根据挖方工程量进行修改。添加线外点挖土坑示意如图 11-33 所示。

图 11-32　添加弃土坑对话框

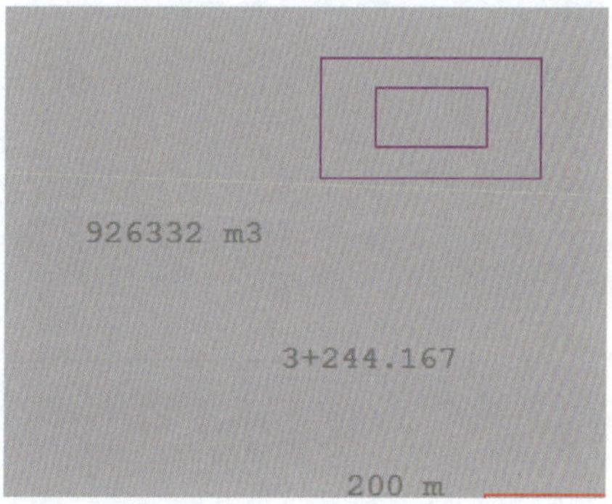

图 11-33　弃土坑示意图

线外点有弃土坑、取土坑、通道、隧道等。其中调出的线外点是紧靠上边缘线的；调入的线外点则在下侧，如图 11-34 所示。根据情况选择合适的线外点。

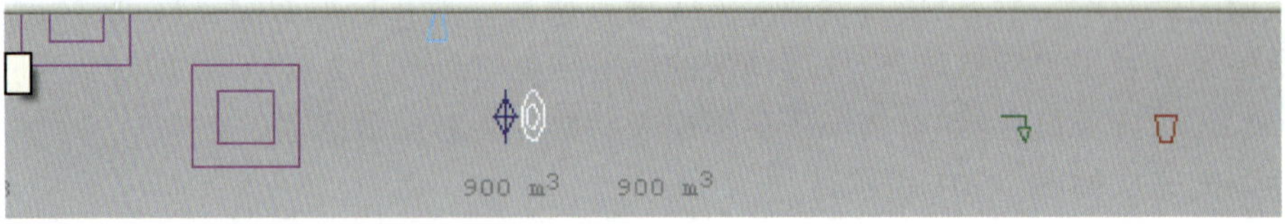

图 11-34　线外点示意图

挖土坑添加完成后，通过线外点调入，将缺少的土方量从挖土坑调入。调配过程，根据提示信息选择调配段落，选择要调配的挖土坑，就可将缺少的土方量从挖土坑调入，选取填缺段落(图 11-35)，将其填缺量由挖土坑获得。选取整个纵向调配过程如图 11-36 所示。调配完成如图 11-37 所示。

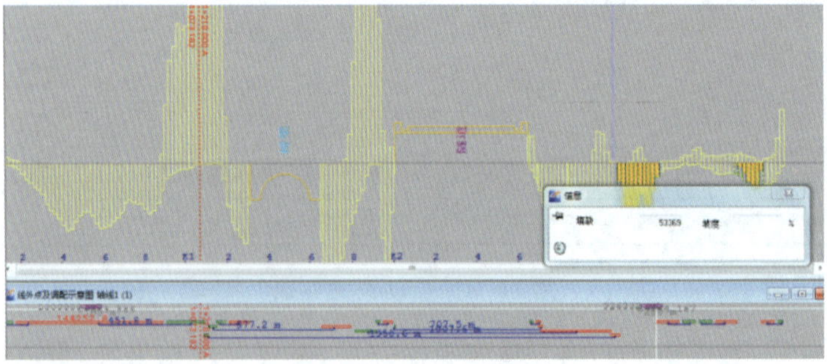

图 11-35　选取填缺段落

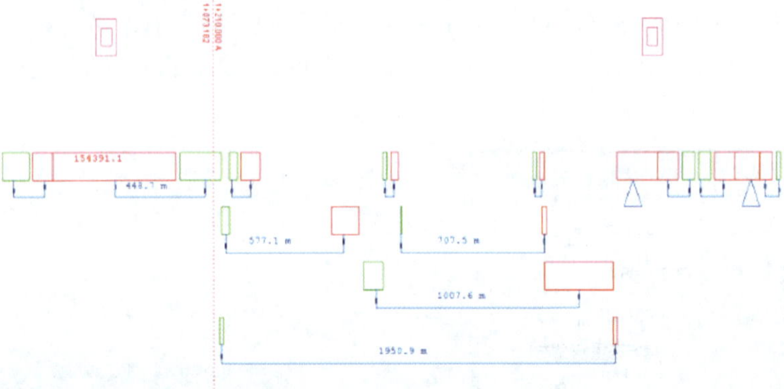

图 11-36　纵向调配过程

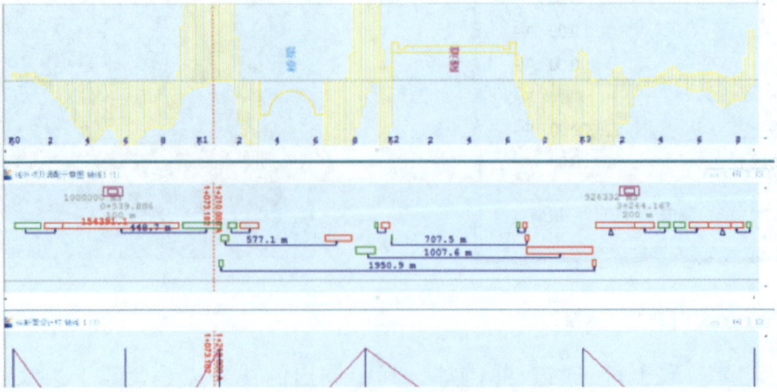

图 11-37　调配完成

调配完成后打开调配平衡检查来查看调配是否平衡，若不平衡会有提示，如果平衡后就可以进行下一步调配成果输出。

11.7.4　调配结果输出——调配后

调配后主要完成调配成果输出。执行调配成果输出，调配成果输出对话框如图 11-38 所示。

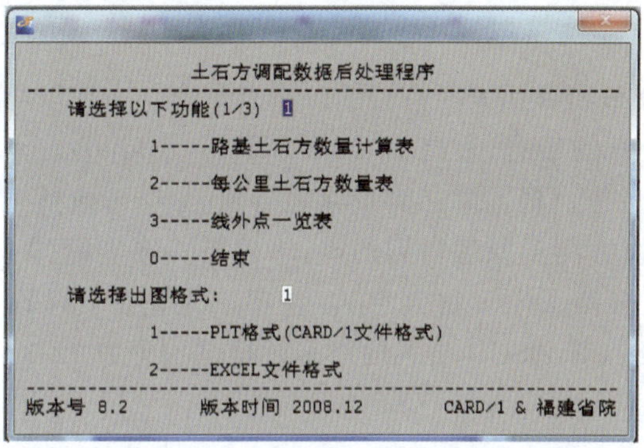

图 11-38　调配成果输出对话框

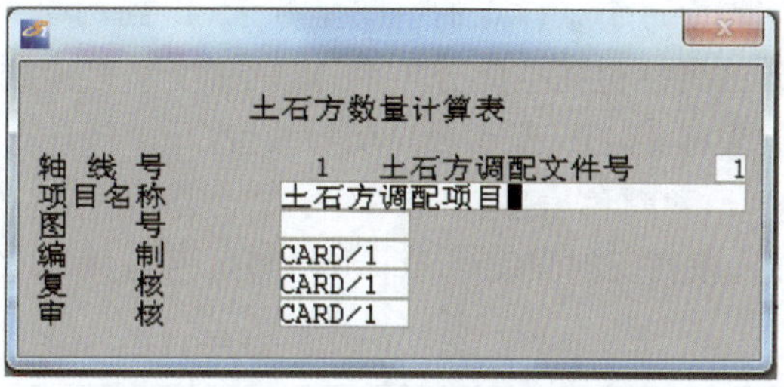

图 11-39　土石方数量计算对话框

CARD/1 提供的土石方出图成果有：路基土石方数量计算表、每公里土石方数量表和线外点一览表，出图格式有 CARD/1 的 PLT 格式和 EXCEL 格式。选择相应的功能和出图格式，就可以完成土石方成果图出图，例如选择路基土石方数量计算表这一功能(图 11-39)，最后生成 PLT 格式，如图 11-40 所示。

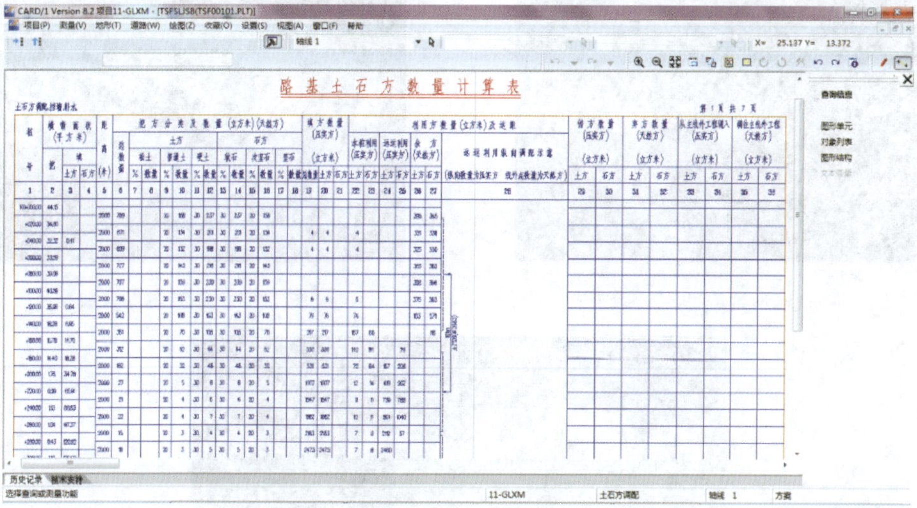

图 11-40　土石方数量表

类似的方法可以生成路基每公里土石方数量表。同时也可以生成路基每公里土石方数量 EXCEL 表和线外点数据一般表。

以上完成了简单的调配过程，实际情况应比这个复杂的多，可根据 CARD/1 帮助文档或菜单摸索进行更深入的了解，实现自己土石方调配需求。

第十二章　点云技术与设计应用

12.1　点云概述

点云是在同一空间参考系下表达目标空间分布和目标表面特性的海量点集合。在获取物体表面每个采样点的空间坐标后，得到的是一个点的集合，称之为“点云”(Point Cloud)。点云的属性包括空间分辨率、点位精度和表面法向量等。根据激光测量原理得到的点云，包括三维坐标(X,Y,Z)和激光反射强度(Intensity)；据摄影测量原理得到的点云，包括三维坐标(X,Y,Z)和颜色信息(R,G,B)。结合激光测量和摄影测量原理得到点云，包括三维坐标(X,Y,Z)、激光反射强度(Intensity)和颜色信息(R,G,B)，其 ASCII 格式的点云数据结构见表 12-1。

表 12-1　ASCII 格式点云数据结构

X	Y	Z	Intensity	R	G	B
100.1	212.3	20.45	245	233	12	255

点云文件可看作是一张三维图，有不少专门的逆向软件能够进行点云的编辑和处理，如 Geomagic、PolyWorks/Modeler、RationalDMIS、PointCloud、imageware、copycad 和 rapidform 等。图 12-1～图 12-3 分别展示了点云在地形、建筑物和和工程中的应用实例。

图 12-1　地形地物的点云数据

图 12-2　建筑物点云数据

图 12-3　铁路工程点云数据

在 CARD/1 的设计系统中可将管理、设计分开，通过不同的方式，充分利用点云数据来辅助设计——虚拟现场设计。

12.2 导入管理点云

CARD/1 可以将国际主流测量仪器 Leica、Riegl、Trimble、Zoller＋Froehlich、MoSES 的点云数据及相关的信息进行读取，通过将其空间分辨率、点位精度(即点云每个点点位与显示位置精度)、点位法向量进行预处理，进一步提高 CARD/1 数据的精确度。

CARD/1 读取各种测量仪器数据时，格式均不同，以 Leica 数据格式为例。

例如：Leica 数据格式

横坐标	纵坐标	高程	密度	RGB 值
505 139.627 274	301 039.998 520	470.960 129	－350	63 66 75

在 CARD/1 中通过测量模块实现对点云数据的管理和导入(图12-4、图 12-5)。单击菜单测量→管理点云→读入，弹出文件管理窗体，读入点云数据。

图 12-4 CARD/1 点云数据模块菜单

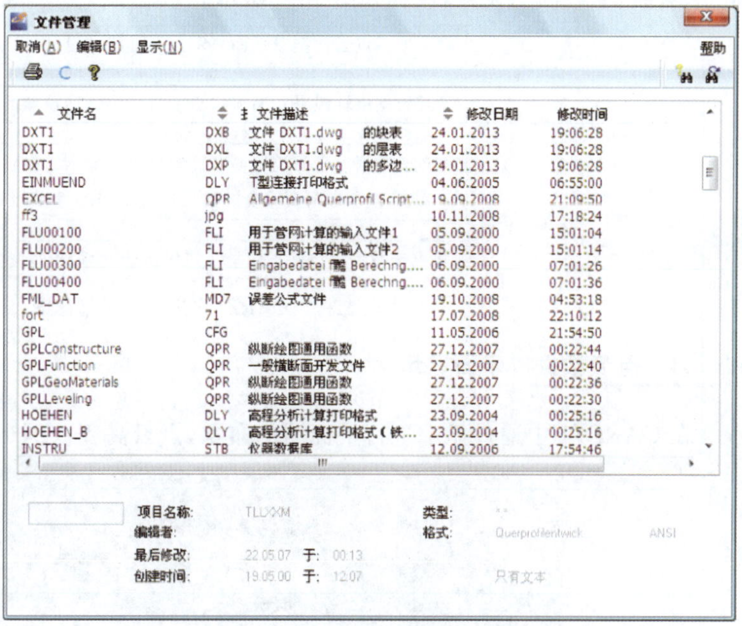

图 12-5 通过文件管理导入点云数据

先将点云数据保存在一个中间文件中，当点云分布在多个区域(文件)中时，读入更多的点到中间文件中。可用位置和高程外延限定点云，以便只考虑相关的信息，通过这一步骤准备了必需的数据，为 CARD/1 准备了点云。当在 CARD/1 中已生成好点云时，删除中间文件。读入点云数据如图 12-6 所示。

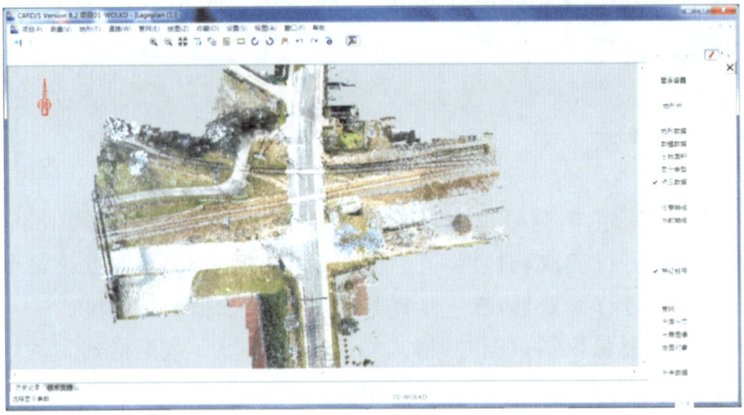

图 12-6　点云数据导入

12.3　CARD/1 点云设计

CARD/1 生成好点云后，通过执行 CardScript 相关截取数据的程序，并通过显示功能来完成平、纵、横断面的设计，流程如图 12-7 所示。

点云数据以平面显示进行轴线的设计

↓

点云数据以轴线纵断面窗口显示进行纵断面拉坡的设计

↓

将点云数据以桩号位置横断面窗口进行显示。依据轴线、纵断面和横断面综合的数据进行 CARD/1 的设计

↓

将点云数据以空间视图显示三维图像，模拟出现场实景

图 12-7　CARD/1 点云设计流程图

12.3.1　点云数据以平面显示

在 CARD/1 中通过显示进行平面图的布置，点云高程范围 −2～200 m，如图 12-8 所示。

图 12-8　高程范围 −2～200 m 点云数据

点云高程范围 2～200 m，如图 12-9 所示。

图 12-9　高程范围 2～200m 点云数据

通过高程显示设置，使用最小高程和最大高程对平面点云数据进行处理，使在平面设计中帮助工程师获取直观的高程信息，通过平面设计功能在点云平面上进行轴线的设计，如图 12-10所示，完成平面设计。

图 12-10　基于点云的平面设计

12.3.2　点云数据以纵断面显示

执行 CardScript 相关程序，将点云数据以轴线纵断面窗口进行显示，通过显示通道前和后的距离，使设计师在设计过程中获取大量现场和周边环境信息，综合考虑，优化设计。裁剪通道－10～30 m 点云数据如图 12-11 所示。

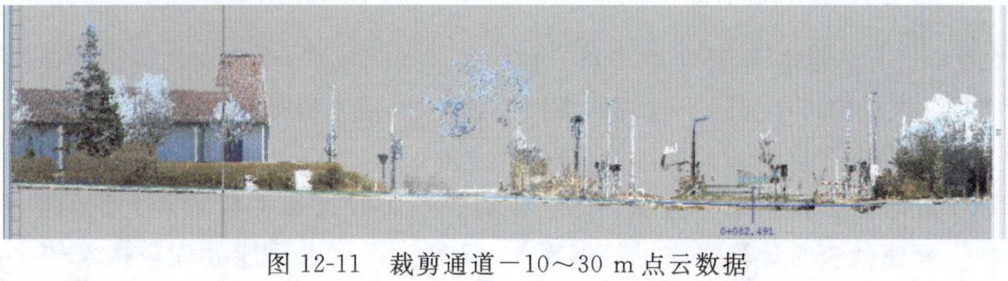

图 12-11　裁剪通道－10～30 m 点云数据

裁剪通道－0.1～0 m 点云数据显示及纵断面设计线如图 12-12 所示。

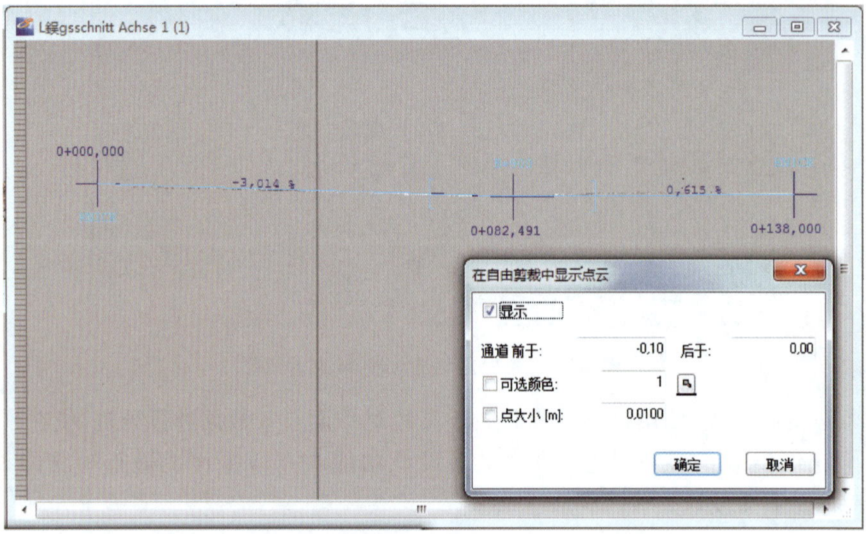

图 12-12　裁剪通道－0.1～0 m 点云数据

12.3.3　点云数据以某固定桩号横断面显示

将点云数据以轴线固定桩号位置横断面窗口进行显示。通过显示，边界宽度、通道前和后的距离，使设计师在设计过程中获取大量现场及周边环境信息，综合考虑，经济合理，优化设计。通道前后－10～30 m 点云数据显示如图 12-13 所示。

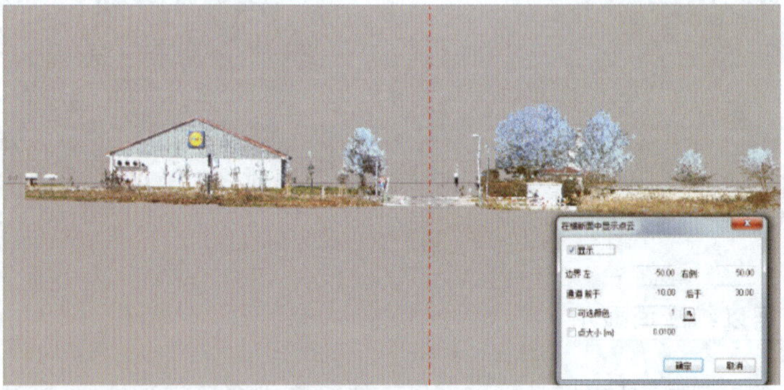

图 12-13　通道前后－10～30 m 点云数据显示

12.3.4　点云空间视图

在 CARD/1　8.2 版本下，还可以将点云数据通过空间视图，将现实的各个构造物以三维标准比例的实物形式在窗口中显示。这样的虚拟现场设计，使工程师在设计中，犹如在现场布置设计，可以充分考虑到各个影响设计的因素，减轻外业的工作。点云空间视图如图 12-14 所示。

CARD/1 处理点云数据十分方便、有效、快捷。然而如果要生成非常大量的数据，则需要使用先进的运算速度快的计算机来进行编辑，一般的计算机也只能处理数据量较小的点云数据。但是在复杂的、细节要求高的、危险的、困难的以及足迹不能到达的领域使用点云比较有优势。

图 12-14　点云空间视图

第十三章　CARD/1 系统二次开发

CARD/1 的核心竞争力是它的二次开发平台，它使得很多个性化的设计和要求都能得到完美的实现。比如特殊的横断面戴帽、变坡率的边坡设计、市政高架横断面戴帽、挖方段落首先做填方处理再进行开挖等；一些特定的特殊表格、工程量的出表等等。工程师在掌握了二次开发功能之后都可以很好的让程序实现，从而大大提高设计效率。

13.1　CardScript 编程语言简介

Card/1 系统为用户提供了二次开发平台，使用通俗易懂的宏控制语言和多种横断面开发函数，涵盖在横断面开发模块中。横断面开发模块的基本功能是设计各种形式的横断面，即俗称的"戴帽子"。运用横断面开发函数可以灵活便利的设计出不同形式的挡墙、排(截)水沟，并且可以根据要求生成特定的图表、完成工程量等设计参数的计算等。

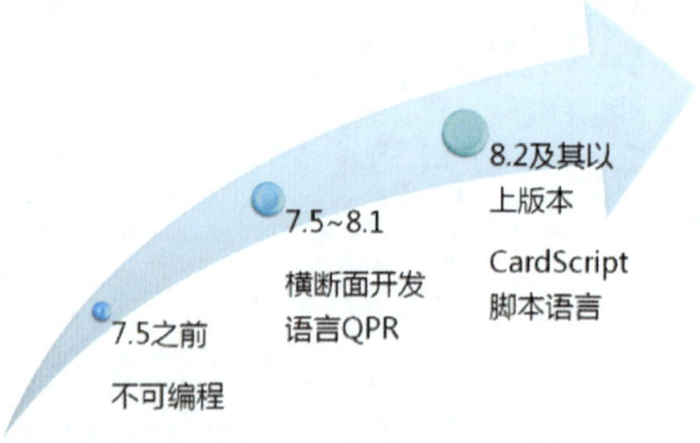

图 13-1　CardScript 的发展历程

为了节省大量繁杂的基础设计工作，完善独立的 CARD/1 功能，使设计流程自动化，更快地达到项目设计目标，在大量横断面开发的基础上，Card/1 系统引入了面向对象的概念，提出了全新的 CardScript 脚本语言。而 CardScript 是一门"工程师的语言"，只要掌握了它，就可以操作所有的项目数据，完成各种复杂特殊的设计要求，实现各种设计创意。图 13-1 为 CardScript 的发展历程图。

CardScript 的语法与 Basic 语言相似，只做简单介绍，详细见 CardScript 实用教程。

13.1.1　CardScript 脚本程序结构

CARD/1 提供了一个专门的菜单项，用于 CardScript 脚本程序的执行。CARD/1 支持表 13-1 所示的 CardScript 脚本程序文件的执行。

表 13-1　CardScript 脚本程序文件后缀

脚本程序后缀	含义	脚本程序后缀	含义
*.CSX	CardScript 开发的脚本程序	*.CSC	已加密的 CSX 脚本程序
*.QPR	横断面功能模块的脚本程序	*.QPC	已加密的 QPR 脚本程序

一个比较完整的 CardScript 脚本程序，其中有版本声明、程序注释、主程序、函数体和类的

定义等，如图 13-2 所示。

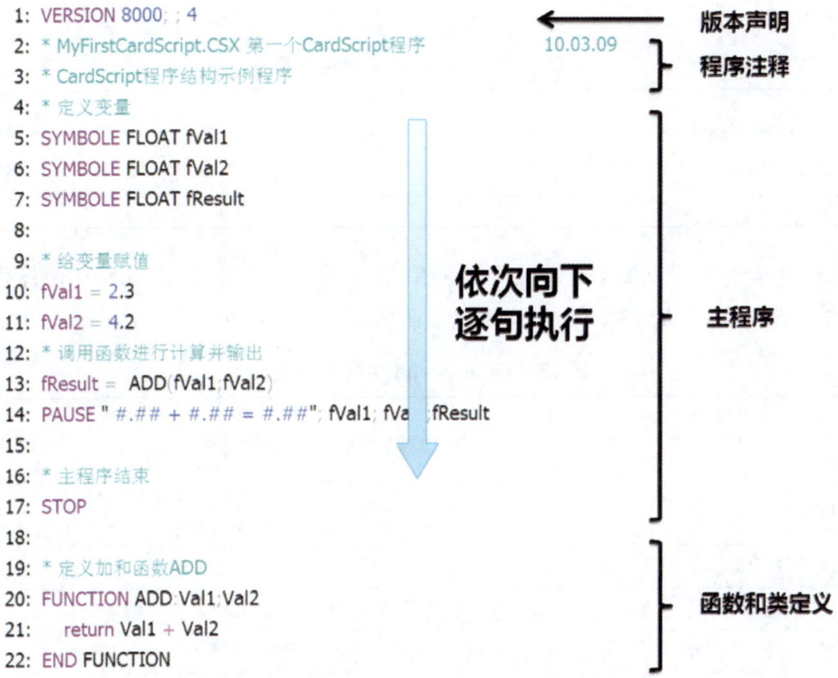

图 13-2　完整的 CardScript 脚本程序结构

13.1.2　CardScript 变量

在 CardScript 中，使用"SYMBOLE"这个关键字来定义一个变量，其中变量命名规则与 VB 中变量命名规则相同。"SYMBOLE"关键字定义变量的格式见表 13-2。

SYMBOLE 数据类型 变量名 1 [(数组大小)] [; 变量名 2 [; ... [; 变量名 *N*]

例如定义数组

SYMBOLE DOUBLE fStationArray(100)

表 13-2　"SYMBOLE"关键字定义变量的格式如下

QPR 数据类型	CardScript 数据类型	数据范围
I * 2	SHORT	−32768～32767
I * 4	LONG	−2147483648～2147483647
R * 4	FLOAT	3.402823e+38～1.401298e−45
R * 8	DOUBLE	1.797693e+308～4.9000000e−324
S * n	CHAR	字符串，字符串的长度由 *n* 指定
*	*	自动数据类型，根据变量的值自动选择具体的数据类型。只能用来表示数值数据

13.1.3　CardScript 数学运算

对于简单的加减乘除数学运算，CardScript 提供了相应的运算符来完成(表 13-3)。当然，也可以在一个语句中连续多次使用运算符对计算进行组合。同时，还可以使用括号“()”改变计算的优先级。

表 13-3　CardScript 中运算符

操作	运算符	操作	运算符
加	+	除	/
减	−	乘方	* *
乘	*		

对于比较复杂的数学运算，例如一个数的取绝对值、开方运算，CardScript 提供了相应的数学函数来满足需求。CardScript 提供的数学函数见表 13-4。

表 13-4　CardScript 中的数学函数

函数名称和参数	说　明
ABS(x)	求 x 值的绝对值
EQUAL(x_1;x_2;t)	检查值 x_1 和 x_2 是否在容许限差 t 内相等； 在判断两个浮点数是否相等或者接近的时候，可以使用这个函数
INT(x)	x 值取整
MOD(x_1;x_2)	求两个数相除(x_1/x_2)的余数
MIN(x_1; . . . ;x_n)	两个值或多个值的最小值
MAX(x_1;. . . ;x_n)	两个值或多个值的最大值
NOT(x)	x 值的逻辑取反
ROUND(x;n)	x 取小数点后 n 位
SQRT(x)	x 值的平方根
LOG10(x)	x 值的对数(log)
LOG(x)	x 值的自然对数(ln)

13.1.4　CardScript 程序控制结构

在 CardScript 中，主要有两种程序逻辑控制结构：条件控制和循环控制。

1. 条件控制

CardScript 中的条件控制就是根据某种条件是否成立来决定代码语句是否执行。通常，条件控制有以下两种形式：

```
IF 条件 THEN
语句 1 |如果条件成立，则执行语句 1
CONTINUE

* 复杂条件控制
IF 条件 THEN
语句 1 |如果条件成立，则执行语句 1
ELSE
语句 2   |如果条件不成立，则执行语句 2
```

CONTINUE

2. 循环控制

在 CardScript 中，循环控制结构主要有三种形式：

- LOOP 循环

  使用索引值(计数器)的变化进行循环，通常用于遍历某个数值范围。

```
LOOP　计数器=起始值;终止值 [;步长]
 * 循环体语句
END LOOP
```

- STATION 循环

  使用桩号的变化进行循环，通常用于遍历某个桩号范围

```
STATION　起始桩号;终止桩号
STATION　起始桩号;终止桩号;"INTERVAL";距离
STATION 起始桩号;终止桩号;"XSECTION"[;横断面线编号]
STATION 起始桩号;终止桩号;"LIST"[;桩号文件编号]
 * 循环体语句
END STATION
```

- WHILE 循环

  使用某个变量是否为 $ NULL 作为循环条件，通常用于遍历某个系统中的所有对象

```
WHILE　循环控制变量=表达式
 * 循环体语句
END WHILE
```

13.1.5　CardScript 函数

函数是在 CardScript 中最经常用到的内容，它就是一个功能包，一个相对独立的函数块，它跟主函数应该是相互独立，没有任何的依赖关系的。它将常用的一些功能封装起来，在使用的时候，只需要调用这个函数就可以。

- 定义函数

```
FUNCTION 函数名:[函数参数 1];[函数参数 2]
函数体
END FUNCTION
```

对于普通的数值类型返回值，可以不必定义返回值的类型。但是对于类和结构体等复杂数据类型，就需要指明返回值的具体数据类型了。

例如：类的对象作为返回值，需要定义返回值类型。

```
FUNCTION {/POINT/} GetPoint:
* …
RETURN $NULL
END FUNCTION
```

- 函数调用

在 CardScript 中，可以调用 CardScript 提供的大量函数，同时也可以将一段经常需要使用

的代码用函数的形式封装起来，以便调用。在 CardScript 中调用函数有两种方式，有返回值的函数和和无返回值函数。

• 调用带返回值的函数

返回值＝函数名(参数 1[;参数 2])

• 无返回值的函数

函数名 参数 1[;参数 2]

13.1.6 CardScript 结构体

结构体就是一个可以包含不同数据类型的数据集合，它是一种可以自己定义的数据类型。

```
* 定义结构体，描述桥的信息
STRUCTURE/BRIDGE/
SYMBOLE DOUBLE fSTAStart
SYMBOLE DOUBLE fSTAEnd
SYMBOLE CHAR strName
END STRUCTURE
```

完成结构体的定义后，就可以像普通数据类型一样使用结构体作为新的数据类型了。例如，可以用“SYMBOLE”关键字定义结构体的变量和数组：

```
SYMBOLE /BRIDGE/ aBridge|定义一个结构体变量
```

使用结构体

```
* 给结构体的属性赋值，让它表示"开道万大桥"
aBridge. fSTAStart＝100
aBridge. fSTAEnd＝310
aBridge. strName＝"开道万大桥"
```

13.1.7 CardScript 类

类(Class)是具有相似内部状态和运动规律的实体的集合(或统称、抽象)。对于一个具体的类，它有许多具体的个体，就管这些个体叫做“对象”。类的内部状态是指类集合中对象的共同状态；类的运动规律是指类集合中对象的共同运动规律。

1. 定义类

跟结构体的定义相类似，在 CardScript 中，可以使用关键字“CLASS”和“END CLASS”来定义一个类：CLASS/类名/

```
* 属性
SYMBOLE 数据类型 变量名
* ...
* 行为
FUNCTION 函数名:[参数 1;参数 2]
END FUNCTION
* ...
END CLASS
```

其中，使用“CLASS”和“END CLASS”关键字表示一个类定义的开始和结束。在“CLASS”关键字之后，是类的名字。类名的命名规则跟 CardScript 中变量的命名规则相同。

在类的内部，首先使用“SYMBOLE”关键字定义各种普通数据变量，用来表示类的各种属性。同时，使用“FUNCTION”关键字定义函数，表示类的行为。在定义类中函数的时候，有两个函数名为“Construction”和“Destruction”的特殊函数，被称为构造函数和析构函数。当使用关键字“NEWOBJECT”创建类的对象的时候，构造函数“Construction”会被自动调用，可以利用这个机会，在构造函数中完成一些类的初始化工作，在类对象被销毁的时候，析构函数“Destruction”会被自动调用，可以再其中完成一些善后工作，比如关闭打开的文件，输出一些报告信息等。

2. 使用类

完成一个类的定义后，就可以在 CardScript 中使用这个类来表示一个具体的工程对象了。跟结构体相似，还是使用“SYMBOLE”关键字来定义一个类对象。跟结构体不同的是，对于自定义的类和部分 CardScript 提供的辅助类，需要使用“NEWOBJECT”关键字来创建对象。例如下面代码是是类的使用。

```
* 定义类的对象
SYMBOLE /FILEREADER/ nFileReader
SYMBOLE /LINE/ nLine

* 使用 NEWOBJECT 关键字创建对象
nFileReader= NEWOBJECT /FILEREADER/ | 创建自定义类的对象
nLine = NEWOBJECT /LINE/            | 创建辅助类/LINE/的对象
* 设置线的起始点和终止点
nLine. SetPosition(0;0)
nLine. SetPosition2(3;4)

* 得到辅助线的垂线
nCrossLine = nLine. GetCrossLine(10 )
* 显示垂线
nCrossLine. Draw()
```

13.2　CardScript 创建人性化的对话框

在工程应用中，CardScript 的执行跟用户交互关系非常大，比如在统计轴线工程量的时候，可能需要用户选择计算的轴线，或者是进行横断面戴帽的时候，可能需要用户选择横断面线号等，这些都需要对话框界面来完成。

CardScriptUI 是对 CARD/1 新的开发语言 CardScript 的扩展，专门用来构建标准 Windows 用户界面的扩展库。在 CardScriptUI 中，提供了构建对话框所想要的多个类，包括/UIFORM/，/CTRLEDITBOX/，/CTRLRADIO/等。同时，CardScriptUI 使用面向对象的思想构建，使得它的开发更加简单和易于理解。每个窗体和控件都是各自独立的对象，通过操作这些对象，来实现窗体的构建和用户输入数据的获取。

现在以产生桩号列表对话框为例，来介绍对话框的创建。

以前利用 QPR 设计的 Windows 窗口界面，古板、不方便、支持的控件太少无法支持丰富的用户交互操作、不能用鼠标只能按 Enter 键。如图 13-3 所示。

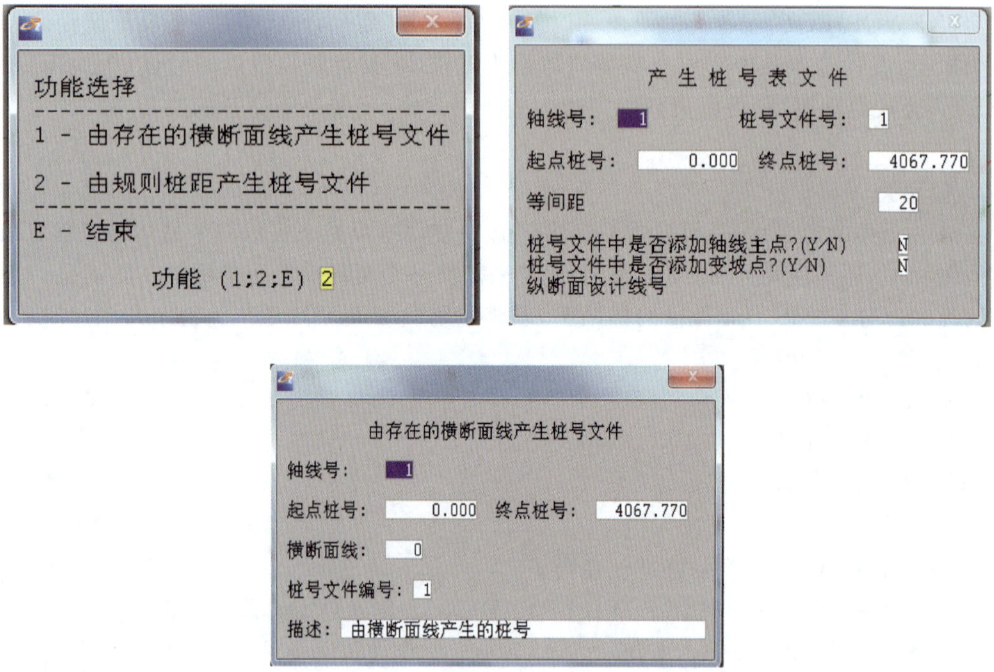

图 13-3　产生桩号文件对话框界面

现在用 CardScriptUI 实现更加人性化的对话框，针对 Card/1 系统存在门槛高、入门难、不易掌握的问题，在开发过程中尽量通过对话框来封装数据文件，用菜单对设计功能和数据文件进行选择，操作简单界面友好。成桩号文件表实现结果如图 13-4 所示。

以下详细介绍实现生成桩号文件表对话框的过程。

* *

* * 函数功能：从窗口中输入相应的参数，获得生成桩号文件的参数。

* * 参数 1：nAxesNo 代表输入的轴线号

* * 参数 2：fStartStat 代表轴线的起点桩号

* * 参数 3：fEndStat 代表轴线的终点桩号

* * 参数 4：StaNum 代表桩号文件编号

* * 参数 5：bDefault 代表工程选择参数

* * 参数 6：EquiDistant 代表等间距

* * 参数 7：PriPoint 代表桩号文件添加主点

* * 参数 8：fStartStat 代表桩号文件添加边坡点

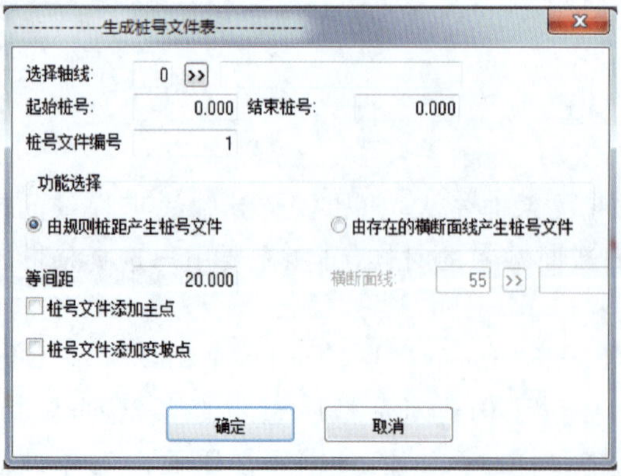

图 13-4　基于 CardScriptUI 实现的更加人性化对话框

```
* *参数 9：fEndStat 代表横断面线
* *返回值:无
    函数名称及参数为：
    FUNCTION    GetStaFileInfo：nAxesNo；fStartStat；fEndStat；StaNum；bDefault；
EquiDistant；PriPoint；SlopPoint;CrossSec
    定义各种对象：
SYMBOLE /UISYS/ objUISys              |创建一个窗口系统对象
    SYMBOLE /UIFORM/ objUIForm    |创建一个窗口对象
    SYMBOLE /CTRLAXESSEL/ CtrlAxesSelEx |创建一个获取轴线及起终点桩号的对象
    SYMBOLE /CTRLCHECKBOX/ CtrlCheckBox1;CtrlCheckBox2
  |CtrlCheckBox1 为桩号文件添加主点按钮,CtrlCheckBox2 为桩号文件添加变坡点按钮
SYMBOLE /CTRLRADIO/ CtrlRadio1      |功能选择,由规则桩距产生桩号文件按钮
SYMBOLE /CTRLRADIO/ CtrlRadio2      |功能选择,由存在的横断面线产生桩号文件按钮
SYMBOLE /CTRLEDITBOX/ CtrlEditBoxInt1       |桩号文件编号
SYMBOLE /CTRLEDITBOX/ CtrlEditBoxint2       |横断面线
SYMBOLE /CTRLEDITBOX/ AddEditBoxDbl        |等间距
SYMBOLE /CTRLGROUPBOX/ CtrlFSGroupBox |功能选择组
    SYMBOLE CHAR ! PriPoint;! SlopPoint   |! SlopPoint 桩号文件添加变坡点变量
    SYMBOLE /CTRLPROFSEL/ CtrlProfLnSel|横断面线选择文件点变量;
    获得 UI 子系统,并创建窗口文件：
    objUISys = Project. GetUISys()
IF objUISys == $NULL THEN
STOP REPORT "无法创建或获取窗口系统对象!"
CONTINUE
! DlgTitle = "-------------生成桩号文件表-------------"
nWidth = 450
nHeight = 300
objUIForm = objUISys. CreateForm(nWidth;nHeight;! DlgTitle)
IF objUIForm == $NULL THEN
STOP REPORT "窗口创建失败!"
    ELSE
|在窗口中添加对象：
CtrlAxesSelEx = objUIForm. AddAxesSelEx(10;10;330;20;nAxesNo; fStartStat;fEnd-
Stat)  |创建一个获取轴线及起终点桩号的对象
! TextInfo = "桩号文件编号"
cx = T_LONG( ! TextInfo ) * 10
objUIForm. AddText(10;60;cx;20;! TextInfo)
CtrlEditBoxint1 = objUIForm. AddEditBoxint(90;60;80;40;1)
CtrlFSGroupBox = objUIForm. AddGroupBox(10;90;430;60;"功能选择")
```

```
CtrlRadio1= objUIForm. AddRadioGroup(10;120;200;20;"由规则桩距产生桩号文件";1)
CtrlRadio2= objUIForm. AddRadio(240;120;200;20;"由存在的横断面线产生桩号文件";0)

! TextInfo = "等间距"
cx = T_LONG( ! TextInfo ) * 10
objUIForm. AddText(10;160;cx ;20;! TextInfo)
AddEditBoxDbl= objUIForm. AddEditBoxDbl(90;160;80;40;20)

! TextInfo = "桩号文件添加主点"
cx = T_LONG( ! TextInfo ) *7
CtrlCheckBox1= objUIForm. AddCheckBox(10;180;cx ;20;! TextInfo)
! TextInfo = "桩号文件添加变坡点"
cx = T_LONG(! TextInfo ) * 7
CtrlCheckBox2= objUIForm. AddCheckBox(10;210;cx ;20;! TextInfo)
objUIForm. AddProfLineSel(240;160;380;20;1;55)
CtrlProfLnSel. BindAxesSel( CtrlAxesSelEx )

        将与"由规则桩距产生桩号文件"相关的对象用/CHECKBOX/子控件的添加。
        * 绑定
CtrlRadio1. AddChild(CtrlAxesSelEx)
CtrlRadio1. AddChild(CtrlCheckBox1)
CtrlRadio1. AddChild(AddEditBoxDbl)
CtrlRadio1. AddChild(CtrlCheckBox2)
CtrlRadio2. AddChild(CtrlProfLnSel)
CtrlRadio2. AddChild(CtrlAxesSelEx)
将窗口显示到屏幕上。
nRet = objUIForm. DoModal()   |将窗口显示到屏幕上
    读取控件的值,获得输入
IF (1 == nRet) THEN | 如果点击"确定"或"OK"按钮,则返回值 nRet 为 1,即用户确认程序继续运行
nAxesNo = CtrlAxesSelEx. GetAxesNum()
fStartStat = CtrlAxesSelEx. GetSTAStart()
fEndStat = CtrlAxesSelEx. GetSTAEnd()
StaNum=CtrlEditBoxInt1. GetInt()|桩号文件编号

IF CtrlRadio1. GetCheck()==1 THEN
bDefault=2
CONTINUE
IF CtrlRadio2. GetCheck()==1 THEN
```

```
bDefault=1
CONTINUE
EquiDistant=AddEditBoxDbl. GetDbl()   |等间距
PriPoint= CtrlCheckBox1. GetCheck()   |桩号文件添加主点
SlopPoint=CtrlCheckBox2. GetCheck()   |桩号文件添加变点
CrossSec =CtrlEditBoxInt2. GetInt()   |横断面线

*若未选择轴线,给您信息提示,最后结束函数
IF (0 == nAxesNo) THEN
STOP REPORT "您未选取任何轴线!"
ELSE
RETURN
CONTINUE
ELSE    | 如果点击了"取消"或"Cancel",则停止程序的运行
STOP
CONTINUE
CONTINUE

END FUNCTION
```

调用函数

GetStaFileInfo

[IA];[fStartStat];[fEndStat];[STA_NR];[IFUNC];[RegularDistance];[L_YesOrNo];[G_YesOrNo];[P] 将参数传递到生成桩号文件程序代码中,执行 CSX00001. CSX,即可生成 STA00101. CRD 桩号文件。

第十四章　CARD/1 设计效果三维可视化

近些年，随着我国铁路建设事业的迅速发展，对铁路的设计不再局限于单纯的几何设计和结构设计，而是强调铁路三维实体的整体设计，设计理念不再仅仅是为通达为目的，而是同时注重铁路与环境的协调性、美观性，使铁路构造物巧妙的融入到周围的环境之中。同时铁路线路三维可视化对于方便铁路设计方案审查、提高设计质量有着重要的作用。

14.1　CARD/1 三维可视化实现方法

CARD/1 系统提供了开放的二次开发平台，利用其内部的开发函数可以进行二次开发，编写动画文件(MODnnnaa. crd)（CARD/1 内部称之为开发文件）。通过改变多种参数，实现对三维行驶动画的各种渲染。

CARD/1 系统中采用表面模型作为模型表示方法。这种模型是用有向棱边围成的部分（区域）来定义物体表面，即用若干空间平面或曲面来模拟物体的表面特征，方便渲染、着色。通过将横断面设计线和地面线合并来进行铁路和地形的模拟显示，可产生较好的模拟效果。

利用 CARD/1 设计软件实现路线三维设计是目前实现三维动画设计的较好方法，他的实现方法是在完成传统的路线平面布线、纵面拉坡设计和横断面戴帽子设计以后，利用数据库中的平、纵、横数据，通过用户编辑一个模型建立文件（文件：MODaaann. CRD；aaa 为轴线，nn 为建立模型号）。该文件包含通知程序的命令，告诉程序如何使用哪些对象来丰富行驶模拟的视觉化。除此之外，无需进行其他的渲染工作即可实现铁路三维可视动画，如果在设计中，采用了三维数字地面模型进行路线优化设计，那么，在生成的三维动画中就可看到铁路沿线的地貌，实现真正的铁路全景动画，所以，利用 CARD/1 设计软件实现线路三维设计关键就是在进行完线路设计后，利用三维动画开发命令，编写模型建立文件，运行即可得到三维动画。利用 CARD/1 设计软件实现三维动画设计，对于设计方案修改时，无须进行任何工作，只要修改完路线平、纵、横设计，直接运行模型建立文件即可，提高了工作效率，使设计人员把主要精力放在设计方案的优化上，减少了大量的电脑操作，大大的提高了铁路的设计质量。

14.2　三维可视化实例

某铁路在完成线路平、纵、横设计后，可以直接使用平、纵、横数据定义模型，因为三维行驶模拟是 CARD/1 集成系统的一个子模块。对于当前数模环境下建立相应轴线的一个动画程序(MODaaann. CRD)模型文件，定义模型边界及渲染参数，即可观看行驶模拟动画，不生成静态数字地面模型，程序具有“边看边算”的特征，所以不受线路长度的限制，且可以轻松实现机车的添加，检查设计的时候可以考虑到更多的因素，如图 14-1 所示。

图 14-1　CARD/1 三维动画行驶模拟

三维行驶动画交互窗口提供了用户交互区，在行驶过程中，项目的平、纵、横等设计数据及信息可以同屏显示，方便工程师对设计的准确把握和检查。如图 14-2、图 14-3 所示。

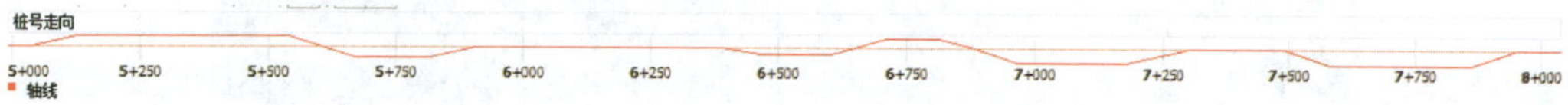

图 14-2　桩号走向

允许打开或关闭各种材质，如云层、防护栏、植被等材质对象(图 14-4)，显示不同效果的三维场景。当各种材质都显示时，如图 14-5 所示，当云彩关闭时，如图 14-6 所示。

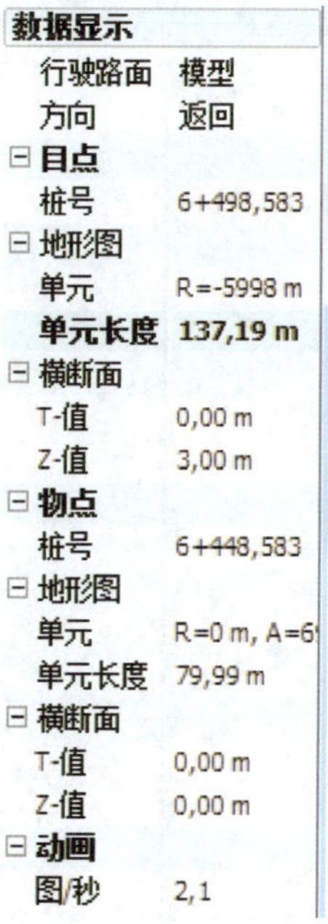

图 14-3　数据显示信息

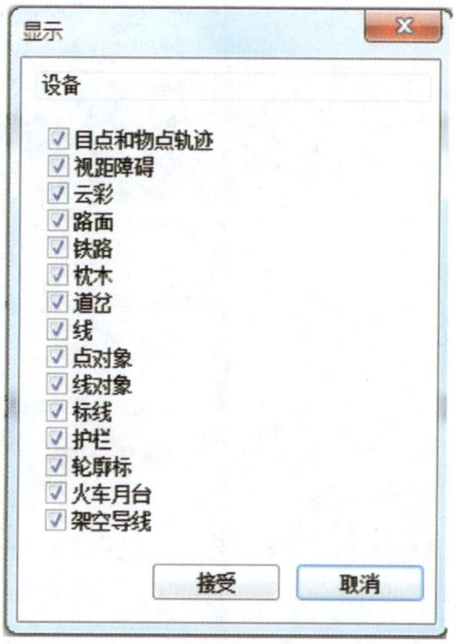

图 14-4　三维场景显示控制

图 14-5　各种材质都显示

图 14-6　没有云彩的显示

可以对动画显示做一定的调整，如图 14-7 所示。例如，可以对行驶的方向进行调整，沿着设计轴线的桩号方向为动画的去程（图 14-8），反之为动画的返程（图 14-9）；同时也可以设置动画漫游速度。

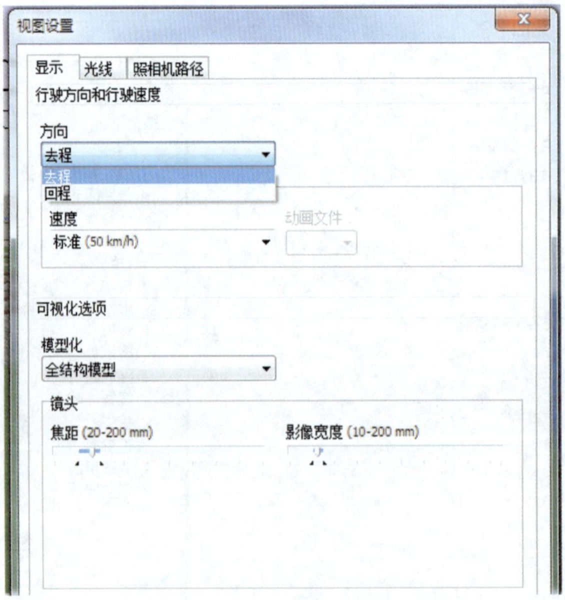

图 14-7　视图设置对话框

图 14-8　去程线路行驶方向

图 14-9　返程路线行驶方向

对模型的显示也可以进行调整，可视化模型选项有三种，全结构模型、栅格模型、全结构模型和栅格模型。如图 14-10 所示。

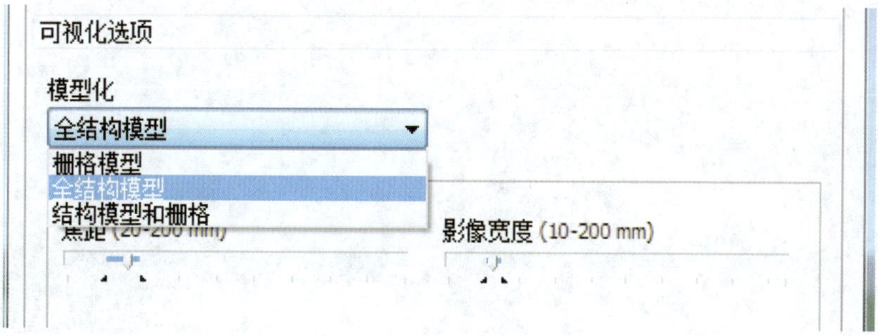

图 14-10　可视化模型化选择

当选择为全结构模型时，运行图如图 14-11 所示；若选择栅格模型时，运行图如 14-12 所示；若选择全结构模型和栅格模型时，运行图如 14-13 所示。

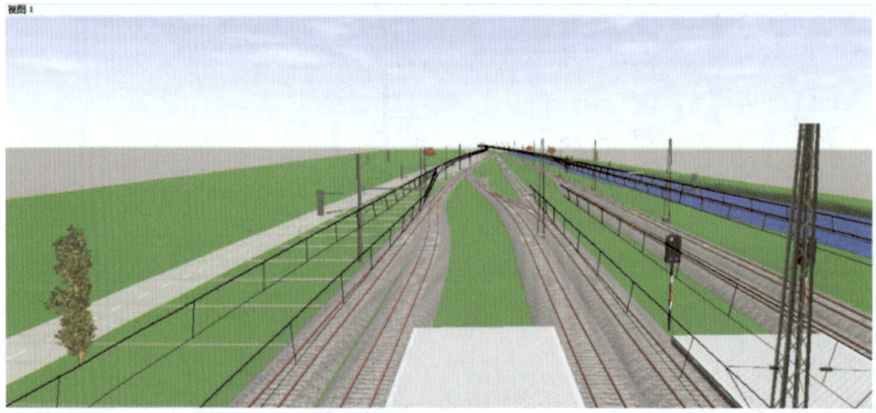

图 14-11　全结构模型

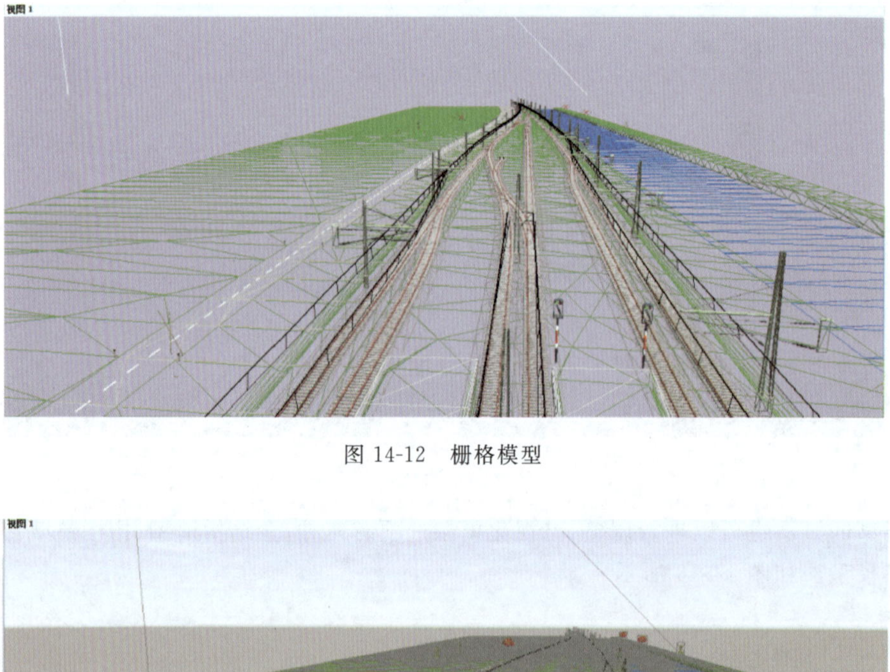

图 14-12　栅格模型

图 14-13　全结构模型和栅格模型

启动动画观看过程后,摄像机焦距范围为 20～200 mm,摄影宽度 20～200 mm、目标点位置和行驶速度均可随时修改。图 14-14 和图 14-15 显示了不同焦距下的效果。

图 14-14 焦距为 140 mm 图像

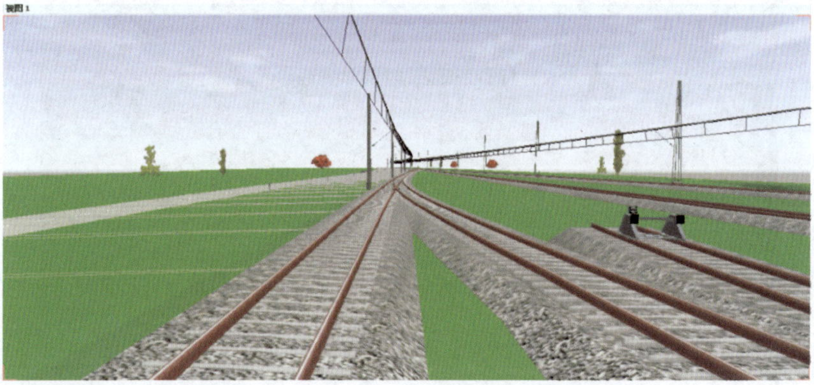

图 14-15 焦距为 40 mm 图像

预先设定的光照强度将作用于全局照明，推荐的范围（配上灰色）为 70%～95%。在视觉显示中，或者均匀地进行照明，或者激活模型照明，按照光线（日光）方向作阴影显示。发散光线为 100%时如图 14-16 所示，发散光线为 20%时如图 14-17 所示。还可以调整雾的颜色和雾的浓度，当选择雾颜色为红色，设置一定的浓度时如图 14-18 所示；同时还可以设定某个城市、某个时间段的光照情况等。

通过照相机路径，可以调整摄像机位置、目标点位置，如图 14-19 所示。当目点为 2 m、9 m，物点为 0 m、10 m 时，图像如图 14-20～图 14-23 所示。

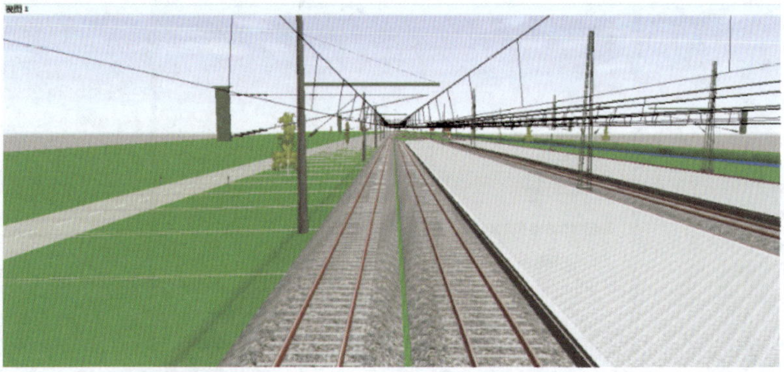

图 14-16 发散光线为 100%

图 14-17　发散光线为 20%

图 14-18　雾的颜色为红色

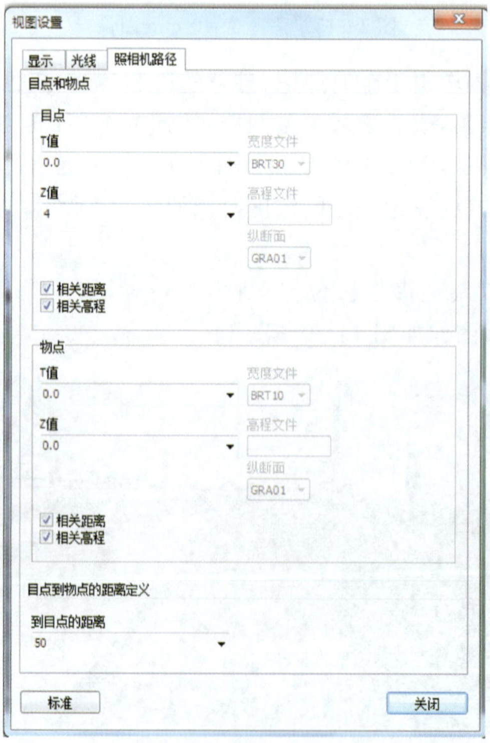

图 14-19　照相机路径设置

图 14-20　目点 z 为 2 m 图像

图 14-21　目点 z 为 9 m 图像

图 14-22　物点 z 为 0 m 图像

图 14-23　物点 z 为 10 m 图像

动画模拟建立文件为文本格式，其作用是指定模型面数据源、布设线路附属设施及各材质参数等，很方便修改，所以可以随时调整参数，观看到不同渲染效果；另外，该文件按文件号管理，每个轴线可建立多达 99 个不同文件，可以实现任意方案下的成果漫游。

动画建立文件具有复用性，易用、易维护。修改设计后不必修改关联的动画建立文件，可直接启动动画生成过程，同类型工程项目间也可直接复用动画建立文件，不仅周期短，而且不需要专业动画制作人员参与。

可以将动画转为 BMP 格式效果图和 AVI 格式影片，在 CARD/1 动画模型基础上可以利用专业的非线性编辑软件对动画模型进行少量编辑，如实景添加、背景音乐、辅助效果等，使动画更加逼真，适用于项目方案汇报和工程投标。

第十五章　CADR/1 应用实例

本章主要介绍用 CARD/1 软件设计长春—双阳—烟筒山(长双烟)铁路和上海磁悬浮整个设计过程,其中包括数模的生成、平面线设计、纵断面拉坡设计、横断面带帽子设计,最终完成图表的生成。

15.1　长双烟铁路设计

长双烟铁路北起长春市龙泉北站,南至沈吉线烟筒山站,新建铁路全长近 94 km,2005 年 9 月开工建设,2008 年 7 月 12 日建成通车,为一级地方铁路,国铁Ⅱ级单线铁路。是东北第一条铁路与地方合资建设铁路,全线年最大输送能力达 1 410 万 t。该线共设有龙泉北、泉眼、奢岭、双阳、山河、五家子 6 个车站,大小桥梁 72 座,涵洞 262 个。长双烟铁路建成后,成为哈大线和沈吉线间的联络线,将长春至吉林省东南部地区的运输距离缩短 114 km,提高了区域综合运输能力和效率。长双烟铁路地里位置示意图如图 15-1 所示。

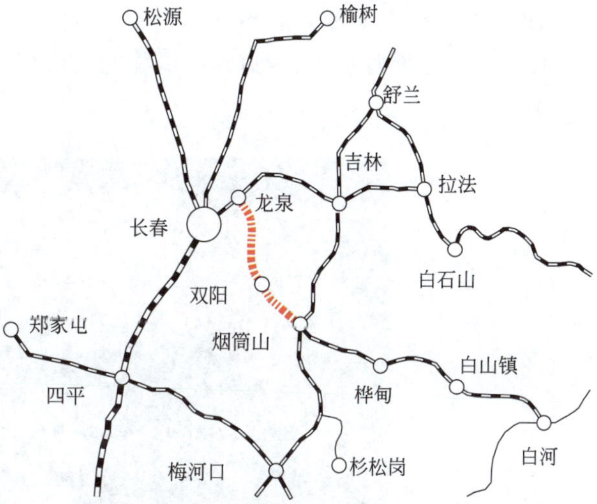

图 15-1　长双烟铁路地理位置示意图

15.1.1　数字地面模型生成

首先建立一个长双烟铁路项目,将长双烟地形数据(DWG 格式)导入到该项目下,按照第九章所述,将地形数据转化为 CARD/1 的格式数据。

然后新建一个数模,命名为 001,这是建立数模点和数模线。数字地面模型的建立最基本的地形数据类型有两种,即地形高程点和断裂线数据,断裂线指地形特征线,如山脊线、沟心线、陡坎上、下坎线、坡顶线、坡脚线等。在 CARD/1 里面数模点和地形点是用的同一个数据库,所以只要进行标记数模点和断裂线,将其添加到数据库中即可完成建模数据的准备,同时要考虑控制点也应作为建模数据。

经过数模数据检查排错,执行构网,即可生成三角网数模,如图 15-2 所示。

建好数模后,可以在空间视图里面欣赏成果。所谓数字地面模型空间视图是指利用数字地面模型生成所选范围内的三维可视化地形。此功能在没有卫星图片的情况下可以帮助设计者简单快速的全面了解地形起伏状况,并且能检查出数模构建的准确性。同时可以对多个数

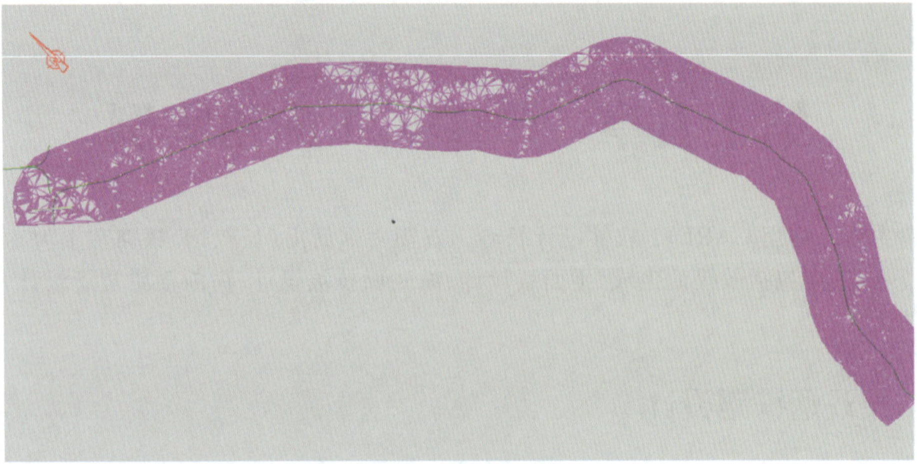

图 15-2　建立的三角形数模

字地面模型进行空间叠加，如：将真实地面的空间视图和设计道路的空间视图叠加为三维实景模型，而且还可以叠加桥梁、隧道等构造物的三维模型。该线路地形数模空间视图如图 15-3、图 15-4 所示。

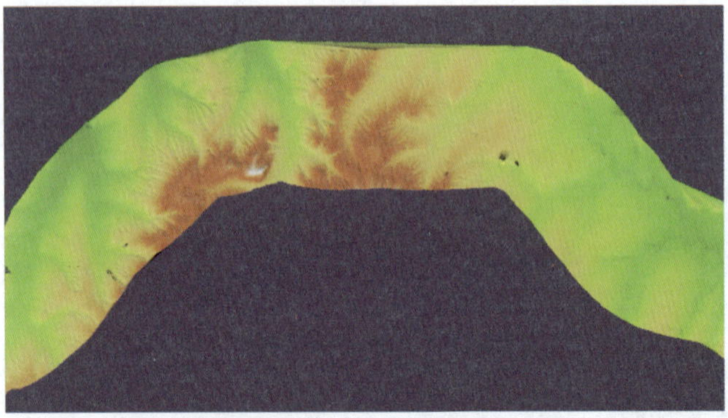

图 15-3　数模空间视图（局部）

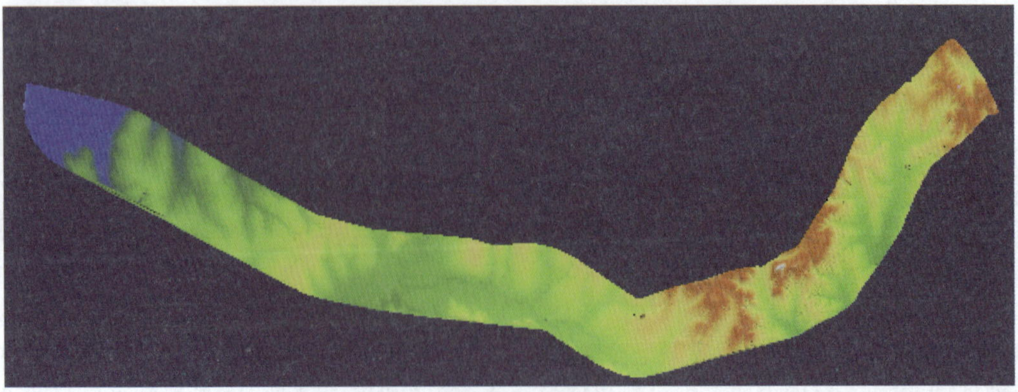

图 15-4　数模空间视图（整体）

15.1.2 平面设计

CARD/1 平面设计能够完成传统的交点法和积木法设计等，但 CARD/1 的精髓是曲线法设计，它是目前国际上流行的设计方法，曲线法设计线路能够更好的适应地形。

首先新建一条长双烟铁路轴线，编号为 1 号，轴线属性如图 15-5 所示。桩号显示为断链桩号，在设计线路时考虑断链。

单击“下一步”按钮，弹出轨道轴线窗体，对轨道轴线参数设置，如图 15-6 所示。

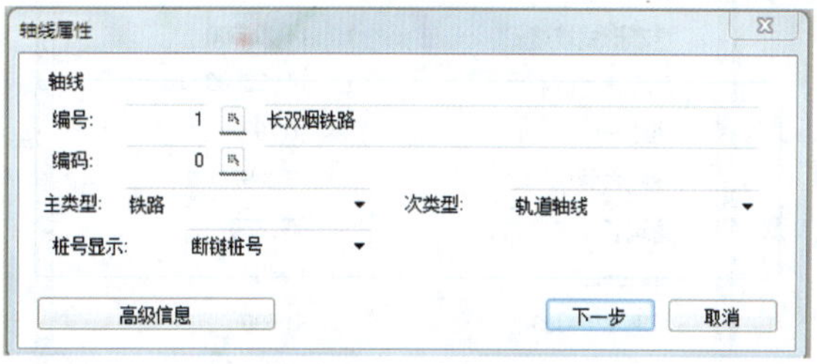

图 15-5 轴线属性

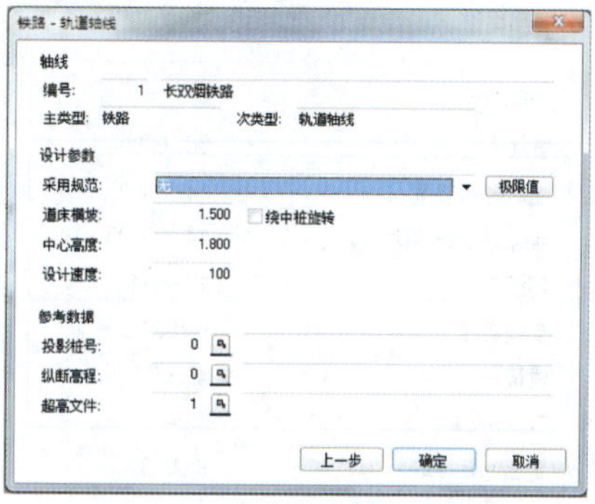

图 15-6 轨道轴线参数设置

然后按照前面平面设计章节介绍的建立轴线单元方法，例如 2 点定位、2 点及支距定位、拟合单元、相对轴线建立单元、指定圆心及半径、拷贝已知单元、平行轴线单元、加宽渐变单元、插入圆弧单元等来建立轴线单元，并且实现定位连接，如果建立的轴线单元不合适，可以通过单元的添加、删除、移动、加长、单元点、连接方向、半径、缓和曲线等功能来完成修改。最终就完成轴线的建立即铁路平面设计。如图 15-7 所示。

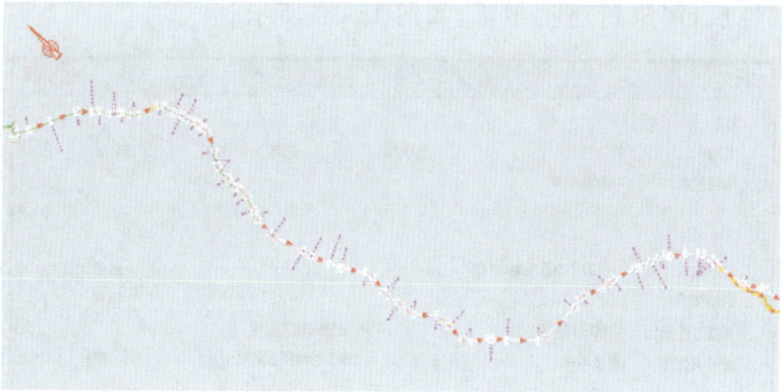

图 15-7 平面设计线

完成了轴线设计，要进行车站道岔的布置。CARD/1 有丰富的道岔库，并允许用户自定义任意形式的道岔以满足站场设计，包括单开、双开、三开、交分、复式交分道岔以及磁悬浮特殊道岔。自动计算道岔点和警冲标位置，改变道岔位置，与道岔相关的平面设计自动计算更新。

长双烟铁路线路在吉林省长春市二道区泉眼镇设置了泉眼站，泉眼车站Ⅰ股道上布置两个单开道岔，两个均选择道岔为 49-500-1：14；泉眼车站 3 股道选择道岔为 49-500-1：14 和 49-5300-1：14。布置道岔时只需要给出桩号，从道岔库中选择合适的道岔即可完成道岔的布置，前面章节有具体介绍。道岔属性如 15-8、图 15-9 所示。

图 15-8　49-500-1：14 道岔属性

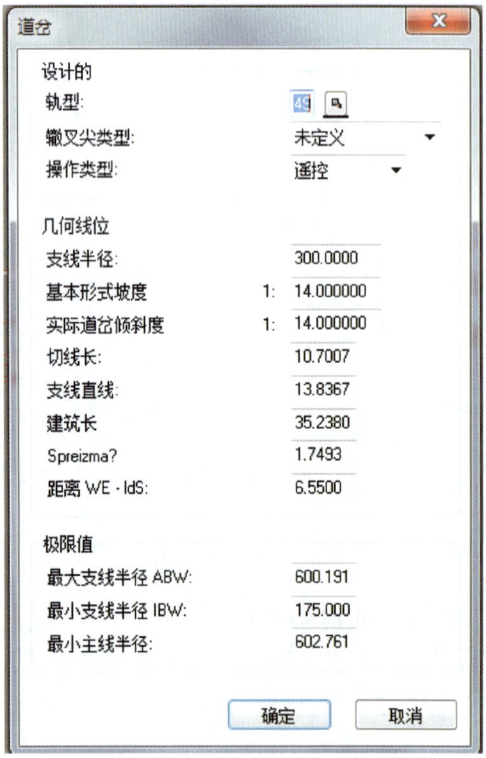

图 15-9　49-300-1：14 道岔属性

设置好道岔属性后，可进行道岔布置，如图 15-10 所示。

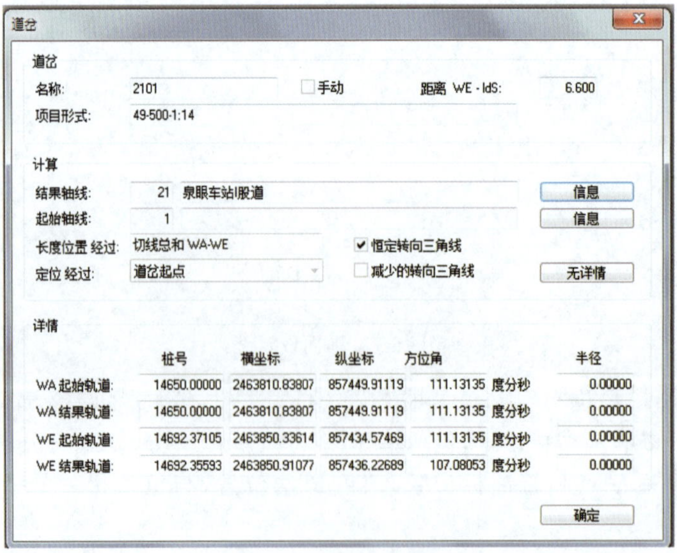

图 15-10　道岔布置

最终泉眼站布置好的道岔如图 15-11 和图 15-12 所示。其他车站道岔布置方法相同。

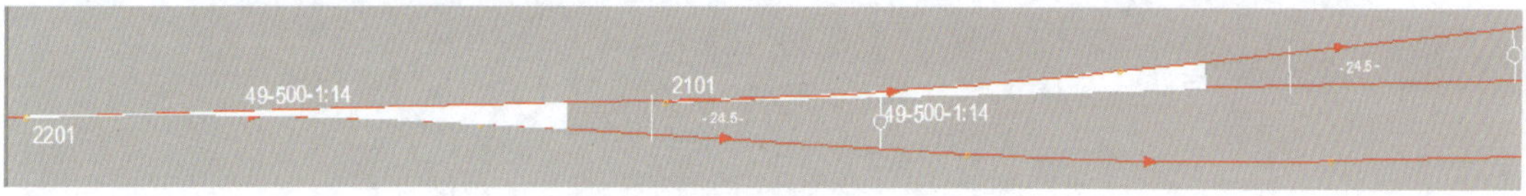

图 15-11 泉眼站站线局部图

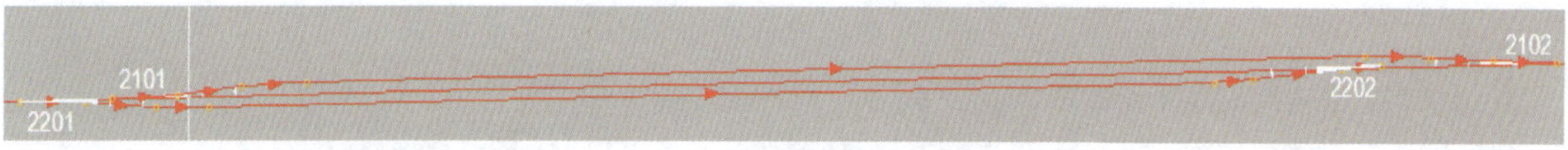

图 15-12 泉眼站站线整体图

15.1.3 纵断面设计

在完成了长双烟铁路线路平面设计后，在数模里面将设计轴线的纵断面地面线切取出来，数模采集地面线对话框设置如图 15-13 所示。

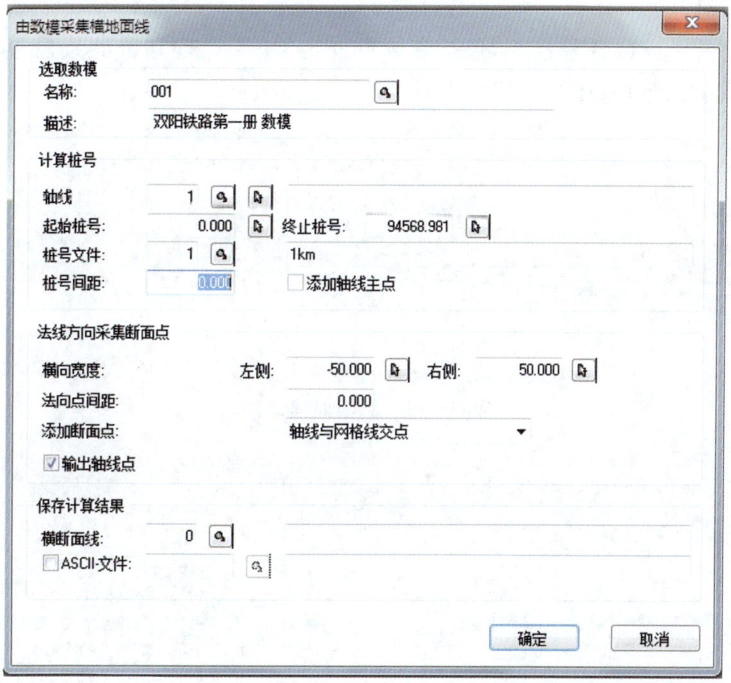

图 15-13 采集地面线对话框设置

从数模中切取的地面线如图 15-14 所示。然后新建一条纵断面线 01，在地面线上按照规范要求进行拉坡设计。

变坡点设计——在屏幕上根据纵断面地面线拾取，也可以直接输入桩号等相关参数，在右侧菜单，可以选择要捕捉其他特殊点相应内容，详细见前文介绍；设计线路边坡点如图 15-15 所示。

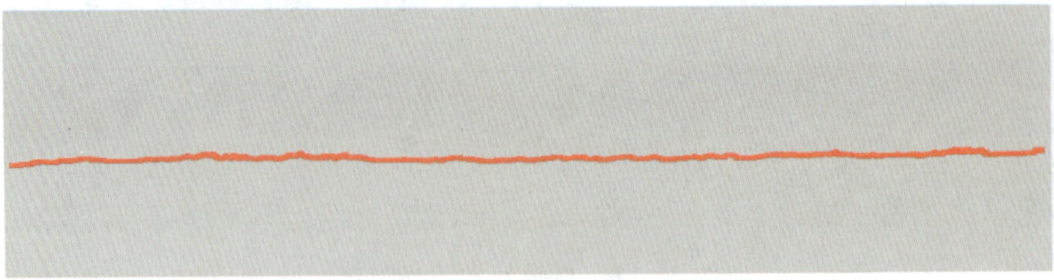

图 15-14　纵断面地面线

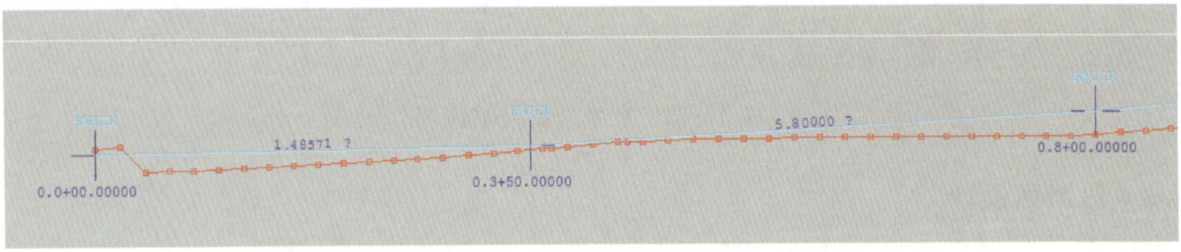

图 15-15　边坡点设计

内插竖曲线——边坡点设计完成后，在边坡点处直接插入竖曲线，并选择曲线类型、输入半径或直接拖拽即可。

纵断面设计可以进行各种修改，包括变坡点处理、切线处理和竖曲线设置等，最终完成线路纵断面设计，如图 15-16、图 15-17 所示。

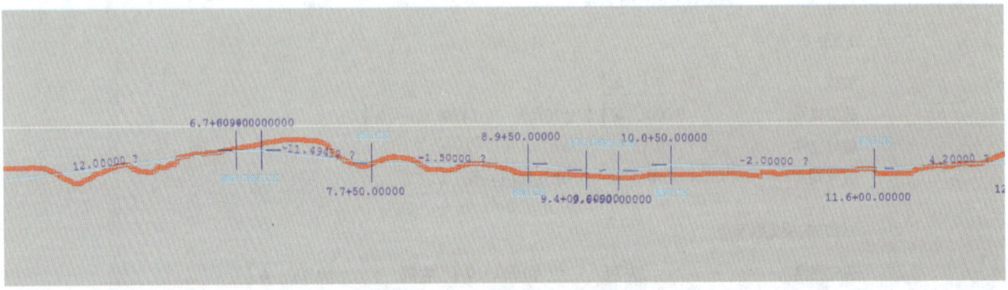

图 15-16　纵断面局部图

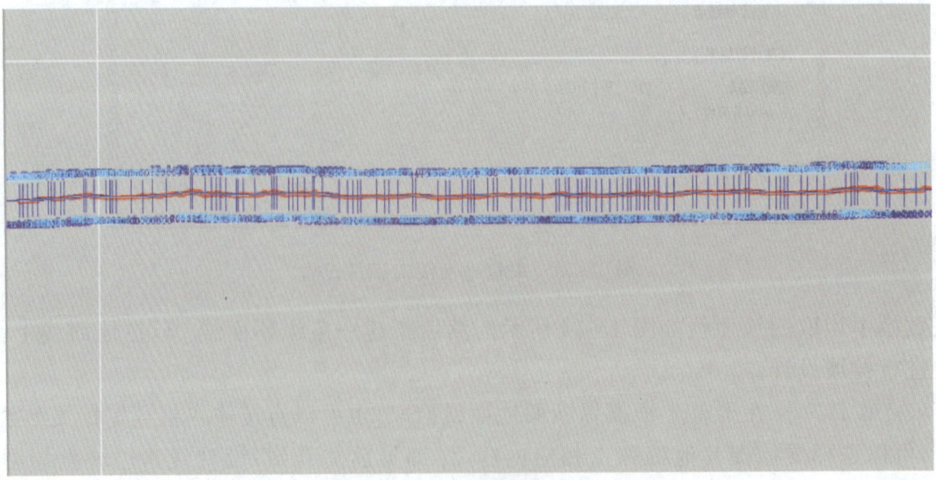

图 15-17　线路纵断面设计

竖曲线内插完成后，编制桥涵资料 QZL001. DAT 和车站数据文件 STA001. DAT。

前面已经介绍编制桥涵资料 QZL001. DAT 和车站数据文件 STA001. DAT 的规则，只需要按照 CARD/1 提供的格式将其一一写入 CARD/1 编辑器中或者是记事本中保存即可完成桥涵和车站的布置。

编制桥涵资料格式：中心桩号，角度，扣除长度，类型，孔数孔径，文字说明，设计水位或涵底设计标高，0 或 1 或－1。其中每桥一行，注意分隔符为半角分号。

以下是长双烟铁路桥资料：

```
4582,80,12,"qx","1-8m","立交公路桥",0,0
6202,90,88.8,"ql","2x40m","立交铁路桥",0,0
7085,80,0,"qx","3x10m","立交公路桥",0,0
9718,90,59.04,"ql","3x16m","铁路简支梁桥",0,0
12890,128,0,"qx","3x10m","立交公路桥",0,0
16144,55,0,"qx","3x10m","立交公路桥",0,0
22693,45,31,"ql","1x20m","立交铁路桥",0,0
35557,90,47,"ql","3x12m","铁路简支梁桥",0,0
43850,90,243.2,"ql","14x16m","铁路简支梁桥",0,0
47017,75,0,"qx","3x10m","立交公路桥",0,0
47650,90,73,"ql","5x12m","铁路简支梁桥",0,0
48895,120,73,"ql","2x32m","立交铁路桥",0,0
52755,115,0,"qx","3x10m","立交公路桥",0,0
54705,90,60,"ql","3x16m","铁路简支梁桥",0,0
56837,71,0,"qx","3x10m","立交公路桥",0,0
58165,90,34.48,"ql","2x12m","铁路简支梁桥",0,0
59201,60,0,"qx","3x10m","立交公路桥",0,0
59918,90,60.6,"ql","4x12m","铁路简支梁桥",0,0
64400,100,0,"qx","3x13m","立交公路桥",0,0
67780,90,93.2,"ql","5x16m","铁路简支梁桥",0,0
70113,43,0,"qx","3x10m","立交公路桥",0,0
72910,80,0,"qx","3x10m","立交公路桥",0,0
75490,90,0,"qx","3x10m","立交公路桥",0,0
79541,90,34.5,"ql","2x12m","铁路简支梁桥",0,0
83302,90,34.5,"ql","2x12m","铁路简支梁桥",0,0
86648,90,0,"qx","3x10m","立交公路桥",0,0
87290,90,38,"qx","3x10m","立交公路桥",0,0
90160,90,43.5,"ql","2x16m","铁路简支梁桥",0,0
91810,75,0,"ql","3x13m","立交公路桥",0,0
```

桥涵资料编制如图 15-18 所示。

长双烟铁路沿途设泉眼、奢岭、双阳、山河、五家子等 5 个车站，预留文化庄、尹家和佟家三个站，编制车站资料 STA001. DAT 格式(根据程序编制来确定格式)。

格式:桩号,车站名称,车站类型

编制车站资料 STA001.DAT

0,龙泉,3

15100,泉眼,5

24100,文化庄,4

36315,奢岭,3

45675,尹家,4

55235,双阳,3

70850,佟家,3

82310,山河,3

91320,五家子,3

车站资料编制如图 15-19 所示。

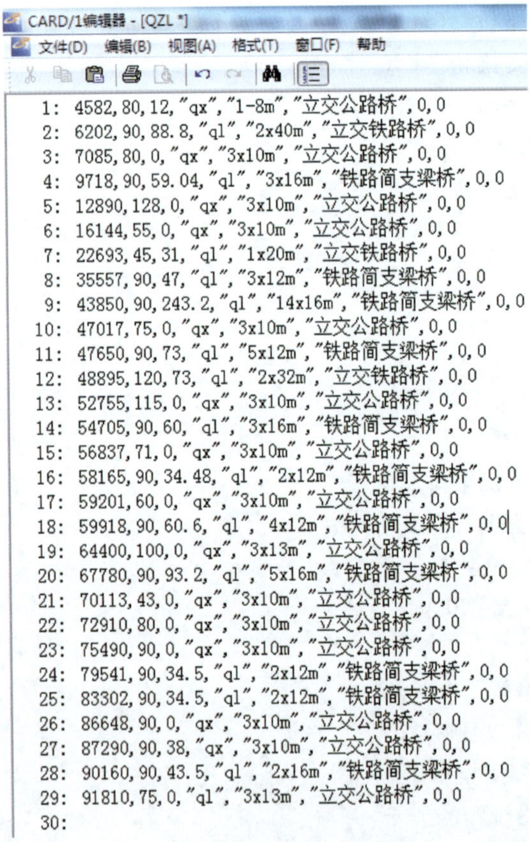

图 15-18 桥涵资料编制

图 15-19 车站资料编制

15.1.4 横断面设计

横断面设计包括横断面地面线设计和横断面设计线设计。该铁路线路由数字地面模型生成横断面地面线,如图 15-20 所示。

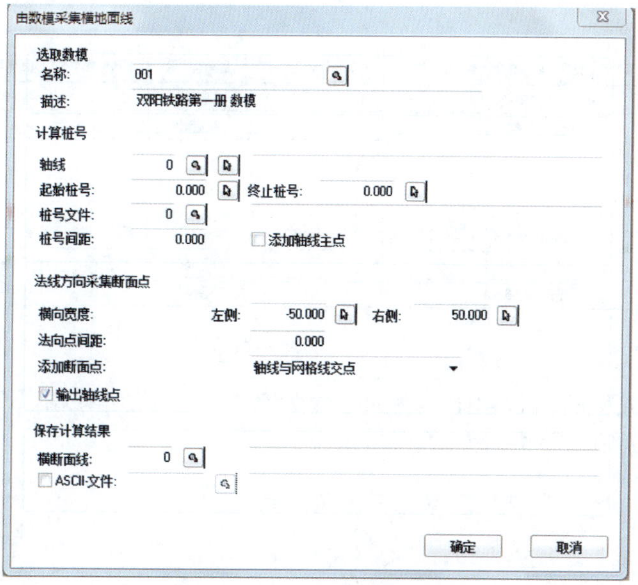

图 15-20　数模采集地面线

运行就可以得到地面线，如图 15-21 所示。

图 15-21　地面线

根据规范要求，编制横断面戴帽子程序代码，排水沟、截水沟和碎石台设计参数，如图 15-22～图 15-24 所示。

左侧

序号	起点桩号	沟型	沟底纵坡设计线号	水沟底部距地面高度(m)	外侧砌收宽度(m)	过渡方式	模板名称
1	0.000	梯形沟或矩形沟	0	0	2	不内插	PSG2012126_153603
2	94568.981	梯形沟或矩形沟	0	0	2	不内插	PSG2012126_153604

右侧

序号	起点桩号	沟型	沟底纵坡设计线号	水沟底部距地面高度(m)	外侧砌收宽度(m)	过渡方式	模板名称
1	0.000	梯形沟或矩形沟	0	0	2	不内插	PSG2012126_153601
2	94568.981	梯形沟或矩形沟	0	0	2	不内插	PSG2012126_153602

图 15-22　排水沟参数设置

左侧

序号	起点桩号	沟型	过渡方式	沟底纵坡设计线号	坡顶距(m)	模板名称
1	0.000	梯形沟或矩形沟	不内插	0	5	JSG2012126_153703
2	94568.981	梯形沟或矩形沟	不内插	0	5	JSG2012126_153704

右侧

序号	起点桩号	沟型	过渡方式	沟底纵坡设计线号	坡顶距(m)	模板名称
1	0.000	梯形沟或矩形沟	不内插	0	5	JSG2012126_153701
2	94568.981	梯形沟或矩形沟	不内插	0	5	JSG2012126_153702

图 15-23　截水沟参数设置

左侧

序号	起点桩号	碎落台宽度(m)	宽度含边沟铺砌	碎落台坡度(%)	碎落台吸收宽度(m)	圆角化标识	圆角化宽度(m)	铺砌标识	铺砌厚	过渡方
1	0.000	2	不含边沟铺砌	4	2	不圆角化	0	不设铺砌	0.3	不内
2	94568.981	2	不含边沟铺砌	4	2	不圆角化	0	不设铺砌	0.3	不内

右侧

序号	起点桩号	碎落台宽度(m)	宽度含边沟铺砌	碎落台坡度(%)	碎落台吸收宽度(m)	圆角化标识	圆角化宽度(m)	铺砌标识	铺砌厚	过渡方
1	0.000	2	不含边沟铺砌	4	2	不圆角化	0	不设铺砌	0.3	不内
2	94568.981	2	不含边沟铺砌	4	2	不圆角化	0	不设铺砌	0.3	不内

图 15-24 碎石台参数设置

执行代码可完成横断面带帽子。例如桩号为 K2＋000 路堑戴帽、K2＋240 路堑戴帽和 K4＋100 路堤戴帽如图 15-25～图 15-27 所示。

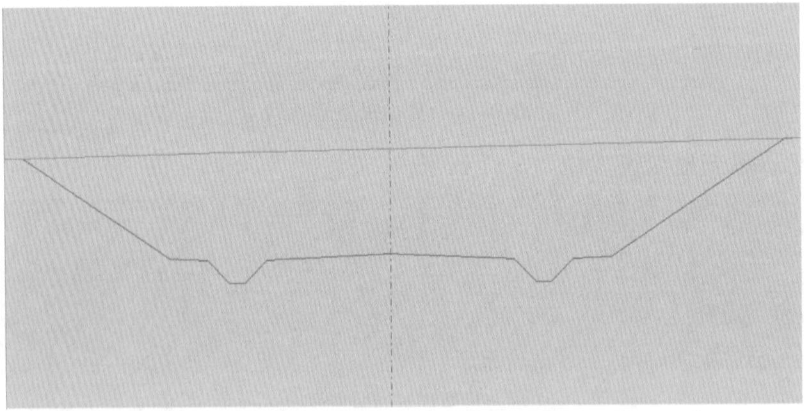

图 15-25 横断面戴帽 1(路堑)

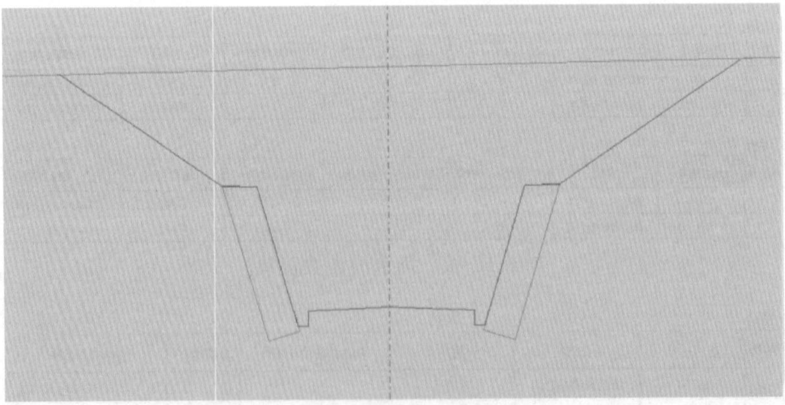

图 15-26 横断面戴帽 2(护墙)

15.1.5 三维演示

CARD/1 可以通过数字地面模型生成三维立体图,并可以快速的在三维与二维窗口间进行切换,设计者可以从三维立体图中掌握全线平面概况,辅助平面选线设计。

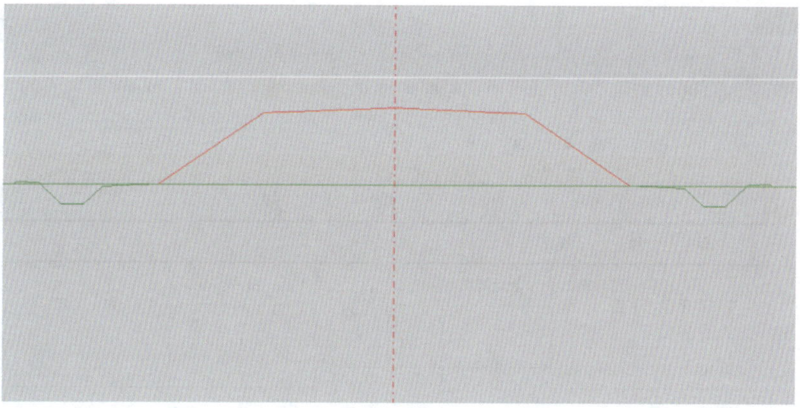

图 15-27　横断面戴帽 3(路堤)

完成了该线路的平纵横设计后，编制 K0＋000～K14＋000 动画约定文件和 K14＋000～K17＋000 泉眼车站动画约定条件，执行文件即可展示设计成果，如图 15-28 所示。

图 15-28　三维设计成果图

15.1.6　出图出表

图表是设计成果的体现，CARD/1 可以完成桩号表、曲线表、坡度表和土方量表等的生成，可以生成地形图、轴线图、纵断面图和横断面出图等。

(1)执行 CRAD/1 核心 1 号文件，可产生规则桩号文件。同时也可以由存在的横断面产生桩号文件。

(2)执行核心 3 号文件，生成曲线表，即可生成铁路线路的曲线表。

(3)执行核心 4 号文件即可生成坡度表，如图 15-29 所示。

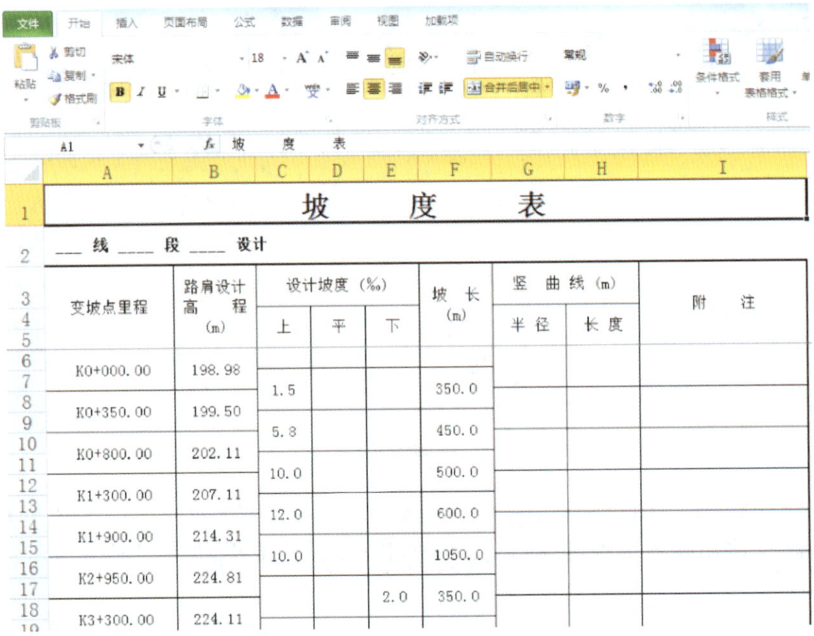

坡　度　表

___ 线 ____ 段 ____ 设计

变坡点里程	路肩设计高程(m)	设计坡度(‰) 上	平	下	坡长(m)	竖曲线(m) 半径	长度	附注
K0+000.00	198.98							
		1.5			350.0			
K0+350.00	199.50							
		5.8			450.0			
K0+800.00	202.11							
		10.0			500.0			
K1+300.00	207.11							
		12.0			600.0			
K1+900.00	214.31							
		10.0			1050.0			
K2+950.00	224.81							
				2.0	350.0			
K3+300.00	224.11							

图 15-29　坡度表

(4)执行中性 13 号文件土石方数量计算,生成土石方量数据文件 VOL00101.DAT 和 VOL00102.DAT,如图 15-30 和图 15-31 所示。

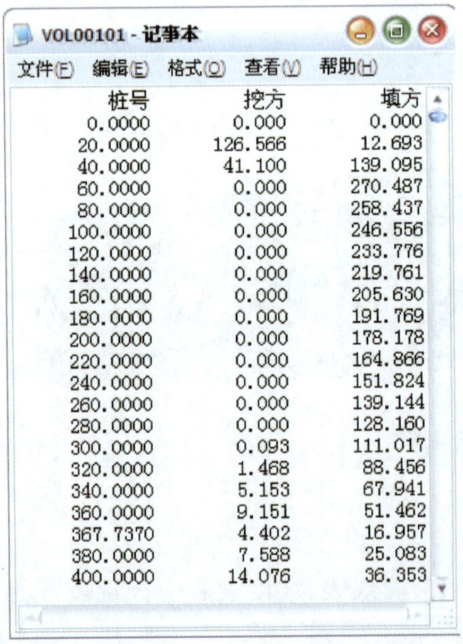

VOL00101 - 记事本

桩号	挖方	填方
0.0000	0.000	0.000
20.0000	126.566	12.693
40.0000	41.100	139.095
60.0000	0.000	270.487
80.0000	0.000	258.437
100.0000	0.000	246.556
120.0000	0.000	233.776
140.0000	0.000	219.761
160.0000	0.000	205.630
180.0000	0.000	191.769
200.0000	0.000	178.178
220.0000	0.000	164.866
240.0000	0.000	151.824
260.0000	0.000	139.144
280.0000	0.000	128.160
300.0000	0.093	111.017
320.0000	1.468	88.456
340.0000	5.153	67.941
360.0000	9.151	51.462
367.7370	4.402	16.957
380.0000	7.588	25.083
400.0000	14.076	36.353

图 15-30　土石方量数据文件 VOL00101.DAT

VOL00102 - 记事本

|<-- 起	止 桩 号 -->|	挖方	填方
0.000	1000.0000	278.049	11576.384
1000.000	2000.0000	1764.959	58049.606
2000.000	3000.0000	106454.446	0.000
3000.000	4000.0000	34657.452	19603.299
4000.000	5000.0000	73837.668	4201.810
5000.000	6000.0000	33886.819	45909.237
6000.000	7000.0000	32406.885	17101.844
7000.000	8000.0000	81080.013	5297.640
8000.000	9000.0000	2258.340	44703.326
9000.000	10000.0000	0.000	72704.013
10000.000	11000.0000	0.000	89866.583
11000.000	12000.0000	25.842	32512.018
12000.000	13000.0000	41783.936	1428.022
13000.000	14000.0000	11739.738	25312.642
14000.000	15000.0000	3088.278	18982.102
15000.000	16000.0000	10162.642	733.137
16000.000	17000.0000	58380.889	28474.334
17000.000	18000.0000	18102.306	92486.070
18000.000	19000.0000	168331.853	3279.183
19000.000	20000.0000	23763.428	159288.056
20000.000	21000.0000	55729.880	36400.407
21000.000	22000.0000	37992.785	66083.988
22000.000	23000.0000	4183.530	50066.647
23000.000	24000.0000	77432.353	11214.349

图 15-31　土石方量数据文件 VOL00102.DAT

(5)将地形图分为四页,绘制地形图,生成为 PLT 格式,如图 15-32 所示。PLT 格式可以通过打印机直接打印出图。

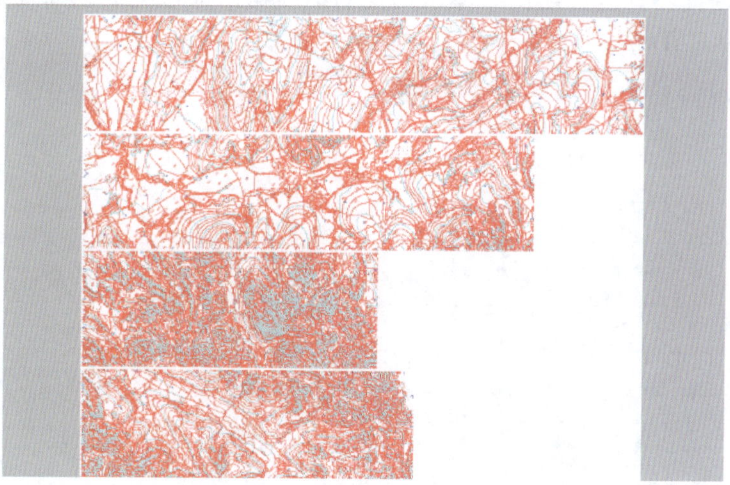

图 15-32　地形图

同时地形图 PLT 格式也可以转化为 CAD 格式，只需要通过数据接口，导出 DWG 图形即可，如图 15-33 所示。

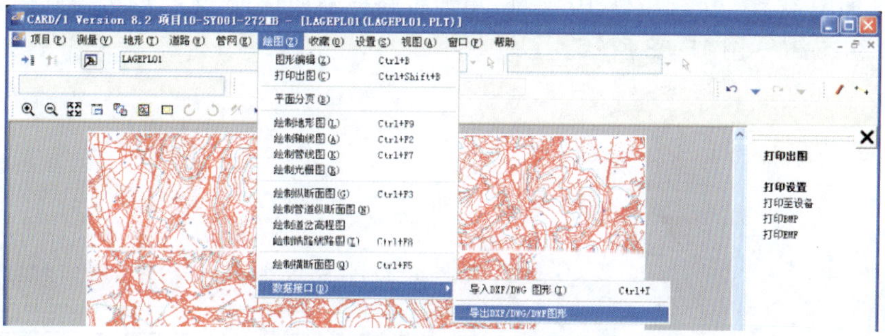

图 15-33　转化为 CAD 图过程

(7)平面图执行中性 10 号文件，运行生成轴线图即平面设计图，为 PLT 格式，如图 15-34 所示。

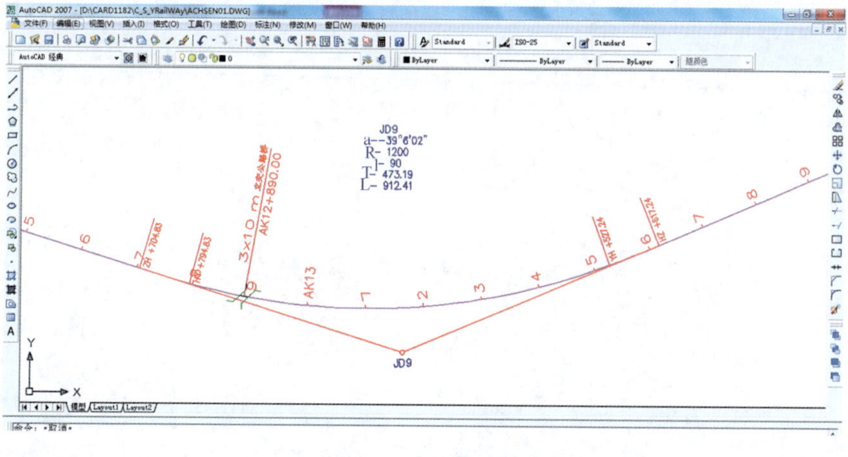

图 15-34　轴线局部图

(8)绘制纵断面图。运行绘图菜单下的绘制纵断面图即可生成纵断面图，可将纵断面PLT格式转化为CAD格式。纵断面局部放大图如图 15-35 所示。

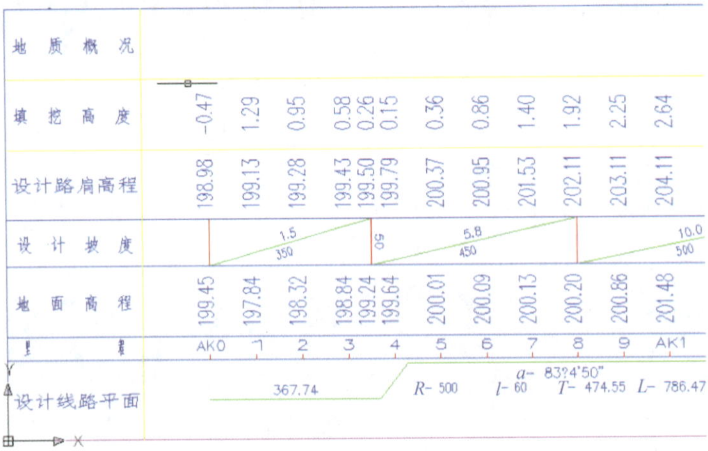

图 15-35　纵断面局部放大图

(9)横断面图绘制。执行中性 10 文件，单线铁路横断面设计，运行即可得到横断面图。局部放大图如图 15-36～图 15-38 所示。

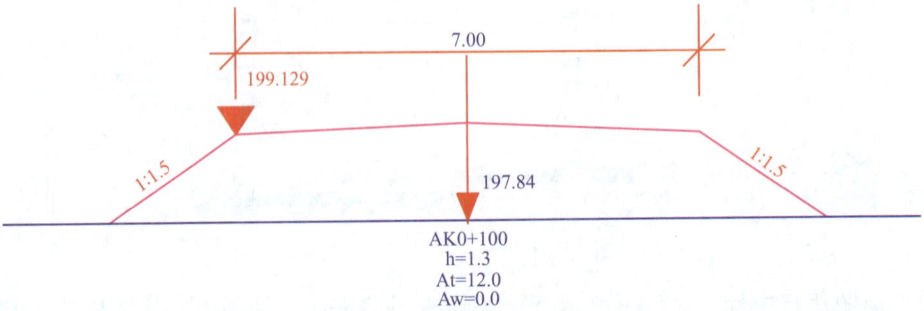

图 15-36　横断面局部放大图 1

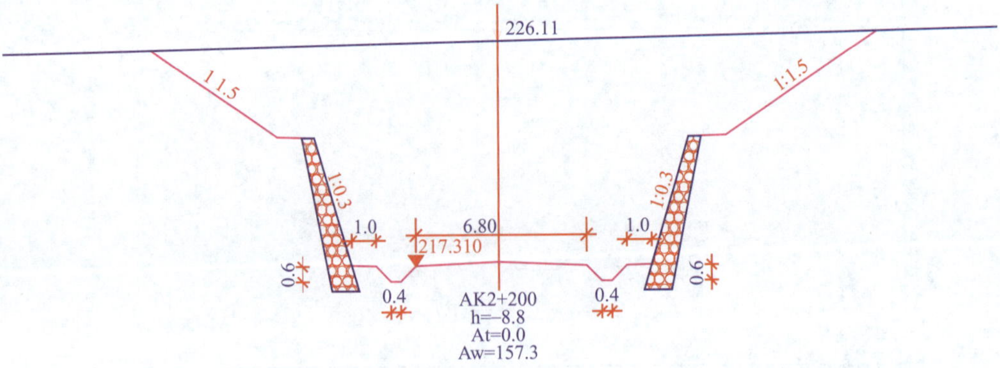

图 15-37　横断面局部放大图 2

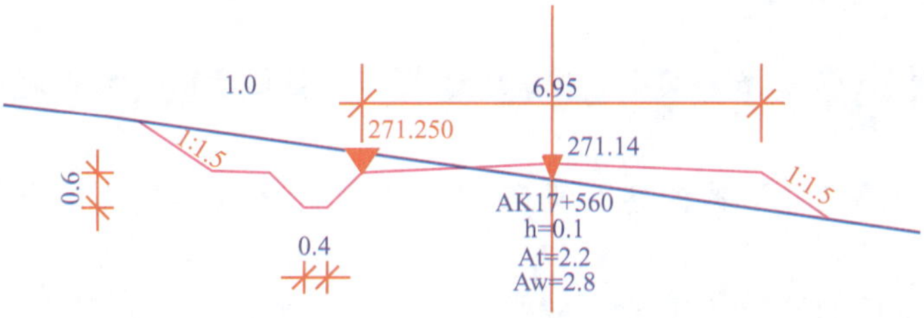

图 15-38 横断面局部放大图 3

15.2 上海磁悬浮设计

上海磁悬浮列车专线西起上海轨道交通 2 号线的龙阳路站，东至上海浦东国际机场，专线全长 29.863 km，如图 15-39 所示。该线是由中德两国合作开发的世界第一条磁悬浮商运线，2001 年 3 月 1 日在浦东挖下第一铲，2002 年 12 月 31 日全线试运行，2003 年 1 月 4 日正式开始商业运营，全程只需 8 min。是世界第一条商业运营的磁悬浮专线，如图 15-40 所示。该线路设计从初步设计到施工图设计都是由 CARD/1 设计完成的。

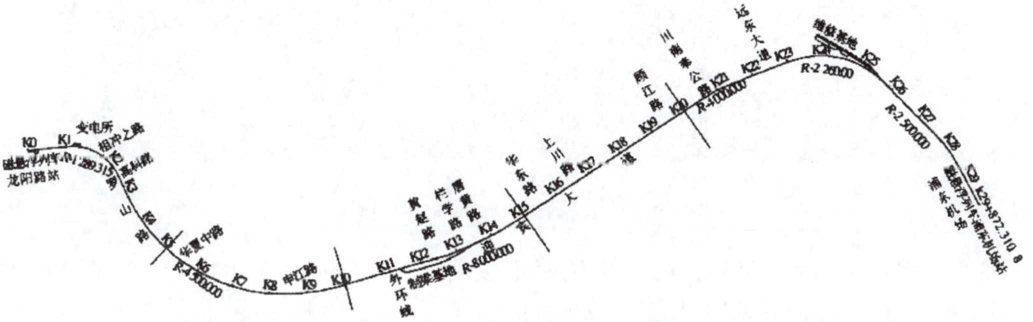

图 15-39 磁悬浮列车示范运营线线路走向(单位:m)

图 15-40 上海磁悬浮

15.2.1 上海磁悬浮设计流程

上海磁悬浮列车设计运行速度高，冲击力大，所以设计线线形要求非常连续且圆顺。设计流程如下：

(1)首先将该线路的地形数据导入到 CARD/1 中，并将其格式转化为 CARD/1 格式，完成数模的建立。

(2)然后进行平面的设计，该设计以双线重心线为基准，左右线分别从中心线传坡，这和一般铁路规范规定以左线为设计基准线不同，但是 CARD/1 可以灵活的满足这种特殊要求的设计。平面设计缓和曲线不是采用三次抛物线形式，而是采用的正弦型或者余弦型过渡，因为正弦曲线各阶可导且连续。按照上述的方法，进行单元设计和单元定位，最后完成平面线的设计如图 16-41 所示。道岔设计采用特殊道岔形式，导曲线要带缓和曲线(回旋线)。

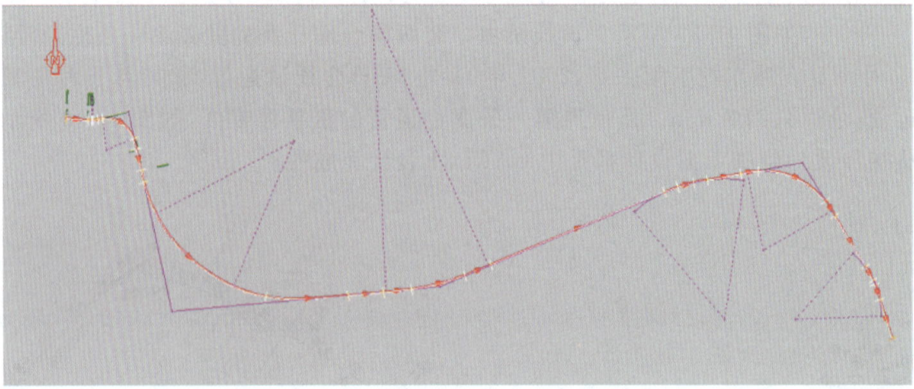

图 15-41　磁悬铁路平面设计图

磁悬浮铁路为了克服纵断面的冲击力过大，纵断面竖曲线设计采用回旋线过渡的圆弧连接，插入变坡点，进行拉坡设计，如图 15-42 所示。

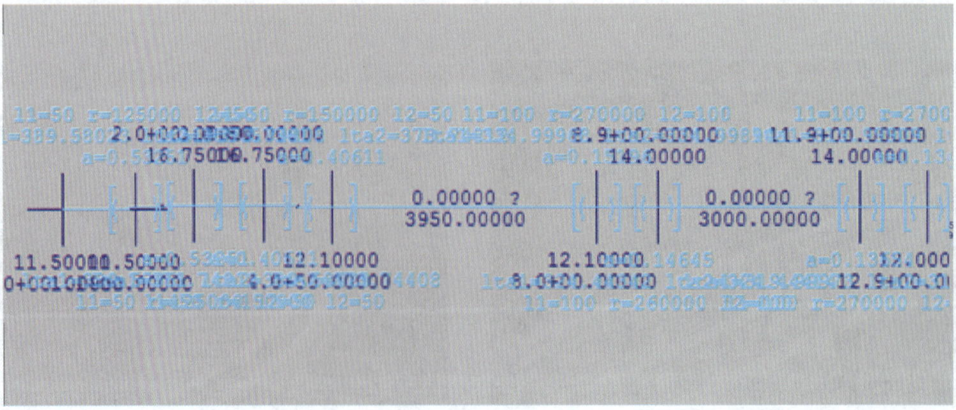

图 15-42　纵断面设计

超高以轨道梁中心旋转的角度表示，直线段和曲线段采用正弦横坡过渡形式，最小横坡 1.15°，最大 12°，最小横坡是为了满足排水要求。如图 15-43 所示。

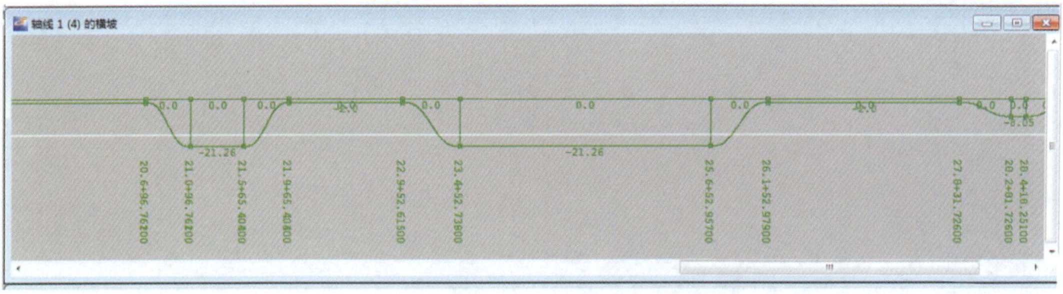

图 15-43 超高图

磁悬浮设计速度大，冲击力过大，所以线路线形要求非常连续且圆滑。线形设计应该从平面、纵断面和法向进行综合考虑来保证各个线形的平顺。平纵无竖缓重合限制，图 15-44 所示。设计断面，在纵断面处于回旋线上，平面上处于正弦曲线上，超高过渡也是处于正弦曲线上，三个方向的曲线叠加，就形成了轨道梁空间的扭曲面，而设计要将空间扭曲面的点的坐标计算出来。为此，CARD/1 提供了专门计算这种空间坐标的功能来完成这种坐标计算，所以 CRAD/1能够完成小于 1 mm 制造级工程项目的设计。

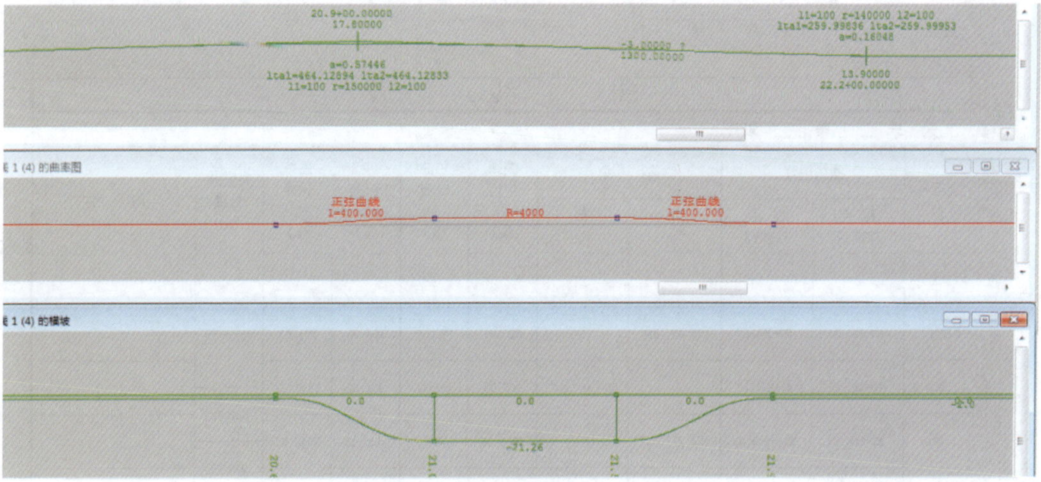

图 15-44 平纵横设计

完成平纵横指标配置之后，要对整条线路的行驶动力学进行检验。行驶动力学分析计算采用加速度和加速度变化率检算加速度及冲击，而加速度率是衡量冲击的重要指标，完成检验后，下一步就是横断面的设计。

横断面设计通过 CARD/1 二次开发，戴帽如图 15-45 所示，磁悬浮铁路设计非常复杂，包括设计建筑限界、轨道梁的设计，磁悬浮统计里程不是采用普通的连续桩号，而是采用空间桩号作为计量。另外对轨道梁的各点坐标要进行精确计算，计算精度要保证到小数点 4 位。

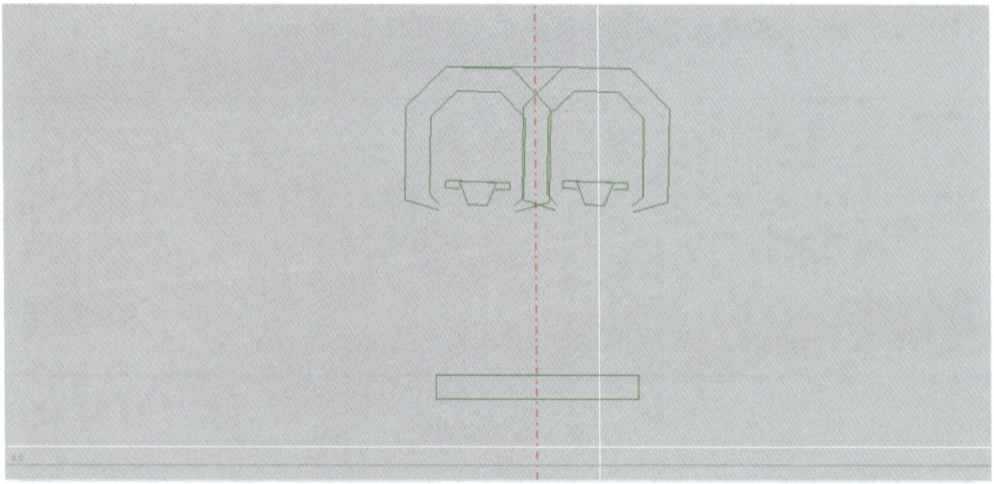

图 15-45　横断面戴帽

15.2.2　出图表

完成了平纵横的设计后出图表。磁悬浮铁路曲线表如图 15-46 所示。

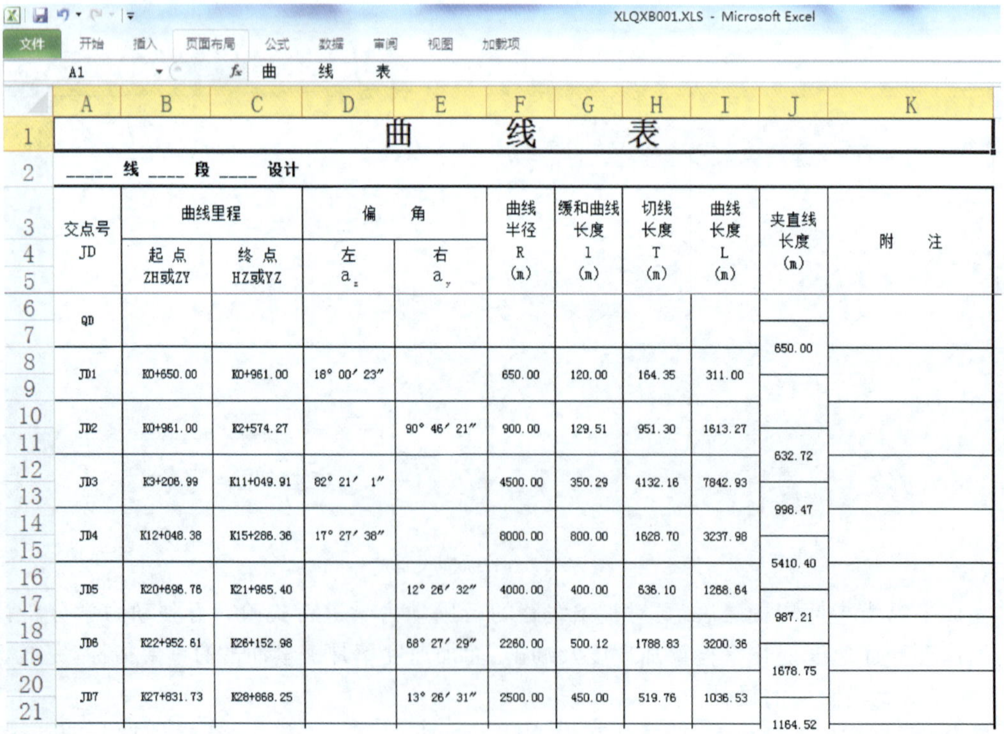

曲线表

_____ 线 ____ 段 ____ 设计

交点号 JD	曲线里程 起点 ZH或ZY	曲线里程 终点 HZ或YZ	偏角 左 a_z	偏角 右 a_y	曲线半径 R (m)	缓和曲线长度 l (m)	切线长度 T (m)	曲线长度 L (m)	夹直线长度 (m)	附注
QD										
									650.00	
JD1	K0+650.00	K0+961.00	18° 00′ 23″		650.00	120.00	164.35	311.00		
JD2	K0+961.00	K2+574.27		90° 46′ 21″	900.00	129.51	951.30	1613.27		
									632.72	
JD3	K3+206.99	K11+049.91	82° 21′ 1″		4500.00	350.29	4132.16	7842.93		
									998.47	
JD4	K12+048.38	K15+286.36	17° 27′ 38″		8000.00	800.00	1628.70	3237.98		
									5410.40	
JD5	K20+696.76	K21+965.40		12° 26′ 32″	4000.00	400.00	636.10	1268.64		
									987.21	
JD6	K22+952.61	K26+152.98		68° 27′ 29″	2260.00	500.12	1788.83	3200.36		
									1678.75	
JD7	K27+831.73	K28+868.25		13° 26′ 31″	2500.00	450.00	519.76	1036.53		
									1164.52	

图 15-46　曲线表

磁悬浮铁路坡度表如图 15-47 所示。磁悬浮平面设计，如图 15-48 所示。轴线交点图如图 15-49 所示。

XPD00101.XLS

坡 度 表

___ 线 ____ 段 ____ 设计

变坡点里程	路肩设计高程(m)	设计坡度(%) 上	平	下	坡长(m)	竖曲线(m) 半径	长度	附注
K0+000.00	11.50							
			0		1100.0			
K1+100.00	11.50					125000	729.2	
		5.8			900.0			
K2+000.00	16.75					125000	729.2	
			0		1050.0			
K3+050.00	16.75					150000	697.5	
				4.7	1000.0			
K4+050.00	12.10					150000	697.5	
			0		3950.0			
K8+000.00	12.10					270000	570.0	
		2.1			900.0			
K8+900.00	14.00					260000	548.9	
			0		3000.0			
K11+900.00	14.00					270000	540.0	
				2.0	1000.0			
K12+900.00	12.00					270000	540.0	
			0		5700.0			
K18+600.00	12.00					170000	428.7	
		2.5			2300.0			
K20+900.00	17.80					150000	828.3	
				3.0	1300.0			
K22+200.00	13.90					140000	420.0	
			0		1000.0			
K23+200.00	13.90					210000	399.0	
				1.9	1000.0			
K24+200.00	12.00					210000	399.0	

图 15-47 线路坡度表

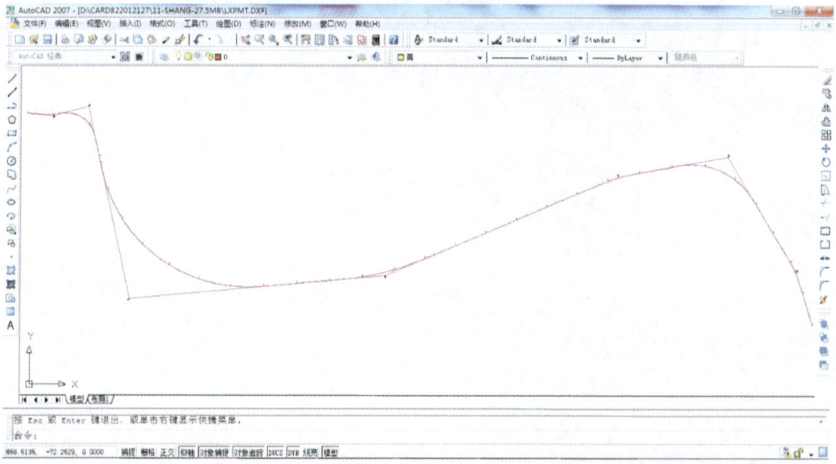

图 15-48 平面图设计

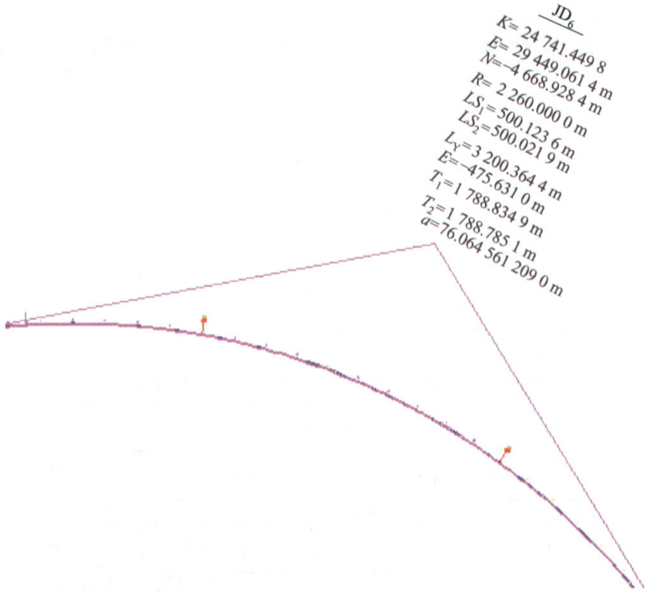

图 15-49　轴线交点

总之 CARD/1 集成了磁悬浮成熟的设计与专业技术，其安全高效早已通过上海磁悬浮设计的实践。横断面的设计与出图需要机械制造级的高精度设计 CARD/1 强大的横断面设计模块完美的解决了这一问题，999 条断面设计线、稳定而准确的数据精度充分满足了施工图纸的需求。CARD/1 满足各种高端的磁悬浮、高速铁路、地铁、轻轨等轮轨交通的设计。

参 考 文 献

[1] 郑健．中国铁路发展规划与建设实践[J]．城市交通，2010(1)：14-19.

[2] Л. Ф. БЕЛОВ，邢纳新(译)，陈宝印(校)．世界高速铁路干线的现状与发展[J]．国外铁道车辆，2010(2)：1-5.

[3] 钱立新．世界重载铁路运输技术的最新进展[J]．机车电传动，2010(1)：3-7.

[4] 秦永平．加长干线铁路设计年度的探讨[J]．中国铁路，2003(10)：15-17.

[5] 李红启，刘凯．基于分形理论的铁路货运量分析[J]．铁道学报，2003(3)：19-23.

[6] 李红启，刘凯．基于 Rough Set 理论的铁路货运量预测[J]．铁道学报，2004(3)：1-7.

[7] 华伯泉．经济预测的统计方法[M]．北京：中国统计出版社，1988.

[8] 刘平．货运量预测的多元线性回归模型检验与改进研究[D]．合肥：合肥工业大学，2011.

[9] 李明捷．基于三次指数平滑法的航空旅客运输量预测[J]．中国民航飞行学院学报，2009(1)：43-47.

[10] 刘思峰．灰色系统理论及应用[M]．武汉：华中理工大学出版社，1990.

[11] 傅立．灰色系统理论及其应用[M]．北京：科技技术文献出版社，1992.

[12] 汤俊，邹自力．基于灰色模型和指数平滑法的地面沉降预测[J]．江西测绘，2009(2)：9-11.

[13] 侯丽敏，马国峰．基于灰色线性回归组合模型铁路客运量预测[J]．计算机仿，2011(7)：1-3.

[14] 陈博，王建国．灰色线性回归组合模型算法研究[J]．西安文理学院学报(自然科学版)，2012(1)：82-85.

[15] 蔡晓春，伍隽．基于灰色线性回归组合模型的长沙、武汉房地产投资预测研究[J]．经济数学，2008(3)：265-270.

[16] Vapnik V. N. An overview of statistical learning theory[J]. IEEE Transactions on Neural Networks，1999(5)：988-999.

[17] 刘延平，邵悦然，李卫东．我国铁路客运量的组合预测[J]．物流技术，2010(4)：58-60.

[18] 郝佳，李澜．铁路货运量组合预测模型的研究[J]．铁道运输与经济，2004(11)：73-75.

[19] 杨鹏程，尤建成，马建军．铁路货运量的组合预测方法研究[J]．物流科技，2006(29)：66-68.

[20] 杨中庆，赵彬彬，廖慧敏．灰色组合模型在港口集装箱吞吐量预测中的应用[J]．水运工程，2006(9)：14-16.

[21] 温胜强，周鹏飞，康海贵．基于灰色理论与 BP 神经网络的交通运输量组合预测研究[J]．大连理工大学学报，2010(4)：547-550.

[22] 李玉梅．组合预测方法在中长期电力负荷预测中的应用[D]．四川：四川大学，2006.

[23] 杨卓平，盖宇仙．基于变权重组合模型的铁路货运量预测[J]．铁道货运，2009(1)：17-19.

[24] 谢开贵，周家启．变权组合预测模型研究[J]．系统工程理论与实践，2000(7)：36-40.

[25] 张中央．列车牵引计算[M]．北京：中国铁道出版社，2009.

[26] TB/T 1407—1998，列车牵引计算规程[S].

[27] 易思蓉．铁路选线设计(第三版)[M]．成都：西南交通大学出版社，2010.

[28] 郭强．黄织铁路线路走向的选择[J]．铁道勘察，2005(4)：4-5.

[29] 李艳江，齐永国．层次分析法在铁路线路方案比选中的应用[J]．铁道运输与经济，2009(9)：86-87，92.

[30] 赵忠保．向莆铁路接轨方案研究[J]．铁道工程学报，2009(12)：17-18，34.

[31] 张煜．水库地区铁路选线设计[J]．铁路工程造价管理，2009(3)：32-33.

[32] 曹化平，王科．铁路岩溶隧道工程地质选线研究[J]．高速铁路技术，2001(1)：31-36.

[33] 王茂靖．贵广铁路通过桂林典型岩溶地区线路方案比选[C]//复杂艰险山区铁路选线与总体设计论

文集．北京：中国铁道出版社，2010.

[34] 周泉．兰渝线桔柑隧道岩溶调查及应对措施[J]．资源环境与工程，2009(9)：114-116.

[35] 净文常．浅议沙漠地区铁路选线[J]．铁道工程学报，1999(2)：17-22.

[36] 李响，楚涌池．中国第一条沙漠铁路——包兰线沙坡头沙漠选线与治理[J]．铁道工程学报，2005(S1)：173-176.

[37] 王申平．基于多年冻土工程地质条件分级的铁路选线原则[J]．铁道工程学报，2009(8)：48-52.

[38] 张学伏．青藏铁路高原多年冻土选线原则探讨[J]．甘肃科技，2002(4)：22.

[39] 曹峰．青藏铁路冻土地区乌丽山垭口段工程地质选线[J]．冰川冻土，2003(S1)：4-7.

[40] 赵建昌，刘世忠，吉随旺．铁路选线中的工程地质问题[J]．中国地质灾害与防治学报，2001(1)：7-9.

[41] 李明申．向莆铁路接轨方案研究[J]．铁道标准设计，2011(4)：28-30.

[42] 李艳红，齐永国．层次分析法在铁路线路方案比选中的应用[J]．铁道运输与经济，2009(9)：86-87，92.

[43] 韩春华．基于GIS的铁路选线系统智能环境建模方法研究[D]．成都：西南交通大学，2008.

[44] 谭衢霖，沈伟，杨松林，等．摄影测量与遥感在我国铁路建设中的应用综述[J]．铁道工程学报，2007(1)：14-19.

[45] 甄春相．IKONOS卫星遥感数据及其应用[J]．铁路航测，2002(1)：35-37.

[46] 熊亮．WorldView-Ⅰ卫星影像制图在铁路勘测设计中的应用研究[J]．铁道勘察，2009(6)：36-38.

[47] 曹成度．卫星遥感影像在铁路选线中的应用[J]．铁道勘察，2006，32(6)：23-25.

[48] 张占忠．遥感技术在铁路勘察选线中的应用[J]．铁道勘察，2005(1)：44-46.

[49] 卓宝熙，甄春相．遥感技术在铁路工程地质勘察中的应用[J]．铁道工程学报，2005(S1)：399-406.

[50] 基于遥感数据的选线三维地理环境建模方法[J]．勘测技术，2006(S1)：208-212.

[51] 冯光胜．三维遥感技术在十宜铁路地质选线中的应用[J]．地理空间信息，2010(2)：96-99.

[52] 吕希奎．基于遥感信息的选线系统地理环境建模方法及应用研究[D]．成都：西南交通大学，2008.

[53] 高山，冯光胜．三维遥感铁路工程地质勘察技术应用研究[J]．铁道勘察，2009(1)：36-39.

[54] 石星，蒋红斐，孙晓丽．基于单元的铁路线路平面设计及其数据管理方法[J]．铁路计算机应用，2010(9)：49-51.

[55] 邹思红．浅谈CARD/1系统轴线设计在公路定线的应用[J]．四川建材，2006(3)：112-114.